Este trabajo ha sido subvencionado por el Instituto de Técnicas Sociales de la Fundación Fondo Social Universitario.

LA ECONOMIA ESPAÑOLA, 1972

COLECCION

LA ECONOMIA ESPAÑOLA, 1972

anuario del año económico

dirigido por

JUAN MUÑOZ, SANTIAGO ROLDAN y JOSE LUIS GARCIA DELGADO

y realizado con la colaboración de

ARTURO CABELLO, IGNACIO CRUZ, JUAN FALCES ELORZA, J. M. FERNANDEZ PEREZ, CANDIDO MUÑOZ, ANGEL SERRANO Y RODRIGO VAZQUEZ-PRADA

EDITORIAL CUADERNOS PARA EL DIALOGO
EDICUSA MADRID, 1973

editorial cuadernos para el diálogo, s. a.
jarama, 19, madrid-2

cubierta: M. Ruiz Angeles

Depósito legal: M. 15.969.—1973

I. S. B. N.: 84-229-4012-4

Printed in Spain

Artes Gráficas Benzal. - Virtudes, 7. - Madrid-3

INDICE

Páginas

NOTA PREVIA 13

CAPITULO I: ALGUNOS ASPECTOS DE LA EVOLUCION DE LA ECONOMIA ESPAÑOLA DURANTE 1972 17

1. La «política de realidades»: el crecimiento económico en 1972 19
   - 1.1. Introducción 19
   - 1.2. La expansión del sector industrial en 1972 27
   - 1.3. El cambio de óptica de los empresarios: la encuesta sobre la coyuntura industrial 33
   - 1.4. La consolidación y fortalecimiento del sector exterior: hacia la continuidad del proceso 40
2. La «otra política de realidades» 57
   - 2.1. La aceleración del proceso inflacionista 57
   - 2.2. La crisis del sector agrario en 1972 68
     - 2.2.1. La política agrícola y el abastecimiento nacional 69
     - 2.2.2. La elevación del nivel de vida de los agricultores 74
     - 2.2.3. La reforma de las estructuras agrarias 76
   - 2.3. A propósito del crecimiento y el cambio en la economía española: reflexiones finales 81

CAPITULO II: ECONOMIA LABORAL ESPAÑOLA: NEGOCIACION COLECTIVA Y VISION GLOBAL DE 1972 91

Introducción 93

1. Aproximación a la negociación colectiva como sistema de regulación de las condiciones de trabajo. Condicionamientos históricos, contenido, evolución y problemática en España 1958-1972 96
   - 1.1. Características de la negociación colectiva. Apuntes para una metodología de su estudio 96
   - 1.2. La negociación colectiva en España: su significado y las razones de su implantación a través del estudio de la exposición de motivos de la ley de 1958 110

Páginas

1.3. Características y condicionamientos estructurales de la negociación colectiva española 116
1.3.1. Intervención continua del Estado 116
1.3.1.1. En la iniciativa 118
1.3.1.2. La intervención a través de la norma de obligado cumplimiento ... 118
1.3.1.3. Intervención estatal en la aprobación 121
1.3.2. Los defectos estructurales derivados del marco donde se encuadra la negociación: Sindicatos Verticales 122
1.3.2.1. Los que emanan de la propia estructuración del Sindicato 122
1.3.2.2. Defectos que proceden de la continua ingerencia de la Organización Sindical 128
1.3.3. Falta de medios reales de negociación del convenio 129
1.3.3.1. Conflictos colectivos 129
1.3.3.2. Huelga-despido 138
1.3.3.3. Falta asesoramiento jurídico, económico y técnico, de la clase trabajadora 141
1.3.4. Otros condicionamientos legales al sistema de negociación colectiva 143
1.3.4.1. El contenido posible de la negociación 143
1.3.4.2. Las soluciones dadas por la legislación al incumplimiento de las obligaciones pactadas 146
1.3.5. A modo de resumen 146
1.4. Condicionamientos coyunturales a la contratación colectiva o la introducción de nuestro sistema de negociación en el marco de la política salarial del período 148
1.4.1. La necesidad y significado global de esta política 148
1.4.2. La influencia del salario mínimo interprofesional garantizado en la negociación colectiva 151
1.4.3. La política de rentas, una tosca disciplina impuesta a la negociación colectiva 154
1.4.3.1. Breve introducción sobre su contenido teórico 154

Páginas

1.4.3.2. I Plan de Desarrollo o la definición de su relación básica: salarios-productividad 157
1.4.3.3. Topes salariales-Congelación-Topes salariales 162
1.5. La influencia de las ordenanzas. La jornada de trabajo en los convenios colectivos 177
1.6. Los efectos de la utilización de la norma de obligado cumplimiento 181
1.6.1. La norma de obligado cumplimiento en el I Plan de Desarrollo 182
1.6.2. El cambio de tendencia a partir de 1969: II Plan 185
1.7. Breve resumen cuantitativo de la evolución de la contratación colectiva 191
1.7.1. Evolución global de los convenios colectivos 194
1.7.2. Convenios en vigor y población afectada. Zonas geográficas y ramas de producción 201
1.7.3. Distribución funcional y por ámbito de vigencia 211
1.8. Algunos índices sobre la conflictualidad en el período estudiado. Convenio - Conflicto - Organización de clase 217
1.8.1. Convenio - Conflicto en la realidad española 217
1.8.2. Desarrollo de la conflictualidad, 1963-72 ... 219
1.8.2.1. Evolución global 220
1.8.2.2. Distribución sectorial y geográfica. Motivaciones y conductas 225
1.9. Conclusiones 233

2. Evaluación global del año 238
2.1. Evolución de los salarios 238
2.2. Evolución del empleo 243
2.3. Nueva ordenación legal de la Seguridad Social ... 246
2.3.1. Obtención de recursos 247
2.3.2. Pensiones y prestaciones 248

CAPITULO III: LAS RELACIONES ESPAÑA-C. E. E. A LA LUZ DE LA OPINION PUBLICA 253

Introducción 255

1. La Administración frente a Europa 257
1.1. La «vocación» europea 257
1.2. La naturaleza de unos obstáculos 263
1.3. Diversidad dentro de la unidad 267

Páginas

2. Políticos y economistas votan por Europa 270
    2.1. Necesidad de la integración 270
    2.2. Obstáculos, obstáculos, obstáculos 283
3. Los empresarios van a Europa 326
    3.1. Interés de un análisis 326
    3.2. De la confusión a la incertidumbre 327
    3.3. Las dificultades extraeconómicas 338
    3.4. La voz de las cámaras 342
    3.5. La Banca española apuesta por Europa 349
4. Europa habla sobre España y la C. E. E. 356

CAPITULO IV: SELECCION CRONOLOGICA DEL AÑO ECONOMICO 369
    Introducción 371
    Cronología del año económico 372
    Indice temático de la selección cronológica 443

CAPITULO V: SELECCION DE LA LEGISLACION ECONOMICA 447
    Introducción 449
    Política monetaria y crediticia 450
    Política fiscal 453
    Precios y salarios 457
    Plan de Desarrollo 459
    Política administrativa 461
    Política social y de educación 466
    Política agraria 470
    Política industrial 474
    Política comercial 475
    Política de vivienda 478
    Política turística 479
    Política de obras públicas y transportes 480

CAPITULO VI: APORTACION A LA BIBLIOGRAFIA SOBRE ECONOMIA ESPAÑOLA EN 1972 483
    Introducción 485
    Indice de revistas consultadas 488
    Indice por materias 498
    Indice alfabético de autores 549

ANEXO GENERAL: INVERSIONES EXTRANJERAS DURANTE 1972 559
1. Inversiones extranjeras autorizadas en 1972 561
2. Algunas consideraciones sobre «las inversiones norteamericanas en España» 571

NOTA PREVIA

Con la presente obra, la quinta de una serie iniciada en 1968, se prolonga una tarea que pretende contribuir al análisis y sistematización de los hechos fundamentales que definen la evolución de la economía española, a través de la ordenación, significación y elaboración, en su caso, de todo un conjunto amplio y disperso de materiales informativos. En concreto, este volumen, correspondiente al año 1972, que contiene algunas aportaciones nuevas y en el que se han introducido ciertas modificaciones con relación a los de los años inmediatamente anteriores, se ha estructurado de la siguiente forma:

1.º En el primer capítulo, *Algunos aspectos de la evolución de la economía española durante 1972*, se estudian los rasgos más destacados que definen el fuerte proceso de crecimiento económico en dicho período, subrayando tanto sus aspectos cuantitativos —que nadie debe ocultar— cuanto sus aspectos cualitativos, desde una perspectiva crítica, cada vez también más notorios. Elaborado con los primeros datos con los que se ha podido contar, incompletos y provisionales aún en muchos casos, este primer capítulo intenta, sin embargo, ofrecer un adecuado —aunque sintético— marco general de referencias que posibilite el mejor encuadramiento y la más útil comprensión de cuantos estudios concretos se incluyen después en la obra.

2.º En el capítulo segundo, *Economía laboral española: negociación colectiva y visión global de 1972*, se incluye, continuando la labor ya emprendida en el *Anuario* de 1971, un extenso y documentado trabajo realizado por los profesores Angel Serrano e Ignacio Cruz; trabajo con el que se trata de cubrir una parcela marginada en otros informes generales sobre el año económico y que cada vez, sin embargo, centra más la atención de amplios sectores de la opinión pública del país. De acuerdo con las mismas pautas metodológicas que ya se ensayaron en el volumen anterior, en este capítulo se conjuga el análisis monográfico de un tema (en esta ocasión, el que versa sobre el significado, instrumentalización y desarrollo de la negociación colectiva en España) y el estudio más descriptivo y somero de otros aspectos de la problemática laboral del año, intentando, en conjunto, prolongar y profundizar la tarea ya iniciada de definición precisa del marco y de la dialéctica de las relaciones laborales españolas durante los últimos años.

3.º En el capítulo tercero, *Las relaciones España-C. E. E. a la luz de la opinión pública*, se recogen, siguiendo el método ya utilizado en los trabajos análogos incluidos en *Anuarios* anteriores, una gran parte —la que se ha considerado más significativa— de las diversas posiciones y actitudes que se han explicitado, a través fundamentalmente de la prensa especializada o de información general, a lo largo de 1972, en torno a dicho tema, cada vez más crucial, más decisivo en la problemática actual de la sociedad española. Tema que, como se subraya en la *Introducción* al referido tercer capítulo, está insoslayablemente presente en cuantos análisis de la economía española vienen realizándose en los últimos años, polarizando con fuerza el interés y la atención de la opinión pública y, en definitiva, actuando como clarificador de talantes personales y colectivos, virtualidad esta última cuya importancia, en el marco actual de nuestra sociedad, no puede escapar a nadie. El capítulo, siguiendo las directrices iniciales marcadas por los directores de esta obra, ha sido elaborado por Rodrigo Vázquez-Prada, quien, se quiere hacer constar, ha debido realizar para ello un esfuerzo muy considerable de recopilación y síntesis de un material muy extenso y no siempre fácil de sistematizar.

4.º En el capítulo cuarto, dedicado a una *Selección cronológica del año económico*, se ha introducido, al igual que en los dos volúmenes anteriores, un *Indice temático* al final de la documentación cronológica, a fin de posibilitar un más fácil y útil manejo de la misma. Las noticias seleccionadas se han transcrito, en su mayor parte, de la publicación *Diario de Diarios* y del diario *Informaciones*, de Madrid.

5.º En el capítulo quinto, dedicado a la *legislación económica*, se incluye, de forma sistemática, una referencia de las disposiciones legales aparecidas en el *Boletín Oficial del Estado* a lo largo de 1972, que, en relación con la problemática económica, pueden considerarse como las más importantes en base a completar el conocimiento de los principales hechos de la economía española en el período estudiado. En la introducción correspondiente a este capítulo se explicitan los criterios empleados en la ordenación del material.

6.º En el capítulo sexto se ha recogido y sistematizado, siguiendo los criterios aplicados en los cuatro *Anuarios* precedentes, si bien con algunas ligeras modificaciones que pretenden perfeccionarlos, una amplia *documentación bibliográfica sobre problemas de la economía española,* en base a los estudios y trabajos aparecidos a lo largo del año, tanto sobre aspectos coyunturales como estructurales, tanto los que se ciñen a un determinado sector como los que tienen un enfoque más general; tanto, por último, los que inciden sobre la temática actual como los que abarcan también una perspectiva histórica. En total se han reunido más de mil títulos, constituyendo, quizá, la aportación más importante de esta obra.

7.º Finalmente, como *Anexo General,* se incluye el trabajo del profesor Arturo Cabello sobre la entidad —cuantitativa y cualitativa— de las *Inversiones extranjeras durante 1972*, dando así también continuidad a la labor iniciada en los *Anuarios* precedentes. Pero en esta ocasión, debe advertirse, también se ha hecho aquí un esfuerzo por mejorar y ampliar la información ofrecida, completando la primera parte de dicho *Anexo (Inversiones extranjeras autorizadas en 1972)* con unas consideraciones críticas sobre un estudio muy difundido y utilizado, no siempre correctamente, acerca de las inversiones norteamericanas en España: el publicado en enero de 1972 por la Cámara de Comercio Americana en España, y realizado a partir de una investigación encargada al Stanford Research Institute.

* * *

Como nota final de esta introducción, los directores del trabajo hacen constar, como en ocasiones anteriores, además de su reconocimiento —de nuevo— por la ayuda económica recibida del Instituto de Técnicas Sociales, su agradecimiento al profesor Juan Velarde Fuertes, que en todo momento les ha ofrecido y facilitado la utilización del material de documentación de la Cátedra de Estructura Económica de España de la Facultad de Ciencias Económicas y Empresariales de la Universidad Complutense de Madrid, lo que ha permitido una más rápida y mejor elaboración de este volumen.

Madrid, 19 de marzo de 1973.

JUAN MUÑOZ, SANTIAGO ROLDÁN
y JOSÉ LUIS GARCÍA DELGADO

I.

ALGUNOS ASPECTOS DE LA EVOLUCION DE LA ECONOMIA ESPAÑOLA DURANTE 1972

1. LA «POLITICA DE REALIDADES»: EL CRECIMIENTO ECONOMICO EN 1972

1.1. INTRODUCCIÓN

Mil novecientos setenta y dos es uno de los años en que la economía española ha registrado una de las tasas de crecimiento más importantes del último decenio. Aun faltando todavía —a la hora de redactar estas páginas— una información completa y definitiva de la evolución seguida por algunas variables económicas, hay ya suficientes indicios para valorar positivamente los resultados económicos del pasado año; sobre todo si los criterios que presiden o inspiran dicha valoración, dentro de una perspectiva a corto plazo, son fundamentalmente cuantitativos y se refieren a las tasas de crecimiento registradas por las principales magnitudes económicas, que, por lo general, han superado con creces las registradas en años anteriores; volviéndose, así, a recuperar un ritmo de desarrollo que se había amortiguado en los dos primeros años de la década de los 70. Es decir, si se limita la cuestión a una simple valoración cuantitativa —sin atender a otros aspectos relacionados con la calidad del crecimiento, sus principales objetivos y fines, o a las consecuencias que del mismo se derivan en torno a la satisfacción de las necesidades sociales de amplios sectores de la población—, se puede asegurar que 1972 admite pocas comparaciones con años anteriores, sobrepasando —con algunas excepciones, a las que se hará debida referencia— las previsiones más optimistas y marcando una nueva tendencia en la evolución del ciclo económico. Así, el *Producto Interior Bruto* durante 1972 se estima que ha alcanzado una tasa de crecimiento del 7,7 por 100 en términos reales, frente a un 4,6 por 100 en el año anterior, superando el 16 por 100 en términos monetarios (véase cuadro número 1); por lo que se refiere a sus principales componentes, el sector *industrial* ha registrado un crecimiento del 10,7 por 100 en términos reales, frente a un 3,9 por 100 en 1971; siguiéndole en importancia el conseguido por el sector *servicios,* que se estima en torno al 7,5 por 100, frente a un 4,9 por 100 en 1971; por último, contrastando con todo lo anterior, el *sector agrario,* a juzgar por los datos hasta ahora disponibles,

CUADRO NÚMERO 1

ESTIMACION DEL CUADRO MACROECONOMICO DEL AÑO 1972

	AÑO 1971 PORCENTAJE DE CRECIMIENTO			AÑO 1972 PORCENTAJE DE CRECIMIENTO		
	Real	*Precios*	*Monetario*	*Real*	*Precios*	*Monetario*
Oferta						
Sector primario	6,1	6,4	12,9	0,8	8,7	9,5
Sector agrario	6,7	5,5	12,6	0,7	8,5	9,3
Sector pesquero	0,9	15,5	16,5	2,2	11,0	13,2
Sector secundario	3,9	4,5	8,6	10,7	6,0	17,3
Sector industrial	4,7	4,0	8,9	11,2	6,1	18,0
Sector construcción	— 1,0	7,6	6,5	8,0	5,2	13,6
Sector servicios	4,9	9,5	14,9	7,5	9,2	17,4
PIB al coste de factores	4,7	7,3	12,4	7,7	8,0	16,3
Demanda						
Consumo privado	3,4	8,5	12,2	6,5	8,4	15,5
Consumo público	6,4	7,7	14,6	4,5	8,1	13,0
Formación bruta de capital	— 1,4	5,4	3,9	16,0	5,0	21,8
Exportaciones	14,5	6,1	21,5	15,0	7,0	23,0
Menos importaciones	0,6	6,4	7,0	20,0	5,0	26,0
P. N. B. a precios de mercado	4,6	7,8	12,8	7,5	8,0	16,1

FUENTE: Instituto Nacional de Estadística.

muestra una situación de estacamiento, registrando una tasa de crecimiento de sólo el 0,8 por 100 según el I. N. E., o un ligero retroceso según otras estimaciones, que afecta tanto a la mayor parte de las actividades agrícolas como a los principales sectores ganaderos.

Si éstas han sido, en resumen, las variaciones registradas en la *oferta,* que ponen de manifiesto sensibles desviaciones entre unos sectores y otros, en lo que se refiere a la *demanda* también se observan desigualdades notables en los respectivos ritmos de crecimiento de cada uno de los componentes, aunque manteniendo, todos ellos, tendencias fuertemente alcistas, a excepción del *consumo público,* que muestra un ligero retroceso respecto a 1971. Si se examinan de nuevo los datos del cuadro número 1 se observará que el componente más dinámico del proceso reactivador ha sido el fuerte ritmo imprimido a la recuperación de la inversión, cuyas diferentes fases están en el fondo de las oscilaciones del ciclo, de tal forma que, frente a un significativo descenso del 1,4 por 100 en la *Formación Bruta de Capital* en 1971, se registra en 1972 una tasa de crecimiento, en términos reales, del 16 por 100; tasa que recuerda por su importancia a la que imprimió una marcha sin precedentes al proceso de acumulación en los primeros años de la década de los 60. Por su parte, el *consumo privado,* que representa en torno al 67 por 100 de la demanda, muestra un ritmo más moderado de crecimiento, del orden del 6,5 por 100, lo que se debe, sin duda, a la fuerte erosión provocada por el alza de precios en la elevación de los salarios, ya que estos últimos suponen un 75 por 100, aproximadamente, de los gastos de los consumidores en bienes y servicios. Conviene, por tanto, retener este hecho, ya que, dada la tasa de crecimiento del consumo privado y habida cuenta de la elevación registrada en el índice general del coste de la vida, es prácticamente imposible que la masa de salarios reales, de la que todavía no se posee información suficiente para todo el año, haya superado la cota del 5,5 o 6 por 100; cota inferior, como puede comprobarse, a la alcanzada por el Producto Interior Bruto, lo que pone en peligro el mantenimiento del porcentaje de participación de los trabajadores en la Renta Nacional, hecho al que por su trascendencia y significación se le dedica, en el siguiente capítulo de esta misma obra, una especial atención. Por último, también por lo que hace referencia a la demanda, hay que destacar como otro de los rasgos más sobresalientes del año una nueva expansión, tan importante como inesperada, de las *exportaciones,* que se cifra, según el I. N. E., en torno al 15 por 100 en términos reales, aumento que ha sido incluso superior al registrado en 1971, año en el que el retroceso mostrado por el ritmo de actividad interior fue un incentivo importante para que las exportaciones se comportasen como la componente más activa de la demanda. No puede decirse lo mismo de 1972, y, sin embargo, las exportaciones, sobre todo las industriales, han sostenido, a pesar incluso de la devaluación del dólar y otras monedas a finales de 1971, su fuerte ritmo de expansión sin demasiadas dificultades *fortaleciendo la posición de la economía española con el exterior en un momento de auge y expansión de la demanda, lo que constituye la primicia de un cambio, que puede ser trascendental, respecto a lo ocurrido en los años 60.*

Pero esta primera y sucinta visión general de los resultados globales de 1972, donde apenas se introduce una mínima desagregación de sus componentes parciales, sólo queda completa con la información suministrada por otros indicadores coyunturales cuya referencia, independientemente de que después se examinen con mayor atención y detalle, resulta también obligada en un primer examen del acontecer del ciclo económico. Así, adelantando que no resulta fácil obtener una clara imagen —como señala el Informe *La economía española, 1972,* del Instituto de Estudios Fiscales, Ministerio de Hacienda— de la oscilación cíclica de una economía que, como la española, no se ha preocupado debidamente de mejorar y perfeccionar su espejo estadístico [1], conviene, no obstante, asumir también ese riesgo haciendo referencia a esos otros indicadores que van a permitir perfilar, con mayor nitidez, una primera imagen de la consolidación de un proceso reactivador de mayor alcance que en ocasiones anteriores.

En el cuadro número 2 se han seleccionado los indicadores correspondientes a *importaciones, producción industrial, desempleo, inversión aparente, precios al por mayor, coste de vida y reservas.* Como puede observarse, todos ellos muestran en su comportamiento un fuerte dinamismo que se traduce en un cambio sustancial en el perfil del ciclo económico respecto a 1971; cambio que viene a confirmar las previsiones apuntadas, hace ahora aproximadamente un año, por algunas entidades públicas y privadas [2]; lo que no podía decirse, por el contrario, en 1971, ya que, como se recordará, el

---

[1] Véase *La economía española, 1972.* Instituto de Estudios Fiscales. Ministerio de Hacienda. Madrid, 1972, pág. 25.

[2] Véase, a este respecto, la obra *La economía española, 1972.* Instituto de Estudios Fiscales. Ministerio de Hacienda. Madrid, 1972, págs. 69 y 55, donde se apunta, esta vez con gran acierto, las previsiones sobre la economía española en 1972; como también, aunque con desviaciones más sensibles, sobre todo en lo que se refiere al sector exterior, pero con evidente éxito, las que aparecen en el *Informe económico, 1971* del Servicio de Estudios del Banco de Bilbao, Bilbao, 1972, pág. 65.

CUADRO NÚMERO 2

INDICADORES ECONOMICOS

	1971	*1972*
Importaciones (tasa de crecimiento) (1)	4,4	25,9
Formación bruta de capital (íd.) (2)	— 1,4	16,0
Indice de inversión aparente (íd.)	— 0,4	21,0 (3)
Indice de producción industrial (íd.)	2,1	17,1 (3)
Desempleo (íd.)	29,6	— 25,1 (4)
Indice del coste de la vida (íd.)	9,7	7,3 (4)
Indice de precios al por mayor (íd.)	8,4	6,4 (4)
Nivel de reservas (5)	3.233,5	5.006,2

(1) Ministerio de Comercio.
(2) I. N. E. (estimación provisional).
(3) Tomados de «Indicadores Económicos». I. N. E. (período enero-noviembre).
(4) Tomados de «Indicadores Económicos». I. N. E. (diciembre 1972/diciembre 1971).
(5) Tomados de «Indicadores Económicos». I. N. E. (en millones de dólares).

proceso reactivador, anunciado oficialmente para dicho año, sólo se consolida, con evidente retraso, en 1972 [3].

En definitiva, con independencia de que más adelante se apunten otros aspectos que ayuden a precisar con mayor detalle dicha situación, conviene poner punto final a estas primeras reflexiones, y nada mejor para ello que realizar un breve resumen de lo apuntado hasta ahora, resumen que permita retener los rasgos más sobresalientes del año y, al mismo tiempo, trazar el esquema analítico de los principales epígrafes que serán abordados a continuación.

I. Quizá el hecho más destacado de 1972 —que explica en gran parte lo ocurrido durante el año— sea la fuerte tasa de crecimiento mantenido por la inversión, lo que ha imprimido al proceso de acumulación, sobre todo en las actividades industriales, una fuerza expansiva de alcance poco frecuente en los últimos años. Si se examina el cuadro número 3 se observa con toda precisión el importante salto que registra el índice de inversión en el primer trimestre del año, para consolidarse en meses posteriores; ello afecta especialmente a la inversión en bienes de equipo, cuyas diferencias respecto a 1971 explican el cambio de signo registrado en el perfil del ciclo económico.

[3] Véase J. MUÑOZ, S. ROLDÁN y J. L. GARCÍA DELGADO: *La economía española, 1971. Anuario del año económico*, Madrid, 1972, págs. 51 y 55.

CUADRO NÚMERO 3

INDICE DE INVERSION APARENTE
(Tasas de crecimiento sobre el trimestre correspondiente del año anterior)

	1969	*1970*	*1971*	*1972*
I trimestre	10,1	10,8	— 2,2	16,5
II trimestre	17,8	7,4	— 3,9	25,0
III trimestre	18,6	6,5	0,6	21,8
IV trimestre	17,1	0,3	3,5	-
a) *Edificación y construcción (ídem)*				
I trimestre	11,6	— 0,9	10,1	7,8
II trimestre	8,3	4,8	7,1	16,9
III trimestre	6,1	3,6	3,2	16,4
IV trimestre	6,1	5,9	4,2	—
b) *Inversión en bienes de equipo (ídem)*				
I trimestre	9,0	20,0	— 10,3	23,4
II trimestre	24,3	9,2	— 11,0	31,3
III trimestre	30,6	8,8	— 1,3	25,6
IV trimestre	25,4	3,3	3,0	—

FUENTE: Cálculos efectuados sobre datos suministrados por el Servicio de Estudios del Ministerio de Comercio.

El gráfico número 1, que muestra la evolución del índice de inversión aparente, con base 1962 = 100, permite calibrar adecuadamente todo lo que, a este respecto, se ha señalado. Por su parte, el gráfico número 2, que hace referencia a la evolución en porcentajes de crecimiento de la Formación Bruta de Capital, es un fiel indicador no sólo de la recuperación del ciclo en el pasado año, sino también de las fuertes oscilaciones, la ausencia de planificación, o la anarquía dominante en el proceso de desarrollo de estos últimos años.

II. Sin embargo, esta onda expansiva que ha acompañado a la aceleración de la demanda de inversiones no ha sido suficiente para que algunas actividades, como las relacionadas con el sector agrícola, se hayan desenvuelto adecuadamente, como consecuencia de las resistencias al cambio generadas en un sector cuyo retroceso, en 1972, ha puesto una vez más de manifiesto la escasa capacidad de respuesta de la oferta agrícola para adaptarse a las exigencias de una demanda

GRAFICO 1

INDICE DE INVERSION APARENTE

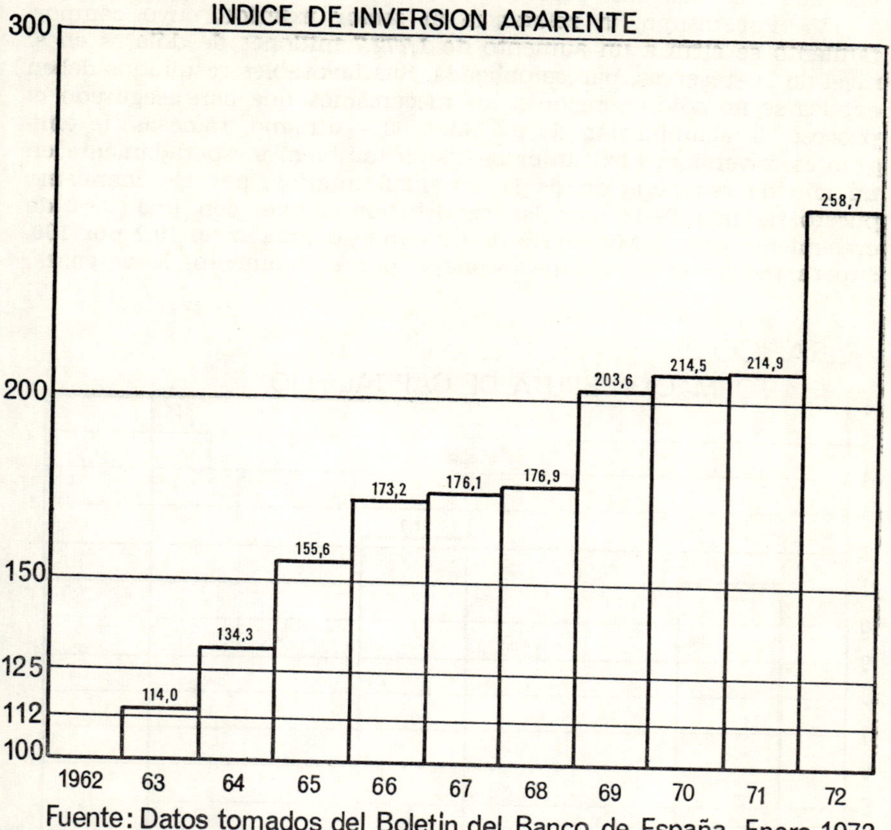

Fuente: Datos tomados del Boletín del Banco de España. Enero 1973. Madrid (datos de base del Mº de Comercio)

que vuelve a ser uno de los elementos más dinámicos de la economía española actual.

III. Sería difícilmente explicable que en un contexto semejante, donde coinciden la fase alcista del ciclo, la recuperación de la demanda, la rigidez de la oferta agrícola, etc., etc., las tensiones inflacionistas no se hubieran multiplicado a lo largo del año; tensiones que se han traducido, de hecho, en fuertes elevaciones de precios, cuyo más significativo exponente ha sido un crecimiento en el índice general del coste de la vida del 8,3 por 100, lo que ha supuesto un importante recorte en las ganancias salariales registradas durante el año.

IV. Por último, la referencia al sector exterior, cuyo comportamiento se cifra a un aumento de 1.772,7 millones de dólares en el nivel de las reservas, parece obligada. Sus favorables resultados deben explicarse no sólo en razón a los mecanismos que han asegurado el proceso de acumulación de los años 60 —turismo, remesas de emigrantes, inversiones extranjeras—, sino también, inesperadamente en un año de recuperación de la actividad interior, por el dinamismo puesto de manifiesto por las exportaciones, que, con una tasa de crecimiento que el Ministerio de Comercio estima en el 19,2 por 100, supera todas las previsiones y aleja, por el momento, la amenaza,

GRAFICO, 2

FORMACION BRUTA DE CAPITAL FIJO

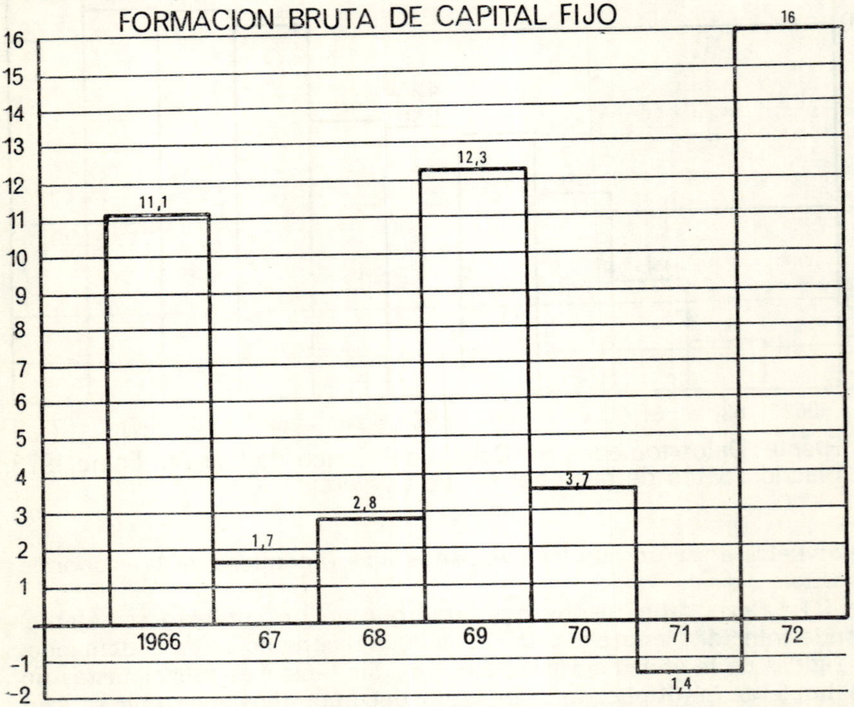

Fuente: Contabilidad Nacional de España (Datos a precios constantes)
1972: datos provisionales (INE) (Formación bruta de capital)

siempre presente al acentuarse el ritmo de expansión de la economía española —vía las importaciones—, de crecientes dificultades en la Balanza de Pagos, todo lo cual es fiel reflejo, en definitiva, de un importante cambio en relación a los años 60; cambio cuya continuidad va a exigir transformaciones o adaptaciones de índole no sólo económica, pero que elimina, a corto y medio plazo, los obstáculos tradicionales del crecimiento económico de los últimos años.

1.2. La expansión del sector industrial en 1972

En el informe correspondiente al pasado año [4] señalábamos que había sido el sector industrial el que se había visto más seriamente afectado por la debilidad de la demanda, el retroceso de las inversiones y el empeoramiento de las expectativas empresariales. En efecto, el índice de producción industrial, que tiene su inflexión en el último trimestre de 1969, aunque todavía en la primera mitad de 1970 registre tasas de crecimiento importantes (véase cuadro número 4), inicia una progresiva y rápida caída que se hace especialmente sensible en el cuarto trimestre de 1970 y en los dos primeros trimestres del año siguiente. Desde entonces, a partir del tercer trimestre de 1971, comienza una ligera ascensión, aunque su ritmo lento sea signo de desconfianza en muchos medios empresariales, donde la política económica del Gobierno es criticada abiertamente. Sin embargo, ya en 1972, el índice de producción industrial vuelve a recobrar plenamente la tendencia alcista de años anteriores (véanse los cuadros 4 y 5), siguiendo el movimiento de la demanda y el auge excepcional de

Cuadro número 4

AUMENTO RELATIVO DEL INDICE DE PRODUCCION INDUSTRIAL
(Porcentaje de variación respecto al mismo período del año anterior)

	1969	*1970*	*1971*	*1972*
I trimestre	13,5	9,9	2,4	17,7
II trimestre	15,9	10,8	1,2	17,9
III trimestre	18,0	6,8	6,7	13,9
IV trimestre	12,1	6,3	5,8	18,6

Fuente: Indicadores de coyuntura. Febrero 1973 (I. N. E.).

[4] Véase *La economía española, 1971,* op. cit., págs. 22 y ss.

CUADRO NÚMERO 5

INDICE DE PRODUCCION INDUSTRIAL

			PORCENTAJE SOBRE EL MISMO MES DEL AÑO ANTERIOR	
	1971	*1972*	*1971*	*1972*
Enero	229,2	266,4	1,4	16,2
Febrero	232,8	274,2	— 0,8	17,8
Marzo	244,4	290,9	6,4	19,0
Abril	239,3	280,6	— 3,7	17,2
Mayo	247,1	289,0	4,6	16,9
Junio	249,1	298,2	3,1	19,7
Julio	262,8	280,9	9,6	6,8
Agosto	191,8	221,9	7,4	15,7
Septiembre	249,4	292,1	3,2	20,0
Octubre	248,1	300,6	— 0,9	21,2
Noviembre	263,8	311,7	7,4	18,1
Diciembre	260,9	304,6	10,9	16,7

FUENTE: Indicadores de coyuntura. Febrero 1973 (I. N. E.).

las inversiones, que, estimuladas por las últimas medidas de política fiscal —en especial la desgravación de las cuotas del Impuesto de Sociedades e Industrial (cuota de beneficios) por importe de un 7 por 100 de las inversiones efectivamente realizadas hasta el 30 de junio de 1972—, rompen con el paso vacilante del ciclo industrial; ciclo que, esta vez a causa de la política crediticia impuesta en el segundo trimestre de 1970, con sus nocivos efectos, se había prolongado mucho más de lo deseable para muchas empresas. Con ello se da por sentado que la economía española contaba con unas amplias posibilidades de expansión, con un fuerte potencial de crecimiento —tal como señalábamos también en el informe del pasado año [5]— que sólo una desafortunada y torpe política económica podía dejar de aprovechar.

Los resultados de 1971 en el sector industrial confirmarían esas hipótesis. Pero como ha sido ampliamente difundido por el Ministerio de Industria, en pocas ocasiones en los últimos años la actividad industrial ha registrado tasas de crecimiento tan espectaculares como las de 1972; tasas que, evidentemente, son más acusadas en cuanto que el punto de referencia —el año 1971— registra un balance poco presentable, que no pasaría inadvertido en los medios empresariales.

[5] Véase *La economía española, 1971,* op. cit., págs. 51 a 53.

PRODUCCIONES BASICAS EN 1972
(sector industrial)

PRODUCTO	*Unidad*	*Año 1971 (Cifras revisadas)*	*Año 1972 (Cifras provisionales)*	*Porcentaje de incremento 1972/71*
Extractivas				
Hulla	Miles de Tm.	7.811	8.070	+ 3,3
Antracita	»	2.876	3.035	+ 5,5
Lignito	»	3.081	3.105	+ 0,8
Mineral de hierro	»	7.328	6.650	— 9,3
Piritas de hierro y cobrizas	»	2.390	2.175	— 9,1
Energía				
Energía eléctrica	G. W. h.	62.516	68.350	+ 9,3
Crudos petrolíferos destilados (1)	Miles de Tm.	35.114	37.675	+ 7,3
Metálicas básicas				
Lingote de hierro	Miles de Tm.	4.827	5.890	+ 21,9
Acero (2)	»	8.025	9.510	+ 18,5
Laminados	»	5.587	6.705	+ 20,0
Coque metalúrgico	»	4.067	4.390	+ 7,9
Aluminio (3)	Toneladas	125.848	140.070	+ 11,3
Cinc	»	86.500	95.850	+ 10,8
Cobre electrolítico y refinado	»	73.209	92.100	+ 25,8
Plomo	»	75.873	84.595	+ 11,5
Productos químicos				
Abonos nitrogenados (contenido en N_2) (4)	»	588.922	680.795	+ 15,6
Superfosfato de cal (expresado en P_2O_5)	»	264.957	285.095	+ 7,6
Sales potásicas-cloruro (contenido en K_2O)	»	508.640	535.595	+ 5,3
Acido sulfúrico 100 por 100 (incluido óleum)	»	2.068.918	2.559.250	+ 23,7
Sosa cáustica	»	280.031	273.870	+ 2,2
Carbonato sódico	»	346.159	366.235	+ 5,8
Carburo de calcio	»	203.707	210.835	+ 3,5

CUADRO NÚMERO 6 (continuación)

PRODUCTO	Unidad	Año 1971 (Cifras revisadas)	Año 1972 (Cifras provisionales)	Porcentaje de incremento 1972/71
Pastas de papel	Toneladas	1.185.902	1.531.000	+ 29,1
Papel y cartón	»	1.396.988	1.511.520	+ 8,2
Neumáticos (5)	Miles de cubiertas	14.263	17.285	+ 21,2
Material de transporte				
Buques entregados	T. R. B.	872.100	1.125.000	+ 29,0
Turismos	Unidades	448.527	602.820	+ 34,4
Vehículos industriales	»	79.221	94.510	+ 19,3
Tractores	»	17.450	25.475	+ 46,0
Motocicletas y motocarros	»	36.961	48.195	+ 30,4
Ciclomotores y bicicletas	»	381.785	474.175	+ 24,2
Textiles, fibras artificiales y calzado				
Hilados de algodón, fibrana y sus mezclas	Toneladas	139.670	143.860	+ 3,0
Tejidos de algodón, fibrana y sus mezclas	»	119.446	130.075	+ 8,9
Hilados de lana y sus mezclas	»	37.248	38.440	+ 3,2
Tejidos de lana y sus mezclas	»	36.408	37.100	+ 1,9
Rayón	»	21.192	20.325	— 4,1
Viscosilla	»	38.269	44.280	+ 15,7
Calzado de cuero (6)	Miles de pares	103.610	116.770	+ 12,7
Material de construcción				
Cementos artificiales	Miles de Tm.	16.993	19.510	+ 14,8

(1) Incluidos los crudos tratados en régimen de maquila.
(2) Excluido el material relaminable.
(3) Puro y refinado.
(4) Incluido el nitrógeno contenido en abonos complejos.
(5) Incluidos los neumáticos para tractores y especiales.
(6) Incluido el calzado con suela de goma (excluido sandalias y especiales).

Si se observa el cuadro número 6, puede apreciarse cómo en las principales producciones básicas se apuntan saltos importantes respecto a las cifras de 1971, que afectan, fundamentalmente, a la industria transformadora (material de transportes), productos químicos, metálicas básicas y algunos sectores exportadores. Entre todas las producciones recogidas en el cuadro número 6, que facilita el Ministerio de Industria, debe subrayarse —porque resulta significativo y habremos de ocuparnos de ello más tarde— que la mayor tasa de crecimiento corresponde, con un 46 por 100, a la producción de tractores; le siguen la de los vehículos de turismo (34,4 por 100); motocicletas (30,4 por 100); pasta de papel (29,1 por 100); buques (29,0 por 100); cobre electrolítico y refinado (25,8 por 100); ciclomotores (24,2 por 100); ácido sulfúrico (23,7 por 100); lingote de hierro (21,9 por 100); neumáticos (21,2 por 100); vehículos industriales (19,3 por 100); acero (18,5 por 100) y cemento (14,3 por 100), completando, en efecto, un cuadro que, considerado retrospectivamente, resulta, desde la óptica del crecimiento, difícilmente desmontable.

CUADRO NÚMERO 7

INVERSION INDUSTRIAL EN 1972

Sector	*1971*	*1972*	*Porcentaje variación*
Energía	54.740	59.340	+ 8,4
Minería (1)	7.671	8.370	+ 9,1
Siderurgia	14.500	14.400	— 0,7
Metalurgia	1.730	2.063	+ 19,1
Maquinaria, bienes de equipo y transformados metálicos	14.825	17.805	+ 20,1
Material de transporte	10.970	14.809	+ 35,0
Industria química	10.300	14.160	+ 37,5
Industrias textiles y confección	5.375	6.084	+ 13,2
Industrias alimentarias	6.825	7.262	+ 6,4
Madera, corcho y muebles	2.200	2.920	+ 32,7
Materiales de construcción	7.570	5.910	— 21,9
Industrias de la construcción	11.501	17.482	+ 52,0
Manufacturas diversas	2.810	3.265	+ 16,2
Varios	7.551	8.693	+ 15,1
TOTAL	158.568	182.563	+ 15,1

(1) Excluido el carbón, que está encuadrado en el sector de energía.

FUENTE: Ministerio de Industria.

En correspondencia con todo este proceso, y como reflejo de una coyuntura industrial alcista, se asiste a un notable crecimiento de:

a) Las *inversiones,* que para el conjunto del sector industrial registran un salto, en términos monetarios, del 15,1 por 100 (véase cuadro número 7), mientras que en 1971 esta variable experimentaba un ligero retroceso con respecto a 1970; salto que, en resumidas cuentas, al no producirse de forma alguna gradual, está explicando las fuertes oscilaciones a que está sometido el ciclo económico en los últimos años. Entre los sectores que registran tasas más importantes hay que destacar: material de transporte, industria química, industria de la construcción, madera y corcho y maquinaria.

b) Otro importante salto se detecta en el crecimiento de la *productividad;* así, la productividad por persona activa se ha elevado en un 9,2 por 100, frente a un 2,0 por 100 en 1971; la productividad por persona ocupada en un 8,5 por 100, y, por último, la productividad por hora de trabajo en un 9,8 por 100 (véase cuadro número 8).

c) El *empleo,* cuyo crecimiento se estima en torno al 2 por 100, tasa que no resulta excesivamente elevada —en 1969 se incrementó en un 3,2 por 100— y que viene a conectarse con lo ocurrido en el apartado anterior (véase cuadro número 8).

d) Los *precios industriales,* que, con el incentivo de una demanda en expansión y un mercado internacional al alza, han registrado una tasa de crecimiento del 6 por 100, superando, con ello, las de años anteriores e incidiendo con mayor impacto que en muchas ocasiones anteriores, aunque por debajo de otras actividades, en el proceso inflacionista que ha acompañado a la fase expansiva del ciclo en 1972 (véase cuadro número 8).

e) Por último, los *costes de personal,* que, según el Ministerio de Industria, se han elevado en torno al 14 por 100; elevación que ha debido ser compensada con creces a través de las alzas de precios o por los incrementos registrados en la productividad, a los que antes se ha hecho referencia.

En resumen, una primera información sobre el sector industrial que pone de manifiesto, desde la perspectiva del corto plazo, la superación de una fase depresiva, prolongada durante más de veinte meses, dando paso a la consolidación y fortalecimiento de otra expansiva, donde la mayor parte de las actividades industriales alcanzan cotas de crecimiento semejantes a las apuntadas en los primeros años de la década de los 60.

CUADRO NÚMERO 8

VARIACION PORCENTUAL DE LAS MAGNITUDES MAS REVELANTES DEL SECTOR INDUSTRIAL

	1969	*1970*	*1971* (1)	*1972* (2)
Producto Industrial Bruto a precios corrientes	15,8	11,4	8,4	17,3
Producto Industrial Bruto a precios constantes	11,6	6,3	3,7	10,7
Precios de los productos industriales (3)	3,7	4,8	4,5	6,0
Población activa industrial	2,3	2,0	1,7	1,4
Población ocupada en la industria ...	3,2	1,8	0,8	2,0
Utilización de la capacidad productiva	84,0	84,0	83,0	87,0
Productividad por persona activa ...	9,0	4,2	2,0	9,2
Productividad por persona ocupada	8,1	4,4	2,9	8,5
Productividad por hora de trabajo (4)	8,6	3,7	4,2	9,8 (5)
Costes totales de personal (4)	10,2	10,5	12,0	14,0 (6)
Coste por hora de trabajo (4)	8,7	14,6	13,6	15,0 (6)

(1) Cifras revisadas no definitivas.

(2) Cifras provisionales.

(3) Los índices de precios que aparecen en el cuadro son los que utilizan en la Contabilidad Nacional para el cálculo del Producto Industrial Bruto a precios constantes, incluida la construcción. Para el año 1972 se ha utilizado la información de precios del I. N. E., así como otras informaciones complementarias obtenidas por la Secretaría General Técnica del Ministerio de Industria.

(4) Excluida la construcción.

(5) Este índice se ha calculado por cociente entre el índice de variación del P. I. B. para los nueve primeros meses del año y el índice de variación de horas trabajadas —excluida la construcción— para nueve meses: último dato disponible.

(6) Datos correspondientes al primer semestre.

FUENTE: Ministerio de Industria.

1.3. EL CAMBIO DE ÓPTICA DE LOS EMPRESARIOS: LA ENCUESTA SOBRE LA COYUNTURA INDUSTRIAL

Viene a completar esta primera imagen del perfil del ciclo en el sector industrial durante 1972 la información suministrada por las encuestas empresariales realizadas por la Secretaría General Técnica del Ministerio de Industria. Así, en primer lugar, en lo que hace referencia al sector industrial, excluida la construcción, hay que destacar una progresiva mejora durante el año en la *cartera de pedidos* (véase cuadro número 9 y gráfico número 3), rebasando en el segundo trimestre del año el nivel considerado como normal, entrando de esta forma en una fase del ciclo (véase gráfico número 3) que en el último quinquenio sólo se alcanza entre los meses de marzo de 1969 y abril de 1970. Otro tanto ocurre con el proceso de salida de *stocks*, ininterrumpido a lo largo de todo el año 1972, logrando superar, a partir del mes de junio, el nivel considerado como normal, siguiendo una onda cíclica ligada a los movimientos de las restantes variables económicas. Si se observa el cuadro número 9 puede comprobarse cómo sólo en el espacio de unos pocos meses se ha producido un brusco cambio de tendencia, que revela la existencia de una demanda que en los últimos meses alcanza tasas extraordinariamente elevadas. Basta para ello señalar que, según los resultados de la encuesta de coyuntura industrial en el último mes de diciembre, sólo el 12 por 100 de los empresarios consideraba débil la cartera de pedidos frente a un 23 por 100 que la considera elevada, y un 65 por 100, normal; alcanzándose porcentajes de respuestas favorables en la mayor parte de las agrupaciones empresariales que no se habían rebasado desde que se inició la publicación de la citada encuesta del Ministerio de Industria. En definitiva, como también pone de manifiesto la Secretaría General Técnica del Ministerio de Hacienda [6], comentando los resultados de la encuesta para el tercer trimestre, la congruencia entre las diferentes respuestas es «prácticamente absoluta, lo que indirectamente revela la solidez de las expectativas empresariales con respecto a la fase de auge en la que se halla inmerso el sector industrial» [7], insistiendo también, entre otros aspectos destacables, en los que a continuación se relacionan:

— «La gran intensidad del auge inversor, según se pone de manifiesto al contemplar la evolución experimentada por los indicadores reales correspondientes, aparece también perfectamente reflejada en las respuestas a la Encuesta de Coyuntura Industrial. De hecho, es en el sector de bienes de inversión donde se ha producido una expansión más intensa de la demanda, expansión que no muestra todavía el menor síntoma de debilidad, al menos en lo que cabe deducir estrictamente de los datos de la encuesta» [8].

[6] Véase *Informe sobre la evolución económica* (tercer trimestre 1972). Ministerio de Hacienda. Madrid, 1972, págs. 9 y 55.

[7] *Ibídem*, pág. 10.

[8] *Ibídem*, pág. 10.

GRAFICO Nº 3

RESULTADO DE LA ENCUESTA DE COYUNTURA INDUSTRIAL
CONJUNTO DE LA INDUSTRIA (EXCLUIDO CONSTRUCCION)
(PORCENTAJE NETO DE RESPUESTAS)

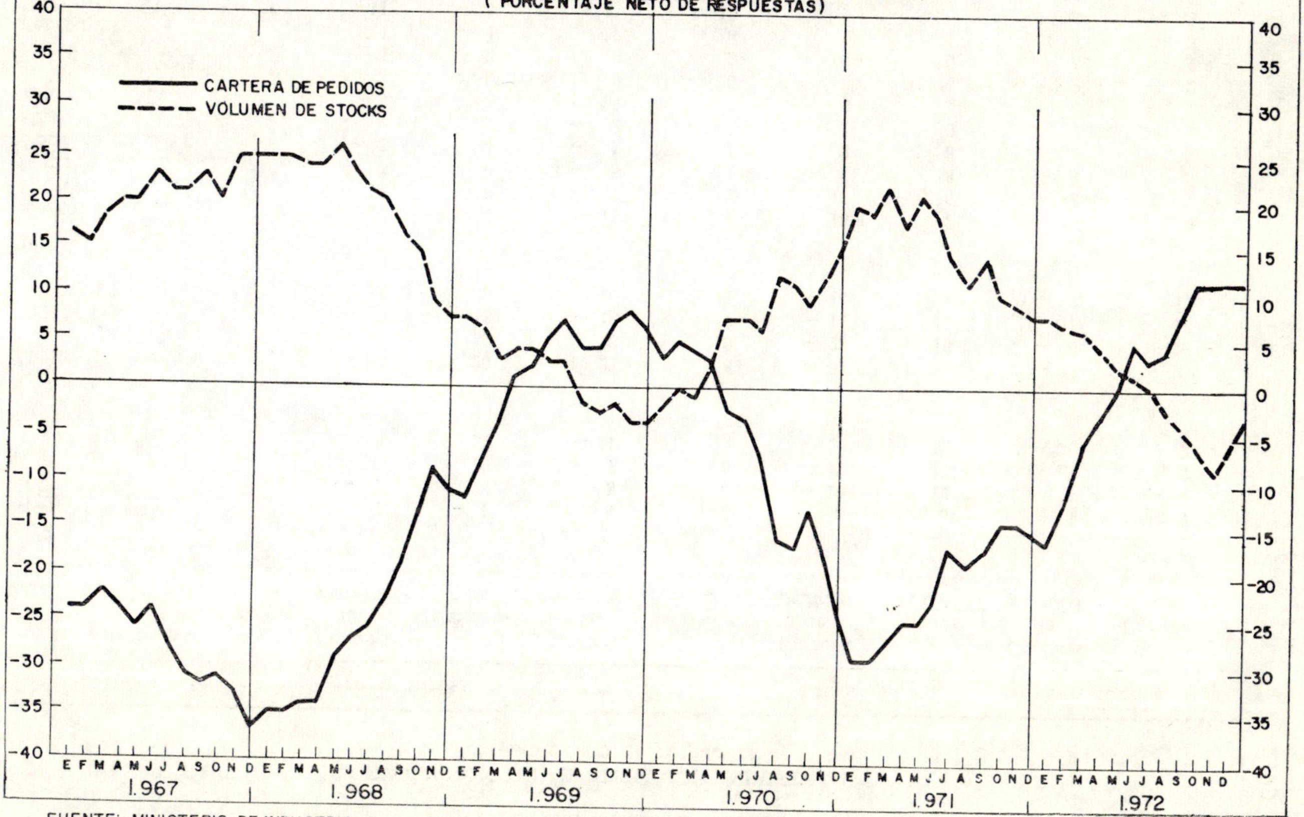

FUENTE: MINISTERIO DE INDUSTRIA

CUADRO NÚMERO 9

EVOLUCION DE LA SITUACION INDUSTRIAL
Porcentaje neto de respuestas

PERIODOS	TOTAL INDUST.		BIENES INVERS.		BIENES CONSUM.		BIENES INTERM.	
	Cartera de pedidos	*Existencias*	*Cartera de pedidos*	*Existencias*	*Cartera de pedidos*	*Existencias*	*Cartera de pedidos*	*Existencias*
1970								
Media I trimestre	4	— 1	9	— 2	— 8	5	15	— 7
» II »	— 1	5	8	3	— 10	12	4	— 1
» III »	— 13	10	— 7	8	— 17	12	— 13	7
» IV »	— 18	12	— 11	11	— 19	12	— 21	13
1971								
Media I trimestre	— 28	20	— 27	18	— 31	21	— 27	21
» II »	— 24	19	— 23	19	— 23	16	— 26	23
» III »	— 17	13	— 18	7	— 14	11	— 21	16
» IV »	— 14	9	— 16	11	— 10	4	— 18	13
1972								
Enero	— 16	7	— 15	1	— 18	7	— 15	9
Febrero	— 12	6	— 7	2	— 15	6	— 12	7
Marzo	— 6	6	— 5	1	— 6	8	— 8	5
Abril	— 3	4	— 1	1	— 3	8	— 6	3
Mayo	0	2	— 2	— 2	— 1	6	2	— 1
Junio	5	1	5	— 8	4	7	4	— 1
Julio	3	0	9	— 10	2	6	2	— 2
Agosto	4	— 3	6	— 9	2	0	6	— 4
Septiembre	7	— 4	17	— 10	2	1	7	— 3
Octubre	11	— 5	13	— 12	9	— 2	13	— 5
Noviembre	11	— 8	17	— 12	3	— 5	12	— 10
Diciembre	11	— 3	23	— 6	0	— 1	16	— 6

FUENTE: Ministerio de Industria. Encuesta de Coyuntura Industrial.

— «Aunque en la fase de recuperación el sector bienes intermedios reaccionó, como es lógico, con cierto desfase, en lo que va de año se ha integrado plenamente en el proceso de expansión. Al concluir el tercer trimestre, la cartera de pedidos de este último sector estaba también situada por encima del nivel normal, mientras que los *stocks*, por su parte, habían descendido, aunque ligeramente, por debajo de dicho nivel» [9].

Los datos del último trimestre de 1972 confirman, por lo demás, plenamente esta tendencia:

— «Esta no es sino la consecuencia lógica del continuo ascenso de la demanda. Todo parece indicar, sin embargo, que, en términos de tendencia, se ha alcanzado el tope máximo que impone la carencia, a efectos prácticos, de capacidad productiva ociosa. Por otra parte, cabe destacar que los porcentajes netos de respuestas se hallan situados a niveles típicos de las fases culminantes de ciclos anteriores, lo que resulta compatible con la notable expansión que ha experimentado la producción industrial» [10].

— «Las ya optimistas previsiones formuladas por los empresarios al concluir los trimestres primero y segundo acerca de los grados de utilización de la capacidad productiva en los trimestres segundo y tercero, respectivamente, se han visto, contra todo pronóstico, amplia-

CUADRO NÚMERO 10

UTILIZACION DE LA CAPACIDAD PRODUCTIVA EN LA INDUSTRIA

	1970				*1971*				*1972*			
Industrias de bienes de inversión	87	87	85	85	84	83	82	83	85	87	90	89
Industrias de bienes intermedios	86	86	86	85	84	85	84	86	87	88	91	90
Industrias de bienes de consumo	80	79	81	82	77	79	80	82	79	83	87	87
Industrial (total)	84	83	84	84	81	82	82	84	83	86	89	89

FUENTE: Informes sobre la Infrautilización de la capacidad productiva (series trimestrales), Secretaría General Técnica. Ministerio de Industria.

[9] *Ibídem*, pág. 10.
[10] *Ibídem*, pág. 10.

mente rebasadas. Aunque cabía esperar un nuevo *record* en el grado de utilización de la capacidad productiva en el tercer trimestre, el nivel efectivamente alcanzado (89 por 100) rebasa en nada menos que cuatro puntos el máximo histórico de la Encuesta»[11].

Si se atiende al grado de utilización de la capacidad productiva, también se confirman todos los hechos descritos. Así, el cuadro número 10 y el gráfico número 4 ponen de manifiesto la consolida-

GRAFICO 4

INFRAUTILIZACION DE LA CAPACIDAD PRODUCTIVA

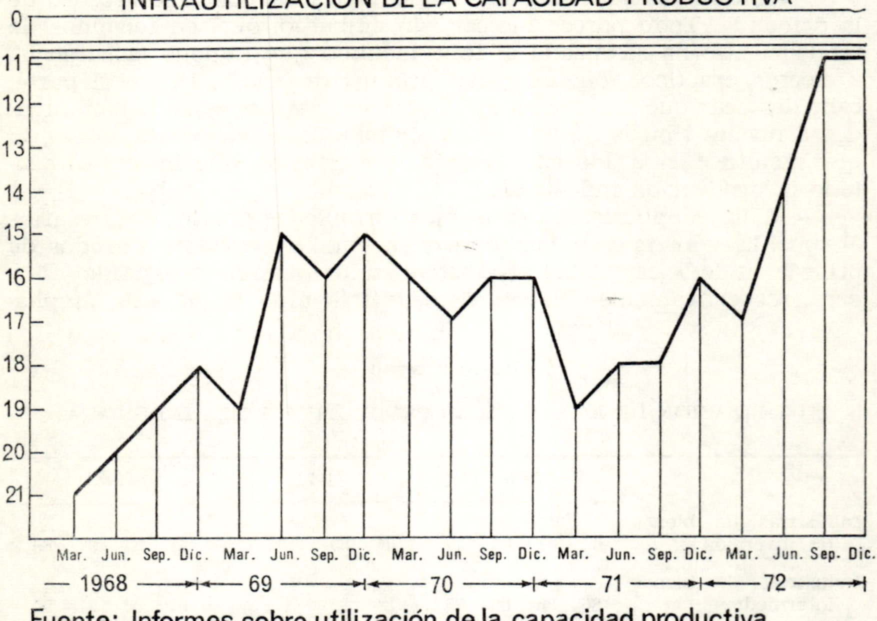

Fuente: Informes sobre utilización de la capacidad productiva. Secretaría General Técnica. Mº de Industria.

ción, tras una brusca recuperación, de la fase culminante del ciclo, lo que significa que los medios de producción se están utilizando casi al máximo de sus posibilidades, «ya que difícilmente se puede alcanzar en la práctica la plena utilización de la capacidad de producción,

[11] *Ibídem*, pág. 10.

como consecuencia de causas accidentales —tales como dificultades en el abastecimiento de materias primas, averías en el proceso productivo o desajustes laborales— que son imprevisibles e inevitables» [12].

Desde el punto de vista sectorial, es elevada la cartera de pedidos en la minería de hulla y lignito, con mejores perspectivas que años anteriores; en industrias de fibras de lana, algodón y artificiales; en confección y géneros de punto; en curtidos y tenerías; en madera y corcho; en industrias del mueble; en industrias químicas en general; en

GRAFICO 5

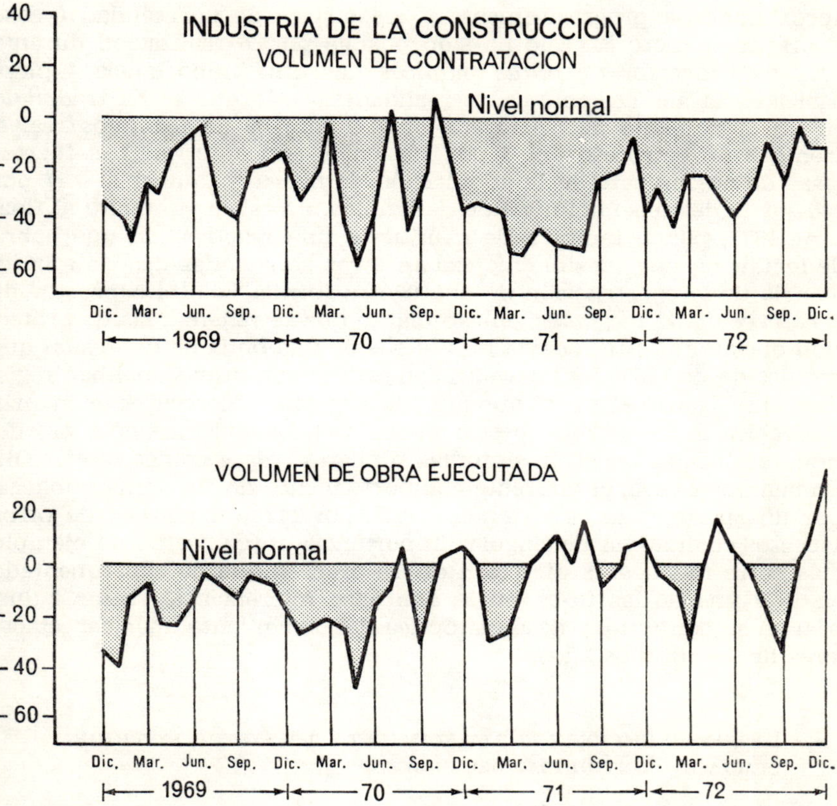

[12] Cf. *Informe sobre infrautilización de la capacidad productiva.* Cuarto trimestre 1972. Madrid, 1973. Ministerio de Industria, pág. 12.

industrias básicas del hierro y del acero; en material de transporte y en la metalurgia del cobre.

Por último, en cuanto al sector de la construcción, que sigue un dinamismo propio, aun manteniéndose el volumen de contratación a un nivel inferior al normal, muestra una evidente recuperación a lo largo de todo el año. Más acentuada parece la fuerte progresión, según la encuesta de coyuntura industrial de la Secretaría General Técnica del Ministerio de Industria, del *volumen de obra ejecutada,* cuya expansión afecta fundamentalmente al subsector de obras públicas, que supera la cota considerada como normal; en cuanto al *volumen de contratación* se observa también un fuerte incremento, aproximándose progresivamente a los niveles de normalidad (véase el gráfico número 5). Ello ha sido posible por la realización durante 1972 de proyectos de *obras públicas* de suma importancia —pieza básica de la actual «política de realidades»—, lo que se ha traducido en un crecimiento del sector de un 8,4 por 100 en términos reales, frente a un retroceso del 1 por 100 en el año anterior. Las fuertes tasas de crecimiento en la adquisición de nueva maquinaria —47 por 100— y el descenso del nivel de desempleo, excesivamente alto al finalizar 1971, ponen también de manifiesto una reactivación que habrá de incidir en una sensible mejora de otras actividades ligadas a la industria de la construcción de una u otra forma. Sólo el subsector de *construcción de viviendas,* en especial lo que se refiere a las de protección oficial, muestra todavía los efectos de una onda de depresión que arranca desde 1969: las viviendas con calificación provisional han registrado un ligero descenso, aunque con síntomas de recuperación más favorables en los últimos meses; en cuanto a las viviendas en construcción, también se registran síntomas similares (véase gráfico número 6). En cualquier caso, el diferente comportamiento de las obras públicas, por una parte, y de la vivienda social, por otra, al margen de otros aspectos cualitativos de singular importancia, revela, como un ejemplo más entre muchos, la dirección de un proceso que ha experimentado en 1972 una de las fases, en lo que hace referencia al sector industrial en su conjunto, y desde la óptica del crecimiento, más espectaculares de los últimos años.

1.4. La consolidación y fortalecimiento del sector exterior: hacia la continuidad del proceso

El proceso de crecimiento de la economía española, como el de la mayor parte de los países, ha estado siempre condicionado —y limitado— a través del sector exterior. En otros términos, el incremento

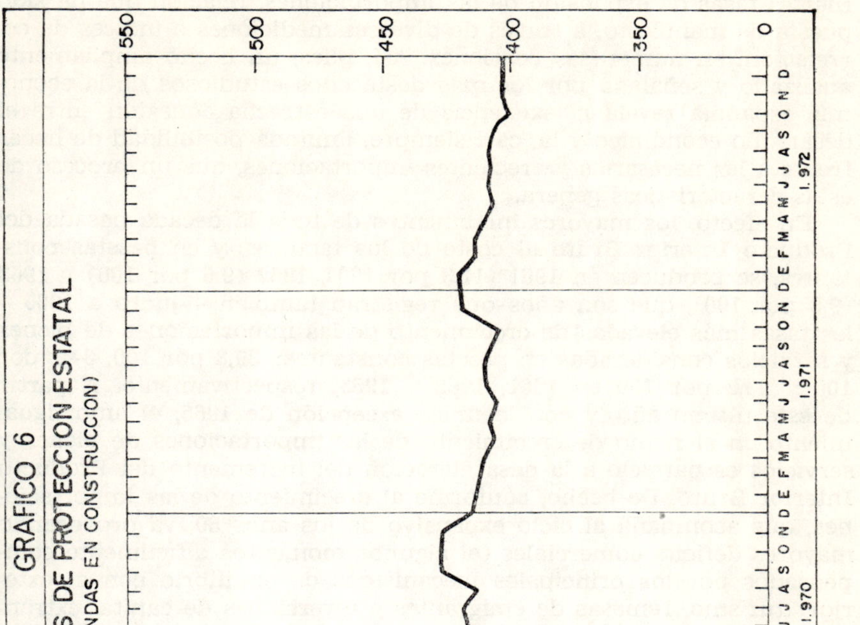
GRAFICO 6
VIVIENDAS DE PROTECCION ESTATAL
(VIVIENDAS EN CONSTRUCCION)
Miles de viviendas
550
500
450
400
350
0
E F M A M J J A S O N D E F M A M J J A S O N D E F M A M J J A S O N D E F M A M J J A S O N D
1.969
1.970
1.971
1.972
Fuente: MINISTERIO DE LA VIVIENDA

del producto industrial —y, en general, del Producto Interior Bruto—, con tasas semejantes, por ejemplo, a las de 1972, ha exigido siempre fuertes tasas de expansión de las importaciones, relación que ha sido puesta de manifiesto, a través de diversas mediciones e índices de correlación, en numerosas ocasiones. Así, pues, un hecho ampliamente analizado y señalado por los más destacados estudiosos de la economía española revela la existencia de una estrecha conexión entre el desarrollo económico y la, casi siempre, limitada posibilidad de hacer frente a las necesarias y crecientes importaciones, que un proceso de estas características genera.

En efecto, los mayores incrementos de toda la década pasada del Producto Interior Bruto al coste de los factores, y en pesetas constantes, se producen en 1961 (11,3 por 100), 1962 (9,6 por 100) y 1963 (9,5 por 100), que son años que registran también —junto a 1965— las tasas más elevadas de crecimiento de las importaciones de bienes y servicios consideradas en pesetas constantes: 39,8 por 100, 34,1 por 100 y 23,2 por 100 en 1961, 1962 y 1963, respectivamente. A partir de este último año, y con la única excepción de 1965, el amortiguamiento en el ritmo de crecimiento de las importaciones de bienes y servicios es paralelo a la desaceleración del incremento del Producto Interior Bruto. De hecho, conforme al crecimiento de las importaciones, que acompaña al ciclo expansivo de los años 60, va provocando mayores déficits comerciales (el algunos momentos difícilmente compensados por los principales mecanismos de equilibrio con el exterior: turismo, remesas de emigrantes e inversiones de capital extranjero), la política económica se ve obligada a contener progresivamente el ritmo de expansión, a costa de represar los deseos de crecimiento, tratando con ello, en definitiva, de reducir las importaciones y permitir superar los desequilibrios externos que llegan incluso a provocar la devaluación de 1967, dispositivo compensador, en último término, que, favoreciendo las exportaciones y limitando por sus más elevados precios las importaciones, permite la superación de una situación límite, imponiendo una nueva caída del signo monetario. De todo ello se deduce, entre otros extremos, que si bien la tasa media de crecimiento del Producto Interior Bruto ha sido importante a lo largo de toda la década de los años 60 (en torno al 7,5 por 100), durante la segunda mitad de dicho período el ritmo de expansión es mucho más lento, destacando el contraste de cerca de un 9 por 100 para el quinquenio 1961-65 y un porcentaje medio de incremento en torno al 6 por 100 para la segunda mitad de la década, en la que también se registran unos incrementos de las importaciones mucho más reducidos (27,6 por 100 de aumento medio anual entre 1961 y 1965 y sólo un 8,5 por 100 de 1966 a 1970), en correspondencia con la creciente amenaza de estrangulamiento del proceso de industrialización a través del sector exterior, ante las dificultades que van planteándose progresivamente, y de forma alternativa, en algunos de los mecanismos compensadores, antes señalados, de la Balanza de Pagos; reflejo, a su vez, de los estrangulamientos y limitaciones que se apuntan en algunos sectores productivos, cuya adaptación a las nuevas exigencias de funcionamiento de un sistema, donde se afirman definitivamente relaciones capitalistas de producción, deja mucho que desear. Es decir, sin ningún género de dudas, el sector exterior —vía unas importaciones crecientes de extrema rigidez— condiciona plenamente el proceso de crecimiento y explica tanto la afirmación del proteccionismo en la primera mitad del siglo —como necesidad frente a una expansión de las importaciones que las exportaciones apenas pueden compensar—, cuanto el desarrollo de los primeros años 60, cuando la articulación de nuevos mecanismos de equilibrio —turismo, remesas de emigrantes, etc.— permite mayores tasas de crecimiento de las importaciones que, a su vez, hacen posible la renovación de parte del equipo industrial, la introducción de una tecnología más moderna, la elevación de la productividad media y la rotura de estrangulamientos tradicionales que una economía marginada —y, al mismo tiempo, dependiente— del exterior difícilmente podía eludir. En definitiva, sea cual fuere la tasa de crecimiento deseada o prevista, sólo los mecanismos compensadores del crecimiento de las importaciones tienen la última palabra en cuanto a las posibilidades reales de expansión de una economía tradicionalmente mediatizada por unos recursos limitados, una agricultura atrasada, un mercado compartimentado y protegido, etcétera, que impedían la aceleración de un proceso de desarrollo, sólo tardía y bruscamente consolidado.

Así, puede decirse también, desde el final de los años 50, las crecientes posibilidades que abren los nuevos elementos compensadores permiten la iniciación de un proceso de acumulación que, como se ha visto, va progresivamente agotándose dejando de nuevo que el sector exterior limite o modere, de forma determinante, vía las importaciones —recuérdense las no lejanas medidas en torno al depósito previo—, un proceso que —debe reconocerse— durante los años 60 ha dado de sí mucho más de lo que en principio podía preverse, *y cuya principal explicación no está, como a veces se ha pretendido, en las reformas emprendidas o en los planes de desarrollo publicitariamente articulados, sino en la presencia de esos mecanismos de compensación que constituyen la pieza clave, el engranaje insustituible de la economía española en la última década.*

Pero incluso llega un momento en que todo eso ya no resulta suficiente: la devaluación del 67, la fase recesiva del ciclo que culmina en los años 1966-68, la corta duración de la recuperación de 1969, además de los hechos antes apuntados en torno a la tasa media de crecimiento de los períodos estudiados, revelan las limitaciones, en una perspectiva a corto plazo, de unos mecanismos que con tanta firmeza habían asegurado el proceso de acumulación y consolidación del capitalismo español en años anteriores. Cualquier diagnóstico de la situación explica el paso vacilante de la economía española en dichos momentos en razón a la amenaza incesante del sector exterior, conforme el necesario crecimiento de las importaciones, acentuado por la inflación (cuyo auge puede situarse en los años 1965 y 1966), obliga a la obtención de mayores recursos externos, superiores incluso a los que la marcha ascendente de los mecanismos de compensación, especialmente el turismo y las remesas de emigrantes, puede proporcionar.

En tales condiciones, se entra, con paso fluctuante y a cuestas con la amenaza de la Balanza de Pagos, en la década de los años 70. La contención del alza en el primero de dichos años está ligada, precisamente, a todo lo que anteriormente se ha apuntado, contención inevitable que da al traste con las posibilidades de expansión y sitúa a 1971 en una de las fases más depresivas del ciclo económico que se inicia con la devaluación de 1967. Pero, a partir de entonces, y de nuevo como si la Providencia estuviese al quite de las dificultades de la economía española, se asiste a otros cambios —difuminados en los primeros momentos, pero posteriormente delimitados con mayor nitidez— de singular importancia en el sector exterior; cambios que, de consolidarse definitivamente, van a abrir a la economía española —y sobre todo a la llamada política del crecimiento o «de realidades»— nuevas posibilidades, vastos horizontes, que, a corto y medio plazo, sólo el progresivo desfase entre el desarrollo económico que pueden acarrear y la organización político-institucional sobre la que se asientan, como se verá más adelante, puede resueltemente limitar.

¿En qué consisten tales modificaciones? ¿Cuál es la razón por la que el sector exterior, que tradicionalmente coarta las posibilidades de expansión de la economía española, deja de ser ahora un elemento condicionante? Como se ha señalado recientemente [13], «todos los análisis proyectivos de la economía española coinciden en la afirmación de que la situación de la Balanza de Pagos no será un factor condicionante del desarrollo económico español en un próximo futuro, o que, por lo menos, y dentro de unos límites ponderados, no va a

---

[13] Cf. Emilio de la Fuente: «El comercio exterior y el Mercado Común», en *Triunfo,* núm. 506, 10 de junio de 1972, pág. 16.

ser el tema central de la preocupación de las autoridades económicas, que en adelante centrarán su atención en el tema de la estabilidad de los precios». En efecto, a pesar del importante crecimiento que ha experimentado el P. I. B. en 1972 —un 7,7 por 100—, apoyado como siempre en la expansión de las importaciones, el sector exterior, lejos de registrar un retroceso paralelo en el nivel de las reservas, se ha comportado, contra todo pronóstico, de forma expansiva, señalando, al finalizar el año, un crecimiento, sobre el ya importante nivel de diciembre de 1971, de 1.772,7 millones de dólares, con lo

GRAFICO 7

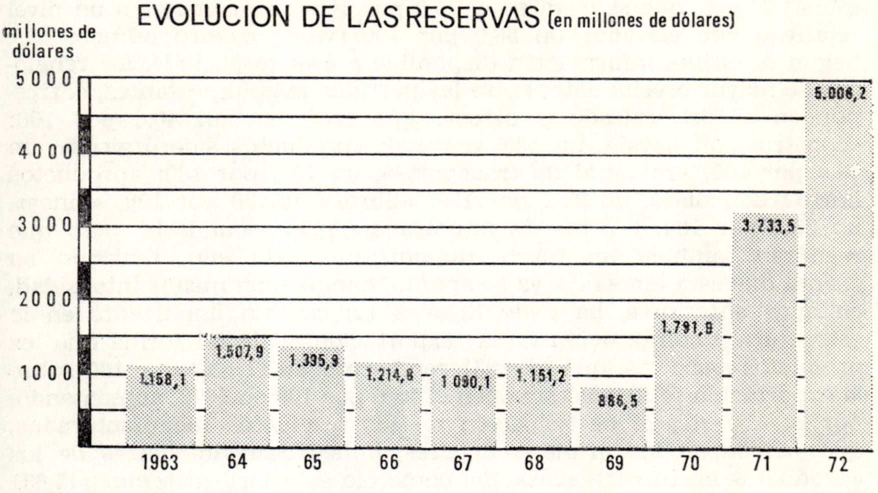

Fuente: Boletín Estadístico del Banco de España. Febrero, 1973.

que el volúmen total de reservas se eleva (véase gráfico número 7) a 5.006,2 millones de dólares, cifra que ofrece a la economía española —dada la capacidad de maniobra que una suma de tal cuantía permite, *sobre todo si la misma se sabe acompañar de una liberalización progresiva de importaciones*— muchas posibilidades para afrontar un proceso de acumulación semejante al de los primeros años de la década pasada, que permita satisfacer en condiciones ventajosas la creciente demanda de inversión y reequipamiento de muchos sectores productivos. En otros términos, el saldo de la Balanza de

Pagos ya no va a representar, a corto y medio plazo, un estrangulamiento de importancia, y «el déficit de la Balanza Comercial no va a ser la espoleta que promueva planes de estabilización» [14].

Diversos hechos van a explicar los cambios que se acaban de señalar:

I. La situación recesiva de la economía española en los años inmediatamente pasados obligó a muchos sectores industriales a buscar en el exterior unos mercados que la debilidad de la demanda interior no podía adecuadamente proporcionar. Pero llegado 1972, y acentuada la onda expansiva del ciclo, las *exportaciones*, sorprendentemente, continúan su ritmo ascendente, registrando el pasado año un crecimiento del 19,2 por 100 y permitiendo que la tasa de cobertura de las importaciones (a pesar de la lógica expansión de estas últimas, que se cifra en el 25,9 por 100) se mantenga a un nivel relativamente elevado: un 56,0 por 100 (véase cuadro número 11). Según la última información disponible a este respecto [15], los renglones de mayor crecimiento, entre las partidas más importantes, corresponden al de «calzado y otros», que crece en un 40,6 por 100; «construcción naval», un 58,6 por 100; «productos siderúrgicos», un 45,9 por 100; «material de transporte», un 19,0 por 100; «productos horto-fructícolas», un 23,2 por 100; «libros», un 20 por 100; «vinos», un 38,7 por 100, y otros de importancia más secundaria, pero que registran también un fuerte dinamismo. Todo ello, teniendo en cuenta que esta tendencia ya se apunta, aunque con menor intensidad, en años anteriores, ha dado lugar a un cambio importante en la estructura y composición de las exportaciones; de tal forma que los productos agrícolas, que en 1961 representaban el 53,7 por 100 sobre la exportación total, sólo suponen el 28,6 por 100 en 1972, aumentando, por otra parte, la participación de los productos manufacturados, que ya ocupan los primeros lugares, inmediatamente detrás de los «productos hortofructícolas», del comercio exterior: «calzado» (17.631 millones de pesetas); «barcos» (16.651 millones de pesetas), etc., etc. Así, se superan, en buena parte, los problemas derivados de la rigidez de las exportaciones agrícolas, ahora acentuados por la política proteccionista de los países importadores en el seno de la C. E. E.; por los efectos de la adhesión de Gran Bretaña a la C. E. E. y la adopción de la tarifa exterior común, que supone un considerable incremento de los aranceles actualmente vigentes; y, también, por la severa parquedad de las concesiones comunitarias a las exporta-

[14] Cf. «El comercio exterior y el Mercado Común», art. cit., pág. 16.

[15] Véase «El comercio exterior en 1972» (ed.), en *Información Comercial Española* (semanal), núm. 1.348, 1 de febrero de 1973, págs. 219 a 229.

CUADRO NÚMERO 11

COMERCIO EXTERIOR
(en millones de dólares)

	1968	*1969*	% *incre.*	*1970*	% *incre.*	*1971*	% *incre.*	*1972*	% *incre.**
Importaciones	3.522,1	4.333,0	20,1	4.747,2	12,1	4.963,1	4,7	6.601,0	33,0
Exportaciones	1.589,2	1.900,2	19,6	2.388,5	25,7	2.937,8	23,1	3.689,5	25,6
Déficit comercial	1.932,9	2.332,8	20,6	2.358,7	1,1	2.035,3	—	2.911,5	43,0
Coeficiente de cobertura	45,0	48,8	—	50,3	—	59,2	—	56,0	—

* Las tasas de crecimiento en pesetas son de 25,9 y 19,2 por 100, respectivamente (Ministerio de Comercio).

FUENTE: Boletín Estadístico del Banco de España y Ministerio de Comercio.

ciones agrícolas españolas, seriamente discriminadas, en relación a otros acuerdos firmados con países europeos o de la llamada, no sin cierta ironía, cuenca mediterránea (Grecia, Turquía, Marruecos, Túnez e Israel)[16]. Se puede afirmar, pues, que «las cifras del comercio exterior en 1972 no pueden menos de causar cierta impresión, tanto por los niveles absolutos alcanzados (...), como por sus tasas de crecimiento»[17]. Del lado de la importación, además, tal crecimiento «significa que se ha puesto a disposición de la economía española una importantísima masa adicional de recursos. Las cifras de importación de maquinaria (cerca de 1.400 millones de dólares) y de algunos otros renglones (como el de material de precisión y buena parte del de transporte) dan idea de en qué medida estos recursos se han dedicado a la inversión»[18].

II. Pero al sorprendente y sostenido incremento de las exportaciones de mercancías hay que sumar el de las «exportaciones invisibles», habiéndose elevado los ingresos por *turismo* de 385 millones de dólares en 1961 a 1.681 millones de dólares en 1970 y a 2.486,6 millones de dólares en 1972[19], registrándose en el pasado año un crecimiento próximo al 21 por 100. Por su parte, las «transferencias» (principalmente *remesas de emigrantes)*, que han aumentado en 1972 en un 20,7 por 100, aproximándose a los 1.000 millones de dólares, también siguen constituyendo un apuntalamiento decisivo de la Balanza de Pagos (lo cual, por otro lado, evidencia una contradicción insoslayable, como ya se ha puesto de manifiesto en varias ocasiones, con los objetivos convencionales del desarrollo o, si se prefiere, una peculiaridad altamente significativa del «milagro económico español», que sigue apropiándose los ingresos por este concepto, con todas sus implicaciones, cuando el nivel de reservas supera, como se ha apuntado, los 5.000 millones de dólares). Pero, si a ello se añaden también los ingresos de *capital a largo plazo*, que en 1972 se han vuelto a elevar bruscamente, experimentando un incremento del 67,7 por 100, producto, en parte, de crecientes inversiones extranjeras que acentúan la dependencia de la economía española; y, por último, los movimientos de *capital a corto plazo*, cuyas entradas están ligadas a la especulación derivada de la incertidumbre monetaria internacional, se explica, con suma facilidad, que durante un año de fuerte expansión económica, apoyada en crecientes importaciones de bienes de equipo,

---

[16] Véase, a este respecto, el interesante y completo trabajo publicado bajo el título «El comercio exterior español ante la ampliación de la C. E. E.» (ed.), en *Información Comercial Española*, núm. 464, abril 1972, Madrid, págs. 33-53.

[17] Cf. «El comercio exterior en 1972», art. cit., pág. 229.

[18] Cf. «El comercio exterior en 1972», art. cit., pág. 229.

[19] *Boletín Estadístico del Banco de España*, febrero 1973.

CUADRO NÚMERO 12

MECANISMOS DE COMPENSACION DEL DEFICIT COMERCIAL EN 1969 Y 1972
(en millones de dólares)

	1969							
I.	BALANZA COMERCIAL ... Importaciones: 4.233,0 Exportaciones: 1.900,2	— 1.871	BALANZA DE BIENES Y SERVICIOS	— 926	BALANZA POR CUENTA CORRIENTE	— 394	BALANZA BÁSICA ...	112
II.	BALANZA DE SERVICIOS (turismo)	945						
III.	BALANZA DE TRANSFERENCIAS ... ... (remesas de emigrantes)			532				
IV.	BALANZA DE CAPITAL A LARGO PLAZO					506		
	1972							
I.	BALANZA COMERCIAL ... Importaciones: 6.601,0 Exportaciones: 3.689,5	— 2.563	BALANZA DE BIENES Y SERVICIOS	— 255	BALANZA POR CUENTA CORRIENTE	651	BALANZA BÁSICA ...	1.473
II.	BALANZA DE SERVICIOS (turismo)	2.308						
III.	BALANZA DE TRANSFERENCIAS ... ... (remesas de emigrantes)			906				
IV.	BALANZA DE CAPITAL A LARGO PLAZO					822		

FUENTE: Balanza de Pagos de 1969 y Boletín Estadístico del Banco de España, febrero 1973. (Registro de caja de las operaciones con el exterior.)

materias primas, etc., etc., no se haya registrado un peligroso descenso de las reservas exteriores, descenso que hubiera exigido, sin duda, a estas alturas, una drástica contención del crecimiento.

III. Todo lo apuntado hasta ahora se traduce, en el complejo trasfondo de la Balanza de Pagos, en algunos cambios de singular importancia: así, si se examinan comparativamente los datos correspondientes al registro de caja de las operaciones con el exterior del I. E. M. E.[20] para el período enero-diciembre de 1972 y a la Balanza de Pagos de 1969, año que corresponde también, como se ha apuntado, a una fase de recuperación del ciclo económico, se observan sensibles diferencias, ligadas al margen de maniobra con que en uno y otro momento cuenta la política económica de cara a la posible continuidad del ciclo expansivo. En síntesis, estas diferencias son las siguientes:

a) Al examinar el cuadro número 12, el primer hecho a destacar es que tanto en 1969 como en 1972 se registra un fuerte déficit comercial, consustancial con las pretensiones de crecimiento económico: «La *balanza comercial* debe arrojar normalmente un saldo deficitario siempre que no sea tan elevado como para no ser cubierto con los superávits derivados de las remesas de emigrantes, el turismo y las entradas de capital»[21]. Sin embargo, en 1972 ese déficit —que, ante todo, es comparativamente menos elevado, dado el dinamismo mostrado por las exportaciones, que en el período 1969-1972 crecen al ritmo del 94,2 por 100, frente al 56 por 100 de las importaciones (véase cuadro número 13)— es reabsorbido en un 90 por 100, aproximadamente,

CUADRO NÚMERO 13

TASAS DE CRECIMIENTO DE LAS SIGUIENTES PARTIDAS DE LA BALANZA DE PAGOS:
(1969-1972)

Importaciones	56,0 por 100
Exportaciones	94,2 » »
Balanza de Servicios	144,2 » »
Balanza de Transferencias	70,3 » »
Balanza de capital a largo plazo	62,4 » »

FUENTE: Cálculos efectuados sobre datos del cuadro número 12.

[20] Se ha utilizado dicha información del *Boletín Estadístico del Banco de España*, febrero 1973, al no disponerse aún de los datos de la Balanza de Pagos de 1972.

[21] Cf. «El comercio exterior de España», art. cit., pág. 16.

por el superávit de la *Balanza de Servicios*, mientras que, en 1969, sólo lo era en un 50 por 100 (véase cuadro número 12). Es decir, en 1972 el déficit comercial, más manejable, es prácticamente compensado por los ingresos del turismo que, con anterioridad, ya han cubierto los saldos negativos de otras partidas de su propia Balanza de Servicios («fletes, transportes y seguros», «rentas de inversiones extranjeras y royalties», y «asistencia técnica») permitiendo, además, la obtención de un saldo favorable de 2.308 millones de dólares, frente a sólo 945 millones de dólares en 1969. En el gráfico número 8 puede

GRAFICO 8

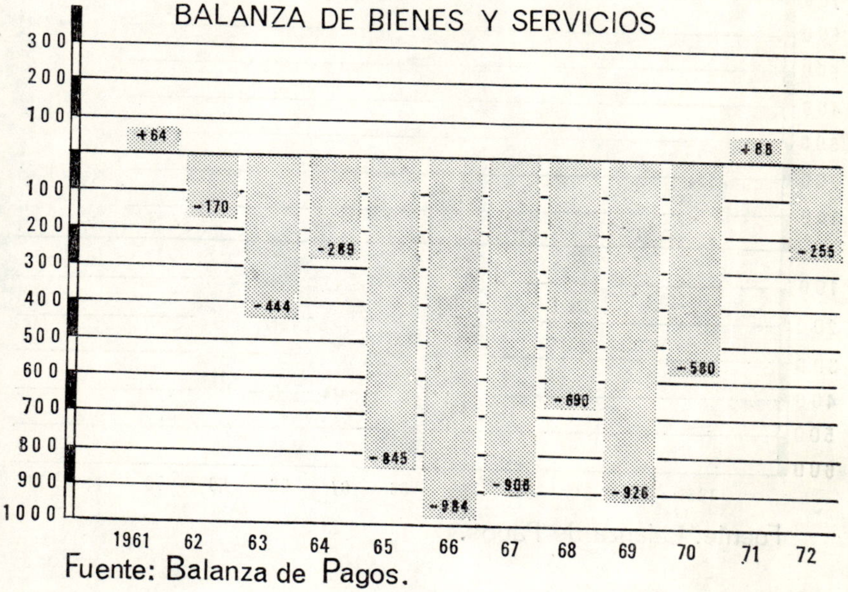

Fuente: Balanza de Pagos.

compararse, en efecto, cómo en 1972, a pesar de la fuerte tasa de expansión de las importaciones, la Balanza de Bienes y Servicios registra unos resultados mucho más favorables que en años anteriores, alejando la amenaza del déficit y favoreciendo la consolidación del sector exterior.

b) La *Balanza de Transferencias*, que incluye las remesas de emigrantes, compensa ya con creces, en 1972, el reducido déficit de la Balanza de Bienes y Servicios, lo que se traduce en un superávit por *Cuenta Corriente* de 651 millones de dólares, logro que quedaba al margen de las posibilidades de la economía española todavía en los últimos años de la década de los 60 (véase gráfico número 9): así, en 1969, se registraba un saldo desfavorable por cuenta corriente de cerca de 400 millones de dólares (véase cuadro número 2).

GRAFICO 9

BALANZA POR CUENTA CORRIENTE 1961-72

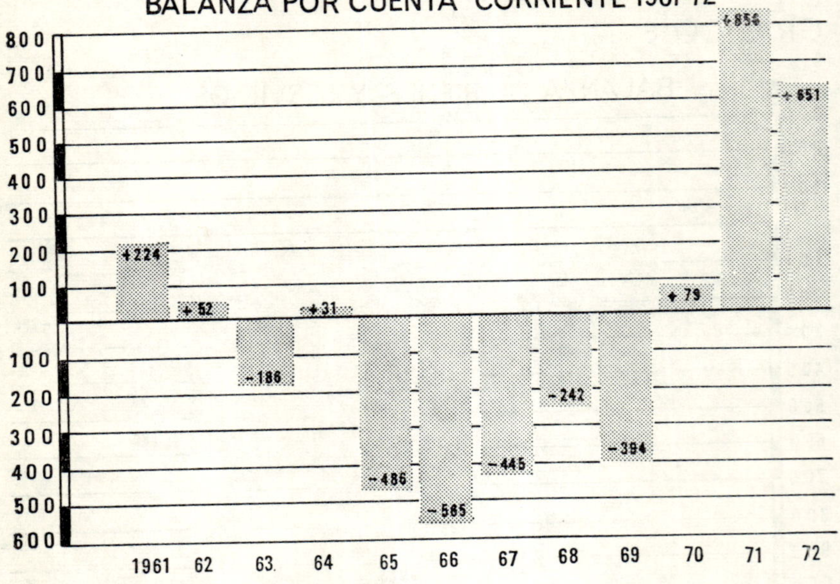

Fuente: Balanza de Pagos.

c) Por su parte, el saldo de la *Balanza de capital a largo plazo*, que registra los ingresos de las inversiones extranjeras, viene a sumarse, en 1972, al superávit de la *Balanza por Cuenta Corriente*, arrojando, por tanto, un saldo favorable en la *Balanza básica* de 1.473 millones de dólares. Por el contrario, en 1969, marcando una importante diferencia, aquellos ingresos todavía debían compensar el saldo deficitario de la *Balanza por Cuenta Corriente*.

d) Todo ello se resume en el cuadro número 13, que muestra las tasas de crecimiento entre 1969 y 1972 de las importaciones, así como de cada una de las partidas compensadoras, destacando el fuerte ritmo expansivo de las exportaciones y del saldo de la Balanza de Servicios —vía ingresos por turismo—, cuyo dinamismo y adaptación a las exigencias del crecimiento han favorecido la consolidación y fortalecimiento del sector exterior.

e) De ahí que la situación, de cara a las posibilidades reales de expansión, en uno y otro momento, sea muy diferente: así, mientras que en 1969 se apunta ya la inminencia de una serie de medidas para limitar el crecimiento de las importaciones con la consiguiente reducción del déficit comercial, en 1972 ese déficit es mucho menor, siendo prácticamente compensado por los ingresos turísticos, lo que puede permitir la continuidad del ciclo expansivo sin que la Balanza de Pagos sea, a corto plazo, el factor limitativo y condicionante del mismo.

f) La situación respecto a 1969 es también diferente en lo que hace referencia al margen de maniobra que permite el elevado nivel de reservas con que cuenta al terminar 1972 la economía española. Así, como puede observarse en el cuadro número 14, la relación reservas/importaciones asciende al 75,8 por 100, frente a sólo el 20,9 por ciento en 1969. Esta elevada

CUADRO NÚMERO 14

RELACION RESERVAS/IMPORTACIONES
(millones de dólares)

	1967	*1969*	*1971*	*1972*
Importaciones	3.483,6	4.233,0	4.963,1	6.601,0
Reservas	1.090,0	886,5	2.233,5	5.006,2
Relación reservas/importaciones ...	31,3	20,9	45,1	75,8

FUENTE: Boletín Estadístico del Banco de España y Ministerio de Comercio.

relación reservas/importaciones en 1972 es superior a la de la mayor parte de los países de la O. C. D. E. (Alemania federal, 62 por 100; Francia, 39 por 100; Reino Unido, 21 por 100; Italia, 33 por 100...). Y, en cuanto a su volumen, las reservas actuales alcanzan una cota muy próxima a la de todos los países de América Latina juntos.

En definitiva, todo parece indicar que los tradicionales desequilibrios de la Balanza de Pagos, una de las cuestiones que más problemas han planteado al crecimiento de la economía española en los últimos años de la década pasada, no van a seguir condicionando el proceso de acumulación en los próximos meses. De esta forma, las limitaciones a la continuidad del ciclo expansivo sólo están relacionadas, a corto plazo, con los siguientes factores:

a) Las tensiones inflacionistas internas, que pueden dar lugar a una agudización del conflicto social y provocar, de superar determinados límites, serias perturbaciones que alteren la marcha ascendente del ciclo económico.

b) La mayor interconexión, que se traduce en mayor dependencia, de la economía española con el exterior, que puede concretarse en una incidencia más acentuada de la crisis monetaria internacional o del proceso inflacionista que registran la mayor parte de las economías capitalistas más desarrolladas [22].

c) Las consecuencias que pueden derivarse —y he aquí uno de los aspectos de mayor trascendencia— de cualquier retraso en la incorporación de la economía española a la C. E. E.; retraso que pone en peligro la posición relativa de las exportaciones, que habrían de superar serias dificultades. En efecto, como se ha dicho recientemente, «el marco en el que se desenvuelven actualmente la mayor parte de nuestras exportaciones, al estar dirigidas a la C. E. E. ampliada, no es el más idóneo para asegurar fuertes tasas de crecimiento en los próximos años (...); todo ello implica, como podrá deducir el lector, la aceleración de un proceso de integración, que rebasa el ámbito exclusivamente económico, y donde las dificultades a superar pueden ser mucho más importantes» [23]. Y todo ello acentuado en la medida en que la previsible continuidad del ciclo expansivo debe acelerar las contradicciones que ya se manifiestan con intensidad entre un desarrollo económico creciente y un marco global institucional que es el resultado, simplemente trasladado en el tiempo, de una etapa anterior, a la que puso punto final, marcando con ello un hito importante, el Plan de Estabilización de 1959, cuando algunos de los principales grupos de intereses económico-empresariales tomaron conciencia de la incapacidad de la vía emprendida años atrás para afrontar definitivamente el proceso

---

[22] Véase «Perspectivas económicas mundiales» (ed.), en *Información Comercial Española* (semanal), núm. 1.347, 25 de enero de 1973, Madrid, págs. 155 a 157.

[23] Cf. «El comercio exterior y el Mercado Común», art. cit., pág. 19.

de industrialización, dando entrada, así, a una nueva orientación económica que, con paso vacilante y sin correspondencia a otros niveles, se afirma progresivamente en años siguientes. Pero, nadie lo ignora ya, un verdadero acercamiento al Mercado Común y la superación de las discriminaciones actuales que pueden dificultar las exportaciones exigen cambios y transformaciones de otro orden que, por el momento, sólo muy lejanamente se vislumbran, y ello no sin grandes dificultades y en medio de fuertes tensiones.

d) Por último, cómo no referirse también a que esas amplias posibilidades de expansión pueden ser desaprovechadas, como ha ocurrido en otras ocasiones, si se opta por medidas de política económica que supongan un desconocimiento previo de la fase por la que atraviesa el ciclo expansivo. Así, por ejemplo, sería especialmente grave una actuación sobre los precios vía la contención de los salarios, como si se saliese de la devaluación de 1967, o coartando las posibilidades de los convenios colectivos en una conyuntura alcista, medida que, aparte de otras consideraciones, contribuiría, sin duda, a un drenaje innecesario de la demanda, lo que terminaría repercutiendo desfavorablemente sobre las propias empresas. Por el contrario, teniendo en cuenta que no se presentan obstáculos desde el sector exterior, el mecanismo fundamental de actuación frente a las alzas de precios no es otro que la progresiva liberación de importaciones, hecho frente al que siguen oponiéndose, por parte de determinados sectores o grupos patronales, serias resistencias que pueden verse agudizadas durante 1973. Sin embargo, un nuevo paso en esta dirección, interrumpida hace unos años ante la amenaza del sector exterior, puede constituir a medio plazo el apuntalamiento decisivo de muchos sectores productivos, así como un importante instrumento de contención de las alzas de precios de los productos alimenticios. Los obstáculos que habrán de superarse en este sentido —teniendo en cuenta que gran número de actividades siguen articuladas en un marco frecuentemente proteccionista— son, como se ha señalado, importantes; pero si se renuncia a abrir un nuevo proceso de liberalización de las importaciones, es muy probable que se cometa uno de los más graves errores, desde el punto de vista de los propios intereses del sistema, de los últimos tiempos.

En cualquier caso, como se ha afirmado, «lo importante en esta hora, al filo ya de 1973, es constatar el consenso que parece existir no sólo ya en el elevado potencial de desarrollo de nuestra economía, cosa que nadie pone en duda, sino también en el momento presente de la misma»[24]. Potencial de desarrollo que está relacionado —y en ello conviene de nuevo insistir— con una coyuntura exterior favorable; con el desarrollo de unos sectores productivos o de servicios que no son, en su mayoría, los ligados tradicionalmente al capitalismo financiero español; con el bajo coste de la mano de obra —quizá la mercancía más competitiva que siempre ha ofrecido el mercado español: y considérese tanto su emigración al exterior como la posibilidad de obtener aquí productos o servicios a precios competitivos—; y, por último, con unas condiciones naturales, o de infraestructura, cuya incidencia, en tanto que generadoras de rentas de situación o definidoras de posiciones estratégicas bien delimitadas dentro del bloque occidental, ha sido también decisiva.

---

[24] Cf. «Crónica del otoño económico» (ed.) en *Información Comercial Española*, núm. 1.343, 28 de diciembre de 1973, Madrid, pág. 3313.

2. LA «OTRA POLITICA DE REALIDADES»

2.1. LA ACELERACIÓN DEL PROCESO INFLACIONISTA

Sin duda, las alzas de precios y la consiguiente aceleración del proceso inflacionista han sido también notas muy sobresalientes que han caracterizado la evolución del ciclo económico en 1972. En efecto, mientras no se demuestre lo contrario —y ello parece muy difícil—, la economía española en sus fases expansivas necesita acompañarse de una fuerte dosis de inflación que incida favorablemente en las expectativas empresariales. Como esto ya se sabe en los principales centros de decisión económica, es muy probable que no existan muchas preocupaciones, aunque se superen ampliamente los márgenes de elevación previstos en los Planes de Desarrollo, a este respecto, y que, por tanto, la actual política económica, en una sociedad donde predominan intereses de grupos o monopolios ligados a determinados sectores o actividades protegidas, esté fundamentalmente preocupada no tanto en evitar las alzas de precios —lo que sería una labor excesivamente altruista y perjudicial para los intereses del propio sistema, que asiste con ello a un gran proceso de acumulación—, como en acertar con una tasa de inflación suficientemente atractiva para la continuidad del proceso, pero sin rebasar determinados límites que llevasen a la economía española, por la multiplicación de conflictos, a situaciones de compromiso. De ahí, que la cuestión, o la preocupación fundamental, haya consistido en la búsqueda de la tasa de inflación que el sistema puede convenientemente tolerar sin poner en peligro un frágil equilibrio que casi siempre, en la década de los 60, solía resquebrajarse a través de la Balanza de Pagos. Así, ya en 1973, una publicación especializada en temas económicos señalaba a este respecto: «Pongamos las cosas en su sitio: la subida de los precios, tema crítico de nuestros días, no es, al fin y al cabo, una calamidad dramática que ponga en peligro la existencia de un sistema. Sin embargo, y para las reacciones, verbales y de otro tipo, que despierta, se parece mucho más a una calamidad de las que se conocieron en la Edad Media que a una dificultad de funcionamiento del sistema»[25].

En 1972 la tasa de inflación ha sido importante, sin que, por otra parte, se hayan planteado, como se ha señalado, problemas en la Balanza de Pagos, lo que permite un amplio margen de seguridad para que el proceso inflacionista continúe su línea ascendente durante 1973, como probablemente ocurrirá. Muy al contrario que en años anteriores, los desequilibrios que se producen ahora, en los años 70, en el sector exterior son de otra índole, habiéndose registrado tal incremento en las reservas de divisas, a pesar del creciente ritmo de actividad económica, que la peseta puede afrontar una nueva revaluación con respecto al dólor sin demasiadas dificultades. Todo ello quiere decir que la tasa de inflación, con ser importante, no ha afectado —tal vez porque las alzas de precios que también se han registrado en otros países no han alterado prácticamente el nivel relativo de precios— a la marcha de la economía española; aunque, eso sí, ha colocado a los perceptores de rentas fijas —y a muchos asalariados que cuentan con escasos mecanismos de defensa frente a la inflación—, y especialmente a aquellos que son retribuidos con pensiones de retiro, etc., etc., en situaciones próximas a la miseria o a la mendicidad. Y, con ello, no se pretende airear demagógicamente algunas situaciones extremas, sino responder a una realidad que también constituye un significativo y elocuente exponente, aunque de otro signo, del crecimiento económico, o de la «política de realidades», de estos últimos años.

Ahora bien, conviene a continuación preguntarse por cuáles han sido los principales rasgos, las notas más sobresalientes o los aspectos más polémicos de la inflación de 1972. Para ello, dada la extensión y complejidad del tema, se han seleccionado los siguientes puntos que, a modo de propuestas, pueden servir de tema de discusión o debate, no pretendiendo, en ningún caso, poner punto final a una cuestión que debe insertarse en un contexto mucho más amplio y que desborda los límites de este trabajo:

a) El primer hecho a destacar es que el índice general del coste de la vida ha experimentado una elevación media, según el I. N. E., del 8,29 por 100 (véase cuadro número 15) que, sumada a la del año anterior —un 8,2 por 100—, resulta un incremento considerable en un espacio de tiempo relativamente corto. Si se examina el cuadro número 15, destaca el alza regis-

---

[25] Cf. FERNANDO ROVAL: «Precios y márgenes comerciales», en *Actualidad Económica,* núm. 777, 3 de febrero de 1973, pág. 12.

trada en la componente alimenticia —9,1 por 100—, seguida de la de «vestido y calzado» —8,8 por 100— y de la de «gastos diversos» —8,1 por 100—; tasas que, en general, apenas tienen nada que ver con las previstas en el III Plan de Desarrollo, lo que tampoco constituye una novedad, ya que así ha ocurrido también en años precedentes.

Cuadro número 15

INDICE GENERAL DEL COSTE DE LA VIDA

	General	*Alimentación*	*Vestido y calzado*	*Vivienda*	*Gastos casa*	*Gastos diversos*
1971	116,9	113,9	121,6	112,6	115,5	124,0
1972	126,6	124,3	132,3	118,3	122,3	134,1
	8,3	9,1	8,8	5,1	5,9	8,1
Ponderación .	100,0	49,39	13,94	7,95	9,89	18,83

b) El alza de precios de los productos alimenticios merece una especial atención, debido a su alta ponderación en el índice general. Como se sabe, los productos alimenticios suponen el 49,39 por 100 de los que componen la cesta de la compra que sirve de base al cálculo del índice general del coste de la vida del I. N. E. Por ello, si se ponderan las elevaciones respectivas de cada una de las componentes del cuadro número 15 por su peso específico en el conjunto, resulta que de los 8,29 puntos que ha subido el índice general en 1972, 4,50 puntos —más del 50 por 100— corresponden a la elevación de la componente alimenticia. En el gráfico número 10 se recogen los resultados de dicha ponderación para 1972; resultados que ponen de manifiesto, una vez más, la incidencia dominante que tienen estas alzas de precios en el presupuesto familiar, aún fuertemente mediatizado, para amplios sectores de población con escasas rentas, por las compras de estos productos de origen agrario. Téngase en cuenta, a este respecto, que, además del bajo nivel retributivo de las pensiones, un 44,5 por 100 de la población asalariada percibe una remuneración inferior a 7.000 pesetas

GRAFICO 10

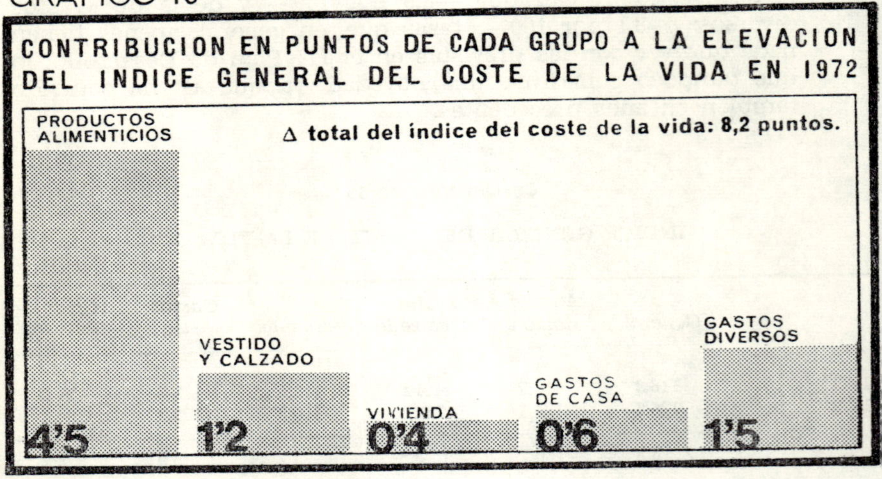

Fuente: Elaboración propia.

mensuales[26]. Por eso, a otros grupos del índice general (vestido y calzado, gastos diversos, etc.), a pesar de registrar también elevaciones importantes de precios, su baja ponderación les permite pasar más desapercibidos, sobre todo para aquellos presupuesto familiares que se aproximan más a la media general considerada por el I. N. E. para el cálculo del índice general del coste de la vida.

c) En el cuadro número 16 se recoge la contribución en puntos al incremento al índice general del coste de la vida de cada una de las componentes citadas (alimentación, vestido, etc.) durante el período 1962-72. Como puede observarse, sólo en 1963 y 1966 se superan, para la componente de la alimentación, la cifra de 1972. En general, entre 1962 y 1972 dicha componente alimenticia contribuye con 36,1 puntos del total de 76,6 puntos en que se evalúa el crecimiento del índice general, lo que supone un 47,1 por 100 del total. Es decir, casi la mitad del alza del coste de la vida en dicho período, considerado anualmente, se debe al incremento de precios registrados en los productos alimenticios.

---

[26] Véase *La Renta Nacional en 1971 y su distribución*, I. N. E., Madrid, 1972, página 82.

CUADRO NÚMERO 16

EVOLUCION DEL COSTE DE LA VIDA (1962-1972)

(Contribución en puntos al incremento del índice general)

	1962	*1963*	*1964*	*1965*	*1966*	*1967*	*1968*	*1969*	*1970*	*1971*	*1972*
Indice general	5,7	8,8	7,0	13,2	6,2	6,4	4,9	2,2	5,7	8,2	8,2
Alimentación	3,8	4,8	2,2	7,7	2,0	1,6	2,2	1,9	1,6	3,8	4,5
Vestido y calzado	0,8	2,0	2,4	2,4	1,7	2,0	0,7	0,5	1,7	1,2	1,2
Vivienda	0,5	0,3	0,3	0,8	0,5	0,5	0,5	0,1	0,3	0,5	0,4
Gastos de casa	0,2	0,7	0,6	0,7	0,3	0,4	0,3	0,1	0,6	0,7	0,6
Gastos diversos	0,4	1,0	1,5	1,6	1,7	1,9	1,2	0,6	1,5	2,0	1,5

FUENTE: «La Renta Nacional en 1971 y su distribución». I. N. E., Madrid, 1972, pág. 102; y elaboración propia para 1972.

Hechas estas primeras consideraciones, conviene preguntarse por las causas que han motivado estas fuertes alzas de precios de productos alimenticios, alzas que han contribuido en mayor medida que las restantes a la elevación del coste de la vida. Pero una primera aproximación a esta cuestión nos introduce en un tema polémico, dado que en los últimos meses se ha desencadenado una importante campaña que, utilizando diversos medios de difusión, ha pretendido trasladar intégramente la responsabilidad solidaria que en dichas elevaciones corresponde a determinados grupos de presión, a patronales ligadas al sector agrícola (F. O. R. P. P. A., etc.), o a la política sostenida por el Ministerio de Agricultura, hacia otras actividades económicas concertadas con el proceso de distribución de mercancías (intermediarios, asentadores, etc.), utilizando como principal argumento las fuertes diferencias de precios que se registran entre los mercados de origen y los centros comerciales de las grandes aglomeraciones urbanas. Ello merece, por lo tanto, aunque no se desee entrar en este tipo de polémica, una ordenada y sistematizada discusión:

a) Hay que empezar por señalar que los últimos datos disponibles registran en los nueve primeros meses de 1972 un aumento de *los precios percibidos en origen por los agricultores,* sobre el mismo período del año anterior, que se eleva, nada menos, que al *12,9 por 100,* mientras que los precios pagados por los agricultores registran, para el mismo período, un incremento de sólo el 1 por 100, todo ello según datos elaborados por los servicios estadísticos del Ministerio de Agricultura.

b) Esa fuerte elevación de los precios en origen se ha traducido, guardando una estrecha correlación, en un crecimiento medio de los *precios al por mayor* de los productos alimenticios, para el mismo período de tiempo, del *8,7 por 100,* según datos del Instituto Nacional de Estadística.

c) En un tercer escalón, siguiendo los movimientos de los precios en origen y al por mayor, *los precios al consumo de los productos alimenticios,* que recoge el índice del coste de la vida (véase cuadro número 15), se han elevado, en el mismo período, en un 9,4 por 100.

d) En resumen, como se observa en el gráfico número 11, no se aprecian sensibles diferencias entre los diferentes escalones del proceso, lo que pone de manifiesto una traslación lineal de las alzas de precios registradas en origen hacia el consumidor, lo que no deja lugar a demasiadas dudas sobre la cuestión que se trata de clarificar.

No tratamos con todo ello de ignorar las fuertes diferencias que, a lo largo de este proceso, se producen entre los precios en origen y al consumidor. Pero estas diferencias, que son importantes para muchos productos alimenticios, han existido también en años pasados y son consecuencia tanto de una estructura comercial atrasada y deficiente, con múltiples fases, como de la existencia de importantes grupos y oligopolios que controlan la distribución de los productos

GRAFICO 11

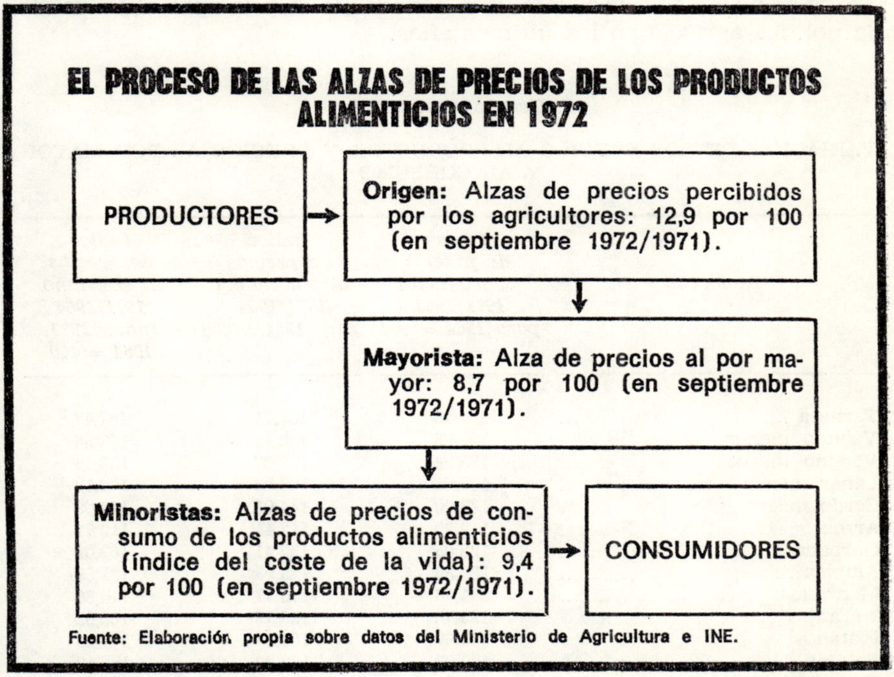

en los mercados centrales de las grandes ciudades. En consecuencia, los márgenes comerciales (y restantes elevaciones) que se generan entre el productor y el consumidor explican sólo las fuertes diferencias de precios que se producen entre ambos, pero de ninguna manera pueden justificar unas tendencias alcistas, o una variación a corto plazo, cuando ha quedado demostrado que dichas alzas están relacionadas con las elevaciones de precios que se han registrado en origen, al nivel de los precios percibidos por los agricultores. Así, los canales de comercialización pueden explicar las diferencias que se producen en el precio del vino, por ejemplo, entre productor y consumidor, pero si se registra una importante subida en el precio que perciben los viticultores —como ha ocurrido en 1972— no serán en tal caso los intermediarios, precisamente, los responsables directos de la misma. Por todo ello, imputar las alzas de precios —en lugar de las diferencias— a los márgenes de comercialización carece, a juzgar por los datos suministrados, de la más mínima justificación y sólo puede entenderse como una cortina de humo que trata de disimular la apropiación de un excedente, que constituye el principal objetivo de la política agrícola en los últimos años.

CUADRO NÚMERO 17

VARIACION DE LOS PRECIOS AL PRODUCTOR Y PRECIOS AL POR MAYOR Y AL CONSUMO

PRODUCTOS	*Indice de precios al productor 1971/1964 para 1964 = 100*	*Indice de precios al por mayor 1971/1964 para 1964 = 100*	*Indice de precios al consumo 1971/1964 Indice 1971, 1964 = 100*
Ternera	154,75	167,71	167,47
Vacuno menor	158,65	158,14	163,56
Vacuno mayor	135,08	157,87	158,14
Lanar menor	169,65	193,03	176,10
Cerdo magro	137,70	144,06	144,08
Arroz	110,20	112,41	110,71
Garbanzos	182,05	182,41	162,09
Alubias	130,59	128,95	131,59
Manzanas	134,48	145,77	110,86
Naranjas	123,70	150,73	168,92
Plátanos	163,69	165,26	147,13
Patatas	120,93	129,20	186,42
Tomates	144,79	144,73	140,20
Aceite de oliva	139,67	128,49	126,12
Huevos	123,21	122,76	115,00
Leche	144,16	141,94	146,02
Mantequilla	151,90	145,33	128,08
Queso manchego	199,10	189,73	168,07
Azúcar	119,67	100,80	103,22
Vino común tinto	168,27	168,12	150,07

FUENTE: Elaborado por la S. G. T. del Ministerio de Comercio, sobre datos del Ministerio de Agricultura, I. N. E. y C. A. T.

Si en lugar de un solo año —1972— se considera un período más amplio —1964-1971—, como ha realizado oportunamente el boletín semanal de *Información Comercial Española*[27] (véase cuadro número 17), los índices de precios al productor, al por mayor y al consumidor alcanzan, para la gran mayoría de los productos seleccionados, niveles similares al finalizar el período. De ser los márgenes comerciales los responsables de las alzas de precios, la primera y segunda columnas que recogen el índice medio de precios al productor y al por mayor, respectivamente, recogerían índices o tasas de crecimiento (véase cuadros números 17 y 18) más moderados que los que se con-

CUADRO NÚMERO 18

VARIACION DE LOS PRECIOS AL PRODUCTOR, MARGENES MAYORISTAS Y MARGENES MINORISTAS, 1971-1964

PRODUCTOS	NACIONAL *Precio productor 1971/64 en porcentaje*	*Margen mayorista 1971/64 en porcentaje*	*Margen minorista 1971/64 en porcentaje*
Ternera	+ 54,75	+ 8,37	— 0,15
Vacuno menor	+ 58,65	— 0,33	+ 3,42
Vacuno mayor	+ 35,08	+ 16,87	+ 0,17
Lanar menor	+ 69,65	+ 13,78	— 8,78
Cerdo magro	+ 37,70	+ 4,61	+ 0,13
Arroz	+ 10,20	+ 2,00	— 1,52
Garbanzos	+ 82,05	+ 1,97	— 11,14
Alubias	+ 30,59	— 1,26	+ 2,04
Manzanas	+ 34,48	+ 8,39	— 23,95
Naranjas	+ 23,70	+ 21,85	+ 12,06
Plátanos	+ 63,79	+ 0,80	— 10,98
Patatas	+ 20,93	+ 6,83	+ 44,28
Tomates	+ 44,79	— 0,05	— 3,13
Aceite de oliva	+ 39,67	— 8,01	— 1,85
Huevos	+ 23,21	— 0,37	— 6,33
Leche	+ 44,16	— 1,51	+ 2,83
Mantequilla	+ 51,90	— 4,30	— 11,90
Queso manchego	+ 99,10	— 4,71	— 11,42
Azúcar blanquilla	+ 19,67	— 15,77	+ 2,40
Vino común tinto	+ 68,27	— 0,09	— 10,74

FUENTE: Elaborado por la S. G. T. del Ministerio de Comercio, sobre datos del Ministerio de Agricultura, I. N. E. y C. A. T.

[27] Cf. «Coste de la alimentación y márgenes comerciales», en *Información Comercial Española* (semanal), núm. 1.330, 28 de septiembre de 1972, Madrid, página 2454.

tienen en la columna tercera. Sin embargo, como afirma I. C. E. y puede comprobarse en el cuadro número 18, «para el conjunto nacional se observa que los incrementos en los precios al consumo han venido, básicamente, determinados por el incremento en los precios percibidos por los productos». Esto puede decirse, básicamente, para los siguientes alimentos: ternera, vacuno menor, cerdo magro, arroz, garbanzos, alubias, manzanas, plátanos, tomates, aceite de oliva, huevos, leche, mantequilla..., de tal forma que «sólo existen dos productos respecto a los que puede afirmarse que el incremento de los precios al consumo ha venido determinado básicamente por los incrementos en los costes de comercialización; son naranjas y patatas»[28] (véase la tercera columna del cuadro número 18); y concluye: «en base a las estadísticas disponibles, no tiene confirmación la tesis que afirma la responsabilidad primordial de los comerciantes mayoristas y minoristas por el encarecimiento de los productos alimenticios. Lo cual, por supuesto, no quiere decir que el importe absoluto de los márgenes comerciales no refleje en la generalidad de los casos la muy deficiente estructura comercial detallista de nuestro país»[29].

Pero, al margen de estas consideraciones, existen otros hechos que vienen también a confirmar, en 1972, la tesis apuntada con anterioridad. En efecto:

a) En el pasado año la agricultura ha registrado un estancamiento que, si bien se atribuye a las condiciones climáticas, es tanto más grave si se tiene en cuenta que en el período 1962-1971 la tasa de crecimiento media del sector agrario, en su conjunto, ha sido 2,2 por 100, a precios constantes, frente a un 8,5 por 100 y un 6,7 por 100 de los sectores industrial y de servicios, respectivamente[30]. Dicho estancamiento es el resultado, también, de sensibles retrocesos en algunas producciones de singular importancia: así, por ejemplo, la producción de carne ha experimentado un descenso en el período enero-octubre, según los últimos datos disponibles, del 2,7 por 100 sobre el mismo período del año anterior; descenso que ha debido originar perturbaciones de toda índole en el abastecimiento del mercado, dando lugar a elevaciones en los precios, como ya ocurrió —y de manera espectacular— en 1971.

b) No obstante, podría argumentarse, a este respecto, que

---

[28] Cf. *Ibídem*, pág. 2454.

[29] *Ibídem*, pág. 2454.

[30] Véase *La Renta Nacional en 1971 y su distribución*, Instituto Nacional de Estadística, Madrid, 1972, pág. 44 (datos de base: Contabilidad nacional).

la disminución de la oferta interior ha sido paliada con una política activa de importaciones, pero éstas, a pesar de ser importantes —9,8 miles de millones de pesetas—, no han sido siempre las necesarias y exigidas por la demanda, ya que, en resumen, las citadas importaciones han permitido elevar el nivel de disponibilidades anuales de este producto en un 5 ó 6 por 100; aumento a todas luces insuficiente, sobre todo si se tiene en cuenta, por una parte, la recuperación de la demanda habida en 1972, y, por otra, la elevada «elasticidad-renta» de este producto, lo que hubiese exigido un incremento de las disponibilidades internas del orden de un 10 o un 12 por 100.

c) No obstante, se podrá también argumentar, en última instancia, como siempre, que los elevados precios agrícolas son la única defensa de los pequeños agricultores, e inmediatamente se hará referencia a la crisis de agricultura tradicional. Pero la crisis de esa agricultura se presenta con una doble polarización muy significativa: por un lado, unas explotaciones inviables que la propia expansión del mercado ha puesto —vía costes— en situación marginal y, por otro, unas grandes explotaciones que han iniciado un proceso de mecanización y reconversión cuya importancia sería necesario investigar. En consecuencia, al mismo tiempo que muchos campesinos atraviesan por situaciones críticas y se ven desplazados de sus lugares de trabajo, otros, gran parte de ellos ubicados en las grandes zonas del antiguo latifundio, se apropian del excedente que genera una política proteccionista y de sostenimiento de precios. Algunos datos, que reflejan lo ocurrido en 1972, son concluyentes a este respecto:

— La importación de bienes de equipo para la agricultura, según un reciente trabajo de *Información Comercial Española* [31], se ha incrementado en el primer semestre del año en un 91 por 100.

— Durante 1972, según el anuncio hecho por el Ministerio de Industria, el subsector que ha registrado una tasa de crecimiento más elevada ha sido la producción de «tractores» —un 46 por 100—, y ello en un año de fuerte tasa de crecimiento industrial, que recuerda, en muchos aspectos, a los primeros años de la década de los 60.

— Los salarios agrícolas, por último, aparte de situarse en los más bajos niveles de la escala, han registrado en 1972

[31] Véase «Coyuntura económica española» en *Información Comercial Española,* número 469, septiembre 1972, Madrid, pág. 42.

una tasa de crecimiento más moderada que en las restantes actividades, llegando apenas a absorber las alzas de precios.

En definitiva, la crisis agrícola no afecta por igual a todos los agricultores: ¿cómo no van a registrarse, por ejemplo, sensibles diferencias entre explotaciones trigueras marginales de Castilla, con rendimientos que no superan los 8 ó 9 quintales métricos por hectárea, y las grandes explotaciones de la vega del Guadalquivir o de zonas de regadío dedicadas aún a la explotación de dicho cultivo, con rendimientos que rebasan los 35 quintales métricos por hectárea? ¿Cómo no ampliar estos ejemplos al maíz, la cebada, la remolacha, etcétera? ¿Cómo incluir, en definitiva, en la misma problemática a unos y otros? De hecho, incluirlos en la misma problemática significa reducir la política agrícola, en su significación esencial, a una política de precios de sostenimiento; política que viene a acentuar, todavía más, las diferencias que en el contexto de la crisis de la agricultura tradicional introduce el proceso de mecanización ante la consiguiente elevación de los costes. Podría concluirse que, de alguna forma, la orientación ciegamente proteccionista y toscamente articulada de la actual política de precios, además de perjudicar a los consumidores de manera ostensible, producir continuos excedentes de productos de baja elasticidad y renta e incidir en el proceso inflacionista, está potenciado, paradójicamente, las circunstancias que hacen irreversible de manera definitiva —contra los objetivos que públicamente se confiesan— la crisis de la pequeña explotación. En efecto, la generación de esas rentas diferenciales, la apropiación de ese excedente y el proceso de mecanización, que los datos confirman, colocan a esas pequeñas explotaciones en la imposibilidad de competir, como no sea, claro está, en la aportación de algo que producen en exceso: fuerza de trabajo para una emigración creciente.

2.2. La crisis del sector agrario en 1972

Al comienzo de 1972, en su discurso ante el pleno nacional del Consejo Nacional del Movimiento, el ministro de Agricultura definió con toda claridad los principales objetivos, en el marco del III Plan de Desarrollo, de la actual política agraria. En resumen, éstos son, en pocas palabras, los siguientes:

a) Abastecimiento nacional de productos alimenticios y la mejora de la balanza comercial.

b) Elevación del nivel de vida de los agricultores.

c) Política de mejora de estructuras.

Pasados ya algunos meses, y conocidos los primeros resultados de 1972, se está en condiciones de examinar, a la luz de los objetivos antes apuntados, el balance de la agricultura española en el último año, tratando con ello de apuntar algunas consideraciones críticas que pueden contribuir de alguna manera a desvelar aún más la naturaleza del proceso en el que se inserta la crisis de la agricultura tradicional, por lo que hace referencia exclusivamente a la política agraria, en cuanto resultado, no suficientemente estudiado, de la confrontación de un complejo nudo de intereses que se concretan en determinadas medidas cuyas consecuencias y efectos pueden ser aproximadamente evaluados o, al menos, explicados, siguiendo las pautas o líneas fundamentales de una tendencia que, con algunos altibajos, se apunta desde años pasados. Por ello se trata de examinar, siguiendo ordenadamente la escala de objetivos o fines de la política agrícola antes resumidos, los resultados de 1972, de tal forma que queden, no aislados como fenómenos particulares de una determinada coyuntura, sino, por el contrario, como partes integrantes de un proceso de mutación que afecta a las propias bases de la agricultura española; proceso que se está produciendo —y en ello es conveniente insistir— al margen de la política agraria y a instancias de la subordinación progresiva al mercado, y a otras relaciones de producción, de un sector productivo cuyos principales mecanismos de equilibrio tradicional se han quebrado definitivamente en la década de los años 60.

De acuerdo con lo apuntado hasta ahora, pasamos a ocuparnos a continuación del primero de los objetivos señalados: el abastecimiento nacional.

2.2.1. *La política agrícola y el abastecimiento nacional*

El ciclo expansivo que durante 1972 ha acompañado a la demanda de inversiones en casi todas las actividades económicas no ha afectado en la misma medida al sector agrario. Como ya se ha puesto de manifiesto, en 1972 la agricultura ha registrado un estancamiento que, si bien se atribuye a las condiciones climáticas, es tanto más significativo si se tiene en cuenta que en el período 1962-1971 la tasa de crecimiento medio del sector agrario, en su conjunto, ha sido sólo del 2,2 por 100, a precios constantes, frente a un 8,5 por 100 y un 6,7 por 100 de los sectores industrial y de servicios, respectivamente [32].

Así, en el último año, la *producción final agraria,* según el Ministerio de Agricultura, se ha elevado, a precios constantes, en un 1,8 por

[32] Véase el apartado 2.1. de este mismo capítulo.

100, cifra que probablemente pueda ser recortada cuando se publiquen los resultados definitivos. Por su parte, el *valor añadido bruto,* a precios de mercado, se ha elevado sólo en un 0,5 por 100, y, al coste de los factores, en un 0,7 por 100; ligera diferencia debida a que las *subvenciones* que recibe el sector agrícola se han incrementado en un 7,1 por 100 a precios constantes. Como resultado final, tras la necesaria deducción de las *amortizaciones,* el *producto neto* o *valor añadido* por el sector agrario ha permanecido prácticamente estacionario, registrando una tasa de incremento de sólo el 0,4 por 100, constituyendo el contrapunto más significativo y elocuente del crecimiento económico o de la llamada «política de realidades» en el último año. Es decir, los acontecimientos económicos de 1972, que están conectados, como ya se ha apuntado, con una fuerte expansión de la actividad económica interior, quedan desligados, aunque sólo en este sentido, del sector agrícola, cuyo estancamiento apenas incide en la marcha de la economía en su conjunto o en las fluctuaciones de la demanda, siendo su influencia, por tanto, cada día menos relevante. En otros términos, la agricultura no constituye ya la forma de vida de la mayor parte de los españoles, ni es la base de nuestras exportaciones, ni la cosecha es la fuerza que pulsa y anima la vida económica de la nación: de hecho, ni la evolución de la coyuntura económica, ni las oscilaciones del ciclo, ni la expansión o contracción de los créditos se siguen hoy primordialmente por las variaciones anuales que se registran en la producción agraria, pudiéndose aportar numerosos ejemplos, como el de 1972, a este respecto, que prueban cómo un crecimiento importante en el producto interior bruto, o una considerable recuperación de la demanda, no se acompaña de ritmos de expansión similares para todas las actividades o para el conjunto del sistema económico.

No es nuestro propósito descender al detalle de cada uno de los productos agrícolas y tratar de explicar su retroceso o estancamiento durante 1972. Baste destacar, en relación con el abastecimiento de la demanda y la dirección fundamental que debe perseguir la producción agraria, algunos hechos importantes por su significación de cara a los objetivos primordiales perseguidos:

a) La producción de maíz, cuyo incremento se considera como uno de los objetivos fundamentales para la posible adaptación de la oferta a la demanda, ha pasado de 2.058 miles de toneladas métricas en 1971 a 1.921 miles de toneladas métricas en 1972, registrando, por tanto, un descenso del 6,7 por 100, descenso que se acompaña también, y ello resulta aún más grave, de un retroceso en la superficie cultivada del 1,1 por 100.

b) Por su parte, *la avena y el centeno* y *otros cereales-pienso*, registran también un retroceso en la producción que es singularmente importante para el primero: un 24,5 por 100.

c) Asimismo, en línea con la falta de adecuación de la oferta a la demanda, *la producción de carne* (véase cuadro número 19), en el período enero-octubre, ha experimentado un retro-

CUADRO NÚMERO 19

PRODUCCION DE CARNE
(en toneladas)

	CARNE BOVINO		CARNE (TOTAL)	
	1971	*1972*	*1971*	*1972*
Enero	27.147,8	25.694,7	126.204,5	119.094,2
Febrero	24.553,5	22.745,4	107.187,9	101,816,8
Marzo	26.995,5	22.011,4	107.071,1	95.048,6
Abril	25.379,5	23.665,6	101.237,3	94.431,2
Mayo	26.285,1	26.488,4	102.341,8	99.843,6
Junio	27.310,3	23.968,7	98.324,6	94.154,0
Julio	29.187,4	25.325,2	99.898,9	97.611,3
Agosto	29.844,9	26.832,5	100.660,5	102.948,6
Septiembre	28.157,0	26.624,9	96.285,4	100.046,1
Octubre	25.287,7	26.366,5	95.424,4	102.058,2
Noviembre	26.487,4	—	111.870,0	—
Diciembre	26.984,2	—	149.704,5	—
TOTALES	323.620,3		1.296.206,9	

Carne de bovino: Descenso de la producción en el período enero/octubre de 1972 sobre el mismo período de 1971: 7,5 por 100.

Carne (totales): Descenso de la producción en el período enero/octubre de 1972 sobre el mismo período de 1971: 2,7 por 100.

FUENTE: S. G. T. del Ministerio de Agricultura.

ceso del 2,7 por 100; retroceso que afecta singularmente a la producción de bovino (véase cuadro número 19) y que, dada la elevada elasticidad-renta de este producto, además de producirse este retroceso en un año en el que se asiste a una fuerte recuperación de la actividad interior, ha ocasionado serias perturbaciones en el abastecimiento nacional, obligando a la realización de crecientes importaciones, que, por otra parte, no han podido evitar, aunque sí paliar, las alzas de precios de este producto.

Consecuencia de todo ello ha sido un nuevo déficit de la balanza comercial agraria, que ha superado los 21.000 millones de pesetas sólo en los primeros nueve meses del año, siendo esta cifra la más importante desde que en 1962 —y con la sola excepción de 1964, año en el que se asiste a un ligero superávit, aunque acompañado de fuertes elevaciones de precios— se vienen regularmente registrando déficits que presiden la evolución del sector agrícola en su creciente distanciamiento, a juzgar por los resultados de 1972, de la tendencia que marca la expansión y diversificación de la demanda de productos alimenticios. Los datos y las notas apuntadas sobre la evolución de los precios en origen percibidos por los agricultores [33] ponen de manifiesto la agudización de este proceso, efectivamente, en 1972. Proceso cuyas principales consecuencias no pueden ser paliadas por algunos otros aspectos favorables, como, por ejemplo, el retroceso de la superficie dedicada al cultivo de trigo; retroceso que se realiza a un ritmo inferior al que hubiese sido deseable, dado el elevado volumen de excedentes —debido al incremento paralelo de los rendimientos por hectárea— y, sobre todo, si se tiene en cuenta que en los últimos años aún se dedicaban, por término medio, más de 250.000 hectáreas al cultivo de este producto en regadío, obteniéndose entre siete y ocho millones de quintales métricos, lo que viene a suponer entre el 15 y el 20 por 100 de la producción total.

A este respecto —y ante la imposibilidad de aludir aquí a todas y cada una de las líneas de actuación de la política agraria—, interesa referirse de nuevo especialmente a la política de precios y subvenciones, uno de los resortes fundamentales y de mayor significación de toda la acción estatal en materia de orientación de cultivos, producciones y mercados y, también, como se sabe, el instrumento de más inmediata utilización para enfrentarse con un proceso de cambio en determinadas circunstancias. En efecto, al encarecerse el factor trabajo, por ejemplo, como ya se ha señalado en otra ocasión, «la solución más sencilla, sin necesidad de introducir ningún cambio, es subir los precios del producto terminado. Si la demanda varía y ya no se compran los productos tradicionales, lo más simple es que la Administración se haga cargo de los excedentes y los coloque en el mercado internacional con primas para cubrir la diferencia entre el precio de compra y el mundial. En gran parte ésta ha sido la política realizada. Los grupos de presión agrícola plantearon la situación como una crisis de la agricultura, sin especificar que era la crisis de un sistema anticuado de producción y pidieron continuo apoyo a la

---

[33] Véase el apartado 2.1. de este mismo capítulo.

Administración»[34]. Los resultados y el coste de dicha política son conocidos: tanto los datos referentes a los excedentes durante la última década, cuanto las series estadísticas relativas a la importación de productos deficitarios —contrapartida de la protección otorgada a la agricultura tradicional—, son elocuentes por sí mismos y han sido puestos de manifiesto en numerosas ocasiones, por lo que su repetición resulta innecesaria. Si a ello se suman las subvenciones a fondo perdido —que han crecido un 7 por 100 en 1972, en pesetas constantes— y otros desembolsos del Tesoro, tributo igualmente de la orientación y articulación de dicha política agraria, se puede evaluar hasta qué punto ha sido elevado el coste, para el propio sistema, del vano intento de perpetuar el predominio de unas determinadas formas de producción y orientación de los cultivos. Téngase en cuenta que sólo por lo que respecta a los desembolsos que realiza el F.O.R.P.P.A. a fondo perdido, a través de la actuación de los organismos encargados de ejecutar la política de intervención (subvenciones a determinados cultivos, pérdidas de operación de la C.A.T. o del S.N. de C. e intereses bancarios de los créditos de funcionamiento de los organismos interventores, que no son recuperados y deben ser amortizados a cuenta de los nuevos crétidos), el coste ascendió en 1970 a más de 16.000 millones de pesetas[35], lo que representa el 8 por 100 del valor de la producción final de los productos subvencionados. Si se atiende a estos últimos, pueden establecerse diversas categorías, a través de las cuales se aprecia el contenido y los principales objetivos de la política agraria: *a) los productos ganaderos* (huevos, carnes, etc.), para los cuales «el porcentaje que representa el coste de intervención sobre su producción final es muy pequeño (excepto para carnes no de aves, por debajo del 1 por 100), lo que indica que, al menos al principio, la intervención en estos mercados se ha limitado hasta el presente a ser un apoyo coyuntural y que su rentabilidad puede ser grande»[36]; *b)* un grupo de productos integrado por *el aceite de oliva* y *semillas oleaginosas*, por una parte, y el *vino*, por otra, cuyo «porcentaje del coste de intervención-producción final es del 7,5 y del 9 por 100, respectivamente»[37], no siendo necesario subrayar que «en ambos casos no se

---

[34] Cf. LUIS GAMIR: *La política económica española*, copia mecanografiada, Facultad de Ciencias Económicas y Empresariales de la Universidad Complutense de Madrid, capítulo dedicado a la «Política agrícola», págs. 11 y 12.

[35] «El precio del proteccionismo agrario», dentro del volumen integrado por una selección de artículos de *España económica, Crónica económica 1970*, Madrid, 1971, pág. 180.

[36] Cf. *Ibídem*, págs. 175-176.

[37] Cf. *Ibídem*, pág. 176.

trata de apoyos coyunturales» [38], sino de «una intervención que transforma artificialmente la estructura del sector y la mantiene al cobijo de esta intervención» [39], y *c)* el grupo formado por el *algodón*, la *remolacha azucarera* y los *cereales (trigo* y *cebada* especialmente), para el cual los porcentajes del coste de intervención oscilan entre el 13,4 y el 25 por 100 de la producción final: en este caso, «no se trata ya de que la Administración modifique el marco económico del sector (...), se trata de que la Administración, a través de sus pérdidas, crea un marco que no tiene que ver con el que existiría si se aplicasen los principios más elementales de la racionalidad económica» [40], pudiéndose afirmar, consecuentemente, que «las políticas de la *remolacha* y del *algodón* han sido seguramente los dos errores más tremendos cometidos por los responsables de la política agraria española durante la pasada década» [41], hechos, todos ellos, que apenas han sufrido modificación, en líneas generales, en años posteriores y que siguen, por tanto, constituyendo la base primordial de la dirección emprendida por la política agrícola en la década de los años 70.

Así, pues, todo parece indicar que la política agraria, a este respecto, se sigue articulando, frente a los objetivos y fines que se declaran explícitamente, más en razón a criterios relacionados con la evolución de los crecientes costes de producción de unas empresas marginales, que en función de las orientaciones y directrices impuestas, con progresiva insistencia, por el mercado y la creciente necesidad del abastecimiento nacional; reflejo, en definitiva, de las importantes transformaciones que se han registrado en la sociedad española en los últimos años. Es decir, el peso todavía relevante de los intereses más tradicionales ha seguido sosteniendo en buena medida objetivos autárquicos, alejados de las indicaciones de la demanda y orientados, en general, al mantenimiento de las condiciones que presidían el desenvolvimiento del sector en años anteriores. En resumen, un primer objetivo —la adaptación de la oferta a las exigencias del mercado— que durante 1972, de forma más acentuada incluso que en años anteriores, no se ha cumplido en absoluto.

2.2.2. *La elevación del nivel de vida de los agricultores*

Otro de los objetivos perseguidos por la política agrícola es, como se ha señalado anteriormente, la elevación del nivel de vida de los

[38] Cf. *Ibídem*, pág. 176.
[39] Cf. *Ibídem*, pág. 176.
[40] Cf. *Ibídem*, pág. 176.
[41] Cf. *Ibídem*, pág. 176.

agricultores. A ello se ha hecho expresa referencia al examinar las alzas de precios agrarios registradas en 1972, alzas que se han traducido en un trasvase de rentas desde otros sectores y actividades hacia el sector agrario. Sin embargo, como también ya se ha apuntado [42], ello no beneficia por igual a todos los agricultores, sino que, por el contrario, tal como está planteada la actual política de precios agrícolas, da lugar a la formación de rentas diferenciales que se generan en las grandes explotaciones, donde el proceso de mecanización ha avanzado —y de ello se han aportado datos de interés para el año 1972 [43]— con ritmo creciente, provocando incrementos importantes en los niveles de productividad mantenidos tradicionalmente, como se sabe, a cotas muy bajas. Así, al agrandar todavía más la política de precios las distancias que entre la pequeña y gran explotación introduce el proceso de mecanización y de perfeccionamiento tecnológico, podría concluirse que, de alguna forma, una orientación ciegamente proteccionista a corto plazo y toscamente articulada de la política agraria española, como ya se ha señalado, está potenciando las circunstancias que hacen inevitable, de manera definitiva e irreversible, la crisis de la agricultura tradicional.

Ello es especialmente relevante en el caso del cultivo de trigo. En efecto: «De los 760.000 cultivadores de trigo, 30.000 son grandes cultivadores que producen el 45 por 100 de la cosecha nacional; el resto, es decir, el 95 por 100 de los cultivadores son campesinos pequeños propietarios, cuya producción de trigo es inferior a 20 Tm.» [44], hecho que pone de manifiesto un alto grado de concentración de la tierra, que, según un reciente trabajo de L. Ruiz Maya [45], se concreta en un índice de Gini del 0,6274 para el cultivo de trigo, índice que resulta el más alto de los seis cultivos estudiados (trigo, viñedo, olivar, naranjas, almendros y hortalizas). Así, a pesar de la política de precios de sostenimiento, los pequeños cultivadores, que ocupan una parte sustancial del censo de la población agrícola, se ven continuamente marginados en la explotación de dicho cultivo, ya que «probablemente no alcanzarían niveles de renta aceptables, ni aunque

---

[42] Véase el apartado 2.1. de este mismo capítulo.

[43] Véase el apartado 2.1. de este mismo capítulo.
problemática cuestión creada en torno al alza de los precios agrarios.

[44] Cf. ANTONIO GARCÍA DE BLAS: «La financiación de los excedentes agrícolas en España en la última década», copia mecanográfica: avance del trabajo, objeto de ayuda a la investigación por la fundación Juan March, curso 1971-72, pág. 55.

[45] Véase LUIS RUIZ MAYA: «La concentración de la tierra en España», en *Anales de Economía,* núm. 12, págs. 41-100; así como el artículo citado de Antonio García de Blas, pág. 55.

se pagara a 15 ptas./Kg.» [46], disminuyendo progresivamente su número, lo que muestra que la política elegida no cumple, tampoco en este caso, con los objetivos antes apuntados, «beneficiando en cambio a un grupo concreto de cultivadores, que presionan hacia los precios altos, aunque no justifican esa presión como una defensa de ellos mismos, sino de la otra inmensa mayoría de cultivadores» [47].

2.2.3. *La reforma de las estructuras agrarias*

Resta, por último, por referirse, aunque sea suscintamente, al tercero de los objetivos que constituyen la base de la política agraria, tal como se ha definido más arriba [48]. Y nada mejor para ello que realizar un somero exámen de la Ley de Reforma y Desarrollo Agrario de muy reciente aprobación, como consecuencia de la aplicación de la disposición adicional 4.ª de la Ley de 21 de julio de 1971, por la que se creaba el Instituto Nacional de Reforma y Desarrollo Agrario (IRYDA), disposición adicional que mandaba ordenar y sistematizar en un único texto legal, en el plazo de un año, todas las disposiciones relacionada, de una u otra forma, con la reforma de las estructuras agrarias.

El texto aprobado definitivamente contiene, entre otras disposiciones, las normas relativas a la ley 27/1971 sobre Comarcas de Fincas Mejorables, que, aunque no puede definirse como una Ley de Reforma Agraria de corte clásico, constituye uno de los principales engranajes de la política agrícola en materia de reforma de estructuras. De hecho, la citada ley viene a sustituir a dos disposiciones legales anteriores cuyos resultados no merecen mayor comentario: la ley de 14 de abril de 1962 sobre explotaciones familiares, de la que no puede decirse que, prácticamente, haya entrado en vigor, y la ley de 3 de noviembre de 1953 sobre régimen de fincas manifiestamente mejorables, que dió lugar a una treintena de expedientes de fincas mejorables, sin que se llegase a la expropiación de ninguna de ellas.

Sus principales cometidos son, en resumen, los siguientes: la Administración queda facultada para elaborar planes comarcales de mejora en zonas de economía deprimida y para establecer planes individuales de mejora relativos a fincas o explotaciones, de acuerdo con las directrices del Plan Comarcal en el que estuviesen incluidas. El plazo de ejecución de los planes individuales será al menos de

---

[46] Cf. *Cambio 16*, núm. 43 (editorial), citado por Antonio García de Blas, art. cit., pág. 57.

[47] Cf. Antonio García de Blas, art. cit., pág. 57.

[48] Véase el comienzo del apartado 2.2. de este mismo capítulo.

tres años y la cifra total de inversión no será excesivamente elevada, ya que no podrá exigirse que rebase, en ningún caso, el duplo del valor que resulte capitalizando al 4 por 100 la renta catastrada de la finca. Los particulares afectados tendrán acceso al crédito oficial en las condiciones que se determinen reglamentariamente.

Reviste un interés especial el *procedimiento administrativo* que se arbitra en el citado texto legal para la puesta en práctica de los objetivos perseguidos. *Con él se da lugar a numerosos plazos y a complejas situaciones que revelan una cautela excesiva del legislador frente a los intereses particulares, dejando a la ley desprovista prácticamente de operatividad.*

En efecto, siguiendo con detalle el articulado de la ley, se pone de manifiesto el siguiente proceso: en primer lugar, el Plan Comarcal de Mejora goza de un plazo de 30 días para información pública; después, será de seis meses el plazo, a partir de la fecha de aprobación del Plan Comarcal de Mejora, de que podrán disponer los particulares para presentar planes individuales, de acuerdo con las directrices señaladas en el Plan Comarcal. Transcurrido dicho plazo, el Ministerio de Agricultura, dentro del período máximo a que se refiere el apartado *g)* del artículo 167 —período máximo que no se especifica y queda, por tanto, indeterminado—, publicará la relación de fincas mejorables. Posteriormente, una vez publicada dicha relación, podrá el interesado recurrir en alzada en el plazo de quince días ante el Consejo de Ministros. A continuación, y en el plazo de tres meses a partir de la fecha en que sea firme la inclusión de una finca en la relación citada, podrá de nuevo el propietario interesado, que no lo hubiera hecho con anterioridad, presentar un plan voluntario individual de mejora que habrá de ajustarse también a las directrices marcadas. Pero si dicho plan voluntario no se presentase, o fuese rechazado, la Administración, en un plazo de tres meses, elaborará un plan de carácter obligatorio que será comunicado a los interesados, quienes, a su vez, en un plazo de treinta días, podrán manifestar su aceptación o rechazo —si no lo encontrase rentable o bien orientado—, proponiendo en su lugar otro que, a su juicio, programe una producción final agraria semejante. Si no se llegase a un acuerdo entre la Administración y el interesado —para el que no se fija plazo mínimo alguno— ambos planes serán sometidos al Jurado de Fincas Mejorables —cuya constitución regula la disposición adicional 1.ª de la ley de 4 de julio de 1971—, que se pronunciará por el que estime más conveniente, no especificándose tampoco un plazo mínimo a este respecto, por lo que la resolución definitiva puede de nuevo prolongarse por tiempo indeterminado. Contra esta última resolución no cabe ya recurso alguno, finalizando el procedimiento en lo que hace referencia a la designación del plan individual de mejora que debe aplicar el particular en cada caso. Sin embargo, no debe omitirse, por último, que contra el acuerdo del Ministerio de Agricultura ordenando la inclusión de una finca en el Catálogo de Fincas Rústicas de Mejora Obligatoria —en el que se incluyen las fincas rústicas que deben ser mejoradas obligatoriamente— sí cabe recurso de alzada ante el Consejo de Ministros, cuya resolución podrá ser impugnada, como se sabe, ante la jurisdicción contencioso-administrativa por vicios sustanciales de procedimiento o si la inversión exigida rebasara el duplo del valor que resulte capitalizando al 4 por 100 la renta catastral de la finca.

En definitiva, un proceso complejo y laborioso que da lugar a sucesivos plazos y trámites procesales que retrasarón la aplicación de la ley a límites casi inverosímiles, poniendo a prueba su efectividad, como puede comprobarse en el siguiente cuadro resumen:

PLAZOS Y RECURSOS ESTABLECIDOS EN LA LEY DE COMARCAS MEJORABLES

	Número de días
— Declaración de Planes Comarcales de Mejora (Información pública)	30
— Para presentar planes individuales de mejora por parte de los titulares afectados	180
— Para que el Ministerio de Agricultura publique la relación de Fincas Mejorables	indeterminado
— Recurso de alzada contra la inclusión de una finca en la relación citada	15
— Nuevos plazos para presentar planes individuales de mejora por parte del interesado que no lo hubiese hecho anteriormente	90
— El Ministerio de Agricultura procede a la elaboración de planes individuales por rechazar los anteriores o no ser presentados por los particulares	90
— Los particulares podrán rechazarlos o presentar otros	30
— Si no se llega a acuerdo, la Administración podrá someterlos al Jurado de Fincas Mejorables	indeterminado
— El Jurado de Fincas Mejorables se pronunciará frente a los mismos	indeterminado

A todo ello hay que añadir la posibilidad de recurso de alzada y la vía contencioso-administrativa a que puede dar lugar la declaración de inclusión de una propiedad en el Catálogo de Fincas Rústicas de Mejora Obligatoria, proceso que puede dilatar en dos años más, aproximadamente, la aplicación de la ley.

Si, a pesar de todos los trámites procesales, una finca queda inscrita definitivamente en el Catálogo, la Administración, con objeto de dar cumplimiento a la mejora, puede optar por el régimen de arrendamiento forzoso o también por nuevo procedimiento administrativo: la expropiación forzosa, conforme a las normas que se establecen en el citado texto legal; procedimiento, este último, que de acuerdo con la más mínima ortodoxia doctrinal en materias relacionadas con la legislación de reformas agrarias debería iniciarse con una mayor antelación, ya que, en otro caso, no daría lugar a «procedimientos especiales» ligados a los sistemas de reforma de estructuras, sino simplemente a una mayor complicación y dilatación de los plazos del procedimiento aplicado por la Administración. Recuérdese, por ejemplo, a este respecto, que con arreglo a las disposiciones vigentes en las grandes zonas regables —Ley de Zonas regables de 1949—, el procedimiento administrativo no se dilata a estos extremos ni se incurre en plazos tan largos, sino que las fincas se expropian no porque estén mal explotadas —como en el caso supuesto por la Ley de Comarcas Mejorables—, sino simplemente porque los propietarios tienen un exceso de propiedad con arreglo al plan de transformación de secano en regadío. Es decir, se introduce un criterio poco equitativo e injustificado desde cualquier punto de vista, ya que los múltiples trámites establecidos para asegurar la garantía de los particulares revisten mayor importancia cuando se trata de actuar administrativamente contra una propiedad rústica considerada de manera explícita como deficientemente explotada, que contra otra propiedad afectada por un plan de transformación de secano en regadío y explotada adecuadamente, al menos desde un punto de vista jurídico.

Al margen de las cuestiones relacionadas con el procedimiento administrativo, que convierten a este texto legal de referencia en una pieza inservible carente de operatividad, otros aspectos del mismo pueden ser objeto de discusión. Entre ellos, cabe referirse, aunque sólo sea muy someramente, a los siguientes: 1) Los sistemas de prelación en la concesión de arrendamientos forzosos de propiedades incluidas en el Catálogo de Fincas Rústicas de Mejora Obligatoria, que deberían favorecer, en primer lugar, a las entidades sindicales de tipo asociativo de agricultores y ganaderos y cooperativas de explotación comunitaria; 2) La limitación impuesta a la inversión a realizar en un plan individual de mejora, a la que ya se ha hecho referencia, y que debería someterse exclusivamente a criterios técnicos impuestos por el Ministerio de Agricultura o sus delegaciones provinciales; 3) El sistema de pago en la expropiación de las fincas catalogadas cuando la subasta quedase desierta y accediesen a la propiedad empresas nacionales de transformación agraria, que debería realizarse mediante títulos de Deuda del Estado, que, produciendo una renta análoga a la que viene obteniendo el propietario, no supusiera un desembolso inmediato por parte de la Administración; 4) La ausencia de criterios objetivos para determinar con mayor precisión qué fincas pueden calificarse de mejorables, ya que en la actualidad existen propiedades que, incluso con alto grado de mecanización y productividad, están orientadas a la obtención de productos excedentarios apoyándose en sistemas de precios fijos o de sostenimiento, lo que supone un coste excesivo para la economía nacional.

Por último, hay que referirse también a otro aspecto relacionado con la Ley de Comarcas Mejorables que, por sus consecuencias sociales y apartarse del principio de equidad en la distribución de los recursos, merece una atención especial. En efecto, en el caso de que los propietarios, tras los diversos trámites, aceptasen el plan individual de mejora propuesto por la Administración, ésta proporcionaría no sólo crédito oficial para la realización del mismo, sino también auxilios técnicos de indudable importancia con los que no suelen contar otros agricultores que obtienen el producto adecuado de sus explotaciones. Es decir, que la Administración no sólo es excesivamente cautelosa con dichos intereses particulares, sino que, además, a pesar de reconocer explícitamente que las propiedades rústicas a ellos vinculadas se hallan mal explotadas, les otorga recursos económicos y técnicos de considerable cuantía; recursos que, como se sabe, son escasos y susceptibles de usos sociales y económicos alternativos de rentabilidad mucho menos dudosa.

En definitiva, con pocas posibilidades cuenta el Ministerio de Agricultura para afrontar, en el contexto de la citada Ley de Reforma y Desarrollo Agrario, una política de transformación de estructuras agrarias de alguna trascendencia. De hecho, como ya se ha señalado también en otras muchas ocasiones, los cambios que se están produciendo en la agricultura española, a instancias de la propia expansión del mercado, se encargan también de implantar progresivamente nuevas relaciones de producción, favoreciendo la concentración de explotaciones, acentuando las condiciones de marginalidad de la pequeña explotación e incitando a las grandes propiedades —vía la política de precios de sostenimiento y la presión de las crecientes alzas de los costes, ante la disminución de la población activa agraria— a adaptarse, por un mecanismo autorregulador, a unas nuevas circunstancias, lo que ha dado lugar, al margen de cualquier plan impuesto por las disposiciones legales referentes a la reforma de estructuras, a otras fórmulas de concentración del capital social en la explotación de los recursos de la tierra. La trascendencia de todos estos cambios, las consecuencias sociales que de los mismos se derivan, son, pues, el resultado de un proceso no regulado desde fuera, sino impuesto por la propia dinámica de subordinación progresiva al mercado —en cuanto categoría fundamental del modo de producción capitalista— de todo un sector productivo, eliminando las bases del equilibrio anterior, quebrando irreversiblemente su estabilidad tradicional y dando paso al predominio definitivo de nuevas relaciones económicas en correspondencia con las que caracterizan, ya desde hace muchos años, a las restantes actividades.

2.3. A propósito del crecimiento y el cambio en la economía española: reflexiones finales

Ya se ha insistido sobre las amplias posibilidades con que cuenta la economía española —vía el crecimiento de las importaciones—, superada de momento la consabida amenaza de la Balanza de Pagos, para afrontar la continuidad de un nuevo proceso de acumulación de capital y expansión similar al que tuvo lugar al iniciarse la década de los años sesenta. Apenas hay tampoco dudas sobre las favorables perspectivas de una economía que, a no ser por la incidencia nunca descartada de una política económica toscamente articulada y aplicada, puede asegurarse a medio plazo tasas de crecimiento elevadas, dando así continuidad a un proceso de acumulación en el que se inscriben, y al mismo tiempo se explican, los cambios y transformaciones de la sociedad española en los últimos años.

Ahora bien, lo que realmente interesa plantearse más a fondo, a partir de aquí, no es si la economía va a crecer con mayor o menor intensidad en los próximos meses, sino cómo y en qué condiciones se va a continuar la expansión. Es decir, con otras palabras, se trata, ahora, de preguntarse por los aspectos cualitativos, que rebasan el marco exclusivamente económico, que se derivan de un crecimiento capitalista y, como tal, desordenado y anárquico, acentuado en nuestro país al no contar con los mecanismos de defensa o de compensación propios de sociedades más desarrolladas; y orientado a la consecución de unos objetivos y fines que suelen estar —y de hecho lo están— en abierta contradicción con los intereses y, sobre todo, con las necesidades colectivas de amplios sectores de la población sobre los que precisamente ha descansado el gran esfuerzo, el obligado sacrificio, de un crecimiento forzado, y, sin duda, espectacular de la economía española en el último decenio. De hecho, como se ha señalado en muchas ocasiones, el desarrollo no puede limitarse o identificarse, si se prefiere, con un Producto Nacional

Bruto o con una Renta Nacional más elevados, como si sólo se tratase de lograr a cualquier precio tasas de crecimiento multiplicadas de mercancías o servicios que, impuestos a través de los mecanismos de propagación más sutiles, se convierten para la gran masa de la población en necesidades individuales que deben satisfacerse individualmente, marginando con ello otras necesidades colectivas (enseñanza, vivienda, sanidad, etc., etc.) y entrando plenamente en contradicción, casi siempre, con los mas elementales supuestos de racionalidad económica en la asignación de recursos para la organización de la vida en común. Y ello es importante porque, como se ha señalado recientemente «cayó sobre esta Península en las últimas décadas un desenfreno material y productivo que amenaza con trasladarnos del subdesarrollo agrario a la sociedad industrial en el lapso de una generación. Y este frenesí de las toneladas siempre en alza, del Producto Nacional Bruto que se duplica en diez años, de aceros y barcos y automóviles, que cada vez se fabrican mejor y más de prisa, ha traído consigo una ideología de la producción por la producción que parece barrerlo todo y parece predicar que en el número creciente de toneladas se encuentra la felicidad perfecta (...). El desarrollo económico de un país presa de la escasez o del hambre proporciona las condiciones materiales de la felicidad, pero no es la felicidad. ¿De qué vale un aumento desmedido del número de automóviles si paralelamente no mejora la educación, o los sistemas de seguridad social, o los métodos de responsabilidad y participación ciudadana? Si se hace frente al acelerado proceso de urbanización simplemente produciendo más y más ladrillos en lugar de construir ciudades a la medida del hombre, las generaciones futuras de este país van a heredar hormigueros inhabitables cuyo mejor destino será la demolición y la piqueta. ¿De qué sirve un hogar con lavadora si el entramado social, si las formas de relación y libertad de los ciudadanos, si el mundo del trabajo y del ocio siguen siendo de una pobreza sin límites? Para ser mejor no basta con tener más cosas, hace falta ser miembro de una sociedad cada vez más libre, más justa, más educada, más responsable y aun más feliz» [49]. Entre otras razones, además, porque, como se ha señalado también en muchas ocasiones, «la liberación de la necesidad económica inmediata hace sentir mucho más la penuria de otras necesidades de índole no económica» [50].

---

[49] Cf. «Desarrollo no, cambio sí» (ed.), en *Cambio 16,* número 59, 1 de enero de 1973, Madrid, pág. 5.

[50] Cf. L. González Seara: «Cambio y desarrollo», en *Cambio 16,* número 2, 22 de noviembre de 1971, Madrid, pág. 31.

No obstante, dada la extensión y complejidad del tema, que debe insertarse en un contexto mucho más amplio en sucesivos análisis, son necesarias algunas precisiones previas que deben servir de preámbulo al debate o discusión sobre los problemas aquí apuntados. Con ello, se trata de abordar, en primer lugar, dejando para más adelante la cuestión antes señalada, la problemática del crecimiento económico en nuestro país desde una óptica diferente a la que casi siempre se nos presenta como resultado de una hábil combinación de tasas de crecimiento elevadas y supuestos ideológicos, o políticos, que las enmarcan; como si unos y otros, enlazados en una relación de causalidad excesivamente mecanicista, explicasen por si solos un proceso de desarrollo sobre cuya complejidad no es necesario insistir. Así, durante los últimos años, la nueva ideología del crecimiento —porque se trata de una nueva manifestación ideológica de una sociedad capitalista en auge: la llamada pseudo-teoría del Estado eficaz— se nos viene imponiendo como consigna ligada al bienestar nunca alcanzado por la población española; bienestar que se contrapone, además, al atraso económico que caracteriza, casi sin solución de continuidad, a otras épocas o etapas de la historia española más reciente, lo que se identifica con la degradación de determinados regímenes constitucionales, luchas dinásticas o de partido, organizaciones liberales o parlamentarias, huelgas y conflictos sociales, etc., etc. El silogismo no tiene, sin embargo, demasiada consistencia. Y por si no sobrasen ya argumentos, repárese en estos puntos:

I. En primer lugar, un crecimiento económico importante sólo tiene realmente lugar a partir de 1959, y como consecuencia, precisamente, del afianzamiento de *un proceso de liberalización y apertura exterior* de la economía española, que abre paso a la instrumentación de nuevos mecanismos de equilibrio o compensación económica (turismo, remesas de emigrantes, inversiones extranjeras...) del necesario déficit comercial que debe asegurar, a su vez, ritmos de crecimiento o tasas de expansión del Producto Interior Bruto muy superiores a las alcanzadas en épocas o etapas anteriores. Así, entre otros muchos ejemplos, el gráfico número 12, tomado de un trabajo de Francisco Granell Trías [51], que registra la evolución de las importaciones y exportaciones entre 1940 y 1970, es suficientemente elocuente de este cambio que se produce a raíz del final de la

[51] Véase Francisco Granell Trías: «El déficit de la balanza de comercio y el subdesarrollo estructural relativo de la economía española», en *Moneda y Crédito*, número 116, marzo de 1971, Madrid, pág. 21.

década de los años cincuenta, destacándose dos etapas «claramente diferenciables»: «En la primera —hasta la devaluación de 1959—, los niveles de intercambio son reducidos. Desde 1960, importaciones —más rápidamente— y exportaciones crecen. Sólo a partir de 1963-64 las exportaciones llegan a superar las cotas máximas que se habían alcanzado en los años previos a la Gran Crisis Mundial de 1929» [52]. Es decir, con independencia de la organización o trayectoria política dominante en cada

GRAFICO 12

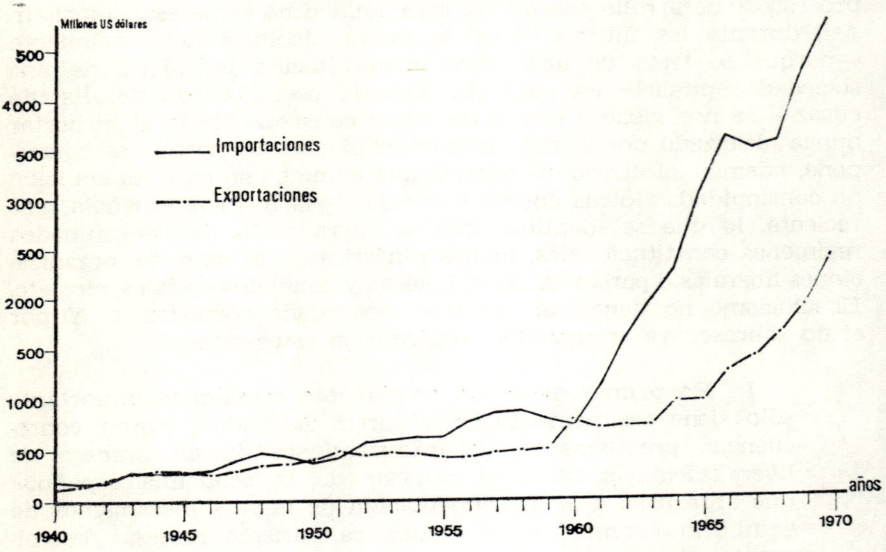

momento o de las actuaciones concretas programadas por la política económica, el hito más importante de la historia más reciente de la economía española, como ya ha sido señalado en otras ocasiones, lo marca «la alternativa que en la estrategia política del régimen supuso el Plan de Estabilización de 1959: la aceptación de la paulatina conversión del país en una región económica —y más lentamente aún, social— del mundo occidental, para permitir el aprovechamiento por el sistema de los excedentes económicos y tecnológicos de los países occidentales

[52] Cf. *Ibídem*, pág. 21.

más desarrollados» [53]. En definitiva, crecimiento y liberalización, desarrollo y proceso de aproximación a los restantes países europeos, son términos que, en el caso español, tienen un mismo significado, una marcada sinonimia, y explican la naturaleza de un proceso cuya identificación con otros supuestos políticos o ideológicos de la España de los años 40 o 50 es asaz problemática. En otras palabras, la baza del sistema político español, en lo que se refiere al desarrollo económico de los años sesenta, está precisamente en aceptar una progresiva integración con las democracias occidentales, permitiendo la entrada masiva de turistas, acudiendo también al capital extranjero —proceso que recuerda, salvando las distancias, al que tiene lugar en la segunda mitad del siglo XIX, ante la incapacidad del ahorro español— y dando salida hacia el exterior a una tercera o cuarta parte del crecimiento anual de la población activa, como apuntalamiento decisivo, en fin, en cuanto que se trata de una mano de obra disciplinada y a bajo coste, para contribuir también a la continuidad del desarrollo económico de algunos países capitalistas europeos.

II. En este contexto, el progreso económico de la sociedad española, su creciente eficacia capitalista, guarda también una estrecha correlación con un progresivo desarme ideológico que en lo económico supone la adaptación, paso a paso, de los objetivos, normas de comportamiento, organización y formas de administración ya vigentes en otros países capitalistas más desarrollados. Así, cuando ha de realizarse el análisis del desarrollo económico español de los últimos años, resulta fundamental observar también «la conexión entre la Reforma Administrativa y la liberalización económica estatalmente planificada. Pues en una de sus dimensiones sociológicas fundamentales el proceso que va de 1957 hasta nuestros días sólo resulta inteligible como un proceso de racionalización burocrática (...). Y, significativamente, los criterios que inspiran ese intento desde sus comienzos serán los criterios de la racionalidad burocrático-empresarial: los inspirados en la teoría y la práctica norteamericana de la organización, en cuanto surgida de esa revolucionaria experiencia burocrática que significó el expansivo desarrollo de la Función Pública americana a partir de la entrada masiva en la Administración de individuos procedentes de la gestión empresarial

---

[53] Cf. CARLOS MOYA: «Las élites económicas y el desarrollo español», en *La España de los años 70. I. La Sociedad*, Madrid, 1972, pág. 568.

privada» [54]. Y todo ello, acompañado de una copia mimética, en muchas ocasiones, o de un simple trasplante, en otras, de una legislación y ordenación económica intervencionista que la IV y V República francesa —sobre todo, esta última— han puesto progresivamente en funcionamiento.

Aunque en la práctica dicho trasplante burocrático presente ciertas particularidades *sui génenis*, que irán matizándose o diluyéndose con el paso del tiempo, es un hecho innegable que la nueva orientación que acompaña al proceso de crecimiento económico de los años 60 poco tiene ya que ver con los supuestos ideológicos y organizativos que inspiraron la articulación de la sociedad española en las dos décadas inmediatamente anteriores. Así, los cambios que se inician en 1957, y que aparentemente en sus comienzos llegan a pasar desapercibidos, darán lugar a una progresiva transformación que, sin solución de continuidad, va perfilando la nueva sociedad de los años sesenta y setenta, en cuanto se trata, en definitiva, de insertar la economía española, al margen de cualquier intento nacionalista anterior, en la órbita del capitalismo occidental, aceptando de pleno aquellos mecanismos económicos que aseguran un proceso de acumulación creciente. En cualquier caso, es sólo a partir de esos años, cuando puede hablarse de un proceso de crecimiento que coincide, y no casualmente, con el «trasplante» ideológico burocrático-empresarial que significa la progresiva eliminación de lo existente hasta entonces, al mismo tiempo que se realiza, sin demasiados escrúpulos, la «importación nacional de una tecnología administrativa, indiferente, por su propia condición técnica, a la especificidad política del Estado español» [55]. Es decir, en este sentido habría que señalar que el crecimiento económico no es consecuencia de unos supuestos políticos determinados, sino de un proceso de acumulación capitalista que está también ligado, precisamente, a una apertura exterior en diversos frentes (liberalización económica, importación de técnicas y modos de organización administrativo-burocráticos, etc., etc.), que supone la liquidación, o negación consiguiente, no confesada en muchas ocasiones, de la razón histórica y los supuestos políticos que explican la etapa anterior.

III. Puede haber, no obstante, quien afirme que el proceso de crecimiento tiene realmente lugar con antelación a 1959. Sin embargo, son ya varios los trabajos de diversos estudiosos de

---

[54] Cf. Carlos Moya: *Op. cit.*, págs. 560 y 561.
[55] Cf. *Ibídem*, pág. 563.

la economía española que, a este respecto, han puesto de manifiesto la precariedad de tal afirmación. Recientemente, Jacint Ros Hombravella y Antoni Monserrat, en un trabajo titulado «Entorn del retard en el recobrament dels nivells macroeconomics de pre-guerra a l'Espanya dels 1950» [56], y en el que examinan la mayor parte de los estudios existentes sobre el tema, llegan a esta conclusión, poniendo de manifiesto, entre otros muchos aspectos, cómo la renta *per cápita* máxima de la preguerra —la de 1929, según la serie corregida del Consejo de Economía Nacional— sólo se alcanza en 1954, o el índice de renta por persona activa, cuyo nivel más elevado sería el de 1935, sólo se recupera también en 1954, para terminar señalando lo siguiente: «Tot tendeiz a indicar, per tant, que les opcions politiques adoptades (no entrem aquí a jerarquitzar-les) van intervenir d'una manera decisiva en la manca de recobrament dels nivells de pre-guerra, i ho van fer no solament durant el període bèllic internacional, sinó àdhuc més enllà de tota esperança. Caldrà esperar el 1959 —data que considerem final del nostre període d'anàlisi, o fins i tot mès tard, perquè les coses estiguin restablertes, en alguns sentits» [57].

Más recientemente, J. M. Naredo, economista y estadístico, discutiendo ciertas afirmaciones de Rostow, ha puesto de manifiesto cómo, incluso a pesar del fuerte crecimiento de los años 60, la economía española ha acrecentado sus distancias respecto a otros países europeos, en relación con las ya existentes en 1930. En efecto, aunque el tema es en sí polémico, si se toma como indicador el Producto Nacional Bruto español *per cápita*, medido en dólares de 1970, se observa cómo su ritmo es inferior, si se consideran los últimos cuarenta años —y no solamente el último decenio—, al de otros países (Italia, Francia, Suecia y República Federal Alemana) con la sola excepción de Gran Bretaña. Según los datos oficiales, concluye J. M. Naredo, «las diferencias absolutas y relativas de renta *per cápita* con respecto a los países europeos desarrollados son mayores que hace cuarenta años y ni siquiera el crecimiento récord de los años sesenta ha permitido acortar las diferencias absolutas, con la excepción del caso atípico del Reino Unido. Es decir, que, según indican estas cifras, el auge económico de los años sesenta no sería más que un esfuerzo tardío de recuperación de los niveles

---

[56] En *Recerques Història, Economia, Cultura*, número 2, Barcelona, 1972, páginas 231 a 246.

[57] Cf. *Ibidem*, pág. 246.

relativos de crecimiento que el país había alcanzado cuarenta años antes» [58]. O con otras palabras, «en 1930 el Producto Nacional Bruto *per cápita* de los españoles era un tercio del de los suecos, casi la mitad del alemán y más de un tercio del francés. Cuarenta años después, tras guerras, posguerras y desarrollos, el Producto Nacional Bruto *per cápita* español ya no era un tercio del sueco, sino un cuarto; ni era la mitad del alemán, sino menos de un tercio; y en vez de más de un tercio del francés, ahora era menos de un tercio. Tan galopante carrera hacia atrás es inquietante» [59]. Datos, todos ellos, bien significativos, aunque se refieren a un período no homogéneo —1930-1970—, en el que, al menos en su última parte, 1940-1970, es conveniente distinguir dos etapas bien diferenciables: la que va de 1940 a 1959, con una agudización indudable de las diferencias en términos económicos, ya detectables en 1930, con otros países europeos; y la que transcurre desde 1959 en adelante, en la que todo parece indicar que —paralelamente al proceso de liberalización económica y a la articulación de los nuevos mecanismos de equilibrio con el exterior— se inicia una gradual recuperación.

IV. En cualquier caso, es bien patente cómo al finalizar los años 50 la economía española, inserta en un proceso inflacionista que se vuelve contra el propio sistema, atraviesa por momentos difíciles que son consecuencia de un retraso técnico progresivo, de las limitaciones impuestas por un mercado reducido, único objetivo de la mayor parte de la actividad empresarial; actividad que descansa sobre un equipo capital anticuado e ineficaz y cuya renovación está todavía ligada a la extrema rigidez de unas exportaciones que, proporcionando casi la totalidad de unos recursos limitados, no permiten un incremento sustancial de las importaciones y dan lugar a continuos estrangulamientos en los sectores productivos más directamente implicados en un proceso de desarrollo. El resultado final, su exponente más significativo, será el continuo deterioro del tipo de cambio; lo que coloca a la economía española al terminar dicha década ante el necesario e inaplazable replanteamiento de sus orientaciones básicas, abandonando definitivamente la quimérica tarea de reservar el mercado «nacional» para una producción

---

[58] Cf. J. M. NAREDO: «Europa se aleja. Informe especial», en *Cambio 16*, número 74, 16 de abril de 1973, Madrid, pág. 15.

[59] Cf. «Desarrollo a la española» (ed.), en *Cambio 16*, número 74, 16 de abril de 1973, Madrid, pág. 5.

que fuese toda «nacional», e iniciando un proceso de reconversión que pasa lógicamente por la negación implícita de lo anterior, cuyos resultados, desde la óptica del crecimiento desarrollista hoy imperante, habían sido francamente pobres, siendo así responsables, en definitiva, de la agravación de las distancias existentes respecto a otros países. De hecho, y esquematizando necesariamente, la vía nacionalista en que está inserta la industralización española desde finales del siglo pasado —vía agudizada en los años 40— sólo había permitido la configuración de un capitalismo raquítico, de estructura familiar, en torno a unas pocas entidades bancarias y asentado sobre una plataforma productiva de gran debilidad, ineficaz, escasamente competitiva, limitada por un mercado de reducidas proporciones y dependiente en exceso de unas importaciones que exigían la movilización de unos recursos de problemática consecución. Vía que, en definitiva, habría de sustentarse necesariamente, ante esa precaria debilidad de la estructura capitalista, en otros mecanismos y resortes cuya enumeración, como es obvio, no corresponde exclusivamente a los economistas.

Pues bien, comprender todos estos hechos con todas sus consecuencias en tales circunstancias, cuando habían alcanzado su máxima expresión el conjunto de contradicciones secundarias en que se debatía el capitalismo español al final de la década de los 50, ha sido, como ya se ha señalado en otras ocasiones, una de las bazas fundamentales, una de las piezas decisivas que explican la evolución de la sociedad española en los últimos años; explicación que está también estrechamente ligada a la irresistible ascensión de nuevos grupos de poder, cuyos objetivos, organización y métodos poco tienen ya que ver, a grandes rasgos, con los que prevalecían en años anteriores e imprimían al sistema su sello más característico. He aquí, por tanto, una primera aproximación al proceso por el que se desliza el crecimiento económico español; crecimiento que, en lo fundamental, estará ligado, por una parte, a la posibilidad que se abre en los años 60, una vez iniciada la liberalización económica, de contar con nuevos mecanismos compensadores (turismo, remesas, inversión extranjera) del creciente ritmo de expansión de las importaciones y, por otra, con la utilización intensiva de una mano de obra a un coste muy inferior al de otros países desarrollados; mano de obra que va a proporcionar sin desaliento una agricultura a la que le ha llegado definitivamente la hora de contribuir de manera decisiva —cumpliendo con ello su principal virtualidad o cometido en un proceso de desarrollo capitalista— al crecimiento y expansión de otras actividades productivas y, en definitiva, del mercado. La «nueva vía» entonces iniciada (se ha hablado también aquí de «nueva política económica») imprime un mayor dinamismo a la economía española, abriéndole una ventana al exterior y posibilitando una solución de continuidad al capitalismo español que, al fin, es consciente, parece, tanto de su dependencia como de las graves limitaciones de una industrialización tardía. Pero todo ello no quedará plenamente asegurado con la utilización de esos nuevos mecanismos de compensación económica o con la importación de técnicas de organización diferente. Las nuevas etapas a abordar serán todavía difíciles y, por ello, tiende a conservarse, de momento, todo aquello que no es meramente superfluo y que por su operatividad contribuye aún a que se reproduzcan las mismas relaciones de siempre, en una sociedad que se ha mantenido en un universo de contradicciones suspendidas —no superadas— que el proceso de acumulación más reciente ha contribuido, sin duda, a poner de manifiesto. Pero el cambio, al fin, está ya en marcha; su progresiva afirmación constituye una negación de lo anterior, e irremediablemente se ha convertido en el elemento más dinámico de la sociedad española de los últimos años. Su detención o paralización, a estas alturas, cuando, por ejemplo, millones de personas han abandonado viejas zonas rurales para asentarse en los nuevos centros urbanos, donde se concentran capital y trabajo, donde las relaciones sociales adquieren una nueva dimensión y se generan nuevas situaciones, no pasa de ser también una quimérica tarea o, si se prefiere, una temerosa ingenuidad.

II.

ECONOMIA LABORAL ESPAÑOLA: NEGOCIACION COLECTIVA Y VISION GLOBAL DE 1972

por IGNACIO CRUZ
ANGEL SERRANO

INTRODUCCION

Como se indicaba en esta misma publicación del año anterior, se ha considerado oportuno dedicar un capítulo a recoger los aspectos más importantes que en el ámbito de la política laboral se han puesto de manifiesto durante 1972, cubriendo así una parcela que suele ser marginada o minusvalorada en otros informes sobre el año económico español.

Ahora bien, de nuevo la primera dificultad planteada al intentar la elaboración de un estudio de carácter sintético sobre la política laboral del año, es la de fijar los límites precisos a los que se debe ceñir la exposición de los problemas que se hayan seleccionado como objeto del análisis. En la medida en que la necesaria comprensión de las instituciones y de la política laboral exige una perspectiva dinámica que obliga a aunar el planteamiento histórico y el examen de la situación económica, los temas precisarían un desarrollo que resulta difícil comprimir en un reducido número de páginas. En el caso español, más concretamente, y puesto que no se pretende una mera descripción cuantitativa de los hechos, sino una valoración e interpretación de los mismos, resulta imposible captar la naturaleza y virtualidad de la mayor parte de los problemas y disposiciones que jalonan las relaciones laborales en 1972, sin referirse al conjunto de condiciones y circunstancias que durante la década de los años sesenta —y, quizá con más exactitud, desde el período 1956-58—, definen y caracterizan la evolución de las mismas, en el contexto de un proceso de cambio social y económico de la máxima importancia. Ya que, en definitiva, y admitiendo cuantas peculiaridades y singularidades quieran señalarse, durante 1972, en el ámbito de las relaciones laborales, han seguido manifestándose con una u otra intensidad las tendencias características de la última década, si bien el desarrollo de las fuerzas productivas y la creciente presión de la clase trabajadora hacen cada vez más inevitable un cambio, una superación de los estrechos y rígidos cauces que el sistema actual articula y permite.

De ahí la necesidad de plantearse, desde el comienzo mismo de la elaboración del estudio, una rigurosa selección de temas, ante la imposibilidad de abordar todos los suscitados durante el año con la profundidad y la extensión que se juzgan como adecuados, a pesar de que otras partes de este mismo ANUARIO suplen ya, en cierta medida, necesarios análisis exigidos por la propia naturaleza de la política laboral. Atendiendo a todo ello es por lo que se ha sistematizado el contenido de este capítulo en dos partes bien delimitadas:

a) El primer apartado se dedica al estudio de la organización, durante los últimos años, de la contratación colectiva, y al análisis de las repercusiones que la aplicación de este instrumento introdujo en el contexto de las relaciones laborales. Por ello, tras esbozar la metodología aplicada en el estudio, se analizan las razones para su implantación y su coherencia con el sistema español de relaciones industriales, las características tanto estructurales como coyunturales —en cuanto instrumento de una política de rentas—, los efectos de la utilización de la norma de obligado cumplimiento —en la medida en que expresa una intervención estatal en el proceso de contratación—, la evolución cuantitativa de los convenios y, por último, sus posibles influencias en el proceso de conflictualidad y organización de la clase trabajadora. La mayor extensión de este apartado queda justificada por la importancia y por la complejidad del tema en él abordado, ya que, repetimos, es imposible apreciar y ponderar debidamente la evolución reciente de la contratación colectiva, sin exponer —siquiera sea en términos esquemáticos— las bases del sistema preestablecido.

b) En el segundo apartado, se pasa revista a la evolución de las magnitudes laborales, en la medida en que no han sido tratadas ya en el capítulo I de esta obra. Para ello, se analiza la evolución de los salarios y el empleo en un año que se ha caracterizado por unas elevaciones salariales mayores a años anteriores. Además, se aborda el hecho legislativo más destacado del año laboral, la Ley de Financiación y perfeccionamiento de la acción protectora del régimen general de la Seguridad Social, de 21 de junio, en la medida en que altera la estructura económica y organizativa de la Seguridad Social, y cuyo estudio, viene a completar en cierta medida, el análisis que de dicha institución realizábamos el año anterior. Ante la imposibilidad de obtener los primeros datos económicos de sus modificaciones —debido a su reciente implantación—, nos limitamos a esbozar una descripción de los principales cambios, dejando para un próximo estudio el planteamiento de sus repercusiones económicas. No se plantea el estudio de la contratación colectiva y de los conflictos en el año, puesto que se encuentran incluidos en el apartado primero, donde la perspectiva histórica permite un mejor encuadre y comprensión de su evolución en 1972.

Así, pues, conjugando el análisis monográfico de la Contratación Colectiva con el estudio más descriptivo y general de otros aspectos de la política laboral de 1972, intentamos ofrecer —a pesar de las limitaciones e insuficiencias que dicha combinación conlleva y de los condicionamientos derivados del espacio disponible— un aspecto del marco y de la dialéctica de las relaciones laborales españolas durante los últimos meses, esperando, a la vez, que el mismo pueda ser ampliado, complejizado y profundizado, en definitiva, enriquecido, en los ANUARIOS correspondientes a los próximos años.

1. APROXIMACION A LA NEGOCIACION COLECTIVA COMO SISTEMA DE REGULACION DE LAS CONDICIONES DE TRABAJO. CONDICIONAMIENTOS HISTORICOS, CONTENIDO, EVOLUCION Y PROBLEMATICA EN ESPAÑA 1958-72 *

1.1. CARACTERÍSTICAS DE LA NEGOCIACIÓN COLECTIVA. APUNTES PARA UNA METODOLOGÍA DE SU ESTUDIO

Las «negociaciones colectivas» se definen normalmente como las que se efectúan «entre un empleador, un grupo de empleadores o una o varias organizaciones de *empleadores*, por una parte, y una o varias organizaciones de *trabajadores*, por otra, con objeto de *llegar a un acuerdo* sobre las condiciones de trabajo y de contratación» [1]. De estas negociaciones surge un acuerdo, un «compromiso», entre las partes basado en el acercamiento o eliminación —al menos teórico— de las diferencias iniciales, y que fijará las condiciones de trabajo para un período determinado. Las cláusulas así pactadas, al provenir de un contrato «voluntario», son obligatorias para las partes, teniendo por lo general un carácter legal —no de meros pactos morales «entre caballeros»— y, por tanto, exigible su ejecución judicialmente.

Ahora bien, no es nuestra intención hacer aquí un estudio técnico-jurídico de la contratación colectiva, pues ello sería un examen formalista y descriptivo de una regulación vigente, que nos oscurecería su contenido, sus causas y las relaciones sociales que la configuran. El contrato colectivo, como instrumento concreto de regulación de las relaciones laborales en un período histórico determinado, dependerá de la configuración de las relaciones sociales de producción y del grado de desarrollo de las fuerzas productivas que influyen sobre aquéllas. Su concreción jurídica será simplemente el medio utilizado para explicitar esa situación. Es desde esta perspectiva, desde donde

* Este apartado es parte de un estudio más amplio que sobre este tema están llevando a cabo los autores. Hay que constatar que una primera síntesis de estos materiales fue publicada en la revista *Cuadernos para el Diálogo*. Ver CRUZ-BARÓN-SERRANO: «La quiebra de la contratación colectiva», en *Cuadernos para el Diálogo*, núm. 104, Madrid, 1972; págs. 14 y ss.

[1] O. I. T. «Las negociaciones colectivas», en *Manual de Educación Obrera*, Ginebra, 1960, pág. 6.

creemos se debe acometer el estudio, en orden a fijar las bases generales del contenido y significado de la contratación colectiva, y que, posteriormente, aplicaremos al caso específico del desarrollo español.

En este sentido, debemos enfrentarnos con el convenio colectivo desde la óptica *de las fuerzas* que entran en juego en el mismo: trabajo y capital. El constatar que la contratación colectiva adquiere reconocimiento legal en la mayoría de los países occidentales, a principios del actual siglo [2], nos exige englobarla dentro de la oposición de intereses que define las relaciones entre dichas fuerzas [3]; relaciones de *carácter antagónico,* fundamentales para la comprensión del actual sistema. Este antagonismo supone —utilizando la terminología de J. M. Maravall— una constante situación conflictiva «latente», tanto a nivel social como a nivel de fábrica, que puede transformarse en «manifiesta», e incluso desarrollarse abiertamente en aquellos momentos en que los factores internos y externos a dicha relación posibilitan y potencian su expresión [4].

---

[2] Para un análisis de la contratación colectiva, su origen, evolución y problemas fundamentales en los principales países europeos y Estados Unidos, véase O. Kahn-Freund: «Labour Relations and the Law. A Comparative Study», en *London-Stevens & Sons,* 1965, y Sturmthal, A.: «Contemporany Collective Bargainning in Seven Countries», en *Cornell University Press,* Ithaca, 1957; entre otros.

[3] Decimos intereses antagónicos y no divergentes, ya que provienen del antagonismo fundamental entre capital y trabajo que forman la contradicción básica del modo de producción capitalista. Antagonismos que tendrán formas de manifestación diferentes según las características específicas de las formaciones sociales donde se encuadren. Esta oposición de intereses se concretizará también en la negociación colectiva, donde

«... la clase patronal espera que la fuerza de trabajo le sea ofrecida a un precio que le permita un «razonable» margen de beneficios; mientras por su parte la clase obrera espera obtener un salario que le permita no sólo la subsistencia, sino la posibilidad de mejoras en los *standars* de vida. La clave patronal busca en cada momento el mejor y más calificado trabajador para un determinado puesto de trabajo. La clase obrera lucha, sin embargo, por conseguir trabajo para todos y evitar el desempleo. La clase patronal busca obtener que la mano de obra sea todo lo móvil posible, tanto geográficamente como a nivel ocupacional. La clase obrera, en oposición, busca una mayor seguridad en el trabajo y la posibilidad de planificar al máximo, tanto sus vidas como las de sus familiares. La clase patronal intenta planificar la producción y distribución de bienes y servicios sobre una base calculada *a priori* de costes y riesgos previstos y esperan a su vez obtener una garantía de que dicha planificación se cumpliera sin ninguna interrupción. Por su parte, la experiencia diaria de la clase obrera le enseña que sin la posibilidad de poder interrumpir la marcha del trabajo es impotente para ejercer presión sobre los empresarios.» *(Documento Informativo,* 1972: «Aproximación a la negociación colectiva en España». *Documento del Instituto de Estudios Laborales* (E. S. A. D. E.), Barcelona, 1972, página 7.)

[4] En este sentido es fundamental la lectura del capítulo II, de la obra de J. M. Maravall: «Desarrollo económico y clase obrera». Ed. Ariel, Barcelona, 1970.

Por ello, la contratación colectiva surge —dentro del propio sistema— para *regular* esas relaciones antagónicas, en un momento histórico concreto que viene determinado por el *estadio alcanzado por las «fuerzas en presencia»* dentro de su oposición dialéctica y, por ende, por el *nivel de desarrollo del mismo*. Hubo que «esperar» a que el movimiento obrero cobrase fuerza y capacidad organizativa para que los convenios colectivos se generalizasen. Los convenios colectivos «*adquieren* su fuerza vinculante, por un lado, de la potencia del sindicato *que lo pacta y lo impone* y, por otro lado, de su *reconocimiento por la ley* como fuente de obligaciones» [5]. En definitiva, la aparación histórica de la contratación colectiva vendrá sobredeterminada por la acción conjunta de esos dos factores: «la evolución de la organización capitalista del trabajo y la producción, y la lucha del movimiento obrero organizado» [6].

Con esto, queremos salir al paso de un argumento muy utilizado a la hora de explicar el surgimiento de la contratación colectiva —al igual que el de otros mecanismos, utilizados hoy día, en la política laboral, tales como el S. M. I. G., la Seguridad Social, etc.—. Generalmente se viene a decir, desde perspectivas «seudoprogresistas», que este y otros mecanismos surgen por propia exigencia y necesidad del sistema económico-social, con finalidades estrictamente económicas de sostenimiento y desarrollo del mismo. El enfoque debe ser distinto. En lo que aquí nos ocupa y según se demuestra históricamente, la contratación colectiva, como forma de regular las condiciones de trabajo, viene *impulsada* por la lucha del movimiento obrero que a través de sus actuaciones *obliga* al capital a cambiar de estrategia: *establecer el diálogo como medio más eficaz para fijar las relaciones laborales*. No son, únicamente, las propias exigencias del sistema en abstracto, ni de la clase patronal en concreto, las que traen la contratación, sino que al *cambiar la relación de fuerzas* existente en ese proceso dialéctico de relaciones antagónicas, el sistema se ve *impulsado* a crear esta nueva forma de regulación de las condiciones del trabajo.

Es desde esta perspectiva como hay que entender el que, en un determinado momento del desarrollo del sistema capitalista, la contratación colectiva se vuelva necesaria y exigencia del mismo. El sistema, al cambiar la relación de fuerzas, necesita adaptarse a las nuevas condiciones, y sabe hacerlo. Su adaptación la realiza a tra-

---

[5] MARAVALL, J. M.: «Trabajo y conflicto social». Edit. EDICUSA, Madrid, 1968, página 158 (el subrayado es nuestro).

[6] *Documento Informativo 1972:* «Aproximación a la negociación colectiva en España». Instituto de Estudios Laborales (E. S. A. D. E.), Barcelona, 1972, segunda parte, pág. 3.

vés de la estructuración y regulación legal del nuevo método. Esta regulación —realizada por el bloque dominante—, se hace de tal forma que, en primer lugar, se obtengan las mayores ventajas para el sostenimiento del sistema. Si la continuidad del sistema capitalista de producción depende, básicamente, de la constante revolución de sus medios de producción, es claro que la contratación colectiva puede aportar grandes posibilidades en este sentido; pues —como dice Giugni— «la razón de la existencia de la contratación colectiva es su *flexibilidad, su vigencia,* limitada a períodos cortos, la posibilidad de *sustituir,* sin obstáculos formales, las cláusulas que no han dado buenos resultados, o de variar su ámbito de aplicación, los derechos y deberes o las condiciones económicas, en estrecho contacto con las necesidades de transformación gradual de las condiciones técnicas y económicas de la producción» [7].

En segundo lugar, se intentará anular o, al menos, reducir al máximo la *potencialidad transformadora* [8] que en sí misma —por su propia ambigüedad— la contratación colectiva trae consigo; es decir, se trata de *institucionalizar* al conflicto obrero.

En síntesis, podemos decir que la aparición de la negociación colectiva y su estructuración legal están en coherencia con la nueva fase de acumulación capitalista basada en la generación de plusvalía relativa. Ahora bien, el convenio colectivo no puede escapar a su propia naturaleza: la contradicción fundamental sobre la que se instaura. De esta forma, «ambigüedad y conflictualidad latente serán la esencia misma del convenio, que intentará estabilizar la situación en un equilibrio precario [9], mientras al mismo tiempo, pone constantemente en

---

[7] MOMIGLIANO y otros: «Los fraudes de la productividad», artículo de G. GIUGNI: «El progreso tecnológico y la contratación colectiva de las relaciones laborales», Edit. Nova Terra, Barcelona, 1968, pág. 272.

[8] El propio Galenson, experto americano en cuestiones laborales, al hablar de la función de los sindicatos y de la contratación, en los procesos de desarrollo económico, deja clara la necesidad de dirigir y controlar estos instrumentos, cuando dice: «... para resumir... diremos, que la planeación del desarrollo económico bajo los auspicios democráticos debe aceptar como factor variable el crecimiento de los sindicatos. Lo más probable es que estas organizaciones se dediquen a la política y estén animadas por una ideología radical. Inevitablemente impondrán algún costo a la comunidad y reducirán el índice factible de las inversiones. *Sin embargo, si se las dirige como es debido,* llenan la importantísima *función de encauzar las protestas* de los trabajadores para *darles modalidades que sean socialmente útiles* y *ayudar a impedir la subversión de la democracia...*»

GALENSON, W.: Introducción al libro colectivo «La clase obrera y el desarrollo económico». Edit. Limusa-Wiley, Méjico, 1964, pág. 37 (subrayado nuestro).

[9] En el *rapport* final del seminario *Patronal Internacional,* organizado por la O. C. D. E. en Castelfusano (21-24 septiembre 1971), podemos leer: « ... el resultado a que se llegue por la negociación colectiva no puede considerarse más que

causa las tensiones laborales originadas por las relaciones de producción»[10].

Por ello, aunque en última instancia el convenio sea un medio estructurado —a través de su regulación concreta— por el bloque dominante, no puede zafarse de la contradicción fundamental sobre la que nace, ni de la realidad de la que parte: un cambio de fuerzas en las relaciones laborales. Es éste su carácter *esencialmente ambiguo*, pues, aunque a través de la contratación colectiva, el capital «potencia su poder al poner límites a la acción del movimiento obrero en todos los elementos por ella regulados —que son naturalmente los más controvertidos»— suponiendo, por tanto, un «*freno al movimiento obrero*», no puede evitar ser, «al mismo tiempo, *motor del mismo* en la medida en que posibilite una mayor comprensión de las reglas del sistema capitalista»[11]. Por otro lado, la puesta en marcha de la negociación colectiva puede permitir, a la clase trabajadora, la utilización de determinados cauces de acción y la posibilidad de establecer estrategias que, en algunos casos, puedan ir directamente contra el propio sistema. Desde esta perspectiva, el convenio colectivo —el menos en teoría— acepta el antagonismo[12], puesto que «parte del real enfrentamiento de dos grupos de intereses, sin pretender ignorar la existencia de éstos»[13].

Una vez expuesta la esencia fundamental del convenio y la realidad sobre la que se asienta, vamos a observar las posibilidades de su utilización y sus consecuencias para las diversas fuerzas que participan en el mismo. Evidentemente, estas consecuencias y posibilidades de utilización dependerán de aquellas características intrínsecas del convenio colectivo; en definitiva, de la finalidad y causas por las que fue creado. No hay que olvidar, por tanto, que al ser la contratación colectiva el método generalmente utilizado para la fijación de las condiciones de trabajo, su estructuración y regulación legal, realizada por los órganos competentes, estará hecha en función del sostenimiento

---

como un armisticio...» «Tendences récentes en matière de negociations collectives», O. C. D. E., París, 1972, pág. 9.

[10] E. Barón: «Salarios, conflictos y coste de vida», en *Cuadernos para el Diálogo*. Extraordinario, núm. IX, pág. 26.

[11] «El conflicto colectivo. Indicaciones e hipótesis para un estudio de la realidad española». Informe realizado por C. Obeso en el *Boletín del Instituto de Estudios Laborales de Barcelona (E. S. A. D. E.)*, núm. 11.

[12] O. Kahn-Freund habla de «insuperable conflicto entre empleador y trabajador» cuyo desconocimiento hace imposible la existencia de un auténtico sistema de negociación. *Collective Labour Relations*. Rivista di diritto internazionale e comparato del lavoro, vol. III, fasc. 3.º, Bolonia (Capelli), 1960, pág. 354. Citado por J. Montalvo en «Las normas de obligado cumplimiento». Edit. ENAP, Madrid, 1972, pág. 24.

[13] Maravall, J. M.: «Trabajo y conflicto social». EDICUSA, Madrid, 1968, pág. 161.

del sistema donde nace y, por ende, reflejará las necesidades reales —correspondientes al estadio alcanzado por la formación social de que se trate— de una de las partes: el capital. Desde esta perspectiva, es interesante constatar —en términos generales— los principales fines que el capital pretenderá conseguir con la negociación; los cuales, se pueden resumir en los siguientes puntos:

1.º La contratación aceptará una situación de conflicto latente, canalizándolo e *institucionalizándolo* para evitar sus manifestaciones espontáneas que, perjudicando al sistema productivo, pudieran ponerle en cuestión. Esta necesidad de institucionalización del conflicto viene también impulsada, en parte, por el propio desarrollo del sistema. Schumpeter decía que «el desarrollo económico es un proceso de destrucción creadora». Es ya un hecho, hoy día constatado, que «en el desenvolvimiento de las sociedades, los conflictos sociales son una cuestión irreversible y, a su vez, de importancia estratégica: pueden alterar, modificar, cambiar las características de ese proceso de cambio» [14]. Si a ello le unimos la imposibilidad actual —dado el sentido universal que tiene hoy día el «desarrollo»— de eludirlo con objeto de evitar el conflicto, llegamos a la necesidad para la política laboral de integrarlo y regularlo. El conflicto —desde esta perspectiva— se nos muestra —por los funcionalistas, teóricos del sistema— como una necesidad vital de las sociedades industrializadas, como el pago inevitable al desarrollo; por tanto, lo que conviene es institucionalizar los conflictos de manera que tiendan a convertirse en elementos reguladores del sistema [15]. Esto es lo que pretende, teóricamente, la contratación colectiva: *se crea un instrumento —el convenio— que posibilita la manifestación del enfrentamiento en un marco regulado especialmente para integrarlo y desviarlo, evitando su expresión externa y abierta y garantizando así, en gran medida, la continuidad del proceso productivo*. De aquí, el interés de las diversas regulaciones en resaltar su condición de «pacto voluntario». Se intentará conseguir, por un lado, *canalizar «ordenadamente»* las reivindicaciones de la clase trabajadora, y por otro, la *obligación de sujetarse a las normas pactadas* durante el período de vigencia del contrato colectivo. Esta última cuestión exige, evidentemente, que exista una auténtica representa-

[14] MARAVALL, J. M.: «Desarrollo económico y clase obrera». Edit. Ariel, Barcelona, 1970, pág. 10.

[15] Véase, por tanto, como el sustrato, la base de esta orientación es la teoría funcionalista de la sociología, desarrollada especialmente en Estados Unidos.

ción en las negociaciones, un control obrero de sus representantes y una participación real del trabajador en el proceso negociador, única forma de conseguir la ansiada «cooperación» y cumplimiento de lo pactado.

2.º La racionalidad del sistema exige la reducción a riesgo cuantificable de la incertidumbre. El convenio colectivo cumple, de esta forma, otra función importante para el capital. Son dos aspectos de un mismo fenómeno: *institucionaliza* el conflicto y posibilita la *planificación en los centros productivos.* La negociación surge en una etapa de superior evolución del capitalismo donde el rápido desarrollo tecnológico, el gran volumen de capital fijo empleado y la necesidad de incremento de la producción, exigen el *control de todas las variables y factores* a través de una planificación a largo que reduzca incertidumbres [16]. En esta misma dirección, el contrato colectivo satisfará además las necesidades de elevación del *control de rendimientos,* la introducción de *métodos de organización y racionalización del trabajo,* etc., en orden a conseguir el incremento *constante de la productividad* que posibilite los procesos de acumulación y, por ende, el desarrollo del sistema. Incrementos de productividad que absorberán las subidas salariales «pactadas». El paso siguiente es lógico, elevar a regla de oro de la negociación colectiva, la falacia de relacionar los incrementos salariales con los de la productividad.

3.º Por otro lado este mismo movimiento provoca, indirectamente, un impulso en el continuo proceso de *modernización* y organización de las empresas, el cual se inserta perfectamente en la lucha por la «subsistencia» en el mercado, que favorecerá los procesos de concentración y centralización del capital [17].

4.º Desde otro ángulo, el mecanismo de la contratación colectiva, al tener un período de vigencia relativamente corto —uno o dos años generalmente— permite la *revisión periódica* de las condiciones «pactadas», lo cual reúne los requisitos de flexibilidad necesarios para adaptarse a las condiciones cambiantes del sistema. El convenio colectivo consigue así el equilibrio estable, pero al mismo tiempo flexible, que el sistema

---

[16] Como acertadamente observa el profesor O. KAHN-FREUND: « ... a través de la negociación colectiva con el trabajo organizado, los empresarios tratan de que la planificación de la producción, distribución, etc., no se vea incumplida por interrupciones en el trabajo...» «Labour Relations and the Law, A Comparative Study», en *London-Stevens & Sons,* Londres, 1965, pág. 13.

[17] Véase SWEEZY: «Teoría del desarrollo capitalista». Edit. F. C. E., Méjico, 1964, págs. 280 y ss.

necesita. El desarrollo tecnológico está en relación dialéctica con la estructura de la fuerza de trabajo, implicando la necesidad de cambios en la misma, en los métodos, en la organización o en las condiciones del trabajo [18]. La rentabilidad será también el criterio que guíe las posibles soluciones de esta oposición. De ahí, que —en este nuevo estadio de la relación de fuerzas— aquellos cambios necesarios sean más eficaces si son negociados, ya que la única forma de llevar a cabo esta racionalización es mediante la cooperación y control que, por sí misma, realiza la clase trabajadora con su sujeción a lo pactado [19].

5.º Por último, no hay que olvidar que —por estas características— la contratación colectiva se presenta como un *instrumento útil* en las *políticas económicas* de los Estados. En la práctica, surgen los diferentes métodos de intervención de la Administración pública en la contratación; de tal forma que actuando sobre la misma, bien abiertamente a lo largo del proceso de negociación, o bien imponiendo límites al crecimiento de las diversas variables laborales, convierta a los convenios colectivos en medios eficaces de sus planes indicativos y de sus políticas de rentas. La negociación se verá insertada en las directrices generales impuestas por la política de rentas, último mecanismo integrador creado por el sistema para garantizar su desarrollo económico. Mecanismo, que tendrá como fin fundamental la *vigilancia y limitación* de los posibles resultados que en materia retributiva pudiera obtener la clase trabajadora a través de los convenios —debido a su carácter ambiguo— y que supusieran un cierto peligro para su desarrollo. Por otra parte, cumple una importante función en la *estrategia integradora,* a

---

[18] Desde esta perspectiva, es interesante diferenciar en la «Collective Bargaining», aquellos acuerdos o sistemas de negociación que pretenden un cambio sustancial en la organización y condiciones del trabajo («productivity agreement»), de aquellos otros que simplemente intentan relacionar los incrementos salariales a una mayor intensificación y rendimiento del trabajo, sin cambios en su estructura. Evidentemente, uno u otro tipo de negociación tienen una dialéctica distinta, debido a la diversa oposición que ante ellos realiza la clase trabajadora. En este sentido véanse, entre otros: «Productivity Bargaining: A Care study in the Steel Industry», de E. OWEN SMITH, Pan Books Ltd, London, 1971; H. A. CLEGG: «The substance of productivity agreements», y A. FLANDERS: «Restrictive practices and productivity bargaining», en la obra dirigida por A. FLANDERS. «Collective Bargaining», Penguin, 1969; específicamente «Labor-management contracts and Technological change». The Diebold Institute for Public Policy Studies. Praeger, Nueva York, 1969.

[19] Véase «Tendances récentes en matière de négociations collectives», en *Séminaire Patronal International,* 21-24 septiembre 1971, O. C. D. E., París, 1972, págs. 4 y ss.

través del *sometimiento y aceptación de los diversos sindicatos* —en aras del crecimiento equilibrado— a sus directrices generales [20].

Con este cuadro de funciones resulta más fácil comprender —como dice un organismo patronal, Acción Social Empresarial—, el por qué de «la necesidad de este nuevo cauce institucional para el diálogo entre empresas y los trabajadores y, asimismo, el hecho de que los conflictos laborales sean aceptados como uno de los costes necesarios del proceso de desarrollo económico, ya que los criterios de rentabilidad económica están subyacentes y dominan los fines últimos de la contratación laboral, ya sea de manera directa, al no permitir reivindicaciones de los trabajadores muy elevadas o, indirectamente, favoreciendo la integración y aplicando al mismo tiempo medidas de racionalización» [21].

Después de este análisis, podíamos llegar a la conclusión de que la contratación colectiva —aunque haya sido forzada por el movimiento obrero [22]— está estructurada para el sostenimiento del sistema, es decir, en función del capital, para el cual cumple unas finalidades importantes en un determinado estadio del desarrollo capitalista. Ahora bien, siguiendo esta línea de razonamiento, y a este nivel de abstracción teórica, podríamos llegar a aventurar conclusiones de este

---

[20] Este aspecto, necesario para el funcionamiento de la política de rentas, está claramente expresado por la O. C. D. E. en su carta programática sobre este instrumento, cuando dice: « ... los poderes públicos... deben hacer un esfuerzo para conseguir la conformidad de la opinión pública sobre los principios que deberán encauzar la progresión de las rentas; y, finalmente, han de hallar los medios para que la población respete, con la mejor voluntad, los principios directivos así formulados»; y en otro lugar dice: « ... una vez formulados los principios, el problema se limita a conseguir de los interesados que los respeten, sin por ello inferir merma o menoscabo a los valores democráticos. Muchos gobiernos han avanzado con una gran circunspección en el terreno de la política de las rentas, conscientes de las dificultades para conseguir la colaboración que es necesaria en esta política y ante el temor de verse en situación molesta al ser rechazados los principios concisos por él preconizados. Los medios apropiados para esta aceptación varían de un país a otro...» «Una política de equilibrio de precios». O. C. D. E. Edit. Sagitario, Barcelona, 1963, págs. 25 y 40.

[21] *Acción Social Empresarial:* «Valoración empresarial de los resultados de los convenios colectivos en España, 1958-1970». Cajas de Ahorro, Madrid, 1972, página 117.

[22] En este aspecto, es claro el análisis que Sellier y Tiano hacen sobre el surgimiento y evolución de la negociación colectiva en Francia; el cual concluye con las siguientes palabras: «Se conocerían mal las preocupaciones de los empleadores —entre las que la autoridad ocupa el primer lugar— si se ignorase su preferencia por la decisión unilateral de los salarios y la hostilidad a todo régimen contractual.» SELLIER y TIANO: «Economía de trabajo». Edit. Ariel, Barcelona, 1964, pág. 463.

tipo: «Ante esta situación, y dentro de las relaciones antagónicas en que se inserta, los movimientos obreros no deben prestarse al juego de la negociación colectiva. Si de hecho, en la práctica, lo utilizan e impulsan normalmente, nos están demostrando un índice de su integración como piezas, ya fundamentales, dentro de los mecanismos de perpetuación del sistema.» Conclusiones, que nos parecen erróneas por dos motivos: *primero,* porque se llega a ellas sin un análisis completo de la función de la contratación colectiva dentro de la dialéctica de las relaciones laborales y de las posibilidades de su utilización por el factor trabajo. En *segundo lugar,* porque, incluso, las conclusiones generales que se obtengan de ese tipo de análisis no bastarían, todavía, para tomar posturas tácticas o estratégicas, ya que habría que realizar en *cada caso concreto* un estudio de las relaciones de fuerza existentes, en orden a dilucidar las posibles consecuencias concretas del convenio sobre las mismas.

Por ello se impone analizar lo que podríamos llamar la segunda *cara del convenio.* Desde esta perspectiva habría que destacar, por orden de importancia, los siguientes factores:

1.º No hay que olvidar que —como dice J. M. Maravall [23]— el convenio «es a la vez estabilización de las tensiones laborales, norma reguladora de un período de supuesta armonía laboral y motivo central de las nuevas presiones, que empezarán a producirse, dirigidas a un nuevo convenio». El convenio ya constituido y, principalmente, el proceso de negociación, puede derivar e impulsar hacia la manifestación abierta del conflicto. Es más, el convenio, dentro de las estrategias de la clase trabajadora —que al mismo tiempo posibilita, estableciendo cauces de acción—, puede transformarse en un instrumento útil para la *potenciación del conflicto.* La contratación, por tanto, hay que presentarla no sólo como institucionalizadora del conflicto, sino como posible potenciadora del mismo. Ahora bien, esta posible potenciación del conflicto hay que analizarla desde una doble perspectiva: una es la conflictualidad interna que conlleva toda negociación entre fuerzas antagónicas, y otra es el proceso posterior de interpretación y adaptación de lo pactado, el cual será fuente de nuevos «derechos» y, por tanto, de nuevas controversias. En el primer aspecto, estaríamos ante lo que técnicamente se denominan «conflictos de derecho», que terminarían con la consecución de un determinado equilibrio, fiel reflejo de la

[23] MARAVALL, J. M.: «Trabajo y conflicto social». EDICUSA, Madrid, 1968, página 160.

situación de las fuerzas en presencia; mientras que en el segundo aspecto estaríamos ante los «conflictos de intereses» [24]. «Los dos supuestos parecen suficientemente claros: mientras que el primero se refiere al valor pacificador del convenio colectivo, el segundo hace mención a las posibles controversias colectivas que puedan suscitarse con ocasión de un convenio colectivo; se trata, como puede verse, de los dos sentidos antagónicos que puede asumir el convenio» [25].

En la realidad del proceso negociador, ambos tipos de conflictos se suceden y condicionan mutuamente. Ahora bien, en aquellos casos en que la negociación se estructura *dinámicamente,* será el propio proceso negociador el que intente —en ambos tipos de conflicto— su posible solución; mientras que en una estructura de negociación *estática* —donde las partes negocian un primer equilibrio y se separan hasta la fecha en que acaba la vigencia del mismo— sólo se solucionarán a través del proceso negociador los llamados conflictos de derecho, dejándose los conflictos de intereses a otras instancias superiores [26].

La relación entre contratación y conflicto es evidente. Si no podemos decir —debido a ese doble aspecto del convenio— que se da una relación causa-efecto, sí se puede observar claramente una profunda interrelación mutua entre las formas *de negociación colectiva* y la *configuración de la conflictualidad obrera.*

---

[24] En este sentido, J. Montalvo afirma que « ... el conflicto puede tener su base en las diferencias sobre la aplicación o interpretación de una normativa existente; nace así el conflicto jurídico o de aplicación. Asimismo, y ello da lugar al conflicto colectivo en sentido propio, la diferencia puede proyectar un desequilibrio objetivo o subjetivo en las situaciones de los entes colectivos cuya posible composición reclama una modificación de la normativa existente; llamamos a tales conflictos: conflictos de reglamentación o de intereses.» Cf. «Las Normas de Obligado Cumplimiento. Un estudio sobre el intervencionismo del Estado en la negocición colectiva en España». Edit. E. N. A. P., Madrid, 1972, pág. 26.

Para mayor delimitación de ambas tipologías, véase J. VIDA: «La distinción entre conflictos sobre derechos y conflictos sobre intereses en la problemática general de los conflictos colectivos de trabajo», en la obra colectiva *Quince lecciones sobre conflictos colectivos de trabajo.* Facultad de Derecho, Madrid, 1968, págs. 33 a 64.

[25] MONTOYA MELGAR, A., lección 5.ª: «Convenios colectivos y conflictos colectivos», en *Quince lecciones sobre conflictos colectivos de trabajo.* Facultad de Derecho, Madrid, 1968, pág. 65.

[26] En este sentido es interesante destacar como en aquellos ordenamientos con una estructura de negociación fuertemente dinámica, como es el caso de Inglaterra (convenios sustantivos, de procedimiento y negociación informal), resulta poco realista una distinción tajante entre ambos tipos de conflictos. (Véase «Relaciones laborales en Inglaterra», en *Informe Donovan,* Edit. Zero, Madrid, 1971, en especial págs. 22 y 55.) Sin embargo, en la mayoría de los ordenamientos, esta distinción tiene gran trascendencia.

Con ello queremos indicar que no se puede aceptar, en ningún caso, la formulación general de una relación directa y causal entre convenio y conflicto, pues las conclusiones prácticas a que nos llevaría este tipo de análisis serían erróneas. Bien se llegaría a afirmar que la negociación favorecerá siempre el conflicto, el nivel de organización de la clase trabajadora, su nivel de conciencia y, en consecuencia, su posición en la relación de fuerzas; o bien se afirmaría que los conflictos provienen de negociaciones defectuosas. Esta última suposición «no sólo establece una relación simplista entre negociación colectiva y conflictos obreros, sino que, además, parte del presupuesto de que todo puede ser resuelto con buena voluntad y diálogo»[27]. La conflictualidad, como hemos visto, está ya presente en todo convenio en forma latente. El problema es ver cómo en la práctica concreta, las formas de negociación pueden favorecer o no su manifestación. La posibilidad de su utilización como potenciador del conflicto existe, al menos, en términos generales y teóricos. Su concreción práctica dependerá en cada situación de las fuerzas en presencia y del contexto político-económico general. Por ejemplo, y entre otras muchas hipótesis que se podrían plantear, en sectores atrasados y con poca tradición de organización de clase, es claro que el convenio como cauce de expresión de reivindicaciones, puede favorecer la organización del movimiento, el nivel de conciencia y la manifestación del conflicto, consiguiéndose niveles de organización y conciencia superiores que posibilitarán nuevas manifestaciones conflictivas.

En definitiva, la negociación colectiva presenta en sí misma —a pesar de todo— factores positivos para los fines de la clase trabajadora, en la medida en que potencie la organización del movimiento obrero. Esta característica de la negociación es su diferencia fundamental con otras prácticas instauradas en el sistema de las relaciones laborales —tales como las «Human Relations», la política de personal, etc...—, que pretenden también paliar y encauzar las manifestaciones del conflicto latente, sin aceptar el enfrentamiento real de intereses.

2.º A esta posibilidad —consustancial a la propia esencia del convenio colectivo— y desde esta perspectiva de análisis, hay que añadir otros dos factores importantes para comprender la postura de la clase trabajadora ante el mecanismo de la contratación. Estos dos factores son:

---

[27] MARAVALL, J. M.: «El desarrollo económico y la clase obrera». Edit. Ariel, Barcelona, 1970, pág. 80.

a) *La generalización* y utilización masiva en la situación actual *de la negociación colectiva*, como instrumento de determinación de las condiciones laborales.

b) El representar —en definitiva— *una solución forzada* y, por tanto, teórica y *prácticamente más ventajosa* que el sistema de arbitrariedad patronal para la consecución de mejores condiciones materiales.

Estos dos elementos interrelacionados determinan que la negociación colectiva sea uno de los puntos fundamentales en la estrategia de toda organización obrera actual. Convenio-conflicto serán el eje de sus reivindicaciones, «la dosificación exacta de ambos procedimientos constituirán el núcleo de toda estrategia obrera».

El problema se plantea a la hora de intentar determinar las ventajas o inconvenientes que este instrumento pueda tener para la clase trabajadora, lo cual sólo puede analizarse desde la perspectiva de lo que ha supuesto la contratación para su potenciamiento o debilitación en la dialéctica de las relaciones laborales. Y esta perspectiva exige un análisis concreto de cada situación. El dilema está planteado —debido a la ambigüedad de la que tampoco puede evadirse el factor trabajo— entre dos resultados opuestos: *Integración y conflicto-organización*. El convenio en sí no tiene por qué volcarse hacia uno de los extremos, esto sería creer «que el diálogo elimina el conflicto, tal como pretenden los partidarios de la colaboración de clases. Pero mientras los hombres sigan movidos, en parte, por la defensa de sus intereses reales, diálogo y conflicto estarán mezclados y la progresión del diálogo no se verificará más que por una sucesión de conflictos» [28]. Lo que sucederá comúnmente es que se intentará actuar sobre el instrumento en sí, a través de limitaciones legales, etc., para favorecer los resultados integrativos y minar sus posibles efectos transformadores. Por ello, y siguiendo estas bases metodológicas, se hace necesario el estudio de los condicionamientos institucionales, legales e históricos que, en cada caso, influyen sobre el mecanismo para dirigir sus posibles efectos, dando así un cariz propio en cada país a la negociación colectiva. Esta estructuración concreta, sus causas, así como sus posibles consecuencias para el sistema y para las fuerzas implicadas, es lo que trataremos de aplicar al desarrollo de la negociación colectiva en nuestro país.

Por tanto, el análisis de la contratación colectiva no debe ser *sólo* un estudio cuantitativo de su evolución —número de convenios suscritos, trabajadores y empresas afectadas, distribución por ámbitos, zonas,

---

[28] SELLIER y TIANO: *Op. cit.*, pág. 510.

ramas producticas, etc...—, que, por otra parte, realizan ya los órganos oficiales encargados. Tampoco bastará el *mero análisis de los resultados obtenidos* desde el punto de vista de *su contenido material* —a pesar de su gran importancia—, pues esto sería caer en la metodología de la antigua Escuela de Relaciones Industriales de los esposos Weeb, para los cuales, el análisis teórico del «collective bargaining» debe realizarse haciendo abstracción de la relación de fuerzas en presencia. Es decir, estudiar su contenido material en sí, desde el punto de vista de las «ventajas obtenidas para salvaguardar o mejorar las condiciones de trabajo» [29]. Este método de análisis —aparte de que la abstracción realizada viciaría los resultados obtenidos— lleva implícita la consideración ideológica de que el convenio, para la clase trabajadora, siempre es positivo en sí mismo; no observa el convenio como un instrumento coyuntural para ambas partes. Tampoco creemos correcto seguir, exclusivamente, una metodología de estudio del convenio que lo entiende —únicamente— como el método de fijación de las rentas salariales, y que sólo presta atención a la influencia que tiene en esa determinación [30]. El convenio colectivo, tal como se ha explicado anteriormente, es «algo» más que eso, lo cual hace que la única forma válida de su estudio sea el intento de determinar los factores históricos y los instrumentos legales, institucionales o coyunturales que rodean a la negociación colectiva y condicionan sus resultados, en orden a delimitar el papel que la contratación colectiva cumple en el antagonismo de las relaciones laborales de nuestro país. Sin embargo, en la medida en que algunos aspectos de los

---

[29] Las obras fundamentales de los esposos Webb, son «The History of trade Unionism 1666-1926». Longmans, London, 1920; «Industrial Democracy», Longmans, London, 1902, y «The Co-operative Movement in Great Britain», Longmans, London, 1891; este último, escrito sólo por B. Webb —entonces B. Potter— y donde se utiliza por primera vez el término de «Collective bairgaining». Para una síntesis de esta concepción véase el artículo de Flanders, A.: «The nature of collective bargaining», en la obra *Collective Bargaining.* Selected Reading. Editada por A. Flanders, Penguin, 1969.

[30] Estos estudios son los que han venido a sustituir a las teorías sobre la «productividad marginal de los salarios», ya claramente ineficaces para explicar el mecanismo salarial. Dentro de esta «nueva perspectiva» existen diversas orientaciones. Para una profundización en las mismas véase, entre otros, J. Dunlop: «Wage determination under Trade Unions», A. M. Kelley, New York, 1966; «The Theory of Wage Determination», Edited by J. Dunlop, MacMillan, New York, 1966; C. Morgan: «Labor Economics», B. P. I., Austin, Texas, 1970; Ross, A. M.: «Trade Union wage policy», MacMillan, New York, 1957; Chamberlain and Kuhn: «Collective Bargaining», McGraw Hill, New York, 1965; Walton and McKersei: «A behavioral theory of labor negotiations», McGraw Hill, New York, 1965; y, especialmente, por ser una síntesis explicativa de todas ellas, H. M. Levinson: «Determining Forces in Collective Wage Bargaining», J. Wiley, New York, 1966.

análisis anteriores favorezcan esta perspectiva, podremos hacer uso de ellos.

Por último, hay que constatar que a las dificultades inherentes a este tipo de análisis se suman en nuestro caso concreto las especiales características que rodean a las relaciones laborales en España, que, junto a la falta de estudios de contenido en esta materia [31], hace que estemos todavía en una situación donde la mera descripción es necesaria, con vistas a su posible interpretación futura.

1.2. La negociación colectiva en España: su significado y las razones de su implantación a través del análisis de la exposición de motivos de la ley de 1958

La ley de 24 de abril de 1958 sobre Convenios Colectivos Sindicales y su reglamento promulgado por la orden de 22 de julio del mismo año, determinan el régimen legal de la contratación colectiva. Estos dos instrumentos van a explicitar todas las características especiales de la peculiar negociación colectiva española.

La propia exposición de motivos de dicha ley encierra toda la ideología a la que responde su regulación concreta, al explicar las *causas* y el significado del mecanismo que instaura. Su texto evidencia la coherencia con el resto de la estructura del sistema de relaciones laborales español. Evidentemente, las exigencias de esta coherencia exigían toda una serie de condicionamientos institucionales que acabarán por transformar nuestra negociación colectiva en «algo especial». Coherencia que, en el momento de su promulgación, respondía no sólo a una determinada orientación ideológico-política, sino también a las necesidades del crecimiento económico de aquel período.

Del análisis de la citada exposición de motivos, se obtienen las siguientes conclusiones:

a) *«La realidad social española presenta hoy un factor innegable: la existencia de una red viva y auténtica de entidades sindicales que agrupa ordenadamente a todos los factores humanos de la producción.»*

Se nos enmarca y enlaza el mecanismo creado, con la clásica visión de nuestros principios programáticos en materia laboral: «La superación de la lucha de clases...» por la consideración del proceso productivo «como el laborar común de todos los elementos que en él participan». «Este laborar común se implantará a través del Sin-

---

[31] Sólo contamos con varios estudios sectoriales de rama, etc., realizados por la Organización Sindical y algún estudio global a nivel nacional, sobre una muestra significativa como el realizado por S. I. E. y Acción Social Empresarial.

dicato vertical, que encuadrará de forma obligatoria a todos los factores de la producción», siendo el «instrumento al servicio del Estado para establecer su política económica». La negociación colectiva deberá adaptarse al Fuero del Trabajo.

b) Más adelante, la exposición de motivos dice: «*La exigencia doctrinal de que se reconozca a los organismos que encuadran a empresarios y trabajadores la facultad de establecer pactos que obliguen a todos los que integran el grupo económico-social que la respectiva entidad representa a efectos laborales.*»

La apertura al exterior, las presiones de organizaciones internacionales (especialmente la incorporación a la O. I. T.), hacía necesaria la introducción de métodos que realizasen la función básica de la vida sindical. La Organización Sindical, forjada durante los años anteriores, no tenía nada que ver con los sindicatos occidentales. Su función —según expresa el Fuero del Trabajo— era muy diversa y se hacía necesario darle un barniz sindicalista de tipo europeo, para lo cual era necesario resolver —al menos formalmente— problemas de índole instrumental y constitucional.

c) Ante aquella exigencia doctrinal, se «*dará acceso... a los convenios colectivos que surjan de la colaboración armónica que en el campo sindical se desarrolle entre las auténticas representaciones de las distintas categorías laborales*».

Vuelve a aparecer el concepto de colaboración armónica, consecuencia lógica de integrarse la negociación colectiva dentro del sindicalismo vertical y mixto. La contradicción que esa situación planteaba se resuelve a favor del mantenimiento de aquella estructura, básica en el sistema vigente. De esta forma —dice Alonso García—, el sindicato, que seguirá siendo una especie de «corporación, comprende dos representaciones sindicales que nacen de fuente distinta, pero representan intereses que son, en parte, coincidentes y, en parte, opuestos, y a los que no se unifica orgánica ni funcionalmente, sino que se les impone la obligación legal de *discutir juntos y en paz*» [32]. En cualquier caso, con la diversificación e impulso de las secciones, dentro del mismo esquema anterior, se «resolvía» el problema de instrumentalización de los convenios.

d) En el siguiente párrafo de la exposición de motivos se clarifica el puesto de las Reglamentaciones, «*...que no contienen sino las condiciones mínimas*», *por lo que cabe «el establecimiento de otras más ventajosas, que frecuentemente se otorgan, en unos casos, por las empresas, y en otros, se contratan libremente por aquéllas con sus*

---

[32] ALONSO GARCÍA: «Manual de Derecho del trabajo». Edit. Ariel, Barcelona, 1967, pág. 331.

trabajadores». La liberación de los salarios, a partir de 1956, hizo más corriente la práctica de las empresas de negociar informal y extraoficialmente con sus trabajadores incrementos salariales, lo cual «presionó a las autoridades al convencimiento de que era preferible instituir una legislación que diera un marco apropiado a una práctica creciente» [33]. Este cambio de perspectiva no significará la desaparición de las Reglamentaciones, sino que vendrá a reforzar la línea de liberalización, iniciada con el Decreto de 8 de junio de 1956, por la que se invalidó la acción de los decretos sobre política de salarios (1944, 48 y 1953). Decretos que habían convertido las Reglamentaciones de Trabajo —sin contravenir su Ley de Bases de 1942—, en métodos para fijar, al mismo tiempo, máximos y mínimos de remuneración. En aquella época, el dirigismo en materia laboral había sido total, a partir de este momento, y con estas nuevas medidas, no se tratara de sustituir el sistema centralizado de las Reglamentaciones por un sistema descentralizado de convenios colectivos, sino de yuxtaponer este último al primero [34]. La contratación colectiva aparece como complemento de aquéllas, que seguirán siendo —aunque con cambio formal de nombre, se llamarán ordenanzas a partir de 1964— el instrumento básico para la determinación de las demás condiciones del trabajo, mientras que la contratación afectará, fundamentalmente, a los salarios y al rendimiento.

e) La afirmación anterior se comprueba, en la práctica, por la «clara voluntad unilateral del Gobierno de fijar constantemente el ritmo de la evolución salarial, haciendo que la contratación colectiva española tenga un carácter inevitablemente subordinado» [35]. Voluntad que ya estaba relativamente reflejada en la exposición de motivos que estamos comentando; en ella se puede leer que... «*la posibilidad de regular las condiciones de trabajo por esta vía, se halla en razón de una serie de factores de especificaciones difíciles, tales como el nivel de vida de una comarca, las posibilidades de cada empresa, las circunstancias de tiempo o economía y tantos más que no pueden, por su detalle, imprecisión o eventualidad, ser tomados en cuenta por la administración para el dictado de una legislación casuística; pero no obstante, constituyen ,en muchos casos, motivos capaces de conver-*

---

[33] O. I. T. «La situación sindical laboral en España». Ginebra, 1969, pág. 201.

[34] MARTÍN VALVERDE: «Orientaciones actuales de la política salarial en España». Comunicación núm. III-6 al III Congreso Iberoamericano de Trabajo. 30 septiembre a 3 octubre. Sevilla, 1970. (Texto ciclostilado, pág. 3.) En este mismo sentido véase J. A. SAGARDOY: «Procedimientos de elaboración de los convenios colectivos de trabajo y de las normas de obligado cumplimiento», en el libro *Procedimientos especiales*. ENAP, Madrid, 1969, págs. 328 y ss.

[35] BARÓN, E.: «Conflictos, convenios y salarios», en *Cuadernos para el Diálogo*, febrero 1970, pág. 14.

tirse en normas contractuales nacidas en el libre juego de las partes interesadas...» El legislador español quiere entrar por las vías de una mayor flexibilidad, necesaria para acomodarse a las exigencias del neo-capitalismo europeo, pero sin renunciar al dirigismo propio de nuestra Administración [36]. Por ello, todo el texto anterior deja entrever *cierto carácter de subsidiariedad de la contratación colectiva* [37].

f) Más adelante se nos indica una de las causas fundamentales de su implantación: la necesidad de impulsar el desarrollo de la productividad que favoreciese los procesos de acumulación, a través de mecanismos más coherentes con la «nueva fase» que se iniciaba. La mentalidad empresarial española, por las condiciones de nuestro sistema productivo y por el bloqueo económico (que impidió la entrada a través del plan Marshall del *American way of industrial life)*, había estado ajena a la necesidad de incluir las nuevas fórmulas sobre «relaciones humanas», incentivos y demás medios para el incremento de la productividad [38]. Por otra parte, el aparato jurídico-político existente se encargaba de hacer innecesario —a corto plazo— su introducción. La situación empezará a cambiar a partir de la ayuda americana en 1951, siendo culminación del proceso la ley de convenios colectivos. Culminación de un proceso de descomposición, de abandono de una vía nacionalista y autárquica que se hacía inviable [39], y primer instrumento por el que se inicia la nueva

[36] Boletín informativo núms. 4-5, 1968, I. E. L. (ESADE), Barcelona, pág. 10.

[37] El problema de índole constitucional que podía representar el nuevo mecanismo, respecto a la declaración III, número 4, del Fuero del Trabajo, y al artículo 20 de la Ley de Reglamentaciones, que suponía el monopolio estatal en materia de fijación de condiciones de trabajo, queda resuelto con este carácter subsidiario de la negociación y la necesidad de su «aprobación» por la Administración.

[38] Para observar cuál es el nivel que en los métodos de «Relaciones humanas» y en otros parecidos se había alcanzado en España, véase, entre otros, José Castillo: «Las relaciones humanas y la empresa española», en *Actas y Trabajos del I Congreso Nacional de Psicología*, Madrid, 1963; Linz y de Miguel: «Tipos humanos y conducta empresarial», en *Revista de Psicología General y Aplicada*, Madrid, volumen XVIII, núms. 66 y 67, enero-julio 1963. Es interesante también, respecto a otros mecanismos de actuación, para incrementar la productividad y el rendimiento y su incidencia en España, ver: Linz y de Miguel; «Los problemas de la retribución y el rendimiento visto por los empresarios españoles», en *Revista de Trabajo*, núm. 1, 1963; Pinilla de las Heras: «Los empresarios y el desarrollo capitalista». Edit. Península, Barcelona, 1968.

Para estudiar el problema desde una perspectiva teórica y general véase, entre otras, la obra dirigida por J. Dunlop y V. P. Diatchenko: «Labor Productivity», Mc. Graw Hill, Nueva York, 1964, especialmente el trabajo de Myers, Ch. A.: «Management and Enterprise Efficiency», y Kerr, C.: «Productivity and Labor Relations», I. I. R., University of California, Berkeley, 1957.

[39] Desde la perspectiva que aquí estamos analizando, que trajo como consecuencia los niveles bajos de productividad, son significativas —pues explicita la conexión entre el aparato jurídico-político y la mentalidad empresarial de la

etapa del crecimiento español basada en la apertura al exterior —al capital extranjero— y en una acumulación generada a través de mecanismos de plusvalía relativa. La negociación colectiva cumplía funciones fundamentales para conseguir ambas condiciones. La exposición de motivos recoge esta necesidad, diciendo: «*Bajo el signo de la productividad, ocurre también que se está operando una renovación industrial trascendente que ha de arrancar no sólo de una evolución y perfeccionamiento del utillaje y de la técnica, sino relevantemente de la modificación de las condiciones en que el trabajo se preste y del mayor ímpetu con que se rinda, extremos a los que* se puede ayudar *de manera muy favorable con* el establecimiento de nuevas prescripciones *estrictamente adaptadas a las circunstancias de cada caso..., que supongan estímulo y colaboren al aumento de la producción...*»

g) Por último, la exposición de motivos explicita los dos organismos que tendrán a su cargo la vigilancia de la contratación colectiva. La puerta para la intervención estatal queda claramente abierta: «*... A dar cauce a las posibilidades abiertas por este propósito ha de colaborar esencialmente la* Organización Sindical... *que puede ostentar la* mayor garantía *del conocimiento total de los problemas de la producción... pero el* Ministerio de Trabajo, *a quien como* propia e indeclinable *corresponde* la función de administrar justicia *cuando de las* relaciones laborales *se trata,* no puede perder la facultad *de reconocer o no como* adecuados los convenios logrados...»

Del análisis efectuado, podemos obtener el significado de nuestra negociación colectiva: «En realidad, se trató de una medida de *modernización* tendente a dar mayor *flexibilidad* y realismo a la fijación de salarios..., provocando al mismo tiempo un proceso en el cual los empresarios... se verían obligados a racionalizar sus métodos de producción y *mejorar los rendimientos.* Se actuaba así bajo el signo de una mayor productividad y con el objetivo de que todo aumento en el costo de la mano de obra fuera *absorbido* por *mejoras* introducidas en la estructura de la empresa y en los procedimientos de explotación»[40].

época— las palabras de Witney: « ... bajo nivel de productividad y salarios que es atribuible en general a los empresarios, y no a los trabajadores, que contentos con unos niveles de renta asegurados y operando en una política de estructuras que protege sus intereses, perdieron la oportunidad de llevar al país al nivel del resto de los países europeos...» Véase WITNEY, F.: «Labour Policy and Practices in Spain», Praeger, Nueva York, 1965, pág. 65.

[40] O. I. T. *Op. cit.*, pág. 201.

Sus fines fundamentales parecen claros. La estrategia que se siguió, también. Se adaptó el mecanismo de la contratación colectiva al marco específico de las instituciones laborales españolas (desconocimiento teórico del conflicto y sistema jurídico-político para imposibilitarlo: artículo 222 del Código Penal, ley de Seguridad del Estado, ley de Rebelión Militar; estructura vertical del sindicalismo como instrumento del Estado y con funciones de control; dirigismo estatal a ultranza, etc.). Con este acoplamiento se preveía imposibilitar los efectos perjudiciales que, en teoría, conlleva la negociación en orden a la potenciación del conflicto y a la organización de clase. Sus posibles resultados quedaron así orientados y limitados a la mera concesión de mejoras en las condiciones materiales —que partían de bajos niveles— para la consecución de la racionalización y subida del rendimiento.

Las bases en pro del camino de la «integración» estaban tomadas. Evidentemente, que en este cambio influyó de manera decisiva la situación conflictual española de 1951 a 1956. Por ello, con este método y a través de una canalización de las reivindicaciones, se pretenderá de una forma más pragmática *evitar* —pero no canalizar o institucionalizar, ya que se mantiene la estructura ideológico-política— esas posibles situaciones conflictivas.

El sistema era coherente. Ahora bien, teórica y prácticamente, no guardaba una estrecha relación con lo que, desde hacía muchos años, se entendía en otros países por negociaciones colectivas. La confusión que suele generarse a este respecto se debe a su mismo nombre y a su aparato formal, realizado en base a los sistemas de negociación europeos, ya que la apertura al exterior aconsejaba «recoger algunas de las características institucionales europeas, que, supuestamente, menos quebranto representaran para las instituciones españolas».

En cualquier caso, aunque las nuevas «instituciones, desde el punto de vista jurídico, muestran una acusada similitud con las legislaciones europeas occidentales..., no nos podemos llevar a engaño. Las reglas del juego son diferentes. No es correcto comparar la posible, aunque dudosa, eficacia de las negociaciones colectivas... en la escena neocapitalista europea, con la que pueda tener en la realidad española, en la que el empresario y la misma política social están todavía —en muchos sectores— en una situación que bien pudiera calificarse de pre-neocapitalista» [41].

---

[41] ESTIVILL, J.; GARCÍA NIETO, J.; HOMS, O. y SÁNCHEZ, J.: «La participación de los trabajadores en la gestión de la empresa». Nova Terra, Barcelona, 1971, página 165.

1.3. Características y condicionamientos estructurales de la negociación colectiva española

La serie de consideraciones realizadas, implícitas la mayoría de ellas en la exposición de motivos de la ley de 1958 y que respondían a las exigencias de coherencia con nuestro sistema de relaciones laborales, van a configurar a la contratación colectiva española con unas características *estructurales* específicas. Ahora bien, la generalización y desarrollo de este nuevo mecanismo implantado —que influirá en el cambio de las relaciones antagónicas y en el crecimiento del sistema en sí— irá exigiendo progresivamente —incluso por algunos sectores de la propia clase empresarial— la superación de esos obstáculos o condicionamientos de índole «estructural», como único medio de conseguir que «la importantísima vertiente laboral de la economía nacional contribuya, como es imprescindible, al logro de un desarrollo acelerado en el menor plazo posible» [42]. Estos condicionamientos estructurales de nuestro sistema de contratación, al compararlo con otros sistemas occidentales, se pueden resumir en tres puntos básicos:

1. La intervención continua del Estado.
2. Los derivados del marco donde se encuadra nuestra contratación colectiva: ideología y estructura de nuestros Sindicatos.
3. Medios reales de negociación del convenio, o los derivados del sistema jurídico-político que regula las relaciones antagónicas entre trabajo y capital.

Estas tres características harán que se desvirtúe totalmente el sentido de la contratación colectiva que, incluso, llegará a perder su característica esencial de voluntaria.

1.3.1. *Intervención continua del Estado*

La intervención estatal en la contratación colectiva se ha ido generalizando a través de diversos métodos —especialmente por la política de rentas— en los diversos países occidentales. «La libertad total de discusión de los salarios, erigida en regla de buen funcionamiento de la economía, es sustituida paulatinamente por unas reglas más o menos institucionalizadas que limitan, en nombre del buen funcionamiento de la economía en su conjunto, esta libertad» [43]. Es una inter-

---

[42] Jané Solá, J.: *El problema de los salarios en España.* Edit. Oikos-Tau, Barcelona, 1969, pág. 234.

[43] Mottez, V.: *Sistemas de salarios y política patronal.* Nova Terra, Barcelona, 1971, pág. 198.

vención pseudonegociadora y para la cual el Estado necesita buscar la aceptación de los sindicatos, que se convertirá en el problema fundamental de la misma [44].

La intervención estatal española en la negociación colectiva es radicalmente distinta. La Administración, prácticamente, será la tercera fuerza presente; el sistema se estructura teniendo como uno de sus elementos fundamentales esta intervención. Esta «es clara y descarada..., pero no sorprendente si convenimos que el proceso de acumulación capitalista español se mueve... a través de un manejo indiscriminado de los salarios como arma política de acumulación y estabilización económica. En ese contexto la mediación estatal resulta lógica dentro de la situación política y responde al estado de equilibrio de fuerzas de las partes pactantes...» Pensar que en esta situación se podían aplicar fórmulas de otros países... «como solución técnica al desarrollo, es hacer abstracción de nuestra propia realidad»... [45].

La intervención estatal, consustancial al sistema instaurado, se articulará a través de *dos instrumentos:*

— *La propia Ley de Convenios Colectivos Sindicales y su Reglamento,* que establecerán la presencia continua del Estado en la iniciación, trámites de negociación, repercusión en precios, la figura típica de la norma de obligado cumplimiento y la aprobación final (arts. 8, 10, 12, 13, 14 y 15 de la ley).
— *El Decreto 1376/70, de 22 de mayo de 1970,* sobre conflictos colectivos de trabajo (al igual que el Decreto 2.354/62, de 20 de septiembre, que regulaba la intervención del Estado dictando los laudos arbitrales y las sentencias colectivas, y que es sustituido por el de 22 de mayo de 1970).

Dicho control se manifiesta —siguiendo el examen realizado por Maté y Moreno de Monroy [46]— en los *siguientes momentos* de la negociación:

---

[44] Véase el capítulo «Les interventions directes de l'Etat dans le processus de négociation», en *Tendances Récentes en matière de Négociations Collectives.* Séminaire Patronal International, 21-24 septiembre 1971. O. C. D. E., París, 1972, páginas 28 y ss.

[45] *Boletín Informativo,* núm. 11: «La contratación colectiva. Indicaciones e hipótesis para un estudio de la realidad española». Instituto de Estudios Laborales (E. S. A. D. E.), Barcelona, pág. 32.

[46] MATÉ Y MORENO MONROY: *La contratación colectiva en España.* E. N. A. P. Alcalá de Henares. Seminario realizado en enero de 1970 (Ciclostilado).

1.3.1.1. En la iniciativa

En el supuesto de una iniciación normal se realiza un acto de mero conocimiento de la administración laboral al existir la obligación de comunicarle la aprobación de la propuesta inicial. Ahora bien, el Decreto de 20 de septiembre de 1962 venía a posibilitar un sistema de iniciación no contemplado en la ley de 1958. Así, en el artículo 3.º dice que si se desarrolla «una situación de conflicto colectivo cuando no exista convenio colectivo inicial, *la autoridad laboral* podrá decretar inmediatamente, a instancia de cualquiera de las partes y previo intento de conciliación sindical, la constitución de la Comisión negociadora del convenio, procediéndose seguidamente en la forma prevista en la Ley de Convenios» [47].

En la situación actual, el artículo 8.º, número 2, del Decreto de 22 de mayo de 1970, viene a regular en términos muy semejantes esta posibilidad de iniciación, en donde la autoridad laboral indica a la sindical que promueva la formación de las comisiones deliberantes y el inicio de las deliberaciones.

1.3.1.2. La intervención a través de la Norma de Obligado Cumplimiento [48]

La norma es una manifestación heteronómica en la contratación colectiva, siendo el elemento que atenta más directamente contra la esencia de la misma. Aparece como «una decisión ministerial de carácter ejecutivo y obligatorio para ambas partes, que supone, en rigor, una quiebra esencial de la libre contratación» [49].

Jurídicamente —y en expresión de J. Montalvo— «es un acto administrativo dual» por el que se «soluciona» una negociación que, al darse una serie de supuestos y por las propias condiciones de nuestro sistema, no tendría su culminación en la firma de un convenio colectivo.

Económicamente, la norma se convierte en un instrumento más del Estado para mantener su disciplina salarial y su control sobre

---

[47] Ejemplos de la utilización de este supuesto fueron, por ejemplo, los inicios de «deliberaciones» decididas por la Delegación Provincial de Trabajo de Madrid, en los conflictos de Marconi y Schneider en 1967.

[48] Para un conocimiento profundo de este «curioso instrumento», es necesario consultar la tesis doctoral con la que obtuvo sobresaliente *cum laudem*, J. Montalvo. Facultad de Derecho. Universidad de Madrid. Publicada con el título *Las normas de obligado cumplimiento*. Edit. E. N. A. P., Madrid, 1972.

[49] BARÓN, E.: «Salarios, conflictos y coste de vida», en *Cuadernos para el Diálogo*. Extraordinario, núm. IX, pág. 26.

las condiciones de trabajo. Por otra parte, será un mecanismo para la solución ficticia de tensiones conflictivas, convirtiéndose los dictados de normas en índices válidos de la conflictualidad latente. Su continua utilización desde 1963 —según analizaremos posteriormente— confirmará esta finalidad.

El que hayamos hablado «de distintos supuestos del dictado de la norma no implica la existencia de una pluralidad de N. O. C. de naturaleza heterogénea; en paridad sólo existe un instrumento jurídico llamado N. O. C., en el cual pueden desembocar distintos supuestos de irregularidad en la contratación» [50]. Así, la norma se dicta obligatoriamente por la Administración, cuando concurren algunos de los siguientes supuestos:

— *Imposibilidad de acuerdo* entre las partes (art. 10 LCCS).
— *Incomparecencia de alguna de las partes* a las deliberaciones del convenio, una vez aprobada su iniciación por la Organización Sindical (art. 8.º, 2.º, p; LCCS).
— *Dolo, fraude o coacción* imputable a la parte que no solicitó la iniciación del convenio, para lograr el acuerdo o consentimiento de la otra parte (art. 9.º).
— *Declaración de ineficacia total del convenio por la autoridad laboral* competente, debido a la declaración de nulidad de alguna de sus cláusulas consideradas como esenciales (art. 15).
— *Disconformidad de la Comisión Delegada del Gobierno para Asuntos Económicos.* Este supuesto es debido a que si el pacto o alguna cláusula del mismo determinara un alza en los precios, las partes contratantes deberán emitir un informe, donde expliquen sus razones al respecto, exigiéndose entonces para la autorización del convenio la conformidad de dicha Comisión (art. 14).
— *Conflicto en el que, por laudo, se arbitró la celebración de un convenio.*

Es evidente cómo a través de este haz de posibles supuestos, la Administración consigue una gran *discrecionalidad* para regular —en la práctica— todo tipo de materias que serían propias de la negociación colectiva. Desde el punto de vista de la finalidad político-económica pretendida con este «instrumento ortopédico», no todos los supuestos tienen la misma importancia. *En teoría,* los cuatro puntos básicos a utilizar serán los de ineficacia total del convenio (vigilar su

[50] MONTALVO, J.: «La incomparecencia y la imposibilidad de acuerdo como presupuestos determinantes del dictado de normas de obligado cumplimiento», en *Revista de Política Social,* núm. 89, Madrid, 1971, pág. 79.

contenido), actuación de la C. D. A. E. (control salarial), situación de conflicto (evitar su manifestación) y especialmente los casos de imposibilidad de acuerdo (evitar un cambio de fuerzas en las relaciones antagónicas). En la *práctica,* el supuesto de norma por *imposibilidad de acuerdo,* realiza una *vis atrattiva* respecto a los demás [51]. Efectivamente, en la evolución seguida por la norma de obligado cumplimiento, el porcentaje de las emanadas por este supuesto respecto del total es muy elevado, y más alto aún si tenemos en cuenta el número de trabajadores afectados por este tipo de norma respecto al total de trabajadores afectados por la norma de obligado cumplimiento. Esta afirmación se hace más clara si nos fijamos en la *base real* y no en los motivos aparentes del dictado de normas de obligado cumplimiento; casi todos los supuestos encubren bajo otras formas la falta de voluntad de negociar, base fáctica de casi todas las normas dictadas. Al convertirse la norma por imposibilidad de acuerdo en su expresión generalizada, podemos decir que, en la práctica, las normas tienen un carácter arbitral, el típico *arbitraje obligatorio* en la negociación de las condiciones de trabajo.

La gran utilización de este instrumento —que responde coherentemente al sistema de negociación implantado— ha traído, entre otras consecuencias, un claro debilitamiento de nuestra contratación colectiva. La O. I. T. explica así el proceso: «Debemos, por consiguiente, considerar si el arbitraje fortalece o debilita la negociación. Durante el curso de las negociaciones, un factor importante que puede inducir a las partes a llegar muy lejos en las concesiones que pueden hacerse mutuamente es el reconocimiento de que la negativa a llegar a un acuerdo puede dar lugar a una huelga o un cierre patronal, y ellos desean evitar normalmente las pesadas consecuencias que pueden derivarse de un paro. Sin embargo, si saben que la ruptura de negociaciones no llevará necesariamente a un paro porque pueden someter sus diferencias a un arbitraje, entonces no intentarán esforzarse en lograr un acuerdo por sí mismas; cargarán con la responsabilidad de la composición (del conflicto) al árbitro, antes de decidir las soluciones por sí mismos [52]. En el caso español, al no existir esos medios de presión, este arbitraje se hace «necesario» y, por tanto, obligatorio, ampliándose sus efectos perjudiciales. La combatividad de la clase trabajadora que presionaría a un cambio en la relación de fuerzas podrá ser contrarrestada con la mera «falta de voluntad negociadora» de la otra parte, obligando a la promulgación de una norma estatal

---

[51] MONTALVO, J.: «La incomparecencia y la imposibilidad...», en *Revista de Política Social,* núm. 89, Madrid, 1971, pág. 105.

[52] O. I. T. *Las negociaciones colectivas,* Ginebra, 1960, pág. 127.

que —como se ha visto en la práctica— restablecerá la antigua situación de fuerzas. La sustitución del convenio por normas de la autoridad laboral aparece así, «en parte como causa y en parte como efecto de esta falta de voluntariedad negociadora» [53], en aquellos casos en que la estrategia del capital aconseja esta postura. Traemos aquí las palabras de J. Pérez Botija: «En caso de que el poder público se confabule con cualquiera de las partes y especialmente en el caso de que las empresas, con el pretexto de imposibilidad de otorgar mejoras, se vieran secundadas o amparadas por el Poder, no le cabrá a la otra parte, en este caso a los trabajadores, otra solución que la aceptación silenciosa, la claudicación y la renuncia, o por último y como caso límite, la violencia...; en este último caso el conflicto traspasaría los estrictos límites del aspecto laboral para configurarse como un conflicto político encaminado a modificar la actitud y la política del Estado» [54].

1.3.1.3. Intervención estatal en la aprobación

El Estado interviene también en el momento a partir del cual el contrato colectivo nace como ley. Esta intervención adquiere en nuestra regulación el grado máximo de las existentes en otras legislaciones (mera notificación para su registro, mera homologación...), es decir, requiere *aprobación expresa* (art. 13, L. C. C. S.) o *tácita* (al transcurrir el plazo dado a la Administración para su pronunciamiento). Como señala Maté y Moreno Monroy [55], a veces la aprobación contiene modificaciones de tal grado, que contrastan con lo establecido en el artículo 23 del Reglamento que desarrolla la L. C. C. S., el cual dice: «No se ha producido desaprobación cuando la resolución de la autoridad laboral contenga rectificación del texto de un convenio para adaptarlo a las disposiciones legales de rango superior» [56].

Lo que en la realidad ha sucedido es que muchas veces esta posibilidad de modificar algunas cláusulas en el acto de aprobación ha sido interpretado extensivamente no sólo «en base a *criterios de legalidad* —que son los que permite el citado artículo 23—, sino incluso a criterios de *oportunidad...*» [57]. Esta posibilidad se completa en di-

---

[53] De la Villa, L. E.: *Política social de rentas*. E. N. A. P., pág. 43.

[54] Pérez Botija, J.: «Convenios y conflictos colectivos», en *Revista Política Social*, núm. 66, Madrid, 1965, pág. 109.

[55] Mate y Moreno de Monroy: *Op. cit.*, pág. 7.

[56] Este artículo fue modificado en los términos expresados en el texto, por Orden Ministerial de Trabajo de 19-XI-1962.

[57] Montalvo, J.: *Las normas de obligado cumplimiento*. Edit. E. N. A. P., Madrid, 1972, págs. 56 y 57. Como señala este autor, para evitar estas modifica-

cho texto legal, ya que contra dicha resolución modificativa no se establece ninguna posibilidad de recurso administrativo o contencioso. Por ello, como afirma J. Montalvo, «... tal imposibilidad de controlar la juricidad —que no sólo la legalidad formal— de estos actos administrativos... es una poderosísima arma en manos de la Administración, que ve así fortalecido su intervencionismo en esta esfera de la negociación colectiva...» [58].

De todas estas consideraciones sobre el intervencionismo estatal en nuestro sistema de negociación colectiva, se deduce claramente que el sistema de negociación instaurado es *estático*, único que permite una vigilancia y control por parte del Estado de las condiciones pactadas.

1.3.2. *Los defectos estructurales derivados del marco donde se encuadra la negociación: sindicatos verticales*

La contratación colectiva surge en nuestro país sin ir acompañada de cambios en las estructuras e instituciones laborales. Los defectos y condicionamientos que ahora vamos a analizar brevemente, se derivan de esta realidad, y se pueden agrupar de la siguiente manera:

1.3.2.1. Los que emanan de la propia estructuración del sindicato

- La organización vertical del sindicato y su propia ideología responden a la necesidad de *control de las relaciones laborales* en orden a *evitar el conflicto*. Por el convenio no se pretenderá, por tanto, encauzarlo, la Organización Sindical con su actuación tendrá la misión fundamental de evitarlo.
- Los convenios *colectivos se transforman en intrasindicales*. El artículo 6.º de la ley dice: «Se reconoce capacidad para convenir en nombre de los empresarios y trabajadores a sus correspondientes representaciones profesionales en el *seno de la Organización Sindical*, según el ámbito del convenio. Cuando éstos limiten su ámbito a una sola empresa, se considerará que tienen personalidad bastante para establecerlos la representación *legal de la empresa...*, y los vocales

---

ciones parciales han surgido en la práctica las llamadas cláusulas de «vinculación a la totalidad». En estas clásulas, incluidas en muchos convenios, se pacta la ineficacia práctica y, por tanto, la necesidad de reconsiderar todo el contenido del convenio en el caso en que la autoridad laboral no aprobase alguna de las cláusulas o apartados del mismo.

[58] *Ibíd.*, nota a pie de página, núm. 102.

de los *jurados de empresa* o enlaces sindicales...» Se obliga a partes opuestas a negociar «en paz» bajo la vigilancia de la misma organización [59]. Era difícil adaptar, en este punto, la negociación colectiva a la realidad española, sin que supusiera una fuerte discrepancia formal con los modelos occidentales. Sin embargo, la puesta en práctica de la negociación va a provocar contradicciones internas en el propio Sindicato, que harán necesario mitigar este sentido verticalista y potenciará sus diversas secciones, aunque sigan fuertemente controladas [60].

• *Lo relativo a la representatividad de los cargos sindicales que negocian los convenios.*—Es claro que para que los acuerdos libremente negociados sean eficaces, es decir, sean *estables*, es necesario que no sean meras discusiones informales, sino que en el proceso de negociación se expresen las pretensiones reales de las partes y, posteriormente, puedan aceptarse los acuerdos firmados en base a esa oposición de pretensiones. Ello sólo puede obtenerse si existe una auténtica representatividad en continuo contacto con la base obrera.

En muchos países occidentales la burocracia —entre otras causas—, alcanzada por las diversas organizaciones sindicales, ha provocado la aparición de la acción «directa, informal y más o menos espontánea de la base obrera (de la que las huelgas salvajes son sólo su expresión privilegiada)» [61], que han planteado problemas respecto a la eficacia y estabilidad de los convenios. En nuestro país esta situación se agrava, pero por razones distintas: por *la falta de representatividad en la Organización Sindical* y, en último término, por la falta de organizaciones de clase representativas con las cuales negociar. El modelo español conlleva necesariamente a la organización informal de la base

---

[59] Cf. ALONSO GARCÍA: *Manual de Derecho del trabajo.* Edit. Ariel, Barcelona, 1967, págs. 333 y ss.

[60] Es claro que la implantación de los convenios colectivos en nuestro país fue el factor fundamental para el impulso de las diversas secciones dentro de un mismo sindicato; para ello, aunque se mantuvo básicamente la estructura sindical, doblegándose nuestro sistema de negociación a la misma, fue necesario reconocer la existencia de intereses, al menos distintos. Así, en el discurso de presentación del proyecto de ley sobre C. C. S. a las Cortes, el propio ministro de Trabajo decía: « ... que los sindicatos sean verticales... no implica... el negar la posible existencia de puntos de vista e intereses distintos e incluso contrapuestos, aunque armonizables...» (Convenios colectivos sindicales, Madrid, Secretaría General Técnica del Ministerio de Trabajo, 1958, pág. 11.) Estas palabras ofrecen un «cierto» contraste con las recogidas en la Declaración XI del Fuero del Trabajo cuando dice: «La producción nacional constituye una unidad económica al servicio de la Patria... Todos los factores que en la producción intervienen quedan subordinados al supremo interés de la nación.»

[61] «Informe social 1970», *Revista de la Asociación Cristiana de Dirigentes,* núm. 264, 1971, pág. 51.

obrera y a la existencia de un menor poder de sujeción a los acuerdos pactados.

El problema de la representatividad no sólo se soluciona a través de la mecánica electoral. En el caso español esta mecánica ha ido matizándose hasta llegar a unos ciertos grados de representatividad a nivel de empresa, difícil de mantener a medida que se escala a otros niveles superiores [62]. Sin embargo, aunque existiese una mayor representatividad electoral, «poco se puede lograr si el representante no puede ser portavoz de las reales aspiraciones de sus representados, y si a su vez no tienen éstos capacidad de control sobre sus actuaciones» [63].

La nueva Ley Sindical aprobada en febrero de 1971 [64] «no ha cambiado sustancialmente el panorama anterior, sobre todo el panorama real. El texto convertido en ley ha confirmado nuestra original concepción, reafirmando inequívocamente, por un lado, el dominio de la línea política de mando sobre la representatividad de la base obrera y, por otro, el de la línea corporativa de composición y colaboración sobre la sindical de clase y oposición» [65]. Ante esta situación se hace necesario, para entender el proceso de negociación colectiva en España, estudiar la posición de las diversas organizaciones de clase existentes al margen del Sindicato oficial. Desde esta perspectiva son normales las continuas acusaciones, realizadas por la base trabajadora, a la falta de representatividad de las Comisiones Sociales para la negociación de los convenios de rama, mientras que generalmente se presiona a favor de los convenios de empresa, ya que las posibilidades de representación real son más factibles a los niveles inferiores de enlaces y jurados. Las pasadas elecciones de 1966 así lo demostraron claramente, aunque los procesos que siguieron a las mismas —destituciones, despidos, etc.—, hayan hecho dudar a las diversas organizaciones extraoficiales sobre la línea a seguir en las celebradas en 1971.

De todas formas, lo que parece claro es que las posibilidades de representación real que ofrecían los jurados y enlaces, y su importancia cara a los convenios de empresas, desarrolló el grado de organización de la clase trabajadora a este nivel. Si «antes, los órganos superiores del sindicalismo eran los de mayor peso específico en el mundo laboral, al centrarse la nueva dinámica de las relaciones laborales en

---

[62] ESTEVE, N.: «Política salarial y de empleo», en el libro de L. GAMIR: *Política económica de España.* Edit. Guadiana, Madrid, 1972, pág. 185.

[63] «Documento informativo 1972». I. E. L. (E. S. A. D. E.), Barcelona, 1972, pág. 20.

[64] Véase GARCÍA NIETO, MARIMÓN, BUSQUETS: *La nueva Ley Sindical.* Edit. Estela, Barcelona, 1970.

[65] «Informe social 1970». Documentación para dirigentes A. C. D., núm. 264, 1971, página 52.

la empresa, la representación obrera a este nivel cobró una importancia (práctica) considerable»[66]. Ante esta mayor organización de la clase trabajadora y su mayor combatividad, la *exigencia teórica* para los empresarios, de una mayor representatividad obrera que garantizase lo pactado, empezará a *manifestarse en ciertos sectores*. Manifestaciones en este sentido han sido recogidas en abundantes declaraciones y encuestas, entre las que sobresalen las realizadas por *S. I. E.*, *España Económica* y *Desarrollo*, y los estudios-encuestas de Linz-de Miguel, Pinilla de las Heras y García Nieto-Estivill y otros[67]. Porcentajes que

---

[66] MARAVALL, J. M.: *Desarrollo económico y clase obrera.* Edit. Ariel, Barcelona, 1970, pág. 94.

[67] *España económica.* 27-II-65. *Un 30 por 100 de los entrevistados* (hombres de empresa) consideraban inútil la negociación si los trabajadores no disponían de sindicato autónomo y representativo.

— *Desarrollo:* Durante el año 1969. Serie de entrevistas a empresarios españoles.

— LINZ, J. J., y DE MIGUEL, A.: Encuesta realizada sobre el universo de los 6.000 directores de empresas industriales, de más de 50 trabajadores, de 13 provincias (Madrid, Barcelona, Vizcaya, Guipuzcoa, Asturias, Zaragoza, Valencia, Alicante, Coruña, Pontevedra, Cádiz, Córdoba y Sevilla). Se tomó una muestra de 460 empresarios, estratificados y ponderada según el tamaño de las empresas. Los resultados de esta encuesta han sido publicados en diversas revistas especializadas; las partes que aquí más interesan están recogidas en:

— *Revista de Trabajo,* núm. 1, 1963: «Los problemas de la retribución vistos por los empresarios españoles», págs. 131 a 140.

En este estudio se observa cómo los empresarios daban como solución preferida al problema del bajo rendimiento en el trabajo, *el establecimiento de una libertad de despido unida, como contrapartida, al reconocimiento del derecho de huelga y existencia de sindicatos autónomos y representativos.*

— *Revista de Fomento Social,* núm. 78, abril-junio 1965, págs. 115 a 147, «La representación sindical vista por los empresarios». En él, podemos ver cómo el «*29 % del empresariado afirma la falta total de legitimidad y representatividad en los representantes de los trabajadores*», pág. 128.

— ESTIVIL, J.; GARCÍA NIETO, J.; HOMS, O., y SÁNCHEZ, J.: *La participación de los trabajadores en la gestión de la empresa,* Nova Terra, Barcelona, 1971, páginas 109 y 110.

Encuesta realizada en 1968 a 75 empresas (58 de más de 500 trabajadores y 17 de 100 a 500 trabajadores, localizadas principalmente en Barcelona (50), Madrid (10) y Vizcaya (8). En estas 75 empresas objeto del estudio se realizaron 53 cuestionarios a los empresarios y 55 a los trabajadores.

— *Encuesta sobre la «problemática que plantea la negociación colectiva sindical», realizada por la Vicesecretaría Nacional de Ordenación Social,* Madrid, febrero 1965.

En esta encuesta realizada a Vocales Nacionales y Juntas Sociales de la propia organización sindical, se observa que incluso dentro de la propia estructura, el 57 % de los vocales y el 51 % de las Juntas estiman *la necesidad de revisar la representación de las partes en los convenios colectivos*. Las razones aducidas van encaminadas hacia la necesidad de mejorar cualitativamente esta representatividad, mejorar la elección, mejor asesoramiento, adecuación, etc. (Pág. 29.)

varían entre un 30 y un 40 por 100 de los empresarios encuestados (con distinta importancia y significación debido a las diversas poblaciones y muestras escogidas) afirman la necesidad de incrementar la representatividad de los trabajadores. Esta mentalidad queda suficientemente clara en las palabras del director de personal, don Carlos Aemer: «Para una eficaz contratación, la ley debe garantizar la representatividad, porque en caso contrario habría que acudir a sistemas no regulados por ella, si éstos fueran eficaces:

— *Sin representatividad,* el contrato, dentro del marco legal, carece de garantías de estabilidad.
— *Con representatividad,* el contrato o acuerdo celebrado fuera del marco del formalismo legal ofrece dichas garantías» [68].

Sin embargo, después de los masivos despidos de jurados y enlaces (Maravall da la cifra de 1.800 despidos en el período 1964-66) hay que colocar estas peticiones de representatividad de los empresarios en sus justos límites. Teórica y prácticamente, de acuerdo a la estructuración de nuestra contratación colectiva, la total representatividad real estaría en contradicción con la mentalidad que inspira al sistema de relaciones laborales, e incluso con las finalidades de acumulación de los propios empresarios. Lo que sucede es que en aquellos sectores donde la clase trabajadora ha logrado una organización y combatividad fuerte, la «única» forma de conseguir acuerdos estables y duraderos (evitando la manifestación del conflicto) es pactando con *auténticos representantes.*

Estas afirmaciones son perfectamente coherentes con los resultados obtenidos por la encuesta de *S. I. E.,* realizada en el primer trimestre de 1971 [69]. El 30 por 100 de los dirigentes del sector industrial afirman que los trabajadores no están auténticamente representados; siendo los de los sectores de la Construcción, Metal e Industrias

---

[68] AEMER, C.: *La política salarial vista por la empresa.* E. N. A. P. Alcalá de Henares. Seminario realizado en enero 1971 (Ciclostilado), pág. 6.

[69] Encuesta realizada por S. I. E., sobre los resultados de los convenios colectivos en vigor, en los establecimientos de más de 25 trabajadores, excluidas las actividades agrícolas, forestales o ganaderas.

En el sector industrial se ha estratificado la encuesta según el temaño del establecimiento y el grado de industrialización de las provincias (porcentaje de población industrial sobre su población activa). En el sector servicios, el análisis se refiere sólo al grupo de provincias industrializadas y establecimientos de más de 100 trabajadores, quedando fuera las actividades sanitarias, enseñanza y marina mercante. La muestra estudiada fue de 400 empresarios para el sector industrial y 100 para el sector servicios, estratificada según las tres variables antes enunciadas.

Químicas los que la niegan más frecuentemente. Al mismo tiempo, son las empresas más grandes, las zonas más industrializadas, las más exigentes respecto a la representatividad. En el sector servicios, otro 30 por 100 de los empresarios piensan que no existe representatividad, siendo precisamente los sectores de la Banca los que la niegan en mayor proporción [70].

Por otra parte, es general, tanto para el sector servicios como para la industria, que los empresarios califiquen los convenios de ámbito empresarial como los que operan con un mayor grado de representatividad. Factor que —junto con otros que veremos en apartados posteriores— influirá para configurar la tendencia, existente también en la línea patronal, hacia los convenios de empresa [71].

Tendencia que será más acusada en las ramas del metal, químicas, construcción, etc... y en las zonas más conflictivas [72].

---

[70] A parecidos resultados llegan J. Linz y A. de Miguel en su encuesta realizada en años anteriores. Así, «*un 43 % de los empresarios encuestados* de la *España semi-industrial* creen que los *representantes obreros* tienen la confianza de sus compañeros, frente a un *33 % en la industrial...* De ello resulta que el número de los que dicen que *ni representan ni tienen la confianza* llegan al 28 % en la España industrial y sólo el 22 % en la semi-industrial. *Estas diferencias se acentúan aún más en el País Vasco, donde este último grupo llega al 33 %...*» Los autores terminan comentando estos porcentajes diciendo: «Puede suceder que la falta de una tradición sindical en zonas de reciente desarrollo haga que en éstas los representantes sindicales consigan cierta legitimidad, en tanto que en las provincias de fuerte tradición sindical sean otros líderes informales y no los enlaces y jurados los que consigan esa legitimidad...» LINZ, J. y DE MIGUEL, A.: «La representación sindical vista por los empresarios», en *Fomento Social,* número 78, página 131.

[71] En la encuesta de S. I. E. se observa que son pocas las empresas encuestadas que tienen convenio de empresa, «siendo ocho veces más en la industria y en los servicios las que lo desearían tener...» «Gran parte de los empresarios que tienen convenios provincial preferirían tenerlo de empresa...» En el mismo sentido, en el estudio de Estivill, Homs y otros, el *66 % de los empresarios encuestados* consideran más adecuados los convenios colectivos de empresa que los de ámbito local, comarcal, provincial o interprovincial. *Op. cit.,* pág. 121.

[72] *En 1965* los convenios de empresa se establecieron «sobre todo en la industria del metal (102), industria química (35), construcción (28). Su localización geográfica fundamental por provincias es en Barcelona (65), Vizcaya (26), Madrid (19), Zaragoza (18); MARAVALL: *Trabajo y conflicto social,* pág. 179.

— *En 1970* los convenios de empresa se establecieron principalmente en la industria del metal (226), industria química (96) y construcción (81), seguido de los sectores papel y artes gráficas, textil y transportes. Los tres primeros sectores totalizan un conjunto de 403 convenios de empresa, que sobre el total de este tipo de convenios establecidos en 1970 (660, incluidos los de grupo de empresa) representa el 61 %. Datos elaborados a través de las «relaciones nominales de convenios establecidos» publicadas en los «Informes Trimestrales de la Oficina Central de Convenios Colectivos», Oficina Central de Convenios Colectivos, Madrid, 1970.

— Esta misma tendencia se observa en los datos dados por la Organización

1.3.2.2. Defectos que proceden de la continua ingerencia de la Organización Sindical.

Aparte de la vigilancia y control que en todo el proceso de la negociación realiza la Organización Sindical nos interesa resaltar, respecto a la pérdida de libertad de las partes, los siguientes aspectos:

● *La necesaria aprobación por la Organización Sindical de la iniciativa del convenio,* como requisito previo a comenzar las negociaciones (art. 8; L. C. C. S.).

Para que la autoridad sindical correspondiente (según el ámbito del convenio) dé su conformidad, es necesario presentar: el acuerdo adoptado sobre la iniciación de la negociación, informe «*con expresión concreta de los puntos que han de ser objeto de deliberación*», modificaciones a introducir en el régimen legal o convencional anterior, repercusión en las retribuciones, incentivos y la opinión de los jefes sindicales inmediatos según su ámbito.

● *La intervención a través de las «personas ajenas a las partes» que deben formar parte de la comisión negociadora.* Estas personas son el presidente y secretario. Ambos deben ser nombrados por el jefe del Sindicato nacional o por los delegados provinciales de Sindicatos (según el ámbito del convenio).

La figura del presidente recaerá en persona con «formación sindical y no vinculada por interés alguno con las empresas afectadas por la negociación». Su importancia es grande, debido a sus facultades: convocar, abrir, suspender y levantar sesiones, conceder el uso de la palabra y hacer uso de ella cuando lo crea oportuno, etc... Esta figura está en la misma línea que alguna de las características analizadas anteriormente: la negociación queda así *presidida* «por un *representante sindical* con plenas facultades para *suspender,* en el momento que crea oportuno, la marcha de las deliberaciones, trami-

---

Sindical en *Estadísticas de convenios colectivos de trabajo 1958-1967,* págs. 45 y ss. Este estudio da las cifras sobre el *total de convenios establecidos en ese período* (suma de los establecidos cada año) observándose cómo las provincias que firmaron mayor número de convenios de empresa en esos diez años fueron: Barcelona (239), Madrid (173), Vizcaya (146), Valencia (117) y Zaragoza (86). Por el contrario, dos provincias, Cuenca y Zamora, no habían pactado todavía convenios de empresa, y otras como Albacete, Almería, Avila, Cáceres, Guadalajara, Lugo, Orense, Segovia, Soria, Toledo y Melilla, tenían un número inferior a 10.

Respecto a los sectores, destacaban al igual la rama del metal (694 convenios de empresa establecidos en el período), industrias químicas (283), construcción (213), seguido de prensa, textil y transportes. Estos sindicatos representaban el 72 % del total de convenios de ámbito empresarial aprobados en el período y el 86 % de los trabajadores acogidos a los mismos. La correlación que establecíamos queda, por tanto, suficientemente probada.

tando el expediente para la resolución del mismo por la autoridad laboral y cortando por ello *toda situación tensa* que podría dar lugar a la manifestación *abierta del conflicto*» [73]. La propia O. I. T. señala los peligros de esta intervención, que se convierte, en muchos casos, en un elemento más de la negociación [74].

Hay que constatar, sin embargo, una evolución en los últimos años, al ir recayendo la designación de la figura de presidente de las comisiones deliberadoras en personas pertenecientes a la carrera judicial (magistrados, jueces, fiscales, etc.), llegando a representar, en 1971, el 44,7 por 100 de los presidentes designados (ver cuadro n.º 1).

Por último, hay que señalar como significativo que este control oficial de la C. N. S. con respecto a la contratación colectiva —realizado a través de los instrumentos analizados— esté bien visto, en términos generales, por los empresarios [75]. Pero, nuevamente, un porcentaje importante (33 por 100) de los empresarios encuestados por S. I. E., declara que las partes deliberantes carecen de la suficiente independencia y capacidad de maniobra con respecto a la actual estructura sindical. Lo más interesante es constatar cómo este porcentaje está compuesto por empresarios de los sectores más dinámicos y combativos (metal, textil, construcción...), localizados en las zonas industrializadas y, generalmente, con convenio interprovincial [76]. La interpretación que hacíamos anteriormente para la representatividad se enlaza con este problema, reafirmándose su validez.

1.3.3. *Falta de medios reales de negociación del convenio*

1.3.3.1. Dentro del marco institucional en que se instaura la contratación colectiva, era perfectamente lógico que nuestra legislación *no diera cabida a los conflictos colectivos y, por tanto, a la huelga.* Una vez

---

[73] ESTIVILL, J., GARCÍA NIETO, J. y otros: *Op. cit.*, pág. 92.

[74] O. I. T. *La situación laboral y sindical en España*, Ginebra, 1970, pág. 207.

[75] *El 54 % de los empresarios industriales* encuestados por S. I. E. creen que «las partes deliberantes en un convenio tienen la suficiente independencia y capacidad de maniobra respecto de la actual estructura sindical...» «Respecto al *sector servicios, es mayor* el número de los que están de acuerdo con la situación actual en relación con el control de la estructura sindical *(63 %).*»

Este porcentaje corresponde perfectamente con los resultados dados por ESTIVILL, G.; NIETO, etc., en la página 119 de su estudio: *Alrededor del 60 %* de los empresarios creen que el sistema de negociación colectiva, con control oficial de la C. N. S., es un instrumento válido para mejorar las relaciones laborales.

[76] En «Valoración empresarial de los resultados de los convenios colectivos en España 1958-1970», en *Acción Social Empresarial.* Edit. Confederación Cajas de Ahorro, Madrid, 1972, pág. 114, podemos leer: «Los empresarios señalan la insuficiente representación de los trabajadores y, por su parte, la escasa capacidad de maniobra que la estructura sindical permite...»

más, la contratación tendrá que doblegarse a los principios programáticos de nuestro sistema de relaciones industriales, mostrando cada vez más claramente las finalidades que se pretendían con la misma. La ley de convenios surge en una situación en que cualquier reivindicación abierta o agitación laboral era considerada como presunta conspiración y sedición, negando —en teoría— e imposibilitando —en la práctica— la expresión del conflicto obrero como posible defensa de intereses.

CUADRO NÚMERO 1

PROFESION DE LOS PRESIDENTES DE COMISIONES DELIBERADORAS INTERVINIENTES EN LA FASE SINDICAL DE LOS CONVENIOS TRAMITADOS EN 1971

PROFESION	*Número de convenios*	*Frecuencia %*
Carrera judicial (1)	532	47,49
Abogados	268	23,92
Funcionarios sindicales (2)	178	15,89
Inspectores de trabajo	33	2,95
Presidentes de sindicatos	29	2,60
Directores de mutualidades laborales	14	1,25
Industriales	11	0,98
Directores de escuelas sindicales	9	0,80
Ingenieros	9	0,80
Vicesecretarios de obras sindicales	9	0,80
Presidentes Consejo Empresarios	7	0,63
Administrativos	4	0,36
Médicos	3	0,27
Catedráticos	3	0,27
Economistas	3	0,27
Vicesecretarios Ordenación Social	3	0,27
Presidentes Consejo de Trabajadores	2	0,18
Vicesecretarios Ordenación Económica	1	0,09
Periodistas	1	0,09
Maestros nacionales	1	0,09
TOTAL	1.120 (3)	100,00

(1) Magistrados, jueces, magistrados de trabajo y fiscales.
(2) Fundamentalmente letrados sindicales y funcionarios de elevada categoría.
(3) Hay que resaltar que el número de convenios aprobados en este año fue de 1.180.

FUENTE: «Informe Trimestral sobre Convenios Colectivos Sindicales», IV trimestre 1971. Oficina Central de Convenios Colectivos. Madrid, 1972, página 28.

El texto básico que lograba esta misión era el conocido artículo 222 del Código Penal de 1944, en el que se decía:

«*Serán castigados como reos de sedición:*

1.º *Los funcionarios o empleados encargados de todo género de servicios públicos y los particulares que por su profesión prestasen servicios de reconocida e inaplazable necesidad que, con el fin de atentar contra la seguridad del Estado, de perturbar su normal actividad o de perjudicar su autoridad o prestigio, suspendiesen su trabajo o alteren la regularidad del mismo.*

2.º *Las coligaciones de patrones dirigidas a paralizar el trabajo.*

3.º *Las huelgas de obreros.*»

Este texto se articulará con la ley de Seguridad del Estado de 29 de marzo de 1941 y con la ley de Rebelión Militar de 2 de marzo de 1943, formando un sistema «fiel a la idea de que si en la realidad no se puede superar la lucha de clases, al menos hay que reprimirla» [77].

No se desconocía, por tanto, que la «negociación es otro medio de acción, utilizado por los grupos que participan en la relación laboral, para determinar las rentas del trabajo y que como tal no se opone a la huelga en modo alguno, sino que más bien es un complemento de la misma; mientras que *sin la huelga* las negociaciones se desarrollarían de manera *totalmente distinta* y los convenios acordados tendrían un *contenido diferente*» [78]. Pero la alternativa estaba ya tomada, por lo que nuestro sistema de negociación —privado de estos medios— se concibió más bien como «una discusión universitaria o un intercambio de informes ante un tribunal» que como un auténtico sistema de negociación colectiva.

Es lógico que, si a través de la negociación *se pretendía evitar el conflicto* —fuertemente manifestado en los años inmediatamente anteriores, debido, en primer lugar, al aumento de la conflictualidad latente, alimentada principalmente por el desfase cada vez mayor entre el coste creciente de vida y los salarios estabilizados, y, en segundo lugar, a la propia rigidez del sistema—, *no se otorgaran los medios que pudieran potenciar el mismo*. De todas formas, con la implantación de la negociación colectiva se abría —al menos en teoría— la posibilidad de regular y admitir los conflictos colectivos, ya que, en principio, las tensiones, las reivindicaciones de los trabajadores, podrían considerarse dirigidas contra los empresarios que, ahora, pactaban las condiciones laborales.

En la práctica, la puesta en marcha de la negociación —a pesar

---

77 HERRERO, J. L.: «La huelga en España», en *Actualidad Económica,* 24 de octubre de 1970, pág. 11.

78 SELLIER Y TIANO: *Op. cit.*, pág. 462.

de sus limitaciones— provocará una «cristalización del conflicto latente en formas de conflicto manifiesto, progresivamente más frecuentes»[79]. Desde el punto de vista comparativo, estos conflictos tienen un carácter mucho menos generalizado que los manifestados en la época de 1951 a 1956, pero es evidente su proliferación y su progresiva radicalización, a partir de la instauración de la negociación colectiva. Esta realidad exigió una seudo-adaptación de la legislación, *que sin permitir nunca* la huelga, tuvo que ir admitiendo la «existencia», incuestionable, de conflictos colectivos y estableciendo, por tanto, mínimos cauces a su solución.

Este paulatino cambio en la legislación —exigido por la modificación en la relación de fuerzas— se observa también —aunque con las matizaciones a su interpretación que señalábamos anteriormente— en la mentalidad de empresarios y altos cargos oficiales. Así, *Actualidad Económica,* en un trabajo sobre la huelga en España, recogía lo siguiente[80]: «La frase del señor Espinosa Poveda —ex secretario general de Sindicatos— se presta a polémica: *La economía española no puede permitirse el lujo de las huelgas.* Por lo menos, tanto como otra del señor Solís en aquellos mismos días: *El sindicalismo español será representativo hasta donde convenga.* Son frases que simbolizan toda una mentalidad, pero que al poco tiempo (en este caso sólo unos años) han sido ya sustituidas por las nuevas líneas. Por ejemplo, en este caso concreto hay que reconocer que pocos personajes oficiales hablan ya de la huelga como un lujo. Por el contrario, realizando una curiosa pirueta dialéctica se prefiere citar el caso de países como Suiza o Dinamarca para *demostrar que en toda sociedad desarrollada la huelga ha perdido su primitiva razón de ser.* Naturalmente, estos ejemplos no se presentan aislados, sino convenientemente aderezados con alusiones a la "necesidad de hacer innecesaria la huelga", más concepciones de Carnelutti sobre la huelga como apelación a la fuerza...»

Desde el punto de vista de los empresarios, recogemos las declaraciones de los señores J. Garrigues Walker y J. M. Guerra Zunzunegui que, como representantes de dos tendencias distintas del «management», son ilustrativas de los cambios que apuntamos. Guerra Zunzunegui expone: «Personalmente creo que la huelga es un fracaso del derecho, como asimismo considero que la guerra es un fracaso de la paz. *Pero ese fracaso está ahí,* lo padecemos, y no podemos cerrar los ojos a una realidad evidente»[81]. Por su parte, Garrigues Walker dice: «La

---

[79] MARAVALL, J. M.: *Desarrollo económico y clase obrera.* Edit. Ariel, Barcelona, 1970, pág. 89.

[80] *Actualidad Económica,* 24 de octubre de 1970, pág. 9.

[81] «Mesa redonda entre obreros y empresarios», en *Actualidad Económica,* 7 de noviembre de 1970, pág. 14.

huelga debe ser una actitud límite..., es una de las piezas del mecanismo de la economía de mercado, y esa pieza *no se puede suprimir*, como tampoco se puede suprimir el *despido libre*. Son elementos que integran el sistema de economía de mercado, con el que creo funcionaríamos mejor» [82].

Declaraciones de este tipo se han venido sucediendo en los últimos años, procedentes de empresarios o ejecutivos pertenecientes a los sectores más dinámicos [83]. Tal mentalidad, desde una perspectiva rentabilista y más avanzada, es partidaria —en teoría— de la necesidad de encauzar el conflicto en sus orígenes, intentando evitar su manifestación, para lo cual exponen la necesidad de cambiar los cauces actuales de negociación y conflicto, que por su rigidez impiden esa institucionalización. Ello es debido a que a la vista del incremento de la conflictualidad y organización de la clase trabajadora, se empieza a ver como conveniente el planteamiento de la continuidad del sistema desde otras perspectivas [84]. Sin embargo, esta mentalidad choca con la práctica diaria, incluso en aquellas empresas donde sus directivos o empresarios han manifestado esas opiniones «desarrollistas» [85]. Disociación que se hace más acusada a partir del año 1967, mostrándose una actitud más rígida y coercitiva en la solución de los conflictos. Las razones de esta disociación entre manifestaciones teóricas y *praxis*, son coherentes a corto plazo, ya que... «dadas las posibilidades de control social por procedimientos expeditivos y menos costosos financieramente para los empresarios» [86], éstos tienden a utilizarlos [87]

---

[82] *Ibíd.*, pág. 21.

[83] En este sentido son significativos los datos suministrados por el «Informe FOESSA de 1966», en el que se observa que un porcentaje del 13 % de los grandes y medios empresarios y del 16 % de los profesionales encuadrados en clases altas eran partidarios de esta típica relación liberal entre huelga y libertad de despido. En el último informe realizado por esta fundación se observa una tendencia creciente hacia esta actitud entre profesionales y altos directivos (véase «Informe sociológico sobre la situación social de España». Fundación FOESSA. Edit. Euroamérica, Madrid, 1970, págs. 1.070 y ss.).

[84] Son significativos, a este respecto, los tímidos ensayos de participación en beneficios, de métodos sobre relaciones humanas siguiendo los esquemas del sociólogo americano Mayo, o de otras formas integrativas trasladadas del sistema americano, alemán, etc., que algunas empresas españolas intentan llevar a la práctica.

[85] Sobre este punto, los autores están realizando un estudio sobre el desarrollo de los conflictos en los últimos años, en aquellas empresas donde sus empresarios o directivos hayan manifestado públicamente esta mentalidad.

[86] *Documento Informativo 1971*. I. E. L. (E. S. A. D. E.), Barcelona, 1971, página 32.

[87] Véase a este respecto el creciente trabajo que en los últimos años han tenido que realizar las Magistraturas de Trabajo. Cf. Barón: «Los obreros ante

cuando se encuentran con un nivel de organización y conciencia de la clase trabajadora que les plantea problemas de «relaciones humanas» [88].

En resumen, los hitos fundamentales de esta necesidad de seudoadaptación a la realidad están representados por:

1. *El decreto de 20 de septiembre de 1962,* sobre conflictos colectivos de trabajo, que supone el primer tímido intento de reconocer su existencia. Así, en su preámbulo, se puede leer: «... La anormalidad en las relaciones de trabajo, así en las individuales como en las colectivas, aun siendo una *situación ocasional, excepcional, limitada y transitoria,* es, sin embargo, un fenómeno con el que el ordenamiento jurídico *tiene que contar y ha de regular.*» A pesar de esas declaraciones de su preámbulo, no podemos decir que dicho decreto reguló las situaciones de conflicto, ya que se limitó, simplemente, a dar una serie de medidas de conciliación y mediación, y de intervención final de la Magistratura. Por otra parte, con él, se inició la peligrosa distinción entre el conflicto laboral y el conflicto político, sin tener en cuenta que la creciente «intervención estatal en el campo económico proporcionará una dimensión política a los conflictos de trabajo más importantes. Por ello, la diferenciación entre la huelga política y la huelga laboral no resultará, a partir de estos años, tan clara. Máxime cuando la huelga, que busca un choque violento, un enfrentamiento casi decisivo entre los contendientes, parecía perder terreno frente a los conflictos que buscan la conquista de posiciones de poder y presión, de valor estratégico acumulativo» [89].

2. *La reforma del artículo 222 del Código Penal del 21 de diciembre de 1965.* Siguiendo la línea marcada por el decreto de 1962, la nueva regulación establece lo siguiente: «Serán considerados *como reos de sedición.*»

> 1. *Los funcionarios, empleados y particulares encargados de la prestación de todo género de servicios públicos o de recono-*

la Magistratura», en *Cuadernos para el Diálogo,* extraordinario, núm. XXXIII, febrero, Madrid, 1973, págs. 57 y ss.

[88] En este sentido, es típico —entre otros muchos hechos que se podrían citar— el caso de la región de Navarra y su progresivo endurecimiento y radicalización en las posturas empresariales. Véase, como documentos representativos, la «Carta del Consejo de Empresarios de Navarra», publicada el 9 de octubre de 1971, en el *Diario de Navarra,* y la contestación de la Unión de Trabajadores y Técnicos del Sindicato del Metal de Navarra, publicada en ese mismo periódico el 30 de octubre de 1971.

[89] Declaraciones de J. M. Maravall a *Actualidad Económica,* 24 de octubre de 1970, pág. 16.

cida e inaplazable necesidad, que suspendiendo su actividad, ocasionen trastornos a los mismos o de cualquier forma alteren su regularidad.

2. *Los patronos y obreros que con el fin de atentar contra la seguridad del Estado, perjudicar su autoridad o de manera grave la producción nacional, suspendieren o alterasen la regularidad del trabajo.*

Este nuevo texto, articulado con la doctrina emitida por el Tribunal Supremo sobre su interpretación, sentará las bases para la diferenciación, clave de nuestro sistema, entre huelga política y laboral. Entre esta doctrina del *Tribunal Supremo,* merece especial atención la *sentencia del 22 de noviembre de 1967* sobre el famoso conflicto desarrollado en la empresa «Laminados de Bandas en Frío» de Echevarri, en Bilbao. Dicha sentencia —denegatoria para los trabajadores— explica:

«... *Conflicto en general* —fuere normativo o aplicativo— equivale a enfrentamiento de intereses y de posiciones dispares entre empresas y grupos de asalariados acerca de determinadas reivindicaciones o discrepancias, *encauzada la controversia, para ser lícita,* conforme a pautas prefijadas con miras a su justa y pacífica solución pactada o, en su defecto, pronunciada por la autoridad correspondiente; en tanto que «huelga» supone entre los antagonistas, y aun frente al órgano estatal cuyos oficios mediadores se desatienden, *una salida anormal* de la negociación pendiente; de ahí que sea posible hablar de *conflictos colectivos legales o ilegales,* según *se respete o no el procedimiento preordenado para el enjuiciamiento y solución de la controversia y no pueda,* en cambio, hablarse, paralelamente, *de huelgas legales o ilegales* dentro del ordenamiento positivo al que todo tribunal de justicia necesariamente ha de atenerse, *por ser ilegales,* en principio, todas ellas...»

La equiparación entre huelga y conflicto ilegal parece cerrar las posibilidades de una interpretación amplia de la legislación, considerándose ilegales, cualquiera que sea su motivación [90].

3. Por último, ante el desbordamiento de los hechos, *surge en 1970 el decreto 1.376/1970 de 22 de mayo sobre procedimientos de formalización, conciliación y arbitraje de las relaciones colectivas de trabajo,* que viene a sustituir al desfasado decreto de 1962 que regulaba, hasta entonces, la materia.

---

[90] ALONSO GARCÍA, M.: «España, perspectiva 1968, político-social». Edit. Guadiana, Madrid, 1968, pág. 158.

Este nuevo decreto adolece de defectos parecidos a los de su antecesor. Así, respecto a la posible apertura de la legalidad a los paros colectivos —que es aquí lo que nos interesa—, aunque el decreto se «proponía como uno de sus objetivos que las relaciones de trabajo se desenvuelvan por cauces propios, *incluso* en situaciones de *anormalidad laboral*», en la realidad tampoco las reguló, pues «exigirá como condición indispensable —en los casos de anormalidad laboral—, para que tuviera aplicación el artículo 11 [91] —relativo a la mera suspensión de los contratos de trabajo durante el tiempo de la interrupción de la prestación laboral—, que se cumpliera el artículo 10; es decir, que se restablezca la normalidad. Dicho más claramente, que los trabajadores que han parado vuelvan al trabajo» [92].

---

[91] En el artículo 19, del presente decreto, se dice: «En los casos en que se altera la normalidad en el trabajo, sea cual fuere su origen, la autoridad laboral efectuará el oportuno requerimiento para el restablecimiento de aquélla y la observancia de lo establecido en este decreto.» El cual se complementa con el artículo 11, en el que se establece que el «paro ocurrido determina tan sólo la suspensión de los contratos de trabajo» y no la resolución de los mismos, cuando conste:

1) Que los representantes sindicales hayan expuesto ante la dirección de la empresa, con quince días de antelación, los motivos del conflicto; se presente por escrito; que de esa situación se pueda originar perjuicio grave a los trabajadores, de imposible o muy difícil reparación, y que la «denuncia no sea contestada ofreciendo subsanar en un plazo prudencial los hechos denunciados, o demostrando la inexistencia de fundamentos para la reclamación».

2) O bien, cuando constituida la comisión deliberante para el establecimiento o revisión del convenio, la representación empresarial la rehúsa, no comparece, u obstaculiza de modo patente y notorio las negociaciones, siempre que exista una denuncia escrita y formal ante la O. S., con una antelación sobre el conflicto de siete días como mínimo.

3) En ambos casos anteriores, y además de esos requisitos reseñados, será «indispensable el haber acatado el requerimiento a que se refiere el artículo 10», así como haber cumplido una serie de requisitos formales que establece el artículo 3.º.

Esta serie de requisitos, exigidos para la licitud del conflicto, contrastan con la generalidad y ambigüedad de los exigidos para el caso de *lock-out.* Así, el siguiente artículo del decreto hace siempre lícito el cierre patronal, con tal que se den alguna de las siguientes circunstancias:

— Prevenir daños inminentes en las personas o en las cosas.
— Evitar ocupación del centro de trabajo o de cualquiera de sus dependencias anejas.
— O porque la inasistencia reiterada del personal impide el proceso normal de producción.

La consecuencia es que el *lock-out* se reconoce legalmente, estableciéndose otra descriminación —esta vez difícil de mantener, incluso teóricamente— sobre el factor trabajo.

[92] ORTEGA, V.: «Problemática sindical laboral 1971-72», en *Revista de Fomento Social,* núm. 105, pág. 38.

El problema de la licitud o ilicitud de la huelga está, por tanto, íntimamente relacionado con la posibilidad o no de despido de los trabajadores que hayan participado en la misma. En la situación anterior a este decreto, debido a la legislación vigente y a la interpretación del Tribunal Supremo, la *mera participación* en un conflicto colectivo, *posibilitaba la resolución del contrato por la empresa,* por su consideración de ilegales. Con este nuevo decreto se introducía —como dice Alonso García— una cierta apertura a «establecer un principio de reconocimiento de participación en los paros colectivos, en huelgas, sin que llevase unida la resolución del contrato», lo cual sería un reconocimiento de que la huelga legítima suspende, pero no rompe el contrato de trabajo. Pero, al mismo tiempo —y en la línea que hemos mantenido anteriormente—, este mismo profesor *duda* de que «los *requisitos* que el *artículo 11 establece* para que pueda reconocerse la *licitud del paro colectivo, tengan,* analizados rigurosamente, *la posibilidad de producirse* como tales. Y ello, porque, si se repara en la lectura de los mismos, se advierte que el legislador, quizás preocupado por salvar el problema de *una posible multiplicación de paros colectivos,* ha tratado de poner una serie de *inconvenientes,* en forma de requisitos exigibles, que en un porcentaje muy elevado de los casos en los que esta situación pueda darse, *van a hacer totalmente inviable la admisión de la huelga* y, con ella, del reconocimiento por parte del laudo o de la sentencia, en su caso, de que debieron suspenderse y no resolverse los contratos de trabajo» [93].

Esta duda se ha hecho realidad. La exigencia estricta de estos requisitos ha sido el mecanismo utilizado para evitar la posible legalidad de las huelgas y paros colectivos. En este sentido, la sentencia del Tribunal Supremo, de 29 de noviembre de 1971, es tajante:

> «... *Que aun después de la promulgación del decreto de 22 de mayo de 1970, sobre conflictos colectivos, éstos siguen siendo ilegales, si no se ajustan a las prescripciones establecidas muy concretamente en dicho decreto y muy especialmente en el artículo 10 del mismo.*
>
> Que si se altera la normalidad en el trabajo, *sea cual fuere su origen, la autoridad laboral efectuará el oportuno requerimiento* para el restablecimiento de aquélla y, si *no es atendido éste* por los trabajadores, el conflicto se desarrolla *ilegalmente,* y los que participan en él se hacen acreedores a la sanción de despido...»

---

[93] ALONSO GARCÍA, M.: *Los conflictos colectivos del trabajo.* Coloquios organizados por el Círculo de Estudios Jurídicos. Edit. Círculo de Estudios Jurídicos, Madrid, 1970, págs. 139-140.

En definitiva, la evolución de este condicionamiento estructural de nuestra contratación, responde perfectamente al resto de los elementos del sistema. «Se trata de aspectos diferentes en una misma realidad; no se puede reglamentar el derecho de huelga sin reconocer a los trabajadores el derecho de formar sus propias organizaciones, con derecho de reunión y expresión, sin hacer una amnistía sindical para delitos por motivos sindicales, sin reformar a fondo la contratación colectiva y sin liquidar definitivamente todo el sindicalismo vertical» [94].

1.3.3.2. Huelga-despido

Creemos necesario reflexionar, aunque sea brevemente, sobre la relación que existe, en nuestro sistema, entre estas dos realidades. Necesario, por dos razones: 1.º—Porque una de las bases teóricas del sistema, expuesta en sus principios programáticos, *es la defensa del empleo del trabajador;* defensa que muchas veces se saca a colación para razonar la imposibilidad del reconocimiento de la huelga. Así, el presidente del Tribunal Supremo decía en Alicante el 26 de febrero de 1968: «Si se concede el despido libre, habría que conceder también, sin limitaciones, el derecho a la huelga, y estos dos casos nos llevarían inmediatamente a la lucha de clases, de que tan mal recuerdo tenemos.» 2.º—Porque en los ambientes empresariales se insiste continuamente en la «necesaria flexibilidad de plantillas», e incluso, porque —según señalamos anteriormente— en aquellos sectores más dinámicos, muchos empresarios «abogarían» por el reconocimiento del *derecho de huelga, condicionado a la concesión de la libertad de despido* [95].

En cualquier caso, la relación entre huelga y despido se aduce, para defender posturas opuestas, bien sea para defender una «conquista social» representada en la seguridad en el empleo, bien para apoyar una tesis económica de libertad empresarial.

Ante estas afirmaciones, hay que oponer dos tipos de consideraciones:

1.º—El «reconocimiento del despido como condición previa *sine*

---

[94] Barón, E.: «Régimen salarial y sindicalismo», en *Cuadernos para el Diálogo,* extraordinario, núm. XI, pág. 53.

[95] Entre otras manifestaciones, en esta línea merecen destacarse las de los dirigentes de la gran banca (Emilio Botín e Ignacio Villalonga). *Actualidad Económica,* 25-XI-67 y 20-I-1968.

Analogamente en el estudio realizado por Pinilla de las Heras, sobre los empresarios catalanes, de 107 empresarios encuestados, 81 contestan que la libertad de despido «sería un factor positivo para el desarrollo económico».

Pinilla de las Heras, E.: *Los empresarios y el desarrollo capitalista.* Edit. Península, Barcelona, 1968, pág. 193.

qua non, para la admisión de la huelga», no ha lugar, pues «*son temas heterogéneos* cuya sola insinuación en equivalencia hace suponer que se parte de un planteamiento neutro y aséptico muy sospechoso y, sobre todo, ajeno a la realidad» [96].

2.º—*La estructura real del mecanismo del despido en nuestro país.* La visión de esta estructura se puede realizar a dos niveles:

- *Respecto al despido individual* y prescindiendo de los extraños casos de despido por detención (permitido a través de su equiparación a «las faltas repetidas de puntualidad o asistencia al trabajo», S. T. S. 22-I-68, 21-V-68, 20-XII-68, 25-I-69, 21-III-70, etc.) y despido por participación en conflictos colectivos [97], que se han introducido en las causas de despido justificado del artículo 77 de la L. C. T., nos encontramos que, *debido al incidente de no readmisión, el despido es prácticamente libre, pero con indemnización variable, aun cuando sea injustificado.*

  En efecto, en los artículos 208 a 212 de la ley de Procedimiento Laboral se regula este mecanismo para aquellos casos en que el empresario se niegue a cumplir sentencia dictada por la Magistratura de Trabajo declarando un despido improcedente. El trabajador al que se le haya negado la readmisión, o que no estuviese de acuerdo con las condiciones en que se ha realizado, comparecerá ante el magistrado para su comunicación o para optar por la indemnización alternativa. En esta comparecencia, la *negativa de la empresa a la readmisión* —fallada en sentencia— conduce a la *fijación de una indemnización para el trabajador,* superior a la de la sentencia inicial, que «no será inferior al sueldo o jornal de seis meses ni superior al de cuatro años». En la práctica, este mecanismo «se ha revelado como un medio eficaz de conseguir la ejecución de sentencia en aquellos casos en los que se trata de empresas pequeñas, que se ven obligadas a preferir la readmisión antes que tener que pagar una cantidad elevada. Para las empresas grandes o bien apoyadas financiera-

---

[96] LARRAZ, F.: «El despido improcedente», en *Revista de Fomento Social,* número 12, agosto 1971.

[97] Es interesante destacar las sentencias dictadas —últimamente— por las Magistraturas de Trabajo de Madrid y Barcelona, en las que, apoyándose en el último decreto sobre conflictos colectivos de mayo de 1972, se establece una relación más flexible entre conflicto y despido. En estas sentencias se pronunciaron las Magistraturas en favor de la readmisión de trabajadores despedidos por participación en conflictos colectivos, considerando que la simple participación no es causa determinante del despido y, por tanto, hay que analizar el nivel de participación, sus causas, etc. Ante el incremento conflictual, parece que se pretendía flexibilizar la relación paro-despido y matizarla cualitativamente.

mente, el incidente se ha convertido en un sistema de despido real»[98]. Esta actitud de no readmisión del obrero despedido improcedentemente según sentencia firme está en perfecta consonancia con el concepto de la empresa como feudo particular del empresario, constituyéndose así un método en el que el dinero será la causa determinante del despido.

• *Respecto al despido colectivo,* nos encontramos con los famosos expedientes de crisis. En estos casos, «tramitados ante los órganos correspondientes del Ministerio de Trabajo, lo que normalmente se discute es la cuantía de la indemnización, pero no las razones de fondo. Y dada la generalidad de las causas por las que se presentan expedientes, se han dado ya muchos casos de expedientes "fantasmas" que, sin tener claros motivos estructurales o tecnológicos, han sido aprobados»[99]. Esta situación ha sido reconocida incluso por el secretario general de Sindicatos, que en su informe del pasado año a la Comisión Permanente decía: «... que las crisis económicas de las empresas pueden ser y de hecho, en algunos casos, desgraciadamente, son situaciones propicias al fraude, lo pone de manifiesto la experiencia aportada por la vigencia del Decreto-ley de 15 de febrero de 1952»[100]. El objetivo o finalidad generalmente perseguida por los empresarios a través de estos expedientes es lógicamente —según los informes del Ministerio de Trabajo— el de reducción de plantillas[101].

De hecho, y debido a la relativa facilidad de su tramitación[102], *se convertirá en el otro factor que desequilibre la precaria estabilidad «teórica»* en la que se nos dice está basada nuestra con-

---

[98] LARRAZ, F.: *Art. cit.*, pág. 46.

[99] *Gaceta de Derecho Social,* editorial, núm. 3, noviembre 1970.

[100] «Informe del secretario general sobre las actividades generales de la organización y análisis de la conyuntura sindical en el segundo semestre de 1971». Comisión permanente, 7.ª reunión, 21-XII-71, pág. 34.

[101] En el «Informe sobre la regulación del empleo en 1969», Ministerio de Trabajo, pág. 101, se observa cómo el objetivo del expediente era, en un 37,4 %, el de reducción de la plantilla. Siendo para el subconjunto de las empresas de más de cien trabajadores el 65,5 %.

[102] Por ejemplo, en 1967 se propusieron a la Administración 2.983 expedientes, siendo autorizados el 87,9 %. Los trabajadores afectados por las propuestas eran 80.027, de los cuales se vieron realmente afectados con las autorizaciones el 78,1 %. Según se observa, la autorización es aún más fácil en el caso de tratarse de «suspensiones y reducciones» (96,7 % de las propuestas en 1967). Esta tónica es muy similar para todo el período.

«Informe sobre expedientes de ceses, suspensiones y modificaciones de contratos de trabajo en 1967». Ministerio de Trabajo, Madrid, 1968, pág. 91.

tratación colectiva (prohibición de la huelga y despido). Su importante evolución (recogida en el *cuadro número 2)* dejará ver su influencia en los niveles de empleo y en la conflictualidad de los diversos años.

1.3.3.3. Falta de asesoramiento jurídico, económico y técnico de la clase trabajadora

En la legislación actual los asesores de las partes forman parte de la Comisión negociadora como vocales, sin voto. El problema surge ante la designación de los mismos, pues deben ser elegidos por las autoridades sindicales correspondientes (según ámbito del convenio). En la práctica han sido denegadas muchas veces las peticiones de los trabajadores para elegir asesores no pertenecientes a la Organización Sindical, aunque en algunos casos, debido a la generación de conflicto, se han aceptado vocales externos a la C. N. S.

En una de las encuestas que hemos comentado anteriormente [103], el 73 por 100 de los trabajadores *consideran ineficaz el asesoramiento de la Organización Sindical.* Incluso los propios representantes de la Sección Social de la C. N. S. (vocales nacionales y Juntas Sociales) afirman en un 47 por 100 la necesidad de lograr el equilibrio entre las partes deliberantes en los convenios, a través de una mejora en el asesoramiento, con la posibilidad de «elegir y seleccionar por su parte los asesores convenientes» [104]. De todas formas, aunque existiera la posibilidad de asesores elegidos libremente por los trabajadores —lo cual sucede extraoficialmente a niveles de la base de enlaces y jurados, sobre todo en los períodos anteriores a las negociaciones, para apoyar sus estrategias ante los convenios—, se encontrarían con problemas insolubles para conocer la realidad contable, económica y financiera de las diversas empresas. Es progresiva, a pesar de estas dificultades, la mayor preparación y la proliferación de estudios realizados por los trabajadores en orden al conocimiento económico de sus empresas [105] que ayuden a la elaboración de estrategias ante las

---

[103] ESTIVILL, G. NIETO y otros: *Op. cit.*, pág. 149.

[104] «Encuesta sobre la problemática que plantea la negociación colectiva sindical». Vicesecretaría Nacional de Ordenación Social, Madrid, febrero 1965, pág. 23.

[105] Claro ejemplo son los sectores de la construcción, metal y banca, que en los dos últimos años han dado muestras de un gran dinamismo, realizando estudios sobre productividad, beneficios, comparación de las condiciones de trabajo dentro del sector, etc. Véase en este sentido «Informe sobre el convenio colectivo de la banca», de CRUZ-BARÓN-SERRANO, en *Cuadernos para el Diálogo*, extraordinario, núm. 100, págs. 42 y ss. También es necesario resaltar, por su especial significación, el «Informe técnico», realizado por el jurado de empresa de la Maquinista Terrestre y Marítima, ante la propuesta de la Dirección, en 1967, de

CUADRO NÚMERO 2

EVOLUCION DE LOS EXPEDIENTES DE CRISIS RESUELTOS Y TRABAJADORES AFECTADOS DESDE EL I PLAN DE DESARROLLO A 1971

AÑOS	*Empresas en crisis*	*Indice variación*	*Despidos*	*Indice variación*	*Suspensiones*	*Indice variación*	*Total trabajadores afectados*	*Indice variación*
1964	2.453	100	20.080	100	22.369	100	42.449	100
1965	2.604	106,1	22.124	111,6	25.371	113,4	47.795	112,6
1966	1.750	71,3	23.667	117,8	15.370	68,7	39.037	91,9
1967	2.623	106,9	27.363	136,2	39.037	157,2	62.538	147,3
1968	2.701	110,1	29.412	146,4	31.550	141,0	60.962	143,6
1969	1.995	81,3	21.491	107,0	19.293	86,2	40.784	96,1
1970	2.333	95,1	25.810	128,5	26.832	119,9	52.642	124,0
1971	3.210	130,8	28.517	142,0	72.746	325,2	101.263	238,5

FUENTE: Años 1964-67: «Informe sobre expedientes de crisis, suspensiones y modificaciones de contratos de trabajo en 1967». Ministerio de Trabajo.

Año 1968: «Memoria del Ministerio de Trabajo».

Años 1969-70-71: «Informe sobre regulación del empleo». Ministerio de Trabajo.

negociaciones y a la movilización de la base trabajadora. Sin embargo, las posibilidades de desentrañar la *tecnología de la explotación,* tal como se encubre con las nuevas técnicas de organización del trabajo quedan todavía muy lejanas.

1.3.4. *Otros condicionamientos legales al sistema de negociación colectiva*

1.3.4.1. El contenido posible de la negociación

Ante las características ambiguas que —según vimos en la primera parte— rodean al convenio colectivo, es «normal» que las legislaciones vigilen muy de cerca los posibles temas objeto de negociación. En este sentido, la legislación española enumera detalladamente las *materias que pueden formar parte del contenido del convenio* (art. 11 de la Ley y 5.º del Reglamento). Casi todas ellas tienden a fijar la relación incremento de rendimiento-productividad, a establecer métodos de reorganización en el trabajo y a introducir sistemas de «relaciones humanas» apropiados [106].

---

expediente de crisis. El informe del jurado fue un «modelo» a seguir en este tipo de informes, no limitándose a una mera oposición, sino que ofrecía toda una alternativa para la necesaria reconversión de la empresa, en defensa de los trabajadores y de su futuro. Al menos... consiguió paralizar el despido en un porcentaje elevado.

[106] *La terminología* empleada por los artículos 11 de la ley y 5 del reglamento para enumerar —con caracter meramente enunciativo— las materias sobre las que pueden referirse las cláusulas de un convenio es *claramente significativa:* «cuadros y sistemas salariales», «incentivos a la producción», pluses retributivos, premios y comisiones por «rendimientos individuales o de grupo», «conjuntos para la valoración de rendimientos», «sistema de participación en rendimientos», «sistemas de participación en rendimientos productivos»..., Otro grupo importante de materias posibles es: «cambios en los métodos de trabajo por introducción de mejoras técnicas o adaptación a las necesidades del mercado», reducción de jornada sin «pérdida de producción», adaptación de horarios, «perfeccionamiento de métodos de trabajo», determinación de los «períodos de valoración de rendimiento». Y, por último, el tercer grupo importante está representado por: mejoras en el régimen de seguridad, «agrado», «comodidad», «alegría», «higiene» en el trabajo; sistemas de participación en beneficios, perfeccionamiento «cultural»...

A pesar de esta orientación que se pretende dar al contenido de los convenios —y de los límites que plantea nuestro marco institucional y legal con la subsiguiente desproporción de fuerzas— no se puede negar, en principio, que los convenios dieron la posibilidad de abordar temas, antes vedados a los trabajadores. Así, afirma Comín que se han «dado ya diversos casos en los que el jurado, partiendo de una estrategia sindical más elevada, y a la luz de un análisis riguroso de las posibilidades reales de la empresa, ha logrado elevar el nivel de discusión en la mesa del convenio, forzando a la Dirección a "explicarse" *no*

Por otro lado, también aparece clara la finalidad de las *limitaciones taxativas* que se establecen respecto al contenido del convenio: «Queda prohibido establecer en los convenios colectivos sindicales cláusulas que impliquen disminución de la *libertad individual* y de los derechos sociales que al trabajador corresponden O DE LAS FACULTADES DE DIRECCION Y DISCIPLINA QUE SON PROPIAS DE LAS EMPRESAS O QUE CAUSEN GRAVE PERJUICIO A LA ECONOMIA DEL PAIS» (art. 2.º de la ley). La ambigüedad de estos dos últimos párrafos garantiza plenamente la imposibilidad de limitar el poder real del empresario [107], al mismo tiempo que abrió las puertas y justificará las posteriores medidas de vigilancia y congelación salarial. En el artículo 3.º, que se relaciona con el anterior, se establece otra limitación en los siguientes términos: «Los convenios colectivos no podrán limitar ni disminuir en ningún caso las situaciones obtenidas por los trabajadores individuales o colectivamente.» En teoría, parece que esta limitación va en beneficio de los trabajadores para asegurar las ventajas obtenidas en negociaciones anteriores y respetar, por tanto, los derechos adquiridos. Sin embargo, la *interpretación* hecha por el Tribunal Supremo de este artículo, al mismo tiempo que el juego de las *famosas cláusulas de absorción y compensación,* se encargaron de viciar su significado.

Dos ejemplos nos servirán para demostrar estas afirmaciones. *En primer lugar,* la sentencia dictada por el Tribunal Supremo el 25 de febrero de 1971, en contra de la reclamación de los trabajadores de Banesto sobre el Plus Familiar —de gran repercusión en las situaciones conflictivas de este sector—, decía:

«2.º Las condiciones de trabajo fijadas en disposiciones legales pueden ser completadas y mejoradas en los convenios

---

tan sólo en el tradicional campo de las remuneraciones...», por lo que « ... el convenio puede ser el aglutinante de los trabajadores de una empresa que fácilmente descubren —en torno a él— qué quiere decir axactamente "sistema capitalista", "porque las cosas son así" y "si sería posible cambiarlas", y, a partir de ahí, la puesta en marcha de la unidad hacia acciones coherentes y audaces...». A. C. COMÍN: «Acción sindical en la empresa», en *Cuadernos para el Diálogo,* extraordinario núm. XI, pág. 57.

[107] « ... ¿A quién corresponde interpretar, en el caso concreto, el carácter de las cláusulas del convenios? Evidentemente, a la autoridad que ha de aprobarlo; con ello, queda en su poder una amplia facultad de controlar el contenido del convenio y, de este modo, podría, por ejemplo, negarse a aprobar un convenio colectivo en el que los trabajadores hubieran conseguido una importante participación en la gestión de la empresa, una posibilidad de fiscalización del ejercicio de la potestad disciplinaria del empleador...»

J. MONTALVO: *Las normas de obligado cumplimiento.* Edit. E. N. A. P., Madrid, 1972, pág. 65 (nota 99).

> colectivos tanto aisladamente como en conjunto, al amparo del artículo 3.º de la ley creadora de los convenios colectivos... Luego la condición de rebajar el porcentaje que integra el fondo del Plus Familiar es válida, puesto que el convenio en el que se acordó dicha cláusula ha sido *en su conjunto beneficioso* a los trabajadores y, en concreto, al reclamante, ya que fue *sensiblemente mejorado económicamente* por tal convenio»..., afirmando más adelante en términos generales que «... *las condiciones del convenio son producto de la negociación entre las partes que pueden aumentar o disminuir partidas, siempre que en conjunto resulten favorecidos los trabajadores*».

Con esta interpretación se vician los derechos adquiridos y las posibles mejoras concretas obtenidas con anterioridad no se consideran consolidadas. Como dice Elvira Landin comentando esta sentencia, «con esta visión la negociación de un convenio se *convierte necesaria* y exclusivamente *en una discusión meramente económica,* ya que el tratamiento de otras condiciones de trabajo —traslado, intervenciones en la organización, seguridad e higiene, derechos de información, etcétera— no tiene una valoración directa en pesetas y, por lo tanto, no pueden convertirse en sumandos para llevar a este "resultado global", y su disminución o supresión no se traducirán en una merma económica» [108].

En segundo lugar y respecto a las posibilidades de utilización que ofrecen las *cláusulas de absorción y compensación* [109] —de la que la situación descrita anteriormente es sólo uno de sus posibles efectos—, es claro ejemplo el Convenio de la Construcción y Obras Públicas de la provincia de Madrid, aprobado por el Gobierno a finales de julio de 1971. En este caso, como en otros muchos, al no negociarse sobre salarios reales, el incremento teórico de las retribuciones se mostraba muy fuerte (33,14 por 100, distribuido en: el 19 por 100 de aumento del salario inicial convenio, 7,43 por 100 de otros pluses y mejoras y 6,7 por 100 de reducción de jornada). Lo cual se traducía —por ejemplo— en que «un peón, de cobrar unas 890 pesetas según el anterior convenio, pasaba a cobrar 1.038 pesetas semanales..., pero como los salarios realmente percibidos en mano no eran tan bajos —el salario medio oscilaba en torno a las 1.300 pesetas semanales—, el resultado fue que estas retribuciones reales no cambiaron, *limitán-*

[108] LANDÍN, E.: «El pleito del plus familiar: solución final», en *Gaceta de Derecho Social,* marzo, 1971, pág. 5.

[109] Véase J. MONTALVO CORREA: «La absorción y compensación de salarios. Normas convencionales», en la obra *Dieciséis lecciones sobre salarios y sus clases.* Edit. Facultad de Derecho de Madrid, 1971, págs. 327 y ss.

dose el convenio a un cambio en la inscripción contable del salario» [110]. No hay que olvidar que debido a estos incrementos teóricos, las empresas, sin embargo, consiguieron en este caso cláusulas de repercusión positiva en precios.

1.3.4.2. Las soluciones dadas por la legislación al incumplimiento de las obligaciones pactadas

Ya vimos que las cláusulas pactadas en los convenios obligaban a las partes. Ante los posibles casos de incumplimiento de estas cláusulas, nuestra legislación vuelve a *establecer una posición discriminatoria respecto al factor trabajo.* Así, el artículo 27 del Reglamento en relación con el artículo 17 de la ley de C. C. S., que regula esta materia, establece:

«1.º El incumplimiento por parte de los trabajadores... *facultará a las empresas* para imponer las sanciones pactadas en aquél *o establecidas en sus propias normas disciplinarias de régimen de trabajo.*

2.º Si es la *empresa* la que *incumple,* la otra parte, por *vía sindical, demandará lo que proceda...»*

1.3.5. *A modo de resumen*

El sistema de contratación expuesto forma un todo armónico y estructurado, *de gran coherencia interna y externa* —en el momento de su promulgación—, tanto con las necesidades empresariales como con el contexto ideológico-jurídico en el que se inserta.

En él todos sus elementos se interrelacionan mutuamente, adquiriendo su auténtico significado y su explicación en esta relación. Así, por ejemplo, la N. O. C. —elemento que estudiábamos anteriormente— adquiere ahora todo su valor al haber analizado el sistema en su conjunto. Su coherencia es clara:

Dentro de un organismo vigilado por el Estado y la C. N. S., se priva de los medios de presión que en la negociación (en cuanto instrumento propio y originario de composición del conflicto) puedan ser «precisos» [111], ya que se desconoce el «insuperable conflicto entre empleador y trabajador». Al faltar estos medios institucionalizados, puede persistir y aun agravarse esta situación conflictiva, lo cual obliga a que el Estado, que privó de esos medios, habilite otros —N. O. C.—

---

[110] BARÓN, E.: «Convenios ¿para qué?», en *Gaceta de Derecho Social,* octubre 1970, pág. 12.

[111] BAYÓN, G.: «Interpretación dinámica del Fuero de Trabajo», en *Revista de Trabajo,* núm. 2, 1963, pág. 60.

por los que suprima ficticiamente la situación de conflictualidad y evite el riesgo de los puntos muertos en este tipo de «negociaciones» [112]. Si en principio, en este sistema existía una cierta autonomía disminuida de las partes, en la práctica y cuando los demás elementos del sistema no logran atajar la combatividad de los trabajadores, es necesario, incluso, sustituirla por el *arbitrio de un juez* [113], que es a la vez parte fundamental y *director de todo el sistema.* De esta forma y por la utilización concreta que se hace de este instrumento, se transforma en un elemento más de la política salarial, cerrando así el juego de la disciplina salarial [114] y perdiendo la contratación colectiva gran parte de las posibilidades estratégicas que ofrecía el factor trabajo.

El resultado de estas adaptaciones es *la desvirtuación* —al igual que con el S. M. I. G., la ley de Cogestión, etc.— de los instrumentos que se dice instaurar. En ocasión de la promulgación de la «mal llamada» ley de Cogestión de 1962, se fue más consecuente, y en su preámbulo se podía leer: «... las normas que ahora se dictan NO PRETENDEN IMPLANTAR en el mundo laboral español un régimen efectivo de cogestión... que en España y en la coyuntura actual podría acarrear consecuencias desfavorables...» En el caso que nos ocupa, *tampoco se pretende* y, por tanto —siguiendo al profesor Jané Solá—, no se puede hablar en nuestro sistema de relaciones industriales de CONTRATACION COLECTIVA, «lo que existe es una CIERTA RELACION COLECTIVA que, aunque dé lugar a un aparente pacto o convenio, no tiene nada que ver con aquélla» [115].

---

[112] La O. I. T., dice a este respecto: «Si el Estado, por cualquier motivo, prohíbe los medios de presión naturales, priva al procedimiento de negociación colectiva de elementos esenciales, aunque sólo se recurra a ellos en casos extremos. Si el Estado *prohíbe* que las partes apelen *a las pruebas de fuerza,* como último recurso para reglamentar las condiciones de trabajo, *deberá sustituirlas por otro medio,* y, entonces, los salarios y las condiciones de empleo se fijarán directamente, ya sea por *las autoridades,* ya sea por el arbitraje obligatorio.»

«Las negociaciones colectivas». Ginebra, 1960, pág. 121.

[113] Véase en este sentido SANTORO PASARELLI: *Nociones de Derecho del trabajo,* I. E. P., Madrid, 1963, pág. 53.

[114] Esta afirmación está contrastada por los niveles salariales fijados por las normas de obligado cumplimiento, en relación con los de los convenios colectivos. Véase *Salarios de contratación colectiva 1963-67,* Oficina Central de Convenios Colectivos. Organización sindical, Madrid, 1969.

[115] JANÉ SOLÁ, J.: *El problema de los salarios en España.* Edit. Oikos-Tau, Barcelona, 1971, pág. 226. El profesor Jané utiliza este término tomado del análisis de HARBISON, en la obra editada por Galenson, W.: *La clase obrera y el desarrollo económico.* Edit. Limusa-Wiley, México, 1964. Este autor, después de un análisis de la contratación colectiva en Egipto, llega a la siguiente conclusión: «En Egipto, como en casi todos los países que se encuentran en las primeras etapas de la industrialización, no se conocen las negociaciones colectivas, por

La evolución, su utilización y los efectos de esta «relación colectiva» es lo que veremos en los apartados siguientes.

1.4. Condicionamientos coyunturales a la contratación colectiva o la introducción de nuestro sistema de negociación en el marco de la política salarial del período

1.4.1. *La necesidad y significado global de esta política*

Por su propio origen y por el marco donde se desarrolla, la contratación colectiva se ve reducida, básicamente, a fijar las condiciones concretas de la realización del trabajo y los salarios. Indudablemente, disminuye la arbitrariedad patronal, pero —como dicen Sellier y Tiano— «ni siquiera afecta indirectamente a los demás poderes de decisión del empresario. Este sigue siendo dueño absoluto de su función de evaluación (fijación del precio de los productos y de los demás factores), de la utilización de la capacidad productiva (determinación de las cantidades producidas y del empleo), de la función de utilización del producto neto (determinación del volumen de autofinanciación y del empleo de los beneficios), de la función financiera (determina-

---

lo menos en el sentido en que se usa esta expresión en los Estados Unidos. Los *sindicatos no tienen libertad para declarar la huelga,* salvo con permiso del Estado, y los patronos deben someterse a una *diversidad de reglamentaciones del Gobierno* para establecer sus relaciones fundamentales con los trabajadores... Por consiguiente, usamos la expresión *relaciones colectivas* en lugar de negociaciones colectivas, para describir las relaciones tripartitas entre el gobierno, la industria y los trabajadores... De las tres partes, el gobierno es la más poderosa y, salvo en circunstancias poco frecuentes, tiene autoridad para *imponer condiciones* que deben ser aceptadas por las demás... *Los sindicatos* son el *más débil de los tres* contendientes, y luchan por ser los portadores de las lamentaciones y aspiraciones de la clase obrera. Salvo en raros casos, su fuerza no puede compararse a la autoridad de los patronos. Pero la influencia de los sindicatos con el Estado es un poco mayor, pues el gobierno desea siempre contar con el apoyo político y el respaldo de la clase obrera...» Harbinson: *Op. cit,* pág. 229. (El subrayado es nuestro.) En este mismo sentido, creemos todavía más explícito el texto de O. Kahn Freund, cuando en términos generales afirma: « ... Donde los sindicatos están altamente desarrollados y son *no sólo nominalmente,* sino *de hecho* independientes del Estado, la negociación colectiva y las normas jurídicas e institucionales creadas para desarrollarlas tienen *un significado* diferente del que tiene en una *sociedad donde los sindicatos* han de luchar todavía para *conseguir su existencia* o reconocimiento, o donde, a pesar de ser reconocidos como entes jurídicos independientes, *son políticamente los ejecutores* de una *política* definida por el *Estado...*» O. Kahn Fraund: «Collective Labour Relations», en *Revista di Diritto Internazionale e Comparato del Lavoro,* vol. III, Bolonia, 1960, pág. 353. (El subrayado es nuestro.)

ción del volumen de inversiones financiadas mediante recursos externos) y de la función monetaria (determinación del volumen de liquidez mediante los créditos o la gestión de los *stocks* de la empresa)» [116]. En el caso español, y por los condicionamientos de todo tipo —anteriormente analizados— esta reducción de su contenido se hace más clara, apareciendo como punto central de las negociaciones el capítulo de las remuneraciones [117]. Ello es, además, lógico si tenemos en cuenta el bajo nivel salarial existente y la necesidad patronal de flexibilizar con la contratación el rígido mecanismo de las reglamentaciones, en orden a incrementar los rendimientos. De esta forma, no es extraño que los trabajadores concentren todos sus esfuerzos en el aspecto salarial, no habiéndose utilizado en gran medida otras posibilidades que, «parcialmente», ofrecía el mecanismo instaurado. Esta línea predominante en la lucha reivindicativa del movimiento trabajador español, no debe tacharse de reformista, de responder a objetivos secundarios. En primer lugar obedecía a inminentes necesidades de la clase trabajadora, y por otro lado, se era consciente de que el contexto jurídico de nuestro sistema hace que, en última instancia, cualquier reivindicación meramente económica bien elaborada, se transforme fácilmente en conflicto, incluso, político. Hay que tener en cuenta que si en estricta teoría la acción salarial no tiene por qué limitarse a una mera «reivindicación alimenticia» —como quieren presentarla interpretaciones simplistas—, sino que la autonomía reivindicativa supone un constante poner en causa las bases del sistema en su propia raíz, en la empresa, en la práctica española esto se vio favorecido, ya que las propias condiciones de nuestro sistema de relaciones laborales contribuyen para que la acción meramente reinvindicativa no quede desligada de planteamientos más globales.

Por todo ello, al ser el aspecto salarial el punto fundamental —cualitativa y cuantitativamente— de nuestra contratación colectiva, se hace necesario entroncarla dentro de la política salarial del período, cuyos vértices claves son el S. M. I. G., la política de rentas y en último término las ordenanzas.

El título que hemos dado, «condicionamientos coyunturales», puede inducir a error. Pretendemos con ello distinguirlos de los provenientes de la propia estructura de nuestra negociación colectiva y del mar-

---

116 SELLIER Y TIANO: *Op. cit.*, pág. 510.

117 « ... en los diez últimos años se ha demostrado que el contenido formal de la negociación colectiva en España ha ido reduciéndose en favor de uno solo, aún cuando sea el más importante de los objetos de discusión: los aumentos de salario..., relegándose a planos muy secundarios otros e importantes aspectos de la relación empresa-trabajador...» ESTAPÉ, F., prólogo a la obra de Jané Solá, antes citada, pág. 12.

co institucional donde se inserta; son condicionamientos exteriores que se superponen a la contratación para *vigilar y dirigir el único* CONTENIDO que le quedaba: *la fijación de remuneraciones.* A través del S. M. I. G. se orientarán los niveles salariales, con gran influencia en la determinación del salario inicial de convenio (S. I. C.), mientras que por la política de rentas se dirigirá la evolución general, marcando los incrementos salariales y sirviendo de freno a las reivindicaciones, para mantener el equilibrio actual de fuerzas.

Los motivos aducidos para establecer estos condicionamientos a la libertad de contenido que, en materia salarial, establecía la ley de Convenios de 1958, son generalmente de *tipo abstracto* («bienestar económico general», «crecimiento armónico»...) *o causas «teóricamente coyunturales»* tendentes a atacar el continuo proceso inflacionista de nuestra economía, *por el único camino de la contención salarial.* Sin embargo, a medida que avanza el análisis crítico de la década de los años 60, se observa más claramente cómo *en realidad* las causas de este proceso hay que buscarlas principalmente en una «incapacidad de la oferta para mantener un grado de desarrollo autosostenido, equilibrándose el «juego» con continuas subidas de precios e importaciones» [118]. Incluso la propia Organización Sindical afirma que ese proceso era «lógico, dado que el *gap* inflacionista no es más que el efecto del mantenimiento de un conjunto de contradicciones estructurales» y, como es lógico también, «cada vez que se presenta una situación de esta clase *hay que buscar el grupo causante* de la misma, naturalmente, el grupo que se señala como culpable será el más débil (trabajo) y dependerá del grupo de intereses (capital) que detenta en ese momento la fuerza...» [119]. Esta política seguida, basada en no «afrontar de forma decidida y consciente medidas tendentes a cambiar la estructura» [120], trae como consecuencia que el sistema económico adoptado siga su evolución natural, exigiendo periódicamente fases de estabilización tras fases de crecimiento inflacionista y desequilibrado, lo cual hace que aquellas medidas de congelación y disciplina salarial, en un principio «coyunturales», se transformen en necesarias y consustanciales a la propia supervivencia del sistema. La contratación colectiva quedará así sometida a las exigencias del mecanismo económico donde nace.

---

[118] Véase BLANCO, F. J. y otros: *Devaluación y crisis económica.* Edit. ZYX, Madrid, 1968.

[119] «Evolución Socio-Económica de España, 1965», Organización Sindical, Madrid, 1966, pág. 212. Los paréntesis son nuestros.

[120] «Evolución Socio-Económica de España, 1965», Organización Sindical, Madrid, 1966, pág. 213.

En resumen, la necesidad económica planteada a principio de la década de los 60, de seguir los pasos de un capitalismo más avanzado, imponía la planificación de su crecimiento. «De ahí la doble exigencia contradictoria con la que se encontró: necesidad de fijar niveles salariales más altos y, al mismo tiempo, controlar e impulsar el proceso de acumulación. La preocupación será imponer un control a la acción reivindicativa, procurando hacerla compatible con los objetivos del sistema» [121]. Por ello, al dirigismo total y a la imposición imperativa de los salarios se les sustituirá por una «política de rentas», que al incidir sobre el invariable marco institucional, se transformará en una *tosca disciplina salarial* que supondrá la total desvirtuación de la ya singular contratación española. A lo largo de la década, aquellas mismas necesidades económicas (desarrollo de las fuerzas productivas) y la presión del factor trabajo (al aprovechar positivamente las pocas posibilidades que les brindaba el sistema) la harán entrar en crisis, claramente manifestada en los dos últimos años, exigiendo en la actualidad la reforma de las bases sobre las que se asienta el actual sistema de relaciones laborales.

Sólo situando a la negociación colectiva en este contexto como un instrumento más de esta política salarial concreta, como uno de los elementos de un todo estructurado, podremos comprender su verdadero significado práctico, sus relaciones y sus auténticos efectos para las partes contratantes. Describir y clarificar estas relaciones será el objetivo de este apartado.

1.4.2. *El S. M. I. G., baremo regulador de la contratación colectiva*

Puesto que este instrumento de la política salarial española fue desarrollado en forma monográfica, en la edición de 1971 de esta serie de *Anuarios Económicos* [122], nos limitaremos a recoger aquí las conclusiones fundamentales —a las que llegábamos en dicho estudio— sobre la incidencia del salario mínimo interprofesional garantizado en la evolución de la negociación colectiva durante el período 1963-71:

- Aparte de la incidencia directa del S. M. I. G., de sus bajos niveles alcanzados, de su falta de relación con la evolución de los salarios medios, con la de la productividad y con el nivel de subsistencia, observamos que es en su *incidencia indirecta* sobre la negociación

---

[121] BARÓN, E.: «Régimen salarial y sindicalismo», en *Cuadernos para el Diálogo*, extraordinario número XI, pág. 52.

[122] Véase CRUZ, I., y SERRANO, A.: «El S. M. I. G., piedra angular del sistema salarial. Su influencia en la contratación colectiva», en el capítulo II del *Anuario Económico 1971*. EDICUSA, I. T. S., Madrid, 1972, págs. 161 a 185.

colectiva y sobre la Seguridad Social, donde el S. M. I. G. alcanza su verdadera función y significado dentro del sistema salarial español.

• Esta incidencia fue reflejada a través de diversos índices, entre los que merecen destacar:

a) La constatación de que *los salarios iniciales de convenio* suelen estar *muy cercanos* e incluso coinciden con la *cuantía fijada por el S. M. I. G.* en las *categorías inferiores,* hasta el punto de que las subidas del salario mínimo decididas por el Gobierno superan los salarios pactados, saltando, en algunos casos, hasta tres escalones del convenio.

Esta afirmación se confirma para el conjunto de la población asalariada, al examinar las remuneraciones medias anuales garantizadas por convenios de rama, para el peón o categoría asimilada, a finales de 1970. En esta fecha, en la industria y los servicios —excepción hecha de la Banca— la remuneración oscilaba entre 49.800 pesetas en el sector del papel y 63.440 pesetas en las artes gráficas. Pues bien, los salarios mínimos de ambos sectores, calculando los devengos complementarios obligatorios, eran, respectivamente, de 48.800 pesetas y 62.000 pesetas [123]. Esta estrecha relación entre ambas variables hacía que al revisarse el S. M. I. G., las nuevas retribuciones mínimas anuales superasen en muchos casos los ingresos garantizados por convenios; lo cual justifica que la Organización Sindical explicitase su función al afirmar: «... el *S. M. I. G.* actúa de *obligada palanca* tanto en la contratación individual como en la contratación colectiva..., *partiendo del salario mínimo interprofesional* o mejorando sus bases, la contratación colectiva... *ordena la estructura salarial* de la población trabajadora...» [124]. El único

[123] En el año 1971 esta similitud se mantiene. Las retribuciones anuales garantizadas por convenios de rama, para el peón o asimilado, eran —para algunas actividades— las siguientes: artes gráficas, 68.670 ptas; construcción, 68.920 ptas; electricidad, agua y gas, 80.225 ptas.; madera, 57.640 ptas.; piel, 67.271 ptas.; textil, 70.023 ptas.; oficinas y despachos, 64.300 ptas.; transporte, 60.176 ptas.; comercio, 68.000 ptas., etc... Mientras que para esas mismas actividades el valor anual del S. M. I. G., resultante de la aplicación de las distintas reglamentaciones nacionales de trabajo, reflejaba las siguientes cuantías: artes gráficas, 66.550 ptas.; construcción, 68.624 ptas.; electricidad, 82.368 ptas.; agua, 83.304 ptas.; gas, 82.368 ptas.; madera, 62.400 ptas.; piel, 67.345 ptas.; textil, 69.451 ptas.; oficinas y despachos, 63.180 ptas.; transporte, 65.520 ptas.; comercio, 70.200 ptas., etc. Véase Reglamentaciones y convenios colectivos de rama, para esas actividades, en 1971.

[124] Esta situación se ha mantenido, básicamente, a lo largo de todo el período estudiado. Hay que tener en cuenta que las Reglamentaciones de Trabajo, al determinar para cada sector estos devengos obligatorios, hacen variar la retribución anual obtenida por salario mínimo según las ramas. Así, en 1967, con

argumento que queda para salvar a la población trabajadora de esta «protección» es afirmar que la existencia de una contratación fuertemente articulada, es decir, con un desarrollo importante en la empresa, reduce mucho la incidencia de los convenios provinciales. La realidad no ha sido así, ya que —como veremos posteriormente— ese ámbito de contratación está todavía muy poco desarrollado [125].

b) En cualquier caso, el S. M. I. G. se inserta en la política salarial y, por ende, en la contratación colectiva, *no tanto para fijar un salario mínimo como para perseguir la fijación de mínimos salariales, «salarios bajos»* que *son susceptibles* de ser *aumentados* con el *rendimiento y la intensificación del trabajo.* El comentario que hace la Organización Sindical al analizar las retribuciones mínimas garantizadas por los convenios, afirmando que «tales retribuciones no prejuzgan la evolución de las retribuciones totales realmente pagadas por las empresas a sus trabajadores, pero que tienen una evidente conexión...», adquiere, de esta forma, toda su significación.

Por todas estas consideraciones, «... *indirectamente la tarifa del salario mínimo es un "módulo referencial que influye en los tipos de salarios negociados"* por las Comisiones de Convenios...» [126]. Ciertamente, lo que el trabajador percibe en mano al final de la semana o mes es normalmente muy superior al salario mínimo (salvo aquella parte de la población asalariada afectada directamente) debido a las horas extras, primas, pluses, etc. Sin embargo, a través de esta orientación e incidencia indirecta en la negociación, su misión ha sido crear y favorecer un sistema salarial, en el que las retribuciones por concepto de *salario-base,* sean muy bajas. Posteriormente, los incentivos, horas extraordinarias, primas y las «gratificaciones» se encargarán —en la medida que sea necesario— de elevarlos, creándose un sistema que posibilita la contención y el incentivo. «Es verdad que en muchos casos a través de esos pluses y demás medios se llega a duplicar, y aún más, aquellos salarios bases, pero, con graves incon-

un S. M. I. G. de 96 pesetas/día, la retribución anual se situaba entre 37.000 ptas. anuales para la siderometalurgia y 50.000 ptas. para la electricidad, sectores representantes de reglamentaciones extremas; mientras que las retribuciones medias garantizadas en los convenios colectivos vigentes a 31 de diciembre de 1967, para el peón o asimilado, oscilaban entre 37.491 pesetas anuales para la agricultura y 48.493 ptas en artes gráficas. (Véase «Evolución Socio-Económica de España, 1967», Organización Sindical, Madrid, 1968, pág. 291.)

[125] Véase el apartado número 7 de este mismo trabajo, págs. 191 y ss.

[126] «Evolución Socio-Económica de España, 1968», Organización Sindical, Madrid, 1968, pág. 292.

venientes, ya que al no haber niveles mínimos garantizados en cuantía suficiente, se hace depender el nivel de ingresos de jornadas de hasta diez y más horas (pese a lo dispuesto en la ley de jornada máxima de 1931, cuyas multas, que no han variado desde entonces, son de 250 pesetas por infracción)» [127]. *Las consecuencias son que en la retribución final obtenida por el trabajador, las primas, pluses y demás flecos llegan a representar a veces el 100 por 100 del salario base,* sin que los trabajadores puedan conocer con precisión y estabilidad la cantidad de su remuneración [128], lo cual, unido a las propias dificultades de cálculo y comprensión con que frecuentemente se establecen esos mismos flecos, produce el conocido «fenómeno de la clandestinidad de los salarios españoles» [129].

Esta importante influencia del S. M. I. G. en la contratación colectiva, junto con su papel básico en la estructura económica de la Seguridad Social y repercusión indirecta, a través de la misma, en los costes del factor trabajo, son la esencia de este mecanismo, que se convierte así en la piedra angular del sistema salarial español. El sistema puede ser «incentivante» para que se produzca más, pero tiene sus consecuencias especialmente visibles en los momentos de crisis o de dejar la condición de activo (aparte de otras de tipo más «secundario» como, por ejemplo, la frecuencia de accidentes [130], las situaciones de paro, prestaciones, etc.).

1.4.3. *La política de rentas, una tosca disciplina impuesta a la negociación colectiva*

1.4.3.1. Breve introducción sobre su contenido teórico

Sin pretender entrar en el análisis exhaustivo de este mecanismo —debido a la amplia bibliografía existente sobre el mismo—, creemos necesario apuntar sus bases fundamentales para intentar determinar su significado e influencia en la realidad española.

---

127 CRUZ-BARÓN-SERRANO: «Salario francamente mínimo», en *Cambio 16,* número 22; 17 abril 1972.

128 Una encuesta realizada por el Instituto Nacional de Previsión permitió observar más de noventa conceptos distintos utilizados por las empresas, como gratificaciones, pluses, incentivos, etc. I. N. P., Madrid, 1966.

129 JANÉ SOLÁ, J.: *El problema de los salarios en España.* Edit. Oikos-Tau, Barcelona, 1971, pág. 103.

130 Recordemos que, según el director del Plan Nacional de Higiene y Seguridad en el Trabajo, más de millón y medio de accidentes laborales se producen anualmente desde 1965, llegando en 1970 a más de dos millones de accidentes, por lo que España ocupa uno de los primeros puestos entre los países con accidentes de trabajo. Cf. Banco Atlántico. Boletín mensual, febrero, 1971.

La política de rentas «no puede ser considerada como una medida aislada..., sino que se conexiona con todo el conjunto de tendencias, de reacciones, de medidas y orientaciones propias del sistema económico capitalista, estando involucrada en su misma evolución necesaria, de tal forma que su lógica se encuentra en la propia dinámica del sistema» [131]. Surge en una etapa superior del mismo, como exigencia de la planificación indicativa, para defensa general e impulso de los procesos de acumulación y crecimiento capitalistas [132].

Su finalidad —según los propios creadores de la nueva fórmula— será, de un lado, «contribuir a la realización de un crecimiento... equilibrado, manteniendo el pleno empleo... y, por otra parte, contribuir... a un reparto más equitativo de los frutos de la expansión...» [133]. Para su consecución, se define teóricamente la necesidad de «controlar tanto los salarios como los precios, beneficios y otras rentas no salariales» [134]. Sin embargo, en la práctica, debido a las exigencias del *propio sistema* y a razones de *tipo secundario,* se transforma en una «manipulación política de los salarios» [135]. Evidentemente, el problema fundamental para actuar sobre las rentas, es saber su composición; en la realidad, los ingresos cuyo conocimiento es más fácil y fiable son los salarios, mientras los beneficios, intereses, etc., son generalmente difíciles de calcular y conocer correctamente. En este sentido, Jacques Lecaillon señala «el riesgo de que por puras razones de orden estadístico, las remuneraciones salariales sean objeto de un control más estricto, por ser más fácilmente realizable...» [136]; aun reconociendo esta dificultad, nos parecen demasiado simplistas las meras razones de orden estadístico y, creemos que son tan sólo una expresión más de su auténtica finalidad implícita en la propia dinámica del sistema.

Para su puesta en práctica en la mayoría de los países europeos, se intentó integrar a las diversas fuerzas sindicales. Su aceptación suponía, «en primer lugar, que los trabajadores admitieran el estado

---

[131] García Delgado, J. L. y Arturo López Muñoz: «Política de rentas y estrategia sindical», en el libro *La estrategia sindical.* Edit. Nova Terra, Madrid, 1968, página 139.

[132] Garavini, S.: «Politica dei redditi, produttivitá e intensitá del lavoro», en el libro *Tendenze del capitalismo europeo.* Editori Riuniti. Instituto Gramscí, Roma, 1966, pág. 369.

[133] Massé, P.: «Informe sobre la política de Rentas», en *Revista de Trabajo,* número 9, Madrid, 1965, págs. 291 y 292.

[134] Jané Solá, J.: *Op. cit.,* pág. 79.

[135] García Delgado, J. L. y Arturo López Muñoz: «Política de rentas y estrategia sindical...» en *Op. cit.,* pág. 147.

[136] Lecaillón, J.: «Los objetivos de la política de rentas», en el libro publicado por Nova Terra, *La política de rentas,* Madrid, 1968, pág. 99.

actual de distribución de rentas como aceptable, conformándose con un aumento anual de salarios que corresponda a un crecimiento previsto del coste de la vida y de la productividad media del sistema. En segundo lugar, que se subordinase toda transformación social —las reformas de estructuras— al mantenimiento del mecanismo de acumulación. De esta forma, los trabajadores ceden en su política reivindicativa ante unos objetivos que se pretenden nacionales y, que vienen a coincidir con los del mantenimiento de las estructuras vigentes de propiedad y explotación» [137]. Su rechazo por algunos sindicatos europeos confirma las tesis anteriormente expuestas. Ante el desenmascaramiento de su finalidad y subsiguiente repulsa por diversos grupos sindicales, las dificultades para su implantación se han incrementado, incluso en aquellos países, como Inglaterra, donde se creía que era ya una consecución del sistema. Los pasados conflictos entre el laborismo wilsoniano, las centrales sindicales y la propia base trabajadora, son claramente significativos de estos problemas. Por estas razones, la O. C. D. E., después de estudiar la aplicación de las políticas de rentas en algunos países de Europa occidental, llega a afirmar que dichas políticas no se han demostrado como instrumentos eficaces, por ahora, en la gestión económica [138]. En términos generales —dentro de los propios impulsores del sistema— se está de acuerdo en que simplemente se han dado los primeros pasos.

Los esquemas teóricos, antes apuntados, son también aplicables, parcialmente, a la realidad española. Contratación colectiva, planes de desarrollo y política de rentas aparecen sucesivamente en un momento concreto de nuestra escena económica (década de los 60), sobredeterminándose para favorecer la necesaria acumulación y crecimiento del sistema. Pero sucede que al aplicarse sobre una situación de «atraso» y sobre unas estructuras rígidas, perderán su ambigüedad explicitando su misión. Ello es lógico, ya que el intento de «una verdadera política social y de redistribución de rentas, sólo es posible si previamente se han puesto las bases necesarias de racionalización del sistema económico. Racionalizar un sistema significa eliminar todas aquellas barreras que dificultan el normal desenvolvimiento de las relaciones laborales» [139]. En nuestro caso, al no suprimirse estas barreras, la mal llamada política de rentas se transformará claramente en un método más para impedir, me-

---

[137] BARÓN, E.: «Régimen salarial y sindicalismo», en *Cuadernos para el Diálogo*, extraordinario número XI, pág. 53.

[138] Véase O. C. D. E. «Pour une politique des prix, des profits et des autres revenus non-salariaux», París, febrero 1964.

[139] ARTURO LÓPEZ MUÑOZ: «Política de rentas y clase trabajadora», en *Cuadernos para el Diálogo*, noviembre 1966.

diante una reglamentación política, el espíritu reivindicativo que las clases trabajadoras pudieran obtener de nuestra controlada negociación, impidiendo de hecho su funcionamiento normal [140].

Así como es indudable que los contratos colectivos favorecieran las subidas de salarios y, sobre todo, de la productividad respecto a la etapa anterior, tampoco se puede negar que la política de rentas sirvió para limitar unas subidas salariales que ya se consideraban «excesivas» y a las que se les atribuía el intrínseco proceso inflacionista de nuestra economía. Contratación y política de rentas se interrelacionan, adquiriendo la forma particular que exigía nuestro «coherente» sistema de relaciones laborales [141]. En la evolución concreta de esta interrelación hay que distinguir varias fases que pasamos a estudiar.

1.4.3.2. I Plan de Desarrollo o la definición de su relación básica: salarios-productividad

Los *antecedentes* próximos de nuestra política de rentas hay que buscarlos en el decreto de 23 de noviembre de 1963, que, al instaurar una serie de medidas encaminadas a la promulgación del I Plan de Desarrollo, establece en su artículo 1.º el necesario acuerdo previo de la Comisión Delegada del Gobierno de Asuntos Económicos, «para dictar disposiciones relativas al régimen general de retribuciones laborales y de seguridad social».

Posteriormente, será la ley 194/1963, de 28 de diciembre, que pone en funcionamiento el I Plan de Desarrollo, para el período 1964-67, la que institucionalice la política de rentas. En su artículo 21 establece que el Gobierno en pleno o la Comisión Delegada de Asuntos Económicos fijará tanto «la política de precios» como la «política de retribución de los factores de la producción y demás sectores perceptores de ingresos». Se encomienda, por tanto, a la C. D. A. E. la dirección de la misma, creándose al efecto una serie de comisiones, subcomisiones y la oficina técnica que sirven de instrumentos con-

---

[140] Véase TAMAMES, R.: *Estructura económica de España.* Edit. Guadiana de Publicaciones, Madrid, 1970, pág. 713.

[141] En este sentido, Carlos Obeso afirma que «la Ley de Convenios Colectivos no tenía más sentido que el instalar de una forma más racional una política de rentas en nuestro país. Cuando a partir del proceso expansionista de nuestro desarrollo se hubo de chocar con unas estructuras industriales, financieras y agrícolas que no supieron o no pudieron hacerle frente, la contratación colectiva pasaría a jugar el papel que se le había asignado, colocando un corsé fácilmente controlable a la expansión salarial», OBESO, C., en *Mundo Social,* núm. 187, abril 1971.

cretos para su realización. En la misma ley no falta, por supuesto, la necesaria mención a la «colaboración de la Organización Sindical».

La actuación de la C. D. A. E. para llevar a cabo esta tarea no se deja esperar. En 1964 fija sus bases fundamentales: «Los salarios no podrán crecer más que la productividad media del sistema» [142]. Con esta medida se inician los intentos de frenar la dinámica salarial, que se suceden a lo largo de todo el período. Dentro de este contexto merece la pena detenerse en lo que ha supuesto esta relación en nuestra política salarial:

a) Hay que partir de la base de que los propios *fundamentos científicos* de esta relación salarios-productividad, son de muy dudosa validez. Parten de la teoría de la «productividad marginal del trabajo» que define el salario en base a una relación sujeto-objeto [143], olvidando el marco de la producción colectiva, y las estructuras de poder en el mercado que definen la moderna organización industrial [144]. Elegir «determinados principios de la escuela marginalista y tratar de aplicarlos a la sociedad de la mitad del siglo xx, no deja de ser un equilibrio más político que económico» [145].

b) En segundo lugar —y consecuencia de lo anterior—, son escasas las garantías, teóricas y prácticas, que existen sobre su eficacia como medio de conseguir la *estabilidad de los precios,* dentro de la propia dinámica del sistema actual [146].

---

142 Hay que hacer notar que, incluso desde una perspectiva de aceptación teórica de la política de rentas, debería haberse ampliado al conjunto de las otras rentas esa relación fundamental, máxime si —como dice E. Ardnt., partiendo de las mismas bases metodológicas— « ... la productividad puede aumentarse gracias a un mejoramiento de las cualidades productivas en *todos* los factores y por un perfeccionamiento del trabajo combinatorio efectuado por el empresario...» (ARDNT., E.: *Política de salarios.* El Ateneo, Buenos Aires, 1964, pág. 219.) Sinembargo, la mera enunciación descartaba ya la posibilidad de controlar las rentas no salariales.

143 Como dice Sweezy: «Se vacía el concepto salario de su contenido social y se le define como el producto imputable a la actividad humana empeñada en un proceso productivo... convirtiéndose en una categoría universal que se aplica indistintamente a los diversos sistemas económicos... sin tener en cuenta las relaciones sociales de cada forma histórica...» SWEEZY: *Op. cit,* págs. 15 y 16.

144 Véase FRANCO MOMIGLIANO: *Sindicatos, progreso técnico, planificación económica.* Península, Barcelona, 1969, págs. 299 a 309.

Es conveniente observar la diversidad de enfoques teóricos que caracterizan una política de rentas según la metodología de que se parta. Momigliano analiza las críticas realizadas —a la validez teórica de este instrumento— desde perspectivas neorricardianas (Sraffa-Neumann). Véase también GARCÍA DELGADO, J. L. y LÓPEZ MUÑOZ, A.: «Política de rentas...», *op. cit.,* págs. 147 y 155.

145 CARRASCO CANALS, F.: *Los salarios en España, en el contexto de la política de rentas.* Edit. Conf. Cajas de Ahorro, Madrid, 1972, pág. 44.

146 «Es manifiesto el hecho de que si el economista se plantea el problema mediante una metodología estática de equilibrios parciales y asume la hipótesis

c) En tercer lugar, su validez teórica en orden a conseguir el objetivo de *redistribución de las rentas* es aún menor, ya que «una acomodación de los salarios a la productividad (suponiendo que esta relación fuese teóricamente válida) sólo puede pretender alcanzar, a su término, la misma situación de partida, la misma distribución de la renta que al iniciarse su aplicación» [147], de aquí su carácter esencialmente *ideológico* [148].

d) Por otra parte, a la hora de su aplicación práctica, y ante la imposibilidad actual de determinar los incrementos de productividad marginal, se aplica en su lugar la *productividad media del sistema,* con lo cual pierde significación debido a las disparidades de condiciones y resultados entre los diversos sectores y ramas productivas [149].

---

de un funcionamiento del mercado capaz de provocar que los sectores con productividad más elevada reduzcan los precios como consecuencia de la reducción de los costes de producción, llegará a la conclusión de que un ajuste uniforme (aumento de salarios proporcional al aumento medio de la productividad) es susceptible de asegurar tanto la estabilidad de los precios como la afectación óptima de los recursos.

Ahora bien, si a pesar de conservar el mismo enfoque metodológico se plantea la hipótesis más realista de un mercado con «precios administrados», en el que los sectores con una dinámica de la productividad más elevada no reducen sus precios debido a la presencia de estructuras oligopolistas, la garantía teórica de estabilidad de los precios mediante un ajuste económico desaparece...» MOMIGLIANO, F.: *Op. cit,* pág. 305.

[147] GARCÍA DELGADO, J. L. y LÓPEZ MUÑOZ ARTURO: «Política de rentas...», *Op. cit.,* pág. 150.

[148] Además, conviene señalar —como hace F. Carrasco— que al constituir la productividad el factor para determinar las tasas de crecimiento de los salarios, los empresarios, de una forma indirecta, son los que regulan el nivel de vida que desean alcancen los asalariados, pues son sólo ellos los que pueden modificar las tasas de crecimiento de la productividad a través de los planes que decidan realizar. Quizá el nivel de vida aceptado por los empresarios para sus asalariados sea una actualización de la teoría del salario natural de los economistas clásicos. Incluyendo otras necesidades que las de mera supervivencia y procreación». CARRASCO, F.: *Op. cit.,* pág. 47.

[149] Véase cómo casi todos los países y la O. C. D. E. son partidarios de aplicar la productividad media del sistema, como método de evitar el efecto imitación (carrera de salarios). «Una política de equilibrio de precios», O. C. D. E., Sagitario, 1963, págs. 32 y ss.

Sin embargo, « ... al seguir este criterio en los sectores que la productividad progresa con mayor rapidez que la productividad media, los aumentos de aquélla no son compensados más que parcialmente por aumentos de salarios, mientras que en los sectores en que la productividad es menor que la media, los salarios operan como factor inflacionista, siempre que la diferencia pueda trasladarse a los precios. Dado que estos últimos sectores suelen ser la agricultura, productos alimenticios e incluso los servicios, los aumentos de precios tenderán a difundirse a todo el sistema. En definitiva, se produce un aumento del porcentaje de beneficios en la renta nacional, ya que éstos permanecerían estables en las *e)* Si pasamos de estos problemas teóricos a su aplicación concreta en nuestra política de rentas, hay que señalar que generalmente para establecer la relación salarios-productividad e indicar su desfase con cargo a los salarios, se suelen utilizar [150] cifras o *porcentajes de productividad* y compararlos con porcentajes de *aumento de los salarios nominales*. La propia O. C. D. E. indica que la relación correcta que debe establecerse para conseguir los fines de la política de rentas, es entre *salarios reales y productividad*. En la práctica española, se comete un error más, pues se relacionan magnitudes heterogéneas (reales y monetarias) [151]. La estructuración peculiar de esta relación evidenció tanto su finalidad, que la propia Organización Sindical afirmaba: «Se pretende eliminar las tensiones inflacionistas... mediante el control del crecimiento de los salarios... respecto a esta medida, hay que recordar... que aplicando el coste de la vida a las rentas salariales percibidas, se conseguiría que las rentas de los trabajadores no perdieran su actual poder adquisitivo. Si *el resultado* así obtenido *se corrigiese* por la *productividad* correspondiente al trabajo por cada sector, se conseguiría entonces que las rentas salariales *mantuviesen constante su participación*, pero todavía sin que se verifique fenómeno alguno de redistribución...» [152].

f) A pesar de todas sus deficiencias teóricas vamos a entrar en el «juego» de relacionar los salarios con la productividad, en los diversos sectores de la economía nacional para el período 1964-1970 [153]. Al realizar la comparación salarios reales-productividad, observamos que para el sector secundario y terciario los salarios reales no han llegado a absorber la mejora de la productividad en el conjunto del período. Sus incrementos anuales, en el sector industrial, se mantienen por debajo de ella en todos los años considerados, excepto

---

empresas de baja productividad, mientras que se incrementan en las empresas en que la productividad crece por encima de la media nacional...»

ESTEVE, N.: «Política salarial y de empleo», capítulo VIII de la obra dirigida por Gamir, L., *Política económica en España*. Edit. Guadiana, Madrid, 1972, página 187.

150 Incluso organismos oficiales realizan en sus análisis este tipo de relaciones. Por ejemplo, la Oficina Técnica de Rentas: «Informe sobre la distribución de la renta», 1965, pág. 83, y en el «Informe de 1970», pág. 56.

151 LÓPEZ MUÑOZ, A.: «Política de rentas y clase trabajadora», en *Cuadernos para el Diálogo*, noviembre, 1966.

152 «Evolución Socio-Económica de España, 1964», Organización Sindical, Madrid, 1965, pág. 44.

153 Véanse los cuadros en los que registrabamos la evolución de estas variables en los tres sectores, para el período 1964-1970, en nuestro trabajo «El S. M. I. G., piedra angular del sistema salarial. Su influencia en la contratación colectiva». Capítulo II del *Anuario Económico 1971*. Edit. EDICUSA. I. T. S., Madrid, 1972, páginas 171 y ss.

en 1966 y 1967. Las restricciones impuestas sobre los salarios, con la congelación y descongelación parcial, se dejan notar fuertemente, llegando, en el 69, a ser inferior, incluso, el incremento de los salarios monetarios al de la productividad. En el sector servicios la evolución anual es parecida, dándose, también en 1970, un mayor incremento de los salarios reales. En el sector primario, la situación mejora levemente, marchando los salarios reales por encima de la productividad en los años 64, 69 y 70. En el año 1972 —a falta de datos definitivos— se puede, sin embargo, aventurar que con un crecimiento fuerte de precios y de productividad (9,2 para el sector industrial), los salarios reales —a pesar de haber experimentado un incremento monetario considerable— no habrán alcanzado a la productividad.

Por todo ello, es una visión simplista querer achacar el proceso inflacionista a las alzas salariales, cuando ni siquiera se han alcanzado las «supuestas» bases que «vigilaban» la estabilidad del sistema. Por el contrario, mientras los convenios introducían continuamente cláusulas favorecedoras de la productividad [154], se usaba la falacia de esta relación para justificar la contención de las remuneraciones pactadas. *Los resultados de una encuesta patronal,* sobre los *efectos de la contratación colectiva en la década,* concuerdan perfectamente con estas afirmaciones; sus autores los comentaban diciendo: «Asimismo y como revela el anterior balance de datos, los incentivos a la producción... han sido importantes. Sin embargo..., para el conjunto de la clase trabajadora, los convenios colectivos han supuesto un poderoso medio instrumental para una política de control de salarios,

---

[154] —Ya en 1963, de 583 convenios examinados, aparecían tablas de rendimientos en 165, premios al rendimiento en 40, gratificaciones al rendimiento en 181 convenios... Estadísticas sobre Convenios Colectivos Sindicales. Secretaría General Técnica, Ministerio de Trabajo, Madrid, 1963.

—«Prescindiendo de otras discusiones... se puede comprobar que en la mayoría de los convenios sindicales colectivos se aborda, de una u otra forma, el problema de la productividad, el control de rendimientos y sistemas de racionalización...», Organización Sindical. «Evolución Socio-Económica», Madrid, 1965, pág. 40.

—«La experiencia del año 1965 muestra cómo los convenios colectivos realizados... prestan atención a las cláusulas de productividad... explícitas en: *a)* Compromisos expresos de los trabajadores de aumentar su rendimiento. *b)* Rendimientos mínimos. *c)* Valoración de puestos. *d)* Renovación de utillaje. Entre un 25 y un 30 por 100 de incremento oscilan los convenios que, respecto a 1964, incluyen cláusulas tipo *a)* y *b)* y un incremento del 5 y 10 por 100 que incluyen las de tipo *e)* y *d)*...» «Evolución Socio-Económica», Madrid, 1966, pág. 212.

—En la encuesta realizada por S. I. E. a principios de 1971, el establecimiento de tablas de rendimiento estaban incorporadas al 53 por 100 de los convenios en vigor de las empresas industriales, siendo el 48 por 100 de los empresarios los que afirman que han dado resultados positivos para el aumento de la productividad. S. I. E. «Encuesta sobre convenios colectivos», Madrid, 1971.

los cuales, en términos reales, no parecen haber sufrido un incremento paralelo a los aumentos de la productividad...» [155].

g) Por último, queda señalar otro dato más sobre la *ideologización* en nuestro sistema de esta relación salarios-productividad. A pesar de ser considerada como regla básica de la evolución global, su aplicación concreta en los convenios tanto de rama o empresa, es muy baja. En la práctica, se reduce a introducir y extender —como vimos anteriormente— los distintos sistemas de remuneración directa al rendimiento o fijar unas pagas en concepto de «participación en beneficios». Por lo general, estas pagas —en los pocos casos que existen— tampoco tendrán relación con el incremento de la productividad, o de los beneficios, pues están calculadas *a priori* y con carácter fijo. En la misma encuesta de S. I. E. resulta que sólo el 36 por 100 de las empresas industriales tienen en sus convenios «participación en beneficios», siendo en el 83 por 100 de las mismas una retribución fija, el 8 por 100 función de los beneficios obtenidos y el 6 por 100 función del incremento de la producción. Además, en aquellos casos en que por razones de estrategia, la clase trabajadora reivindica el conocimiento de la productividad, la formación de comisiones para su vigilancia o, incluso, la adecuación coyuntural de sus incrementos salariales a la evolución de la misma, las empresas suelen negarse a ello ofreciendo a cambio las famosas «participaciones en beneficios» [156].

1.4.3.3. Topes salariales-Congelación-Topes-salariales

Esta filosofía real de la política de rentas se va a concretar en una cadena de actuaciones sobre la negociación colectiva, en favor de la contención y congelación salarial [157]. Esquemáticamente, las fases de este proceso serían las siguientes:

a) El 17 de diciembre de 1965 el Consejo de Ministros establece un límite del 8 por 100 al crecimiento de los salarios monetarios. A partir de este momento, la C. D. A. E. hará uso de las facultades, que ya la propia ley de convenios le confería, en orden a limitar la autonomía de

---

155 S. I. E. Encuesta citada. Apartado 2.3.1.4.

156 Ejemplo claro de ello es el último convenio interprovincial de la Banca privada, que acabó en N. O. C., donde los trabajadores reivindicaban una comisión para el estudio y conocimiento de la productividad de cada empresa.

157 O. Kahn-Freund expresa que las más importantes restricciones que se pueden establecer a la libertad de negociación colectiva estrivan en el uso de una política que establezca *ceiling* (topes salariales máximos) a la misma. Véase *Labour Relations and the law. A comparative Study*, London, Stevens-Sons, pág. 10.

la negociación colectiva en materia retributiva, en favor de las «exigencias del progreso técnico y de la productividad».

b) Ante las subidas constantes del coste de la vida, las reivindicaciones de los trabajadores consiguen —en determinados casos— la introducción parcial en los convenios de las escalas móviles que, basadas en los índices de subidas del coste de la vida, evitan —al menos— la pérdida del poder adquisitivo de sus remuneraciones. Esta mera defensa de los trabajadores va a ser nuevamente «acusada de confabularse en la guerra contra la estabilidad de precios y, por ello, tuvo que apechugar con el intervencionismo de la Administración» [158].

Así, *la orden ministerial de 24 de enero de 1966 de la Presidencia del Gobierno, ordena que los índices-base utilizados para revisar los salarios-convenio tendrán que referirse al general para el conjunto nacional, calculado oficialmente por el I. N. E.* Esta limitación a su aplicación —no generalizada todavía, como puede verse en el cuadro número 19— ha hecho perder las posibilidades que, para la contratación, ofrecían estas cláusulas, sobre todo en aquellas provincias o capitales de provincias con altos índices de coste de la vida. Sus consecuencias se agravan debido a la tendencia de nuestra contratación hacia los convenios largos, lo cual, unido a la desconfianza que en los más diversos ambientes existe sobre la validez teórica y representatividad del propio cálculo oficial [159], nos explican las causas por las que esta elemental regla salarios-coste de vida ha sido motivo frecuente de conflictos [160]. Posteriormente, veremos cómo estos dos

---

[158] JANÉ SOLÁ, J.: *Op. cit.*, pág. 180.

[159] Sin entrar aquí en esta discusión (ver entre otras críticas LÓPEZ MUÑOZ, A., en *Triunfo,* núms. 452 y 453 y *Boletín del I. E. L.*, núm. 10, págs. 74 y ss.), es claramente significativo el hecho de que, para 1970, las divergencias entre las estimaciones oficiales y las de otros organismos eran las siguientes: I. N. E., 6,8 por 100 de incremento anual; Banco de España, 7,10 por 100; Acción Social Patronal, 9,11 por 100; Asociación Nacional de Consumidores, 15 por 100; Iberplan, S. A., 15 por 100.

[160] Todo ello sin entrar a considerar que la forma como se realiza normalmente esta comparación para fijar los movimientos anuales del poder adquisitivo conlleva errores importantes. Anualmente se compara —para observar los efectos positivos de la contratación sobre las retribuciones— el crecimiento del coste de la vida y el incremento de los salarios obtenidos a través de la Encuesta de Salarios del I. N. E. (industria y servicios) y del Ministerio de Agricultura. De esta forma se comparan índices que están calculados a través de métodos conceptualmente distintos de medir las variaciones. En el del coste de la vida no se refleja anualmente los cambios de calidad, ni de la composición del consumo de las familias, mientras que el índice de salarios por persona recoge los incrementos producidos por una mejora en la cualificación del trabajo. Véase a este respecto NAREDO Y LEGUINA: «Precios y salarios: una relación difícil», en *Triunfo,* núm. 543, 24 febrero 1973, págs. 16 y 17.

tipos de controles oficiales —coste de vida nacional y productividad— entrarán en conflicto, al fijarse unos topes a los incrementos de los salarios monetarios, inferiores a la subida «oficial» del coste de la vida.

c) En febrero de 1966 se vuelve a establecer, por el Consejo de Ministros, el mismo límite del 8 por 100 al crecimiento de los salarios monetarios, límite que se prorrogará nuevamente hasta noviembre de 1967. La C. D. A. E. vigilará este crecimiento, y por estos motivos 130 convenios, con una población asalariada de 386.710 trabajadores, son obligados a reconsiderar, en 1966, sus pactos por suponer incrementos mayores a los fijados. En 1967, hasta el mes de noviembre, 22 convenios habían sido rechazados definitivamente —y otros 24 estaban siendo reconsiderados— por las mismas causas [161].

d) A pesar de esta serie de medidas en pro de la «imposible estabilidad» y como exponente claro de sus auténticas causas estructurales, se llega, en noviembre de 1967, a la necesidad de devaluación de la peseta. Como consecuencia de la misma, se establecen una *serie de medidas estabilizadoras por decreto-ley 15/1967, de 27 de noviembre.* En el preámbulo de dicho decreto se puede leer: «Se dispone para toda clase de rentas que hasta el 31 de diciembre de 1968 no podrán rebasar su actual nivel.»

Esta normativa afectará igualmente al régimen de convenios: «Se prorrogan hasta el 31 de diciembre de 1968 todos los convenios colectivos sindicales, *vencidos* o que *venzan* hasta la indicada fecha, manteniéndose, en todo caso, las retribuciones al mismo nivel que tuvieron en 18 de noviembre de 1967.» En otro lugar añade: «Los convenios vencidos cuya renovación haya sido formalmente aprobada con anterioridad al 18 de noviembre de 1967, mantendrán su validez hasta 31 de diciembre de 1968.» El decreto ley no se refería a los convenios que, habiendo sido suscritos por las partes, estuvieran pendientes de la aprobación expresa de la Administración (204 convenios que afectaban a 328.869 trabajadores). En la práctica, «la propia finalidad del decreto-ley —evitar los incrementos salariales a través de la contratación colectiva— y la significación fundamental que tiene el acto de aprobación en la estructura contractual española, determinarán que se impusiese la solución congeladora a los convenios que se encontrasen en esta situación» [162]. Los únicos incrementos que se toleraron fueron los debidos a «vencimientos de premios de antigüedad, ascensos en

---

[161] O. I. T. «La situación laboral y sindical en España», Ginebra, 1970, pág. 211.

[162] MONTALVO, J.: «La política de congelación y descongelación salarial en la contratación colectiva en España». Comunicación núm. III-7 al III Congreso Iberoamericano de Derecho del Trabajo. Sevilla, 1970 (Ciclostilado), pág. 3.

categoría profesional y aquellas cantidades que, en concepto de primas a la producción, fueran el resultado de un mayor rendimiento individual o colectivo dentro de la empresa, de acuerdo con los baremos vigentes el 18 de noviembre para el cálculo de dichas primas» [163]. Su incidencia total en la contratación colectiva de la época la tenemos recogida en el cuadro número 3; cinco millones de trabajadores en distintos momentos de la negociación quedaron afectados directamente. La Organización Sindical afirmará que «supuso, tanto para los intereses económicos como para los intereses sociales, un conjunto de situaciones desventajosas repartidas indiscriminadamente tanto por sectores de actividad como por regiones y provincias» [164].

CUADRO NÚMERO 3

INCIDENCIA DEL DECRETO-LEY 15/1967 EN LAS DISTINTAS SITUACIONES DE CONVENIOS COLECTIVOS

CONCEPTO	*Número de convenios*	*Trabajadores afectados*
Convenios pendientes de aprobación administrativa	204	328.860
Normas de arbitraje pendientes de promulgación ...	58	442.908
Convenios colectivos en trámite anterior a la firma	710	1.338.167
Convenios con salario móvil	165	569.186
Convenios y normas de O. C. revisables (por vencimiento del plazo de vigencia) en el primer semestre de 1968	724	1.161.889
Idem en el segundo semestre de 1968	630	1.293.580
TOTAL	2.491	5.134.590

FUENTE: Oficina Central de Convenios Colectivos de la Organización Sindical.

La congelación de salarios —según señala el I. N. E.— tuvo una eficacia total, ya que el incremento del 3,6 por 100 experimentado en el conjunto de salarios/hora, se debió exclusivamente a los cambios y mejoras en la cualificación [165].

[163] DE LA VILLA, L. E.: *Op. cit.*, pág. 45.

[164] «Evolución Socio-Económica de España, 1968», Organización Sindical, Madrid, 1969, pág. 309.

[165] «La renta nacional en 1971 y su distribución», I. N. E., Madrid, 1972, pág. 92. Hay que destacar el gran valor de este Informe, que representa, sin duda, un avance importante respecto a los Informes anteriores, y un material imprescindible para el análisis de los salarios en España.

En definitiva, se impuso un auténtico bloqueo salarial, imposibilitando la desvirtuada negociación colectiva y representando un grave «retroceso para los salarios, ya que... si bien las otras rentas personales (dividendos, alquileres, etc.) permanecen —teóricamente, por su difícil control— congeladas, ello no ocurre a las otras rentas empresariales» [166]. Nuevamente, se intentó remediar el proceso inflacionista mediante la actuación sobre los salarios, «con grave sacrificio para la clase trabajadora, sin suponer, desde luego, una solución para la economía española» [167].

e) Las presiones de los trabajadores e incluso de sus órganos oficiales [168], produjeron la necesidad de *adelantar la fecha prevista para la supresión de limitaciones.* Sin embargo, el *Decreto-Ley 10/1968,* por el que se hizo efectivo este levantamiento, añadió la necesidad de *mantener una vigilancia especial sobre el crecimiento de todas las rentas durante el año 1969.* Se instauró una *contratación colectiva vigilada,* fijándose un *tope del 5,9 por 100* para el incremento de las condiciones económicas pactadas en los convenios colectivos durante el año 1969. Hay que destacar que este tope del 5,9 por 100 estaba calculado sobre «los niveles salariales y demás condiciones vigentes al iniciarse las negociación», por tanto, incluía cualquier tipo de modificación (jornada, vacaciones, etc.) que tuviera repercusiones económicas.

La incidencia directa de esta descongelación parcial sobre los convenios está recogida en el *cuadro núm. 4.* Sin embargo, sus resultados respecto a la mejora real de la clase trabajadora en los nuevos convenios firmados en ese año fue muy pequeña, debido a la «escasa amplitud de los límites señalados a la autonomía contractual y a su aplicación tajante e indiscriminada a todas las situaciones» [169] por

---

[166] Jané Solá, J.: *Op. cit.,* pág. 183.

[167] Informe de la O. C. D. E. sobre la economía española de 1968. Cf. *Documentación Económica,* núm. 1, pág. 54.

[168] El IV Congreso Sindical de mayo 1968 pedía: «El establecimiento de un programa práctico de medidas descongeladoras especialmente referidas a la puesta en práctica de los convenios colectivos sindicales y la revisión de los vigentes», Congreso Sindical IV Pleno, Madrid, 1968, pág. 226.

[169] «Evolución Socio-Económica de España», Organización Sindical, Madrid, 1968, pág. 313.

— En este mismo sentido, la declaración del Consejo Nacional de Trabajadores de 25 de septiembre de 1968, aunque entraba en la aceptación del juego salarios-productividad, exponía: «El señalar un tope fijo y rígido a la negociación colectiva no puede tener otra consecuencia que proporcionar una tranquilidad excesiva a ciertos sectores económicos y, lo que es aún más grave, un enriquecimiento injustificado y una acumulación de capital debido al sacrificio de los salarios en aquellos sectores o empresas cuya rentabilidad es positiva o superior a la media...»

CUADRO NÚMERO 4

RESUMEN DE LOS EFECTOS DIRECTOS DE LA DESCONGELACION PARCIAL DE SALARIOS POR DECRETO-LEY 18-VIII-1968

CONCEPTO	*Convenios*	*Trabajadores*
Convenios que estaban pendientes de aprobación administrativa antes del 18-XI-67	163	451.567
N. O. C. pendientes de promulgación antes del 18-XI-67	11	71.769
Convenios con escalas móviles cuya aplicación suspendió el decreto-ley	114	428.770
Convenios vencidos y no renovados durante 1967 (a los que se aplicará el incremento automático del índice del coste de la vida con la descongelación parcial 1968-VIII)	1.582	1.840.339
TOTAL	1.870	2.792.440

FUENTE: Oficina Central de Convenios Colectivos de la Organización Sindical.

las «autoridades, que vigilaban cuidadosamente para que no se superasen...» [170]. Por otra parte, esta vigilancia trajo como consecuencia la excesiva demora en los trámites de aprobación, aumentando, por tanto, el burocratismo que les caracterizada [171]. Baste, por último, indicar que el cálculo del 5,9 por 100 correspondía, según el ministro de Trabajo, a cálculos «precisos», ya que «se consideraba la productividad media del sistema en un 3,9 por 100, y el 2 por 100 restante era la medida prevista del incremento del coste de la vida» [172]. La realidad demostró la inadecuación de estos cálculos, pues la productividad en la industria y servicios se incrementó en un 9,4 y 6,4 por 100, respectivamente, mientras el coste de la vida lo hizo en un 3,5 por 100.

Ante esta situación de rigidez, *la propia dialéctica negociadora* intentó paliar sus resultados. Así —como expresa Maté [173]—, en determinadas empresas, generalmente las más competitivas, ya en plena congelación se empezaron a establecer mejoras voluntarias, estable-

---

170 O. I. T. *La situación laboral y sindical en España,* Ginebra, 1970, pág. 212.

171 Ya en 1965 un 21 por 100 de los vocales nacionales y un 17 por 100 de las Juntas Sociales pedían la reducción de los trámites en la fase de aprobación. Un 50 por 100 de los mismos vocales y Juntas Sociales pedían abreviar los trámites en todas las fases en general. «Encuesta sobre la problemática que plantea la negociación colectiva sindical», Organización Sindical, febrero, 1965. Ciclostilado.

172 Cf. *Arriba,* 18 agosto 1968.

173 MATÉ Y MORENO DE MONROY: Artículo citado, pág. 4.

ciéndose ficticios sistemas de incentivo y modificando, incluso, los baremos vigentes de primas. Posteriormente, en la etapa de descongelación estas prácticas se incrementaron. La necesidad —por parte de muchas empresas y sectores— de evadir el monolítico e indiscriminado tope del 5,9 por 100, con vistas a aumentar la productividad o como consecuencia del nivel de organización y lucha de la clase trabajadora, hizo desarrollar la «imaginación» empresarial española. Aparecieron toda clase de subterfugios para aumentar y evadir los bajos niveles impuestos, que originaron los llamados flecos salariales [174]: «ayuda para vestuario de un 15 por 100 por considerar que el personal debe estar bien vestido y con una presentación adecuada» (personal administrativo y servicios auxiliares del C. C. S. de la enseñanza no estatal); «gratificación equivalente a siete días del salario total convenio, con motivo de la festividad de San José, Patrono del Sindicato de la Madera y Corcho (C. C. S. de aserradores de madera); «desaparición del comedor mediante la compensación en metálico del pago en especie que suponía su mantenimiento» (C. C. S. de Pegaso), etcétera [175].

f) A partir de *1970 se produce un ligero cambio en la política de rentas española.* Para llevar a cabo las directrices que en esta materia establecía el II Plan de Desarrollo [176] —sustancialmente iguales a las del I— *se dicta el Decreto-Ley de 22/69, de 9 de diciembre, donde se estipula que a partir del 1 de enero de 1970* se volverá a una *negociación libre.* Esta libertad de negociación, de hecho, sólo será una libertad «teórica», ya que se fijan límites a los incrementos retributivos: necesidad de *obtener conformidad previa de la C. D. A. E. para aprobar convenios con incrementos salariales superiores al 6,5 o al 8 por 100 según su ámbito temporal.* La novedad respecto a las limi-

---

[174] Véase el estudio sobre las cláusulas establecidas en los convenios colectivos de esta época, en el artículo de J. MONTAVO: «La política de congelación y descongelación salarial en la C. C. en España», págs. 14 y ss.

[175] Las palabras de un director de personal de una gran empresa son expresivas: «Ni la congelación, ni la descongelación han detenido el proceso. Y ello es así, porque la empresa ha tenido que seguir su marcha. Suponían unas barreras formales. Se buscaron soluciones reales, basadas en los *pactos mutuos,* creando nuevas situaciones de hecho. La ley estaba ahí, pero la realidad de los hechos la han desbordado y la empresa no los ha podido desconocer...» AEMER, C.: «La política salarial vista por la empresa». Artículo citado, pág. 7.

[176] Se fijaba nuevamente que «el incremento relativo del salario medio por persona se acompasará al de la productividad media del sistema». Estableciendo más adelante que « ... los convenios colectivos no interesan sólo a los trabajadores afectados, sino que han de subordinarse al interés general...», y que la C. D. A. E. seguirá siendo el órgano encargado de fijar las líneas de evolución en «las retribuciones de los factores de producción y demás sectores de ingresos».

taciones de 1969 está en la flexibilización parcial del sistema, pues anteriormente no podían siquiera elevarse a la autoridad laboral, para su aprobación, los convenios que superasen el tope fijado; al mismo tiempo se introduce la participación de la Organización Sindical en la Subcomisión de Salarios, órgano que asesorará al Gobierno en el refrendo administrativo de los acuerdos salariales sometidos a su control [177]. El sistema se modernizó para adaptarse formalmente a las políticas de rentas europeas. En la práctica subsistirán los límites a los incrementos retributivos que, aunque de mecánica distinta, podrán suponer las mismas consecuencias materiales. Su aplicación en 1970 la hemos recogido en el *cuadro núm. 5,* que al compararlo con el *cuadro núm. 19,* nos permite obtener las siguientes conclusiones:

1.ª Por medio de esta política se presionó hacia los convenios largos, de más de un año.

2.ª En los períodos de congelación y descongelación parcial, a través de los flecos salariales y demás prácticas para evadir el bloqueo, se habían desfasado las retribuciones garantizadas en los convenios respecto a las realmente percibidas. Posteriormente, al calcularse los aumentos sobre las retribuciones garantizadas en convenio —no sobre las retribuciones reales—, los efectos prácticos de los límites salariales fueron aún mayores. En muchos casos, a pesar de fuertes incrementos en las retribuciones pactadas, no supusieron una mejora real al ser enjugados por esa diferencia. Estos efectos serán especialmente visibles en los convenios de rama que, en contra de la tendencia de años anteriores y debido a este desfase, fijarán en 1970 incrementos de retribuciones mayores que los fijados por los convenios de empresa [178].

3.ª Sólo el 19 por 100 de los *convenios suscritos* por las partes y el 54 por 100 de los trabajadores afectados por convenio,

---

[177] Es curioso constatar cómo la Organización Sindical, que llegó a criticar los límites a la negociación colectiva de 1969, cambia completamente de postura y a partir de este año, en sus «Evoluciones Socio-Económicas», todo son alabanzas para el nuevo sistema. Así, al comentar los límites ahora establecidos, dice: «Los sindicatos vienen presionando por el pleno reconocimiento de la libertad de contratación y la derogación o flexibilización de las rigideces administrativas que subsisten. Pero, va implícito que este legítimo anhelo de libertad aceptará la asunción de responsabilidades acordes con el interés general. Una vez más es válido el recuerdo de que «*el precio de la libertad es la disciplina voluntaria*». «Evolución Socio-Económica de España, 1970», Organización Sindical, Madrid, 1971, pág. 267.

[178] Lo cual se debe a que los desfases producidos eran mayores —lógicamente— en los convenios de rama que en los de empresa. (Véase «Evolución Socio-Económica de España, 1969 y 1970», Organización Sindical, Madrid, 1970 y 1971.)

Cu

RESUMEN ESTADISTICO DE LOS EXPEDIENTES DE CONVENIOS COLECTI
REPERCUSION EN PRECIOS O AUMEN

PROVINCIA	△ 6,5-8 POR 100		REPERCUSION EN LOS PRECIOS	
	Número de convenios	*Número de trabajadores*	*Número de convenios*	*Número trabajado*
Alava	4	10.235	—	—
Alicante	5	46.345	—	—
Almería	2	1.877	—	—
Badajoz	3	1.681	—	—
Barcelona	19	303.119	3	24.30
Burgos	1	163	1	20
Castellón	1	1.702	—	—
Ciudad Real	13	15.132	—	—
Coruña (La)	4	16.891	1	33
Gerona	4	7.207	—	—
Granada	1	276	—	—
Guipuzcoa	17	107.612	—	—
Huelva	1	162	—	—
Huesca	1	266	—	—
Jaén	7	3.996	—	—
León	1	97	—	—
Lérida	1	4.129	—	—
Logroño	4	6.086	—	—
Madrid	6	231.391	4	145.54
Málaga	1	1.163	—	—
Murcia	15	102.045	—	—
Navarra	7	7.038	—	—
Orence	2	9.992	1	9.55
Oviedo	9	15.836	—	—
Palmas (Las)	1	249	—	—
Pontevedra	8	29.972	2	24
Tenerife	7	33.754	1	29.60
Sevilla	14	17.048	2	2.32
Valencia	4	15.025	2	2.72
Valladolid	1	13.169	—	—
Vizcaya	44	143.387	2	78
Zaragoza	9	36.118	—	—
Interprovinciales	60	742.096	4	91.31
TOTAL	277	1.923.259	23	306.94

Total expedientes despachados: 285 que afectan a 2.012.365 trabajadores.
Total expedientes con repercusión en los precios e incremento superior al 6,5-8
Total expedientes con repercusión en los precios e incremento menor al 6,5-8 por
Total expedientes sin repercusión en los precios e incremento superior al 6,5-8

FUENTE: *Convenios Colectivos Sindicales.* Publicación trimestral. Enero-marzo

5

PACHADOS POR LA COMISION DELEGADA DE ASUNTOS ECONOMICOS CON RIAL SUPERIOR AL 6,5 O AL 8 POR 100

SINDICATO	△ 6,5-8 POR 100		REPERCUSION EN LOS PRECIOS	
	Número de convenios	*Número de trabajadores*	*Número de convenios*	*Número de trabajadores*
ividades Diversas	8	3.243	1	2.000
ividades Sanitarias	5	15.625	—	—
ua, Gas y Electricidad	12	23.344	1	5.556
mentación	11	5.317	1	813
nca, Bolsa y Ahorro	4	104.558	—	—
nbustible	6	25.017	—	—
astrucción	25	291.065	5	184.045
señanza	4	16.912	1	9.461
pectáculo	3	25.881	—	—
atos y P. H.	4	9.800	1	37.783
nadería	2	14.157	—	—
stelería	7	61.561	—	—
ustrias Químicas	25	138.038	—	—
dera	16	23.698	—	—
rina Mercante	3	819	—	—
al	68	622.122	9	7.553
o	1	169	—	—
el	3	62.317	—	—
ca	3	2.339	—	—
... ...	10	57.600	—	—
nsa	?	281	1	223
til	25	245.125	—	—
nsportes	14	25.459	3	59.515
, Cerveza y Bebidas	6	5.136	—	—
mandad	8	121.479	—	—
rsindicales	3	22.197	—	—
TOTAL	277	1.923.259	23	306.949

15 que afectan a 217.843 trabajadores.
ue afectan a 89.106 trabajadores.
262 que afectan a 1.705.416 trabajadores.
ina Central de Convenios Colectivos, Madrid, 1971.

logran superar los límites fijados del 6,5 o del 8 por 100 según su duración. Si tenemos en cuenta que el coste de la vida aumentó en un 6,8 por 100, la *gravedad del problema aumenta.*

4.ª La superación de los límites se realiza, lógicamente, en aquellas zonas o sectores de mayor poder de negociación y de conflictualidad: metal, construcción, industrias químicas, textil (zonas de Barcelona, Guipúzcoa, Madrid y Vizcaya). Los sectores agrícola y banca, por las razones específicas ya apuntadas, también se incrementan por encima de los límites.

Las mismas directrices limitativas se aplicaron a la negociación en los años, 1971-1972. *Los resultados obtenidos en el año 1971* —reflejados en el *cuadro núm. 6*— los podemos sintetizar en los siguientes puntos:

— El número de trabajadores convenidos que logra superar los límites disminuye respecto al año 1970.
— Sin embargo, aumentan considerablemente los convenios que presentados a la C. D. A. E. para su autorización, son objetados. Sobre un total de 235 expedientes conocidos por la C. D. A. E., que afectan a 1.056.635 trabajadores, se impusieron condicionamientos en 144 (43 por 100) con aplicación a 285.561 traba-

CUADRO NÚMERO 6

CONTRATACION COLECTIVA COMPARACION 1970-71 (1) A 31-XII-71

	1970		*1971*	
	Conv.	*Trab.*	*Conv.*	*Trab.*
1. Comparación entre «firmados» y «renovables» (%)	84,3	92,6	132,1	150,3
2. Comparación entre los de △ > 6,5 y menor al 8 % y total firmados (%)	19,6	54,5	28,5	51,3
3. Comparación entre los de vigencia bianual y total firmados (%)	49,2	52,2	46,6	53,9
4. Comparación entre objetados por C. D. A. E. y total despachados (%)	9,2	14,3	43,4	27,0

(1) Aunque los convenios firmados no corresponden exactamente con los establecidos por el trámite de aprobación, la diferencia entre ambos totales es muy pequeña.

FUENTE: Estadística de Convenios Colectivos (mensual), diciembre 1971. Organización Sindical.

jadores (27,3 por 100). En estos casos de objeción, las autorizaciones se supeditaron a recomendaciones de distinta naturaleza (ver *cuadro núm. 7),* entre las que sobresalen las de ampliar el plazo de vigencia a dos años o demorar el pago de una parte del incremento salarial inicial, acumulándolo al segundo año de vigencia.

CUADRO NÚMERO 7

CONDICIONAMIENTOS IMPUESTOS POR LA COMISION DELEGADA DE ASUNTOS ECONOMICOS A LOS CONVENIOS OBJETADOS EN 1971

	Número de expedientes	*Trabajadores afectados*
Prórroga de vigencia, dos años	81	180.665
Diferir parte del incremento	17	57.769
Suprimir cláusula de revisión por coste de vida	26	22.152
Diferir parte del incremento y suprimir cláusula de revisión por coste de vida	20	26.672
TOTAL	144	285.561

FUENTE: Oficina Central Convenios Colectivos.

— En 1971 se equilibraron en gran proporción las elevaciones salariales de los convenios de rama y las de los convenios de empresa, consecuencia de una atenuación positiva del desfase entre salarios nominales y salarios reales que aludíamos anteriormente.

— Así como en 1970 casi toda la población asalariada sujeta a negociación se vio mejorada por las revisiones negociadas, en el año 1971, al ser el volumen de revisiones muy inferior —en razón a que la mitad de los pactos del año precedente fueron establecidos por dos años y no serán renovados hasta 1972—, esa población asalariada no se benefició de mejora alguna (con la excepción de las revisiones automáticas en los sectores que gozan de estas cláusulas). Debido a estas consideraciones, la Organización Sindical[179] realizó una estimación de los incrementos de las retribuciones mínimas garantizadas de la población asalariada acogida a la contratación colectiva, que oscilaba alrededor de un 7 por 100 en 1971.

[179] «Informe Trimestral sobre Convenios Colectivos», septiembre-diciembre 1971, Oficina Central de Convenios Colectivos, Madrid, 1972.

— Los resultados son, por tanto, más perjudiciales en general para los trabajadores que el año 1970. En 1971, con un incremento del coste de la vida del 9,7 por 100, el que sólo el 51,3 por 100 de los trabajadores hayan podido superar los límites del 6,5 y 8 por 100 [180] es «un atentado contra la más estricta y elemental justicia social y choca —además— con los objetivos sociales a los que se dice tiende el III Plan de Desarrollo. Ello sin considerar que el mismo decreto-ley de diciembre de 1969, con el que se instauró este nuevo sistema, preveía en su artículo 2.º, 3, las actualizaciones oportunas, de acuerdo con las variaciones del índice del coste de la vida» [181].

La subida del coste de la vida en 1971 y la reactivación económica han permitido flexibilizar *este mecanismo en el año 1972.* Sin embargo, sus resultados siguen siendo importantes:

— Tan sólo el 34,9 por 100 de los convenios firmados durante este año han logrado rebasar los topes impuestos; convenios que afectaban, sin embargo, a 2.300.000 trabajadores (el 66,5 por 100 de los convenidos en el año). Esta cifra supone una mejora importante respecto a los dos años anteriores.

— A pesar del incremento del volumen de trabajadores que logran rebasar los topes, la media ponderada de los incrementos salariales pactados nos da un incremento del 9,3 por 100, lo cual hace que determinados sectores —al crecer los precios en un 8,3 por 100— no absorban siquiera la subida del coste de la vida [182].

---

180 Aquí, la relación salarios-coste de la vida resulta correcta —cuestión que no sucede cuando se toma como variable representativa de los salarios el índice de crecimiento del salario por persona, según veíamos en la nota 160—. Esta relación es válida, ya que tomamos como variable representativa de los incrementos salariales, los salarios fijados en convenio. Al ser éste un índice que refleja los aumentos en una estructura fija, es decir, los aumentos en sí, sin incluir los debidos a otras causas como cualificación, horas extra, si se puede comparar con el índice del coste de la vida que tiene una estructura interna similar. Por ello, las cifras dadas para estos últimos años tienen una gran importancia.

181 ORTEGA, V.: Artículo citado, pág. 35. En este mismo sentido, el propio secretario general de Sindicatos, en su Informe a la Comisión Permanente, exponía: «Nuestra preocupación se agrava cuando consideramos el porcentaje de trabajadores que no han alcanzado ese 6,5 o ese 8 por 100 de incremento en los pactos establecidos a lo largo del año, cuando antes de final del mismo el índice de coste de vida ha experimentado un 8,1 por 100 de incremento, con lo cual este considerable porcentaje de población activa y sus familias no han conseguido una mejora real de sus ingresos...» Informe antes citado, pág. 23.

182 Véase las páginas 241 y ss. de este mismo *Anuario,* donde se realiza un análisis de los incrementos salariales convenidos durante el año 1972.

En resumen, todos estos hitos forman parte de la progresiva desvirtuación de nuestra contratación colectiva. Generalmente, las medidas de congelación y «libertad vigilada» se han justificado diciendo que intentan «garantizar el mantenimiento de un alto nivel de empleo, la estabilidad del coste de vida y el equilibrio de la balanza de pagos» [183]. Los motivos de esta alusión al alto nivel de empleo como justificación de una política congeladora, son puestos de manifiesto por R. Barre cuando afirma que la política estatal de salarios puede *obligar a los trabajadores* (y a sus organizaciones sindicales) a «aceptar salarios que permitan la *subsistencia de empresas marginales*, a fin de que haya pleno empleo, mientras que gran número de empresas obtendrán así mayores beneficios». Como dice Jané Solá, la ficción que se obtiene en estas circunstancias de alto nivel de empleo con unos salarios oficiales bajos, produce un empeoramiento de la distribución de la renta social, obstaculiza la mejora de métodos de producción y favorece la existencia de empresas marginales.

Este ha sido el resultado de la política de rentas española. La evolución concreta ha servido para explicitar, claramente, su carácter *ideológico* y su función como política de *control salarial*.

CUADRO NÚMERO 8

a) PARTICIPACION PORCENTUAL DE LOS SUELDOS Y SALARIOS EN LA RENTA NACIONAL

Conceptos	*1964*	*1965*	*1966*	*1967*	*1968*	*1969*	*1970*	*1971*
Sueldos y salarios	49,8	49,6	51,3	49,1	48,2	49,3	50,0	50,9
Seguridad Social (cuotas totales	4,6	4,4	4,1	8,6	8,3	8,6	8,6	8,3

b) DESAGREGACION DE LOS COMPONENTES DE «SUELDOS Y SALARIOS» EN SU PARTICIPACION EN LA RENTA NACIONAL

	1964	*1965*	*1966*	*1967*	*1968*	*1969*	*1970*
Retribución asalariados	39,4	39,7	41,6	39,8	39,2	40,4	40,7
Rentas de trabajo no sujetos a contrato laboral	10,4	9,9	9,7	9,3	9,0	8,9	9,3

FUENTE: *La Renta Nacional en 1971 y su distribución*. Madrid, 1972. I. N. E. y Contabilidad Nacional.

---

[183] Directrices generales del I y II Plan de Desarrollo.

El *cuadro número 8* nos muestra el *resultado global de esta política:* desde 1964 —fecha en que se inician los topes salariales— hasta 1971 se consigue un *relativo estancamiento* de la *participación de los sueldos y salarios* en la renta nacional.

Además, para observar realmente la participación de los sueldos y salarios en la renta nacional, durante el período, habría que comparar esta participación con los incrementos de la población activa asalariada en estos mismos años. De esta relación obtenemos el *coeficiente de sueldos y salarios* que se recoge en el cuadro número 9, el cual refleja clara y correctamente la situación anteriormente descrita.

CUADRO NÚMERO 9

COEFICIENTE DE PARTICIPACION RELATIVA DE LOS SUELDOS Y SALARIOS EN LA RENTA NACIONAL

AÑOS	*% de sueldos y salarios sobre la renta nacional*	*% población asalariada sobre población activa*	*Coeficiente sueldos y salarios*
1964	49,8	63,40	0,7854
1965	49,6	63,33	0,7831
1966	51,3	63,47	0,8082
1967	49,1	63,92	0,7681
1968	48,2	63,55	0,7584
1969	49,3	63,33	0,7784
1970	50,0	63,99	0,7813
1971	50,9	—	—

FUENTE: La Renta Nacional en 1971 y su distribución. Madrid, 1972. I. N. E. Encuesta de población activa. 1970. I. N. E.

Con un estancamiento de los salarios —consecuencia de la aplicación de esa relación ideológica salarios reales-productividad— la posibilidad de modificar la distribución existente se confiaba únicamente a la Seguridad Social, a través de la redistribución de sus ingresos. Organismo que durante la década de los 60 —como ya hemos analizado otras veces [184]— ha cumplido, básicamente, una función de acumulación de capital, no distinguiéndose por sus efectos redistributivos.

---

[184] Véase CRUZ, I. y SERRANO, A.: «Notas sobre la estructura económica de la Seguridad Social española, 1963-1971», capítulo II del *Anuario Económico de 1971*. Edit. EDICUSA I. T. S., Madrid, 1972, págs. 118 a 160.

Por último, observar cómo la específica política de rentas española tampoco ha cumplido, en la práctica, alguna de las funciones secundarias que se consiguió en otros países occidentales. En estos países, la aplicación de la política de rentas hizo que «... a niveles bajos de desempleo, la política de rentas mantuviese sujeta la tasa de aumento de los salarios, pero a niveles altos de desempleo permitió su elevación, y ello porque las normas sobre desenvolvimiento de salarios contenidas en la política de rentas sirvieron de topes mínimos para los aumentos en los mismos». La elaboración de la curva de Philips, para los períodos de tiempo con política de rentas, demostró como debido a su aplicación, «... se lograba que el tipo de variación de los salarios quedase, en buena medida, insensible al comportamiento del nivel de desempleo...» [185].

En el caso español, los estudios empíricos realizados para el período 1963-70 han demostrado cómo el porcentaje del paro y del índice del coste de la vida explican las variaciones de los salarios entre un 70 y un 80 por 100 [186].

1.5. La influencia de las ordenanzas. La jornada de trabajo en los convenios colectivos.

Las ordenanzas surgieron a partir de 1964, viniendo a sustituir a las antiguas reglamentaciones. En realidad, son auténticas reglamentaciones interprovinciales o nacionales. El cambio de nombre fue motivado simplemente por la necesidad de adaptar al mecanismo de negociación todo nuestro aparato formal, ya que la antigua denominación, totalmente desprestigiada, recordaba la época anterior, llamada algunas veces «la fase de las reglamentaciones». Sin embargo, las posibilidades de utilización de las ordenanzas, como elementos dirigistas de la política laboral, siguieron existiendo; por medio de

---

[185] Véase Allan Fells: «Política de rentas», en *Revista Española de Economía*, septiembre-diciembre 1972, págs. 82 y ss. El autor recoge los estudios de Lipsey y Pabkin sobre las curvas de Phillips para períodos de tiempo con y sin política de rentas, en el caso de Inglaterra.

[186] Los estudios del Banco de España sobre la variación trimestral de los salarios desde el segundo trimestre de 1964 al segundo trimestre de 1969, daban que la variación del paro y de los precios tuvieron efectos positivos sobre los salarios. El paro y precios explicaron entre el 80 y 85 por 100 de las variaciones salariales. (Véase *Boletín Estadístico del Banco de España*, febrero, 1971.)

En el estudio realizado por N. Esteve, «Política salarial y de empleo», en la obra de Gamir: *Política económica de España*, Guadiana, Madrid, 1972, pág. 189, se llega a determinar —para el período 1963-70— una influencia del 70 por 100 en la variación de los salarios.

ellas, se regularon las condiciones mínimas sobre las que habría de actuar la contratación colectiva.

En el aspecto que aquí nos interesa, observamos que las ordenanzas han cumplido, entre otras, una importante función respecto a la fijación de la jornada de trabajo, apropiándose, por tanto, de otro de los aspectos que le correspondía a la negociación [187]. En la práctica, los convenios colectivos han sido dirigidos en este punto por las ordenanzas, limitándose, en la mayoría de los casos, a recoger en sus cláusulas lo fijado por ellas. En este sentido, un análisis efectuado sobre 820 *convenios de empresa* vigentes a primeros de enero de 1970, nos indicaba la *escasa influencia* ejercida sobre la determinación de la jornada laboral. Sus conclusiones las hemos recogido en el cuadro número 10, en el que se observa cómo todavía un 84 por 100 del personal obrero y un 90 por 100 del subalterno se regían por la jornada laboral de 48 horas semanales; la jornada laboral de 44 horas sólo era conseguida por los convenios, en un 5,7 por 100 para los subalternos convenidos y en un 10,6 por 100 para los obreros (debido en esta categoría al convenio de la prensa, que recogía las 36 horas fijadas en la reglamentación para los obreros). Por otra parte, y respecto a los *convenios de rama,* las negociaciones *tampoco han incidido* en esta materia de forma importante. Así, según uno de los pocos estudios existentes en nuestro país, sobre el contenido de la negociación colectiva, «las horas de trabajo efectivo anuales de las distintas agrupaciones sindicales, nos da una media estadística de jornada semanal equivalente a 44,2 horas en el *régimen legal de condiciones mínimas* y 43,8 horas tomando en *cuenta la contratación colectiva*» [188]. Las innovaciones son, pues, prácticamente inexistentes [189].

En las negociaciones del pasado año y del actual, la jornada laboral ha empezado a ser una de las principales reivindicaciones obreras, pidiéndose 40 horas semanales (Hunosa, Seat, Chrysler, artes gráficas...); sin embargo, según los convenios y N. O. C. que se están

---

[187] «En vista de que numerosas reglamentaciones contienen disposiciones que en cierta medida modifican la legislación básica, inclusive permitiendo jornadas más extensas que las previstas en aquélla, se dictó, en 1967, una resolución interpretativa, por la que se establece claramente la prioridad de la Ley de 1931 (48 horas) en lo que concierne a las cláusulas más favorables que la misma contenga». O. I. T., *op. cit.*, pág. 59.

[188] «Convenios colectivos sindicales de rama: estudio económico-jurídico de los interprovinciales vigentes», Oficina Central de Convenios Colectivos, Madrid, 1970, página 16.

[189] A la luz del estudio anterior, lo que sí parece una constante en los convenios de ramas es la recomendación para la implantación de la jornada continuada en las empresas a las que afectan. Véase «Convenios colectivos de rama...», páginas 120 y ss.

CUADRO NÚMERO 10

DISTRIBUCION DE ESTRATOS, SEGUN LA JORNADA LABORAL, EN 820 CONVENIOS COLECTIVOS DE EMPRESA, VIGENTES EL 31-XII-69, COMPARANDO LA REGLAMENTACION APLICABLE Y LAS ESTIPULACIONES DE LOS RESPECTIVOS CONVENIOS

HORAS SEMANALES	TECNICOS		ADMINISTRATIVOS		SUBALTERNOS		OBREROS	
	Ley	*Convenio*	*Ley*	*Convenio*	*Ley*	*Convenio*	*Ley*	*Convenio*
35,30	—	2	—	2	—	2	—	3
36,00	—	7	—	12	—	5	56	55
37,15	—	1	—	1	—	1	—	1
37,30	—	1	—	1	—	—	—	—
39,00	—	2	1	6	—	—	—	—
39,30	1	—	1	—	—	—	—	—
40,00	—	2	3	5	—	2	—	1
40,30	—	—	3	3	—	—	—	—
41,00	—	1	1	1	—	1	—	1
41,30	—	2	—	2	—	2	—	2
42,00	61	76	63	11	2	13	2	9
42,30	—	2	—	2	—	2	—	2
43,00	—	1	—	1	—	7	—	—
43,30	—	3	—	3	—	3	—	2
44,00	—	14	—	14	—	9	—	11
44,15	—	1	—	1	—	1	—	1
44,30	—	—	—	—	—	—	—	—
44,45	—	1	—	2	—	1	—	1
44,50	—	—	—	1	—	—	—	—
45,00	1	23	138	197	1	18	1	21
45,30	3	5	3	8	1	2	1	2
46,00	—	11	—	15	—	14	—	18
46,30	—	1	—	2	—	—	—	—
48,00	755	663	608	531	817	738	761	691

FUENTE: Oficina Central de Convenios Colectivos, Madrid, 1970.

firmando durante este año, parece que tal reivindicación sigue siendo algo «imposible» de conseguir [190]. La reducción de jornada continúa marginada, en líneas generales, de los convenios colectivos, aunque a través de la presión ejercida en los dos últimos años, se haya conseguido someter el tema a negociación en algunos sectores. Así, las 44 horas en los sectores metalúrgicos de Madrid, Guipúzcoa y Navarra; la jornada laboral de 5 días con 9 horas de trabajo en Hispano Olivetti, Metalúrgica Santa Ana, FAES, S. A. y empresas de la rama cinematográfica; las reducciones en las líneas aéreas y en la banca oficial..., modificaciones todas ellas conseguidas en 1972.

Respecto al tema de las vacaciones, eternamente ligado al anterior, los convenios han tenido una incidencia mayor, aunque con gran discriminación según categorías laborales y ramas productivas. La tendencial actual, recogida en los convenios colectivos, es sobre las tres semanas naturales, conseguidas bien ampliando el período de vacaciones, o bien por la transformación de los días naturales en laborales. Las reivindicaciones de los trabajadores se centran en la petición de un mes íntegro de vacaciones.

Estos dos aspectos, vacaciones-jornada, están en estrecha conexión y coherencia con nuestro sistema de incrementar los rendimientos con una mano de obra barata. El hecho de que tampoco haya sido reivindicada fuertemente por los trabajadores, se debe quizá a la mentalidad de las horas extras. En un sistema donde se presiona y orienta hacia niveles de salarios-base bajos, la mejora «teórica» de la jornada laboral adquiere poco significado, ya que las horas extraordinarias se generalizan, llegando a formar parte, en la psicología del trabajador, de su jornada de trabajo ordinaria [191]. La realidad de esta afirmación es clara, pues, según R. García Durán, «el español trabaja en su actividad principal 48 horas a la semana si es empleado y unas 58 si es obrero» [192]. Lo cual se agrava aún más y adquiere todo su significado si tenemos en cuenta que «saber *exactamente* cuál es la *base salarial* sobre la que giran los recargos de las horas "extras", es tarea en la que por muchos conocimientos jurídicos y económicos que se conjuguen, nunca puede asegurarse un final

[190] Téngase en cuenta que las peticiones oficiales están, como es lógico, a un nivel mucho más bajo: 44 horas (Consejo Provincial de Trabajadores de Guipuzcoa, de La Coruña...; y Comisión Permanente del Consejo Nacional de Trabajadores en su declaración de diciembre pasado...)

[191] Recientemente, y con motivo de los incidentes de la E. N. Bazán, una noticia de Europa Press afirmaba: « ... aproximadamente el 90 por 100 de los productores de la E. N. Bazán, en el Ferrol, han cesado desde hoy en su jornada laboral de 12 horas, pasando a una jornada ordinaria. *Informaciones,* 13 de febrero de 1972.

[192] Estudio citado por *Actualidad Económica,* 15 abril 1972.

feliz»[193]. Recargos que, por otro lado, suponen unas modestas cuantías que oscilan entre un 25 y un 50 por 100[194].

En definitiva, niveles bajos de *salarios base-horas extraordinarias-gratificaciones por rendimiento y voluntarias* forman los tres vértices fundamentales de nuestro *anacrónico sistema salarial.* A la contratación, como instrumento del mismo, se la ha orientado —a través de los diversos caminos vistos— hacia la consecución y mantenimiento de esas características.

1.6. Los efectos de la utilización de la norma de obligado cumplimiento[195].

La N. O. C., como mecanismo solucionador de las situaciones «muertas» que la propia estructura de nuestra negociación colectiva planteaba, ha sido ya estudiada en el apartado 1.3.1.2.

Los teóricos supuestos de hecho que —según nuestra legislación— obligan a su dictado por el Estado, se suelen reducir, en la práctica, al de «imposibilidad de acuerdo», el cual ha ejercido una *vis atrattiva* sobre los demás supuestos configuradores de normas. Imposibilidad de acuerdo, que se concreta en la relación dialéctica entre la presión de los trabajadores y la negativa de los empresarios a exponerse a un fuerte debate. En cualquier caso, y para mantener el equilibrio actual de fuerzas, actuará la Administración quebrando la «hipotética» contratación voluntaria. Así aparece una nueva posibilidad para mantener una política dirigista y un cierto control sobre los salarios. Desde este marco, la norma se inserta, generalmente, en una situación de conflictualidad latente ante el desbordamiento de los estrechos cauces establecidos.

---

[193] Núñez, J. L.: «Las ordinarias horas extraordinarias», en *Gaceta de Derecho Social,* febrero 1971, pág. 13.

El autor continúa diciendo: «El decreto de 21 de septiembre de 1960 de ordenación del salario, la orden de 8 de mayo de 1961 que lo desarrolla, la orden aclaratoria de 28 de agosto de 1961, la resolución, para aclarar dudas, de 14 de junio de 1961 de la Dirección General de Ordenación del Trabajo, la resolución de 30 de enero de 1962 de la misma Dirección, el decreto de 15 de febrero de 1962, etc., etc., a los que hay que sumar las dificultades producidas con ocasión de las ordenanzas laborales...»

[194] Esto sin entrar a considerar que, a la hora de hacer efectivo el pago de las horas extras de acuerdo con esos recargos, las dificultades se amplian, ya que las empresas saben muy bien que los trabajadores, en las reclamaciones que hagan sobre los «salarios por horas extraordinarias necesitan probar con exactitud el número de las realizadas y sus circunstancias». (Sentencia de 2-III-64 del Tribunal Central de Trabajo.) Y esta prueba «suele ser» difícil.

[195] Véase Cruz-Barón-Serrano: «Otra vez las normas de obligado cumplimiento», en *Triunfo,* núm. 531, 2 de diciembre de 1972.

Estas conclusiones válidas, a nivel general, conviene matizarlas a la vista de su evolución concreta. En el desarrollo de la N. O. C., desde su implantación en 1958 (ver *cuadro número 11)*, se observan claramente dos fases:

CUADRO NÚMERO 11

EVOLUCION DE LA NORMA DE OBLIGADO CUMPLIMIENTO (1958-1972)

AÑO	NORMAS DE OBLIGADO CUMPLIMIENTO PROMULGADAS		COEFICIENTE DE OBLIGATORIEDAD	
	Número	*Trabajadores*	*Número de unidades negociadoras (1)*	*Trabajadores*
1958	—	—	—	—
1959	—	—	—	—
1960	1	350	0,6	0,1
1961	—	—	—	—
1962	41	103.162	2,6	4,3
1963	56	71.900	5,2	3,8
1964	113	369.466	10,2	21,8
1965	182	583.253	13,7	23,4
1966	132	432.103	12,3	19,9
1967	186	507.881	15,0	23,8
1968	11	71.764	6,3	18,5
1969	181	516.958	10,3	12,1
1970	156	352.722	9,3	8,5
1971	135	156.360	11,4	6,9
1972	204 (2)	482.922 (2)	13,1 (2)	13,9 (2)
TOTAL ACUMULADO ...	1.263	3.519.481		

(1) Entes negociadores a cualquier nivel (empresa, provinciales, interprovinciales, etc.). Porcentaje de N. O. C. sobre convenios + N. O. C. en cada año.
(2) Datos provisionales dados por: Estadística de Convenios Colectivos. Información mensual, Madrid, enero 1973.

FUENTE: «Evolución socioeconómica de España 1970», Madrid, 1971, e Informe Trimestral sobre C. C. S. 4.º trimestre 1971. Oficina Central de C. C. S., Madrid, 1972.

1.6.1. *La N. O. C. en el I Plan de Desarrollo*

La norma no aparece hasta que no se generaliza —en 1962— el sistema de negociación colectiva (ver cuadro número 15). A partir de este año comienza el auge continuo de su aplicación. En los primeros años de la introducción masiva de convenios, su aplicación es todavía reducida (2,6 por 100 y 5,2 por 100 de los convenios suscritos, que representan el 4,3 y 3,8 por 100 de los trabajadores sujetos a negociación colectiva, para los años 1962 y 1963 respectivamente). Ello es debido, principalmente, a la falta de práctica por parte de los trabajadores en el mecanismo instaurado y a la marginación del mismo por los grupos sindicales extraoficiales. Desde 1964 y hasta 1968 [196] su aplicación es importante, llegando a representar una media para el período de más del 20 por 100 sobre los trabajadores acogidos, cada año, a los diversos convenios colectivos aprobados. Significativamente, las cotas más altas del *coeficiente de obligatoriedad* del período lo alcanza el año 1965 (de gran escalada del coste de la vida) y el año 1967 (que termina con la necesaria estabilización). Esta evolución viene a confirmarnos parcialmente que, a pesar de las limitaciones impuestas a la negociación, ésta podía ser un instrumento útil para la cohesión y organización de la clase trabajadora, lo cual se manifiesta en el progresivo aumento de la *conflictualidad latente.* Hay que tener también en cuenta —para la explicación del incremento de la norma en este período— la incorporación masiva, a los órganos del sindicato oficial, de los grupos sindicales extraoficiales —a nivel de enlaces y jurados—, que produjo un aumento en la presión y fuerza negociadora de los trabajadores, al menos a nivel de empresa.

En este sentido, lo más significativo de este proceso es la distribución sectorial de las N. O. C. dictadas. Según los datos ofrecidos por Santiago Roldán [197] para los años 1963-1965 (ver *cuadro número 12),* son los sectores del metal (75,5 por 100), transporte (97,8 por 100), industrias extractivas (52,1 por 100), construcción y textil los que tienen un coeficiente de obligatoriedad más alto respecto a trabajadores acogidos.

Esta tendencia se mantiene en los siguientes años, en los que las N. O. C. provinciales e interprovinciales —que son las de mayor número de trabajadores acogidos— se distribuyeron así: en 1966, el 33 por 100 de las interprovinciales fueron al sector metal, mientras los sectores de mayor número de normas provinciales fueron: metal (21), construcción (18) y alimentación (11). En 1967, las normas

---

[196] Téngase en cuenta que las cifras para 1967, *del cuadro número 11,* se refieren, lógicamente, a los meses enero-noviembre, es decir, hasta la congelación. En el año 1968 baja, por tanto, fuertemente el número de N. O. C. dictadas, ya que la descongelación parcial no se inicia hasta el 1 de octubre; sin embargo, el coeficiente de obligatoriedad de trabajadores afectados está en la misma línea que en años anteriores.

[197] ROLDÁN, S.: «La Norma de Obligado Cumplimiento», Madrid, 1966.

CUADRO NÚMERO 12

COEFICIENTE DE OBLIGATORIEDAD POR ACTIVIDADES
NORMA DE OBLIGADO CUMPLIMIENTO 1963-1965

ACTIVIDAD	COEFICIENTE OBLIGATORIEDAD *Porcentaje trabajadores con N. O. C. sobre total trabajadores convenidos*
Transporte	97,8
Metal	78,5
I. extractivas	52,1
Construcción Textil	$20 < y < 50$
Química Comercio Madera Banca Seguros	$10 < y < 25$
Agricultura	7,4

FUENTE: SANTIAGO ROLDÁN: «La Norma de Obligado Cumplimiento», Madrid, 1966.

interprovinciales y provinciales fueron, principalmente, a la siderometalurgia (4 y 11, respectivamente) y a los transportes (4 y 8)[198]. Esta distribución de las normas viene a confirmar su finalidad esencial: *congelar situaciones de excesiva combatividad o presión del factor trabajo.* Serán las ramas más proletarizadas y con mayor fuerza negociadora las que estén reguladas con norma.

Ahora bien, más importante que el análisis anterior es observar los *efectos* que la aplicación de las normas han tenido sobre las *condiciones de trabajo, especialmente en la fijación de los salarios.* Un estudio exhaustivo realizado por la Oficina Central de Convenios Colectivos, sobre los salarios convenidos en el período 1963-1967, concluye de la siguiente forma: «... En términos generales, los salarios de las *normas* se encuentran *por debajo de los negociados en los convenios,* pero la Administración, cada vez más, se ha visto impelida por la necesidad de promulgar *salarios que no se alejen mucho de las retribuciones contractuales...»*[199]. No sólo no se tuvieron en cuenta

[198] Véase datos facilitados por el Gobierno al grupo de estudio de la O. I. T. que elaboró el informe sobre la «Situación sindical y laboral en España». *Op cit.*, página 216.

[199] «Salarios de contratación colectiva», Oficina Central de Convenios Colectivos, 1963-1967, Madrid, 1968, pág. 332.

las fuertes reivindicaciones que acompañan a toda norma, sino que incluso se fijaron niveles inferiores a los conseguidos en situaciones normales de «diálogo». La N. O. C. se suma, pues, a los instrumentos utilizados en pro del mantenimiento de un sistema salarial como el analizado.

Ante esta realidad, es ahora explicable el por qué la representación económica asumió —en los últimos años de este período— casi mayor responsabilidad que sus «dialogantes» en el desacuerdo configurador de la N. O. C. La misma Organización Sindical expone: «... se presumía que la N. O. C. respetaría siempre las ofertas empresariales, y que las correcciones que estableciera serían para mejorar. Como es natural, a este planteamiento táctico respondieron determinados sectores empresariales adoptando en la mesa de deliberaciones posiciones restrictivas...» [200]. La posibilidad teórica de utilizar la norma como un *instrumento de presión* para un *grupo* (sección económica) y con *carácter punitivo* para el otro (clase trabajadora) se hizo realidad [201].

1.6.2. *El cambio de tendencia a partir de 1969: II plan*

A partir de 1969 cambia la tendencia de la evolución de las N. O. C. dictadas (ver *cuadro número 11)*, descendiendo el coeficiente de obligatoriedad, tanto en número de unidades negociadoras como en trabajadores afectados [202]. Las causas generales de dicho cambio se podrían resumir de la siguiente forma [203].

[200] «Evolución Socio-Económica de España, 1970», Organización Sindical, Madrid, 1971, pág. 269.

[201] Estamos de acuerdo con J. J. Caballero Romero cuando dice: «Por otro lado con alguna frecuencia, la otra parte de la negociación solicitaba el arbitraje estatal concebido como una instancia complementaria y mejoradora de las concesiones obtenidas en la negociación directa», aunque creemos que no enfoca bien el problema, ya que parte de la base de que eran «objetivos extraños a la negociación mutua... los que encaminaban a los negociadores a solicitar el arbitraje estatal para el dictado de una N. O. C. ...». Véase «La España de los años 70», I. *La Sociedad*, dirigida por Salustiano del Campo. Capítulo de J. J. Caballero, *Clase obrera y relaciones de trabajo*. Edit. Moneda y Crédito, Madrid, 1972, pág. 641.

[202] Hay que observar cómo el descenso es más fuerte en el coeficiente de trabajadores, ya que el coeficiente de unidades negociadoras —con la lógica excepción del año 1968—, se mantiene relativamente estable (10,2, 9,3, 11,4 y 13,1). Ello puede ser indicativo de que las N. O. C. dictadas en estos años —salvo en algunas excepciones— recae especialmente en convenios de empresa —que son los que comparativamente menos trabajadores encuadran—. Lo cual puede ser perfectamente explicable, ya que en estos últimos años se produce un incremento de este tipo de convenios, repercutiendo en la conflictualidad de los mismos.

[203] Este apartado está recogido básicamente en el *Anuario Económico 1971*, Edit. Cuadernos para el Diálogo. I. T. S., Madrid, 1972, capítulo II: CRUZ, I., y

- Ante los efectos que trajo su aplicación sobre las condiciones de trabajo en el período anterior, la *estrategia* de la clase trabajadora *cambia* de rumbo para evitar la entrada en el «juego de la norma». Al mismo tiempo, y en los sectores más ligados al sindicalismo oficial, la realidad de la N. O. C. —como instrumento sancionador para la sección social— también se deja sentir, originando lo que se ha llamado en los ambientes negociadores, el «miedo a la norma».
- Además, hay que tener en cuenta que es a partir de 1967, con una «política salarial calificada de autoritaria o de régimen mixto» —a través de los convenios—, cuando aumenta, aún más, el alto *índice de obligatoriedad* que ya estaba *implícito en la propia estructura* de la negociación colectiva; por ello se hace menos necesario la utilización de este tosco y específico mecanismo [204].
- A estas causas generales hay que añadirle —según los años— otras específicas:

— En 1969 finalizaba un período de congelación, que hace que se prefieran los aumentos «seguros» de los salarios, a otras expectativas más inseguras, con lo que la presión de los trabajadores disminuye ante la posibilidad de acabar en N. O. C., siendo el resultado una disminución de las normas dictadas. Por otra parte, la fijación, en este año, de un bajo y rígido tope a los incrementos pactados en convenio —por encima del cual el acuerdo no podía ser aprobado— imposibilitaba el planteamiento de reivindicaciones superiores.

— En 1970 y 1971 va a influir también en este descenso la presión de la O. I. T. y su denuncia de la Norma como instrumento contrario a la negociación voluntaria. Ante las pretensiones de incorporación a la Comunidad Europea, era conveniente la flexibilización formal de este mecanismo. Se produjeron durante el año 1970, varias declaraciones oficiales donde se recomendaba evitar los dictados de la N. O. C. En la práctica, van a surgir en esta época una serie de acciones «negociadoras» que, consiguiendo los mismos efectos que las N. O. C., no aparecerán normalmente como tales.

SERRANO, A.: «Algunos problemas de economía laboral española durante 1971», páginas 202 a 205.

[204] «Informe Social 1970», elaborado por los Departamentos de Ciencias Económicas y Sociales de ESADE (Barcelona). Edit. *Revista de Asociación Cristiana de Dirigentes*, núm. 264, Barcelona, 1971, pág. 59.

Como conclusiones para este período podemos señalar:

a) Con el restablecimiento de la contratación en 1969 se produce *un cambio de tendencia,* pues se *intenta cortar la norma por todos los medios.* Por los trabajadores, dado su carácter manifiestamente sancionador, por la Administración, dadas las críticas de la O. I. T. y la impopularidad de su intervención e incluso por algunos sectores de empresarios, ya que siempre es mejor un acuerdo negociado que una imposición.

b) Pese a todo, la norma *no desaparece, se transforma* (estabilizándose alrededor de un 10 y 11 por 100 de trabajadores y unidades afectadas para el período considerado). Esta transformación se produce en dos sentidos:

— La aparición de la famosa «norma inhibitoria», que sólo modifica los salarios dejando intacto el resto de las condiciones.

— La importancia *cualitativa* de las unidades afectadas, especialmente significativo en el año 1972, período en el que importantes y profundos conflictos en los sectores más decisivos han terminado en norma. Ejemplos claros han sido las normas de Seat (23.571 trabajadores), Banca privada (101.034 trabajadores), Pegaso, Michelín, Citroën...
El caso de la norma de la Banca privada es significativo de toda esta problemática que estamos analizando; en ella ni siquiera se agotaron las fases de la negociación, ya que la segunda fase no concluyó. Las ofertas de incrementos salariales, por parte de la sección económica, ni siquiera llegaban a cubrir las pérdidas del poder adquisitivo de los salarios ante las subidas del coste de la vida. El mostrar falta de voluntad negociadora presupone ya incidir de modo decisivo en el resultado final y esto lo saben muy bien los empresarios dentro de su estrategia.

c) La constante para el período 1963-1967 —de *fijar salarios en N. O. C. inferiores a los niveles salariales convenidos*—, parece seguir manteniéndose. Así, según los únicos datos de que disponemos, en un examen realizado por la Oficina Central de Convenios Colectivos Sindicales sobre 41 normas, dictadas en el primer semestre de 1971 (30,3 por 100 sobre el total de las dictadas en el año), que afectaban a 50.000 trabajadores (31,9 por 100 sobre el total sujetos a N. O. C.), se revela que las condiciones salariales estipuladas, expresadas en medias ponderadas, suponían una mejora global del 10,08 por 100, siendo prácticamente el mismo porcentaje de incremento, tanto para las normas de empresa como para las provinciales e interprovinciales[205]. *Estos porcentajes son inferiores* a la media ponderada de crecimiento de las retribuciones garantizadas en el total de los convenios colectivos suscritos durante el primer semestre de 1971; incrementos que, según el mismo organismo, fueron del 12,60 por 100 y 12,01 por 100 para los convenios de un año de rama o empresa, respectivamente, y del 16,6 y 15,2 por 100 para los de vigencia bianual o mayor (rama y empresa respectivamente). Por otra parte, y en este mismo sentido, en los casos de importancia cualitativa como Seat, Banca, etc..., las normas dictadas han estado muy lejos de las peticiones de los trabajadores.

d) Estas últimas consecuencias han ayudado a clarificar determinadas relaciones internas de la formación social española. De esta forma, los dictados de normas de obligado cumplimiento han producido una *creciente politización en muchos conflictos colectivos que habían surgido como consecuencia de los procesos negociadores*. Se puede establecer una relación entre N. O. C. y politización del conflicto latente origen de la norma; relación que ha sido válida para aquellos sectores con un alto nivel de organización y conciencia obrera. Esta es una de las causas que pueden explicar la tendencia empresarial —surgida en el pasado año en estos sectores de gran dinamismo— de «*rapidez a toda costa*» *en las negociaciones*, evitando las consecuencias de politización del posible conflicto que toda norma puede representar[206].

e) Por último, hay que señalar que, en cualquier caso, la N. O. C. —con las matizaciones anunciadas hasta el momento— sigue siendo un *índice válido de la conflictualidad latente*, aunque, debido a estos cambios de estrategia y a su utilización concreta en este segundo

---

[205] «Informe trimestral sobre convenios colectivos sindicales, abril-junio 1971», Oficina Central de Convenios Colectivos, Madrid, 1971, pág. 12.

[206] El curioso resaltar que esta política de presionar hacia la rapidez en las negociaciones se ha manifestado especialmente en unidades que el período anterior tuvieron N. O. C., con un alto nivel de conflictualidad y politización debido a su dictado. Claro ejemplo de ello, es la empresa Pegaso (ENASA) de Barcelona, en donde en el año 1971, ante la oposición trabajadora a un incremento fuerte del rendimiento —actividad mínima de 60 puntos Bedaux— se llegó a la «norma inhibitoria», que fijaba un incremento salarial global sobre las condiciones anteriores del 11 por 100.

En el año 1972, las condiciones patronales fueron totalmente distintas de entrada, no planteándose en ninguna ocasión los ritmos de trabajo. (Vigencia de dos años, incremento salarial anual de 28.000 ptas. líquidas y 3.000 por pagas de beneficios, con un aumento del 8,8 por 100 al segundo año). Junto a ese cambio relativo de actitud empresarial (no plantear de entrada puntos muy conflictivos y ceder algo más en materia salarial) se produjo un procedimiento extraordinariamente acelerado en la discusión y tramitación del convenio. Casos parecidos a este se están sucediendo, últimamente, en el año en curso. El caso Pegaso ha sido recogido de «Documentos Informativos, 1972». «La realidad de la C. C. en España», I. E. L. (ESADE), Barcelona, 1972, págs. 20 y 21.

CUADRO NÚMERO 13

DISTRIBUCION SECTORIAL DE LAS N. O. C. AÑOS 1969 - 1970 - 1971 (1)

SINDICATOS	AÑO 1969		AÑO 1970		AÑO 1971	
	Número	*Trabajadores*	*Número*	*Trabajadores*	*Número*	*Trabajadores*
Actividades Diversas	14	11.382	8	10.869	13	5.587
Agua, Gas, Electricidad	6	2.872	5	1.919	2	821
Alimentación	8	9.210	11	8.543	2	1.552
Espectáculo	6	28.627	3	5.230	9	10.462
Frutos y Hortalizas	3	15.290	4	3.650	4	816
Hostelería	2	46.299	3	13.542	2	8.759
Química	8	31.827	7	27.409	5	6.120
Madera	12	16.399	7	9.199	5	4.986
Metal	26	93.898	15	33.196	14	11.883
Papel y Artes Gráficas	1	22.321	4	13.318	1	860
Pesca	5	11.216	—	—	5	7.848
Textil	16	40.920	9	5.664	7	9.141
Transporte	32	45.561	31	53.568	21	24.451
Vid, Cerveza y Bebidas	5	5.413	1	2.979	4	1.351
Construcción	14	65.782	16	64.178	21	16.296
TOTAL (2)	181		156		135	

(1) Sólo se relacionan aquellos sindicatos en que las N. O. C. tienen alguna significación (aparte de prescindirse de aquellos que no han sido afectados por N. O. C.: 8 en 1970 y 6 en 1969).

(2) La suma de las normas que aparecen en el cuadro no coincide con el total señalado, ya que sólo hemos tomado los sectores con mayor número de normas.

FUENTE: «Evoluciones Socio-Económicas 1960 y 1970», Informe Trimestral sobre Convenios Colectivos. Cuarto trimestre 1971.

período, habrá que estudiar su auténtico significado en cada caso concreto.

La distribución por sectores de la N. O. C., en los años 1969, 1970 y 1971, la tenemos recogida en el *cuadro número 13.* En términos globales, siguen siendo los sectores más organizados y de mayor nivel de proletarización donde proliferan las normas: transportes, metal, construcción, textil y químico, por este orden, para estos años. En cuanto al número total de trabajadores afectados, los sectores se repiten, variando su orden de importancia. La significación del índice de obligatoriedad baja por las razones antes dichas. En estos tres años[207] —respecto a los trabajadores afectados—, son los sectores de transportes (24,1 por 100 en 1969 y 40 por 100 para 1970-1971), papel y artes gráficas (84,3 por 100 en 1969 y 14 por 100 para 1970-1971), espectáculo (65 por 100 y 38,5 por 100) y pesca (45,9 por 100 y 40 por 100) los más afectados relativamente. Los sectores tradicionalmente más conflictivos mantienen unos porcentajes alrededor del 10 por 100 (metal, química, textil y construcción)[208].

La *distribución por zonas* la hemos recogido —según los datos disponibles, sólo para los años 1970-1971— en el *cuadro número 14.* En términos absolutos, son las regiones industrializadas, donde existe un mayor movimiento y actividad de convenios, las que cargan con el mayor número de normas (Barcelona, Guipúzcoa, Vizcaya, Madrid, Oviedo, Valencia, Sevilla y Navarra). Ahora bien, esta visión hay que corregirla con su importancia relativa —reflejada en las dos últimas columnas del cuadro—. Desde esta perspectiva —con las excepciones de Teruel, Tenerife, Lugo, Ciudad Real, Badajoz y Cáceres, que tendrían explicaciones específicas[209]—, se puede observar que las pro-

---

[207] Datos obtenidos de los «Informes Trimestrales sobre Convenios Colectivos, años 1969-1970-1971», Oficina Central de Convenios Colectivos, Madrid, 1970, 1971, 1972.

[208] Durante los nueve primeros meses del año 1972, las N. O. C. dictadas —en terminos absolutos— fueron especialmente al sector metal (36), transporte (20), construcción (9), química (9), agua, gas, electricidad (8); textil (6), banca (6)...

[209] Hay que tener en cuenta que Lugo, Ciudad Real, Badajoz y Caceres, provincias eminentemente agrícolas, tienen un porcentaje de población asalariada convenida muy pequeño —especialmente Caceres y Lugo—, por lo que las normas que sustituyan a los pocos convenios existentes tendrán una significación en el coeficiente muy grande. Además, influye también —especialmente en Badajoz y Ciudad Real— el hecho de que en 1971 se dictó norma para el Sindicato de Cereales, lo cual tuvo una gran repercusión en estas provincias. El caso de Teruel también es atípico, con una sola norma (1.000 trabajadores afectados), tiene un coeficiente de obligatoriedad de trabajadores del 25 por 100, debido a su bajo nivel de población convenida, ya que es una región regulada tradicionalmente por ordenanzas, aunque no hay que ocultar su posible potencialidad conflictiva (región minera).

vincias que alcanzan coeficientes de obligatoriedad más elevados, concuerdan con las de mayor nivel de conflictualidad en el período 1970-71, que son aquellas donde existen unos mayores niveles de organización y combatividad de la clase obrera. Estas zonas son: Guipúzcoa, Vizcaya, Oviedo, Barcelona, Madrid, Navarra, Sevilla y León[210]; las cuales ocupan los primeros puestos en la conflictividad de estos dos años, representando el 70,7 por 100 y el 85,3 por 100 del total de conflictos contabilizados[211].

f) Por último, simplemente destacar que el incremento, tanto cuantitativo como cualitativo de las normas en el año 1972, así como la radicalización progresiva que se está produciendo en muchas negociaciones, nos indican que —a no ser por cambios de estrategias empresariales, de las analizadas en los apartados anteriores— la importancia de las N. O. C. pueden incrementarse en estos próximos años.

1.7. Breve resumen cuantitativo de la evolución de la contratación colectiva

Los estudios que generalmente abundan en nuestro país sobre contratación colectiva son, especialmente, estudios cuantitativos de su evolución. Los diversos organismos oficiales ofrecen de algunos aspectos de este desarrollo cuantitativo todo tipo de datos (convenios firmados, establecidos, ámbito, etc.)[212]. Como dijimos en la introducción de este estudio, no era ésta nuestra intención. Nuestro enfoque quería ser distinto: hemos preferido analizar la estructura de la contratación colectiva española, los diversos condicionamientos utilizados para influir en su contenido, la evolución del mismo, etc., en orden a determinar los *efectos y posibilidades de utilización por la clase trabajadora, así como la propia finalidad empresarial.* En definitiva, observar hasta donde daba de sí el nuevo régimen implantado y hasta qué punto significaba una ruptura definitiva con el régimen anterior.

Después del análisis hasta aquí efectuado, parece razonable la elección tomada al plantearse este estudio. Ante él, el volumen total de convenios firmados y otras estadísticas cuantitativas de su evolución

---

[210] En 1972 —nueve primeros meses—, las N. O. C. se establecen fundamentalmente en las regiones de Valencia (20), Barcelona (15), Vizcaya (15), Oviedo (11), Madrid (10), Sevilla (10).

[211] Datos sobre conflictos tomados para 1970 en «Informe sobre conflictos colectivos en 1970», Ministerio de Trabajo, 1971, y para 1971 en «Informe sobre conflictos colectivos en 1971», Organización Sindical, febrero 1972.

[212] Principalmente la Organización Sindical, a través de la Oficina Central de Convenios Colectivos, creada el 17 de marzo de 1966.

CUADRO NÚMERO 14

RELACION ENTRE CONVENIOS COLECTIVOS APROBADOS Y NORMAS DE OBLIGADO CUMPLIMIENTO DICTADAS EN EL PERIODO 1970-1971
(Distribución por provincias)

PROVINCIAS	CONVENIOS 1970/1971		N. O. C. 1970/1971		N. O. C./CONVENIOS EN 70-71	
	Número de convenios	*Número de trabajadores*	*Número de convenios*	*Número de trabajadores*	*Número de convenios*	*Número de trabajadores*
Alava	37	28.190	—	—	—	—
Albacete	37	21.095	1	55	2,7	0,3
Alicante	84	149.644	6	9.226	7,2	6,2
Almería	26	47.082	1	366	3,9	0,8
Avila	13	4.020	—	—	—	—
Badajoz	17	5.883	6	70.144	35,3	92,3
Baleares	27	131.178	2	284	7,5	0,2
Barcelona	432	993.670	32	40.343	7,4	4,1
Burgos	67	36.871	3	495	4,5	1,3
Cáceres	10	17.025	3	587	30,0	3,4
Cádiz	46	120.861	1	35	2,2	0,1
Castellón	33	63.268	3	2.028	9,1	3,2
Ciudad Real	30	31.826	4	7.221	13,3	22,7
Córdoba	25	121.763	1	262	4,0	0,2
Coruña (La)	46	107.637	3	576	6,5	0,5
Cuenca	4	17.556	—	—	—	—
Gerona	33	75.349	—	—	—	—
Granada	41	49.912	4	1.163	9,8	2,3
Guadalajara	8	3.676	—	—	—	—
Guipúzcoa	66	240.111	18	16.186	27,3	67,4
Huelva	33	28.626	—	—	—	—

Madrid	172	692.306	16	57.136	9,3	8,3
Málaga	66	110.891	7	11.468	10,6	10,3
Murcia	99	198.684	6	4.802	6,1	2,4
Navarra	55	41.247	11	24.421	20,0	59,2
Orense	14	15.168	1	946	7,1	6,2
Oviedo	102	113.079	21	43.860	20,6	38,8
Palencia	12	5.437	—	—	—	—
Palmas (Las)	38	40.151	3	5.408	7,9	13,5
Pontevedra	63	66.888	6	4.758	9,5	7,1
Salamanca	54	38.234	2	900	3,7	2,4
Santa Cruz de Tenerife.	34	66.859	5	32.411	14,7	48,5
Santander	76	68.469	3	404	3,9	0,6
Segovia	27	16.120	1	146	3,7	0,9
Sevilla	98	212.849	28	51.788	28,6	24,3
Soria	7	4.851	—	—	—	—
Tarragona	47	103.563	1	18	2,1	0,1
Teruel	19	4.525	1	1.090	5,8	24,1
Toledo	6	6.091	1	20	16,7	0,3
Valencia	167	402.343	19	20.205	11,4	5,0
Valladolid	31	31.279	5	13.680	16,1	43,7
Vizcaya	120	171.332	27	26.291	22,5	15,3
Zamora	6	2.015	1	23	16,7	1,1
Zaragoza	117	149.150	9	6.427	7,7	4,3
Ceuta	7	1.931	2	130	28,6	6,7
Melilla	5	1.072	1	69	20,0	6,4
Interprovinciales	183	1.363.716	16	49.461	8,7	3,6
TOTAL GENERAL	2.857	6.452.027	290	509.057	10,2	7,9

FUENTE: Oficina Central de Convenios Colectivos Sindicales, 1971, Madrid, 1972.

tienen, en nuestro caso, escasa significación en sí misma. Evidentemente, al ser la contratación colectiva el sistema imperante para la regulación de las condiciones de trabajo, bueno o malo, será el que se utilizará con prioridad. Por eso, lo importante no es el volumen total de convenios que se aprueban, ya que, lógicamente —a no ser que se prohíba la negociación—, existirá un índice alto, sino *cómo se aprueban*, cómo se *discuten, qué contenido* tienen, *qué vigencia real, qué intereses* suponen para las partes, etc. Aquí es donde nuestro sistema está en crisis. Crisis *producida por su propia estructura* y por el *marco que le rodea,* que está convirtiendo a los convenios en meras tablas de salarios (desfasadas, en muchos casos, de la realidad), y a los procesos de negociación en meros trámites o en delitos de tipo penal (conflicto abierto). Lo cual no significa que su introducción no haya sido beneficiosa —incluso para el factor trabajo—, pero, creemos, se debe no tanto a la bondad del nuevo sistema —convenios— como por contraste a la enorme rigidez del anterior —Reglamentaciones de Trabajo—.

De todas formas merece la pena entrar, aunque sea brevemente, en este tipo de análisis. Para ello aportamos a continuación los datos más significativos sobre su evolución cuantitativa en el período de su vigencia, que servirán para confirmar algunas de las tesis ya expuestas sobre su significación en el contexto de las relaciones laborales españolas.

1.7.1. *Evolución global de los convenios colectivos*

El *cuadro núm. 15* recoge la evolución de los convenios establecidos anualmente desde su implantación en el año 1958. Hay que hacer la advertencia de que las cifras de convenios establecidos no tienen por qué corresponderse con el número de convenios que estén en vigor en cada año considerado.

Como se observa en el cuadro, la contratación no se hará efectiva hasta 1962, ya que las circunstancias que rodearon al Plan de Estabilización de 1959 obligaron a retrasar la aplicación práctica de la ley. Así, para la época 1958-1961 el total de convenios establecidos es de 758, que afectaron a 1.711.963 trabajadores; mientras que sólo en 1962 —reactivación económica— se firmaron 1.707 convenios que afectaron a 2.316.413 trabajadores. La contratación a partir de este momento adquiere niveles normales hasta 1969. En este año y el siguiente resultan explicables los aumentos sustanciales de las cifras de contratación colectiva por el paréntesis de congelación y semicongelación del período 1967-68, que determinó, al acabar el mismo, el

CUADRO NÚMERO 15

EVOLUCION ANUAL DE LOS CONVENIOS ESTABLECIDOS (1) EN CADA AÑO A PARTIR DE LA PROMULGACION DE LA LEY DE 1958

AÑO	*Número de convenios*			*Número de trabajadores*	*Número de empresas*
	Primeros	*Revisiones*	*Total*		
1958	7	—	7	18.547	3.987
1959	203	2	205	433.229	67.980
1960	158	10	168	322.871	37.190
1961	414	35	449	937.316	168.444
1962	1.428	110	1.538	2.316.413	561.402
1963	810	217	1.027	1.822.374	439.627
1964	552	442	994	1.419.020	252.591
1965	436	711	1.147	1.905.221	509.276
1966	287	650	937	1.733.860	345.155
1967	167	888	1.055	1.625.151	351.979
1968 (2)	29	136	165	315.952	57.969
1969	134	1.444	1.578	3.765.896	848.991
1970	218	1.455	1.673	4.178.495	643.729
1971	257	927	1.184	2.273.541	393.915
1972 (3)	285	1.278	1.563	3.481.957	663.272

(1) Todas las cifras dadas sobre convenios, son sobre convenios aprobados por autoridades laborales, no coinciden absolutamente con los suscritos por los negociadores sindicales en cada período. No incluye las N. O. C. dictadas en cada año.

(2) Congelación salarial y prórroga forzosa de los convenios hasta 31 de diciembre de 1968 (Decreto-Ley 27 noviembre 1967).

(3) Avance.

FUENTE: Oficina Central de Convenios Colectivos Sindicales.

que la mayor parte de los convenios hubieran consumado su vencimiento. Los 165 convenios que figuran en la época de la congelación se deben a que por el Decreto-ley de 16 de agosto, se ratificaron los que habían quedado pendientes de la «aprobación administrativa» al producirse la congelación.

Parece —como veremos a continuación— que la estructura actual está llegando a sus niveles de saturación, lo cual, unido a la tendencia negociadora bianual, puede explicar las diferencias anuales de convenios aprobados a partir de 1970. Así, más del 50 por 100 de los convenios establecidos durante 1970 fueron de vigencia bianual, por lo que el movimiento de contratación colectiva durante el año 1971 está muy por debajo de las cifras del año 1970 (489 convenios con 1.904.954 trabajadores afectados de diferencia entre ambos años). Aquellos convenios bianuales del año 1970 son renovados en 1972, con lo que el nivel de contratación sube nuevamente. Mientras esta tendencia a la vigencia bianual —en el año 1972 ha continuado creciendo—, siga manteniéndose o incrementándose, estos ciclos cortos en el nivel de contratación seguirán existiendo. Ahora bien, estas diferencias no son sólo respecto a volumen cuantitativo de la contratación, sino también en cuanto a importancia y potencialidad de las unidades de contratación. Como se puede observar en el *cuadro núm. 16*, las unidades punta y los convenios clave se firmaron —salvo excepciones— en el año 1970, se renovaron el pasado año y se renovarán en el próximo año de 1974.

CUADRO NÚMERO 16

COMPARACION DEL VOLUMEN DE CONTRATACION POR SECTORES AÑO 1970-1971 (1)

SINDICATOS	*Trabajadores convenidos 1970*	*Trabajadores convenidos 1971*
Actividades Sanitarias	23.673	8.517
Agua, Gas, Electricidad	44.088	19.065
Azúcar	22.860	—
Banca, Bolsa y Ahorro	104.284	1.544
Combustible	30.985	16.537
Construcción, Vidrio y Cerámica	721.203	434.155
Espectáculo	36.542	3.874
Industrias Químicas	244.939	84.665
Metal	961.019	549.519
Papel y Artes Gráficas	73.423	33.425
Pesca	13.048	6.657
Seguro	28.438	3.874
Textil	454.883	52.774
Transportes y Comunicaciones	131.248	63.034
Vid, Cerveza y Bebidas Alcohólicas	35.403	7.363

(1) No incluye N. O. C.

FUENTE: Oficina de Convenios Colectivos.

Respecto a su *clasificación entre primeros convenios y revisiones* (ver *cuadro núm. 17)*, observamos que el punto de inflexión de estas dos variables se sitúa en 1965, ya que en los años iniciales el número de primeros convenios supera al de revisiones, pero a partir de la generalización del mecanismo las revisiones se hacen mayoritarias. El descenso fuerte de los primeros convenios desde 1965 a 1969 nos da

CUADRO NÚMERO 17

RESUMEN GENERAL DE CONVENIOS COLECTIVOS ESTABLECIDOS DESDE LA PROMULGACION DE LA LEY DE 24 DE ABRIL DE 1958 HASTA EL 31 DE DICIEMBRE DE 1971

(Valores relativos)

AÑOS	*Primeros convenios*			*Revisiones*			*Total*		
	Número de convenios	*Número de empresas*	*Número de trabajadores*	*Número de convenios*	*Número de empresas*	*Número de trabajadores*	*Número de convenios*	*Número de empresas*	*Número de trabajadores*
1958	0,14	0,27	0,27	—	—	—	0,05	0,08	0,08
1959	3,98	4,62	6,32	0,02	0,01	1,01	1,69	1,45	1,88
1960	3,10	2,34	3,11	0,14	0,09	0,68	1,39	0,79	1,40
1961	8,12	10,26	12,48	0,50	0,58	0,54	3,70	3,60	4,06
1962	28,00	34,01	28,50	1,56	2,00	2,29	12,68	11,99	10,04
1963	15,88	18,70	19,89	3,09	5,17	2,88	8,47	9,39	7,90
1964	10,83	6,54	5,35	6,29	4,88	6,49	8,20	5,40	6,15
1965	8,55	7,51	5,46	10,12	12,41	9,43	9,46	11,88	8,26
1966	5,63	6,82	6,44	9,25	7,62	7,97	7,73	7,37	7,52
1967	3,27	2,05	1,91	12,64	10,26	9,20	8,70	7,70	7,04
1968	0,56	0,43	0,72	1,94	1,60	1,64	1,36	1,24	1,37
1969	2,63	2,16	2,41	20,56	25,09	22,16	13,01	17,95	16,32
1970	4,27	2,59	3,99	20,70	18,83	24,04	13,80	13,75	18,12
1971	5,04	1,70	3,15	13,19	11,46	12,67	9,76	8,41	9,86
TOTAL	100,00	100,00	100,00	100,00	100,00	100,00	100,00	100,00	100,00

FUENTE: Oficina Central de Convenios Colectivos.

un índice de la *inexistencia de contratación articulada* en nuestro país, pues la utilización de esta política llevaría a atenuar esas diferencias[213]. El paulatino incremento de los primeros convenios, que se produce nuevamente a partir de 1970, está en conexión con la tendencia —últimamente experimentada— hacia un ligero aumento de los convenios de empresa, lo cual abre perspectivas a la articulación de la contratación[214]. Esta afirmación está claramente demostrada en el *cuadro núm. 18*. En él se observa cómo para los últimos años los convenios de primer establecimiento corresponden básicamente a los convenios de empresa. Convenios que se establecen en los sectores más dinámicos y en las zonas industrializadas.

CUADRO NÚMERO 18

DISTRIBUCION DE LOS CONVENIOS APROBADOS DE «PRIMER ESTABLECIMIENTO» 1970, 1971, 1972

Concepto	*1970*	*1971*	*1972*
De empresa (1)	173	189	191
De rama (2)	45	68	94
TOTAL	218	257	285

(1) Engloba los convenios de ámbito empresarial y grupo de empresas.
(2) Engloba los convenios interprovinciales, provinciales, comarcales y locales.

FUENTE: Oficina Central de Convenios Colectivos.

Junto a los convenios renovados y a los primeros convenios establecidos, es interesante observar el movimiento anual de modificación de convenios colectivos por la incorporación en alguna de sus cláusulas de diversos tipos de escalas móviles que hace automática su revisión. Evidentemente, estas escalas móviles tienen especial sentido en los convenios de vigencia bianual o más, por lo que su incidencia sería especialmente importante en los años en que corresponde menor número de renovaciones o revisiones de convenios. La práctica de introducir escalas móviles en nuestro sistema de contratación colectiva surge tardíamente —básicamente a partir de 1969, aunque existen ya

213 «Estadísticas de Convenios Colectivos de Trabajo. 1958-1967», Oficina Central de Convenios Colectivos, Madrid, 1968, pág. 30.
214 Véase citas 71 y 72 de este mismo trabajo, pág. 127.

en algunos casos en 1966— y no se puede decir que se haya generalizado todavía. Según los movimientos cíclicos observados en la negociación en los últimos años, correspondería a los convenios establecidos en 1970 y 1972 —especialmente— la introducción de estas cláusulas, con incidencia práctica de revisión automática en el año 1971 y 1973. Sin embargo, el análisis que podemos efectuar sobre este período es defectuoso, debido a la carencia de datos. Sólo tenemos datos fiables para 1970 que se recogen en el *cuadro núm. 19*. En este cuadro

CUADRO NÚMERO 19

AÑO 1970: DURACION TEMPORAL DE LOS CONVENIOS ESTABLECIDOS Y ESCALAS MOVILES FIJADAS

A. *Total convenios establecidos*	1.673
Convenios con vigencia bianual o superior	846
Porcentaje sobre el total	51
Convenios con escalas móviles	444
Porcentaje sobre los de vigencia bianual	52,4
Trabajadores afectados por escalas móviles	1.215.198

B. *Clase de revisión automática*	*Número de convenios*	%
1. Función del coste de vida	402	83,9
2. Cuantía predeterminada fija	53	11,1
3. En función del S. M. I. G.	19	4,0
4. Otras cláusulas	5	1,0

FUENTE: Oficina Central de Convenios Colectivos.

se observa cómo sólo el 52,4 por 100 de los convenios de vigencia bianual establecidos en 1970 introdujeron algún tipo de escalas móviles que afectaban a 1.215.198 trabajadores. Para 1971, parece ser que afectó a 500.000 trabajadores aproximadamente, que pactaron en sus convenios este tipo de cláusulas [215]; y en 1972 —en los nueve primeros meses del año— han sido sólo 335 convenios, que afectaron a medio millón de trabajadores, los que introdujeron dichas cláusulas [216].

[215] Véase «Informe sobre contratación colectiva», Organización Sindical, Madrid, enero 1973, pág. 8.

[216] Estos 335 convenios con cláusulas representaban sólo el 46,5 por 100 de los convenios bianuales firmados en esos nueve primeros meses de 1972. Véase «Informes Trimestrales sobre Contratación Colectiva», III y IV trimestre 1971. Oficina Central de Convenios Colectivos, Madrid, 1972, págs. 9 y 13 respectivamente.

En cualquier caso, hay que constatar el bajo porcentaje de escalas móviles fijadas y su deficiente estructura. Así, el *cuadro núm. 19* nos indica cómo la escala generalmente utilizada —para el año 1970— es la del coste de la vida fijada oficialmente por el I. N. E., tendencia que parece continuar en los años posteriores[217].

Respecto a las *épocas del año de mayor contratación,* siguen siendo —lógicamente— los meses de noviembre, diciembre y primer trimestre del año, los de mayor actividad negociadora. El *cuadro núm. 20*

CUADRO NÚMERO 20

EVOLUCION DE LAS NEGOCIACIONES COLECTIVAS EN TRAMITE
1971-1972

MES	*1971*		*1972*	
	Número de convenios	*Trabajadores afectados*	*Número de convenios*	*Trabajadores afectados*
Enero	507	957.425	771	1.636.653
Febrero	542	899.309	764	1.248.295
Marzo	574	979.168	752	1.047.147
Abril	574	1.025.328	718	1.186.295
Mayo	536	1.143.587	723	1.045.954
Junio	514	1.037.690	684	1.013.432
Julio	432	755.188	500	909.848
Agosto	303	478.325	402	720.453
Septiembre	308	541.904	572	1.036.954
Octubre	572	968.616	688	1.312.708
Noviembre	716	1.184.477	753	1.515.267
Diciembre	771	1.636.653	757 (1)	1.534.611 (1)

(1) Avance.

FUENTE: Oficina Central de Convenios Colectivos.

nos indica la evolución mensual de las negociaciones en trámite para los dos últimos años. Generalmente es en el cuarto trimestre cuando se realizan las denuncias de los convenios vigentes como preparación a la apertura formal de negociaciones, con vista a la renovación de los mismos.

[217] En el «Informe sobre Contratación Colectiva», Organización Sindical, Madrid, enero 1973, pág. 8, se cifra el incremento medio logrado por las revisiones automáticas, precisamente igual al incremento del coste de la vida en el año 1971. Para los años 1970 y 1971, el incremento medio de las revisiones automáticas está muy ligado al del coste de la vida del año anterior (4,8 y 6,8 por 100 respectivamente).

1.7.2. *Convenios en vigor y población afectada*

Más importante que los convenios establecidos es observar el volumen de población acogido a la negociación colectiva. En el *cuadro número 21* podemos observar que en el período 1966-1969 se empieza

CUADRO NÚMERO 21

EVOLUCION DE CONVENIOS COLECTIVOS Y NORMAS DE OBLIGADO CUMPLIMIENTO EN VIGOR POBLACION AFECTADA A FINAL DE CADA AÑO. 1959-1972

AÑOS	*Número de convenios*	*Número de trabajadores*
1959	210	449.096
1962	2.210	3.454.476
1966	3.062	4.879.954
1967	2.659	4.882.491
1968	2.704	5.016.560
1969	2.752	5.295.442
1970	2.793	5.751.151
1971	2.867	5.915.821
1972	2.976	6.100.665

FUENTE: Evolución Socioeconómica 1967. Organización Sindical, Madrid, 1968; años 1966-1969.
Informe sobre contratación colectiva. Organización Sindical, Madrid, enero 1973, para el resto de años.

a llegar, prácticamente, a los límites de saturación de la contratación colectiva, los cuales oscilan alrededor de los 2.750 convenios en vigor que afectan a unas 985.000 empresas y cinco millones y medio de trabajadores. El descenso que, a primera vista, parece darse en el año 1967 se debe al incremento de volumen de las unidades negociadoras, razón por la cual no desciende el número de trabajadores acogidos.

En 1969 y 1970 se produce un incremento, cuya mayor importancia es el número de trabajadores afectados, que asciende en 300.000 y 450.000, respectivamente, sobre el año anterior; incrementos que responden a las razones explicadas en el apartado anterior. A partir de 1970 el ritmo de incremento de trabajadores acogidos desciende —acercándose al techo de la estructura actual—, incrementándose, sin embargo, el ritmo de crecimiento de los convenios en vigor, debido a la incipiente incidencia de la contratación articulada. Esta parece será la tendencia de los próximos años, una estabilidad en trabajadores afectados y un ligero incremento de convenios en vigor (ya que los convenios de empresa vienen a superponerse sobre una población trabajadora ya acogida a un convenio de ámbito más amplio).

Respecto al *porcentaje* que suponen estas cantidades sobre el *total de población asalariada,* hay que hacer algunas advertencias. Si tomamos para estos años —en los que se advierte cierta saturación del mecanismo— los datos de población total asalariada dados por el Instituto Nacional de Estadística, parece que la negociación colectiva es capaz de acoger hasta un 65 por 100 del total de la misma. Estos datos chocan, sin embargo, con los dados por la Organización Sindical, que ya en 1967 decía que se estaba llegando a altos niveles de saturación en la contratación colectiva, pues afectaba al 73 por 100 de la población asalariada [218]. La divergencia de estos porcentajes radica en que la Organización Sindical los calcula sobre el total de puestos de trabajo en los diversos sindicatos, es decir, de población asalariada «encuadrada». Los datos de este colectivo son siempre menores que los dados por el I. N. E. para la población asalariada total, ya que la Organización Sindical no encuadra a funcionarios públicos, fuerzas armadas, clero, profesiones liberales, servicio doméstico..., profesiones principalmente del sector servicios que representan casi un millón de asalariados. Por otra parte, los datos de la Organización Sindical, al contabilizarse sobre puestos de trabajo, tampoco recogen los trabajadores en paro.

Estas diferencias sobre la base hacen que, utilizando los datos disponibles de la Organización Sindical para este período (censo laboral de 1968, II Pleno del Congreso Sindical de 1967 y estudio sobre la población acogida en los diversos sindicatos de la *Revista Sindical de Estadística* para 1969) [219], obtengamos que una media del 73 por 100 de la población «encuadrada» estaba acogida a la negociación colectiva en los tres años del período 1967-1969. Para los años siguientes sólo tenemos cifras disponibles para 1970; para este año la Organización Sindical cifra la población asalariada en 7.158.766, obteniendo un porcentaje de población convenida del 80,3 por 100 [220]. Realizando

---

218 «Estadísticas de Convenios Colectivos de Trabajo, 1958-1967», Oficina Central de Convenios Colectivos, Madrid, pág. 30.

219 Para 1967: 6.651.172 encuadrados IV Pleno.
1968: 6.789.028 encuadrados Censo laboral.
1969: 7.247.200 encuadrados Estudio socio-económico sobre los sindicatos españoles. *Revista Sindical de Estadística,* número extraordinario 100-101, pág. 17.

220 Censo sindical reflejado en «Informes Trimestrales sobre Contratación Colectiva», IV trimestre 1971, Oficina Central de C. C. S., Madrid, 1972, pág. 26. Esta población asalariada dada para 1970 es menor en 88.434 trabajadores que

el porcentaje sobre la población asalariada de las encuestas de población activa del I. N. E., obtenemos para el año 1970 un porcentaje del 69,2 por 100 de población asalariada convenida. En términos globales, podemos, pues, fijar el techo actual de la contratación colectiva alrededor del 70 ó del 80 por 100 de la población asalariada, según se tomen los datos de población total asalariada o de población «asalariada sindicada», respectivamente.

La *distribución del porcentaje de no acogidos* —siguiendo la base de «población sindicada»— entre los tres grandes sectores, la recogemos para 1969 en el *cuadro núm. 22;* lógicamente, la industria era el

CUADRO NÚMERO 22

DISTRIBUCION DE LA POBLACION EXCLUIDA DE LA CONTRATACION COLECTIVA (1) EN 31-XII-69

SECTOR	*Porcentaje sobre la población asalariada encuadrada en la Organización Sindical*
Agricultura	47,2
Industria	10,5
Servicios	35,1
TOTAL	27 (2)

(1) No regulada por convenios o N. O. C.
(2) La población asalariada no convenida ha sido corregida sobre la fuente original, teniendo en cuenta las cifras sindicales de población asalariada para 1969.

FUENTE: Oficina Central de Convenios Colectivos Sindicales.

sector más convenido, mientras que los trabajadores «encuadrados» no sujetos a negociación se distribuían principalmente en el sector agrícola y servicios.

Para obtener un desglose mayor hemos recogido en el *cuadro número 23* todos los datos sobre la situación de la contratación colectiva vigente por sectores o sindicatos a finales de 1970. Los sindicatos agrícolas: Hermandades, Cereales y Pesca tienen porcentajes del 34,4, 69,3 y 74,7 por 100 de trabajadores no convenidos. Los otros sindica-

la ofrecida para 1969, según se puede obtener comparándola con la nota a pie de *página núm. 219*. Para el año 1971, la misma fuente, en su página 15, da un porcentaje de 82,6 por 100 de población convenida, pero utiliza para ello la misma población sindical censada en 1970.

CUADR

DISTRIBUCION POR SINDICATOS DE LOS CONVENIOS COLECTIVOS EN VIC CON

Cifras abso

Sindicatos	*Número de convenios*	*Númer de empresas*
Actividades diversas	170	53.851
Actividades sanitarias	48	7.85
Agua, gas y electricidad	90	2.777
Alimentación y productos coloniales	166	60.44
Azúcar	3	1
Banca, bolsa y ahorro	8	211
Cereales	36	7.81
Combustible	29	4.50
Construcción, vidrio y cerámica	305	67.23
Enseñanza	15	12.39
Espectáculo	52	7.10
Frutos y productos hortícolas	55	10.36
Ganadería	41	23.11
Hostelería y actividades turísticas	52	87.47
Industrias químicas	196	31.02
Madera y corcho	170	40.09
Marina mercante	40	1.19
Metal	480	97.46
Olivo	37	6.64
Papel y Artes Gráficas	51	15.11
Pesca	34	5.31
Piel	72	17.62
Prensa, Radio, Televisión y Publicidad	81	1.02
Seguro	10	4.03
Textil	150	41.55
Transportes y comunicaciones	159	69.47
Vid, Cervezas y Bebidas	83	12.52
Hermandad de labradores y ganaderos	142	402.93
Intersindicales	18	31.55
TOTAL GENERAL	2.793	1.122.73

(1) Convenios y N. O. C.

FUENTE: Elaboración propia en base a «Convenios Colectivos». Informe trimestra

RO 23

A FINALES 1970. IMPORTANCIA RELATIVA Y % DE TRABAJADORES NO
OS

úmero traba- adores	*Cifras relativas* Número de con- venios	Número de em- presas	Número de traba- jadores	*% de población trabajadora no convenida sobre el total de asala- riados en cada Sindicato*	*Población laboral existente en 31-12-70*
182.227	6,09	4,80	3,17	50,1	359.734
42.890	1,72	0,69	0,75	60,3	107.934
58.617	3,22	0,25	1,02	27,6	80.946
82.398	5,94	5,39	1,44	27,7	113.887
22.860	0,11	—	0,40	—	22.326
105.549	0,29	0,02	1,84	21,9	135.110
22.826	1,29	0,70	0,40	69,3	74.186
39.968	1,04	0,41	0,70	60,4	100.894
943.856	10,92	5,99	16,42	11,4	1.064.651
56.761	0,54	1,11	0,99	38,4	92.122
58.525	1,87	0,64	1,02	—	107.979
154.397	1,97	0,93	2,69	15,5	206.972
53.228	1,47	8,06	0,93	17,9	73.746
259.165	1,87	7,80	4,51	6,0	275.698
284.939	7,02	2,77	4,96	4,8	299.229
195.839	6,09	3,58	3,41	2,9	201.573
18.454	1,44	0,11	0,33	60,0	46.095
192.087	17,19	8,69	20,73	4,3	1.245.136
59.439	1,33	0,60	1,04	7,1	63.934
110.483	1,83	1,35	1,93	21,0	141.954
32.686	1,22	0,48	0,57	74,7	129.136
93.094	2,58	1,57	1,62	7,1	100.199
23.167	2,80	0,09	0,41	25,7	31.177
39.049	0,36	0,36	0,68	—	35.476
503.188	5,38	3,71	8,75	—	478.963
51.325	5,70	6,19	4,37	31,5	366.889
46.506	2,98	1,12	0,81	12,5	53.122
757.993	5,09	35,77	13,07	34,4	1.154.698
59.635	0,65	2,82	1,04	—	—
51.151	100,00	100,00	100,00	20,0	

Año 1971. Oficina Central de Convenios Colectivos.

CUA

DISTRIBUCION POR PROVINCIAS DE LOS CONVENIOS COLECTIV
PORCENTAJE TRABAJADOR

PROVINCIAS	*Ambito provincial e in*		
	Número de convenios	*Número de empresas*	*N de j*
Alava	28	1.729	
Albacete	27	3.545	
Alicante	86	48.655	
Almería	22	7.597	
Avila	21	988	
Badajoz	30	50.935	
Baleares	31	31.674	
Barcelona	318	135.658	
Burgos	65	21.483	
Cáceres	23	2.704	
Cádiz	44	21.888	
Castellón	29	7.260	
Ciudad-Real	30	25.177	
Córdoba	32	9.738	
Coruña (La)	40	14.718	
Cuenca	8	570	
Gerona	43	17.347	
Granada	32	30.848	
Guadalajara	11	322	
Guipúzcoa	48	16.173	
Huelva	26	3.396	
Huesca	9	8.747	
Jaén	26	71.735	
León	25	2.736	
Lérida	29	10.458	
Logroño	30	4.537	
Lugo	19	1.474	
Madrid	178	92.566	
Málaga	79	26.708	
Murcia	93	74.703	

ERO 24

'IGOR (1) A FINALES DE 1970, INCLUIDOS LOS INTERPROVINCIALES
.ARIADOS NO CONVENIDOS

Ambito interprovincial			*Total*			% de población trabajadora no convenida sobre población asalariada total por provincias (2)	% de población trabajadora no convenida sobre población asalariada encuadrada en O. Sindical (3)
imero con-nios	*Número de empresas*	*Número de trabajadores*	*Número de convenios*	*Número de empresas*	*Número de trabajadores*		
37	1.071	8.024	65	2.800	31.138	55,0	44,2
31	778	6.412	58	4.323	23.268	62,7	58,5
61	3.784	47.699	147	52.439	189.589	20,5	10,3
41	354	3.904	63	7.951	33.171	46,2	32,3
21	388	2.060	42	1.376	6.886	77,4	78,7
44	1.288	7.574	74	52.223	93.644	33,4	7,8
70	2.165	20.962	101	33.839	133.514	22,4	15,2
92	16.421	380.826	410	152.079	1.175.447	9,5	2,8
39	548	8.804	104	22.031	49.698	32,0	14,2
35	506	3.339	58	3.210	20.955	75,8	64,5
53	885	13.486	97	22.773	130.208	30,4	8,0
49	998	17.322	78	8.258	60.509	38,0	33,6
37	861	8.355	67	26.038	36.759	62,1	53,9
40	1.039	9.593	72	10.777	56.662	60,2	62,1
59	1.563	21.658	99	16.281	94.095	42,8	7,3
28	432	1.997	36	1.002	3.641	91,5	87,6
50	1.085	25.217	93	18.432	92.320	24,5	2,7
56	815	12.158	88	31.663	77.515	52,1	37,1
34	417	2.241	45	739	6.817	74,5	67,8
53	1.238	24.619	121	17.411	171.084	19,8	5,1
39	666	5.250	65	4.062	28.300	67,2	60,3
43	1.507	5.147	52	10.254	17.879	60,6	45,2
44	949	6.445	70	72.684	137.154	9,7	2,9
45	890	9.232	70	3.626	23.658	72,8	60,8
34	725	7.551	63	11.183	43.519	35,5	25,3
42	838	9.394	72	5.375	29.485	46,3	26,4
35	764	3.730	54	2.238	16.863	59,5	35,4
)7	10.318	171.867	285	102.884	850.774	25,5	10,4
63	948	13.382	142	27.656	142.466	27,1	18,1
4	1.357	45.624	147	76.060	163.673	19,2	6,6

CUADRO NÚM

PROVINCIAS	*Ambito provincial e inte*		
	Número de convenios	*Número de empresas*	*Núm de tr jad*
Navarra	42	3.883	35
Orense	18	1.179	12
Oviedo	81	12.040	10
Palencia	15	14.593	
Palmas (Las)	47	7.223	6
Pontevedra	68	14.003	7
Salamanca	53	15.329	2
S. C. Tenerife	58	12.340	9
Santander	61	10.154	5
Segovia	21	3.441	1
Sevilla	108	38.678	23
Soria	8	2.598	
Tarragona	28	19.637	5
Teruel	17	1.254	
Toledo	19	5.739	2
Valencia	162	62.653	27
Valladolid	43	9.149	5
Vizcaya	138	17.286	21
Zamora	17	1.692	
Zaragoza	96	37.001	12
Ceuta	19	515	
Melilla	10	479	
TOTAL GENERAL	2.631	1.036.935	4.52

(1) Convenios y N. O. C.
(2) Población asalariada por provincias. Año 1969 «Renta Nacional de España y su
(3) Población según censo de Trabajadores Sindicados para 1970.

NOTA: La suma del N.º de convenios no coincide con el TOTAL GENERAL, porque al vincias afecten.

FUENTE: Elaboración propia en base a las fuentes indicadas.

ntinuación)

bito interprovincial		*T o t a l*			*% de población trabajadora no convenida sobre población asalariada total por provincias (2)*	*% de población trabajadora no convenida sobre población asalariada encuadrada en O. Sindical (3)*
Número de empresas	*Número de trabajadores*	*Número de convenios*	*Número de empresas*	*Número de trabajadores*		
946	12.705	88	4.829	48.457	62,9	47,7
475	3.374	50	1.654	15.943	59,0	34,2
1.590	16.955	140	13.630	126.248	50,0	37,5
1.672	5.234	49	16.265	14.763	62,3	48,6
662	7.906	96	7.885	68.515	47,5	46,3
983	13.127	119	14.986	87.178	41,0	24,8
886	8.836	99	16.215	35.344	49,5	19,6
887	7.036	96	13.227	103.404	13,8	16,8
985	17.599	113	11.139	75.539	30,7	17,7
703	4.562	56	4.144	16.870	41,2	14,6
2.476	36.088	181	41.154	274.099	21,7	10,3
312	3.739	40	2.910	7.963	58,5	37,5
1.108	13.025	77	20.745	65.939	43,2	30,1
247	3.886	47	1.501	7.521	72,8	59,9
2.822	6.638	53	8.561	29.150	70,8	63,5
5.726	71.498	241	68.379	346.513	26,2	28,6
1.163	14.419	96	10.312	65.542	33,6	15,5
1.967	39.313	200	19.253	249.628	23,5	5,9
854	3.073	50	2.546	9.063	72,7	60,0
3.544	28.081	158	40.545	156.234	22,3	5,3
89	898	47	604	3.141	—	52,0
105	800	32	584	3.406	—	27,7
85.800	1.222.664	2.793	1.122.735	5.751.151	31,7	20,0

rovincial». Banco de Bilbao. Madrid, 1972.

s de ámbito interprovincial, éstos aparecerán tantas veces repetidos como a protos que superan la media nacional de trabajadores *no convenidos,* son los siguientes por orden de importancia: Marina Mercante, Combustible, Actividades Diversas, Actividades Sanitarias, Transportes y Comunicaciones, Enseñanza, Agua, Gas y Electricidad y Alimentación. Los sindicatos, con la totalidad o casi totalidad de trabajadores convenidos son los de Metal, Químicas, Madera y Corcho, Espectáculos, Azúcar, Seguro y Textil.

La situación, comparándola con los datos dados para 1967 por la Organización Sindical, concuerda básicamente [221]. Mejoran los sectores de la Construcción; Prensa, Radio y Televisión; Hostelería, y fuertemente el de Espectáculo. Empeoran el sector de Papel y Artes Gráficas y especialmente el sector de la Piel.

La mayor importancia absoluta y relativa respecto a los convenios en vigor y a los trabajadores afectados a finales del período la tienen los sectores del Metal y Construcción, que entre ambos suponen el 28,11 y 37,15 por 100, respectivamente. Les siguen Industrias Químicas, Madera y Corcho, Hermandades, Textil y Transportes.

Este mismo análisis, *desde el punto de vista territorial,* lo hemos recogido en el *cuadro núm. 24.* En este cuadro, además de indicar el montante total de convenios en vigor y trabajadores afectados para todas las provincias a finales del año 1970, hemos comparado esos montantes con el volumen de población asalariada de las mismas, para hallar el tanto por ciento de población asalariada no sujeta a contratación colectiva. Estos porcentajes están calculados respecto a dos poblaciones base: la ofrecida por los estudios de distribución provincial del Banco de Bilbao y la encuadrada sindicalmente. Como se puede observar, las diferencias entre los porcentajes hallados —según las diversas fuentes— concuerda con las explicaciones dadas anteriormente [222].

En cualquier caso, los desfases mayores entre el volumen de su población convenida y la registrada en su censo, afectan por orden de importancia a Cuenca, Avila, Cáceres, Guadalajara, León, Teruel, Zamora, Toledo, Huelva, Albacete, Ciudad Real, Navarra, Palencia, Huesca, Córdoba, Lugo, Orense, Soria, Alava, Granada, Oviedo, Las Palmas. Estas provincias tienen unos porcentajes de población asalariada no convenida, que oscilan entre el 50 y 90 por 100 o entre el

---

221 «Estadísticas de Convenios Colectivos de Trabajo, 1958-1967», Oficina Central de Convenios Colectivos, Madrid, 1968, pág. 33.

222 Todos los porcentajes obtenidos a través de la base sindical son muy inferiores —en términos generales oscilan en un 15 por 100 menos— a los obtenidos con la población base del B. Bilbao. Sólo existe la excepción de Córdoba. Como se observa, los totales obtenidos son el 80 o 70 por 100 de población asalariada convenida, respectivamente.

35 y 87 por 100, según se utilicen los datos del Banco de Bilbao o de la Organización Sindical, respectivamente.

En la mayor parte de estas provincias se observa la incidencia del sector agrícola; así, en aquellas provincias en que la población agraria llega a ser el sector más importante (Avila, Cáceres, Ciudad Real, Cuenca, Guadalajara, Lugo, Orense, Soria y Palencia...), el bajo nivel de contratación se hace más patente. En otros supuestos determinados —como Oviedo, León y Teruel— se debe a la incidencia de sectores que tradicionalmente vienen rigiéndose por ordenanzas laborales (minas de carbón, etc.).

Las provincias con menor población no convenida son: Barcelona, Alicante, Gerona, Guipúzcoa, Jaén, Madrid, Murcia, Sevilla, Vizcaya y Zaragoza; todas ellas tienen porcentajes inferiores al 25 ó al 10 por 100, según se utilicen, respectivamente, las dos fuentes señaladas.

1.7.3. *Distribución funcional y por ámbito de vigencia*

1.7.3.1. Considerando la distribución de los convenios por su ámbito de aplicación se observa (ver el *cuadro núm. 25)*, cómo en los convenios establecidos desde 1958, el ámbito provincial es el más utilizado: un 42,3 por 100 del total de convenios en el período, que abarca el 80 por 100 de las empresas, con el 64,6 por 100 de los trabajadores. Los demás ámbitos son mucho menos utilizados. En orden de importancia en cuanto a número de convenios establecidos, le siguen los de empresa, que representan el 33,2 por 100 de los mismos, pero su incidencia real es mucho menor, ya que sólo afectan al 7 por 100 de la población trabajadora convenida a lo largo del período. Los convenios interprovinciales de rama acogen también a un grupo considerable de trabajadores, siguiendo a los provinciales en importancia.

Quizá lo más significativo al considerar el conjunto del período 1958-72 es la diferencia tan radical a favor de los convenios de ámbito territorial (provincial, interprovincial, comarcal, local...), sobre las diversas clases de convenio de empresa (interprovincial, de grupo o de fábrica). Según las encuestas realizadas por Acción Social Patronal y S. I. E., «el ámbito del primer convenio firmado fue, en el 81 por 100 de las empresas, provincial o interprovincial» [223], lo cual nos muestra el mantenimiento de la estructura funcional inicial de nuestro sistema de contratación y la falta de articulación ya señalada.

Sin embargo, en orden a delimitar las tendencias actuales, vamos a comparar el *cuadro núm. 25* con el *cuadro núm. 26,* que refleja la

---

[223] «Valoración empresarial de los convenios colectivos 1958-1970», Acción Social Patronal. Edit. Conf. Cajas de Ahorro, Madrid, 1972, pág. 24.

CUADRO NÚMERO 25

TOTAL CONVENIOS ESTABLECIDOS DESDE LA LEY 24-IV-58 A 31-XII-72. DISTRIBUCION AMBITO FUNCIONAL

AMBITO	*Número de convenios*	%	*Número de empresas*	%	*Número de trabajadores*	%
Interprovinciales de rama	318	2,3	338.997	6,3	4.200.840	15,5
De empresas interprovinciales y de grupo de empresa	353	2,6	373	0,0	1.024.294	3,8
Provinciales	5.790	42,3	4.276.432	80,0	17.060.092	64,6
Comarcales	272	1,6	59.676	1,1	352.419	1,3
Locales	2.327	17,9	660.630	12,3	1.905.628	7,1
De grupo de empresas	142	1,0	2.600	0,1	105.974	0,6
De empresa	4.536	33,2	4.536	0,6	1.899.596	7,0
TOTAL	13.690	100,0	5.343.191	100,0	26.549.843	100,0

FUENTE: Oficina Central Convenios Colectivos.

CUADRO NUMERO 26

CONVENIOS COLECTIVOS Y N. O. C. EN VIGOR A 31-XII-1971. DISTRIBUCION AMBITO FUNCIONAL (1)

AMBITOS	Primeros convenios			Revisiones			Total		
	Número de convenios	Número de empresas	Número de trabajadores	Número de convenios	Número de empresas	Número de trabajadores	Número de convenios	Número de empresas	Número de trabajadores
a) Valor absoluto									
Interprovinciales de rama.	8	13.866	88.525	73	70.715	911.032	81	84.581	999.557
Interprovinciales de empresa	27	31	31.466	83	83	246.826	110	114	278.292
Provinciales ...	103	81.476	250.642	1.202	867.519	3.768.635	1.305	948.995	4.019.277
Comarcales ...	3	1.221	6.087	62	17.042	57.019	65	18.263	63.106
Locales	18	3.016	5.101	126	37.594	72.763	144	40.610	77.864
De grupo de empresas ...	10	88	5.802	21	206	24.917	31	294	30.719
De empresa ...	322	322	70.686	809	809	376.300	1.131	1.131	446.986
TOTAL	491	100.020	458.309	2.376	993.968	5.457.492	2.867	1.093.988	5.915.801
b) Valor relativo									
Interprovincial de rama ...							2,82	7,73	16,90
Interprovincial de empresa ...							3,84	0,01	4,70
Provinciales ...							45,52	86,75	67,93
Comarcales ...							2,27	1,67	1,07
Locales ...							5,02	3,71	1,32
Grupo de empresas ...							1,08	0,03	0,52
De empresa ...							39,45	0,10	7,56
TOTAL ...							100,00	100,00	100,00

(1) Convenios y N. O. C.

FUENTE: Oficina Central de Convenios Colectivos.

distribución de los convenios vigentes a final del año 1971. De la relación de ambos cuadros se pueden sacar las siguientes conclusiones:

— *Ligero incremento de los convenios de empresa* a todos sus niveles. Lo cual se explica, si tenemos en cuenta que en 1970 el 38,3 por 100 de los convenios establecidos eran de empresa; en 1971, el 41,5 por 100 fueron convenios de este tipo, y el 4,4 por 100 interprovinciales de empresa. En 1972 continuó esta tendencia, firmándose en un 42,5 por 100 convenios de empresa [224].

— *Incremento del nivel provincial* que se ratifica como el más utilizado en la contratación.

— *Descenso* rapidísimo de los convenios de *ámbito local,* que fueron utilizados ampliamente en los primeros años de nuestra negociación. Así, mientras para el total del período este tipo de convenios representa el 18 por 100 de los establecidos y el 7,1 por 100 de los trabajadores, en los convenios vigentes a finales del 1971, ya sólo representaba el 5,02 y 1,32 por 100, respectivamente. En 1972 continúa el descenso de este tipo de convenios, estableciéndose en el 3,3 por 100 de los convenios firmados, que afectaban al 1 por 100 de los trabajadores convenidos en el año.

Ya hemos comentado la estrecha relación existente entre *convenios de empresa, zonas con mayor nivel de industrialización y los sectores más combativos.* Las ramas de metal, industrias químicas, construcción, prensa, textil y transportes —por este orden— eran las que reunían el mayor número de convenios de empresa establecidos entre 1958-67. El conjunto de estos sindicatos representaba el 72 y 86 por 100 de los convenios de empresa firmados en ese período, y de los trabajadores acogidos a este tipo de acuerdo [225]. En 1970, 1971 y 1972, esta tendencia continúa. Para el año 1970 —del que disponemos datos totales— los convenios de empresa se establecieron principalmente en la industria del metal (226); industria química (96); construcción (81), seguidos del sector papel, artes gráficas, textil y transportes [226].

---

224 Acción Social Patronal afirma: «Los convenios de empresa son preferidos para el futuro en un 27 por 100 de las empresas, luego, este tipo de convenio deberá tener, en un futuro próximo, tanta importancia como el provincial e interprovincial». *Ibíd.*, pág. 27.

225 «Estadísticas de Convenios Colectivos de Trabajo, 1958-1967», Oficina Central de Convenios Colectivos, Madrid, 1968, págs. 46 y ss.

226 «Informes Trimestrales sobre Convenios Colectivos», 1970, núms. 1, 2, 3 y 4. «Relaciones nominales de convenios aprobados», Oficina Central de Convenios Colectivos.

Por zonas, los convenios de empresa, en el período 1958-67, radicaron fundamentalmente en Barcelona, Madrid, Vizcaya, Valencia y Zaragoza. Provincias como Cuenca y Zamora no habían firmado aún ningún convenio de este ámbito, y otras como Almería, Avila, Cáceres, Guadalajara, Lugo, Orense, Soria y Toledo tenían un número inferior a 10 para todo el período; tendencia que continúa en los momentos actuales.

La relación entre convenios de empresa y zonas-sectores se reafirma al observar que en los convenios provinciales no se da dicha concentración. Su distribución está mucho más repartida [227]. En este último tipo de convenios, para el período 1958-67, aparecen junto a las provincias anteriores y con igual importancia, otras como Jaén, Málaga, Alicante, Murcia...

En general, este movimiento hacia convenios de empresa —a pesar de su pequeña cuantía— está presionado tanto por los empresarios de aquellos sectores que intentan adaptar el convenio a las condiciones concretas de cada empresa, como por la clase obrera, en pro de una contratación articulada por la multiplicación de negociaciones que esto supone. Es claro que esta presión trabajadora sólo se realizará en empresas donde cuente con fuerza y suficiente nivel organizativo.

1.7.3.2. *Respecto al ámbito de vigencia,* existe una preponderancia de los convenios largos (de vigencia bianual o superior) para todo el período. *El cuadro número 27* nos constata su evolución hasta el año

CUADRO NÚMERO 27

VIGENCIA MEDIA DE LOS CONVENIOS ESTABLECIDOS EN EL PERIODO 1962-1967

AÑO	*Vigencia media en meses del conjunto convenios colectivos*
1962	19 meses
1963	19 »
1964	20 »
1965	18 »
1966	19 »
1967	18 »

FUENTE: *Evolución Socio-Económica de España 1970*. Madrid, 1971, Organización Sindical, página 269, y Oficina Central de Convenios Colectivos, Madrid, 1972.

[227] «Estadísticas de Convenios Colectivos de Trabajo, 1958-1967», Oficina Central de Convenios Colectivos, Madrid, 1968, págs. 48 y ss.

1967, obteniéndose una media de casi 19 meses de duración de los convenios establecidos en ese período. Excepción a esta tendencia, la representó el año 1969, en el que, debido a las «expectativas» de descongelación total, la casi totalidad de convenios se suscribieron para un período que terminaba el 31 de diciembre de ese año. A partir de esta fecha, no sólo se recupera la tendencia anterior, sino que se incrementa. Así, en el período 1970-72, se ha producido la evolución siguiente:

	Convenios largos	*% sobre total contratación en ese año*	*Trabajadores afectados*	*% sobre total trabajadores convenidos en el año*
1970	848	50,7	2.218.983	53,4
1971	535	46,6	1.075.688	50,0
1972	783	50,7	2.231.316	66,6

Ello es debido a que, actualmente, desde perspectivas y ángulos diferentes se presiona hacia los convenios largos:

— Por parte de la Administración, a través de la actuación de la Comisión Delegada de Asuntos Económicos, dentro del marco de la política de rentas.

— Por parte empresarial, como demuestra claramente el estudio realizado por Acción Social Empresarial. Esta preferencia empresarial es aún más clara en las empresas de más de 500 trabajadores y en las zonas industrializadas [228].

— Por parte de la Organización Sindical, esta preferencia parece también clara, cuando afirma: «... Se debería acentuar la tendencia a concertar los convenios colectivos de rama por períodos de vigencia de dos o más años», aunque matiza que para ello deberían introducirse las «... necesarias salvaguardas garantizadoras del poder adquisitivo» [229].

En definitiva, las tres posiciones parece que confluyen en la necesidad de evitar la potenciación conflictiva que la negociación está suponiendo en los últimos años. La propia Organización Sindical confirma estos hechos al constatar «un mayor *endurecimiento* y grado de *dificultad* que a la hora de convenir... han de vencer las comisiones deliberadoras...», que ha hecho surgir diversas «soluciones..., entre

[228] «Valoración empresarial de los convenios colectivos 1958-1970», Acción Social Patronal. Edit. Conf. Cajas de Ahorro, Madrid, 1972, págs. 23 y 55.

[229] «Evolución Socio-Económica de España, 1971», Organización Sindical, Madrid, 1972, pág. 261.

éstas, una que presenta índices elevados de utilización, es la *vigencia bianual.* Con la ampliación del período de vigencia, el negociador trata de *evitar el gran desgaste* que suponen unas deliberaciones *cada ocho o nueve meses...*» [230]. Las ventajas de adaptación y flexibilidad que para el capital tienen los convenios cortos se sacrifican —ante el progresivo cambio en la correlación de fuerzas— para conseguir la amortiguación de posibles aumentos conflictuales.

Ante esta situación, el problema de las cláusulas automáticas —que comentábamos anteriormente— cobra un especial interés para las reivindicaciones de la clase trabajadora.

1.8. ALGUNOS ÍNDICES SOBRE LA CONFLICTUALIDAD EN EL PERÍODO ESTUDIADO. CONVENIOS-CONFLICTOS-ORGANIZACIÓN DE CLASE

1.8.1. *Convenio-conflicto en la realidad española*

No pretendemos realizar un análisis completo del desarrollo de la conflictualidad; sin embargo, es completamente necesario —desde nuestro enfoque de estudio— el terminar estas notas con una breve alusión a su evolución en el período y a su posible relación con la introducción y generalización de la contratación colectiva.

Partimos de la base de que —aunque el conflicto en sus últimas causas se entronque con las propias relaciones de producción del sistema y con la misma «condición obrera»— los niveles de conflictualidad latentes vienen determinados básicamente por las contradicciones políticas y sociales, la coyuntura económica, el grado de organización de la clase trabajadora y el nivel reivindicativo [231].

Por ello, como dicen Mottez y Touraine, la acción obrera dependerá, en último término, de «los caracteres de la sociedad considerada en su conjunto y del lugar que ocupa en ella la clase trabajadora, de sus relaciones con otras clases sociales, de su grado de participación en el poder político» [232]. En general, los conflictos obreros son, pues, expresiones particulares de una situación global más profunda, de una situación de clase.

Las posibilidades de «manifestación» de esta conflictualidad «la-

[230] Convenios colectivos. «Informe Trimestral», núm. 3, 1972, Oficina Central de Convenios Colectivos, Madrid, 1972.

[231] Véase MARAVALL, J. M.: *Desarrollo económico y clase obrera,* primera parte. Ariel, 1970.

[232] TOURAINE Y MOTTEZ: «Clase obrera y sociedad global», en el libro de FRIEDMANN Y NAVILLE: *Sociología del trabajo.* Edit. F. C. E., Méjico, pág. 19.

tente» dependerán, en *primer lugar,* del grado de intensificación de la misma y, *por otro lado,* de la confluencia de factores externos o internos a las propias relaciones laborales capaces de encauzarla. De estas consideraciones se deducen posibilidades de actuación, tanto para impedir —a través de regulaciones jurídico-políticas, etc.— su manifestación como para hacer disminuir, en la medida de lo posible, el nivel de «conflictualidad latente». Estas últimas acciones —mucho más inteligentes y racionales para la conservación del sistema— se reúnen en torno a las medidas de «integración» del trabajador.

En este marco es donde cobra un interés extraordinario —sobre todo en las condiciones concretas de nuestro país— la relación convenios-conflictos, entendida no como una relación causal, sino respecto a sus consecuencias en los niveles de organización de la clase trabajadora. Es decir, observar si la introducción del sistema de contratación ha sido uno de los factores que han posibilitado el paso de la latencia a la manifestación del conflicto, independientemente de que sus causas o motivaciones concretas hayan sido otras (salarios, jornada, solidaridad, etc.).

En términos teóricos, según veíamos en el apartado 1, el convenio siempre lleva intrínseca la posibilidad de potenciar el conflicto, el cual «se configura generalmente, explícita o implícitamente, como un medio para desarrollar la autonomía y la organización obreras» [233].

En el caso español, la introducción de la contratación colectiva —sin permitir los cauces de presión normales— hizo, al menos necesaria, la adaptación formal de parte de nuestro marco institucional, que, aunque siga intentando imposibilitar la huelga y los «conflictos» —por los requisitos necesarios para su consideración de legales— tiene que aceptar su existencia. Al mismo tiempo, el marco donde se desenvolverá la negociación —Organización Sindical— está estructurado en base a evitar la manifestación abierta de los mismos... En definitiva, según el análisis efectuado en las páginas anteriores sobre los diversos elementos que configuran a la contratación colectiva, debemos concluir que son un conjunto coherente de elementos en los que, junto con su finalidad fundamental (productividad-planificación), se intentará una «integración» de especiales características, basada en impedir rígidamente el conflicto.

Sin embargo, por esta específica configuración, *la propia estructura de la negociación favorecía el incremento de la conflictualidad latente,* al explicitar las relaciones entre poder económico-poder político y agudizar las contradicciones del propio sistema. Este incremento podría «manifestarse», a pesar de las dificultades legales y econó-

---

233 MARAVALL: *Op. cit.,* pág. 231.

micas. *A su manifestación, contribuirá especialmente la contratación colectiva,* ya que la mera existencia de una negociación —a pesar de no estar realizada, en la mayoría de los casos, por auténticos representantes— une, cohesiona, da posibilidades de incrementar la organización y preparar acciones posteriores. Y, por supuesto, el desarrollo de convenios de empresa —con auténticos enlaces y jurados— estará también en íntima conexión con la manifestación de los conflictos, e incrementos de la organización. Por otro lado, los resultados obtenidos de la negociación y de la norma —muchas veces en contradicción con las reivindicaciones realizadas— posibilita, nuevamente, la unión y la organización de la clase trabajadora. La estrategia ante la utilización de los cauces y plataformas legales podrá ser distinta —según las condiciones de la empresa, el nivel organizativo existente o la tradición combativa del sector—, pero es evidente que, en cualquiera de los casos, la contratación colectiva al posibilitar cauces para las reivindicaciones de los trabajadores, aglutinó y potenció las posibilidades de conflicto [234]. Lo cual —como veremos a continuación— ha producido que la *manifestación del conflicto obrero se haya desarrollado profusamente en la etapa actual,* siendo, por tanto, una de sus causas más importantes el propio sistema de contratación colectiva.

1.8.2. *Desarrollo de la conflictualidad de 1963-72*

Para el análisis de los conflictos de trabajo en esta época, vamos a utilizar los datos que el Ministerio de Trabajo publica desde 1963 [235], pues son los que reúnen mayor grado de fiabilidad y representatividad. Existen otros organismos —O. I. T. y Organización Sindical— que publican datos sobre esta materia, pero, al partir de conceptos distintos sobre el conflicto colectivo, sus resultados tienen grandes divergencias (ver *gráfico número 1).*

Conviene puntualizar previamente, que las estadísticas que vamos a utilizar parten del concepto siguiente de conflicto colectivo: «no sólo el que se manifiesta en una conducta de paro, ya sea total o parcial, o bien en comportamiento de oposición pasiva, sino incluso situaciones de tensión o manifestación pacífica de protestas colec-

[234] «Con la negociación del convenio colectivo no sólo se cristalizan la mayor parte de las reivindicaciones de los trabajadores, sino que se aglutinan unas de las mayores posibilidades de conflicto..., de esta forma se ha transformado en causa o instrumento específico del conflicto obrero...» «Indicaciones para el análisis del conflicto obrero», estudio publicado en el *Boletín Informativo,* núms. 8 y 9. Instituto Estudios Laborales, Barcelona, 1970, pág. 9.

[235] «Informe sobre conflictos colectivos de trabajo», 1963-65, 1966, 67, 68, 69 y 70; Ministerio de Trabajo, Madrid.

tivas o parciales, que supongan un enfrentamiento empresario-trabajador al margen de la relación laboral normal»[236]. Esto implica la misma contabilización de un plante de comedor, un paro de dos horas, o una huelga de varias semanas. Es decir, reciben una valoración uniforme, comportamientos de desigual gravedad e intensidad, por lo que las series reflejadas pierden representatividad. Este defecto está siendo aliviado parcialmente, pues, a partir de 1968 (con estimaciones para 1966 y 1967), el Ministerio de Trabajo publica el *número de trabajadores en conflicto y el número de horas perdidas*, que son las dos variables más importantes en esta materia.

1.8.2.1. Evolución global de la conflictualidad

Respecto a la evolución del número de confictos, hay que señalar que desde 1958 —fecha en que comienza la contratación— hasta 1962, no disponemos de datos significativos. Sin embargo, no es aventurado afirmar que, a pesar de los cambios producidos y de la introducción de la Ley de Contratación Colectiva, la conflictualidad en este período fue baja. Esta situación se debe, fundamentalmente, al plan de estabilización, pues es precisamente en 1962, con la reanimación económica, cuando el número de conflictos sube fuertemente (1.707, según las estadísticas de la Organización Sindical...). Como dice Maravall, las situaciones de mala coyuntura económica frenan la manifestación de conflictos por los costes que representan para la propia clase trabajadora, lo cual no quiere decir que la conflictualidad disminuya, sino que pasa a un estado de latencia. Por otra parte, es clara la relación de este inicio de la conflictualidad con la generalización —a partir de ese mismo año— de la contratación colectiva. Posteriormente, se observa un descenso en el período 1965 y 1966, aunque, a tenor de los *cuadros números 28 y 29*, es un descenso más bien ficticio, pues la intensidad conflictiva aumenta fuertemente. En 1966, el índice del número de horas no trabajadas en cada paro es el más alto de todo el período: 13.686; siendo el total de horas no trabajadas de 1.478.080. En el año 1968, nuevamente, la situación económica de bloqueo salarial, etc. influye en la manifestación de conflictos, aunque, como puede verse, en el *cuadro número 28*, su importancia respecto a las horas no trabajadas, sigue en aumento. En 1970 se produce un incremento fuerte de la conflictualidad *(gráfico número 1)*, pero al matizarlo con los *cuadros números 28 y 29*, observamos que este año resulta supravalorado

[236] «Informe sobre conflictos colectivos de trabajo, 1968», Ministerio de Trabajo, Madrid, 1969, pág. 11.

CUADRO NÚMERO 28

	Conflictos colectivos de trabajo		*Paros en conflictos colectivos de trabajo*		*Trabajadores en conflicto*		*Horas no trabajadas por paros*	
	Número	*Indice*	*Número*	*Indice*	*Número*	*Indice*	*Número*	*Indice*
1966	179	100	108	100	36.977	100	1.478.080	100
1967	567	317	513	475	198.740	537	1.887.693	127
1968	351	196	309	286	130.742	353	1.925.278	130
1969	491	274	436	406	205.325	555	4.476.727	302
1970	1.595	891	1.547	1.432	460.902	1.246	8.738.916	591
1971	523	292	512	474	180.578	488	(1)	(1)
1972	656	366	623	576	174.412	471	5.928.390	401

(1) El Ministerio de Trabajo no ofrece en su Informe valoración de las horas no trabajadas.

FUENTE: Informe sobre Conflictos Colectivos de Trabajo, 1970.

Informe Política Laboral, 1971 y 1972, Ministerio de Trabajo.

GRAFICO 1

NUMERO DE CONFLICTOS COLECTIVOS SEGUN DIVERSAS FUENTES

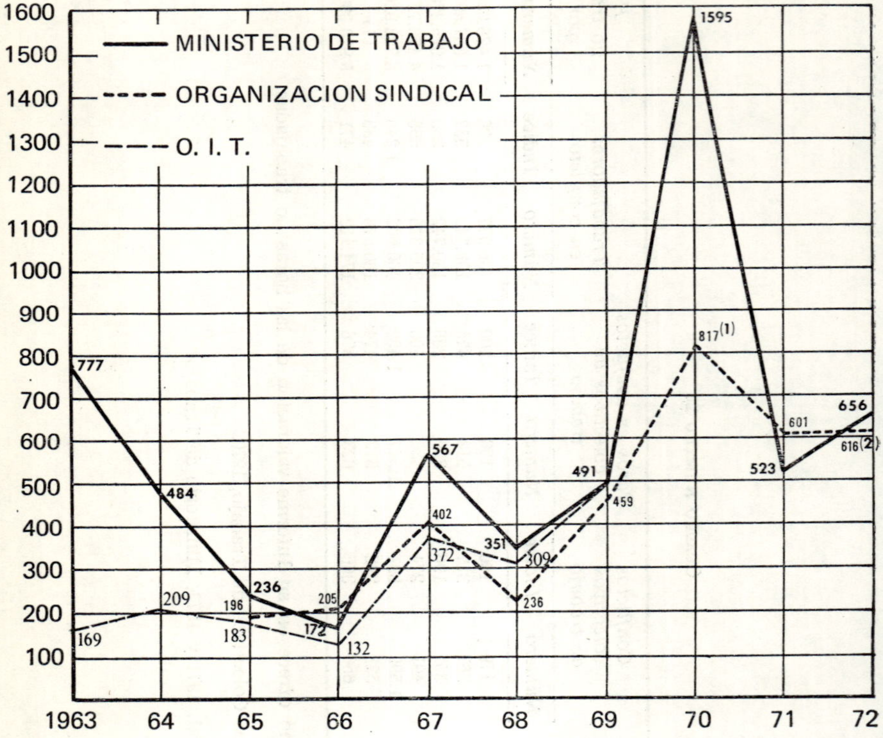

(1) Se contabilizó como un solo conflicto todos los habidos en el Norte en Diciembre

(2) Once primeros meses

en cuanto al número de conflictos, debido a que se contabilizaron independientemente todas las tensiones, paros, etc., que hubo en el sector de la construcción (fuertemente diversificado en empresas pequeñas) en la zona de Granada durante el mes de julio. En la conflictualidad de este año tuvo especial incidencia la situación conflictiva general —de un alto nivel de politización— que durante el mes de diciembre se desarrolló en Guipúzcoa (de los 501 conflictos contabilizados en esta zona durante 1970, 434 correspondieron a los hechos de diciembre). La evolución de la conflictualidad en los años 1971 y 1972 parece descender respecto a 1970; sin embargo, si observamos el período en su conjunto, la tendencia en casi todos los índices cuantitativos de medida de la conflictualidad —teniendo en cuenta la atipicidad del año 1970— se mantiene.

CUADRO NÚMERO 29

AÑOS	*Número de horas no trabajadas/número de trabajadores en conflicto*	*Número de horas no trabajadas/número de paros*	*Crecimiento P. N. B. %*
1966	39	13.686	8,1
1967	9	3.680	4,2
1968	14	6.231	5,7
1969	21	10.198	7,6
1970	18	5.464	6,8
1971	— (1)	— (1)	4,9
1972	34	10.292	7,7

(1) El Ministerio de Trabajo no ofrece en su Informe la valoración de las horas no trabajadas.

FUENTE: Informe sobre conflictos colectivos de trabajo, 1970, e Informes sobre política laboral 1971 y 1972. Ministerio de Trabajo.

En cualquier caso, algo que parece evidente es la evolución en los últimos años hacia planteamientos conflictivos más radicales y de mayor duración (los índices de paros en conflictos y número de horas no trabajadas por paros siguen una tendencia claramente creciente). Por ello, podemos decir que los aspectos cualitativos de la conflictualidad manifiesta son especialmente importantes en los últimos años. Conflictos como los de Seat, construcción, Bazán, Vigo, etc., lo demuestran claramente; conflictos que por su importancia cuantitativa y cualitativa consiguen altos niveles de generalización e incrementan fuertemente la conflictualidad latente. Otro aspecto cualitativo importante de los últimos años, es la incorporación de actividades de cuello blanco, como la Banca, y de profesiones liberales, como la medicina, indicadores de una extensión del conflicto en estratos sociales, que hasta ahora se habían mantenido al margen. Si ponemos en relación los *gráficos 1 y 2* con los *cuadros números 28 y 29* obtenemos la evolución real para el conjunto del período estudiado:

GRAFICO 2

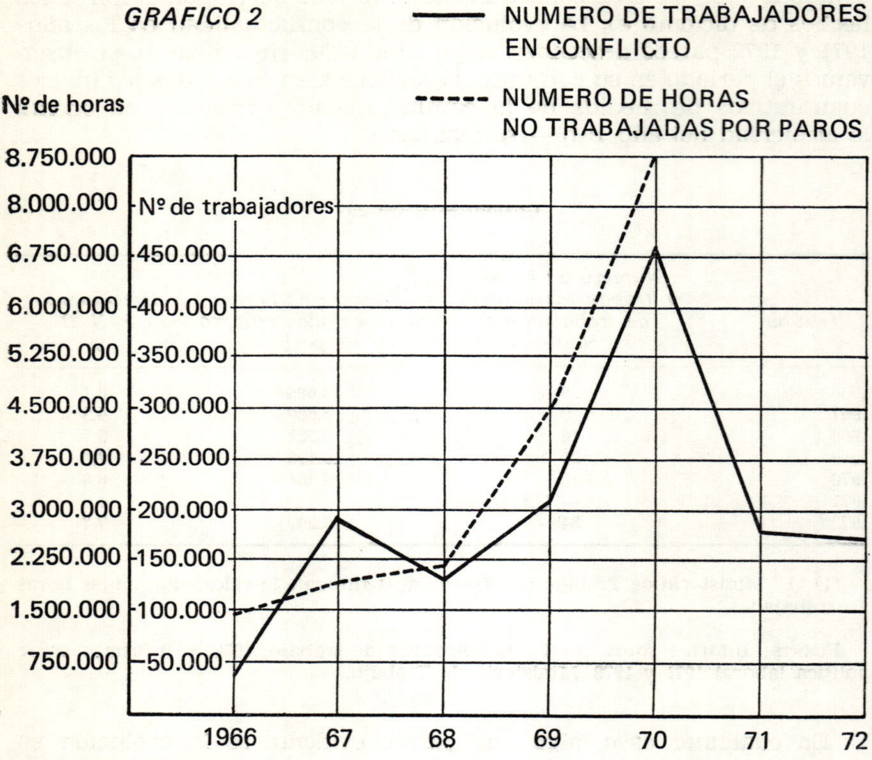

Fuente: Ministerio de Trabajo

— *Fuerte manifestación de los conflictos colectivos de trabajo a partir de la generalización en 1962 de los convenios colectivos* (para el período 1958-61 las cifras más significativas dan un total de 758 conflictos) [237].

— *Tendencia creciente en la intensidad conflictiva* —representada por las horas de trabajo perdidas y el número de paros por conflicto— y *relativo mantenimiento de la extensión cuantitativa del conflicto en los años 67-72,* a un nivel muy superior al alcanzado en el período 1962-1966 —representado por el volumen de conflictos y número de trabajadores en conflicto—.

[237] MARAVALL, J. M.: *Op. cit.,* pág. 92.

— *Clara relación entre la evolución de la coyuntura económica y la utilización estratégica de huelgas de corta duración.* Ante situaciones de mala coyuntura económica (bloqueo, paro, expedientes...) se hace necesario para los trabajadores minimizar el coste que les pueda representar. Así, 1967, 68 y 70 se caracterizan por este tipo de huelgas (ver *cuadro número 29).*

1.8.2.2. Distribución sectorial, geográfica. Motivaciones y conductas

● *Respecto a la distribución sectorial,* la conflictualidad está concentrada principalmente en el sector secundario. Como indica el *gráfico número 3,* metal, minería, textil, química y construcción son las ramas más conflictivas en el período 1968-1970. En los años 1971 y 1972 se mantienen estas tendencias generales; así, el 56,1 y 56,6 por 100 del total de conflictos contabilizados, respectivamente, en esos años, se centró en los sectores de fabricación de productos metálicos, minería, construcción y construcción de material de transporte, con la inclusión para el año 1972 del sector bancario [238]. Es de destacar el descenso en importancia a partir de 1968 de la rama de la minería, mientras que en la rama de la construcción es previsible una evolución creciente, aunque haya que corregirla con las afirmaciones dichas anteriormente para el año 1970. El conjunto de estas ramas representa en todo el período entre el 70 y el 90 por 100 de la conflictualidad.

● Esta concentración está en clara conexión con el *gráfico número 4,* el cual nos refleja la *distribución de los conflictos* colectivos entre *las diversas zonas.* Exceptuando el año 1970, las tendencias son bastantes uniformes: las zonas industrializadas que reúnen los sectores más proletarizados y conflictivos (metal, textil, química), representan entre el 70 y 80 por 100 de la conflictualidad. Por provincias, son Oviedo, Vizcaya, Guipúzcoa, Barcelona y Madrid las que alternativamente ocupan los primeros lugares en número de conflictos. Estas provincias representan alrededor del 60 por 100 del total de conflictos contabilizados en el período 1963-66, incrementándose el porcentaje hasta situarse en el 73 por 100 de media para el período de 1967-72. Es necesario destacar la situación de Navarra en los años 1971-72, donde la aparición de una industria joven, con un alto nivel de conciencia de la clase trabajadora, ha motivado un aumento de la situación conflictiva que la coloca inmediatamente después de las zonas tradi-

[238] Los datos disponibles para el año 71 y 72 son todavía muy insuficientes y de un alto nivel de agregación. Véase «Informe sobre la política laboral de 1971 y 1972», Ministerio de Trabajo, Madrid, 1972 y 1973.

GRAFICO 3

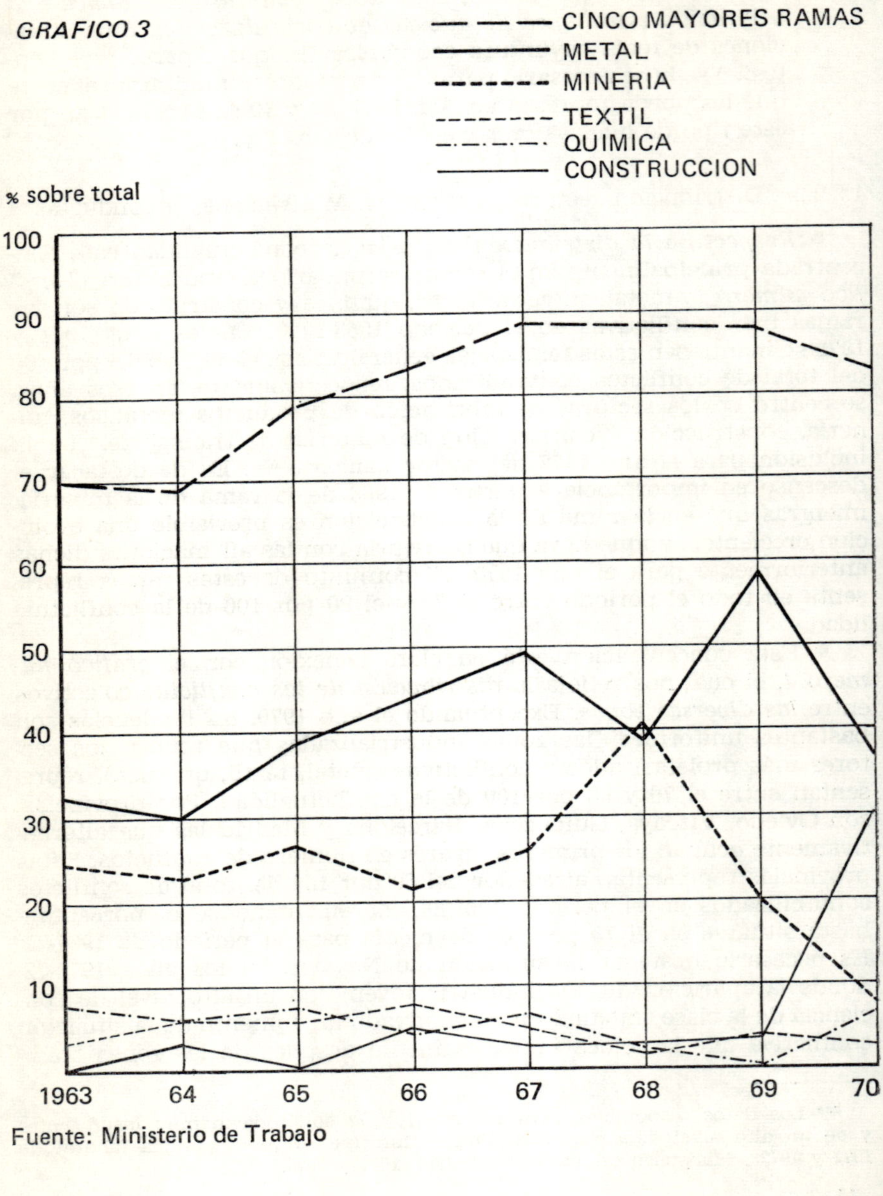

Fuente: Ministerio de Trabajo

GRAFICO 4

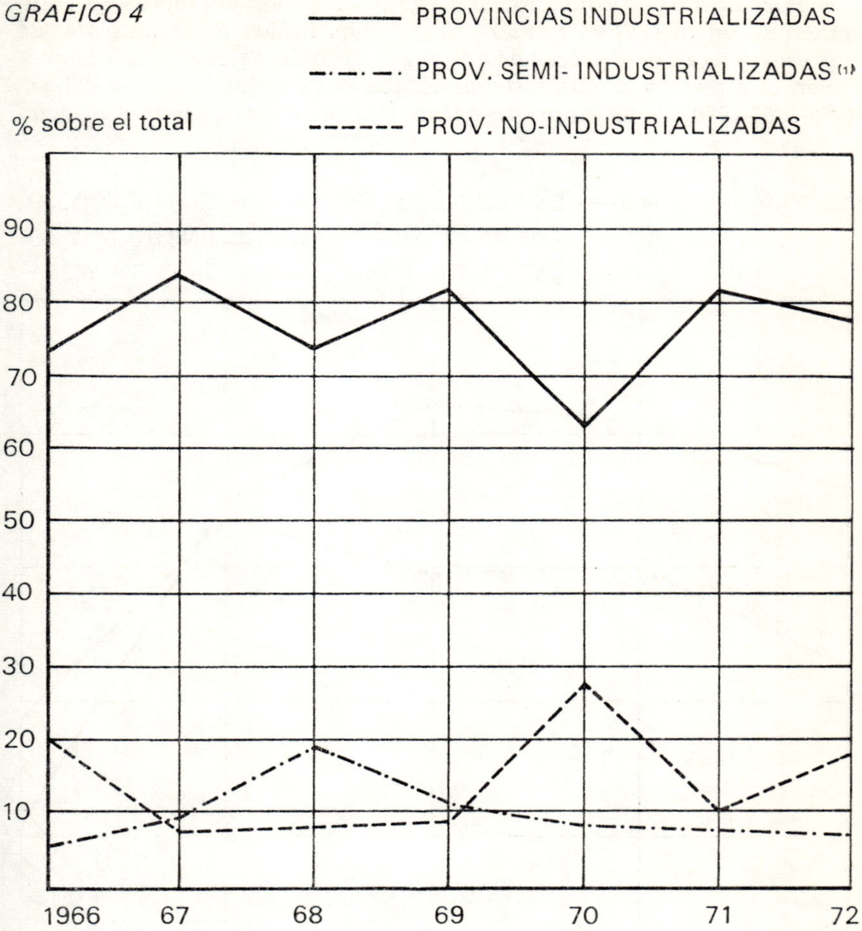

(1) Provincias industrializadas: Porcentaje de P. activa industrial superior al 39 %
" semi-industrializadas: " " " " " de 30 a 39 %
" no-industrializadas: " " " " " inferior al 30 %

Fuente: Ministerio de Trabajo

cionalmente conflictivas. Respecto a otras provincias hay que observar las tasas ascendentes de Valencia y Sevilla. Pontevedra, debido a los conflictos de Vigo, ocupa lugar importante en el pasado año, siendo previsible un incremento de su tasa media.

● Por último, esta distribución sectorial de los conflictos se complementa con el *gráfico número 5,* que nos indica el *tamaño de las empresas más conflictivas.* Las empresas de más de cien trabajadores reúnen el mayor porcentaje de conflictos para todos los años del período 1963-1970. Estas empresas serán, por otra parte, las que utilicen

GRAFICO 5

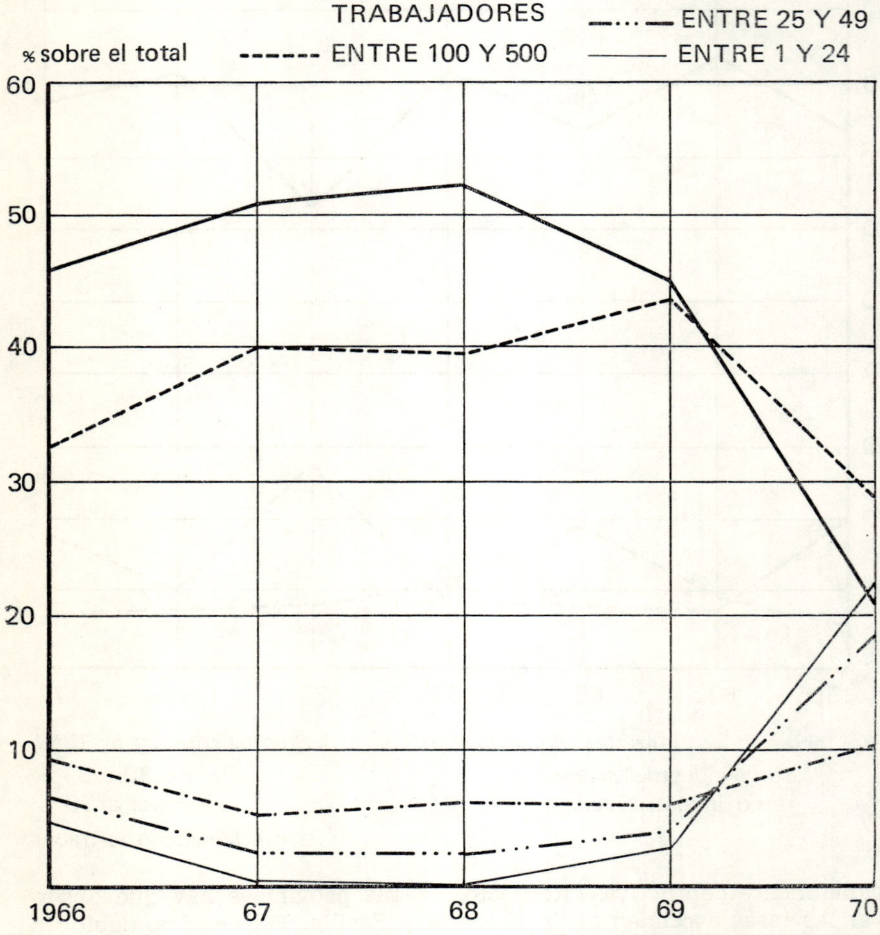

Fuente: Ministerio de Trabajo

los convenios de empresa. Nuevamente, el año 1970, por los conflictos en las pequeñas empresas de la construcción, significa una alteración de las tendencias de la conflictualidad en todos los tamaños. Lo más significativo es la tendencia a incrementarse la conflictualidad en las empresas de 100 a 500 trabajadores.

Esta distribución sectorial y provincial hay que completarla con las características de los conflictos en esas zonas. Evidentemente, no todos los conflictos tienen la misma significación ni el mismo poder de generalización o arrastre. De aquí que podamos decir que los núcleos conflictivos existentes se pueden clasificar en núcleos jóvenes o sectores en expansión (metal, transporte, química) con alto nivel organizativo de la clase trabajadora y núcleos tradicionales o sectores en fase de recesión (minería, textil). Generalmente, los conflictos del primer grupo serán conflictos ofensivos, mientras que los del segundo serán de tipo defensivo, muchas veces espontáneos, etc.

• *Más importante que los análisis anteriores es el de las motivaciones,* recogida su evolución en el *gráfico número 6.* Hay que advertir, sin embargo, que las motivaciones reales de los conflictos son siempre muy difíciles de evaluar, pues muchas veces las auténticas causas del conflicto no aparecerán como su motivación final, debido a que razones de orden estratégico de la clase trabajadora así lo aconsejan. Además, en nuestro caso, las restricciones de tipo legal impulsan a que sea necesario «arropar» con motivaciones estrictamente profesionales otro tipo de causas sociopolíticas. Por otra parte, la experiencia ha demostrado a los trabajadores que con reivindicaciones estrictamente profesionales, por la rigidez del sistema, se suele llegar a conflictos de tipo claramente político. Con esto no queremos decir que se deba achacar el conflicto laboral a la falta de flexibilidad de las instituciones jurídicas, pues por encima de ellas el conflicto persiste como respuesta a toda una política laboral; lo que sucede es que el propio sistema favorece su politización. En el *gráfico número 6* hemos recogido la evolución para el período 1963-70. Se puede observar la fuerte tendencia que, desde el año 1966, se produce en las motivaciones de tipo *político-social y de solidaridad.* Este incremento es también producido por la labor de explicitación del sistema que ha realizado la propia estructura de la negociación colectiva. En 1971 esta tendencia continúa estimándose en casi el 50 por 100 del total de conflictos los motivados por las causas anteriormente citadas [239].

Las motivaciones de *tipo económico* siguen representando un porcentaje importante que, por ser exigencias de la clase trabajadora ante la política laboral existente y por las razones antes expuestas,

---

[239] No disponemos todavía de datos sobre este tipo de motivaciones para 1972.

GRAFICO 6

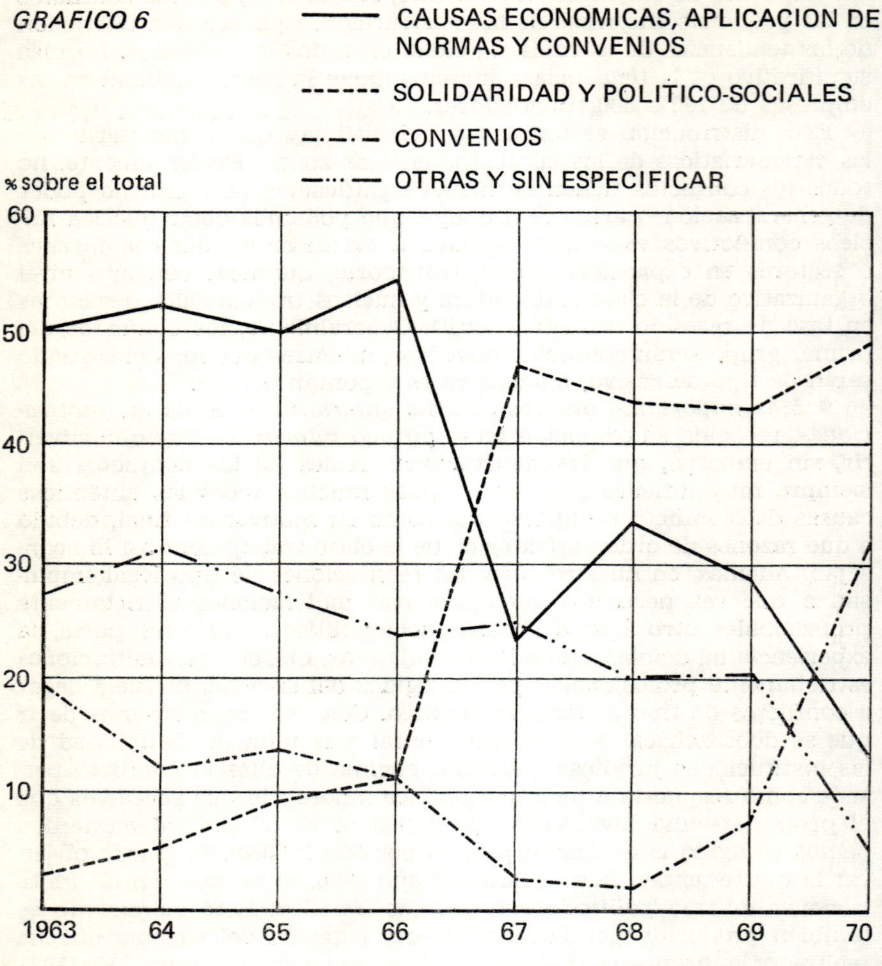

Fuente: Ministerio de Trabajo

no pueden considerarse como posturas reformistas. Estas reivindicaciones, estrictamente económicas, tienen especial importancia en los años de expansión económica (1963 y 1966). Del mismo modo, los pocos datos disponibles para 1972, nos indican que las motivaciones salariales ocuparon el segundo lugar en importancia respecto a las motivaciones de los conflictos manifestados. Los conflictos producidos estrictamente por los convenios están infravalorados en las estadísticas del Ministerio de Trabajo, ya que el convenio es un cauce general de todo tipo de motivaciones. Sin embargo, el mero hecho de que aparezcan dentro del grupo de motivaciones más frecuentes —aunque con porcentaje muy pequeño sobre el total— es significativo de que los propios «trámites negociadores» —prescindiendo de las reivindicaciones que formen su contenido— generan situaciones conflictivas. A partir de 1968 se produce un fuerte incremento de este tipo de motivaciones, siendo en 1972 el grupo más importante, alcanzando el 35 por 100 del total.

Ante estos hechos, no se puede afirmar que la contratación haya reducido el conflicto a un nivel meramente económico. El proceso ha sido el inverso; evidentemente, la negociación ha centrado el conflicto alrededor de las unidades negociadoras, manifestándose en el marco de la empresa, es decir, favoreciendo el conflicto de empresa, pero sus motivaciones han ido ligadas progresivamente a perspectivas más globales, lo cual es un índice claro del desarrollo de la cohesión y organización de la clase trabajadora.

- *Respecto a las conductas en que se han expresado los conflictos, el gráfico número* 7 nos muestra la progresiva radicalización de los mismos. El paro total aparece como la principal expresión del conflicto, con tendencia creciente hasta el año 1972, que desciende respecto al paro parcial. Las formas de tensión y otras por el estilo han dejado de tener importancia en la realidad conflictual española, pues las conductas abiertamente conflictivas (paro total, parcial) son su expresión más corriente. La relación paro (total y parcial) con motivación político-social o de solidaridad, es la que define básicamente el conflicto obrero desde 1967.

Después de este análisis, hay que concluir afirmando que la contratación colectiva ha supuesto, respecto a la situación anterior, un incremento en la organización de la clase trabajadora. Es claro que los conflictos manifestados entre 1951-1956 [240] —que fueron a su vez causa importante en el nacimiento del nuevo sistema de negociación— tenían un nivel de generalización mayor, pero ello no suponía que existieran las condiciones objetivas necesarias para un cambio social. Por el contrario, el progresivo desarrollo de las unidades conflictivas, su radicalización y politización a lo largo de esta nueva época, pueden

---

240 Simplemente con objeto de recordar algunos conflictos significativos de aquel período, citemos la huelga de transportes públicos, en marzo 1951, Barcelona; huelga de Euskalduna, en 1953; huelgas de Asturias, en 1956-1958; estado conflictivo general en 1956: Asturias, Guipúzcoa, Pamplona, Barcelona, Valencia y Madrid.

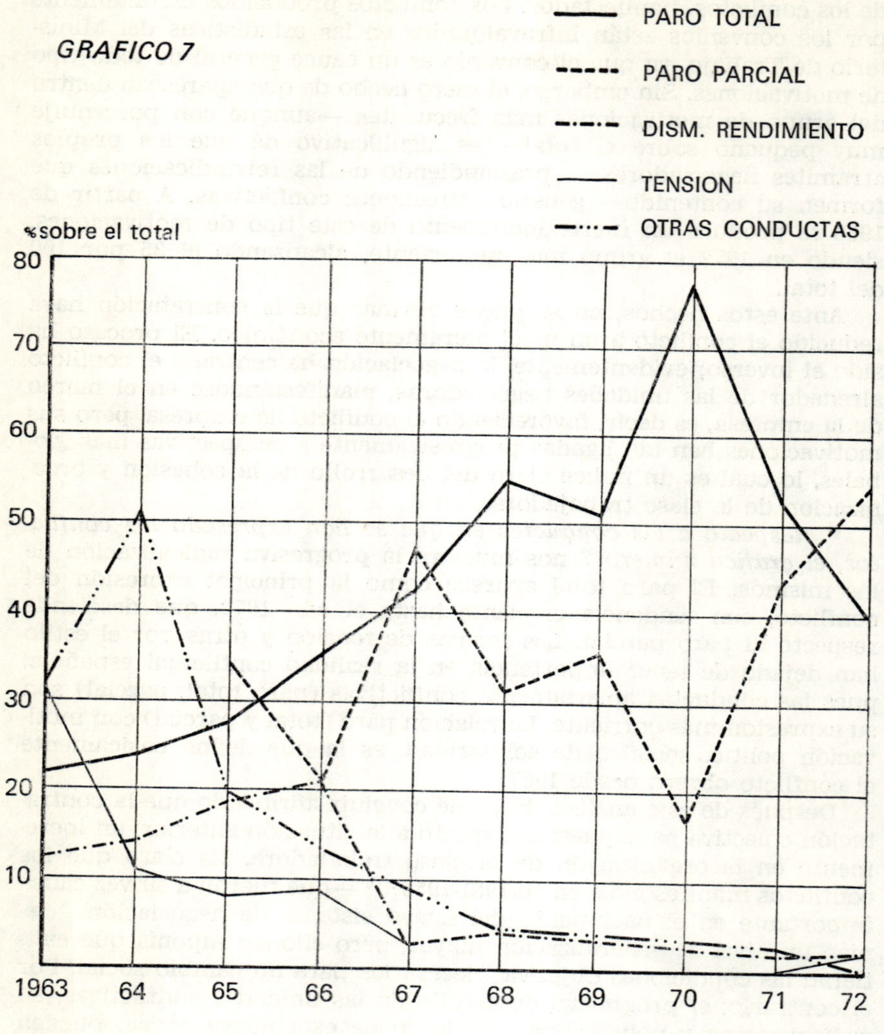

Fuente: Ministerio de Trabajo

posibilitar el paso a formas más generalizadas. De hecho, en la situación actual el cambio operado en el equilibrio de fuerzas está exigiendo al propio sistema una estructuración más «racional» de las relaciones laborales.

1.9. Conclusiones

Hemos pretendido esbozar una descripción interpretativa de la negociación colectiva y de su función en la compleja realidad del sistema de relaciones laborales de nuestro país. Sin intentar ahora resumir o esquematizar esa complejidad, sí creemos conveniente entresacar los siguientes aspectos o líneas de fuerza *a modo de primeras conclusiones del estudio realizado:*

I. El enfrentamiento de fuerzas que se produce en el convenio colectivo es consecuencia del *antagonismo interno* del sistema capitalista.

— Este antagonismo se desarrollará a *diversos niveles,* que dependen del estadio alcanzado en esa correlación de fuerzas.

— El sistema de negociación colectiva vendrá impulsado —en una determinada fase del desarrollo del sistema— por las *exigencias de racionalización del capital* y la *presión del movimiento obrero.*

II. En el caso específico de la formación social española, el agotamiento e inviabilidad de la vía nacionalista de desarrollo trajo como consecuencia un cambio en las *élites* de poder que plantearán la necesaria conexión con el capitalismo internacional como única vía posible de continuidad del sistema. Esta conexión exigía el incremento y racionalización de la «necesaria» *acumulación de capital* a través de métodos generadores de *plusvalía relativa.*

— Estos objetivos exigieron la *revisión* de la *política laboral* existente en el período anterior para adecuarla a estos nuevos objetivos. Así, la ley de Convenios Colectivos de 1958 representa el primer eslabón por el que se inicia la nueva fase de desarrollo del capitalismo español.

III. *Las razones* por las cuales el bloque dominante de la formación social española tomó esta decisión están directamente relacionadas con la necesaria flexibilidad del mercado de trabajo, en orden a concretar aquellos objetivos en los siguientes aspectos:

— Introducción de los *métodos de organización científica del trabajo* que solucionasen de la forma más rentable posible la relación dialéctica existente entre los necesarios cambios tecnológicos que se iban a introducir y la estructura de la mano de obra. La situación de la clase trabajadora permitió fácilmente la introducción de los *collective agreement,* con grandes ventajas (cambio negociado, flexibilización de plantillas, control de la propia clase trabajadora, etcétera) para la racionalización de la producción [241].

— Favorecer al máximo los *incrementos* de la *productividad* —necesarios para la competitividad de nuestro sistema industrial—, relacionándolos con los incrementos salariales, de tal forma que éstos —a pesar de los bajos niveles de partida— sean absorbidos por los primeros.

— Estos incrementos salariales —claramente vigilados y controlados— van a permitir, sin embargo, *el incremento del consumo,* tan necesario para el desarrollo que se iniciaba.

— Con estas bases se introducían los factores necesarios para desarrollar una política de *planificación indicativa.* De aquí que la *negociación* instaurada sea esencialmente *estática,* método a través del cual se puede garantizar el control de lo pactado. Al mismo tiempo se logró *evitar* —en gran parte— *los pactos internos* que desde 1956 se generalizaron e imposibilitaban, a corto plazo, un control de esas variables.

— Por último, se aseguró la *continuidad de la producción,* abriendo mínimos cauces legales a las presiones reivindicativas de la clase trabajadora, que habían surgido a partir de esas fechas.

— Merece también destacar —aunque con menos importancia que las causas anteriores— la necesidad de realizar *cambios formales* a *nivel institucional,* que favorecieran esa relación con el exterior.

IV. En cualquier caso, este conjunto de causas *no* hubiesen producido por sí solas la introducción del nuevo mecanismo. Para ello fue *factor fundamental* la *aparición,* a partir de los *años 1951-56* —con el resquebrajamiento del sistema anterior—, de un *alto nivel conflictual,* espontáneo y con bajo nivel de conciencia, pero que exigió establecer las medidas necesarias para su *control e institucionalización.*

V. Estas son las causas fundamentales que explican la implantación de la negociación colectiva dentro del sistema español de relaciones laborales. Ahora bien, esta implantación se produjo *sin cambios básicos* en el resto del *sistema,* dando por resultado un mecanismo

---

241 La misma fuente patronal que hemos citado en otras partes del estudio es tajante a este respecto: «Estos procesos de *racionalización* del trabajo y de *mecanización* de la producción y por ende las elevadas rentabilidades son las que han originado el *rápido crecimiento* de la economía española en la *década de los 60.* El papel de *control* y *mantenimiento* de esos elevados rendimientos lo han desempeñado los convenios colectivos con cierta eficacia relativa...» «Valoración empresarial de los convenios colectivos, 1958-1970», Acción Social Patronal, Madrid, 1972, pág. 117.

de *contratación colectiva específico:* control continuo del Estado, marco sindical rígido y falta de medios de presión de la clase trabajadora. Condicionamientos internos que aceleraron su carácter contradictorio y transformaron el significado y contenido de los convenios colectivos españoles en comparación con otros sistemas de negociación colectiva occidentales.

— Sobre estos condicionamientos estructurales se articularon una *serie de medidas de tipo coyuntural* que encauzan a la negociación hacia los fines perseguidos, evitando sus posibles desviaciones y reduciendo aún más su posible contenido. Tales medidas son, básicamente, la política de rentas iniciada con los Planes de Desarrollo y el salario mínimo interprofesional garantizado.

VI. Conviene, sin embargo, distinguir en la *evolución histórica* de la contratación colectiva en nuestro país *diversas fases* que corresponden con la evolución de las fuerzas antagónicas. Estas fases son:

— *1958-1962:* fase de *implantación,* con grandes dificultades por las consecuencias del Plan de Estabilización.

— *1962-1967:* fase de *generalización.* Utilización de los convenios por organizaciones sindicales extraoficiales; negociaciones fuera y dentro de los marcos legales; explicitación de las contradicciones internas del sistema implantado; incremento en la conflictualidad latente y manifiesta, con utilización extensiva de los mecanismos controladores (N. O. C., topes salariales, etc.).

— *1969-1972: endurecimiento de las negociaciones.* Cambio en la utilización de mecanismos controladores, se abandona una política indiscriminada, por un enfoque cualitativo del control (política de rentas, N. O. C., vigencias bianuales, etc.). Incremento y politización de la conflictualidad como consecuencia de la etapa anterior.

VII. *Los resultados obtenidos:*

a) Para la *clase empresarial* están perfectamente sintetizados por una organización patronal —aunque habría que matizar según sectores y zonas—, cuando, al dar un juicio valorativo de los convenios colectivos desde 1958 a 1970, dice: «Como revela el balance de datos, los *incentivos* a la *producción* y el aumento de los niveles de remuneración de los trabajadores han *sido importantes*... Junto a los incentivos puramente económicos, los convenios colectivos *instrumentaron una amplia red de estímulos a la producción*... De este modo, los convenios devienen un instrumento de *integración de los trabajadores* a la empresa y, de hecho, cerca de la mitad de los empresarios consultados manifiestan haber conseguido *resultados positivos en este sentido.* La consecución de estos resultados en orden a una elevación del grado de integración de los trabajadores a su empresa, es tanto más significativa por cuanto, como muestran los datos, en la inmensa mayoría de las empresas *dicha elevación se ha correspondido con una mejora de la productividad.* Este hecho muestra hasta qué punto los tres *resultados más inmediatos de la contratación colectiva* —aumento de la productividad, incentivación al rendimiento, integración de los trabajadores—, en la práctica se han revelado implicados entre sí»[242].

b) La clase trabajadora, por su parte, ha utilizado el mecanismo. El *nivel conflictual manifestado* se ha *incrementado fuertemente* durante la década, favoreciendo el *nivel organizativo y de conciencia.* Los conflictos de fábrica se han generalizado, posibilitando el paso a niveles superiores. El propio sistema contradictorio ha favorecido, en muchas ocasiones, este incremento conflictual y su *progresiva politización.* Estos efectos han producido el *endurecimiento actual* de las negociaciones, con el consecuente cambio en la correlación de fuerzas. La propia Organización Sindical muestra sus preocupaciones cuando analiza: «La realidad de estas mejoras en las condiciones de trabajo (introducidas por la contratación) no quita efectividad a la *agudización* de una tendencia *disociadora* entre los dos factores de producción. La relación entre partes y el desarrollo de la confrontación tiene lugar en los términos de una concepción materialista y capitalista... El diálogo obrero-empresarial empieza a reducirse, frecuentemente, a la pugna entre el poder empresarial de dirección, fundado en la propiedad, y el forcejeo obrero por la máxima apropiación de la plusvalía...»[243].

c) Este cambio en la correlación de fuerzas, con el consiguiente desbordamiento práctico de los marcos legales, ha producido, incluso, que desde determinados niveles oficiales y empresariales se esté *presionando para cambiar el sistema de negociación* y adaptarlo a las exigencias actuales[244]. Como exponente de ello puede ser relevante —teniendo en cuenta las diferentes situaciones y problemas de las empresas españolas— la postura de los dirigentes de empresa acerca de la necesidad de una revisión de la actual regulación que —según la encuesta realizada por A. S. E.— se manifiesta en un 80 por 100 en

---

[242] «Valoración empresarial de los convenios colectivos, 1958-1970», Acción Social Patronal. Edit. Conf. Cajas de Ahorro, Madrid, 1972, págs. 86 y 87.

[243] «Evolución Socio-Económica de España, 1971», Organización Sindical, Madrid, 1972, pág. 264.

[244] Ya que —desde la óptica empresarial—, «aunque sectores de empresarios reconozcan la necesidad de una renovación de la reglamentación laboral y de ciertos aspectos sobrepasados del sindicalismo, el principio de contratación colectiva sigue en pie por sus innegables posibilidades...» «Valoración empresarial de los convenios colectivos, 1958-1970», Acción Social Patronal, Madrid, 1972, pág. 117.

los empresarios industriales y en un 85 por 100 en los del sector servicios[245].

Este desbordamiento o «quiebra del sistema de contratación colectiva» es una manifestación más de las particulares contradicciones de la actual formación social española.

VIII. Ante esas circunstancias parece que la *situación actual* se caracteriza —desde el punto de vista empresarial— por la introducción de las siguientes medidas:

— Convenios de vigencia bianual o de mayor duración.
— Rapidez en las negociaciones.
— Reducción del contenido de los convenios a la cuestión salarial.

Medidas todas ellas encaminadas a evitar la potenciación del conflicto. Por su parte, la clase trabajadora, con un mayor nivel organizativo, potencia sus plataformas reivindicativas cara a los convenios, en las cuales —además de las reivindicaciones más generales de reunión, asociación, etc.— destacan las siguientes reivindicaciones inmediatas:

— Salario mínimo de 400 pesetas diarias.
— Incrementos salariales en igual cuantía para todas las categorías.
— Salario completo en las extraordinarias.
— Abolición de la habitualidad de las horas extraordinarias, con recargo del 100 por 100 sobre la hora ordinaria.
— Reducción de la jornada a las cuarenta horas semanales.
— Conocimiento de la productividad y demás variables de la empresa.

A partir de la discusión, elaboración de estas plataformas preparatorias de los convenios y de la propia negociación de los mismos, la clase trabajadora ha abierto un cauce a su acción reivindicativa que progresivamente va alcanzando niveles de superior generalización y politización.

---

[245] «Valoración empresarial de los convenios colectivos 1958-1970», Acción Social Patronal. Edit. Conf. Cajas de Ahorro, Madrid, 1972, págs. 112 y 113.

2. EVALUACION GLOBAL DEL AÑO

2.1. Evolución de los salarios

El incremento del nivel de actividad de la economía española a lo largo de 1972, ha repercutido en el ritmo de crecimiento de los salarios. La retribución media por hora trabajada en la industria y servicios —como indica el *cuadro número 30*— había reducido su

Cuadro número 30

EVOLUCION DE LA RETRIBUCION MEDIA POR HORA EN INDUSTRIA Y SERVICIOS

AÑO	*Retribución media por hora (ptas. corrientes)*	*Variación en porcentaje (1)*	*Retribución media real por hora (ptas. 1968)*	*Variación en porcentaje (1)*
1969				
1.er trimestre	30,97	8,6	30,63	—
2.º trimestre	32,16	10,6	31,81	—
3.er trimestre	38,85	14,5	37,93	—
4.º trimestre	38,53	12,5	36,76	—
Media	35,12	11,7	34,28	—
1970				
1.er trimestre	34,94	12,8	33,05	7,9
2.º trimestre	36,31	12,9	34,25	7,6
3.er trimestre	44,84	15,4	40,68	7,2
4.º trimestre	44,28	14,9	39,57	7,6
Media	40,10	14,1	36,88	7,5
1971				
1.er trimestre	40,33	15,4	35,31	6,9
2.º trimestre	42,20	16,2	36,19	5,9
3.er trimestre	50,47	12,6	42,69	5,0
4.º trimestre	49,94	12,8	41,25	4,2
Media	45,74	11,4	38,86	5,3
1972				
1.er trimestre	46,42	15,1	37,46	6,0
2.º trimestre	48,48	14,9	38,84	7,3
3.er trimestre	59,85	18,6	46,75	9,5

(1) Sobre el mismo período del año anterior.

Fuente: Elaborado a partir de las Estadísticas de Salarios del I. N. E.

tasa de crecimiento en términos reales durante todo el año 1971. La reactivación ha actuado elevando dicha tasa en los meses que se conocen de 1972, siendo su incremento en el tercer trimestre del año —según los datos provisionales del Instituto Nacional de Estadística— del 18,6 por 100 en términos monetarios sobre el mismo trimestre del año anterior. El último dato disponible, octubre de 1972, indica un 17,6 por 100 sobre el mismo mes de 1971.

Unas tasas de crecimiento tan elevadas en términos monetarios se ven reducidas, al expresarse en términos reales, debido a las fuertes variaciones de precios. De todas formas, un incremento en términos reales del 9,5 por 100 es el más alto de los tres últimos años.

Hasta ahora nos hemos referido a la estimación del salario-hora en la industria y servicios que realiza el I. N. E., pero en esta encuesta no se incluyen los salarios en la agricultura, sector que experimenta un ritmo menor de crecimiento (ver *cuadro número 31)*. Durante el período enero-noviembre de 1972, los salarios agrícolas tuvieron un incremento medio del 12,2 por 100, en términos monetarios, lo que supuso un aumento de la capacidad adquisitiva del 3,6 por 100.

CUADRO NÚMERO 31

INDICE GENERAL DE SALARIOS EN LA AGRICULTURA
(1964 = 100)

	1971	*1972*	*Incremento (1)*
Enero	204,9	225,0	9,8
Febrero	200,8	225,2	12,2
Marzo	202,0	228,2	13,0
Abril	206,8	229,3	10,9
Mayo	207,0	232,3	12,2
Junio	211,8	237,4	12,1
Julio	213,3	239,0	12,0
Agosto	216,6	243,6	12,5
Septiembre	218,4	246,6	12,9
Octubre	220,0	249,1	13,2
Noviembre	222,8	253,6	13,8
Diciembre	223,6	—	—

(1) Sobre el mismo mes del año anterior.

FUENTE: Ministerio de Agricultura.

El informe sobre política laboral de 1972[246] del Ministerio de Trabajo estima el siguiente crecimiento global de los salarios: «Es difícil aventurar en este momento el balance final de la evolución salarial en 1972 por faltar datos del I. N. E. sobre los últimos meses. Pero de los datos y tendencias conocidas puede deducirse que el crecimiento de los salarios por persona estará en torno al 15 por 100, y el del salario hora será algo más elevado por influencia del gran número de horas extraordinarias realizadas en el proceso expansivo de nuestra actividad productiva.»

La elevación del salario mínimo en 1972 quedó ya recogida en el *Anuario* correspondiente a 1971 (páginas 161 a 185). Para 1973, liberado —en parte— este instrumento de su función recaudadora de la Seguridad Social, por la aplicación de la ley de financiación y perfeccionamiento de la acción protectora de la Seguridad Social, mostrará si en realidad su incremento va a adaptarse a la satisfacción de las necesidades mínimas o, por el contrario, servirá como punto de partida a una política salarial restrictiva.

Para analizar la evolución salarial, el estudio de las estadísticas de salarios del I. N. E. no es suficiente, puesto que, por una parte, excluye sectores de actividad —como agricultura y algunos servicios— y, por otra parte, como indica el mismo I. N. E. en su publicación *La renta nacional en 1971 y su distribución*[247]: «El nivel de salarios por persona puede variar, aun manteniéndose el salario por hora constante, por efecto de los siguientes factores actuando conjunta o separadamente:

— Variación en el número de horas extraordinarias.

— Cambios en la distribución por sectores del conjunto de asalariados.

— Evolución de la estructura profesional de los asalariados.»

Las causas de subidas salariales, anteriormente citadas, no corresponden a un incremento de salarios, sino a una mejora del producto ofrecido en el mercado: el trabajo. El trabajo ofrecido, o lo es de un mayor precio como son las horas extraordinarias, o bien, es de una mejor calidad, cambios hacia otros sectores y mejoras de calificación. En definitiva, como afirma Naredo y Leguina[248]: «Los salarios crecen, pero una parte de ese crecimiento se debe a que el trabajo suministrado por los asalariados es cada vez de mejor calidad y no a las subidas salariales propiamente dichas.»

---

[246] Ministerio de Trabajo: «Política laboral 1972», pág. 10.

[247] Instituto Nacional de Estadística: «La Renta Nacional en 1971 y su distribución», pág. 65.

[248] NAREDO, J. M. y LEGUINA, J.: «Precios y salarios: una difícil comparación», en *Triunfo*, núm. 534, 24 de febrero de 1973, pág. 17.

La correcta comparación entre precios y salarios exige que las remuneraciones consideradas sean aquellas que retribuyen un mismo tipo de trabajo, eliminándose pues los incrementos retributivos que se pueden imputar a la realización de horas extraordinarias y a las mejoras cualitativas del trabajo ofrecido, sean de cualificación o sean trasvases de mano de obra entre sectores. Ello exige que la comparación se realice, bien previa depuración del efecto causado por las horas extraordinarias y los cambios de puestos de trabajo, o bien mediante unas estadísticas que nos indiquen las retribuciones a lo largo del tiempo para unos mismos puestos de trabajo. La primera vía no es aplicable para 1972, puesto que aún no ha aparecido el estudio de distribución de la renta nacional. Además, la estimación de horas extraordinarias hecha en la encuesta de salarios del I. N. E. no parece ajustarse a la realidad expansiva de la economía española en 1972. En el segundo trimestre de 1971, en pleno estancamiento, las horas extraordinarias suponían el 4,07 por 100 del total de horas recogidas en la encuesta, porcentaje que se incrementa tan sólo al 4,38 por 100 en el segundo trimestre de 1972, en pleno auge.

Por tanto, el incremento aplicable es la comparación en base a las retribuciones pactadas en los convenios colectivos y normas de obligado cumplimiento, puesto que recogen las variaciones de retribución que se aplican a unos puestos de trabajo sensiblemente estables. La Subcomisión de Salarios del Ministerio de Trabajo elabora trimestralmente un informe titulado *Evolución de las rentas salariales y de su poder adquisitivo*, cuyas conclusiones recogemos en el *cuadro número 32*. En la elaboración de dicho cuadro se han eliminado los incrementos salariales, que —por acuerdo de la Subcomisión de Salarios— se demoran en su aplicación hasta el segundo año de vigencia del convenio. Como podemos apreciar, los salarios pactados en el año se incrementan el 9,3 por 100 en términos monetarios, lo que significa un incremento de tan sólo el 0,99 por 100 en la capacidad de compra de los trabajadores afectados. La evolución a lo largo del año se ha caracterizado por su importante avance en el primer trimestre, siguiendo posteriormente un ritmo menor en el resto del período.

La distribución provincial de los incrementos salariales pactados en convenios y normas de obligado cumplimiento, demuestra que este mecanismo no es neutral respecto a la distribución espacial de las rentas. Los informes de la Subcomisión de Salarios muestran los incrementos trimestrales pactados en cada provincia, aunque falta una media anual por cada provincia. Las provincias que no superan en ninguno de los trimestres la media nacional son las siguientes: Cáceres, Sevilla, Córdoba, Málaga, Granada, Albacete, Valencia, Cas-

CUADRO NÚMERO 32

VARIACION DE LOS SALARIOS ESTABLECIDOS EN CONVENIOS Y NORMAS DE OBLIGADO CUMPLIMIENTO EN 1972

	Normas y convenios	*Trabajadores afectados*	*Crecimiento medio ponderado de los salarios pactados para el próximo año (1)*	*Incremento del coste de vida respecto a la media del mismo trimestre del año anterior (2)*	*(1) deflactado con arreglo a (2)*
Trimestre 1.º ...	371	1.155.159	11,4	8,5	2,60
Trimestre 2.º ...	610	1.221.689	7,0	7,2	— 0,20
Trimestre 3.º ...	329	778.768	9,7	9,2	0,40
Trimestre 4.º ...	365	834.850	9,8	8,1	1,50
Año 1972	1.675	3.990.466	9,3	8,3	0,99

FUENTE: Elaboración propia en base a datos del Ministerio de Trabajo.

tellón, Lérida, Zaragoza, León y Orense. La ubicación de provincias como Zaragoza y Valencia dentro de este grupo, resulta explicable por la gran aplicación de la norma de obligado cumplimiento en estas provincias, lo que es coherente con lo descrito en el apartado 1.5. de este mismo capítulo. En términos generales, se puede afirmar que las provincias que tienen mayores incrementos en las retribuciones pactadas son también aquellas de mayor crecimiento de la renta provincial.

Con estos datos podemos concluir que, el incremento anunciado por el Ministerio de Trabajo del salario por persona en torno al 15 por 100, se distribuye de la siguiente manera: incremento debido a la subida de salarios en los mismos puestos de trabajo, el 9,3 por 100, siendo el resto debido a la realización de horas extraordinarias y variaciones en puestos de trabajo.

La adecuada valoración del incremento del salario por persona hay que realizarla dentro del contexto global del año económico. Dado que el crecimiento del producto interior bruto al coste de los factores ha sido el 7,7 por 100 —como se analiza en el capítulo 1 de esta misma obra—, incremento superior al anunciado para el salario por persona (alrededor del 15 por 100 —en términos monetarios—, según el Ministerio de Trabajo), se puede prever que la participación del trabajo en la renta nacional descienda, a no ser que el incremento de asalariados cubriera la diferencia, lo que no parece probable considerando el incremento de empleo del año. Esta hipótesis parece confirmarse por la evolución del consumo privado, magnitud cuyo incremento del 6,5 por 100 —inferior a la variación del producto interior bruto— es muy significativo, dada la gran repercusión que tienen las variaciones de las retribuciones salariales sobre el consumo privado. Nos referimos, dentro de la retribución total de los asalariados, a la partida sueldos y salarios, que, como se sabe, forma, junto con las contribuciones a la Seguridad Social, la retribución total de los asalariados dentro de la renta nacional. Como hemos señalado anteriormente —ver cuadro número 8—, el incremento de la participación se ha producido a través del aumento de las contribuciones de la Seguridad Social, tendencia que creemos se va a mantener en el presente año.

2.2. Evolución del empleo

El empleo ha seguido la tónica general del año económico. La reactivación se ha dejado sentir también en este indicador, y, como consecuencia de ella, los niveles de paro inquietantes que se alcanzaron a final de año han disminuido. El desempleo estimado a finales de 1972 era de 203.146 personas, representando el 1,58 por 100 de la población activa, en comparación con los 268.862 trabajadores, y el 1,96 por 100 de la población activa a 31 de diciembre de 1971.

El descenso del paro no ha sido constante a lo largo del año, sino un fenómeno característico del segundo semestre. Así, los meses de

Cuadro número 33

DESEMPLEO ESTIMADO
(Trabajadores en paro)

	31-XII-72	*31-XII-71*
Agricultura	32.038	63.955
Industria	71.342	80.837
Construcción	62.387	84.793
Servicios	37.379	39.277
Total	203.146	268.862
Porcentaje sobre poblacion activa	1,58	1,96

Fuente: Ministerio de Trabajo.

enero y febrero se caracterizaron por un incremento del nivel de desempleo, que alcanzó, a finales de febrero, el 2 por 100. Posteriormente, los tres siguientes reflejaron un ligero descenso, pero manteniéndose aún tasas elevadas y, a partir del mes de junio se puede afirmar que el paro disminuye claramente, situándose en cotas inferiores a las registradas en los mismos meses del año anterior.

La distribución por sectores (ver *cuadro número 33)* revela la importancia de la disminución en agricultura y construcción. El descenso de paro en la agricultura alcanza en diciembre —por razones de coyuntura favorable— la reducción más fuerte del año 1972, como indica el *cuadro número 34*. El paro agrícola tiene una distribución

CUADRO NÚMERO 34

ESTIMACION DEL PARO AGRICOLA
(miles de personas)

	1971	*1972*	*1972 / 1971 = 100*
Enero	88,4	66,4	75,1
Febrero	67,4	70,3	104,3
Marzo	56,8	65,1	115,6
Abril	56,3	45,7	81,2
Mayo	51,2	37,8	73,8
Junio	29,1	28,0	96,2
Julio	22,7	26,7	117,6
Agosto	27,1	28,5	105,1
Septiembre	31,1	30,4	97,7
Octubre	43,9	35,1	80,0
Noviembre	63,3	41,2	65,1
Diciembre	64,1	32,0	49,9

FUENTE: Ministerio de Agricultura.

provincial claramente definida y centrada en Andalucía, Extremadura y Levante, abarcando alrededor de las tres cuartes partes del total de parados.

En el sector de la construcción, la disminución del paro ha sido también especialmente sensible. En esta actividad, la recuperación del nivel de inversiones repercute con mucha más fuerza y, en consecuencia, la reducción del desempleo ha sido del orden del 26,5 por 100. El incremento del nivel de actividad del sector se ha canalizado en gran medida hacia aumentos de productividad más que incremento de puestos de trabajo (véase como ejemplo significativo la relación entre variación de puestos de trabajo y volumen de obra realizada de Dragados y Construcciones, S. A., la mayor empresa del sector).

Dentro de la distribución espacial del paro, existen provincias a las que la reducción les ha afectado en menor medida. El *cuadro número 35* recoge aquellas provincias con porcentajes de paro sobre la población activa superiores al 2 por 100. Como se puede apreciar, la concentración geográfica se da en la mitad sur, provincias andaluzas, con la excepción de Almería, y las inclusiones de Badajoz, Murcia y Alicante. Es interesante destacar cómo en Málaga, provincia de mayor coeficiente de paro, el crecimiento de los salarios acordados en convenios y normas ha sido inferior —en tres de los cuatro trimestres del año— al crecimiento del coste de vida, y en el segundo trimestre del año lo supera en el 0,5 por 100 tan sólo.

CUADRO NÚMERO 35

DISTRIBUCION PROVINCIAL DEL PARO

PROVINCIAS	*Porcentaje de paro sobre la población activa provincial*
Málaga	7,63
Huelva	6,99
Cádiz	5,18
Sevilla	3,99
Alicante	3,31
Jaén	3,13
Badajoz	2,60
Córdoba	2,56
Murcia	2,45
Granada	2,40

FUENTE: Servicio de Colocación de la Organización Sindical. Datos al 20 de junio de 1972.

Las diez provincias que se recogen en el mencionado cuadro, reúnen un volumen de paro de 101.520 personas, lo que supone el 46 por 100 del paro estimado. Si nos centramos en las cuatro provincias de mayor coeficiente (Málaga, Cádiz, Huelva y Sevilla), se concentra el 27 por 100 del paro estimado del país.

El desempleo presenta en nuestro país características especialmente graves, debido a las deficiencias del seguro de desempleo.

La Organización Sindical[249] calcula que durante el primer semestre del año solamente el 51,1 por 100 del paro estimado en la industria y servicios ha estado acogido a sus prestaciones. Hecho que se ve agravado por la insuficiencia de las prestaciones que, como se sabe, es el 75 por 100 de la base tarifada, que con el progresivo alejamiento de las bases respecto a salarios reales, causan unas prestaciones que se aproximan al 30 ó 40 por 100 de los salarios reales. La ley de Seguridad Social de 1972 ha suprimido las bases tarifadas, sustituyéndolas por un salario de cotización más próximo al salario real.

La emigración exterior —piedra angular de la política de empleo— ha experimentado también las repercusiones coyunturales. La emigración asistida a Europa ha sido, en el año, 103.241 emigrantes, en tanto que la emigración asistida a ultramar suponía 6.513 emigrantes. Suponen estos datos una reducción del 18,3 por 100 en la emigración transoceánica y un 8,4 por 100 en la europea.

Los datos de empleo disponibles en la actualidad, muestran que su incremento ha sido limitado. El crecimiento del empleo industrial ha sido del 2 por 100, cifra reducida para un crecimiento del producto nacional bruto del 7,7 por 100. La característica del año ha sido un fuerte incremento de la productividad, así, la productividad industrial se incrementó el 8,5 por 100 por persona ocupada y el 9,8 por 100 en relación a las horas trabajadas. Si aplicamos la regla de la política de rentas, la relación de los salarios con la productividad, vemos que el crecimiento real de la retribución media por hora se sitúa por debajo del incremento de la productividad. En efecto, el 9,8 por 100 de incremento de productividad supera los incrementos reales del salario-hora en los tres trimestres disponibles (6,0, 7,3 y 9,5 por 100). Además, hay que considerar que dentro de la estadística de salarios del I. N. E., sólo se consideran empresas de más de 10 trabajadores, lo que supone una evidente supravaloración.

2.3. Nueva ordenación legal de la Seguridad Social

El acontecimiento legal más importante, desde el punto de vista laboral, ha sido la promulgación de una nueva normativa sobre la Seguridad Social. La ley de financiación y perfeccionamiento de la acción protectora del Régimen General de la Seguridad Social de 21 de junio de 1972 y sus disposiciones complementarias, tales como los

---

[249] Congreso Sindical: «Informe del secretario general sobre las actividades generales de la organización y análisis de la coyuntura sindical en el primer semestre de 1972», Comisión Permanente, 14 de julio de 1972, pág. 22.

decretos de 23 de junio de 1972 sobre cotización, 23 de junio de 1972 sobre prestaciones, órdenes de 30 de junio de 1972 sobre normalización de bases de cotización, de 30 de junio de 1972 sobre tipos de cotización y 30 de junio de 1972 sobre cotizaciones, establecen cambios importantes en la estructuración de la Seguridad Social. Por todo ello, creemos importante desarrollar en estas páginas las modificaciones surgidas en la estructura de los seguros sociales en nuestro país, en la medida que alteran la situación que describíamos en esta misma publicación en el año anterior (ver *La economía española 1971*, Edicusa, págs. 118 a 160).

2.3.1. *Obtención de recursos*

De las diferentes fuentes de financiación utilizadas por la Seguridad Social, la más importante, cuantitativamente, ha sido la modificada por la ley. Se establece una base de cotización única para todas las contingencias, que estará formada por la remuneración total —cualquiera que sea su forma o denominación— que perciba el trabajador. No obstante, la ley permite que queden exentas de cotización las siguientes retribuciones:

a) Dietas de viaje, gastos de locomoción, plus de distancia y plus de transportes urbanos.

b) Las indemnizaciones por fallecimiento y las correspondientes a traslados, suspensiones y despidos.

c) Las cantidades que se abonen en concepto de quebranto de moneda y las indemnizaciones por desgaste de útiles o herramientas y adquisiciones de prendas de trabajo.

d) Los productos en especie concedidos voluntariamente por las empresas.

e) Las percepciones por matrimonio.

f) Las prestaciones de la Seguridad Social y sus mejoras.

g) Las horas extraordinarias, salvo para la cotización por accidentes del trabajo y enfermedades profesionales.

Sobre este salario base, concepto próximo al de salario real, se aplicará un tipo impositivo —a determinar— para la obtención de la cotización.

No obstante, durante un período de tiempo que alcanza hasta el 1 de abril de 1975, el sistema antiguo (base tarifada) y el sistema moderno (cotización sobre salario) coexistirán. A partir de dicha fecha se establecerá un tipo único para la totalidad de la base de cotización.

Hasta el 1 de abril de 1973 —fecha en que deberán variarse los tipos de cotización, incrementándose la cotización sobre salario y disminuyendo la cotización sobre base tarifada—, los tipos de cotización son el 50 por 100 sobre la base tarifada en función del salario mínimo y el 10 por 100 sobre la base fijada en función de la retribución percibida.

Los tipos y distribución de la cotización entre las diversas contingencias protegidas se muestran en el *cuadro número 36.* Es interesante destacar cómo el incremento de ingresos proveniente de la base complementaria se produce en las contingencias administradas por el mutualismo laboral, incapacidad laboral transitoria y desempleo, prestaciones todas ellas que han sido elevadas por la presente ley. En cualquier caso, será necesario conocer los resultados económicos de la nueva gestión para apreciar si el incremento en las prestaciones se adecúa a la variación de los ingresos.

Desde la entrada en vigor de la ley (1 de julio de 1972) y hasta el 31 de marzo de 1973, la base complementaria individual no podrá ser superior al importe de la correspondiente base tarifada. Pese a la aproximación realizada en torno al salario real, el régimen de accidentes de trabajo y enfermedades profesionales sigue manteniendo, tanto a efecto de cotización como de prestaciones, la totalidad de retribuciones —incluyendo horas extraordinarias— como base.

2.3.2. *Pensiones y prestaciones*

En general, las prestaciones se determinarán en función de las nuevas bases por las que se cotice. Además, se establece la revalorización periódica por el Gobierno, de las pensiones reconocidas de jubilación, incapacidad permanente o muerte y supervivencia. El aumento se determinará considerando, «entre otros factores indicativos, la elevación del nivel medio de los salarios, el índice del coste de la vida y la evolución general de la economía, así como las posibilidades del sistema de la Seguridad Social» (art. 5.º de la ley). Es importante que se establezca la revalorización de las pensiones, pero aún lo es más que se indique claramente la periodicidad de las elevaciones y los criterios seguidos en su determinación. En cualquier caso, tememos —recordando mecanismos de revalorización similares— que, por la excesiva vaguedad de los términos, las revalorizaciones se produzcan muy de tarde en tarde y de modo insuficiente.

Asistencia sanitaria

La modificación más importante en esta contingencia es la extensión de la protección a los trabajadores comprendidos en la tarifa

CUADRO NÚMERO 36

COTIZACIONES Y DISTRIBUCIONES ENTRE LAS CONTINGENCIAS ASEGURADORAS

(Período 1 julio 1972-1 abril 1973)

Contingencias o situaciones protegidas	*Base tarifada*			*Base complem. individual*		
	Empresa	*Trabaj.*	*Total*	*Empresa*	*Trabaj.*	*Total*
nstituto Nac. Previsión:						
Asistencia sanitaria por enfermedad común o accidente no laboral	13,90	2,50	16,40	0,20	0,05	0,25
2.1. Incapacidad laboral transitoria derivada de enfermedad común o accidente no laboral	1,50	0,50	2,—	1,65	0,25	1,90
2.2. Invalidez provisional derivada de enfermedad común o accidente no laboral	0,20	0,20	0,40	0,20	0,05	0,25
Protección a la familia ...	12,—	0,50	12,50	—	—	—
Desempleo	1,70	0,30	2,—	1,65	0,25	1,90
Asistencia Social y Servicios Sociales	0,20	—	0,20	—	—	—
utualismo Laboral:						
Invalidez permanente. Muerte y supervivencia derivadas de enfermedad común. Vejez. Asistencia Social. Acción formativa y demás Servicios Sociales	5,—	2,—	7,—	1,75	0,25	2,—
Compensación intermutualista	5,—	1,—	6,—	2,25	0,75	3,—
ortación a Regímenes Especiales:						
Aportación a los Regímenes especiales Agrario y de los Trabajadores del Mar	2,50	1,—	3,50	0,70	—	0,70
TOTALES	42,—	8,—	50,—	8,40	1,60	10,—
ota Sindical	1,50	0,30	1,60			
rmación Profesional	0,67	0,13	0,80			

primera —ingenieros y licenciados—, que anteriormente quedaban excluidos de la asistencia.

La disposición final, párrafo segundo, afirma: «Asimismo, sin otro trámite, el Gobierno y el Ministerio de Trabajo, en la esfera de sus respectivas competencias, introducirán las normas reguladoras de la prestación de asistencia farmacéutica, cualquiera que sea el rango de las mismas, las modificaciones que resulten precisas para lograr, con la colaboración de la Organización Sindical, el perfeccionamiento de dicha prestación y la reducción del creciente incremento de los costes globales de aquélla.» Ante la inquietud por las continuas elevaciones del coste de la prestación farmacéutica, en la que tienen un papel preponderante el alza de los precios, la ley concede lo que ha sido acertadamente definido como «un cheque en blanco al Gobierno». El tema de la expansión de los gastos farmacéuticos sigue sin abordarse y constituye, además de uno de los problemas financieros más graves de la Seguridad Social, una importante fuente de beneficios para el sector industrial de mayor capacidad de acumulación en la última década.

Incapacidad laboral transitoria

La modificación más importante es la introducida en las condiciones temporales de la enfermedad para tener derecho a recibir la prestación. La duración mínima de siete días, que anteriormente se establecía para tener derecho a la prestación económica, se suprime. En la nueva ley, el subsidio se empieza a percibir a partir del cuarto día de enfermedad. La modificación de este requisito está siendo ampliamente debatida dentro de la campaña suscitada contra el absentismo.

Invalidez permanente

Las prestaciones económicas a inválidos parciales o totales se extienden con independencia de su edad y contingencia originaria. Se establecen prestaciones económicas por invalidez permanente parcial durante 24 mensualidades. Pensión vitalicia o indemnización excepcional a menores de 60 años para inválidos permanentes totales, con posibilidad de incrementar el 20 por 100 para personas con 55 años y dificultades de encontrar empleo.

Vejez

Se sustituye el antiguo sistema de nivel mínimo nacional y nivel complementario profesional por una prestación unificada consistente en el 100 por 100 de la base de cotización, cuando se ha cumplido los 35 años de cotización, reduciéndose un 2 por 100 por cada año que falte.

Muerte y supervivencia

Desaparecen las condiciones que se exigían a la viuda: haber cumplido la edad de 40 años, o estar incapacitada para el trabajo, o tener hijos del cusante con derecho a pensión. Consecuentemente, también desaparece el subsidio temporal que recibía la viuda que no cumplía las condiciones anteriores.

Protección a la familia

Se amplía el colectivo protegido con la inclusión de los hijos ilegítimos y la de los pensionistas y demás perceptores de prestaciones periódicas.

III.

LAS RELACIONES ESPAÑA-C. E. E. A LA LUZ DE LA OPINION PUBLICA

INTRODUCCION

Una reciente encuesta realizada entre diversas personalidades españolas, y publicada en el diario *Informaciones,* lo confirmaba: la eventual integración de España en la Comunidad Económica Europea ha sido una de las cuestiones clave sobre la que más se ha hablado y escrito durante 1972. Diez años después de la iniciación de conversaciones entre nuestro país y la Comunidad Económica Europea, el tema, pues, atrajo sobremanera la atención de tirios y troyanos y por muchas y profundas razones —y no precisamente por el hecho de que se conmemorara el décimo aniversario de la ya célebre carta del ministro Castiella— se convirtió en un especial *leit-motiv* en torno al cual se fueron pronunciando los distintos sectores del país.

Porque, actuando en cierto modo como telón de fondo, y, al tiempo, estando siempre en el primer plano de cuantos análisis se han ido haciendo acerca de la marcha de la economía española en los últimos meses, el tema de las relaciones de España y la Europa comunitaria polarizó con fuerza el interés y la atención de la opinión pública y, en definitiva, sirvió para que, a través de él, se fueran perfilando con bastante nitidez diversos talantes y actitudes tanto de los miembros de la Administración como de aquellos portavoces de la vida nacional que, en alguna manera, son representativas de determinados sectores del país.

El hecho tiene una indudable importancia, y por ello, en las páginas que siguen, hemos intentado recoger lo más significativo de cuantas opiniones se han vertido en los medios de comunicación de masas españoles sobre el tema. Ciñéndonos, por evidentes razones de espacio, a lo más significativo, y para proporcionar al lector una mayor claridad, hemos agrupado en distintos bloques, las opiniones de los distintos miembros del Gobierno, las de los economistas y políticos españoles que se han pronunciado sobre el problema, las de los empresarios y, finalmente, las de las diversas personalidades europeas que, tanto en sus visitas a nuestro país como desde el suyo propio, han expresado su criterio en torno a estas debatidas relaciones que, situadas actualmente en el plano de un acuerdo preferencial que se tendrá que readaptar a la nueva faz de la Europa comunitaria, desborda ampliamente los límites de unos meros problemas de comercio exterior.

1. LA ADMINISTRACION FRENTE A EUROPA

1.1. La «vocación» europea

A lo largo de 1972 —diez años después de la carta del ministro de Asuntos Exteriores español Fernando María Castiella solicitando la asociación de España a la Comunidad Económica Europea— diversas personalidades de la Administración española expresaron su opinión en torno a las relaciones de nuestro país con la C. E. E. Pocas veces un tema ha merecido tanta y tan insistente atención por parte de las autoridades del país y, en consecuencia, pocas fueron las que no se pronunciaron sobre él.

Porque, en efecto, con mayor o menor claridad —léase con mayor o menor oscuridad— y con mejor o peor fortuna en la exposición de sus argumentos, relevantes cargos de la Administración fueron dando a conocer ante la opinión pública su parecer sobre el debatido problema, con lo que, de alguna manera, contribuyeron a definir la posición oficial y, de otro lado, a sembrar, en determinados casos, cierto desconcierto y confusión acerca de los verdaderos objetivos del Gobierno, de los obstáculos de uno y otro orden que se levantan y dificultan un normal acceso de nuestro país a la C. E. E. y, finalmente, de la postura adoptada por las autoridades comunitarias ante las negociaciones con España.

En este sentido, el diario *Informaciones* decía al comienzo del pasado año:

> «Quince años después de la firma del Tratado de Roma, la postura española ante la Europa comunitaria no es transparente. Quizá sea defecto nuestro; pero nos resultaría muy difícil hacer un análisis político del talante con que España ha afrontado el reto de la Unión Europea. El final de la década de los años cincuenta se distinguió por nuestro escepticismo oficial ante la C. E. E.; posteriormente, el ministro Castiella envió al señor Ullastres de embajador ante la Comunidad y España acabó solicitando el ingreso; ahora, después de haber trocado la petición de ingreso por la firma de un acuerdo preferencial, España parece inclinarse por el estrechamiento de relaciones con algunos

> países comunitarios —Francia, República Federal Alemana—, sin que se pueda prever la dirección española ante la gran Europa de los «diez» [...]. A falta de una declaración de conjunto sobre el tema, las múltiples declaraciones oficiales a distintos niveles no facilitan una visión transparente de cuál es nuestra postura política presente y futura ante la Comunidad Económica Europea. Incluso un observador puntilloso podría espigar ciertas contradicciones entre las palabras de este o aquel organismo, de tal o cual ministro o subsecretario»[1].

Partiendo de este primer y realista bosquejo de la postura oficial señalado por el vespertino madrileño, un análisis de toda la amplia serie de declaraciones emanadas de los distintos departamentos ministeriales permite, con todo, observar varios grandes bloques de opiniones. Y, aparte de todas aquellas que, como objetivo inmediato, ponían de relieve la renegociación del acuerdo preferencial suscrito en junio de 1970 entre nuestro país y la Comunidad Económica Europea, aparece, en primer término, un conjunto de ellas, a través de las cuales se pretendía presentar ante la opinión pública interior la «inequívoca» orientación europeísta del Gobierno. En esta línea se encuentran las siguientes palabras del subsecretario de Comercio, Nemesio Fernández Cuesta, al inicio del año:

> «Más que medidas concretas, lo que a mi juicio resulta imprescindible es reestructurar a fondo nuestras relaciones comerciales con la Comunidad Económica Europea y abandonar la idea de que basta un simple reajuste y una leve modificación arancelaria de nuestro acuerdo. La incorporación de cuatro países, y en especial del Reino Unido, nos afecta profundamente y el propio informe de la Comisión de la C. E. E. a su Consejo de Ministros reconoce, expresamente, que España es uno de los países que en mayor medida puede acusar las consecuencias de la ampliación. Para consolidar una favorable posición futura para la exportación española ha de intentarse conseguir unas condiciones que se aproximen lo más posible a una integración *de facto* de España en la Comunidad. De lo contrario, las exportaciones agrarias y las industriales a los nuevos países incorporados podrían verse afectadas, tanto por la introducción de las reglamentaciones comunitarias en los nuevos miembros como por la entrada en ellos de artículos manufacturados de los «seis» sin aranceles. No debemos aceptar el juego de cifrar los efectos y pedir una compensación equivalente, sino plantear el tema en toda su amplitud»[2].

---

[1] *Informaciones*, 28 de enero de 1972, pág. 2.
[2] *Informaciones*, 4 de enero de 1972, pág. 11.

Por su parte, el embajador de España ante la C. E. E., Alberto Ullastres, afirmaba en París:

> «Estoy plenamente convencido de que el futuro de España está en Europa, que nuestro país, a la larga, debe ser miembro de pleno derecho de la Comunidad Europea» [3].

Otro de los más cualificados representantes de la diplomacia española, José Luis Cerón Ayuso, director general de Relaciones Económicas Internacionales del Ministerio de Asuntos Exteriores, concluía así una amplia conferencia:

> «No cabe duda de que el porvenir de España está en la adhesión a la Comunidad Económica Europea, pero hay que ir con pleno sentido de responsabilidad y con una visión completa de todos los aspectos, sin complacernos exclusivamente en contemplaciones parciales» [4].

En este torrente de afirmaciones «europeístas» hallan su significado más completo las del subsecretario de Industria, Fernando Benzo Mestre, que, en el transcurso de una conferencia pronunciada en la Universidad Internacional Menéndez Pelayo, de Santander, afirmaba, quizá para «disipar» las posibles dudas que podrían asaltar a gran parte de los españoles:

> «Nuestra marcha hacia la integración económica con Europa es un hecho con el que es preciso contar y que no admite suspicacias. El problema está en saber cómo y cuándo nos integramos [...]. Y se puede afirmar sin rodeos que esta integración es inequívoca y que los problemas formales de cómo y cuándo han de realizarse corresponde al Gobierno resolverlos, pero estamos seguros de que el plazo previsto se cumplirá y de que el momento llegará sin hacerse esperar porque el tema no es marginal sino básico, y ahí están los planteamientos del Gobierno respecto a la necesidad de modificar nuestro acuerdo comercial preferencial, dándole una dinámica y perspectivas nuevas que nos permitan ir delante adecuando nuestra economía a la de los países integrados» [5].

De similar manera se pronunciaban también varios ministros, entre ellos el de Asuntos Exteriores, Gregorio López Bravo, que, en Luxemburgo, y luego de señalar que «cada día tiene su afán y, por ahora,

---

[3] *Ibíd.*, 24 de febrero de 1972, pág. 15.
[4] *La Vanguardia Española,* 11 de abril de 1972, pág. 8.
[5] *El Europeo,* núm. 448, 11 de agosto de 1972, pág. 11.

de lo único que se trata es de la readaptación del acuerdo España-C. E. E.», indicaba:

> «A largo plazo, España desea convertirse en miembro de pleno derecho de las Comunidades [...]. Nunca en la historia de España ha existido un sentimiento tan fuerte y sincero en pro de Europa, aunque estos sentimientos no tienen la misma intensidad en todos los sectores» [6].

Tiempo después, en una cena ofrecida al ministro de Asuntos Exteriores de la República Federal Alemana, Walter Scheel, López Bravo decía:

> «España está vinculada al proceso de Europa occidental por una voluntad que yo llamaría esencial. No fue ciertamente signataria del Tratado de Roma. No le fue dado serlo. Pero está implicada en la integración de Europa *ab origine,* antes de que el tratado fuese firmado. Miradas las cosas desde una perspectiva global, la opción que puso término a nuestra guerra fue una opción *avant la lettre* a favor de lo que años después empezaría a llamarse "Europa occidental". UUna opción en sentido contrario en España hubiera alterado sustancialmente las posibilidades de integración de Europa. En este sentido profundo y objetivo, España es miembro nato de Europa occidental» [7].

También, en este sentido, el ministro de Industria, López de Letona, con motivo de la inauguración de la Feria de Muestras de Bilbao, señalaba:

> «Una vez más tengo que afirmar rotundamente que nuestra política de acercamiento a Europa es un objetivo sin equívocos, en el que únicamente hay que saber distinguir entre el recorrido y la meta. La meta es llegar a convertirnos en miembros de pleno derecho de la Comunidad Económica Europea, de una Comunidad en la que caben países con sus propias peculiaridades y que no exige renunciar a ninguna de nuestras características esenciales. Aspiramos, por tanto, a tener los mismos derechos y obligaciones que los actuales socios y a embarcarnos en el proceso de integración que ellos persiguen y del que todavía no han cubierto más que las primeras etapas.»

Y, lanzando un especial «aviso a los navegantes» —en este caso los empresarios españoles—, López de Letona continuaba diciendo:

> «Es importante que ésta no sea una variable más dentro del complejo panorama en que se fraguan las decisiones empresa-

[6] *Informaciones,* 2 de marzo de 1972, pág. 8.
[7] *La Vanguardia Española,* 14 de junio de 1972, pág. 5.

riales, sino una incógnita ya despejada, porque, a la hora de la verdad, el acercamiento a Europa es tarea de cada empresario en la que no puede aspirarse a una total sincronía. Hay sociedades que hoy se están ya comportando de hecho como europeas, por su mentalidad, por su visión de futuro, por la calidad de sus producciones, por su organización, etcétera, y para las que sólo reportará beneficios la incorporación formal de España en la Comunidad. Existen otras, por el contrario, que mucho deberán cambiar para poder soportar el choque de la competencia europea.»

[...].

«El objeto es claro, pero el camino, evidentemente, no lo es tanto, porque para recorrerlo caben distintas estrategias y el tiempo a emplear no sólo depende de nosotros. Lo que resulta incuestionable es que hemos andado ya un trecho y que lo hemos andado con la pausa y la prudencia requeridas por la distancia que soy nos separa todavía de los países industriales de Europa [...]. Es importante repetir que, en nuestro acercamiento a Europa, no se debe discutir tanto la cuestión de principio como el plazo y las condiciones. Si hoy se nos preguntase si estamos dispuestos a convertirnos de inmediato en miembros de pleno derecho del Mercado Común, sin ninguna limitación, tendríamos que contestar negativamente. Una integración en breve plazo exigiría múltiples cautelas y salvaguardias, pero renunciar a la integración supondría comprometer seriamente el futuro económico de España. En definitiva, sepan los industriales españoles que marchamos decididamente hacia Europa, que tardaremos más o menos años en llegar a la meta propuesta y que, en todo momento, se establecerán las cautelas necesarias para que la confrontación tenga un rotundo signo positivo» [8].

Por su parte, el ministro comisario del Plan de Desarrollo, Laureano López Rodó, expresaba ante las Cortes, asimismo, semejante parecer «europeísta», rechazando el aislamiento de nuestro país y refiriéndose, naturalmente, a que entre los objetivos del III Plan —de este tema era de lo que se trataba en la cámara legislativa— figuraba la integración de nuestro país a la C. E. E., mediante la consecución de las «condiciones indispensables» para ello...

«Hay que tener en cuenta que en una comunidad internacional cuyas dimensiones acorta el progreso técnico, un país no puede permitirse el lujo de permanecer aislado, vuelto de espaldas a los demás. La interdependencia es, en nuestro tiempo, un hecho ineludible que aconseja programar el propio acontecer económico y social en función de la evolución previsible de la

[8] *La Vanguardia Española*, 2 de julio de 1972, pág. 8.

economía exterior y particularmente de la de aquellos países con los que mantenemos mayores intercambios. Una de las finalidades primordiales del Plan es permitirnos alcanzar las condiciones indispensables para la incorporación de España al Mercado Común» [9].

Y, en posterior ocasión y ante el mismo auditorio, aunque ya con un Pleno reunido que aprobaría el III Plan de Desarrollo, López Rodó reiteraba sus anteriores opiniones:

«Estamos incorporados a Europa por el hecho de estar donde estamos en la geografía y en la Historia, por razones de todo orden y, además, por nuestro propio dinamismo y nuestras relaciones económicas con el resto de los países europeos.»

Y, luego de resaltar que la actitud de España ante la Comunidad Económica Europea «no ofrece dudas», añadía, citando palabras del Jefe del Estado:

«Nuestra posición es diáfana; y ni fuimos ni somos indiferentes a la exigencia de hallar el conveniente sistema de integración de pueblos europeos ni podemos permanecer al margen de la gran operación unificadora puesta en marcha. Y es que no podía ser de otro modo. En las grandes horas de la Historia los españoles nunca nos hemos quedado en casa.

[...] El Gobierno español no sólo no se ha vuelto atrás de la voluntad expresa puesta de manifiesto tanto al solicitar en su día la apertura de negociaciones para firmar el acuerdo de 1970, sino que mantiene su propósito de ir hacia esa organización europea que es el Mercado Común. Pero nuestro acercamiento tiene que ser gradual porque el desarrollo económico-social es la vía real para el acceso a Europa, de la que hace algunos años estábamos bastante separados en cuanto a nivel de vida» [10].

Finalmente, las afirmaciones europeístas partieron también de las personalidades situadas en la cúspide del régimen. Don Juan Carlos de Borbón expresaba su opinión, primero con motivo de su visita oficial a la República Federal Alemana y, después, en unas declaraciones concedidas a una revista católica italiana.

En primer término, don Juan Carlos de Borbón señalaba en sus palabras de respuesta al discurso pronunciado por el presidente del Consejo de Baden-Wurttemberg:

«... el pueblo español se siente europeo, forma parte de Europa, es Europa» [11].

[9] *Ibíd.*, 15 de marzo de 1972, pág. 7.
[10] *Informaciones*, 10 de mayo de 1972, pág. 7.
[11] *La Vanguardia Española*, 28 de septiembre de 1972, pág. 4.

Y más explícitamente, exponía su criterio acerca de la integración de nuestro país en la Europa comunitaria, ante las cámaras de la televisión alemana, dando una respuesta que, a la vez, llevaba implícita la contestación a otro interrogante de importancia. El periodista germano Michel Vermehran, le preguntó: «¿Desea vuestra alteza real que España entre en la C. E. E., aceptando las consecuencias políticas que esto implique?»

> «Sí lo deseo —respondía don Juan Carlos de Borbón—. Porque creo que conviene a España y a Europa. Ahora bien, el momento debe ser el apropiado, pues una integración demasiado rápida podría ser peligrosa para muchos» [12].

Posteriormente, el príncipe de España —en unas declaraciones publicadas por la revista italiana «Famiglia Cristiana», mostraba nuevamente su criterio con las siguientes palabras:

> «En lo concerniente a Europa, en muchas ocasiones he expresado mi convencimiento de que España, por vocación y por necesidades de convivencia, debe formar parte de esta gran Comunidad. Esto requiere un proceso de lenta incorporación, que, indudablemente, se producirá a través de varias etapas, cuyo ritmo será dictado en cada ocasión por las circunstancias concretas. Por ahora, tenemos acuerdos multilaterales y bilaterales de diversos géneros con todos los países europeos, vivimos en la órbita mediterránea y estamos integrados con sus países ribereños mediante todo tipo de acuerdos. También nuestra política exterior está a la búsqueda de integraciones en áreas geográficas —como Hispanoamérica— de mayor peso específico en el futuro político y económico del mundo. Por eso es natural que los grandes europeístas hayan afirmado siempre, de forma expresa o tácita, la imposibilidad de realizar una Europa política, económica, militar o cultural que no incluya a España» [13].

1.2. La naturaleza de unos obstáculos

Al lado de estas afirmaciones de «voluntad» de integración en la C. E. E., la opinión pública española recibía a lo largo de los doce meses del pasado año una dosificada serie de explicaciones oficiales, cuyo objetivo estribaba en «poner en claro» la índole específica de los obstáculos que nos separan de la Comunidad Económica Europea y que impiden el que nuestro país se convierta en un miembro más

[12] *Cambio 16,* núm. 47, 9 de octubre de 1972.
[13] *Ya,* 19 de diciembre de 1972, pág. 10.

de pleno derecho en la Comunidad. Según parece, la Administración española tenía un manifiesto interés en lanzar la tesis de que los citados obstáculos se basan en razones puramente... económicas. En esta línea, el director general de Relaciones Económicas Internacionales, José Luis Cerón Ayuso, decía en TVE:

> «Sería absurdo plantearnos los condicionamientos políticos cuando en este momento no podemos presentar nuestra candidatura al Mercado Común por motivos económicos [...]. No es una catástrofe no entrar, pero en España la opción está tomada. Integrarnos significa muchas cosas: la entrada de productos españoles en la Comunidad ampliada, la entrada de productos de los «diez» en España y una importante rebaja de nuestros aranceles frente a países terceros. Ajustándonos a las normas de la Comunidad Económica Europea hace falta un período transitorio para poder adaptarnos a estas condiciones. El plazo que ellos dan es de cinco años. ¿Cuál es el período que a nosotros más nos conviene? ¿Podríamos firmar el ingreso mañana mismo? Me da miedo [...]. Condicionamientos políticos no hay. Tan sólo en el Tratado de Roma se expresa el deseo de que el Parlamento Europeo sea elegido por sufragio universal» [14].

Por su parte, el titular de Asuntos Exteriores, López Bravo —que ya había indicado en otra ocasión: «No hemos llegado con el Mercado Común a ningún tipo de negociación que permita invocar el tema político» [15]—, señalaba en una entrevista publicada en el *Diario de Barcelona:*

> «Ni en el Tratado de Roma ni en los instrumentos que regulan las funciones de las diversas instituciones creadas por el mismo existe ninguna disposición que impida jurídicamente el ingreso de España en la Comunidad Económica Europea, como tampoco existe decisión alguna del órgano ejecutivo por antonomasia de la Comunidad, su Consejo de Ministros, que imponga condicionamientos de tipo político que impidan a España solicitar y materializar dicho ingreso. Las Comunidades Europeas están abiertas a todas las naciones del continente que compartan unos principios esenciales y comunes a nuestra civilización [...]. Las posiciones adversas a España se han ido transformando paulatinamente con el correr del tiempo [...]. Se oyen voces que piden una alteración sustancial de nuestro régimen político para conformarlo al de otros países europeos, sugiriendo que con ello veríamos resueltos los problemas de nuestra política europea. Esta actitud me parece o ingenua o interesada. La

[14] *Informaciones,* 29 de mayo de 1972, pág. 11.
[15] *Informaciones,* 22 de mayo de 1972, pág. 10.

nación española siempre ha tenido y siempre tendrá su peculiar problemática frente a los otros países de Europa [...]. ¿Por qué no solicitamos de inmediato la plena adhesión a la Comunidad? Porque aunque ello es lo importante y su carácter permanente, tiene más urgencia la actualización del acuerdo vigente, imprescindible por razones de justicia. Y ambos planteamientos y subsiguientes negociaciones no pueden simultanearse.»

Tras una reunión del Consejo de Ministros, el titular del departamento de Información y Turismo, Alfredo Sánchez Bella, que ya había aludido a «esos comentarios de que si entramos o no en el Mercado Común», afirmando que «ya estamos en el Mercado Común» y que la cuestión «no depende de una situación política»:

> «Un sector de la prensa se está desbocando. ¿Está en condiciones España de entrar en el Mercado Común Europeo? ¿No necesita, acaso, un margen de varios años para estar en condiciones de competir? ¿Puede una economía de mil dólares per cápita parangonarse con otras de dos mil quinientos dólares? No cabe hablar en la actualidad de condicionamientos políticos. Las cuestiones que se ventilan son estrictamente económicas» [16].

A su vez, el ministro comisario del Plan de Desarrollo, López Rodó, se pronunciaba con similar criterio en una entrevista publicada en la *Gaceta Ilustrada:*

> «La integración en Europa es exclusivamente un fenómeno de la integración de nuestra economía en la economía exterior. Por tanto, la integración debe ser gradual: nuestra economía no habría resistido el paso súbito de nuestra propia estructura económica a la de Europa; es decir, un desarme arancelario súbito habría barrido nuestra industria y no hubiera sido juicioso admitirlo. Lo que está claro es que después del acuerdo preferencial podremos llegar, sin traumas, en una segunda fase, a una plena integración. Problemas políticos no hay» [17].

Con casi iguales palabras López Rodó volvía sobre el tema en unas declaraciones publicadas en *El Noticiero Universal,* pocos días después, y en las que, tras afirmar que en el año 1977 nosotros perteneceremos al Mercado Común, indicaba que «no existen obstáculos políticos en el Tratado de Roma». Sin embargo, el mismo ministro se había referido (anteriormente a estas últimas declaraciones) a

---

[16] *Informaciones,* 3 de mayo de 1972, pág. 9.
[17] *Informaciones,* 1 de junio de 1972, pág. 6.

estos aspectos del problema, aludiendo de manera un tanto diferente a tales condicionamientos:

> «¿Qué pretenden las voces de dentro y de fuera que tratan de poner condicionamientos a nuestra incorporación en pleno derecho a la C. E. E.? Si pretenden que abdiquemos de nuestros principios o que renunciemos a nuestras esencias se equivocan. Se equivocan en cuanto que demuestran un total desconocimiento del carácter y de la dignidad de nuestro pueblo, pero se equivocan también respecto de lo que conviene a la C. E. E. Si echáramos por la borda nuestra propia personalidad, nuestra integración no serviría como sillar para la construcción de una nueva Europa. No podemos olvidar, de otra parte, que la Comunidad Económica Europea tiene un lógico interés por completarse. Europa sin España carecería de profundidad y de plenitud, y esto ha de entenderse no sólo en el sentido geográfico, sino, ante todo, en el pleno de los valores culturales» [18].

En esta misma línea, el ministro secretario general del Movimiento, Torcuato Fernández Miranda, respondía a un procurador en Cortes, en el transcurso de una controvertida sesión informativa. Para el ministro secretario, las objecciones partían única y exclusivamente de algunos Gobiernos de los países de la Comunidad, pero no de la esencia misma de la C. E. E.:

> «No es cierto que la Comunidad Económica Europa exija jurídicamente condiciones políticas a España: son primariamente relaciones económicas. Sí es cierto que algunos Gobiernos nacionales han querido imponer a España estas condiciones. Existen dificultades económicas y objeciones políticas y, por ejemplo, el Parlamento danés ha afirmado que España no reúne condiciones políticas y que ellos ejercerán el derecho a veto.»
>
> [...].
>
> «España no acepta ni aceptará nunca condicionamientos políticos que, además, son radicalmente antidemocráticos. Siempre se nos ha dicho que los regímenes totalitarios querían imponer su régimen a otros países. ¿Qué actitud es esta que exigen algunos de nosotros para entrar en la Comunidad Económica Europea? No hay más camino que mostrarse firmes en esa dignidad. Ya lo demostró España en 1945. Los embajadores se fueron y tuvieron que volver. No aceptaremos nada que atente a la soberanía y dignidad del pueblo español [19].

Finalmente, y frente a toda esta barrera de declaraciones, la más clara era la del comisario adjunto del Plan, Miguel Salís Balzola, que,

[18] *Informaciones*, 28 de junio de 1972, pág. 7.
[19] *La Vanguardia Española*, 7 de noviembre de 1972, pág. 8.

luego de afirmar que «la opción europea me parece clara: Europa y la Comunidad Europea deben ser nuestro objetivo», reconocía:

> «El problema de la entrada de España en la C. E. E. es, a la vez, un problema político y económico. Si se prefiere, económico y político. Político por su carácter de acuerdo entre los que gobiernan y los países de la Comunidad. Y económico en cuanto a su contenido. Política y economía son, en este caso, las dos caras de una moneda por la que debemos apostar» [20].

1.3. Diversidad dentro de la unidad

Finalmente, la Administración expuso en más de una ocasión otro argumento que puede considerarse como otro de los que constituyen las líneas maestras observadas a través de las diversas declaraciones. Con tal argumento, parece que la Administración intentaba «hacer ver» a la opinión pública que, incluso si hubiera realmente obstáculos extraeconómicos al ingreso de España en la C. E. E. —lo cual no sería el caso, a juicio del Gobierno, como hemos visto anteriormente— lo más conveniente, justo y necesario para los objetivos democráticos de la Europa comunitaria sería admitir en su seno «la diversidad dentro de la unidad». Ahí es nada, que diría un castizo madrileño. Esta tesis era manifestada, por ejemplo, por el ministro de Información y Turismo, Alfredo Sánchez Bella, con las siguientes palabras:

> «Debemos movernos dentro de la realidad, y esta realidad es que la Europa política no existe. Existe sólo un Mercado Común europeo, que no es ya siquiera una unión aduanera, como tampoco un ámbito económico europeo, dado que margina a varios países del continente. El concepto de unidad europea debe ceñirse exclusivamente al ámbito económico y debe abarcar a todos los países. Y salvados los principios fundamentales de nuestra civilización cristiana y occidental, *las peculiaridades políticas de cada país deben ser respetadas dentro de la Comunidad*» [21].

López Bravo insistiría en tal razonamiento en varias ocasiones. En su discurso en la Cámara de Comercio alemana en Madrid, diría:

> «La nueva Europa tiene que edificarse sobre una doble realidad, que no cabe desconocer: la de la variedad de los pueblos que la forman y la de la necesidad de respetar sus peculiaridades propias. España forma parte de Europa y es inconcebible la

[20] *Cambio 16*, núm. 53, 20 de noviembre de 1972, pág. 8.
[21] *Informaciones*, 17 de julio de 1972, pág. 12.

construcción europea prescindiendo de nuestro país, quien, por otra parte, ya ha definido claramente y sin equívocos su deseo y su voluntad de participar en el proceso integrador de nuestro continente. Atentaría contra el propio espíritu de Europa sentar la unidad europea sobre bases de uniformidad y de falso igualitarismo que olviden que precisamente la riqueza y la fuerza de esta unidad derivan de la diversidad de los pueblos que la componen [...]. Sería absurdo perpetuar en la construcción de la nueva Europa posturas de rigidez, intransigencia y dogmatismo [...]. Nuestra forma de entender nuestra aportación debe ser aceptada por los pueblos y países que aspiran a la unificación europea»[22].

Y, en fechas no lejanas a este discurso, volvería a insistir:

«Creo que hoy el ambiente predominante en Europa es buscar soluciones de tipo confederal donde quede reconocida la diversidad dentro de la unidad. Cualquier organización europea ha de verse complementada y enriquecida con la aportación española [...]. Se oyen voces que piden una alteración sustancial de nuestro régimen político para conformarlo al de otros países europeos, sugiriendo que con ello veríamos resueltos los problemas de nuestra política europea. Y esta actitud me parece ingenua o interesada. La nación española siempre tendrá peculiar problemática frente a los otros países de Europa»[23].

Esta tesis encontraba, asimismo, una nueva exposición en palabras del príncipe de España, durante su visita oficial a la República Federal Alemana, pronunciadas en presencia del canciller Willy Brandt. La tesis, interesa destacarlo, está expuesta en un principio en un plano y desde una perspectiva general, pero parece estar pensada específicamente para nuestro país:

«Los estados nacionales de Europa occidental están hoy empeñados en la ardua y apasionada aventura de la unificación europea y atlántica. Un experimento que no tiene precedentes históricos exige para su realización poderosas voluntades. Vuestra excelencia usó en su reciente visita a Madrid una palabra certera. Habló de armonización y distinguió finalmente entre armonía e identidad. Para unir e incorporar no es necesario identificar. Basta armonizar. Vuestras palabras, señor ministro, me recuerdan que el primer capítulo del pensamiento político de Occidente se inicia precisamente con esa distinción. Uno de los grandes interlocutores piensa que hay que unirlo todo y a todo

[22] *Informaciones*, 19 de abril de 1972, pág. 9.
[23] *Ibíd.*, 22 de mayo de 1972, pág. 10.

trance. El otro replica que si se unifica todo a ultranza se logrará la unidad, pero se perderá el verdadero espíritu de este viejo continente. Europa integrada será más una si se identifican las estructuras, pero será más Europa si las sociedades nacionales que la componen se conjugan entre sí armoniosamente, sin menoscabo de sus singularidades valiosas. Creo que en este momento hago presente la voluntad general de la nación española y la genuina traición de la corona de España si afirmo que los españoles estamos animados de esa voluntad de armonización...»[24].

[24] *Informaciones*, 26 de septiembre de 1972, pág. 8.

2. POLITICOS Y ECONOMISTAS VOTAN POR EUROPA

2.1. Necesidad de la integración

A falta de otras posibilidades más idóneas de expresión, el tema de las relaciones de España con la Comunidad Económica Europea sirvió, en 1972, para que, a través suyo —como hemos apuntado al comienzo—, se fueran definiendo algunas posiciones y clarificando posturas en torno a problemas básicos de la sociedad española actual, de la política española.

Y, al tiempo que directores generales, subsecretarios, ministros y, en general, la Administración en bloque, iban «explicando» las tesis oficiales, diversos medios de información, políticos, economistas y profesores de Universidad explicitaban las suyas, abundando, en la mayoría de las ocasiones, en aquellas cuestiones que, inevitablemente, acompañan a la opción que supone el proceso de unidad Europea.

En este sentido, puede decirse que la mayoría se expresó en el sentido de señalar la necesidad de que nuestro país forme parte ya de la C. E. E. como miembro de pleno derecho, con todas las consecuencias, de todas las clases, que tal integración conlleva. De otro lado, políticos, economistas, etc., insistieron una y otra vez, con argumentos harto diáfanos, en que los obstáculos que impiden a nuestro país integrarse en la Europa comunitaria son de naturaleza exclusivamente extraeconómica.

Coincidiendo con la opinión de que la integración en la Comunidad Económica Europea era la única opción posible para nuestro país, se expresaría el profesor Emilio de Figueroa, catedrático de Política Económica de la Universidad de Madrid y subdirector del Servicio de Estudios del Banco de España, en una conferencia pronunciada —ante un público formado principalmente por empresarios— en el I. P. I. S. D. E. El profesor Figueroa comenzaba diciendo que los acontecimientos referentes a la incorporación a la Comunidad Económica Europea de Inglaterra, Irlanda y Dinamarca habían sido indebidamente subestimados en nuestro país:

> «Es evidente que en estos momentos, cuando nada menos que los Estados Unidos, la primera potencia económica del mundo,

se siente fuertemente interesada por la ampliación del Mercado Común y está dispuesta a negociar rápidamente una serie de acuerdos con el mismo, deberíamos preocuparnos por el futuro de nuestras relaciones con la Comunidad, porque dicha ampliación constituye uno de los hechos más trascendentales de la historia económica del viejo continente. El hecho de que Inglaterra, con su espléndido aislamiento, haya decidido integrarse, marca ya los éxitos espectaculares logrados por la Comunidad Económica Europea. Constituye un error —indicaba a continuación— confundir una unión aduanera con una unión económica. El Mercado Común no es una unión aduanera y, por tanto, nuestra preocupación no debe limitarse exclusivamente a ver los efectos que los aranceles y la nueva situación planteada por la incorporación de los nuevos países va a tener para nuestro comercio exterior.

[...]

«La economía española hoy no puede vivir en el aislamiento.»

[...]

«¿Qué pasaría si España no se integrara, a un plazo más o menos lejano, en la Comunidad Económica Europea? ¿Qué sucedería en el caso de que sobreviniese una crisis coyuntural en los países de la Comunidad? Pensemos que España depende considerablemente del comercio exterior, no sólo por las cifras absolutas o relativas actuales, sino por su creciente vinculación a la economía mundial, y, sobre todo, a la europea.

Creo que no hay otra alternativa para la economía española que tratar de integrarse, es decir, de conseguir en un plazo relativamente corto adaptar nuestras estructuras económicas a las del Mercado Común.

[...] Ha llegado, por tanto, el momento de utilizar todos nuestros recursos dentro de un plan coherente, con miras hacia un desarrollo económico integrado con Europa. La integración de la economía española en la Comunidad Económica Europea es algo tan necesario como el oxígeno de la respiración.

[...] Si queremos una economía de mercado con iniciativa privada [...], conviene no olvidar que la intervención privada es el factor esencial del crecimiento y que ésta depende de las expectativas, las cuales carecen de base si no existe una idea clara de lo que va a acontecer en el futuro» [25].

Vicente Ventura, en una amplia serie de artículos —titulada precisamente «Europa, un destino inevitable»—, hacía una cierta comparación entre el caso español y el de Gran Bretaña:

«Hay una semejanza evidente entre las razones por las cuales se podía asegurar que Inglaterra entraría en la Comunidad

[25] *Informaciones Económicas,* 4 de marzo de 1972, pág. 5.

y aquellas por las cuales se puede asegurar que entrará España. La diferencia está en los cambios que cada una ha de hacer para adaptarse al módulo general de la Comunidad. Inglaterra apenas si ha tenido que vencer otra cosa que una cierta tradición de aislamiento respecto de Europa. Un aislamiento abundantemente acompañado. Acompañado nada menos que por las colonias y dominios que formaron más tarde la Commonwealth. España ha de cambiar otras muchas cosas bastante más enraizadas. Ha de cambiar la influencia decisiva de unos intereses concretos y particulares por intereses menos particulares y concretos, más generales, más de todos los ciudadanos y menos de unos pocos sólo»[26].

Explicando en mayor medida los puntos que distinguen ambos casos, Vicente Ventura señalaba que la integración de Inglaterra y España no plantea los mismos problemas, puesto que, por ejemplo, mientras el ingreso de Inglaterra en la C. E. E. modificará profundamente su naturaleza, el ingreso de España no la modificará en absoluto:

«El ingreso de España, en cambio, apenas modificará nada en la C. E. E., aunque modificará mucho en España. Es decir, que no podrá producirse si no se modifican en España muchas cosas y no todas económicas. Más aún, el proceso de nivelación económica de España con la C. E. E. sólo puede producirse a un ritmo aceptable si hay un proceso anticipado de nivelación política»[27].

Con un enfoque eminentemente económico, el profesor José Jané Solá, catedrático de Política Económica de la Universidad de Barcelona, luego de decir que evidentemente el quid de nuestra unión con la Europa naciente es político y que, a su juicio, sin embargo, el aspecto político está sirviendo también de excusa para no enfocar ni siquiera el problema bajo el ángulo puramente económico, indicaba:

«Las consecuencias económicas de nuestra marginación de la gran operación europea pueden ser muy graves; las repercusiones desfavorables que para la economía española puede llegar a tener el avance integracionista europeo son cada vez más claras y se dibujan ya en el próximo futuro con mucha nitidez. [...] Conviene tener muy presente que los sistemas económicos montados sobre un variado número de mercados locales

[26] *La Vanguardia Española,* 20 de enero de 1972, pág. 12.
[27] *Ibíd.,* 30 de enero de 1972, pág. 16.

(o nacionales) con industrias internas y algunas de exportación no existen ya en Europa. Y si queda algún caso, a lo máximo a lo que puede aspirar es a la simple supervivencia. Europa es ya un mercado único de gran escala, en el que todos los productores disfrutan de las posibilidades de su enorme extensión y, al mismo tiempo, están sometidos a la mutua competencia entre ellos...

Ante este panorama, sorprende la poca atención que con respecto a su extraordinaria trascendencia está recibiendo el tema, incluso bajo su aspecto puramente económico. Es más, ¿cómo pueden seguirse orientando tranquilamente las inversiones industriales hacia el mercado nacional exclusivamente, salvo contadísimas excepciones? Y esto afecta tanto a las grandes industrias como a las pequeñas, a las públicas como a las privadas. ¿Es que no se tiene conciencia exacta de que Europa constituye un gran mercado, aun en expansión, con unas posibilidades a corto plazo sencillamente inimaginables? Al menos esto parece cuando en la llamada «reunión de Hostalrich» ciento cincuenta empresarios y economistas de primera línea soslayaran el tema; y cuando —como ha denunciado claramente el semanario *The Economist*— lo más notable del III Plan de Desarrollo es que no se estudian los reajustes necesarios para que la industria española pueda encaminarse hacia unas relaciones más estrechas con la C. E. E.»[28].

Para Joaquín Ruiz Jiménez, la cuestión no ofrecía ninguna duda, porque, en definitiva, no existe para nuestro país —a su juicio— otra alternativa que la de integrarse en la Comunidad Económica Europea:

«Sin mengua del respeto que siempre me merece la opinión contraria, estimo, sin la menor duda, que España no puede quedar al margen de ese proceso de construcción de una gran Europa, ni siquiera en sus fases intermedias [...]. España, por su emplazamiento geográfico, su tradición cultural, sus potencialidades económicas (de producción y consumo), su vocación universalista, su fuerte vitalidad, no puede quedar en "suburbio de Europa" para el envío de emigrantes, ni en "playa de Europa", para la recepción de turistas. Sería un tremendo delito histórico de nuestra generación.

[...] No veo que, en sentido estricto, España se encuentre ante una auténtica alternativa: integrarse en la "nueva Europa" o quedarse en la vieja. Esto último equivaldría al suicidio histórico. ¡Y el pueblo español tiene derecho a participar y luchará por ello!

Las "otras" hipotéticas opciones —integración en un Mercado

[28] *La Vanguardia Española,* 28 de marzo de 1972, pág. 14.

Común iberoamericano o, en general, del Tercer Mundo, integración en el COMECON de los países de la zona de influencia soviética— resultan, hoy por hoy, inviables, no ya como soluciones globales (esto es, como verdaderas alternativas), sino simplemente como remedios parciales del aislamiento de una España reprimida en su vocación universal.

Las consecuencias de esa frustración histórica serían, sin duda, extraordinariamente graves. En la vertiente socio-económica, por un estrangulamiento progresivo de nuestras posibilidades de desarrollo, al acentuarse el desfase con los países integrados en la Comunidad (estrangulamiento que no sería eficazmente contrarrestado por una acentuación de "facilidades" para las inversiones de capital extranjero, por ejemplo, americano o japonés, en régimen de semicoloniaje mercantil).

En el cultural, por la pérdida de oportunidades de promoción científica y tecnológica, una creciente situación de "dependencia" respecto a la imposición de "patentes" extranjeras. En lo social, por el ahondamiento del foso entre las centrales obreras de la Europa occidental y la Organización Sindical española, con perspectivas muy dolorosas de agudizamiento de los conflictos sociales. Y en lo político, la oclusión definitiva de posibilidades de evolución desde dentro del sistema, con las consiguientes tensiones y conflictos de imprevisibles consecuencias»[29].

Otro ex ministro, Silva Muñoz, en la actualidad presidente de la CAMPSA, dejaba explícita su intención europeísta en distintas ocasiones, a través del año 1972. En primer término, Federico Silva Muñoz se refirió al tema en un discurso pronunciado en San Sebastián al recibir, en el Ayuntamiento, la medalla de oro de la ciudad, y se adelantaba en el asunto, hablando de la unidad de España, con las siguientes palabras:

«La unidad de España es uno de los cimientos de nuestra sociedad, que queremos organizada en paz, libertad y justicia, con un sentido dinámico y acoplado a su momento histórico y que no teme ni desdeña el signo democrático de los tiempos; pero es también base de la gran convocatoria para una gran empresa común que es la de participar en esa realidad política, social y económica del continente, que está todavía, a pesar de sus importantes objetivos alcanzados, en sus comienzos.

[...] No quisiera que mis palabras rozaran el tópico ni la vaguedad de los que puedan hablar de estos temas sin meditación. Parece que cuando se habla de "niveles europeos" y otros conceptos semejantes, más o menos trivializados", se está

[29] *Cambio 16,* núm. 47, 9 de octubre de 1972, pág. 23. Entrevistas recogidas por Alberto Yébenes.

pensando en una especie de "elevación social de España" para poderse codear con países superiores. Esto es una idea mezquina propia del desenfoque a que ha sido sometido este tema. Hay en esa incorporación algo más profundo y noble: se trata de acabar con el aislamiento español de siglos y con el hecho diferencial del subpirineo para asociarnos a la empresa común de un grupo de naciones unidas que en este caso son las diez del viejo continente, al que pertenecemos por imperativos geográficos e históricos; se trata de la incorporación definitiva de nuestra nación al espíritu y a la realidad del mundo moderno, sin renuncias depresivas, pero con decisión y coraje; se trata de la última oportunidad de acabar con el trauma de las particiones del espíritu nacional y de poner punto final a nuestro sistema filosófico y literario de diagnósticos e introspecciones retóricas, para someternos a un tratamiento realista de soluciones en todos los órdenes que abran una nueva esperanza para nuestra vida nacional; se trata de aumentar los factores de consolidación de nuestro progreso económico en el cuadro de las instituciones comunitarias.»

Más adelante, y luego de afirmar que el propósito de paz en nuestro país se vería «grandemente respaldado con nuestra incorporación a la Comunidad Europea, porque el espíritu que anima a las naciones que la componen está hecho fundamentalmente de respeto a las formas de libertad organizada, de estabilidad económica, al menos como objetivo, y de un cierto respeto a las tradiciones, usos y costumbres del continente», Silva Muñoz señalaba:

> «Pero, en todo caso, estimo que el problema ha de enfocarse con toda frialdad. Nuestra incorporación no carece de dificultades. Tampoco creo que debamos ir a ella por motivos románticos o dogmáticos. Más bien estimo que el desarrollo de los acontecimientos mundiales y nacionales en el último decenio nos están cerrando otras opciones, hasta el punto de convertirlo en único. Yo no me declaro enfáticamente europeísta, sino profundamente españolista. Mis convicciones europeístas se fundan, sobre otras de carácter general, en mi creencia de que en esta hora de España, *nuestro interés reclama la incorporación de pleno derecho a la Comunidad*» [30].

Argumentos similares los expondría Silva Muñoz en un artículo titulado «España y la Comunidad Europea» y publicado en *ABC* algunos meses más tarde y en el que, luego de explicar las razones del nacimiento de la C. E. E. y de señalar que «la Comunidad Europea es

[30] *Informaciones,* 1 de mayo de 1972, pág. 8.

un concepto y una realidad muy superior a la del Mercado Común», entre otras cosas, decía:

> Nuestra incorporación a la Comunidad creo que hay que despojarla de retórica y de tópicos. No podemos permanecer marginados de la nueva composición de fuerzas mundiales tras el giro de la política exterior norteamericana y las correlativas actitudes de Rusia, China y las naciones de Europa; cuando las posiciones de las potencias pierden rigidez, es la hora de hallar una situación adecuada para nuestros intereses políticos con flexibilidad paralela. No podemos permanecer impasibles, o como simples sujetos pasivos de decisiones que puedan afectar a zonas vitales para España, situada a caballo entre los problemas atlánticos y mediterráneos. Para hallarnos presentes en esas decisiones quizá no exista otro camino que el de una participación en el bloque de poder que la Comunidad representa. Hemos de estar en una permanente guardia de nuestros sensibles intereses económicos influidos o determinados por las áreas exportadoras de nuestros productos, situadas en parte importantísima en los países de la Comunidad Europea.»

Sin embargo, no son éstas, a juicio del ex ministro de Obras Públicas, las únicas razones que presentan como necesaria la integración en la C. E. E.:

> «Pero hay algo más y quizá más esencial: no estamos en la época en que se postulaba la asimilación del espíritu europeo y de "echar siete llaves al sepulcro del Cid" porque padezcamos un deslumbramiento europeísta, ni menos aún porque se trate de romper o de condenar el espíritu nacional que ha dado vida a uno de los países del mundo con personalidad más vigorosa y fecunda, y que además es el nuestro. Se trata de acabar con el aislamiento español de siglos que lo apartó de una participación activa en los acontecimientos mundiales y europeos, de los que en otro tiempo fue protagonista destacado, para encerrarse en la cuadrícula de un hecho diferencial que muchas veces confunde tradiciones con atavismos, que recela de arriesgarse a la libertad por temor a perder aparentes valores, que se cierra en la contemplación de una historia que, como obra humana, tiene estímulos edificantes y fallos evidentes, pretendiendo ver sólo los primeros, y que termina agarrotando ese espíritu nacional auténtico, sincero, creador y fértil. Y salir de ese aislamiento creo que puede hacerse sin renuncias depresivas de nuestra personalidad y de nuestras afectivas virtudes y valores.
>
> Del cultivo del aislamiento, del hecho diferencial subpirinaico se ha derivado una divergencia de la historia de España y de la de otros muchos países europeos. La pérdida del tren de la

industrialización, el desangramiento de nuestras guerras civiles, la intolerancia de los extremismos celtibéricos fueron el fruto tangible del fenómeno aislacionista [...]. La convocatoria a la integración en la Comunidad es hoy un punto de partida político para un abanico de soluciones capaz de abrir una nueva esperanza para la vida nacional en todos los órdenes, y también en el económico y social, para consolidar nuestro progreso económico» [31].

Ex ministro, catedrático de la Facultad de Ciencias Políticas, director-gerente de una conocida empresa cervecera y uno de los propugnadores de la denominada «operación centro», Manuel Fraga Iribarne, se mostraba en todas sus declaraciones decidido partidario del ingreso de nuestro país en la C. E. E. Así, en una conferencia pronunciada en Salamanca, decía respecto a la Europa comunitaria:

«Tenemos el derecho y el deber de participar en esa creación histórica. Es tema de los que exigen un debate nacional intenso y sincero y que justificaría un referéndum. Lejos de plantearse como una desgracia, debe ser acometido como una gran oportunidad» [32].

Desde otras perspectivas, Pablo Castellano, afirmando la necesidad de que España se integre en la Comunidad Económica Europea, indicaba:

«Es indudable que España debe ingresar en el Mercado Común, y debe formar parte de la Comunidad Europea, porque así lo exige el desarrollo cultural, político y económico, el bienestar y la convivencia de su pueblo [...]. El Mercado Común no puede ser nunca una alternativa, si no tiene a su lado una opción similar, hoy inexistente. España no puede escoger entre ingresar en la Comunidad Europea o en el bloque de los países socialistas. Por sus condicionamientos, su futuro está hoy estrechamente vinculado al de sus países vecinos. Si este reto se rechaza —no por el pueblo español, que no ha sido consultado aún—, supone mantener nuestro atraso histórico secular, que nos privó de los importantes resultados de la reforma y la revolución francesa, al que se unirá otra nueva marginación por no participar en el importante fenómeno de la unidad de Europa. Quedaríamos, en lo político, en los viejos esquemas feudales; en lo económico, en la situación de colonia de Europa o de los Estados Unidos, a lo que se nos está reduciendo, y, en lo social,

---

[31] *A B C*, 17 de octubre de 1972, pág. 3.
[32] *La Vanguardia Española*, 27 de junio de 1972, pág. 5.

> en una sociedad más clasista y superdiferenciada que tanto interesa a nuestra oligarquía» [33].

Manuel Cantarero del Castillo, presidente nacional de la Agrupación de Antiguos Miembros del Frente de Juventudes, expresó su opinión al respecto en las páginas de *Cambio 16.* Con claridad, Cantarero se manifestó partidario de una total integración:

> «España debe ingresar en el Mercado Común como miembro de pleno derecho. Y cuanto antes. Es la única forma de que nuestra patria se incorpore, de una vez, al proceso general de los países de su misma estirpe cultural e histórica. Por otra parte, una España dependiente vitalmente de Europa a través de la emigración de sus excedentes de mano de obra, del turismo básico y de una imprescindible inversión y tecnología exterior, estará siempre "vendida" si esa dependencia no se contrapesa y garantiza con un derecho político parigual en los órganos de rectoría común del destino europeo.»

Más adelante, contestando a la pregunta de qué consecuencias a nivel político, económico y social se derivarían de la no incorporación de España a la Europa de los «Nueve», Cantarero del Castillo, tras decir que tal incorporación *constituye una auténtica alternativa,* indicaba:

> «Las consecuencias del no ingreso de España en el Mercado Común, en virtud de nuestra indicada independencia vital de Europa, sería caer, una vez más, en una especie de servilismo o colonialismo de difícil superación. La emigración laboral y el turismo, pendientes del hilo de Europa, constituyen una permanente "espada de Damocles" que amenaza vertical sobre nuestras cabezas. En una futura eventual coyuntura de crisis económica europea o mundial, al no estar integrada España de pleno derecho en el Mercado Común, no tendríamos derecho a los beneficios de la solidaridad europea organizada, con todas sus consecuencias. En tales condiciones, cualquier fluctuación negativa de la estructura del empleo europeo, por ejemplo, entrañaría para nuestra patria el riesgo de un grave *shock* insuperable en la equivalente estructura nacional. Por otra parte, la exclusión de las fuerzas sociales y políticas españolas de la solidaridad europea organizada, a su nivel, podría entrañar una presencia del capital europeo en España, sin garantía alguna, interesado en mantener los niveles de salarios más bajos posibles y, en general, la inconmovilidad en las relaciones de producción. Ello,

[33] *Cambio 16,* núm. 48, 16 de octubre de 1972, págs. 20 y 21. Entrevistas recogidas por Alberto Yébenes.

> sobre todo, si se tiene en cuenta que, no integrada España en el Mercado Común, el capital de la Europa de los diez vendría a nuestro solar a fabricar con etiqueta española para la exportación, tratando de eludir o suavizar las resistencias aduaneras que sus productos con su etiqueta propia van a sufrir fuera del área de su propio Mercado Común» [34].

En la encuesta de la revista *Cambio 16* a la que nos hemos referido en más de una ocasión, el abogado y ex ministro de la Guerra durante la II República, José María Gil Robles, se mostraba asimismo partidario del ingreso de pleno derecho de nuestro país en la Europa comunitaria:

> «Creo vital para España el ingreso de pleno derecho en el Mercado Común. Un tratado económico no es bastante, aunque se le llame preferencial, con una preferencia que, como es lógico, juega en dos sentidos.
>
> A través de una integración —o por lo menos de una asociación—, España se beneficiaría de los avances de la técnica europea; recibiría ayuda comunitaria indispensable en la transformación de industrias en grave crisis, como la del carbón; nos permitiría diluir nuestras asperezas ideológicas incorporándolas a las grandes corrientes del pensamiento supranacional; evitaría los brotes segregacionistas al integrarnos en las grandes construcciones regionales de una Europa reestructurada... Y todo ello sin tener que renunciar a nuestras propias características, ni a nuestras notas diferenciales nacionales [...]. Para mí, el no ingreso en la Europa que va conformándose supone correr hacia un colonialismo económico que nos pondría en manos o de los Estados Unidos o de los grandes intereses del Mercado Común» [35].

Para el procurador por Salamanca, Jesús Esperabé de Arteaga, resulta necesario que España cogiese, de una manera definitiva, el tren de Europa. Es decir, que nuestro país pidiese «desde ya», que dicen los castizos, la plena integración en la Comunidad Económica Europea:

> «Que incorporarse a Europa —coger su tren— es necesario se evidencia con este interrogante: ¿puede permanecer España sola y aislada, frente a las 18 naciones de la Europa occidental que se unen? La respuesta es obvia: no. Entonces, ¿qué hace-

---

[34] *Cambio 16,* núm. 48, 16 de octubre de 1972, págs. 19 y 20. Entrevistas recogidas por Alberto Yébenes.

[35] *Cambio 16,* núm. 48, 16 de octubre de 1972, págs. 22 y 23. Entrevistas recogidas por Alberto Yébenes.

mos? Porque España no puede estar suplicando constantemente el proteccionismo de un tratado comercial de carácter preferente, ni puede volver sus ojos hacia el coloso norteamericano, porque las posibles ayudas de éste son contranatura: hay un océano por medio. Al margen de que Norteamérica no ha sido muy generosa con nosotros, que digamos.

Pero, además, ¿por qué cambiar de rumbo? Porque no es cierto que España no haya solicitado nunca la integración. En su carta de 9 de febrero de 1962, de todos conocida, aunque ahora se silencie, Castiella habla por boca de nuestro Gobierno, y después de aducir nuestra posición geográfica solicita en nombre de aquél una asociación a la Comunidad, susceptible de llegar a convertirse un día en una integración plena. Y en la de Ullastres, de dos años después (14 de febrero de 1964), no se rectifica la postura. «Es de señalar —se lee en esta misiva— que el Gobierno español sigue teniendo el mismo interés por la Comunidad que quedó manifestado en la citada carta de 9 de febrero de 1962.» Y hasta en 1966, algún ministro dijo que no nos contentaríamos con un simple tratado comercial, ya que España quería la asociación. Lo que pasa es que Spaak, presidente de la Comunidad, desvió la cuestión y al notificar a Castiella, en su respuesta unas semanas después de la carta de Ullastres, que el Consejo estaba dispuesto a entablar conversaciones con el Gobierno español, puntualiza que el objeto de estas negociaciones será examinar los problemas económicos que a España plantea el desarrollo de la Comunidad Europea y buscar soluciones apropiadas.»

[...] «Que España haya recogido el reto del Mercado Común, negociando un tratado preferencial en el que se han aprovechado todas las oportunidades, no parece que esté muy claro. Pues al margen del carácter meramente comercial del acuerdo, ha bastado la incorporación a la Unión Europea de los cuatro para que el actual ministro de Asuntos Exteriores haya tenido que reconocer, en su carta de 29 de octubre de 1971, que la nueva dimensión nos afectará de modo brutal, toda vez que nuestros productos corren el riesgo de ser expulsados del territorio comunitario; por lo que ha habido que intentar renegociar (hacerlo nuevo) el tratado de 29 de junio de 1970. Pues bien, esto no nos habría ocurrido, si conforme al criterio de la carta de Castiella, ahora estuviéramos aunque no fuera más que en la fase de asociación previa a la integración.»

Nuestra posición ha empeorado después de las reuniones del Consejo de Ministros del 5 y 6 del pasado en Luxemburgo, en las que la cuestión española se aplazó. Y ha empeorado, porque el tiempo apremia. Todos los acuerdos tienen que estar listos para entrar en vigor en 1 de enero de 1973. Y la Comunidad ha de adaptar a la nueva dimensión de los diez los convenios firmados con bastantes países. Y ha de hacerlo con tiempo suficiente para que los Parlamentos respectivos puedan examinar antes de aquella fecha numerosos tratados. Por lo que no hay tiempo para renegociar, en el supuesto de que el mandato del Consejo a la Comisión llegara a tanto [...]. Por último, si la Comunidad Europea concediera a España ventajas importantes que no estuvieran en el marco del actual acuerdo, es de prever que otros países pidieran otro tanto, ¿y qué iba a pasar entonces?

«[...] Quizá lo mejor fuera volver a la tesis del año 62 y recordar, puesto que ya está instado, nuestro deseo de asociación con vistas a una integración posterior. Máxime cuando sobre plazos de acoplamiento o adaptación no hay nada escrito y pueden pactarse los que la economía española exija. Nuestra situación económica es mucho mejor que la que teníamos en 1962, fecha de la carta de Castiella. Y Grecia y Turquía, con economías más atrasadas que la nuestra, obtuvieron en 1961 y 1963, respectivamente, la asociación. Con ésta, España contaría con un calendario para la adhesión como miembros y disfrutarían de las facilidades que la Comunidad concede a los países candidatos para acercar su economía a nivel de la comunitaria. Nuestros empresarios podían exponer sus necesidades que, sin duda, serían tenidas en cuenta, como se tuvieron la de los noruegos e irlandeses (la Comunidad fue generosa con éstos) y prepararse para ingresar y triunfar, como han triunfado otros. Y sobre todo dejaríamos de ser tratados, juntamente con Israel, como un país mediterráneo, para volver a nuestra posición y consideración de europeos» [36].

Reiterando su punto de vista, Esperabé de Arteaga volvía sobre el tema en un amplio artículo publicado en *El Europeo* y titulado «Europa como destino», en el que comenzaba diciendo que frente al problema de nuestra integración en el Mercado Común «las posturas van desde los que dicen que estamos ya en Europa, pasando por los que prevén nuestra incorporación para el año 77, hasta los que afirman que eso de nuestra integración a la Comunidad es una broma de mal gusto. Sin embargo, si todos hubiéramos dicho la verdad, no se habría producido tanto lío. ¿Cuál es la verdad?» Y, a continuación, señalaba:

«No es que yo crea poseerla toda, pero sí una parte importante de ella, cuando afirmo, como ahora, que España aislada de los Pirineos y encerrada en su isla no va a ganar absolutamente nada. Posiblemente, su economía haya de replegarse a posiciones de autarquía. Pero si soy un agorero y me equivoco, lo que ya parece claro es que, más tarde o más temprano, nues-

[36] «El tren de Europa», en *Informaciones*, 15 de julio de 1972, pág. 15.

tro desarrollo se frenará. Nos llevan a pensar así nuestros treinta y cuatro millones de consumidores ante los trescientos millones de la Europa unida y la necesidad de enfrentarse nuestros productos con el arancel comunitario, mientras los de los "diez", ya de los "dieciséis" y si se cuentan Grecia y Turquía de los "dieciocho" (el bloqueo de Grecia por lo de los coroneles viene compensado con la adhesión de Finlandia), se desliza por el vasto territorio comunitario y el de sus adláteres (léase E. F. T. A.), desarmados y, por tanto, por el procedimiento que pudiéramos llamar de la "sopa boba" [37].

José María de Areílza, embajador de España, fue otra de las personalidades que durante los doce meses del pasado año reiteró con más frecuencia sus opiniones europeístas, su criterio de que para nuestro país resulta necesaria la integración en la Comunidad Económica Europa. Ya en el mes de marzo decía:

«Como español y como europeo no quisiera estar ajeno a la dinámica que representa la integración de Europa, entre otras razones porque la amistad de nuestro comercio con el exterior está afectado.

En este núcleo y en su proceso no debemos, a mi entender, de estar ausentes, ya que somos parte irreversible del continente europeo, por razones obvias sobre las que no merece la pena insistir. Además, nuestra balanza comercial está fuertemente condicionada por núcleo, ya que el 50 por 100 de nuestras exportaciones e importaciones van a él dirigidas o provienen de la Comunidad.

Personalmente entiendo que España debe afrontar serena y sinceramente el problema de su eventual incorporación a la Comunidad como miembro de pleno derecho, objetivo final que ya se apuntaba en la carta que inició nuestras negociaciones en 1962» [38].

Meses más tarde, con ocasión de pronunciar una nueva conferencia sobre el tema en el Colegio de Abogados de Barcelona, diría:

«España no debe quedar marginada ni convertida en un simple suministrador de productos, sino participar activamente en este sustancial proceso.

Convendría aclarar algunos extremos. Por ejemplo, que la Europa de los 'diez' no nos necesita ni de un modo apremiante ni de forma vital, y puede perfectamente limitarse a tener un tratado comercial conveniente para sus intereses. Tampoco es

[37] *El Europeo*, núm. 447, 4 de agosto de 1972, pág. 23.
[38] *La Vanguardia Española*, 8 de marzo de 1972, pág. 27.

realista pensar que la adhesión de España a la C. E. E. es conveniente, pero no se la puede contemplar únicamente como una serie de ventajas, sino como una serie de obligaciones»[39].

2.2. Obstáculos, obstáculos, obstáculos...

Ante todo este maremágnum de opiniones, ¿cómo reaccionó la opinión pública española? En general, puede decirse que salvo los medios de información de prensa del Movimiento y *Nuevo Diario* —periódico muy próximo a la Presidencia del Gobierno—, el resto puso de relieve el fundamento político de los obstáculos que se levantan entre nuestro país y la C. E. E. Pero vayamos por partes. Un ejemplo de la postura mantenida por la prensa del Movimiento, a través fundamentalmente de *Arriba*, es el concretado en el siguiente editorial, en el que se incluyen todos los argumentos utilizados en otros muchos, anteriores y posteriores. Digamos que en este caso «la muestra» es suficientemente representativa de toda su línea editorial..., y merece la pena recogerlo íntegro

> «Hay un principio regulador de las relaciones internacionales que ha sido incorporado a todos aquellos documentos definidores de la convivencia civilizada entre naciones independientes y soberanas: el principio de no intervención o injerencias en los asuntos internos de un país por parte de los restantes países. Y una de las más graves injerencias, conculcadoras de ese principio, es la de intentar alterar o cambiar el sistema de gobierno o las instituciones básicas que un pueblo soberano se ha dado a sí mismo, sirviéndose de cualquier género de coacción o intimidación.
>
> Conculcar ese principio es lo que están haciendo quienes a título privado, pues no ha habido hasta la fecha pronunciamiento oficial sobre el tema, condicionan o pretenden condicionar el ingreso de España en el Mercado Común —cosa igualmente no solicitada por conducto oficial hasta la fecha— a la introducción de cambios nunca especificados con claridad en nuestro sistema político, con ostensible indiferencia o quizá en algunos casos ignorancia de que ese sistema político obtuvo masivamente un consenso nacional en el referéndum de lo que monta a tanto a como a piedra angular de nuestro orden constitucional: la Ley Orgánica del Estado.
>
> ¿Será necesario insistir, por otro lado, en que quienes se abrogan, gratuitamente y siempre a título personal, la autoridad de hablar implícitamente en nombre de la C. E. E. ignoran el

[39] *Informaciones*, 19 de mayo de 1972, pág. 9.

hecho de que el Tratado de Roma, que es un tratado de cooperación económica internacional, no contiene condicionamiento político alguno en los trámites de admisión de nuevos países miembros?

A lo que venimos asistiendo, bastante estupefactos, es a la manipulación del acceso al Mercado Común por parte de algunos, como arma política y propagandística coercitiva, basada no en razones históricas ni legales y ni siquiera económicas, que serían si acaso las únicas válidas, sino en razones ideológicas y personales, cuyo trasfondo podría simplificarse así: "Le dejamos entrar si usted se obliga a pensar como pienso yo, le guste o no." Y esto, señores, invocando, ¡cómo no!, el espíritu democrático, inseparablemente unido, en su verdadera esencia, a la tolerancia y al respeto de los credos y convicciones de los demás. Todo esto es difícil de comprender. A un espíritu democrático así entendido, como coacción o intromisión, hay que identificarlo como una expresión que no por paradójica denuncia su verdadero nombre: democracia totalitaria.

Y no menos difícil de comprender es que haya españoles que acepten o se resignen a ese juego, o que yendo aún más lejos pregunten o estimulen respuestas o abran vías de injerencia en nuestros asuntos internos a ciertas personalidades extranjeras y en territorio extranjero. Quienes así se comportan, de forma tan ajena o enajenada de la idiosincrasia del pueblo español, tan justamente sensible en estas materias —idiosincrasia, por otro lado, compartida por la mayoría de los pueblos con carácter y con historia—, hacen una pobre exhibición de sí mismos, de su aldeanismo y de su ignorancia de las normas no escritas de conducta profesional que rigen en la vida internacional» [40].

Unas declaraciones del presidente galo vinieron a agitar, una vez más, las nada tranquilas aguas de la opinión pública española en torno al problema. En fin, como señalaba la revista *Panorama Económico,* «el recalcitrante tema del Mercado Común se ha visto alimentado por las declaraciones de Pompidou. Declaraciones del máximo interés, tanto por la personalidad y la importancia del presidente francés como por lo claro y matizable de su expresión». Sin embargo, también, una vez más, algunos medios de información intentaron hacer de tal expresión una interpretación dogmática y, por demás, coincidente de nuevo con las tesis mantenidas desde las esferas de la Administración:

«Que alguien objete en el Mercado Común contra el ingreso de España puede resultar explicable dentro de las políticas elec-

[40] *Arriba,* 30 de septiembre de 1972, pág. 3.

torales de cada partido político europeo de izquierdas, para aprovechar determinados residuos de corrientes populares, todavía alimentadas por los fantasmas de la guerra española de 1936. Pero convendría añadir que tales objeciones no tienen sentido actual cuando resulta que *es económicamente como no podemos los españoles integrarnos en la C. E. E. de golpe.* Decir en condicional que cuando llegase tal ocasión las cosas no se arreglarían, cuando la ocasión no existe todavía, son ganas de perder el tiempo. Debíamos los españoles de aprender de Pompidou este desdoblamiento o escalonamiento de las realidades —primero, económicas; después, políticas— para adaptar nuestros criterios a su ritmo evolutivo. España, en estos momentos, padece claras imposibilidades económicas para ingresar como miembro a parte entera del Mercado Común. Y cuando estas realidades se resuelvan hablaremos de dificultades políticas. Y esto es lo único serio. Porque podría pasar que cuando España estuviese en condiciones de soportar sin reservas aduaneras a la competencia industrial europea, nadie se acordase entonces de las objeciones políticas. Europa no es un molde cuajado ni una situación permanente, sino un proceso todavía repleto de incertidumbre» [41].

¿Era esto solamente lo que podrían sugerir las palabras de Georges Pompidou? Frente a esta postura —que claramente se alineaba con las tesis oficiales—, el matutino *Ya* editorializaba con las siguientes palabras:

«Preguntado el presidente Pompidou, en su reciente conferencia de prensa, sobre el ingreso de España en el Mercado Común, se mostró abiertamente favorable. "Cuanto antes", vino a decir. Y seguidamente matizó: pero "hay todavía dificultades económicas y objeciones políticas en algunos de los miembros de la Comunidad". Y Pompidou, probablemente no aludía sólo a "algunos" de los actuales miembros, sino también a algunos de los que pueden serlo en el próximo mes de enero. Y conviene recordar, para aquellos que lo olvidan a la hora de hablar de este tema, que el artículo 237 del Tratado de Roma, al abordar la admisión de nuevos miembros, exige la unanimidad. El voto de Luxemburgo, por ejemplo, cuya población es de 339.848 habitantes, vale lo mismo que el de Francia con sus 51 millones.

¿Disparatado? Sin duda. Pero es una realidad jurídica que sólo podría ser modificada acudiendo al complicado procedimiento de los artículos 235 y 236, que también presuponen (explícitamente el primero, implícitamente el segundo) la unanimidad de los Estados miembros, 'de acuerdo con sus reglas constitu-

---

[41] *Nuevo Diario,* 23 de septiembre de 1972, pág. 3.

cionales respectivas'. En esta frase están todas las dificultades de carácter político que implica el Tratado de Roma, el cual, aun siendo de índole económica en apariencia, es de naturaleza política en su alcance y en sus fines, como se desprende ya de su artículo 3.°, apartado *h):* la acción de la Comunidad comporta "el acercamiento de las legislaciones nacionales en la medida necesaria al funcionamiento del Mercado Común"; y busca (según el artículo 2.ª) establecer "relaciones más estrechas entre los Estados que reúne" la Comunidad. La llamada "cláusula de salvaguardia" (alegable por los miembros en situaciones críticas) autoriza tomar medidas transitorias de corrección, pero como excepción concertada dentro del funcionamiento del sistema (art. 226).

En lo que atañe a la concordancia de las legislaciones nacionales, es terminante asimismo el artículo 100 (y siguientes) del Tratado de Roma: "El Consejo, actuando por unanimidad, a propuesta de la Comisión, marca las directivas para el acercamiento de las disposiciones legislativas, reglamentarias y administrativas de los Estados miembros que incidan directamente sobre el establecimiento o el funcionamiento del Mercado Común." ¿Hay que asombrarse de esta exigencia cuando está concebida en función de la buena marcha del sistema? Alguien alegará: entonces el Mercado Común establece implícitamente el principio de soberanía limitada... Desde luego, y sólo así ha podido y podrá desarrollarse. Pero conste que no estamos ante una limitación impuesta por el peso de las armas (como Rusia hizo en Hungría y en Checoslovaquia de modo brutal y en los otros países satélites en forma indirecta). En el Tratado de Roma los miembros se condicionan los unos a los otros por mutuo acuerdo. Esa es su fuerza, y de ahí surge la irrefrenable tendencia a la unificación política, dentro de un amplio margen para que las identidades nacionales no se borren, sino que se armonicen. Pero sólo se armonizan melodías y temas de modulación y ritmo congruentes.»

Finalmente, el diario de la Editorial Católica concluía su editorial con una petición de «europeización más allá de la economía»:

«Dicen algunos: hagamos el desarrollo económico, y con lo demás ya veremos en su día lo que sucede. Se nos antoja una manera poco convincente de hurtar el bulto a la cuestión de fondo. Bien está el esfuerzo por situarnos al nivel de la economía europea. Pero el mismo imperativo de la europeización económica exige la paralela europeización en los otros terrenos: política, tecnología, cultura, mejoras sociales y sanitarias. Si nos descuidamos en estos otros aspectos podemos correr riesgos al final. Y no sólo por esa razón, sino porque conviene al futuro del país, creemos que se deben desplegar las posibilidades que claramente hay en nuestro sistema legal y esperan adecuada formulación» [42].

Alguna que otra pluma, alguna que otra personalidad, de mayor o menor peso dentro del régimen, sustentaba también la tesis de que los condicionamientos existentes son de estricta naturaleza económica. Una de estas interpretaciones del problema era la que, firmada por Carlos E. Rodríguez, aparecía en la página segunda de *Nuevo Diario:*

> «España desea incorporarse a la construcción de la nueva Europa, siempre y cuando pueda hacerlo con respecto a su personalidad histórica, esto es, con fidelidad a nuestras instituciones.
>
> Y es en este punto donde algunos —apoyados en la buena fe, la credulidad a la letra impresa y el desconocimiento del tema por parte de las mayorías— pretenden levantar una barrera demoliberal, hecha de partidos políticos y sufragio inorgánico, como condición *sine qua non* para que España sea admitida a la mesa del desarrollo por los vecinos de la Comunidad naciente. A esta falacia, otros —haciendo un pírrico servicio al país— contestan agriamente: ¡Pues no nos interesa Europa!
>
> Ni escuchemos desarmados a unos, ni sigamos a los otros. Porque es lo cierto que Europa nos interesa, ¡claro que nos interesa! Y no es menos cierto que *la supuesta barrera es un espejismo construido con falsedades o tergiversaciones de la realidad.* Para destruirle, creo que no es mala cosa el conocimiento de las bases reales de la fortaleza europea, de sus tratados y acuerdos, de cuanto ofrecen y exigen.
>
> Porque —y esto es importante— veremos que *no existe ninguna cláusula política condicional, para el acceso al Mercado Común;* y que lo único que los vecinos van a exigirnos es la plena autentificación de nuestras propias instituciones representativas» [43].

En las páginas del vespertino *Informaciones* —uno de los diarios que de forma más abierta mostró su postura europeísta—, Javier M. de Bedoya escribía de la siguiente manera:

> «Europa parece llamarnos con su dinámica integradora y Europa parece también rechazarnos con sus intereses creados y con sus prejuicios. Los intereses creados van, principalmente, contra la fuerza de nuestro agro, y en cuanto a los prejuicios ideológicos son vieja historia: como dice Hugh Thomas en su libro *La guerra civil española:* "España ha constituido una espe-

[42] *Ya,* 27 de septiembre de 1972, pág. 7.
[43] *Nuevo Diario,* 1 de septiembre de 1972, pág. 2.

cie de laboratorio químico en el que se han podido probar siempre todas las ideas políticas de Europa", y ahora, al parecer, no se quiere que ensayemos algunas variantes nacionales.»

Y más adelante, en otro párrafo de un curioso artículo, tras referirse a que «los españoles hemos tenido que sufrir la deformación de haber nacido como nación luchando (contra todo cálculo de posibilidades) frente a un ocupante de ocho siglos, convirtiendo el empeño de ser españoles en una tarea ardua, al margen de los intereses», y señalar que «debemos aceptar no sólo como un hecho que marcó nuestros temperamentos, sino como algo que hay que tratar de comprender en aquellos españoles (que como tales se hicieron en esos largos siglos ante el superior poder y cultura del mundo islámico) sin otra salida que valerse de la moral de las guerras santas y de la milagrería combatiente, porque no les quedaba lugar para las reflexiones sosegadas ni para los cálculos de una buena política», de cuya herencia nos estamos liberando «en estos treinta y muy sustancialmente en estos treinta y tres años de paz, en los que Franco nos va imponiendo su estilo de serenidad, de calma y de eficacia calculada», afirmaba:

«Es evidente que con este nuevo estilo podremos plantearnos la entrada en la Europa unida como algo que debe convenir a las dos partes. Suiza, que podría haber entrado en el Mercado Común europeo por la puerta grande, celosa del color de sus tradicionales autonomías y de su neutralidad, ha preferido un acuerdo económico desde fuera. No pretendo decir que España deba renunciar a la plena integración; lo que quiero subrayar es que ahora nuestro país comienza a estar preparado para valorar con sosegado cálculo el aumento de los gastos militares que se va a producir en la Europa unida a medida que los norteamericanos se retiren de ella, los problemas del sistema monetario europeo, la estrategia de las empresas multinacionales, las ventajas de una tercera neutralidad nuestra y el futuro de las instituciones cien por cien europeas, algunas de las cuales, como el sufragio universal a escala del Parlamento europeo, puede ser perfectamente compatible con nuestro sufragio orgánico interior, pongo por ejemplo, de aspectos que no pueden ser resueltos por corazonada progresista o conservadora, por reacciones personales. La 'corazonada' en este tema palpitante y decisivo de Europa nos colocaría a los españoles en esa línea del español castizo que como pueblo estamos a punto de superar definitivamente. En este tema de Europa tenemos que demostrar que somos capaces de negociar y renegociar sin cerrar la puerta nunca a nuevas concesiones que sean verdaderamente mutuas [...]. Precisamente *porque llevo muchos años de europeísmo activo,* me considero con fuerza moral para sostener que *la batalla decisiva es la económica,* la de los intereses en pugna y erizados, *y ésa hay que librarla antes que la política.* Cuando en lo económico, por una y otra parte, hayamos dado pasos decisivos, pasarán dos cosas: la primera, que la Europa de los 'diez' comenzará ya a tener una política exterior propia, que ahora no tiene, a la cual urgirá tener integrado su límite Sur, tan decisivo bajo tantos aspectos políticos; la segunda cosa será que el desarrollo español, logrado por los previos acuerdos económicos, nos ofrecerá las facilidades de ese grado de cultura económico intelectual que hace homogéneos esos supuestos políticos que, de una forma o de otra, incuba toda economía de mercado para sostenerse y para progresar. *Cualquier prisa en la integración no sería otra cosa que oportunismo o inmadurez,* cuando esta integración tiene que significar para España, en su proceso histórico, el fin de una etapa decisiva, de esa etapa que nos deje para siempre en el pelotón de los pueblos que saben hacer de la libertad y de la prosperidad las dos notas esenciales de su manera de vivir» [44].

Naturalmente, entre toda esta oleada de consideraciones se pronunciaron opiniones «curiosas», como la anteriormente recogida. «Curiosa», desde otro punto de vista, fue la del delegado nacional de Juventudes, Guillermo Fernández Júlbez, quien, luego de citar unas palabras de Chaban-Delmas (en aquellas fechas todavía jefe del Gobierno francés) sobre el U. D. R. que «no es un partido, sino un Movimiento» y su papel «no es el dividir, sino el de unir», por lo que no reclama la atención de ni de la derecha, ni de la izquierda, ni del centro...» y señalar «cómo en la propia entraña de Europa, en Francia, no solamente se utilizan nuestras palabras falangistas, las palabras de José Antonio, sino también se asume como propio nuestro ideario integrador», afirmaba:

«Entraremos con estas palabras y este ideario, compartido ya con otras naciones, en este Mercado Común, al igual que en su día bajo los mismos signos volvieron los embajadores. Aunque, naturalmente, los enemigos de España y los agoreros de siempre hayan querido utilizar aquel momento como ahora quieren utilizar éste, con el fin de plantear una apocalíptica situación de emergencia y precipitar sus consejos e, incluso, sus insinuantes amenazas para intentar predisponernos a todos a cambiar unas esencias de las que no estamos dispuestos de desertar» [45].

---

[44] «Europa, fin de etapa», en *Informaciones,* 6 de julio de 1972, págs. 16 y 17.

[45] *Informaciones,* 6 de mayo de 1972, pág. 6. *La Vanguardia,* 6 de mayo de 1972, pág. 5.

Por su parte, en el acto de inauguración de la XL edición de la Feria Internacional de Barcelona, el alcalde de la Ciudad Condal, José María de Porcioles, se situaría, asimismo, al lado de aquellos para quienes los condicionantes de naturaleza económica son los que priman en el marco de nuestras relaciones con la Comunidad Económica Europea. Y después de decir que el desarrollo del país demandó nuevas singladuras y la tan necesaria integración en la economía europea, aconseja más fuertes singladuras. Indicaba:

> «Si algunos fundan en las estructuras políticas el presupuesto básico y determinante de esa deseada integración, yo, más modestamente, creo que sólo con una adecuada instrumentación social y económica será posible esa coordinación sin caer en enfeudamientos peligrosos» [46].

Otra personalidad catalana, Juan Antonio Samaranch, ex delegado nacional de Educación Física y Deportes y, en la actualidad, procurador en Cortes de representación familiar por la provincia de Barcelona, se refirió al tema de una manera semejante en más de una ocasión. En el transcurso de una conferencia sobre «La problemática de España frente al Mercado Común», pronunciada en el Club de Dirigentes de Marketing, señalaba que *las dificultades que se presentan son económicas y no políticas,* que solicitar la asociación, que es el camino para luego pasar a la adhesión, no sería oportuno y que *en realidad, lo que necesitamos es fortalecer nuestro nivel económico, porque las estructuras políticas aceptarán las que puedan convenirles.* Meses antes había expuesto iguales puntos de vista en una entrevista publicada en *La Vanguardia Española.* En esta ocasión, Juan Antonio Samaranch pedía la publicación por parte del Gobierno de un «Libro Blanco» sobre el problema de las relaciones España-C. E. E.:

> «Creo que el pueblo español no conoce suficientemente la problemática de la Comunidad, y está siendo víctima de una minoría que emplea a la C. E. E. como bandera para atacar nuestra política. Me parece, pues, imprescindible que por parte del Gobierno español se publique un «Libro Blanco» de lo que es el Mercado Común en todos sus aspectos, porque la bandera de nuestra posible integración no debe estar en manos de quienes desean nuestra marcha atrás, el salto en el vacío, o buscan sólo su propio beneficio. Hay que informar al pueblo español claramente.»

---

[46] *La Vanguardia Española,* 19 de mayo de 1972, pág. 3.

En cuanto a las «problemáticas razones», después de decir que es partidario del ingreso de España en el Mercado Común «en el momento oportuno», se expresaba diciendo:

> «Para mí, digan lo que digan, el principal problema existente entre España y el Mercado Común no es político, sino económico. Lo que ocurre es que nos hicieron unas concesiones con el acuerdo preferencial, pensando que estábamos en pleno subdesarrollo. Ahora resulta que nosotros hemos aumentado las exportaciones más que la Comunidad a nosotros y no están contentos. Como ha dicho el embajador, señor Ullastres, el industrial español ha mostrado mayor agresividad de la esperada. La política es, en gran parte, una cortina de humo.»

A las preguntas del periodista J. Pedret Muntañola —en la citada entrevista—, formuladas en torno a si nuestro país está en condiciones de «cumplir ciertas condiciones», el ex delegado nacional de Educación Física y Deportes respondía:

> «La primera condición que se exige es ser europeo. No creo que haya duda en eso: somos europeos. Una Europa sin España sería sólo una parte de Europa. La segunda condición es tener un sistema y unas instituciones políticas similares. Ahí es donde, en apariencia, está la fricción. Pero hay que tener en cuenta dos cosas: una, que esta cláusula puede modificarse en un momento dado, por cambios de interpretación del concepto de lo que es el ideal político contemporáneo, tanto por parte de España como de ellos. La otra es que no debemos aceptar excesivas imposiciones. Nadie mejor que los propios españoles para conocer qué forma de gobierno es la que más nos conviene» [47].

Otra opinión que puede agruparse entre las de los distintos miembros del actual Gobierno es la del ex ministro de Trabajo José Antonio Girón, expresada en su discurso de Valladolid. Las tesis, por demás, se ajustan perfectamente a las manifestadas por los diversos titulares de la Administración...

> «España se guardará mucho de meterse a opinar, ni menos aún de pretender dictar a otros pueblos la manera de cómo deben gobernarse. Los españoles nos gobernamos como libremente decidamos. Y *no entraremos en pactos, asociaciones, acuerdos ni mercados de ningún tipo* si el condicionamiento que trae exige contraprestaciones en orden a lo que España entiende que es su soberanía.

---

[47] *Ibíd.*, 6 de abril de 1972, págs. 5 y 6.

Cuando nos dicen que España tiene que ir a Europa, lo que nos quieren decir es que España tiene que ir al Mercado Común. Esa es, naturalmente, otra cuestión. España no puede renunciar a participar en esta empresa solidaria de la economía del continente europeo. Y acaso ha llegado el momento de que nos den cuentas, porque la Administración está obligada a darlas, quienes se comprometieron ante el pueblo español a abrirnos las doradas puertas de esa lonja que aún permanecen cerradas. España tiene que participar en la empresa europea como un país más y tendrá que reajustar sus estructuras comerciales, pero sin necesidad de ir a un trueque vergonzante en las líneas maestras de su soberanía. La integración con Europa afectará a las relaciones entre los pueblos que conviven en esa entidad de carácter supranacional en tres órdenes fundamentales: político, económico y militar. En los dos primeros ya ha quedado expuesto nuestro criterio»[48].

Las contradicciones expresadas a través de las distintas declaraciones de la Administración y apoyadas por algunos medios de información eran evidentes. De un lado, se negaba que existieran otros obstáculos que no fueran los económicos y, de otro, al tiempo, se aludía una y otra vez, repetidamente, a que nuestro país no cedería ni un ápice de sus principios políticos y que lo más conveniente —para todos, para España primero y para la Comunidad Económica Europea después— sería el aceptar el criterio de «la diversidad dentro de la unidad». Esta atmósfera es la que refleja y analiza con agudeza un artículo publicado en el diario *Ya* y firmado por Modesto Espinar:

«A primera vista parece contradictorio afirmar, por una parte, que no existen obstáculos políticos que impidan nuestro ingreso en las Comunidades Europeas, y a renglón seguido proclamar nuestra decisión de no dejarnos imponer determinados criterios "foráneos" y de no ceder a cualquier exigencia que suponga "abjurar de nuestros principios". Si no hubiera obstáculos políticos, estas declamaciones serían, por lo menos, extemporáneas; si estuvieron justificadas, habría que admitir, en cambio, que sí había obstáculo político, y no pequeño. A nosotros nos parece que nadie ha pedido a los españoles, ni se nos va a pedir, que "abjuremos de nuestros principios", ni tampoco va nadie a intentar imponernos ningún criterio ni a decirnos cómo hemos de comportarnos en nuestra casa. Lo que va a ocurrir, lo que está ocurriendo, es mucho más sencillo y puede resumirse con una frase acuñada hace tiempo por nuestra sabiduría popular.

---

48 *Informaciones*, 5 de mayo de 1972, pág. 8.

Adonde fueres, haz lo que vieres. Podría suceder que a nosotros no nos interesara ingresar en el Mercado Común y, entonces, podríamos quedarnos tranquilamente en nuestra casa. Pero si nos interesa —y parece ser que sí que nos interesa— resulta inexcusable que adoptemos, al menos, algunos de los modales que allí se usan» [49].

Joaquín Ruiz Jiménez, ex ministro de Educación Nacional, explicaba la «confusión» de la siguiente manera:

«La polémica en curso sobre el Mercado Común, en general, y la relación entre él y España, en particular, está gravosamente condicionada por factores semánticos y, en última instancia, ideológicos. Un sector de polemistas se aferra a la expresión "Mercado Común" —con exclusión de cualquier otra— para subrayar que sólo se trata de un proceso técnico-económico, adiáforo o implicaciones de otra índole. Esta actitud —que a veces se reviste de la capa de una aséptica tecnocracia— corresponde obviamente a una ideología conservadora o, a lo más, "liberal-conservadora". Frente a ello hay interlocutores que esgrimen la locución "Comunidad Europea" (suprimiendo incluso la letra E de la sigla C. E. E., esto es, el adjetivo 'económica', del rótulo creado por el Tratado de Roma) para indicar que lo que está en juego no es una mera coordinación de unas áreas de intereses materiales (por importante que ello sea, como efectivamente lo es), sino uan integración de naciones, suficientemente homogéneas como para constituir una órbita más amplia y conjuntada de convivencia cultural y política. Por contraposición a la primera actitud habría que calificar a ésta de progresista, no sin reconocer que dentro de ella pugnan dialécticamente dos subtendencias: la de quienes no preconizan que esa órbita comunitaria se produzcan radicales transformaciones socioeconómicas, aunque sí avances en el sistema de las relaciones humanas (reformismo neocapitalista) y la de quienes aspiramos a que la Gran Europa de un futuro no lejano conjugue la estructura política democrático-liberal (si por liberal se entiende el respeto al legítimo pluralismo de hombres y grupos, y la protección de los derechos fundamentales de todos), con la estructura económica-democrático-socialista (si por tal se significa una participación real de todos los ciudadanos de Europa en la producción, distribución y consumo de los bienes originados por el trabajo solidario e indiscriminado de todos los europeos del Este y del Oeste» [50].

---

[49] *Ya,* 3 de junio de 1972, pág. 7.
[50] *Cambio 16,* núm. 47, 9 de octubre de 1972, pág. 21.

Sobre la polémica en la que se sumía cada vez más a la opinión pública española acerca de los condicionamientos al ingreso en la Comunidad Económica Europea, Augusto Assía escribía:

> «¿En vez de esclarecer y precisar las perspectivas que se nos ofrecen y la táctica que debemos seguir, no estará el actual diálogo alrededor del Mercado Común, si sigue por los actuales derroteros, abocados a oscurecer y confundir ambas, la táctica y la perspectiva? [...]. No sólo sobre la índole del "Mercado Común", lo que es y lo que se propone, cunde la desorientación. La desorientación se extiende, y las inunda, a las condiciones necesarias para entrar en el Mercado Común, las cuales son tan claras y tan precisas que en verdad no se ve cómo es posible que hayan llegado a ser confundidas.»

Más adelante, y luego de indicar que esta confusión y desconcierto se inicia ya en cuanto se habla de «entrar en el Mercado Común», expresión a la que cada uno le imprime el significado que le parece, decía:

> «Mientras no precisemos lo que es "entrar" en el Mercado Común, no estaremos sino hablando por hablar y repitiendo conceptos oscuros e indefinidos como "integrarse en el Mercado Común", "vincularse" "incorporarse" y todo el resto de la fraseología que no quiere decir nada en el lenguaje preciso y administrativo del Mercado Común. No hay en el Mercado Común países "integrados", ni "vinculados", ni "incorporados". Hay dos clases de países: "miembros" y "asociados".
>
> «[...] La cuestión que quería poner de relieve es la de que la ausencia de exactitud y la imprecisión con que el tema de la entrada en el Mercado Común está siendo tratado nos hacen correr el riesgo de que una situación que exige, para poder ser abordada con éxito, absoluta claridad de juicio e información esmerada, se vea, por el contrario, sumida en un mar de confunsiones [...]. Lo que es completamente ocioso es pretender que nosotros seamos una excepción, que vayan a ser creadas nuevas formas de pertenecer al Mercado Común para nosotros o nosotros vayamos a entrar en condiciones distintas de las de los demás países que están dentro del Mercado Común»[51].

Algún tiempo después y en otro artículo en el que comentaba dos declaraciones de dos ministros españoles sobre el tema, Augusto Assía señalaba en *La Vanguardia:*

> «Dijo el señor Allende que en la Carta de Roma no hay ningún obstáculo político que impida la entrada de España en el

[51] *La Vanguardia Española,* 19 de mayo de 1972, pág. 6.

Mercado Común, lo cual es muy verdad; entre otras cosas porque no es a la Carta de Roma a quien corresponde poner o no obstáculos para la entrada.

El señor López Bravo dice que ¿cómo puede ponérsenos impedimento si compartimos con el Mercado Común —lo cual es igualmente verdad— el desvelo por la excelencia de la creación cultural, el derecho al progreso económico, el concepto de la justicia social, la preocupación por el bien común y el respeto a la dignidad del hombre y su libertad?

¿Son las de nuestro desvelo por la cultura, por el progreso, por la justicia social, por el bien común, por la dignidad del hombre y su libertad los motivos que el Mercado Común alega en los esfuerzos para impedirnos que atravesemos las puertas de su palacio de Bruselas? Nuestro Gobierno puede decidirse en un sentido o en otro respecto al Mercado Común. Las dos cosas son susceptibles de aportar ventajas y desventajas, pero lo que no es fácil que sea capaz de reportarnos ventaja alguna es enfrentarnos al problema a través de una casuística con la que no es verosímil la apertura de una negociación que sea conducida sobre bases tangibles, capaces de determinar si las condiciones para entrar en el Mercado Común convienen o no.

El peor enemigo para conseguir buenas condiciones en el Mercado Común es creer que no es necesario aceptar condicionamiento alguno... ¿Cuál puede ser la respuesta del Mercado Común a las alegaciones protestando de que quiere mantenernos fuera de su seno cuando la Carta de Roma no nos impide la entrada? ¿Cuál puede ser la respuesta a la protesta de que el Mercado Común haría mal en olvidar, para impedirnos la entrada, que la unidad de Europa debe ser basada en la diversidad de los pueblos que la componen?

El Mercado Común tendrá o no tendrá razón, y todo español debe esperar que no la tenga cuando se opone a nuestra entrada. ¿Cómo puede demostrarse y ponerse, empero, de manifiesto, si la tiene, mientras sus argumentos vayan por un lado y los nuestros no sean colocados sobre la mesa y sometidos a la discusión y al examen?

Mientras no reconozcamos y no los reconozcan siquiera algunos de nuestros más diestros, más activos, menos rutinarios y menos convencionales políticos, como el señor López Bravo y el señor Allende y García Báxter, y mientras no descifremos cuáles son los verdaderos obstáculos que existen entre nosotros y la Comunidad, ¿cómo puede ser posible no ya un acuerdo, sino siquiera una aproximación?»[52].

---

[52] *La Vanguardia Española*, 20 de abril de 1972, pág. 5.

Finalmente, en el curso de una conferencia pronunciada en el Círculo de Economía, de Barcelona, Augusto Assía se refería a los obstáculos con las siguientes palabras:

> «Quizá el obstáculo más intratable sea el de la proclamación de la invariabilidad y eternidad, para todos los tiempos, de algunos de los principios que nos rigen. En una organización pragmática, elástica, como el Mercado Común, caben difícilmente la eternidad y la invariabilidad.
>
> El más grande obstáculo a la negociación —añadió— es la ilusión de que puede entrarse en el Mercado Común sin negociar. Con la aseveración: «O nos aceptan como somos o nada.»

Y después de explicar que sólo hay tres principios a los que los países de la Europa comunitaria responden por igual —elección del gobierno por sufragio universal; encauzamiento, a través de los partidos, del sufragio universal, y la existencia institucional de la oposición, representada por el partido o los partidos derrotados en las elecciones—, Augusto Assía concluía apuntando:

> «España es un país soberano con su gobierno responsable y es muy dueña de decidir si quiere o no entrar en el Mercado Común. Si no le conviene ni quiere, cuanto más pronto lo sepamos los españoles, mejor. Pero no veo que pueda ganarse nada con mantener y fomentar que podemos entrar en el Mercado Común sin negociar los tres principales principios que nos separan»[53].

Insistiendo en el peso —decisivo— de los factores políticos, un editorial de *Cambio 16* señalaba con ironía:

> «Si no son políticas las razones que impiden, por ahora, el ingreso de España en el Mercado Común, debe tratarse entonces de un problema de mal olor nacional, porque indudablemente no es la economía lo que puede impedir la entrada en Europa de un país como éste, medio agrario, medio industrial, que se desarrolla de prisa y ofrece buenas perspectivas a la inversión comunitaria. Si el Mercado Común ha sido capaz de absorver a un país de economía enferma como Inglaterra, con un producto nacional bruto superior a los 100.000 millones de dólares, no hay razón de peso que impida el ingreso de una economía dicharachera y dinámica como la española, cuyo PMB, además, escasamente excede de los 30.000 millones de dólares. No, aquí hay gato encerrado.

[53] *La Vanguardia Española,* 10 de junio de 1972, pág. 31.

Un gato, por lo demás, de todos conocido. Este país no cabe en Europa por aquello de que la última guerra mundial la perdieron unos y la ganaron otros, y los que fueron amigos de los derrotados, como es natural, no son muy bien vistos por los vencedores. Y punto. Aceptar este hecho, con todas sus consecuencias, es la única manera de plantearse racionalmente la estrategia española frente a Europa. La pelota no está en Bruselas, está en nuestro tejado. Si este país no quiere pagar el precio evidente para ingresar en Europa, que no lo pague, pero más vale que no se engañe a sí mismo en discusiones políticas interminables sobre las características de las alas de los ángeles o de las razones que impiden su ingreso en Europa. Así, no cabe» [54].

El referéndum noruego —el «no» a la Europa comunitaria— hizo que *Cambio 16* volviese sobre el tema, precisamente con un editorial titulado «Europa, sí», en el que reiteraba, además, la tesis otras veces mantenida anteriormente acerca de los condicionantes extraeconómicos:

«La economía, como es natural, no decide nada; se limita a encuadrar los procesos sociales y a proporcionar los datos de base que permiten elaborar decisiones sensatas de política económica. Y en el caso del ingreso de España en el Mercado Común ocurre más o menos lo mismo: existen razones económicas poderosas en pro del ingreso de esta península en Europa, pero existen también razones en contra. Aunque posiblemente los beneficios económicos del ingreso compensarán sobradamente los perjuicios, no hay duda de que, en última instancia, la entrada de este país en Europa es una decisión política. La economía, como la intendencia, sigue.

[...] Los avezados pescadores de Noruega acaban de poner en evidencia el hecho cierto de que, ateniéndose sólo a razones económicas, el ingreso en el Mercado Común no es más que una de las alternativas disponibles. De la misma manera, para España no es el ingreso en el Mercado Común la única alternativa viable para apoyar los sectores dinámicos y sacar de la modorra a los estancados. Sin llegar al ingreso de pleno derecho y otra —a la Noruega— que permita hacer frente a las dificultades de mantenerse al margen. Un camino será más difícil que el otro, pero ambos son transitables. En última instancia parece que el ingreso o no ingreso de España en el Mercado Común es un acto de decisión política. Introducir a este país en Europa es algo más, mucho más, que resolver problemas a corto plazo de naranjeros o fabricantes de bielas. Es una alternativa global

---

[54] *Cambio 16,* núm. 40, 21 de agosto de 1972, pág. 5.

de modernización y cambio de esta sociedad que pretende abandonar la autarquía montaraz y desértica para ingresar a pie firme en la historia europea. Si los noruegos dijeron no, probablemente se debió al hecho de que la sociedad noruega no tiene mucho que aprender de Europa en cuanto a la riqueza y equilibrio de sus formas políticas y de convivencia social. Al contrario, iluso sería desconocer que el entramado social español tiene infinidad de cosas que aprender al otro lado de los Pirineos. Venderemos más o menos naranjas en Europa, serán mejores o peores los humos de las fábricas, mejorará o no el color de las lavadoras, pero lo que es seguro es que la sociedad española tiene todo por ganar al salir del aislamiento»[55].

Cuadernos para el Diálogo, en un editorial publicado en el número correspondiente a febrero, luego de apuntar que *todavía no ha surgido el planteamiento definitivo que nos permita enfilar con sensatez interior y audiencia internacional el camino de la verdadera integración política y económica*, señalaba:

«Si España no puede ofrecer en la actualidad unas garantías políticas compatibles con las exigidas por el núcleo comunitario, tendremos que procurar que la consumada ampliación de la Comunidad Económica Europea nos perturbe lo menos posible modificando los términos de nuestro acuerdo. Pero lo importante es no olvidar, primero, que el camino correcto para la integración es otro muy distinto, basado en la coincidencia tanto de los objetivos como de los instrumentos y necesidades de las políticas nacionales, y, segundo, que las compatibilidades entre los sistemas políticos es una condición mucho más apreciada por la Comunidad que el estado de desarrollo de los países integrables, como ha podido comprobarse con la incorporación de Irlanda y Noruega, y ello a pesar de los buenos ojos con que mirarían algunos países miembros un desplazamiento del centro de gravedad comunitaria hacia el Mediterráneo»[56].

Un mes después, en otro editorial titulado sugestivamente «España es el problema y Europa la solución», la misma revista indicaba:

«Como españoles de 1972, nos interesa ver en esa gran Europa —ante todo— el ideario que la inspira. Si un día compartimos sus principios fundamentales, estaremos en condiciones de integrarnos en la comunidad. Si los españoles nos empeñamos en seguir recitando otro credo, con postulados distintos para nues-

[55] *Cambio 16*, núm. 47, 9 de octubre de 1972, pág. 5.

[56] «España y la Europa de los "diez"», en *Cuadernos para el Diálogo*, núm. 101, página 7.

tra vida pública, nunca entraremos a formar parte de la gran Europa.»

[...] En el horizonte se percibe la gran Europa agrupando monarquías y repúblicas, a regímenes parlamentarios de confianza expresa y de confianza tácita, con pluripartidismo o bipartidismo, donde las elecciones se realicen bajo las normas de la representación proporcional o donde se siga el procedimiento de la representación mayoritaria. Todo esto es posible y tiene cabida en la Comunidad. Sin embargo, se cierra la puerta de entrada a los pueblos que pretenden ingresar con el ropaje político de la monocracia, con un poder unitario que manda, pero no siempre gobierna, sin grupos políticos libremente constituidos y que operen con libertad de acción, con una prensa amordazada o bostezante y donde la oposición no está legalmente institucionalizada.»

«[...] Para quienes forman geográficamente parte de Europa, la marginación de la Comunidad ha de tener probablemente consecuencias gravemente perjudiciales. Porque no será lo mismo ingresar hoy que mañana, o pasado mañana. Los 260 millones de europeos, con un producto nacional bruto de 660.000 millones de dólares, que controlan un tercio del comercio mundial, van a experimentar un ritmo de crecimiento tan rápido, que, dentro de diez o doce años, las actuales diferencias, por ejemplo, entre el nivel de vida en Francia y en España, aumentarán considerablemente con perjuicio para nosotros y nuestros hijos. No se trata de profecías, sino simplemente recogemos las conclusiones de todos los informes de los expertos en la materia. Corremos el riesgo de quedarnos atrás en el desarrollo económico, y nuestra potencia cultural tampoco saldrá beneficiada. ¿En nombre de qué se puede entonces pedir al pueblo español el sacrificio de permanecer fuera de la gran Europa? Si alguien diese una razón válida y convincente, sentiríamos alivio en este dolor que produce saber que están tan cerca el remedio de nuestros males y que pasa el tiempo sin querer echar mano de él»[57].

A través de 1972, *Actualidad Española,* que dedicó también una atención preferente al tema, proporcionando —justo es decirlo— una amplia información, presentó también sin ambigüedades los verdaderos matices de la «cuestión principal» del problema. Ya en el mes de enero, en una «Carta abierta al lector», titulada «David y Goliath: irrepetible», señalaba:

«En algunos sectores se piensa: "¿Por qué no solicitar la integración como lo han hecho los 'cuatro', para ir adaptándose luego a través de un plazo de equis años, pero negociando ya

[57] *Cuadernos para el Diálogo,* núm. 102, marzo de 1972, pág. 9.

directamente con el Consejo de Ministros y no con la Comisión?" La razón es evidente y está dicha y escrita por los comunitarios, aunque algunas personas la niegan en España: las diferencias entre nuestras estructuras políticas y las de ellos hacen la adhesión imposible.

Los países de la C. E. E. coinciden en unas normas políticas. Si pedimos respeto para las nuestras, tenemos que mantener igual respeto para las suyas. Por eso, el camino más lógico —dada la premura de tiempo— no es otro que el de reequilibrar lo más posible el acuerdo actual, sabiendo que si en el terreno industrial no habrá problemas, sino más bien beneficios, en el terreno agrícola llevaremos las de perder. Y no hay por qué ocultarlo.

Luego —o ya desde ahora, de modo paralelo—, con más calma y ya dentro del funcionamiento normal de nuestro acuerdo con una comunidad de diez, habrá que ir buscando fórmulas jurídicas más amplias. O todavía mejor, contenidos económicos, sociales y políticos más amplios, al margen de unos "términos" que en más de una ocasión —Grecia o Turquía— han perdido buena parte de su sentido.

La postura que no debemos ni podemos adoptar es la de plantarle cara al gigante. La razón es evidente: nos aplastará simplemente con dejarnos fuera. No se puede olvidar que dentro de diez años en Europa puede haber una zona de libre cambio para productos industriales integrada por unos dieciséis países. Quedarnos fuera sería un suicidio» [58].

Algunos días después, el mismo semanario volvía sobre el tema haciendo un análisis de algunas de las distintas posturas que se mantenían acerca de la naturaleza de los obstáculos:

«Con respecto al Mercado Común hay una línea ya "clásica" de argumentación de la prensa que en España puede considerarse más o menos "liberal". Y conste que quisiéramos utilizar aquí el término "liberal" entre millares de comillas para aclarar que no nos referimos a "los funestos principios manchesterianos del capitalismo", sino simplemente a una actitud un poco más abierta a los principios de la democracia llamada inorgánica.

Esa prensa "liberal defiende, simplificando mucho las cosas, la tesis siguiente: Cada vez tendremos más dificultades en nuestra integración en la Comunidad Económica Europea por incompatibilidad de nuestras estructuras políticas con las de los países miembros.

La antítesis oficial a esta afirmación, mil veces repetida con más o menos adornos, ha sido mil veces repetida también con dos

[58] *Actualidad Económica*, núm. 724, 29 de enero de 1972, pág. 7.

versiones, según el grado de vigor político que se ponga en contestar: "*a)* De momento, los problemas son sólo y puramente económicos y serían idénticos con cualquier otra estructura. Más adelante, no se puede predecir nada; *b)* No hay ni habrá ningún problema político a nuestra integración en la Comunidad Económica Europea, y, cuando llegue el momento oportuno, ésta se producirá". Cabría aún otra antítesis —no oficial—, basada en el "que se adapten ellos", o en el "rumbo a Hispanoamérica", pero vamos a dejarlo, no sea que el "lava más blanco" de los "ultras" haga parecer peligrosamente avanzadas y democratizantes las demás posturas.

Evidentemente, la tesis de la prensa y las personalidades (de nuevo pedimos perdón) "liberales" tiene "truco", en el sentido obvio de que, a veces, es excusa la temática económica para defender una muy concreta actitud política. Esto es obvio y aquí nadie engaña a nadie.»

En este mismo artículo —firmado por el director del semanario Joaquín Bordiú— se planteaba el siguiente interrogante, realmente lleno de interés para una mejor comprensión de las consecuencias del problema:

«¿La coyuntura política actual influye en la coyuntura económica? Nos tememos que sí, y que esto no sólo puede afectar en mayor o menor grado a nuestras relaciones con el Mercado Común, sino también a las decisiones de los empresarios. Nos atreveríamos a decir que al típico empresario español —neocapitalista, si se le quiere poner un adjetivo— le pesa tanto, a la hora de decidir inversiones y correr riesgos, el ver un futuro político que se vaya abriendo hacia lo que es normal en nuestra área de civilización, como la política crediticia o los estímulos a las inversiones privadas» [59].

Por último, Guillermo Cid Luna, enviado especial a Bruselas, concluía una amplia crónica con las siguientes palabras:

«La cuestión de las relaciones entre España y la C. E. E., a pesar de todo el confusionismo —mejor o peor intencionado— que partidarios o detractores de dichas relaciones hayan podido crear en la opinión de muchas personas, aparece, si se miran las cosas serenamente y sin apasionamiento, con una claridad meridiana.

Desde el punto de vista comercial, a España y a la Comunidad les interesa que funcione un acuerdo preferencial entre ambas partes. Desde el punto de vista de las repercusiones económicas

[59] *Actualidad Económica*, núm. 726, 12 de febrero de 1972, pág. 3.

que pueda originar el incremento de los intercambios comerciales entre la C. E. E. y España, los intereses también con coincidentes.

¿Qué es lo que hace inviable no la adhesión, sino ya la asociación? Las diferencias políticas entre los países de la C. E. E. y el nuestro. Pero en este punto concreto tampoco hay por qué fabricar un drama. España, y la Comunidad igual, siempre se han mostrado partidarias de respetar los regímenes de cada país. Son asuntos exclusivamente internos. El hecho de que no nos concediese la asociación tiene una explicación sencilla: ellos exigen analogía de sistemas y ésta no existe. ¿Entonces? Ya conocemos el resultado: un acuerdo comercial preferencial o, como mucho, debido al reequilibrio de los acuerdos ante la ampliación, una zona de libre cambio para productos industriales, con posibles mejoras en el terreno de las concesiones agrícolas»[60].

Según Heriberto Quesada Porto, director de *Cambio 16:*

«La dificultad de la integración española al Mercado Común radica fundamentalmente en un problema político. Los económicos son salvables, una vez superadas las etapas de adaptación, pero en política no transigen ninguna de las dos partes. En la letra del Tratado de Roma no había trabas, pero sí en su espíritu. Esta es una de las argumentaciones del Gobierno español. En Francia, que, al parecer, se ha convertido en nuestra patrocinadora europea, se coincide en estos impedimentos políticos: y las variaciones no tienen por qué ser necesariamente pequeñas.»

Jacques Rivière, director general de Información del Mercado Común, dijo textualmente: «El Mercado Común es un tren que España tendrá que coger si quiere llegar a alguna parte. España debe procurar que el tren no alcance demasiada velocidad, porque, en caso contrario, los riesgos, el trauma, serían muy grandes. Y mientras España no acepte libertades de prensa, de asociación, de sindicatos, no entrará.» España parece aferrada a jugar con una segunda baraja. Inglaterra también quiso hacerlo, y De Gaulle le dio el portazo. «Hay una sola baraja y una sola regla de juego.» Lo que hemos de hacer es cumplir con las exigencias jurídicas. políticas y sociales de la verdadera constitución europea»[61].

Joaquín Valdés Sancho, director del semanario *El Europeo,* después de afirmar que, a su juicio, cabe afirmar que, en principio y al

---

[60] «España-CEE: todo está claro, con realismo», en *Actualidad Económica,* núm. 742, 3 de junio de 1972, pág. 29.

[61] *Nuestro Tiempo,* núms. 218-219, agosto-septiembre de 1972, pág. 47.

menos en teoría, no existe ningún obstáculo de orden político al ingreso de España en la Comunidad Económica Europea, reconocía que:

> «En la práctica, sí parece haber problema, y se deriva de la propia finalidad de la C. E. E., la cual es, en la interpretación de hoy, como se sabe, la creación de un superestado estructurado según el modelo liberal democrático, siguiendo el esquema clásico de división de poderes y de representación de la mayoría. Este espíritu último del Mercado Común quedó claramente expuesto en el tantas veces aludido "Informe Birkelbach", en el que se dice textualmente: "Los Estados cuyos gobiernos carecen de legitimidad democrática y cuyos pueblos no participan en las decisiones del Gobierno, ni directamente ni por medio de representantes elegidos libremente, no pueden pretender ser admitidos en la Comunidad." Lógicamente, el proceso progresivo de integración sufriría ahora fuertes tensiones en el caso de admitir Estados que no comparten este enfoque particular de la actividad política» [62].

Como se puede observar, el espectro de los que fijaban en los condicionamientos políticos los obstáculos principales para la integración de España en la Comunidad Económica Europea, fue, durante el año 1972, realmente amplio. Y uno de los que con mayor exactitud enmarcó el tema, el procurador por la provincia de Salamanca, Jesús Esperabé de Arteaga, quien se refirió por primera vez a dichos condicionamientos en un artículo titulado «La mano de doña Leonor» y que fue publicado en el diario *Informaciones*. En él, y luego de referirse a las diversas consecuencias que se podrían derivar del papel de Robinsón que le está tocando jugar a nuestro país en el contexto de la integración europea, señalaba:

> «Que a pesar del artículo 237 del Tratado de Roma, que establece que todo Estado europeo puede pedir la adhesión y la Comunidad acordarla, la incorporación no estará abierta hasta el punto de poder exigirla, no creo que quede duda. Por eso nos ha extrañado que algún ministro haya dicho que se ha solicitado dictamen de peritos sobre si en el Tratado de Roma se condiciona o no el ingreso en la Comunidad. No, la Unión Económica Europea no es un casino o club de fútbol y en ella te admiten si los que están dentro quieren. Exigiéndose para la admisión de un *tiers* la unanimidad, quedando claro que cuanto más aumente la base, más complicada, cuando no más difícil, resultará la integración. Y si no, ahí está el ejemplo de Inglaterra, mantenida al pairo durante mucho tiempo por la sola oposición de De Gaulle.

---

[62] *Nuestro Tiempo,* agosto-septiembre de 1972, núms. 218-219, pág. 76.

¿Mas qué condiciones se vienen exigiendo para la admisión de un tercero como miembro? Sencillamente, tres. Primero, un determinado grado de desarrollo económico, para lo que está el trámite procesal de la asociación, que durante cinco años permite al candidato ir acomodando sus estructuras a las de la Comunidad. Después, una política económica congruente, ya que en la Unión Económica no caben, por ejemplo, ni países librecambistas ni dirigistas. Por último, unas instituciones o regímenes políticos no de esta forma o aquella, ni siquiera parecidos a los de los miembros de la Comunidad, sino compables. Los aspirantes han de cumplir, incluso para la asociación, la condición previa de tener unas instituciones democráticas análogas. Así lo ha entendido siempre la Comisión, órgano motor de la Comunidad, y resuelto, por unanimidad, el propio Parlamento Europeo en enero de 1962, con motivo del "Informe Birkelbach", invocado después en diversas ocasiones [...]. Si la idea de la Unión Europea nace al encontrarse rusos y americanos sobre el Elba, dejando atrás una Europa en ruinas, para evitar la vuelta a luchas fraticidas entre europeos y preservar la paz, el condicionado de la Comunidad tenía que ser político [...]. Pues bien, siendo así, que lo es, no cabe duda de que en la asociación de España al Mercado, a fin de desembocar en una posterior integración, como se decía en la carta de Castiella (9 de febrero de 1962), existen problemas. Y no me refiero a las económicos, que España podía soslayar en el trámite previo de la asociación (cinco años). No; existen problemas políticos, y eso es más grave. Para quienes lo niegan, basta esta consideración: organizada la Comunidad bajo el molde democrático, sus instituciones gestoras son unas ejecutivas y otras de control. Entre las primeras está la Comisión Ejecutiva y el Consejo de Ministros, y entre las segundas, el Parlamento Europeo y el Tribunal de Justicia. Pues bien, el Parlamento Europeo, que controla la Comisión y, en definitiva, fiscaliza la Comunidad, y en particular su presupuesto, está estructurado ideológicamente. Constituido hoy por 142 diputados, y mañana (con los diez) por 208, no podía organizarse a base de minorías étnicas o nacionales, porque hubiera sido negar la idea misma de Unión o Comunidad Europea. Ha tenido que estructurarse ideológicamente como el Parlamento de cualquier país, y sus diputados están divididos en cuatro minorías o fracciones: la socialdemocracia, la liberal, la socialista y la democracia europea, constituidas por diputados de diversos países, a excepción de la última, que está formada sólo por parlamentarios franceses. ¿Cabe imaginar que España jugará a la política ideológica en el Parlamento Europeo y no lo hiciera porque le estuviera vedado en el Parlamento nacional?»

«[...] De lo anterior parece desprenderse que España ha de arreglar su físico político, dándose una vuelta por el consultorio del cirujano estético, si tiene vocación europeísta y camina de verdad hacia la Comunidad [...]. Y así la Comunidad tiene establecido —informe Birkelbach— que para integrarse hay que alinearse políticamente primero, o se toma o se deja. Si se toma, ya sabemos lo que hay que hacer. Podemos hacerlo, porque en última instancia, salvo los principios, nuestra constitución es abierta. Ha terminado por hacerlo Inglaterra, más tradicionalista y apegada "a lo suyo" que nosotros. Si, por el contrario, se deja, renunciamos a un desarrollo supranacional e industrial y refugiémonos —tomando medidas (si las hay)— en los cauces de una economía de autarquía. Pero no empleemos expresiones como las de claudicación, vejación, etc., porque no vienen a cuento. No estamos en un *bunker* y si estamos en él es porque nos hemos metido nosotros [...]. Porque si alguna cosa está clara, es que así, con estas estructuras, como hoy nos desenvolvemos, la Comunidad no nos admite. Aunque digamos que nos va bien y que hay que desarrollarse porque el sistema es eficaz»[63].

Asimismo, en el transcurso de una conferencia, tras indicar los riesgos que van a correr, principalmente, nuestros productos agrarios, y decir que «la soledad de España no puede ser mayor», Esperabé decía:

«Sólo encuentro una palabra: integración. Pero a esta integración se oponen inconvenientes políticos, inconvenientes que se niegan desde las altas estructuras políticas de la nación, pero que existen, ya que los países miembros de la Comunidad hacen de la democracia su credo. Si para que ingresemos en la Comunidad Económica Europea no necesitamos más que adaptar nuestras leyes, adaptémoslas. Y puede estar tranquilo ese conciudadano nuestro llamado Diego Ramírez, porque ello no supondrá ningún trauma [...]. Creo que, más tarde o más temprano, España entrará en Europa, porque es una necesidad»[64].

En cuanto a las dificultades, Esperabé de Arteaga reiteraría su opinión en otro artículo ya citado anteriormente —«Europa como destino»—, en el que indicaba:

«Cierto que nuestra incorporación al área comunitaria habría de plantear a nuestra economía problemas. ¿No se los planteó a los noruegos e irlandeses y hasta a los italianos? ¿Es que los españoles vamos a ser peculiares hasta en esto? No, todo proceso de adaptación a algo nuevo tiene sus inconvenientes, pero lo mismo que otros países con economías como las nues-

[63] «La mano de doña Leonor», en *Informaciones*, 7 de julio de 1972, pág. 17.
[64] *La Vanguardia Española*, 10 de julio de 1972, pág. 6.

> tras o menos desarrollados sobrepasaron los baches de incorporación de su comercio interior y exterior a áreas más vastas, la economía española no tenía por qué sucumbir en la prueba. No se olvide que en materia de adaptación no hay nada escrito y que, negociada la asociación, el calendario para la plena integración podría ser tan amplio como la realidad demandase. Pero iríamos ya hacia Europa a tiro hecho y nuestra condición de candidato, esto es, de catecúmeno europeo, nos daría por sí sola, y sin necesidad de mendigar concesiones bilaterales, todas las ventajas de las que disfrutan los hijos de Europa: de Europa como unidad. Esto también es verdad. Y si no verdad absoluta, por lo menos una verdad muy grande.»

En cuanto a las posibles víctimas que podría haber del proceso de incorporación a la Europa comunitaria, Esperabé apuntaba:

> «Sin víctimas. La voz de nuestros empresarios, que debiera prevalecer sobre la de los políticos (no en vano son los interesados), se muestra nítida y clara. Todos a una, como en Fuenteovejuna, dicen: a Europa. Así, en la Asamblea de la Hermandad Nacional de Labradores, en las reuniones de las Cámaras de Comercio de Levante y Cataluña y más recientemente en las de nuestras Cámaras de Comercio en Europa. Desde otros ángulos, con trasfondo burocrático y político se pregunta a nuestros empresarios si están preparados para la integración; en una palabra, si soportarían el impacto de un desarme arancelario y de una comunidad mercantil más vasta. Sin embargo, este interrogante tendríamos que volverlo del revés y demandar a nuestros hombres si ellos pueden subsistir en una economía cerrada, sin norte, y sin más posibilidades y perspectivas que las del consumo interior. Habría, quién lo duda, dificultades que se paliarían como las han paliado otros países en el plazo previo de acomodación. Y conste que no serían los agricultores los que con más inconvenientes tropezaran. Quizá esto se deba a que los campesinos, desde la estabilización que se hizo a su costa, tienen recorrida ya la mayor parte de su calle de la amargura. Pero lo cierto es que tengo a la vista los precios de referencia de la Comunidad para los productos agrarios durante la campaña 1972-1973 y éstos harían felices a nuestros agricultores. Mayores dificultades habrá para el sector industrial, pero éste ha de enfrentarse con ellas, ingresemos o no en el Mercado Común. Pongamos un ejemplo, eligiendo para ello un sector de los más desarrogados: la industria del automóvil. Es evidente que si ésta no exporta sucumbirá, pues es imposible que el mercado interior absorba la producción, sin que la misma la podamos contingentar como el trigo, ya que la reducción de la cadena habría de aumentar los costos, con lo que los automóviles no se venderían ni en

el interior. Pues bien, si nuestros vehículos tienen que competir —y con arancel— en precio y calidad con los extranjeros fuera de España, porque de lo contrario no se venderán, ¿qué inconveniente hay para que compitan también, previo desarme aduanero, en nuestro país? Claramente se ve la inconsistencia de los argumentos contrarios. [...] Pero si en lo económico no hay más dificultades que las que puede tener un parto y no extrauterino, en lo político es ya otro cantar. En esta materia existen barreras. Y no como las aduaneras, que se levantan y en paz. Estas barreras son obstáculos que afectan a nuestras estructuras de participación y la cosa es, por tanto, más delicada. Y conste que no es que los "diez", como antes los "seis", traten de imponernos nada. No van a retirarnos los embajadores, como antaño. No es eso, y de ello debemos tomar conciencia los españoles. Se trata simplemente de que la Comunidad tiene establecidas unos normas de coexistencia que se han encerrado dentro de un contexto generalizado que se llama democracia, y para ingresar en aquel club hay que llenar un mínimo. ¿Que no queremos llenarlo? No pasará nada, si no es que no ingresaremos nunca y que andaremos a la deriva de la Europa unida siempre. Pero nuestros hermanos físicos no se enfadarán, ni nos reñirán, ni menos nos coaccionarán. Simplemente, lo sentirán. Esto y que Europa puede vivir sin nosotros, siendo dudoso lo contrario, sí que es una sinceridad. Y como tal la planteamos para que, a su vista, los españoles replanteen después su futuro [...]. De Birlelbach a Glinne. No son nombres exóticos, aunque no se den por televisión. Los dos personajes se han ocupado de nuestros problemas. Por eso quizá se hayan silenciado aquí. Del informe del primero, que hoy constituye la "doctrina Birkelbach", posiblemente no se habló hasta que yo no la saqué a la luz pública en *Informaciones* (7-6-72). La síntesis de esta doctrina, que hoy constituye artículo de fe en la Comunidad y que, por lo tanto, es el primer principio general de derecho comunitario, se concreta en estas veintisiete palabras: "Los países europeos no democráticos no pueden aspirar ni a la asociación ni a la adhesión al Mercado Común. Se tienen que contentar con simples acuerdos comerciales." Esta resolución del Parlamento Europeo es de enero de 1962. Se dirá que una golondrina no hace verano. Pero resulta que mediante *avis* de 29 de septiembre de 1962, el Parlamento de Europa volvió a las mismas, y al tratar de la renegociación de ciertos tratados, estatuyó "que las relaciones no deben adoptar la forma de una asociación propiamente dicha más que cuando se trate de países que disfruten de instituciones libres'. Podíamos excepcionar y así evadirnos aduciendo la imprecisión de algún término y hasta la generalización de la doctrina que pudiéramos estimar que no nos comprende. Pero el caso de España se ha planteado ante la Comunidad Europea y está prácticamente resuelto. En efecto, una gacetilla aparecida en *Informa-*

> *ciones* del 4 de enero del 72, según la cual el subsecretario de Comercio, a la hora de renegociar nuestro tratado comercial era partidario de ensayar condiciones que se aproximaran lo más posible a una integración *de facto*, movió al diputado del Parlamento Europeo Mr. Glinne a dirigir a la Comisión de las Comunidades (Ejecutivo de Europa) la pregunta escrita número 567/71, con el siguiente texto: "¿Puede decir la Comisión si una transformación fundamental de las estructuras políticas de España, que consagren los principios de la soberanía popular y la democracia, constituye una prelación necesaria a la apertura de negociaciones para una eventual asociación de este país a la C. E. E.?" La contestación de la Comisión fue terminante: 'El honorable parlamentario —se respondió— debe atenerse al criterio expuesto por la Comisión en su informe al Consejo (de Ministros) de 1 de octubre de 1969, según el cual las relaciones de la Comunidad con los países de Europa meridional "no podrán adoptar la forma de una asociación propiamente dicha más que en lo que concierne a países que disfrutan de instituciones y regímenes comparables a los Estados fundadores". Luego, a la vista de estos hechos, el caso de España está resuelto y por el momento nuestro país no tiene ninguna 'chance' de incorporarse a Europa»[65].

Para Gil Robles la cuestión estaba suficientemente clara:

> «Una Europa unida tiene necesariamente que descansar en una base homogénea de democracia auténtica. En ese sentido se encaminan los intentos de construcción del futuro Parlamento de Europa, elegido directamente por el pueblo de cada uno de los países. Europa no tiene, hoy por hoy, una contextura geográfica definida. Más que los vínculos meramente geográficos, han de configurarla los intereses materiales y los lazos morales de una misma concepción básica de la vida, que descanse esencialmente en el respeto y garantía de los derechos imprescriptibles de la persona humana y en la efectiva participación de los pueblos en el gobierno de sus propios destinos a través de instituciones genuinamente representativas [...]. Pienso que nadie en Europa pretende imponernos cambios políticos como condición previa a nuestra incorporación. La Europa, hoy de "seis" y mañana de los "diez", desea que nos incorporemos; pero que deseo no es tan fuerte como para permitir que se altere la homogeneidad democrática que quisieron darle sus fundadores al firmar el Tratado de Roma. ¡Bastantes tensiones interiores tiene que superar el actual embrión de Europa para correr el riesgo suplementario de introducir en su seno un germen de heterogeneidad política! Europa no quiere imponernos un régi-

---

[65] «Panorámica fin de mes: julio», en *El Europeo*, núm. 447, 4 de agosto de 1972.

men; pero tampoco nosotros podemos exigirle que nos acepte con el que tenemos»[66].

Pablo Castellano se manifestaría en parecidos términos, con claridad y sin rodeos:

> «Si el Tratado de Roma establece determinados requisitos de orden político y el Mercado Común es el resultado de la aplicación de este tratado, no es factible la integración en el Mercado Común de aquellos países en los que, salvadas sus peculiaridades muy específicas, no se dé esa coincidencia política que le sirve de fundamento, ya que, con gran acierto, los países miembros de la Comunidad Europea dejan toda economía reducida a un aspecto de la cuestión muy subordinado al fin político de sus pactos.
>
> Europa no es un concepto geográfico, aunque este término se circunscribe en los mapas a un determinado continente. Europa es un concepto cultural e histórico. Hoy por hoy, Europa, sin voluntarismos, excluye de su ámbito todas aquellas formas de vida y de comportamiento político que le son antagónicas [...]. A su ingreso (de España) se oponen hoy dificultades de orden socioeconómico y sociopolítico; sus estructuras políticas a las estructuras de representatividad europeas; sus estructuras económicas de privilegio contrarias a las estructuras económicas de libre mercado»[67].

También habló de razones extraeconómicas Cantarero del Castillo, quien comenzaría explicando la necesaria «uniformidad institucional entre los diversos países que forman parte de la Comunidad Económica Europea»:

> «La integración política, que debe culminar el proceso de integración en su sentido más total y más histórico, exige una cierta uniformidad institucional entre los países integrados. La integración política verdadera implica un cierto grado mínimo e inevitable de organicidad, incompatible con una heterogeneidad grave de los elementos integrados. Unas determinadas bases democráticas uniformes constituyen premisa condicionante de una integración auténtica. Podrá haber variantes en la orgánica institucional de cada país integrado, pero todos, por lo menos, deberán responder a los principios esenciales que inspiran la superior Constitución europea. En lo político es evidente que no podrán ser nunca integrables elementos democráticos y elemen-

[66] *Cambio 16,* núm. 48, 16 de octubre de 1972, págs. 22 y 231. Entrevistas recogidas por Alberto Yébenes.

[67] *Cambio 16,* núm. 48, 16 de octubre de 1972, pág. 20.

tos totalitarios. En lo económico es igualmente evidente que no podrán ser nunca integrables elementos funcionantes en régimen de economía dirigida y elementos funcionantes en régimen de economía de mercado. Estructura política y estructura económica han de ser siempre concordantes, tanto en el marco de la Europa integrada como dentro de cada una de las naciones que la constituyen [...]. Las razones de la oposición de Europa al ingreso actual de España en el Mercado Común son exclusivamente políticas. De la misma manera son también políticas las razones básicas de los sectores españoles que no son favorables a la integración. Entre Europa y la España del régimen opera una residual, aunque todavía grave, ant!tesis ideológica»[68].

A través de sus conferencias, declaraciones y artículos, José María de Areílza se referiría a los factores extraeconómicos, con similar claridad a la expresada por otras personalidades cuyas opiniones hemos recogido:

«Existen unos condicionamientos técnicos y unas normativas de orden político. Los primeros creo que son suficientemente conocidos para que no se puedan encontrar soluciones razonables en plazos suficientemente elásticos para que nuestra economía quede a un tiempo protegida y gradualmente integrada. En cuanto al segundo punto, me parece un innecesario error desdeñar el asunto dándolo por inexistente o saliendo del paso con declaraciones más o menos despectivas, pero irrealistas»[69].

Aludiendo a las tesis de quienes aseguran que España ingresará en el Mercado Común cuando a la Comunidad Económica Europea le resulte «necesario» que nuestro país lo haga, a pesar de los obstáculos de índole no económica, Areílza precisaría:

«Convendría aclarar algunos extremos. Por ejemplo, que la Europa de los "diez" no nos necesita ni de un modo apremiante ni de forma vital, y puede perfectamente limitarse a tener un tratado comercial conveniente para sus intereses. Tampoco es realista pensar que, abandonando su trasfondo político, haga una excepción para formas y estructuras que no sean homologables con el sustrato común. La tesis de que "nos necesitan tanto que ya vendrán" es imaginaria y ajena a la realidad. Ni nos necesitan ni vendrán.»

---

[68] *Cambio 16,* núm. 48, 16 de octubre de 1972, págs. 18 y 19. Entrevistas recogidas por Alberto Yébenes.

[69] *La Vanguardia Española,* 8 de marzo de 1972, pág. 21.

En otro momento, refiriéndose a las pintorescas afirmaciones hechas en algún momento desde la Administración en torno a unas supuestas presiones extranjeras sobre nuestro país, señalaba:

> «Creo que desde el punto de vista de lo que se ha dado en llamar la maniobra o presión extranjera para que España adopte determinadas formas políticas, se trata de una fantasía enteramente desprovista de realidad. Ningún político europeo, de derechas o de izquierdas, ha pensado jamás en que España se vea forzada a cambiar sus estructuras en aras de un supuesto dogmatismo. Es a España a quien corresponde decidir si quiere o no quiere iniciar una negociación encaminada a integrarse paulatinamente y con los plazos necesarios en Europa [...]. Si España decide no incorporarse a la construcción política de Europa, por las razones que fueren o por ser "diferentes", habrá que pensar en establecer también una economía "diferente". Pero nuestra economía es, cada día, más interdependiente con Europa. Y la que rige en la Europa de los "diez" está íntimamente conectada con las coordenadas políticas y sociales de aquellos sistemas [...]. Creo que, en esencia, lo fundamental de la constitución política de esos diez países consiste en unos principios que, en definitiva, son la soberanía de la sociedad, las libertades humanas, civiles, políticas y sindicales; el consenso libremente expresado y la fiscalización parlamentaria de los gobiernos.
>
> No me parece que esos principios sean ni extraños ni difíciles de aplicar en nuestro país, donde probablemente una gran mayoría aspira a perfeccionar la convivencia civil con métodos más modernos y más eficaces. Creo que la ordenación institucional española es de naturaleza abierta, según palabras de la máxima autoridad. Por consiguiente, entiendo que si se aprovechan al máximo las posibilidades que ofrece el desarrollo de esta ordenación, podrían lograrse los primeros y decisivos pasos hacia la democratización de nuestro sistema y hacia la organización de la diversidad, para que, dentro de la ley, la disidencia sea compatible con la convivencia. Si queremos que los "diez" nos abran una credibilidad suficiente para que la negociación definitiva de integración europea de España se inicie de verdad algún día, ha de existir un proceso de intencionalidad democrática» [70].

En el mes de julio Areílza volvería sobre el tema en una conferencia pronunciada en la Universidad de Salamanca, y en la que, luego de señalar que con Europa nos hallamos vinculados por un tratado comercial que nos pone en situación de parecernos a la ceni-

---

[70] *La Vanguardia Española,* 19 de mayo de 1972, pág. 23.

cienta, se refería a los pasos dados desde la petición de 1962 hasta la firma del acuerdo preferencial:

> «Desde ese momento se inició un largo proceso que yo llamaría de diálogo de sordos, ya que España quedaba fuera de la Comunidad por motivos políticos, aunque los técnicos no lo hayan dicho y señalen otras causas. Pero el tecnicismo es la evasión psíquica de los que no quieren hacer frente a las realidades. Sin embargo, los empresarios que se encuentran a la altura y en contacto con el Mercado Común conocen esa dificultad para formar parte de Europa unida y por ello empiezan a preocuparse» [71].

Meses después, en *Cambio 16,* el conde de Motrico decía:

> «Es muy fácil decir que no estamos preparados todavía, económicamente, para adherirnos al Tratado de Roma. Que hacen falta plazos, tiempo, cautelas para irnos adecuando. Puede que así sea desde el punto de vista exclusivamente técnico. Pero ¿y el estar presente en la política viva del Continente, a escala internacional? ¿Hacen falta para ello plazos, tiempo, cautelas? ¿No estaremos jugando con las palabras y con los problemas? ¿No sería mejor enfrentarnos con la realidad de los hechos, manifestada con meridiana claridad por quienes tienen autoridad para hacerlo en los altos niveles de la C. E. E. y estudiar, desde ahora, cómo se pueden armonizar las estructuras de nuestro sistema con el tono general que informa las instituciones públicas de la Comunidad?» [72].

Finalmente, en un artículo publicado en *La Vanguardia* y escrito en torno a la respuesta que el ministro secretario general del Movimiento, Fernández Miranda, dio a algunos procuradores acerca de las relaciones de España con la C. E. E., en una sesión informativa de las Cortes españolas, José María de Areílza señalaba:

> «Más impresionante ha sido la respuesta que se ha dado para calmar las inquietudes de algunos procuradores sobre el tema de nuetras relaciones con Europa. Aquí no hubo equívocos. "No existen —se nos dice— obstáculos jurídicos, ni condicionamientos políticos de ninguna clase para la entrada de España en la Comunidad." Se trata, por lo visto, de caprichos de humor de unos pequeños partidos —¡siempre los partidos!—: uno danés y holandés, a los que no cae bien el ingreso de España en la sociedad de los "nueve". Eso sí, la actitud de esos dos grupúscu-

[71] *La Vanguardia Española,* 29 de julio de 1972, pág. 6.
[72] *Cambio 16,* núm. 47, 9 de octubre de 1972, pág. 17.

los de Dinamarca y de los Países Bajos es perfectamente antidemocrática, pues, como es sabido, son democráticos los regímenes que respetan el sistema interno que libremente se haya dado otro país, y totalitarios aquellos que tratan de imponer el suyo al prójimo. Y el honor y la dignidad de España no tolerarán que los campesinos de Frisis o los lecheros del Zuiderzee modifiquen nuestro monolítico edificio con sus artimañas y exigencias.

¿Para quién se habla así? ¿Para los procuradores? ¿Para el país? El lector español de periódicos, menos avisado, ha leído hace poco la declaración conjunta de los "nueve" en París con su rotundo preámbulo; las declaraciones de Scheel, canciller alemán; las del presidente Pompidou; las de Sicco Mansholt; las de Altiero Spinelli; las de tantos y tantos políticos y tecnócratas de los nueve países sobre el tema. Hay rotunda unanimidad de opiniones: en las condiciones actuales no es posible iniciar la negociación política. Ninguno de los nueve países y Gobiernos la admitiría. Hace falta que se reformen las estructuras de nuestra vida política. Entonces, una vez homologadas con el resto de los países comunitarios, habría una base común para abrir el diálogo con vistas a la integración gradual de España a la C. E. E. [...]. Nadie piensa entre los nueve países en imponer condiciones o modificar desde fuera las instituciones españolas. Es ello un concepto rural del honor y de la dignidad nacionales como las de "Juan José", de Dicenta. Existen un Tratado de Roma y una Comunidad en funcionamiento de nueve países integrados en ella y una construcción política de Europa en marcha. Nadie nos obliga a incorporarnos a todo eso. Nadie nos amenaza para que entremos. Hay unas conveniencias y unos intereses nacionales que es preciso medir y calibrar. Si de su estimación resulta que es beneficioso, y quizá necesario, y aun indispensable, que España no esté ausente de la construcción europea, ni en lo económico, ni en lo político, habrá que tomar las medidas para que esa negociación se inicie y cumplir los requisitos que la Comunidad solicita de los aspirantes. La Comunidad es una asociación de países pactada y regida por sus integrantes. No es un condominio de todos los países continentales, ni pertenece su orientación al que quiera dársela desde fuera, sino a las naciones-miembros. A ellas les interesó desde el comienzo del largo proceso, en 1957, dar un contenido democrático, liberal y social a la Comunidad de Europa, núcleo de la futura integración. Y no por capricho de un partido, de un grupo o de una clase social, sino porque, entre otros, existía el objetivo bien claro de consolidar en el viejo mundo las instituciones democráticas, basadas en el sufragio, en el parlamento libremente elegido, en las libertades civiles fuertemente garantizadas y en la alternativa de poder con turno legal abierto. Conjunto de principios que habían sido hollados por el nacional-socialismo y el fascismo, primero, y por el comunismo después, en aquellos países sometidos a su yugo. Si nos interesa participar en la Comunidad habremos de aceptar sus reglas de juego. Si no queremos entrar en ella habrá que decirlo públicamente. Lo que resulta pueril y cómico es hacer de enano de la venta con una entidad a la que le tiene perfectamente sin cuidado que entremos o no en su seno. Y aún me parece que maliciosamente se frotaría las manos de gusto si no lo hiciéramos, por el cúmulo de ventajas comerciales que nuestra ausencia les reportaría a más de uno de los nueve países.»

Pero si España, es decir la Administración española, tuviese entre sus objetivos la integración en la C. E. E., es decir la aceptación de esas reglas de juego democráticas, ¿qué sería necesario?

«[...] Una negociación política con la C. E. E. requiere, ante todo, una línea de credibilidad democrática en quienes protagonicen el empeño. Hasta ahora, hay pocos síntomas de ello, y la reciente sesión de las Cortes a que aludimos refuerza este aserto escéptico. El clima y la tendencia predominantes no son precisamente de apertura y de libertades, sino más bien de sentido opuesto. El "cierre" no es un "vocablo genial" ni creemos que produzca entre los bastidores de la Europa entusiasmos indescriptibles. Tampoco vemos por qué una España numantina, cerrada a cal y canto sobre sí misma, sea la imagen simbólica del honor y de la dignidad nacionales. La grandeza histórica de España se logró por la universalidad de su espíritu, de su lengua y de su cultura. No por los cerrojos y candados de sus inquisidores.

Lo triste del caso es que con la simple interpretación, desarrollo y perfeccionamiento de la ordenación institucional vigente se lograría dar un decisivo paso hacia la homologación de las estructuras políticas españolas con el resto de los nueve países. Pero, naturalmente, con el honesto y sincero propósito de llevar a cabo una reforma nacional evolutiva y legal que tienda a dotar al país, gradualmente, de una vida pública con más sustancia democrática y libertades reales.

No sabemos si formular esta firmación es caer en una trampa saducea. Lo que sí pensamos es que las alusiones bíblicas no son el mejor camino para responder a una gran masa española de empresarios, profesionales y trabajadores que vive de realidades, muchas veces difíciles, y que no quiere perder el autobús de Europa cuando pase por la puerta de nuestra casa. Y es que el problema no es tan sólo de Mercado Común, sino de sentido común» [73].

[73] «La trampa saducea», en *La Vanguardia Española,* 12 de noviembre de 1972, página 11.

Ruiz Jiménez se alineaba, asimismo, en el grupo amplio de quienes señalan obstáculos distintos a los económicos para la integración de nuestro país en la Comunidad Económica Europea...

> «¿Que para ingresar es menester superar obstáculos? Indudablemente. La Comunidad Europea tiene unas normas fundamentales, una constitución supranacional, que no se agota en el texto escrito del tratado de Roma de 25 de marzo de 1957, y los documentos sucesivos de carácter complementario, sino que está inmersa en el espíritu democrático reavivado tras la segunda guerra mundial, y que da sentido a pactos tan esenciales como el de Londres de 1949 (Consejo de Europa), el de Roma de 1950 (Convención para la salvaguardia de los derechos humanos) y el de Turín de 1961 (Carta social europea). Añádase la práctica consuetudinaria establecida por los órganos de la Comunidad y la interpretación auténtica de las grandes figuras que han forjado —y siguen forjando— el Movimiento Europeo, todas las cuales militan en partidos de signo inequívocamente democrático (liberales, como rey, Scheel, Monet...; socialistas como Spaak, Brandt...; demócrata-cristianos, como Adenauer, De Gasperi, Schuman...).
>
> Estas razones ideológicas y jurídico-políticas tienen por sí mismas suficiente vigor y permanencia como para que no se pretenda descalificarlas con la habilidad de denunciar pugnas económicas subyacentes (por ejemplo, las de los países de la órbita mediterránea con sus concurrentes productos agrícolas), pugnas reales, pero accesorias.»

Pero, al tiempo que indicaba la dimensión, a su juicio, auténtica del problema, Ruiz Jiménez ampliaba su pensamiento en torno a la existencia de los obstáculos que suponen la no concordancia de las estructuras de nuestro país con las imperantes en la Europa comunitaria, y vá más allá, en su consideración de que es preciso una homologación de instituciones de cara al ingreso en la C. E. E., cuando decía:

> «Muchas veces oímos o leemos —yo mismo lo habré dicho o escrito— que España debe acelerar su cambio institucional bajo el signo de una auténtica y plena democratización, porque eso es condición indispensable para su integración en la Comunidad Europea, integración que, a su vez, resulta condición insoslayable para el afianzamiento y estabilidad del desarrollo económico y cultural hacia el futuro. Evidentemente, esta interpretación "finalista" es legítima y tiene muchas razones a su favor. Sin embargo, ahora me parece necesario subrayar que la exigencia de que en nuestra patria se instaure una genuina democracia pluralista y con efectiva participación de todos los ciudadanos y sus asociaciones en la empresa social y política que entraña

un Estado social de Derecho, es más profunda y se sitúa más allá de cualquier pragmatismo y de cualquier cálculo estratégico. Aunque no existiera un Mercado Común, que nos aprieta por los costados económicos, ni una Organización del Atlántico Norte, que lo hace por las vertientes logísticas, ni una cuestión de prestigio supranacional —que es problema de mayores quilates—, España debería transformar su sistema socio-económico y político en línea inequívocamente democrática por razones originarias y radicales: la voluntad de nuestro pueblo, la fidelidad a los valores de igualdad y libertad inherentes a una concepción espiritual de la vida humana, el sentido posconciliar de la inspiración cristiana en materia de régimen social y político, y la vinculación de todo ello, con el ideal de una paz auténtica, fruto de la justicia» [74].

Asimismo, Fraga Iribarne, tras afirmar que los pasos hacia la unidad europea «exigen una cierta homogeneización cultural, social e ideológica, y que ha de haber una base mínima de entendimiento sobre lo que es el hombre, la empresa, la ciudad, la región, el Estado, la vida política, la comunidad de Estados», decía:

«Los obstáculos estructurales no me parecen decisivos, al contrario, yo creo que la economía española necesita estímulos (de dimensión y también de riesgos) para dar nuevos pasos adelante. Los obstáculos políticos, a su vez, son reales, y es inútil negarlo. Estos obstáculos son de tres clases. Unos son de carácter histórico, de historia antigua y de historia reciente. Otros son de decisión política nuestra; yo, personalmente, creo que cabe resolverlos dentro de nuestro cuadro constitucional, y en el sentido que nos conviene también por razones internas. Y los demás son negociables, y es de esperar que en espíritu de comprensión por ambas partes. La entrada en un club supone que se acepta la naturaleza del club y, a su vez, que éste no pone tales condiciones que hagan imposible la adaptación de buena fe» [75].

En un artículo que ya hemos recogido, el ex ministro Silva Muñoz se refería también a los obstáculos, las dificultades... Silva Muñoz afirmaba que «reducir el tema de nuestra integración europea a los límites de la pura economía no es empequeñecerlo, sino descentrarlo»:

«En el plano económico, las dificultades no son insuperables; el camino recorrido por España en los últimos lustros con su

[74] *Cambio 16,* núm. 47, 9 de octubre de 1972, pág. 22. Entrevistas recogidas por Alberto Yébenes.

[75] *Cambio 16,* núm. 48, 16 de octubre de 1972, págs. 21 y 22. Entrevistas recogidas por Alberto Yébenes.

notorio crecimiento y la corrección de muchos defectos de estructura, y el ejemplo de otros países como Irlanda, ya decidida su incorporación, creo deben alentarnos para asegurar que los obstáculos económicos se salvarán. En el terreno político, pienso que el cuadro constitucional de España, debidamente actuado, permite acomodarse a las exigencias del espíritu comunitario siempre que aquí y allá se abra un diálogo realista y sincero sobre esta cuestión, pero bien entendido que lo que hay que considerar es el conjunto de circunstancias que han de pesar en el ingreso de España en la Comunidad, por lo que hay que alejar la idea de una negociación sobre algo que afecte a nuestra soberanía o a nuestra manera de organizarnos políticamente, que creo no se nos pide ni, en ningún caso, España podría aceptar [...]. A nuestra idiosincrasia, siempre propensa a trascendentalizar las cosas y si es posible a teñirlas con todos los tintes emocionales, eliminando la presencia de matices de los que tanto viven las relaciones entre entes y personas, hay que explicarle paciente y sinceramente que una cosa es la intromisión ajena en los negocios políticos internos de nuestro país y otra la legítima acomodación de nuestro sistema político para ingresar en una asociación de pueblos que tiene sus reglas de juego, a las que podemos pertenecer» [76].

En términos suficientemente explícitos hablaría Manuel Broseta, catedrático de Derecho Mercantil de la Universidad de Valencia, en la clausura de un ciclo de conferencias que, sobre la «Economía valenciana y el Mercado Común», se desarrolló en la Cámara de Comercio, Industria y Navegación de la capital levantina. El profesor Broseta, luego de analizar las causas que justifican la creciente preocupación de los sectores exportadores agrícolas e industriales, apuntaba:

«Ante todo ello, está cada vez más difundida la pregunta: ¿Qué tipo de obstáculos impiden nuestra más plena integración en el Mercado Común? Si en 1962 España solicitó la asociación a dicha Comunidad, y si, además, se nos dice, por representantes de la Administración Pública, que nuestra economía reúne ya las condiciones necesarias para emprender una participación más activa con el Mercado Común, queda suficientemente planteada la cuestión para averiguar qué razones impiden una más efectiva integración con él. Las opiniones de los políticos españoles son discrepantes, pues mientras unos afirman que no existen obstáculos de índole política, otros afirman que el factor decisivo para la integración es el político.

---

[76] *A B C*, 17 de octubre de 1972, pág. 3.

El procedimiento para la admisión de nuevos Estados de pleno derecho, previsto por el artículo 237 del Tratado de Roma, presupone el cumplimiento de dos requisitos: en primer lugar, la verificación del llamado "control de admisibilidad", que corresponde al Consejo de Ministros, previo informe de la Comisión, los cuales para adoptar sus decisiones deben respetar —como recuerda el comunicado final de la conferencia cumbre de jefes de Estado— los acuerdos y las decisiones sobre los requisitos mínimos de carácter político que deben reunir los Estados terceros no miembros que soliciten su adhesión. En segundo lugar, la solicitud de adhesión debe ser negociada por el Estado solicitante frente a cada Estado miembro de la Comunidad y ratificado por los Parlamentos de cada uno de los Estados miembros. No es, por tanto, excesivamente aventurado afirmar que la adhesión al Mercado Común es inviable si el país solicitante no reúne los requisitos políticos expuestos [...]. Pero es que, además, en el propio Tratado de Roma se exponen dos argumentos que permiten afirmar que estos requisitos políticos mínimos son indispensables para la adhesión al Mercado Común; por un lado, se afirma en su preámbulo que una de las finalidades de dicho tratado es la salvaguarda de la libertad, para lo cual se formula un llamamiento a los restantes pueblos de Europa que comparten su ideal. Y, por otro, este mismo criterio ideológico e institucional se pone de manifiesto en el propio Tratado de Roma, en cuyo artículo 138 se anuncia el propósito de que el futuro Parlamento europeo se elija por sufragio universal y directo, de forma uniforme en todos los Estados miembros, lo cual pone de manifiesto que tan sólo es compatible la presencia en dicho Parlamento de aquellos países que practican idéntico sistema para su funcionamiento democrático interno.

Si el Mercado Común tiende a convertirse en una Federación de Estados Europeos —según reiteradas afirmaciones de sus fundadores y según se desprende del régimen institucional de los tres tratados que crean las tres Comunidades Europeas—, parece claro, desde una perspectiva jurídica y constitucional, que difícilmente pueden integrarse en una futura federación política los países que no participan de los presupuestos ideológicos institucionales y constitucionales, no sólo de la federación, sino también de la organización política de cada uno de sus Estados miembros» [76].

Otros dos juristas de prestigio, Antonio Truyol y Serra y José Yangüas Messía, se refirieron también con claridad absoluta a los condicionamientos políticos de la cuestión, con motivo de la entrada

[77] *La Vanguardia Española*, 28 de mayo de 1972, pág. 7.

en la Academia de Ciencias Morales y Políticas del primero de ellos. En su discurso de ingreso, Antonio Truyol, catedrático de Derecho Internacional y Relaciones Internacionales de la Facultad de Ciencias Políticas de la Universidad Complutense de Madrid, habló de los condicionamientos no sólo económicos, sino también políticos de la adhesión:

> «Estos existen siempre, pero son de mayor entidad cuando se dan divergencias institucionales, y de principios que requieren un adecuado desarrollo político, lo cual afecta, de hecho, entre otros Estados de la Europa mediterránea, a España» [78].

Por su parte, Yangüas Messía, ex ministro de la II República, afirmaba en su discurso de contestación al nuevo académico:

> «No nos engañe el rótulo de Comunidad Económica Europea. Requiérese, sí, para el ingreso, la preparación económica y la social, mas como factores simplemente instrumentales. El factor decisivo, si se quiere entrar, es el político y jurídico; basta para ello una lectura del Tratado de Roma. El respeto a la jurisdicción de cada Estado no excluye la fijación, claramente definida ya, de lo que bien pudiera llamarse mínimo de equivalencia o común denominador, extensivo a todos y que forzosamente condiciona el ingreso en la Comunidad.
>
> Sin desconocer los problemas que esta operación entraña, son muchos más graves los que seguirían de quedar fuera. Agrade o no, nos hallamos no frente a una opción, sino frente a una necesidad ineludible. Contamos con poderosos valores dentro del Mercado Común, propicios a ayudarnos. Mas para hacer factibles esos buenos oficios de las potencias amigas es indispensable la cooperación de España. Se requiere que nos coloquemos en situación jurídica de poder ser admitidos como miembros de pleno derecho, conformes a las reglas y principios de la Comunidad» [79].

Para Manuel Jiménez de Praga, catedrático de Derecho Político de la Universidad de Barcelona, y según expuso en una entrevista publicada en el diario de Zaragoza *Aragón-Exprés:*

> «La único que se requiere para formar parte de la Europa de los "diez" es la aceptación previa de unos principios generales de convivencia. Y uno de estos postulados esenciales puede enunciarse así: "La participación real y efectiva de los ciudadanos en la gobernación de los asuntos públicos. Hoy, en este último tercio del siglo XX, esa participación real y efectiva sólo

[78] *La Vanguardia Española,* 17 de mayo de 1972, pág. 6.
[79] *Informaciones,* 17 de mayo de 1972, pág. 31.

se consigue con sujetos de acción ciudadana que sean adecuados a las circunstancias presentes [...]. Sin la cobertura de un grupo no es posible, en 1972, realizar actos políticos"»[80].

En un documentado estudio en el que se analizaba desde un plano eminentemente jurídico la existencia de obstáculos reales al ingreso de nuestro país en la C. E. E., Juan Luis Iglesias decía:

«Alguna vez, al reflexionar sobre este tema, el hombre de la calle ha pensado que, por muchos obstáculos políticos que existan, si la Comunidad Europea siente un especialísimo interés por España, si, en definitiva, le conviene, el condicionamiento político dejará de ser impedimento y la Comunidad abrirá sus puertas para que puedan cruzarse. En otras palabras, si, en lugar de ser "la reserva espiritual de Europa", España fuera su reserva de petróleo o de uranio, no habría barrera política insalvable para nuestra admisión. Tal reflexión, aunque no desprovista de un cierto poder convincente, es errónea al menos en los límites de la lógica: dejando a un lado el hecho de que, antes del acuerdo preferencial, los intercambios con la Comunidad eran sustancialmente favorables a ésta y que tal situación continúa poco más o menos parecida, a pesar del acuerdo; que, además, nuestros recursos naturales, si no se descubren otros, no son de un carácter susceptible de atraer la codicia de la Comunidad, la reflexión sólo sería válida en un único supuesto: que los "seis" o, mejor, los "diez" decidieran derogar los tres tratados constitutivos de las comunidades y los textos de sus propias constituciones internas, para redactar de nuevo unos y otras, y adaptarlos a la nuestra.

Y ello, porque la incompatibilidad política se dobla de la incompatibilidad jurídica, o, lo que es más exacto, los postulados políticos encuentran, como es lógico, una formulación jurídica en aquellos textos. No sería descabellado pensar en la posibilidad de un acuerdo de principio a nivel de ministros, o, incluso, de jefes de Estado o de Gobierno, pero unos y otros se hallan controlados por el aparato constitucional de sus países, de forma que sus arreglos de poco sirven si no discurren por el proceso constitucional previsto para la ratificación del acuerdo, y aquél les es favorable»[81].

Con cierto desenfado inicial, pero yendo al mismo tiempo al fondo del asunto, el profesor González Seara examinaba el problema en las

[80] *La Vanguardia Española,* 6 de julio de 1972, pág. 6.

[81] «Comunidad Económica Europea. Razones y ejemplos de los obstáculos para la admisión de España», en *Cuadernos para el Diálogo,* col. «Los Suplementos», pág. 9.

páginas de *Cambio 16* en un artículo en el que, tras comenzar citando a Cervantes y de decir que «buscar justificaciones a problemas sin que haya una correspondencia entre ellos es una fórmula poco indicada para llegar a resultados satisfactorios», aplicaba lo dicho al caso que nos ocupa:

> «En el caso del Mercado Común, por ejemplo, cuando se plantea el tema de la incorporación de España, una y otra vez, se desfigura la realidad, sin que esté claro a quién se pretende favorecer con la medida. Continuamente se habla de que para el ingreso no hay motivos políticos, que se deben respetar las peculiaridades nacionales, que es intolerable la ingerencia en los asuntos internos de otros países, que la democracia no puede pretender imponer antidemocráticamente determinadas formas de gobierno... y así, *ad nauseam*. Todo ello es muy triste y muy lamentable, y no resuelve nada. Por eso conviene insistir en la necesidad de claridad.»

González Seara, tras esta introducción, plantea sin eufemismos los verdaderos matices del problema, un tanto desfigurados por toda la retahíla de declaraciones oficiales del estilo de las apuntadas por él mismo y que hemos recogido en páginas anteriores:

> «Y lo primero que debe quedar claro es que, en esta historia, nadie trata de imponernos nada. Si nosotros queremos adoptar esta o aquella fórmula política, si nos decidimos por las canciones de Lola Flores en vez de la ópera italiana, o si preferimos el desarrollo de los campos de fútbol al de los laboratorios de investigación, nadie vendrá, desde el exterior, a imponernos otras directrices. Pero, claro está, lo que no podemos exigir nosotros es que, además, los del exterior deben reconocer nuestras "creaciones" como el mejor hijo que haya parido madre, a la hora de ponernos de acuerdo en algo que nos afecte mutuamente. Los países del Mercado Común no pretenden imponernos nada. Podemos seguir distinguiéndonos con nuestras peculiaridades, más o menos geniales. A condición de que no pretendamos ingresar en el Mercado Común. Ahí está el punto clave. Si queremos entrar en dicha comunidad, entonces lo lógico es cumplir las condiciones que la comunidad exige a sus miembros. Y, de no hacerlo así, la verdad sería la contraria: que somos nosotros quienes queremos imponer a los países de la Comunidad Europea unos principios que difieren de los aceptados y establecidos por ellos.
>
> La Comunidad Económica Europea está ahí, y su planteamiento es inequívocamente político, de signo democrático. Fueron unos cuantos países europeos quienes juzgaron oportuno iniciar un proceso de integración, en una época en que aquí

vivíamos de autarquías y numantinismos ideológicos. El profesor Antonio Truyol acaba de publicar un interesante libro sobre *La integración europea* (idea y realidad). En él podemos ver la magra aportación española a la historia de dicha integración, y sí podríamos, en cambio, aportar múltiples testimonios de posiciones antagónicas a esa idea desde diversos sectores del mundo "oficial" ibérico. Ahora resulta que, debido a la inexorabilidad del devenir histórico, quedar fuera de la Comunidad puede representar un cataclismo para la economía española. Y, con encomiable sentido de la realidad, solicitamos nuestra incorporación. Pero, entonces, como somos nosotros quienes pedimos entrar y quienes estamos en peores condiciones, es obvio que debemos aceptar los principios que han establecido los otros países europeos miembros. No se trata de que nos tengan manía y nos quieran imponer sus principios. Se trata de que forman parte de un club donde hay unas normas y requisitos de entrada, y si uno no quiere aceptarlos, se queda fuera. Y eso es todo [...]. Los que no quieran ingresar en el Mercado Común, que lo digan claramente, y que den sus razones reales. No tiene sentido, pongamos por caso, que si se poseen unos intereses concretos poco compatibles con la integración comunitaria trate uno de oponerse esgrimiendo argumentos de filosofía de la historia barata, como con frecuencia ocurre. En esas circunstancias, es mejor decir, por ejemplo: "¿Y qué voy a hacer yo con mi trigo en la Comunidad Europea? ¡No, señores, me opongo al Mercado Común, y que los españoles sigan protegiendo el trigo, que es lo bueno!" Esa es la postura sincera. Y quien dice esa postura, que sería muy propia de algún terrateniente de Castilla, dice cualquier otra semejante. Puede uno oponerse al ingreso en el Mercado Común, y dar razones para ello. Se pueden, incluso, argüir, con motivo de la oposición, los valores espirituales. Pero lo que no se puede hacer es decir que se quiere ingresar en el Mercado Común y, luego, no dar ni un paso para ponerse en condiciones de cumplir los requisitos mínimos para el acuerdo. Ello debe quedar claro de una vez. Los españoles, llegado el momento, adoptaremos la posición que sea, y hacer que el pueblo español democráticamente diga la última palabra es un derecho inalienable que nadie puede discutir. Pero, antes, es preciso que los españoles tengamos una información amplia, clara y real de los hechos, de las ventajas y de los inconvenientes. Y toda confusión semántico-ideológica sólo sirve para oscurecer el problema y para empeorar las cosas. Conviene tenerlo presente, y saber también que los discursos retóricos ya no entusiasman a nadie. La época exige sencillez y claridad. Y, sobre todo, compromisos responsables» [82].

---

[82] *Cambio 16*, núm. 49, 20 de noviembre de 1972, pág. 17.

Para el economista Ramón Tamames, catedrático de Estructura Económica de la Universidad Autónoma de Madrid, y autor, entre otras, de dos obras sobre el Mercado Común europeo, a pesar de la confusión en la que, tras las declaraciones provenientes de la Administración española, se había sumido a la opinión pública del país, la verdad era que:

> «Si no estamos en el Mercado Común ya en este momento, —afirmaba en una entrevista publicada en el semanario *El Europeo*— es sencillamente por razones políticas: falta de homogeneidad de nuestro sistema político con el de los países de la Comunidad Europea [...]. Ciertamente, el Tratado de Roma no establece unos requisitos políticos con toda claridad, pero dentro de él sí que hay una filosofía sobre la necesidad de que los países miembros, en su día, elijan al Parlamento Europeo por sufragio universal, institución que no existe en España para nuestras Cortes, donde el sufragio es orgánico, restringido, sucesivo, etc. Por otra parte, además del texto del tratado de Roma, hay toda una serie de doctrinas parlamentarias del año 62 y año 67, donde se dice muy claramente que los países meridionales de Europa que no reúnen las instituciones democráticas del Mercado Común no tienen opción ni a la adhesión ni a la asociación, y tendrán que conformarse con acuerdos preferenciales. Fue precisamente en 1967 cuando este "parecer" del Parlamento Europeo se emitió y apareció la figura de los acuerdos preferenciales. Así, pues, España, que pidió la asociación en 1962, es decir, ya hace más de diez años —y que, en consecuencia, si hubiera habido una buena política económica en diez años, estaríamos ya muy preparados para entrar en el camino de la integración plena con el Mercado Común—, se encuentra hoy con un simple acuerdo preferencial, acuerdo que está concedido a España no en calidad de país europeo, sino de país ribereño del Mediterráneo, con concesiones mucho menores de las que podrían haberse conseguido en un acuerdo de asociación, con un cerrazón casi total para nuestras exportaciones agrícolas y, sobre todo, con concesiones importantes por parte de España para toda la gama de productos industriales. El acuerdo preferencial firmado con la C. E. E., de forma apresurada y sin medir ni calcular lo que concedíamos y lo que obteníamos, cerró, además, la vía de España a las preferencias generalizadas establecidas en la segunda U. N. C. T. A. D.» [83].

Meses después de haber sido cesado en el cargo de comisario adjunto del Plan de Desarrollo, el profesor Fabián Estapé afirmaba en unas declaraciones publicadas en *El Correo Catalán:*

[83] *El Europeo,* núm. 457, 20 de octubre de 1972, pág. 7.

«El manifiesto que hace escasas semanas dieron a conocer las más importantes e independientes entidades económicas catalanas es clarísimo: los empresarios creen que no existen obstáculos realmente insalvables en el orden económico. Tengo, además, la seguridad de que a la C. E. E. no le preocupa tampoco demasiado. Sin embargo, no hay que olvidar que, en recientes declaraciones que han traído mucha cola, el presidente francés Pompidou señaló que existían obstáculos económicos y políticos. Deberíamos procurar que los políticos tampoco fuesen extraordinarios» [84].

Sobre las tesis del «Informe Birkelbach» y el *avis* acerca de la política comunitaria respecto a los países meridionales, hablaría, desde las páginas de *La Vanguardia*, el profesor del Departamento de Política Económica de la Universidad de Barcelona, Marcelino Costafreda:

«La economía es siempre política; pero en ocasiones lo es fundamentalmente. El embarrancamiento de los primeros propósitos de asociación española, el Mercado Común y el largo barbecho inicial de las negociaciones están directamente relacionados con los condicionamientos políticos que la Comunidad impone para la integración o asociación de nuevos miembros.

A falta de otras especificaciones institucionales, adquirió relevancia en su día del conocido "Informe Birkelbach", de 1962, cuya doctrina ha configurado, de hecho, la posición de la C. E. E. frente a solicitudes de vinculación de nuevos miembros.

De un modo más perfilado, estos condicionamientos políticos aparecen en un informe elaborado en 1967, precisamente sobre las solicitudes de adhesión de los cuatro miembros que ahora han firmado su adhesión a la Comunidad. Se indica en dicho texto que "la Comunidad siempre ha sido de la opinión de que para los países democráticos, que han llegado a un grado suficiente de desarrollo económico, la adhesión es la fórmula más adecuada para los objetivos de los tratados. Por el contrario, los países de Europa meridional cuyo nivel de desarrollo no permite prever la adhesión inmediata, deberían estar en condiciones de establecer con la Comunidad amplias relaciones preferenciales concebidas de forma que favorezcan su desarrollo.

El planteamiento está muy claro y es sobradamente conocido. La mínima expresión vinculatoria a que se llegó en el peregrinaje negociador, desde 1962 a 1970, es el resultado...» [85].

Para Joaquín Muns, doctor en Ciencias Económicas, abogado, profesor de Organización Económica Internacional de la Universidad

---

[84] *Informaciones*, 21 de octubre de 1972, pág. 9.
[85] *La Vanguardia Española*, 1 de febrero de 1972, pág. 26.

de Barcelona, y ex miembro del «staff» del Fondo Monetario Internacional, los perfiles extraeconómicos de la cuestión estaban suficientemente claros, a pesar de todo...

> «A mi modo de ver, el aspecto económico del Mercado Común es la parte más espectacular de algo más importante: el espíritu europeo. Esto es, según lo veo yo, una síntesis de ideas liberales, de la cultura renacentista y de los valores democráticos. Y es la no aceptación de este espíritu lo que nos mantiene fuera del Mercado Común. Se puede, naturalmente, hablar de todos los aspectos económicos que se quiera, pero es un poco como hablar apoyados en una mesa a la que le faltan las patas; primero hay que llamar al carpintero para que arregle las patas» [86].

[86] *La Vanguardia Española,* 27 de enero de 1972, pág. 4. Entrevistado por J. Pedret Muntañola.

3. LOS EMPRESARIOS VAN A EUROPA

3.1. Interés de un análisis

Un análisis global de las diversas manifestaciones de la clase empresarial española en torno al problema que nos ocupa proporciona algunos datos realmente interesantes y significativos para una comprensión general del tema. En primer lugar, porque, una mayoría casi absoluta del empresariado de nuestro país respondió afirmativamente a lo que algunos han denominado el «reto de Europa», dejando bien sentado el creciente interés de la burguesía española de integrarse de manera creciente en el marco de los más amplios intereses de las burguesías europeas, a fin de cuentas, por el mero hecho de que la propia dinámica del sistema capitalista así lo exige. Con otras palabras, más adaptadas, por supuesto, a la mentalidad empresarial, un representante de la banca privada explicaba esta respuesta al reto europeo de la siguiente manera: «... los empresarios españoles podían haber adoptado una postura cómoda de defensa a ultranza de intereses particulares. Incluso sería lógico que su ánimo hubiera decaído ante ciertas campañas aderezadas a denigrar su figura ante la opinión del país. Lejos de la desilusión y el desaliento, y plenamente conscientes de los riesgos que implica su decisión de aceptar el reto comunitario, responden al unísono exteriorizando su propósito de incorporación a la Comunidad Económica Europea...» [87].

En segundo término, porque frente al confusionismo —calculadamente creado— reinante durante el pasado año en relación con el proceso de acercamiento de nuestro país a la C. E. E., el empresariado pedía, con verdadera insistencia, claridad y metas definidas que disiparan las nubes que se cernían sobre sus perspectivas, con las previsibles consecuencias negativas que de ellas se derivaban. Es en este sentido en el que un medio de información [88] señalaba la necesidad empresarial de una política diáfana respecto al Mercado Común y apuntaba que «nuestros empresarios aceptan el reto comu-

---

[87] Rafael Pérez Escobar, *Desarrollo,* 16 de julio de 1972. Suplemento: «I. Comunicación nacional interbancaria», pág. VI.

[88] *Informaciones,* 14 de julio de 1972, pág. 22.

nitario» [...], pero cuando menos habremos de asegurarles el momento y las condiciones en que habrán de tener dispuestas sus estructuras comerciales y de producción, porque «no podemos pedirle a un empresario que planifique nada, que adecúe las estructuras de su empresa de cara al Mercado Común mientras ignore con qué mercado va a contar y en qué momento va a acceder a él». En tercer lugar —y esto es quizá lo más relevante que se observa—, porque la línea empresarial acerca del tema se fue definiendo, a través de los doce meses de 1972, de una manera cada vez más divergente de la marcada por la Administración española, divergencia que, si encontraba ya un primer plano de interés en cuanto que solicitaba una claridad auténtica y la determinación de metas definidas en el proceso de incorporación de nuestro país a la C. E. E., llegaba a una agudización más abierta en el momento en que los empresarios, superando el objetivo a corto plazo fijado por los responsables de la política económica del país, pedían sin circunloquios el ingreso de España en la Europa comunitaria como miembro de pleno derecho. En pocas palabras, la divergencia y el forcejeo dialéctico desarrollado entre la clase empresarial española y la Administración se ponía en evidencia tanto en la necesidad de la integración en la C. E. E. como en los modos de llevarla a cabo, y, más aún, en el «cómo» y en el «cuándo». Y donde la Administración decía «renegociación» del acuerdo preferencial el empresariado ponía «ingreso de pleno derecho».

En definitiva, la clase empresarial española ha espoleado, en 1972, con fuerza el caballo de la integración en el Mercado Común y ha sostenido con la Administración un cierto forcejeo dialéctico que dejaba traslucir una brecha entre ambas posturas, brecha que puede tener, en el futuro, decisivas repercusiones si es que llega a ahondarse más profundamente en los años próximos. Comoquiera que sea, esta situación no pasó inadvertida a la opinión pública, tal como lo demuestra el breve pero intencionado comentario de Luis Apostúa en *Ya,* cuando decía: «Es curioso constatar que de un tiempo a esta parte son los industriales y los banqueros —más que los políticos— quienes usan un lenguaje de futuro y revelan que la dimensión puramente nacionalista resulta estrecha para la biología del país...» [89].

3.2. De la confusión a la incertidumbre

Desde el punto de vista del empresariado español, la confusión que presidía el proceso de acercamiento a la Europa comunitaria

[89] *Ya,* 17 de noviembre de 1972, pág. 13.

conllevaba toda una serie de consecuencias y efectos negativos que contribuían a sembrar de aún más incertidumbre el plano de las perspectivas económicas. En este sentido, Salvador Millet y Bel, director de una firma textil catalana y presidente del Instituto de Estudios Europeos, decía:

> «Uno de los grandes problemas con que tropieza nuestra economía y que, sin lugar a dudas, frena considerablemente nuestro proceso de desarrollo, radica en la falta total de perspectivas con que se encuentran los empresarios españoles ante el problema de nuestra integración económica a Europa. En realidad, existe una densa niebla política que imposibilita el establecimiento de cualquier perspectiva» [90].

En esta misma línea, J. A. San Martín Páramo, en un artículo en el que analizaba los diez años que en 1972 se cumplían de la petición que, en nombre del Gobierno español, el entonces ministro de Asuntos Exteriores, Fernando Castiella, dirigió al Consejo de Ministros de la C. E. E., opinaba:

> «... Resulta desmoralizador observar cómo, a los diez años de la solicitud de apertura de negociaciones con la C. E. E., permanecemos aún sin conocer a ciencia cierta, indubitadamente, cuál es el propósito final que con las mismas se persigue, y, en consecuencia, que carezcamos de la debida seguridad de que se toman todas las medidas necesarias para que la hipótesis de la integración pueda realizarse.
>
> Y esto resulta más desconcertante y contradictorio todavía, si se parte de la inicial declaración programática del actual equipo gobernante en el sentido de que, en política exterior, se daría prioridad a las relaciones con Europa. El alcance y las consecuencias de esta incertidumbre parecen evidentes. Porque, en efecto, desde el plano económico, resulta incuestionable que de ningún modo puede ser lo mismo actuar desde el enfoque de la previsión de una entrada segura en el Mercado Común que hacerlo desde el enfoque de la continuación *sine die* de mantener sólo relaciones comerciales con la Comunidad...» [91].

Este manifiesto y preocupante estado de ánimo de la clase empresarial española, creado por obra y gracia de las concretas relaciones de España con el Mercado Común y, en consecuencia, por la ausencia

[90] *La Vanguardia Española*, 15 de enero de 1972, pág. 3. Entrevistado por J. Pedret Muntañola.
[91] *La Vanguardia Española*, 9 de febrero de 1972, pág. 22.

de perspectivas seguras de cara a la Europa comunitaria, quedaba reflejado con acierto en un artículo de *Cambio 16:*

> «La mayoría silenciosa —decía el citado semanario— ha adoptado, por definición, la actitud de espera indiferente. Pero entre los empresarios más activos hierve la impaciencia...» [92].

Reafirmando tal opinión, y haciendo especial hincapié en el callejón sin salida en el que el empresario de nuestro país se había visto abocado, un portavoz de una agrupación precisamente empresarial, la Liga Europea de Cooperación Económica, lanzaba la siguiente acusación:

> «La atonía en que actualmente se mueve el empresariado obedece en buena parte al desconcierto e incertidumbre que implican los interrogantes que, hoy por hoy, siguen sin respuesta en relación con nuestras eventuales vinculaciones con el Mercado Común» [93].

La solución a la incertidumbre se veía, desde el plano de la empresa española, en la petición de adhesión al Mercado Común, tal como señalaba Jacinto Soler Padró:

> «¿No creen ustedes —se preguntaba— que un instrumento principal, poderoso, que contribuiría decisivamente a disipar las incertidumbres y serenar los ánimos de empresarios, de ahorradores y de inversores, sería el que España solicitara la adhesión al Mercado Común?» [94].

Esta opinión era la compartida por un amplio número de empresarios y de entidades económicas del país. Un ejemplo de ello es la expresada en un informe en torno a la política reactivadora necesaria para un desarrollo a largo plazo, elaborado por el Círculo de Economía de Barcelona —que agrupa a un importante núcleo de empresarios—, y hecho público a comienzos de 1972. En este informe, en el que se hacen una serie de interesantes consideraciones sobre las medidas que sería preciso adoptar de cara a lograr el objetivo citado, el Círculo de Economía pedía, en su última parte,

> «un programa de gobierno que defina las líneas de actuación en los años próximos y las ejecutara rigurosamente a fin de resolver las crisis de confianza respecto a nuestro próximo futuro».

---

[92] *Cambio 16,* núm. 17, 13 de marzo de 1972, pág. 27.
[93] *Ibídem.*
[94] *La Vanguardia Española,* 3 de febrero de 1972, pág. 14.

y concluía solicitando, en consecuencia,

> «una voluntad de compromiso y de acción suficientemente explícita dirigida a estrechar los lazos con el Mercado Común, dentro de una línea encaminada a conseguir la adhesión de España a la Comunidad en calidad de miembro de pleno derecho» [95].

Adoptando una clara postura, el Comité Español de la Liga Europea de Cooperación Económica, que preside Juan de Arteaga, marqués de la Vega Inclán, se pronunciaba acerca del problema en una reunión celebrada en la Ciudad Condal el día 1 de marzo, al término de la cual dicha organización —«no somos quiénes para decir al Gobierno lo que tiene que hacer pero sí para decir lo que pensamos», diría uno de sus miembros [96]— hacía pública una extensa, razonada y exigente declaración:

> «La incorporación del Reino Unido, Irlanda, Noruega y Dinamarca a la Comunidad Económica Europea, representa un cambio cuantitativo y cualitativo de indudable importancia. La nueva Europa de los "diez" es básicamente distinta de la Europa de los "seis". Por ello, es cada vez más difícil que un país con la situación geográfica de España pueda permanecer al margen de una agrupación de tal fuerza económica y política sin grave perjuicio para su adecuado desarrollo.
>
> En lo cuantitativo, el área de libre comercio aumenta considerablemente sus posibilidades presentes y, sobre todo, sus expectativas futuras. En términos de volumen económico la Europa de los "diez" es la segunda potencia mundial. De esta forma, la consolidación de las realizaciones comunitarias parece definitivamente asegurada. Resulta cada vez más claro que la integración europea es un proceso irreversible. No tiene, pues, sentido mantener una postura de expectativa para España basada en un eventual fracaso de este proceso de asociación [...]. En lo cualitativo, es evidente que la Europa de los "diez" tenderá cada vez más a un supranacionalismo político. Aparte de que muchos ciudadanos de los países recientemente admitidos creen en la unión política de Europa, lo cierto es que las complejidades económicas que se acreditan con estas admisiones tienden a forzar soluciones políticas. Es prácticamente imposible pensar que la política económica comunitaria resulta viable de ahora en adelante —es decir, después de la crisis del dólar— sin unos ajustes concertados entre las distintas monedas europeas, que serían el primer paso hacia una valuta única para Europa.
>
> Para llegar a esta moneda europea se hará imprescindible una

[95] *Ibídem*, 3 de febrero de 1972, pág. 14.
[96] *Cambio 16*, núm. 17, 13 de marzo de 1972, pág. 27.

auténtica vitalización de las instituciones de política económica supranacional existentes en la Comunidad.»

Y, refiriéndose a la ampliación de la C. E. E., como consecuencia de la admisión de los nuevos miembros, la declaración señalaba:

«No es necesario poner de relieve que los verdaderos europeístas deben congratularse de la ampliación de la Comunidad Económica Europea que de esta forma sienta las bases de una futura unidad política que, afortunadamente, se nos presenta ya como irreversible. A este respecto, es bueno recordar que la presencia de Gran Bretaña y de los países escandinavos es una garantía de que la futura unificación política transcurrirá por cauces de la más ordenada de las democracias, características de su vida nacional.»

Pero ¿cuál será la reacción de los Estados Unidos ante el proceso comunitario? Y ¿cuáles las consecuencias para España de las reacciones que pueda tener tal potencia? A este respecto, la L. E. C. E. indicaba:

«Muy importante para España resulta la reacción que en las grandes potencias, y muy concretamente en Estados Unidos, produce la ampliación de las Comunidades. Es bien sabido que los Estados Unidos habían contemplado la evolución comunitaria del continente europeo sin inquietarse demasiado [...]. Esta actitud está cambiando rápidamente. La Europa de los "diez" tiene demasiada fuerza y su radio de acción es demasiado grande para que los Estados Unidos puedan contemplarla con indiferencia. Por ello, desde ahora, los Estados Unidos querrán beneficiarse de todo trato preferencial que favorezca las relaciones de la Comunidad Económica Europea con cualquier país que no se vincule políticamente a la misma. Las dificultades que esto puede tener para la renegociación del actual acuerdo preferencial de España con el Mercado Común son evidentes [...]. Por lo demás, la historia de los hechos económicos demuestra que Europa constituye un área natural de comercio para los países que la integran. Para cualquiera de ellos, vivir excluido de la misma equivaldría a cortar el cordón umbilical que debiera alimentar su economía. Para España la exclusión del área de las Comunidades Europeas representa el aislamiento económico que ningún trato con otras zonas más lejanas y menos complementarias podría compensar.

Nos parece, pues, imprescindible que España se incorpore cuanto antes a Europa mediante una clara y definitiva posición plenamente integradora. Pero ello debe hacerse a un nivel suficiente para que podamos beneficiarnos de las distintas ventajas financieras, técnicas y sociales de una auténtica integración, a la vez que se procura que en lo económico se nos concedan plazos y condiciones capaces de fomentar nuestro desarrollo económico sin trastornos graves.

Nada más estimulante para los empresarios españoles que el conocimiento de una meta clara y el establecimiento de un calendario de las distintas etapas. No dudamos de que la atonía en que actualmente se mueve el empresariado obedece en buena parte al desconcierto e incertidumbre que implican los interrogantes que, hoy por hoy, siguen sin respuesta en relación con nuestras eventuales vinculaciones con el Mercado Común [...]. Creemos que la importancia del tema justifica sobradamente que se ventilen públicamente con profundidad las condiciones y consecuencias de las distintas opciones. Lo que nos parece insostenible es la perduración de la situación actual. Efectivamente, nos parece que cualquier acuerdo preferencial no sólo resulta insuficiente, sino que desenfoca la naturaleza de nuestras relaciones con Europa. Somos europeos cultural e históricamente y además precisamos serlo si hemos de mejorar nuestro nivel de vida. Por ello debemos participar dentro en la construcción del gran edificio europeo que ya se perfila claramente. Otra cosa es que los países comunitarios europeos nos concedan las máximas facilidades económicas que nuestra incorporación requiere.

El proceso de formación de la nueva y gran Europa se presenta ya como irreversible. Ante esta evidencia, y por lo que hemos dicho antes, España no puede permanecer ausente de sus organismos decisorios.

El Comité Español de la Liga Europea de Cooperación Económica considera que ha llegado el momento de solicitar públicamente la adhesión de España a las Comunidades Económicas Europeas» [97].

Un conocido empresario, procurador en Cortes de representación familiar, Eduardo Tarragona, daba su respuesta acerca de si era partidario del ingreso de España en el Mercado Común, en los siguientes términos:

«Sí, en las circunstancias actuales. Lo que no resulta admisible es la incertidumbre, pésima consejera en las decisiones y los negocios.

Cuando algunos economistas y políticos de primera fila dicen que hay que ir, pero que tardaremos en llegar, y comienzan a divagar en torno al tema, mientras otros expertos tecnócratas opinan que tal vez sería mejor no ir, me dan escalofríos. Todos ellos deben conocer los entresijos y recovecos del caso y, por

---

[97] *La Vanguardia Española*, 2 de marzo de 1972, pág. 23.

consiguiente, deben estar en el "secreto del sumario". Si dudan y divagan, ¿por qué será?

Mi opinión es que hay que decidirse, en lo que dependa de nosotros, claro. Aun a riesgo de equivocarnos, hay que jugar.

El inmovilismo es nefasto para la economía del país. Quizá hace algunos años, cuando emprendimos el camino de la industrialización, hubiéramos estado en situación más favorable para deshojar la margarita del "sí" y el "no". Hoy creo que sólo es posible "sí" [98].

Un "sí" rotundo. Después de la conversión de los "seis" en los "nueve" nos queda muy escaso margen de opción si queremos continuar evolucionando a un ritmo acorde con el de las naciones desarrolladas del mundo [...]. Considero que, virtualmente, es la alternativa única. No veo otro horizonte esperanzador, ni panorama que nos ofrezca más sólidas perspectivas. La autarquía o un acercamiento a los países socialistas representaría un freno o, lo que sería peor, un retroceso para nuestro desarrollo. Suponiendo, además, que a esos países les interesara nuestro acercamiento.

El ingreso ocasionaría en los tres niveles una sacudida casi sísmica, sobre todo en los cuadros dirigentes, que se verían obligados a "dirigir" a un ritmo para el que no han sido preparados. Los dirigentes políticos y sociales se verían obligados a "bajar a la calle", a escuchar el rumor popular. En cuanto a los económicos, tendrían que abandonar sus lucubraciones tecnocráticas para enfrentarse con hechos concretos y estadísticas exactas, en lugar de especular con teorías.

La "anatomía" de nuestras estructuras políticas, económicas y sociales se conmoverían con síntomas de enfermedad grave, pero nuestros "nuevos socios" nos tenderían su mano experimentada, sabia y benefactora. No querrían un compañero de viaje anémico y débil, sino fuerte y vigoroso; por conveniencia común nos ayudarían a "recuperar el pulso". Además, tenemos a favor nuestro un importante factor, ingénito y temperamental: el poder de adaptación. Si millares de compatriotas nuestros llevan años trabajando en el extranjero, se han adaptado a usos y costumbres tan antagónicas a su idiosincrasia como son las que rigen la vida ciudadana, por ejemplo, en Suecia, Alemania y Holanda, también con idéntica flexibilidad nos adaptaremos nosotros, con la ventaja de que estaremos en nuestro propio país.

Si no ingresamos —apuntaba, por último, Tarragona—, temo que el empeoramiento de nuestro nivel económico no se haría esperar. Cuando menos, el distanciamiento con el nivel de vida de los otros países europeos aumentaría hasta límites imprevi-

---

[98] *La Vanguardia Española,* 1 de marzo de 1972, pág. 3.

> sibles y, en consecuencia, los problemas sociales y políticos se agravarían, polarizándose, quizá, en extremismos peligrosos» [99].

En la misma línea, pidiendo la asociación de nuestro país con vistas a una integración como miembro de pleno derecho, se manifestaba en las páginas de *La Vanguardia* Carlos Ferrer Salat, industrial del campo electrónico y farmacéutico y vicepresidente del Comité Español de la Cámara de Comercio Internacional, miembro del Consejo Central de la Liga Española de Cooperación Económica y presidente de las comisiones de Organismos Económicos Internacionales y de Desarrollo Económico de la Cámara de Comercio, Industria y Navegación de Barcelona:

> «La integración de España al Mercado Común representará un choque muy fuerte para las empresas españolas, a pesar de que la durísima competencia internacional actual ya nos está preparando para ello. Sin embargo, tengo confianza en que el desenlace del desafío será satisfactorio para numerosos sectores y empresas españoles. Creo mucho en la capacidad del dirigente de empresa español ante situaciones de peligro. Será inevitable también que numerosas empresas caigan en manos extranjeras o, desgraciadamente, desaparezcan.»

Y más adelante, refiriéndose a las relaciones de nuestro país con la Comunidad Económica Europea, afirmaba:

> «Sería muy conveniente que España estableciera urgentemente un acuerdo de asociación con la Comunidad Económica Europea para llegar después de un período de transición a ser miembro de pleno derecho. Este acuerdo tendría además la ventaja de fijar un calendario preciso que serviría de norte a todas las decisiones económicas y no económicas del país.
>
> De no hacerlo así, creo que se contribuye eficazmente a prolongar la considerable incertidumbre en que nos hallamos actualmente y a incrementar muy peligrosamente la inseguridad con la que deberemos enfrentarnos en el futuro» [100].

Ribera Rovira, presidente de la Cámara de Comercio, Industria y Navegación de Barcelona, y presidente de la Unión de Empresarios del Sindicato Provincial del Metal, se pronunció sobre el problema en varias ocasiones:

---

[99] *Cambio 16*, núm. 48, 16 de octubre de 1972, págs. 24 y 25. Entrevistas recogidas por Alberto Yébenes.

[100] *La Vanguardia Española*, 8 de marzo de 1972, pág. 4.

«El empresario español precisa ampliar sus mercados y su única elección, lógicamente, es Europa [...]. La integración de España en la Comunidad Económica Europea es una realidad que se producirá y que, en consecuencia, obliga al empresario industrial a reestructurar su empresa, pensando en un mercado ampliado y en una posible concurrencia de productos comunitarios; al empresario comercial, en la necesidad de defender la económica del país, y a la Administración a otorgar facilidades crediticias y fiscales que estimulen la inversión y faciliten la exportación, mientras subsistan dificultades comunitarias, para que no se malogren los esfuerzos empresariales» [101].

En otra ocasión, Ribera Rovira señalaba la necesidad de una integración como miembro de pleno derecho:

«El pleno ingreso de España en el Mercado Común es imprescindible, porque España no puede quedar aislada. Para ello se requiere la adecuada reestructuración empresarial» [102].

Por otro lado, contemplando la cuestión desde su perspectiva de empresario siderometalúrgico, indicaba:

«El camino recorrido en los últimos años por la exportación del sector de transformación metálica muestra que esta industria tiene posibilidades de salir con éxito de la integración europea. Pero es necesario que exista un planteamiento general con la debida antelación, que el sector sepa cuál va a ser el camino a recorrer y sus diferentes etapas. La industria necesita que el problema de la integración europea sea afrontado con decisión y continuidad» [103].

Juan Vidal Gironella, presidente de la Asociación Cristiana de Dirigentes, la A. C. D., una de las entidades económicas catalanas que suscribirían al comienzo del verano uno de los documentos más importantes en torno al problema, expondría en las páginas del *Tele-Exprés* su opinión al respecto, después de resumirla escueta y tajantemente en la frase «queremos entrar en Europa»:

«Económicamente seguiríamos existiendo sin Europa, qué duda cabe. Pero hay muchas formas de existencia. Y nuestra existencia sería muy mediocre; seríamos perpetuamente un país en vías de desarrollo, incapaz de alcanzar a Europa. No integrarnos en Europa sería funesto para nosotros.

---

101 *Ibídem*, 27 de mayo de 1972, pág. 31.
102 *Informaciones*, 30 de mayo de 1972, pág. 13.
103 *La Vanguardia Española*, 10 de julio de 1972, pág. 29.

Tal vez alguna empresa saldría perjudicada por la integración, pero creo que serían muy pocas. Algunas porque no se han planteado la posibilidad de la competencia y otras porque ya no tendrían razón de ser. Pero a un buen empresario el desafío de Europa le compromete. Es como un reto. A un buen empresario, por tanto, no puede asustarle el ingreso en el Mercado Común; sabe que puede luchar y vencer y ponerse, por consiguiente, a la cabeza de Europa.

El ingreso en Europa no tendría carácter catastrófico; no sería una acción de hoy para España. Se trataría de una adhesión paulatina y programada que nos llevaría unos diez años hasta la integración plena. En ese tiempo todo el mundo tiene tiempo de variar el rumbo para que las empresas no rentables lo sean y para que no quede un solo trabajador en la calle.

El hecho de que la Administración no adopte una postura decidida hace que se aumente nuestra distancia entre Europa y España. Es como una carrera cada vez más veloz. Si no arrancamos, cada vez será más difícil alcanzar el pelotón de cabeza [...]. Nuestro camino ha de ser Europa, porque somos europeos, porque tenemos vocación europea, porque no se concibe Europa sin España, porque podemos ser útiles a Europa y porque Europa puede beneficiarnos.»

Juan Vidal Gironella concluía sus declaraciones refiriéndose a lo que la Comunidad Económica Europea puede proporcionar a nuestro país, indicando:

«Entre otras cosas, protección, porque tiene la misma competencia que nosotros. Nuestra industria no estaría indefensa en el seno de Europa frente a la competencia japonesa y norteamericana, porque la C. E. E. tiene sus medios, sus recursos y sus sistemas de protección para con sus miembros. No es Francia, Italia o Inglaterra quien lucha ahora contra la competencia de América y de Asia, sino que es Europa misma con toda su potencia, su tecnología, sus recursos y sus cerebros. Intentar protegernos solos de América y del Japón —y eventualmente también de Europa— sería una tarea épica, titánica, quijotesca y gloriosa. Pero completamente ineficaz» [104].

Sebastián Auger, presidente de varias inmobiliarias, del Grupo Mundo, y delegado de Hacienda del Ayuntamiento de Barcelona, exponía su punto de vista de la siguiente manera:

«Es evidente que tenemos que ir hacia Europa. Esto no lo puede negar nadie que analice inteligentemente la situación mun-

[104] Tele-Exprés, 17 de noviembre de 1972, pág. 7. Entrevistado por Darío Vidal.

dial, y lo curioso es que los españoles somos los únicos europeos auténticamente europeístas, ya que al tomar posición por Europa tomamos, implícitamente, una posición política. Lo que pasa es que vamos hacia Europa montados en una bicicleta; no podemos parar porque si lo hacemos perderemos el equilibrio, pero tampoco podemos acelerar, ya que el camino es largo y conviene que el ciclista no se fatigue. Siempre me he propuesto contribuir a este camino y considero que, en este sentido, sirvo mejor al Régimen yo que, por ejemplo, don Blas Piñar» [105].

Entre todas estas posturas del empresariado español a favor de la integración de España en la C. E. E., el empresario agrícola también manifestó su opinión al respecto, una opinión similar y que tiene tanta o más importancia por ser el campo el sector de nuestro país más gravemente dañado por la concreta relación de España con el Mercado Común. Un ejemplo es Daniel Pagés Raventós, vocal del Instituto Catalán de San Isidro y del Patronato Alonso Herrera de Investigaciones Científicas, quien exponía su criterio en los siguientes términos:

«En mi opinión, no hay alternativa posible: tenemos que entrar, y cuanto antes, mejor.

Con la entrada de Inglaterra, el Mercado Común absorbe casi todas nuestras exportaciones agrícolas. Y esto es importante, porque la agricultura española de exportación pagará una cuota al club de los "diez" sin obtener los beneficios de socio y aun esta cuota servirá para primar los excedentes que ellos nos exportan.

Por otro lado, los agricultores españoles, de ingresar, tendremos precios más altos para nuestros productos y más baratos para los productos que compremos y esto ayudará a la autofinanciación de las empresas.

Jugar el juego del Mercado Común sin estar en la mesa es muy difícil y dedicarse a promocionar cultivos excedentes en España y fácilmente colocables en el Mercado Común, si no somos socios, es una utopía» [106].

Julio de Miguel, presidente del Sindicato Provincial de Frutos y Productos Hortícolas de Valencia —y, por tanto, representante de uno de los subsectores agrícolas más afectados—, decía en una carta abierta dirigida al ministro de Agricultura:

«La integración de nuestro país en la Comunidad Económica Europea es imperativo categórico si deseamos obtener estabili-

[105] *La Vanguardia Española*, 3 de septiembre de 1972, pág. 27.
[106] *Ibídem*, 10 de febrero de 1972, pág. 4.

dades y desarrollo en la producción y comercialización de nuestros cítricos y de todo el sector de nuestra agricultura de exportación»[107].

En esta misma línea hablaba el presidente del Comité Ejecutivo de la Feria Muestrario Internacional de Valencia, Juan Antonio Noguera de Roig:

> «La agricultura, la industria derivada y la explotación citrícola precisan ser reguladas en forma distinta a como se acostumbra a hacer con otros productos de nuestros campos. Lo que necesitan agricultores y comerciantes es encontrarse en igualdad de condiciones para competir con los de otros países. La solución es la incorporación al Mercado Común» 108.

Finalmente, las opiniones de los agricultores españoles se vieron apoyadas y reafirmadas en una de las conclusiones de la VI Asamblea de la Hermandad Sindical Nacional de Labradores y Ganaderos, que pedía:

> «La plena integración de España en el Mercado Común, a pesar de que, en principio, la ampliación a diez de la C. E. E. perjudica a la agricultura española. El balance de esta integración se considera positivo para España»[109].

3.3. Las dificultades extraeconómicas

Pese a todas las afirmaciones en contra de la Administración y alguna que otra personalidad, los condicionantes extraeconómicos para el ingreso de España en la C. E. E. eran observados también por los empresarios. En esta línea, Salvador Millet y Bel, que en las páginas de *La Vanguardia* se declaraba totalmente partidario del ingreso de nuestro país en el Mercado Común en un plan de integración, después de señalar que el Acuerdo Preferencial suscrito en 1970 constituía «un paso muy pequeño y muy lento», apuntaba:

> «Si al terminar el acuerdo, dentro de cinco años, se cumplen determinadas condiciones, podrá entrarse en una etapa de mayor acercamiento. Es interesante recordar que en el acuerdo en cuestión no se especifican esas condiciones. Hay quienes han considerado que esta no especificación de las condiciones para

[107] *Informaciones Económicas,* 25 de marzo de 1972, pág. 2.
[108] *La Vanguardia Española,* 7 de mayo de 1972, pág. 9.
[109] *Informaciones,* 25 de mayo de 1972, pág. 11.

un mayor acercamiento constituye un éxito de la diplomacia española. Exito o no, es evidente que tales condiciones no constituyen ningún secreto, puesto que repetidamente han sido hechas públicas por las autoridades de la Comunidad: para ingresar en el Mercado Común es indispensable que el país aspirante cumpla, como condición previa incluso a la asociación, el requisito de tener instituciones análogas a las de los países miembros de la Comunidad. No se trata de una condición discriminativa para España. Es igualmente válida para nuestro país que para Inglaterra» [110].

Y en este mismo sentido, Ramón Trías Fargas, que a su condición de catedrático de Hacienda Pública de la Universidad de Barcelona une su condición de asesor de diversas empresas y se halla al frente de diversos negocios editoriales, señalaba:

«El ingreso de Inglaterra hace a la Europa del Mercado Común infinitamente más apetecible en el sentido político. A este respecto debo decir que estoy convencido de que nuestras posibilidades de "entendimiento" exigirán cambios en nuestro sistema político. Dígase lo que se diga, por unos y por otros, dudo que Europa y el Mercado Común nos acepten de verdad sin una apertura democrática, si no igual a la suya, sí, por lo menos, clara. Unas fórmulas electorales aceptables, pongo por caso» [111].

En otra ocasión, Trías Fargas, tras decir que «veía con preocupación que la fecha de nuestra incorporación de pleno derecho a la Comunidad Económica Europea es muy lejana», indicaba que

«a ello contribuyen motivos políticos, ya que los partidos socialistas en el poder en distintos países europeos han dicho abiertamente que, mientras no se efectúa un proceso de democratización en España, vetarán su ingreso. Algunos de los políticos más importantes de Europa y de la Comunidad se han expresado públicamente con análogo criterio. Creo que no tiene sentido que nos engañemos a este respecto. Por otro lado, me parece decisivo que podamos entrar cuanto antes como miembros de pleno derecho» [112].

Iguales perfiles de la cuestión observaba el presidente del Sindicato Provincial de Frutos y Productos Hortícolas de Valencia, Julio de Miguel, cuando decía sin rodeos:

---

[110] *La Vanguardia Española,* 15 de enero de 1972, pág. 3.
[111] *Ibídem,* 18 de enero de 1972, pág. 4.
[112] *Ibídem,* 22 de octubre de 1972, pág. 12.

> «Para entrar en una casa y en un club, en una organización, hace falta que uno cumpla los requisitos y que le abran la puerta, y, desgraciadamente, estimo que durante bastante tiempo todavía esta puerta no quedará abierta, y faltaría a la verdad si no dijera —especialmente dado que mi filiación y antecedentes políticos no pueden ser dudosos— que hay también serios motivos políticos y también otros económicos que impiden nuestra rápida integración» [113].

Asimismo, Eduardo Tarragona declaraba abiertamente, contestando a una pregunta formulada en torno a la integración en la Comunidad Económica Europea de países con sistemas políticos diferentes cuando no antagónicos:

> «... Las Comunidades Europeas han declarado, desde sus primeros contactos, que para formar parte de ellas los países que aspiren a la integración tendrán que estar, como condición específica, asentados en regímenes políticos esencialmente democráticos.
>
> Además, no nos engañemos. Los países de la Comunidad marchan por caminos prósperos. Es cierto que han iniciado su ascensión desde un nivel económico muy superior a Grecia, Portugal y España, pero su bienestar aumenta a ritmo creciente, con lo que el desequilibrio de arranque, en lugar de disminuir, se incrementa.
>
> No, no se pueden esperar muchas concesiones, porque en nuestro caso somos nosotros los que damos con los nudillos en su puerta. Acaso nos otorgarán alguna ventaja económica: protección a determinados productos, ciertos plazos... Unos plazos que, tal vez, podrían concedernos asimismo para nuestras etapas de democratización.»

Y concretando más su criterio sobre las objeciones, Tarragona señalaba que aquéllas son

> «fundamentalmente las políticas. En primer lugar, el diferente concepto que tienen ellos de la democratización y el vigente en España. La democracia orgánica no existe en ninguno de los países miembros, actuales o futuros, de las Comunidades Europeas» [114].

Por su parte, José Riba Ortínez, vicepresidente de la Cámara de Comercio, Industria y Navegación de Barcelona y presidente del Ser-

---

[113] *Informaciones Económicas*, 25 de marzo de 1972, pág. 2.

[114] *Cambio 16*, núm. 48, 16 de octubre de 1972, pág. 24. Entrevistas recogidas por Alberto Yébenes.

vicio Comercial de la Industria Algodonera, decía al respecto en una entrevista:

> «No nos podemos engañar, el tema es político. Sobre todo si la Comunidad aspira a ser algo más que un mercado económico [...]. Hay que pensar que si, en estos momentos, la Comunidad entiende que no sacará beneficios económicos de la integración de España, es lógico que su postura política sea más cerrada. En cambio, si les interesase económicamente nuestra entrada, estoy seguro de que se pasaría por encima del hecho político y ya estaríamos dentro. ¿Cuándo se logrará esto? Desgraciadamente, no creo que se resuelva con excesiva rapidez» [115].

Finalmente, para Dionisio Martín Sanz, ex subsecretario de Agricultura en los primeros tiempos, procurador en Cortes, presidente de la Compañía Organizadora del Consumo (C. O. C. S. A.) y de Autocampo, S. A., y vicepresidente de las Empresas Nacionales de la Celulosa de Pontevedra, Huelva y Motril, extrañamente, las cosas no estaban tan claras, a pesar de los múltiples testimonios que durante el pasado año se pronunciaron en el sentido de que son dificultades de naturaleza extraeconómica las que impiden el ingreso de nuestro país en la C. E. E.

> «No sé si existen actualmente razones políticas que impiden nuestro ingreso en el Mercado Común. Para mí, la primera es que, por el momento, no nos interesa; ahora bien, es posible que aboguen por nuestra incorporación al Mercado Común quienes, olvidándose de las circunstancias político-económicas de España, se inspiren en la remota esperanza de que se nos exije como premisa indispensable una reorganización de nuestro sistema político.
>
> Es lógico que quienes creen que el mundo actual no tiene más que dos alternativas, que representan la hegemonía de cualquiera de los dos factores de la producción, capital o trabajo, estimen apremiante que España se alinee en la bandera del capitalismo liberal que representa el Mercado Común; sin embargo, quienes nacimos a la vida política tratando de superar la lucha de clases —que nos condujo a una dolorosa guerra civil— estamos convencidos de que es perfectamente posible alcanzar las más altas cotas de desarrollo político y económico subordinando los factores de la producción al supremo interés del hombre portador de valores eternos y al de la comunidad nacional consumidora de bienes espirituales y materiales» [116].

---

[115] Tele-Exprés, 17 de noviembre de 1972, pág. 7. Entrevistado por J. Serrats Ollé.

[116] *Cambio 16,* núm. 47, 9 de octubre de 1972, pág. 20. Entrevistas recogidas por Alberto Yébenes.

3.4. La voz de las Cámaras

A mediados de octubre un importante grupo de Cámaras de Comercio se expresó también sobre la necesidad de que España se integrara en la Comunidad Económica. Como señalaba el semanario *El Europeo,* «una nueva voz se ha unido a las peticiones de que España ingrese en la C. E. E.: la de la C. O. P. E. F. (Conferencia Permanente de las Cámaras de Comercio del Suroeste de Francia y del Norte y Este de España), que al término de su Asamblea general anual, celebrada en Montpellier, ha hecho pública una resolución importante en la que se indicaba, entre otras cosas, lo siguiente:

> «Que la ampliación de las Comunidades Europeas, de la que se congratulan, plantea, en términos agudos, la necesidad de revisar jurídica y económicamente las relaciones hispano-comunitarias.
>
> Que con un volumen de intercambios comerciales con los "seis" (1971) de 2.714 millones de dólares y de más de 3.500 millones de dólares con la Comunidad ampliada, España es el quinto cliente y el octavo proveedor de la misma, superando con mucho el comercio con la Comunidad de varios de los futuros miembros y otros de la E. F. T. A.
>
> Que a pesar del proyecto de la C. E. E. de llevar a cabo una solución global del área mediterránea, el caso de España exige un planteamiento individual y específico. Su geografía, tradición y cultura hacen de España un país netamente europeo, que cumple sobradamente los requisitos del artículo 237 del tratado de Roma, debiendo ser considerado como mediterráneo al mismo título que Francia e Italia.
>
> Si se tiene en cuenta el volumen global de comercio de 17 países mediterráneos con la Comunidad ampliada, el comercio español absorbe el 23 por 100 de las exportaciones comunitarias y el 26 por 100 de las exportaciones (petróleo excluido). Las relaciones comerciales hispano-comunitarias presentan índices de crecimiento y de interpenetración muy importantes, siendo, en valor absoluto, superiores a muchos países que reciben un trato preferente o cuyas perspectivas de integración se encuentran jurídicamente definidas.
>
> Que una real integración de los países europeos no puede prescindir en ningún caso de España, y menos aún dejarla marginada del concierto europeo.

Finalmente, la citada resolución de la C. O. P. E. F. reiteraba

> «su deseo unánime de que España se convierta en miembro de pleno derecho de la C. E. E.» [117].

[117] *El Europeo,* núm. 457, 13 de octubre de 1972, pág. 20.

En Londres, en un acto organizado por la Cámara de Comercio Española en aquella capital, el presidente de la institución se refería a los problemas que se derivarían para nuestro país de la ampliación de la Comunidad Económica Europea, y tras ello, indicaba:

> «La pregunta que ya se van formulando los industriales que no se limitan a ir tirando, sino que quieren prever el futuro, es ésta: "¿Qué va a pasar?" ¿Cómo van a ser las relaciones de España y la C. E. E. al término del tratado preferencial, es decir, de su vigencia? ¿Se volverá a iniciar un período, de nuevo, provisional? ¿Se caminará, por fin, por las vías de los cauces establecidos, a la integración plena de España, como se ha integrado Irlanda, por ejemplo?»

Y después de señalar que «nos llegan hasta aquí los ecos de la polémica que al respecto se ha desatado en nuestra patria. Unos dicen que hay que ir a la integración, pero sin prisa. Otros, que ya estamos maduros económicamente, pero no lo estamos políticamente. Otros, que la política no es ningún obstáculo, etc.», Cerezo afirmaba rotundamente:

> «Nosotros queremos, necesitamos imperiosamente, el que España sea miembro de pleno derecho de la C. E. E. De otro modo, señores, España va a sufrir retraso en su proceso de desarrollo económico, y algunos sectores, como el agrícola, van a vivir una tragedia ya en sus primeros capítulos. Porque, como es sabido [...], poco menos de la mitad de nuestras importaciones se desarrollan en el área de la C. E. E. ampliada.
>
> Esto es, señores, absolutamente condicionante, no tiene alternativa posible alguna y tiende a crecer. Tiende a crecer porque no hay alternativas justamente. ¿Qué alternativa sería posible? ¿Es que habríamos de alinearnos en el campo comercial de U. S. A. cuando los Estados Unidos están en contradicción de intereses cada vez mayor con la Europa de los "diez"? ¿No es en esa Europa de la que formamos parte histórica, cultural y geográficamente en donde está el futuro? Porque tampoco hay alternativa, sino complementaridad en el campo comercial del Este europeo, respecto del cual tendrá también la Europa de los "diez" una actitud común como la tienen ya, por ejemplo, respecto a U. S. A. en lo que se refiere a cuestiones monetarias y comerciales. ¿Vamos a jugar solos ante estos problemas comunes? ¿Con qué fuerzas y posibilidades? Seremos arrastrados en lugar de formar parte de los organismos deliberantes. Seremos compañeros de viaje cuando podríamos ser viajeros. Seremos los que tengamos que aceptar a la fuerza situaciones que nos

> condicionan inevitablemente cuando podríamos ser una voz y un voto que cree las condiciones en las que hemos de vivir» [118].

La postura de gran parte de los empresarios españoles estaba, pues, claramente definida. Y, por demás, dejaba traslucir la divergencia con las tesis oficiales a las que nos hemos referido al comienzo.

> «Como se ve, pues, en los actos de Londres se expresó una vez más el tono y la línea en que se viene desenvolviendo el diálogo del mundo de las empresas y los negocios con el mundo oficial. ¿Hay divergencias? No puede dudarse de que las hay. Las diferencias señalan la distancia entre una realidad concreta que se les presenta cada día a los empresarios y la definición, cada día más problemática, de una política oficial dentro de la cual los planes y proyectos de los empresarios pueden encontrar firmeza para el futuro. Porque, sin esa firmeza, ¿de qué modo se pueden hacer previsiones en el ámbito de las empresas?» [119].

Otra importante voz, la de las Cámaras de Comercio españolas en Europa, se dejó escuchar en favor de la aceleración de la marcha de España en el camino de Europa. Tras una jornada de deliberaciones en Bruselas, los directivos de las Cámaras españolas en la República Federal Alemana, Bélgica, Dinamarca, Francia, Gran Bretaña, Italia, Suiza y la representación del Consejo Superior de Cámaras españolas ante la C. E. E. —que como señalaba Andrés Garrigó, corresponsal de *La Vanguardia* en la capital belga, representaban la casi totalidad de las exportaciones e importaciones de nuestro país a Europa—, enviaban un telegrama al ministro de Comercio, Enrique Fontana Codina, en el que manifestaban su común criterio de que

> «España debe entrar en la Comunidad Económica Europea como miembro de pleno derecho lo más pronto posible» [120].

El citado telegrama reflejaba el deseo claro y tajantemente expuesto en la reunión de quemar etapas en la vía de la integración europea de España. Algún delegado habló de «parches» refiriéndose a soluciones intermedias distintas de la integración plena. Asimismo, el telegrama pedía también al Gobierno español que elaborase un «Libro Blanco» que expusiera las ventajas y las posibles desventajas de la entrada de nuestro país en el Mercado Común. La petición venía a sumarse, pues, a aquellas otras que, frente a la actitud adoptada

---

[118] Vicente Ventura. *La Vanguardia Española*, 28 de junio de 1972, pág. 14.
[119] *Ibídem.*
[120] *La Vanguardia Española*, 5 de julio de 1972, pág. 18.

por el Gobierno de Madrid de «readaptar» solamente el Acuerdo Preferencial, consideraban el ingreso de España en la C. E. E. como necesidad urgente. Como indicaba un editorial de *La Vanguardia:*

> «Esta nueva comprobación, esa nueva petición de clara información, en suma, esa nueva voz opinando acerca del tema, revisten la importancia de provenir de un sector altamente especializado en el aspecto económico de la temática en torno a la cual gira el pleito España-Mercado Común. Los mejores conocedores del asunto opinan que no basta con decisiones intermedias; reclaman la plena integración como objetivo a conseguir lo antes posible. No sería prudente dejar de escuchar esa voz que aporta un elemento de juicio capital en el debate acerca del más importante de los temas nacionales de esta hora» [121].

Unos días después, el 14 de julio concretamente, trece entidades económicas y culturales de la región catalana hacían público un importante documento en el que pedían «la incorporación de España, en calidad de miembro de pleno derecho, a la Comunidad Económica Europea», incorporación que consideraban como «una exigencia histórica a la que urgentemente hay que adaptarse con carácter prioritario». En dicho documento —con el que, por si cupiera alguna duda al respecto, quedó claro que *la burguesía catalana —gran parte de la misma al menos— ha optado definitivamente por el Mercado Común,* escribía Enrique Sopena en *Informaciones* [122], se afirmaba textualmente lo siguiente:

> «Las entidades representadas por los firmantes del presente documento, habiendo considerado cuidadosamente la situación de España ante el actual proceso de unificación de Europa, han decidido hacer públicos los siguientes puntos:
>
> 1.º La incorporación de España, en calidad de miembro de pleno derecho, a la Comunidad Económica Europea, constituye una exigencia histórica a la que urgentemente hay que adaptarse con carácter prioritario.
>
> 2.º La incorporación de España a la Comunidad —a diferencia de cualquier acuerdo preferencial o la inclusión de nuestro país en una zona de libre cambio— nos permitiría intervenir activamente en la elaboración de la política económica conjunta, en la distribución de los recursos comunitarios y en la toma de decisiones que afecten al futuro de nuestro país.
>
> 3.º La negociación del tratado de adhesión de España a la Comunidad Económica Europea no sólo no implicaría una su-

---

[121] *Ibidem,* 6 de julio de 1972, pág. 3.

[122] *Informaciones,* 15 de julio de 1972, pág. 9.

presión brusca de nuestra protección arancelaria, sino que permitiría a nuestro país la obtención de los plazos y condiciones necesarios.

4.º La reciente ampliación de la Comunidad significa el reconocimiento de que los nuevos imperativos económicos, sociales y tecnológicos exigen la formación de grandes áreas geográficas, donde los hombres vivan y creen riqueza juntos, si pretenden que sus países participen en la construcción de un futuro mejor.

5.º El aplazamiento del ingreso de España en la Comunidad Económica Europea crea gran incertidumbre en la toma de decisiones empresariales y entraña dos riesgos evidentes estrechamente vinculados entre sí: el riesgo de un ahondamiento del foso económico que nos separa de los países de la Comunidad y el riesgo de una acentuación de las dificultades inherentes a la negociación.

6.º Examinadas las distintas alternativas existentes encaminadas a superar la situación actual de nuestras relaciones con la Comunidad, se ha llegado a la conclusión de que la solución válida y auténticamente beneficiosa para España se halla en el establecimiento de un tratado de adhesión a la Comunidad Económica Europea» [123].

El escrito estaba firmado por Juan de Arteaga Piet, presidente de la Liga Europea de Cooperación Económica; Juan Comenna Pons, presidente del Instituto Industrial de Tarrasa; Carlos Cuyás Matas, vicepresidente del Servicio de Comercio de Empresarios Sederos; Antonio Forrelad Sola, presidente del Centro de Estudios y Asesoramiento Metalúrgico; José María García Planas, presidente del Gremio de Fabricantes de Sabadell; Salvador Millet y Bel, presidente del Instituto de Estudios Europeos; Antonio Muntañola Tey, vicepresidente primero de la Sociedad Barcelonesa de Amigos del País; Jesús Raventós Fatjo, presidente del Instituto Agrícola Catalán de San Isidro; José Riba Ortínez, presidente del Servicio Comercial de la Industria Textil Algodonera y vicepresidente del Fomento del Trabajo Nacional; Arturo Suqué Puig, presidente del Círculo de Economía; Juan Vidal Gironella, presidente de la Asociación Cristiana de Dirigentes, y Ramón Vilá de la Riva, presidente del Colegio del Arte Mayor de la Seda. Para *La Vanguardia,* el citado documento era

«tanto más importante y significativo cuanto que las entidades que lo han suscrito han obrado con extraordinaria cautela y seriedad. Nos consta bien que todas ellas están convencidas del cúmulo de dificultades que aportará inevitablemente, a corto plazo, nuestro ingreso de pleno derecho en la C.E.E. Nadie

[123] *La Vanguardia Española,* 15 de julio de 1972, pág. 3.

puede sospechar que la tarea de acoplamiento sea fácil y desprovista de complicaciones. Pero los firmantes están percatados de que es indispensable correr estos riesgos para no quedar al margen de una Comunidad cuya solidez va reforzándose y cuya extensión ampliándose. En este sentido, el reciente ingreso del Reino Unido y de otros tres países acelera de modo extraordinario la urgencia de una decisión por nuestra parte. Hay que tener en cuenta, además, que las entidades económicas representan a la industria catalana, cuya tradición, como es bien sabido, es el proteccionismo.

Por tanto, cuando el documento en cuestión ha sido suscrito y publicado indica que nuestro empresariado comprende que la era del proteccionismo está superada. Mejor dicho, tal vez, que el campo proteccionista debe ser ampliado. Es decir, que una protección aduanera limitada a las fronteras españolas es de todo punto insuficiente. Es un verdadero anacronismo. Hay que pasar de un mercado de treinta millones de seres humanos a un mercado diez veces mayor. Para ello la competitividad debe ser mejorada y éste es el gran reto que la industria catalana acepta en esta hora crucial del siglo xx.

Por todas estas razones nos parece sumamente importante que esta acción colectiva de unas entidades económicas de vieja y gloriosa tradición haya surgido precisamente en Barcelona, en Cataluña, camino, puente histórico de comunicación entre España y el resto de Europa, el resto de Europa y España. Desde aquí hemos manifestado siempre unos criterios que nos llevan a mostrar nuestra aprobación ante las ideas y propósitos que las entidades aludidas han expresado; y en el cual, estamos de ello seguros, se encuentran respaldadas por el peso de la opinión pública de nuestra región.»

Finalmente, el editorial de *La Vanguardia* concluía aludiendo a la ausencia de otras entidades a la hora de suscribir el documento, con las siguientes palabras:

«¡Ah! y es urgente que las entidades económicas que no han firmado —otras trece— expliquen la razón de su silencio. Sobre todo la Cámara de Industria y Comercio de Barcelona; que, por otra parte, ha probado reiteradamente la seriedad de su estudio, conocimiento y preocupación sobre el problema» [124].

Precisamente, sobre este silencio escribiría días más tarde Jacinto Soler Padró:

«Entre las diversas entidades que suscribieron el viernes, día catorce, el documento en el que se estima la urgente ne-

[124] *Ibídem*, 19 de julio de 1972, pág. 3.

cesidad de que nuestro país se incorpore al Mercado Común como miembro de pleno derecho no figura la Cámara de Comercio, Industria y Navegación de Barcelona. Es cierto que se hallan en la lista corporaciones y sociedades prestigiosas y notables por el arraigo que tienen entre los grupos industriales de la región, pero el organismo que habría dado una fuerza decisiva a este acto, no ha podido, no ha deseado o no ha estimado oportuno participar en él. La Cámara de Comercio, Industria y Navegación es evidentemente la institución que aglutina a todos los empresarios y comerciantes de nuestra ciudad, una corporación oficial que hubiera dado a la declaración del viernes una trascendencia que se habría extendido más allá de las fronteras económicas.

Es posible que la Cámara haya juzgado que no era adecuado el plantear en estos momentos la cuestión. También cabe pensar en el hecho de que extendiéndose su actividad a la totalidad de los sectores de nuestra industria, cualquier declaración sobre el tema hubiera podido entenderse como prematura y hasta "irresponsable" en ciertos sectores. Puede suponerse, por último, que la Cámara se reserve una declaración pública sobre el asunto en la misma línea que las demás entidades, pero naturalmente no se comprende que se desperdicie una ocasión tan propicia para decir algo en común.

Por el momento, una cuestión queda clara: la Cámara de Comercio se ha abstenido de decir sí a la propuesta de que España solicite de inmediato la entrada en el Mercado Común como miembro de pleno derecho. También existe otro dato interesante: una gran parte de los empresarios más responsables de esta región pertenecen tanto a la Cámara como a otros organismos que se han adherido precisamente a la propuesta. Se produce entonces el fenómeno curioso de que mientras los asociados se pronuncian afirmativamente en una entidad, estos mismos parece que dicen que no en otra, o por lo menos se abstienen. Esto, como se ve, no se entiende demasiado, a menos que disociemos el criterio de las asociaciones del de sus miembros, lo cual aparentemente —y quizá sólo aparentemente—, es absurdo. Estamos, pues, en estos momentos sin conocer cuál es la postura definitiva de la Cámara. Es decir, si ésta sigue la línea —por así decirlo— más oficial, que propugna la prosecución de la actual política con la Comunidad, sin introducir variaciones sustanciales, lo que ya se está perfilando en las instituciones que se pronunciaron el día 14: la de solicitar, con urgencia, la apertura de negociaciones para la entrada como miembros de pleno derecho.

¿Quiere la Cámara la integración inmediata? Por el momento no se sabe» [125].

---

[125] Jacinto Soler Padró. *La Vanguardia Española,* 22 de julio de 1972, pág. 13.

Algún tiempo después, y podría decirse que en respuesta a este interrogante que la opinión pública se planteaba, se hacía pública una declaración de las Cámaras de Comercio, Industria y Navegación de Cataluña y Baleares, en la que se contenían los acuerdos aprobados en una reunión de sus representantes celebrada en la Ciudad Condal. Según se decía en dicha declaración, las citadas Cámaras

> «han reiterado su tradicional postura de que la continuidad del desarrollo económico del país está ligada al proceso de su integración en el Mercado Común, que debe producirse con las garantías requeridas por los condicionamientos de nuestra economía. Este convencimiento las lleva a recomendar que las decisiones empresariales han de tomar en cuenta la integración como un hecho determinante que, por ello mismo, interesa conocer en la forma y términos en que se producirá [...]. El objetivo de la integración ha de determinar la política económica del Gobierno, en orden a facilitar las adaptaciones convenientes y adecuar sus líneas maestras a las orientaciones básicas de la política comunitaria [...]. Las Cámaras estiman que es urgente la revisión y adaptación de los acuerdos españoles con la C. E. E. de forma que, como mínimo, quede restablecido el equilibrio cualitativo previsto en los mismos, roto tanto por la ampliación de la Comunidad como por los acuerdos que ésta ha suscrito con países de la E. F. T. A., y, además, se eviten los perjuicios que a la agricultura española puede causar la aplicación de recientes normas comunitarias sobre importación de productos agrarios» [126].

3.5. La Banca española apuesta por Europa

Entre los diversos grupos empresariales españoles que apostaron decididamente en 1972 por la Europa comunitaria, la Banca privada dejó sentir su decisivo peso en favor de la integración de España en la C. E. E. a través de declaraciones de amplia resonancia y de discursos pronunciados en algunas Juntas generales, concretamente en las de las grandes entidades.

Quien primero expresó el profundo interés de la Banca privada española por la integración en la C. E. E. fue el presidente del Consejo de Administración del Banesto, José María Aguirre Gonzalo, quien ante la Junta general de accionistas, celebrada el día 29 de abril, decía:

> «La opinión de un amplio sector responsable de la economía del país se inclina, decididamente, por una mayor aproximación

[126] *La Vanguardia Española*, 9 de septiembre de 1972, pág. 3.

al Mercado Común, sea en forma de un convenio de asociación o, mejor aún, mediante la integración como miembros de pleno derecho. Es esta una aspiración a la que deben tender todos nuestros esfuerzos, para que no se produzca una situación de aislamiento, sin duda muy perjudicial para los intereses del país»[127].

Pocos días después, Alfonso Escámez, consejero-delegado del Banco Central, haría una declaración aún más directa y amplia que encontró una más amplia repercusión en los distintos medios de comunicación. Escámez, cuyo discurso le pareció al director de *Pueblo*, periódico de los Sindicatos verticales españoles, «un modelo de información, de concisión, de intención y de actitud»[128], comenzó diciendo que era preciso seguir sentando las bases para el futuro,

> «un futuro que se llama Europa, del que nosotros somos abiertamente partidarios y para el que será preciso convocar al país en un nuevo e ilusionado esfuerzo, si de verdad queremos algún día llegar a alcanzarlo. Pero Europa para los españoles no es una idea romántica ni un ejercicio dialéctico. Hoy por hoy, es una enorme realidad que nos preocupa mucho más de lo que nos conforta. Esta Europa que crece y también se integra, porque estamos en un mundo de superpotencias, sin términos medios para flotar [...]. El empresariado español necesita medios y confianza. Nosotros tenemos los medios, y están ahí, a disposición del que seriamente quiera lanzarse a la apasionante aventura de crear. La confianza no depende de nosotros, debe dársela al país las autoridades, con una política clara y definida a largo plazo, que les permita estudiar sus producciones con un conocimiento adecuado del mercado y de la competencia. La opinión pública debe recibir una imagen más realista y justa de lo que es y de lo que representa un empresario cuando compromete su futuro a largo plazo [...]. Por geopolítica y por historia, España ha de caminar hacia Europa; por intereses económicos le es absolutamente vital. En un sentido humanístico, no cabe duda de que también nuestra proyección es eminentemente europea y que el futuro de nuestro pueblo sólo puede alcanzar los altos niveles del desarrollo si se integra en el ámbito que corresponde a su propia naturaleza europea y occidental.
>
> La Europa de los "diez" es ya un problema grave, especialmente para nuestras exportaciones agrícolas, si no se consigue una modificación sustancial en el acuerdo vigente. ¿Qué está haciendo España para integrarse en Europa? Mejor diría yo:

---

[127] *El Economista*, núm. 4.303, 6 de mayo de 1972, pág. 1.129.
[128] *Pueblo*. «La guinda», 8 de mayo de 1972, pág. 3.

¿Qué estamos haciendo los españoles? Hay intentos sanos, por parte de algunos empresarios, para situarse en la línea competitiva, y la Administración viene desarrollando un gran esfuerzo diplomático para hacer oír nuestras razones.

Hay que romper con muchas cosas y quizá, la más importante, con nuestra propia mentalidad. O tenemos y presentamos una decidida vocación europea que nos dé fuerza negociadora y permita a los responsables pisar firme en el suelo de su gestión o en unos años, tal vez no muchos, seremos un país aislado entre el potente coloso europeo y el inmenso problema del subdesarrollo en la cuenca sur del Mediterráneo» [129].

Algunos meses después, Alfonso Escámez insistiría en esta opinión en una entrevista publicada en *Blanco y Negro:*

«Es indudable que España necesita adecuar su acuerdo preferencial a la Comunidad Económica Europea ante la ampliación del número de sus miembros. En mi opinión no existe ninguna posibilidad de que esta adecuación no se produzca. Hay gestiones en marcha y una voluntad de renovación por ambas partes [...]. Yo confío en que esta renovación tendrá un efecto positivo. Se cuenta con más experiencias y la situación global de nuestro país es mejor que la que pudimos presentar en la negociación anterior. No debemos olvidar tampoco que *a España le interesa el Mercado Común y al Mercado Común también le interesa España.*»

Acerca de la conveniencia o no conveniencia de la integración de España como miembro de pleno derecho por el desfase económico que puede existir entre algunos sectores de nuestro país y los de la Comunidad Económica Europea —razón ésta apuntada en varias ocasiones por la Administración y que éste utilizaba como argumento para no ir más allá de un simple Acuerdo Preferencial—, el consejero-delegado del Banco Central comentaba:

«No veo problemas importantes que se opongan a nuestra integración plena en el Mercado Común. No quiere esto decir que no existen desfases, sino que creo que España está en situación de aceptar la responsabilidad que supondría su integración siempre que consiguiera un período transitorio razonable. A Inglaterra se le han concedido cinco años, nosotros quizá precisaremos algunos más, pero no dudo de que la economía española y nuestros empresarios —cuando cuenten con un programa definido de objetivos a conseguir— serán capaces de superarlos.

---

[129] *Informaciones*, 8 de mayo de 1972, págs. 13 y 14.

> Me preocupa mucho más que se mantengan situaciones de incertidumbre y pase el tiempo sin lanzarnos al esfuerzo que supone la nueva perspectiva. Creo que el tiempo, en este caso, no juega a nuestro favor. Esta es la razón por la que recientemente he planteado la necesidad de mentalizar al país en esta dirección. Tenemos que presentar una decidida vocación europea y conseguir contundentes realidades que neutralicen los tabúes y las incomprensiones que salen a nuestro paso» [130].

Con aparente menos entusiasmo, pero en parecidos términos, Alfonso Fierro Viña, presidente del Banco Ibérico, se refirió al tema en la Junta general ordinaria de la entidad que preside. En ella, Alfonso Fierro, tras resaltar que la interdependencia económica en el mundo actual es cada día más patente, destacó la conveniencia de la integración española al bloque económico europeo, integración que deberá cumplirse de forma progresiva a través de plazos prudentes.

> «Las opiniones de los más destacados responsables de la vida económica nacional han sido rigurosamente coincidentes a este respecto, y yo creo que podemos hablar de un *verdadero consenso nacional para alcanzar la plena condición europea,* en cuya tarea el Gobierno se sentirá siempre respaldado por el apoyo total del país» [131].

Por su parte, el presidente del Banco Urquijo, Luis de Urquijo y Landecho, marqués de Bolarque, también se manifestó en similares términos, a través de una entrevista publicada, asimismo, en *Blanco y Negro:*

> «En un mundo que, cada vez más, se inclina a la integración de los países en grandes áreas económico-políticas, resultaría muy difícil, por no decir imposible, mantenerse al margen de estas poderosas zonas de influencia, salvo que se quiera correr el riesgo de poner en peligro el propio desarrollo de la economía nacional. Ante esta realidad, puede decirse que, si bien la incorporación al Mercado Común no es, en principio, la única posibilidad que se abre ante la economía española, parece ser, desde luego, el mejor de los caminos posibles a seguir.
>
> [...] Cualquier otra posible alternativa de integración en que se piense para la economía española, como pudiera ser, por ejemplo, la de tomar parte de un gran bloque económico hispanoamericano, plantea una serie de dificultades que, al menos por el momento, la harían difícilmente practicable. Esto último no

---

[130] *Blanco y Negro,* núm. 3.140, 8 de julio de 1972, págs. 28 y 29. Entrevistado por Angel Gómez Escorial.

[131] *El Economista,* núm. 4.306, 27 de mayo de 1972, pág. 1344.

implica, desde luego, que España no prosiga con especial cariño desarrollando sus vinculaciones comerciales con Hispanoamérica.»

En otro momento de la entrevista, y contestando a la pregunta de si a España le interesa —desde un punto de vista económico y financiero— la integración, en estos momentos, con Europa, el marqués de Bolarque afirmaba:

> «Aparte de las razones políticas que pudieran existir para dar una respuesta transitoriamente negativa a esta pregunta, y en cuya consideración no entro, creo que la plena integración de España en la Comunidad es un problema de tiempo. Es decir, que, a mi juicio, lo más conveniente para nuestro país sería avanzar gradualmente hacia una integración de hecho dentro de un plazo definido y razonablemente determinado, que permita a las empresas industriales españolas irse acomodando, con los menores trastornos posibles, a la nueva situación. Transcurrido dicho plazo deberíamos estar en condiciones de alcanzar, sin bruscas alteraciones, la plena integración de derecho en la Comunidad. Lo que no resulta aconsejable o, mejor dicho, lo que no parece fácil por razones en buena parte políticas, y sería perjudicial por motivos de orden económico y técnico, es una integración completa e inmediata que lleve implícito un acusado desarme arancelario. Tal desarme nos colocaría, industrialmente, en situación de franca inferioridad frente a las industrias de mayor competividad del Mercado Común. El tiempo que ha transcurrido desde la firma del acuerdo vigente ha sido aprovechado para acelerar una fuerte evolución de la industria española; el que transcurre desde ahora hasta la integración será igualmente fecundo, porque permitirá a nuestras empresas alcanzar un grado de preparación suficiente para que la incorporación plena no produzca ningún efecto devastador, antes, al contrario, nos sea hacedera y propicia» [133].

Entre otras preguntas relacionadas con España y el Mercado Común, a José Angel Sánchez Asiaín, consejero director del Banco de Bilbao, se le preguntó si España podría prescindir de una unión con la C. E. E., a lo que contestaba:

> «Terminantemente, no. En un club que se llama Europa, España no puede dejar de estar presente. Nosotros somos europeos y, por tanto, la conveniencia de una vinculación con la Comunidad está fuera de toda duda. Quiero, en este sentido, decirle una cosa. Se habrá percatado de que se hable, en España, de Europa como

---

[132] *Blanco y Negro,* núm. 3.141, 15 de julio de 1972, págs. 55 y 56. Entrevistado por Angel Gómez Escorial.

> si estuviéramos fuera del Viejo Continente. ¿Camino hacia Europa? Esto es un contrasentido. Es factible hablar de direccionalidad hacia el Mercado Común, pero nunca hacia un conjunto geográfico al que pertenecemos. Otra frase: "vocación europea". Otro absurdo. No se puede tener vocación, como llamada, de algo que ya somos y a lo que no es necesario aspirar. Sí. Son cuestiones de terminología, pero no trascienden prejuicios graves [...]. La cuestión nunca puede plantearse como alternativa. Interesa comerciar con otras áreas, pero no cabe presentarlas legítimamente como sustitución de nuestra relación con los otros países europeos. La relación comercial más amplia con estas áreas es una exigencia del desarrollo, pero no una alternativa» [134].

Otra personalidad de la banca privada española, Rafael Tormes Carreró, consejero-delegado del Banco Popular Español y presidente de la Federación de Analistas Financieros, decía a favor de la integración:

> «... es evidente que nuestra vinculación con los países del Mercado Común es muy fuerte, no solamente por razones geográficas e históricas, sino también porque un porcentaje muy elevado de nuestros intercambios exteriores se efectúan con los países de la Comunidad. Tampoco hay que olvidar que cerca de los dos tercios de la población laboral española residente en el extranjero están ubicados en los países pertenecientes al Mercado Común.
>
> Es evidente, por tanto, que nuestro país debe integrarse en la Comunidad Económica Europea, aunque de una manera progresiva, ya que nuestro nivel de desarrollo económico está todavía muy alejado del de los países del Mercado Común.
>
> En este sentido, la situación probablemente ideal para España hubiera sido un acuerdo de asociación del tipo del formado con Grecia, que otorga a este país un plazo de veintidós años para llegar a la total integración, plazo que en nuestro país podría acortarse moderadamente. Para llegar a este régimen de asociación sería preciso, no obstante, pasar por etapas intermedias, en las que se vayan reforzando lazos con la Comunidad por canales menos brillantes, aunque probablemente más prácticos.
>
> En todo caso, llegará un momento en que deberemos jugar con fuerza la baza de Europa, lo que supondrá no solamente haber reforzado adecuadamente nuestra estructura económica, sino haber efectuado un desarrollo político que acerque también, sin perder nuestro individualismo, los esquemas de estructura política a unos módulas más próximos a los de los países de la Comunidad» [134].

---

133 *Blanco y Negro,* núm. 3.142, 22 de julio de 1972, pág. 54. Entrevistado por Angel Gómez Escorial.

134 *La Vanguardia Española,* 19 de noviembre de 1972, pág. 15.

Finalmente, en la I Comunicación Nacional Interbancaria, la postura de la Banca privada española, expresada en los términos que hemos recogido, quedó nuevamente expuesta, en palabras de Rafael Pérez Escolar, presidente de la Unión Nacional de Empresarios de Banca, Bolsa y Ahorro, quien concluyó su conferencia sobre «La Banca y la integración de España en Europa» con las siguientes palabras:

> «Yo me atrevo a proponer un lema que resume con exactitud así la historia como el pensamiento de la Banca hacia el futuro: la tarea principal de la Banca privada es España y pudiera completarse ante la inquietud europeísta que alienta en todos nosotros, señalando: la tarea principal de la Banca privada española es Europa» [135].

La Banca privada española, pues, apostó por Europa. Los banqueros españoles son, como escribía Enrique Serre en *Cambio 16,* decididamente pro-Mercado Común y están dispuestos a renunciar a lo que hasta ahora parecía irrenunciable y no precisamente por demagogia, ni por democracia, sino por realismo mercantil, aunque para ello sea necesaria la democracia de Europa occidental» [136].

---

[135] *Desarrollo,* 16 de julio de 1972, suplemento: I Comunicación Nacional Interbancaria, pág. VIII.
[136] *Cambio 16,* núm. 37, 31 de julio de 1972, pág. 9. Véase también epígrafe 3.5.

4. EUROPA HABLA SOBRE ESPAÑA Y LA C. E. E.

Si, como hemos visto, el tema de las controvertidas relaciones de España con la Comunidad Económica Europea, con sus diversos aspectos y consecuencias, fue el tema del año y suscitó —como no podía ser menos— durante los doce meses de 1972 una de las más amplias polémicas y riada de declaraciones a la que se ha asistido en los últimos años en el interior del país, es cierto también que a ello contribuyó de manera notable toda la serie de opiniones expresadas por diversas personalidades extranjeras acerca de la necesidad de que España abandonara de una vez su «lamentable aislamiento» y no perdiera, una vez más también, el tren de la Europa que se agrupa en torno a los postulados del Tratado de Roma.

Ni que decir tiene que estas personalidades —de mayor o menor peso en el concierto de la política internacional, de mayor o menor relevancia en el contexto económico y político comunitario— contribuyeron, asimismo, y sobre todo, a dar con sus declaraciones una dimensión menos «localista» a la cuestión y a facilitar, al tiempo, una mejor delimitación de los perfiles extraeconómicos del tema, perfiles que, al parecer, resultaban tan extraños al problema y tan difíciles de identificar desde las peculiares posturas mantenidas por la Administración española.

Porque, en definitiva, políticos en activo y políticos en la reserva, jefes de Estado y ministros, etc., que se pronunciaron prestaron a la polémica que se desarrollaba en este país una perspectiva auténticamente comunitaria, de la que podría suceder se careciese en el interior, debido a las concretas circunstancias socio-económico-políticas en las que se enmarca la vida de la sociedad española actual.

Como hemos indicado al comienzo de este epígrafe, las declaraciones de personalidades extranjeras ayudaron a delimitar los perfiles extraeconómicos de la cuestión. En este sentido, la opinión del canciller de la República Federal Alemana al semanario italiano *Epoca* —y que fue reproducido por la prensa española— era bastante clara, sin lugar a dudas:

> «Celebro que en España exista un creciente interés por entablar lazos estrechos con la C. E. E. —decía Brandt. Y añadía—:

Pero hay dificultades: la participación en el Parlamento Europeo y también en el Comité Económico y Social requieren una medida de democracia superior a la que actualmente existe en España; o sea, la existencia de diputados elegidos y de Sindicatos libres» [137].

Otro político europeo, el holandés Sicco Mansholt, presidente por aquel entonces de la Comisión Europea, decía en una rueda de prensa sobre asuntos comunitarios:

«Me haría feliz saludar muy pronto la entrada de España en la Comunidad Económica Europea, pues ello significaría, en efecto, que se ha dotado de instituciones democráticas» [138].

Las palabras del llamado «padre de la Europa verde» eran suficientemente explícitas. Y como apuntaba *La Actualidad Económica,* su claridad «debería dejar zanjada una cuestión, cuyo tratamiento comienza a resultar cansino: las motivaciones políticas en la actitud del Mercado Común ante el ingreso de España como miembro de pleno derecho.

«Para Mansholt, como para otras personalidades del Mercado Común, las instituciones que merecen el calificativo de democráticas son las que están basadas en las democracias inorgánicas europeas. La nuestra es una democracia orgánica. Como se impone el respeto mutuo y las reglas del juego las ha fijado la Comunidad Económica Europea, la solución política —si ninguna de las dos partes cambia su postura— es imposible» [139].

Del mismo parecer era Robert Toulemon —al que el corresponsal de *La Vanguardia* en Bilbao, Fernando Barrena, calificaba de «hombre básico en la negociación con España»—, quien, en un simposio celebrado en la Universidad de Deusto, a la pregunta «¿cuáles son las dificultades para una adhesión de pleno derecho de España al Mercado Común?» respondía de la siguiente manera:

«No se asombrarán si les digo que hay dificultades económicas y políticas. Las dificultades económicas son la existencia de un cierto "decalage". Un cierto retraso entre el desarrollo industrial y económico de España en relación con el de los países de la Comunidad.

---

137 *La Vanguardia Española,* 29 de febrero de 1972, pág. 16.
138 *Informaciones,* 29 de marzo de 1972, pág. 4.
139 *Actualidad Económica,* núm. 734, 8 de abril de 1972, pág. 24.

Si España consigue mantener el ritmo de desarrollo actual, estas dificultades serán rápidamente eliminadas.

Queda la dificultad a la cual no puedo responder sí o no. Hay una diferencia, que todo el mundo conoce, entre los sistemas políticos de los países miembros de la Comunidad, que están basados en sistemas diferentes para la designación del Gobierno, por medio del sufragio universal, y el sistema político español.

Nosotros no pretendemos inmiscuirnos en los asuntos internos españoles. Decimos solamente lo que creo que es evidente: que puesto que España quiere participar de pleno derecho en la Comunidad, que es una Comunidad Económica, pero que tiene por objetivo realizar la unión política de Europa, es necesario que haya primero una armonía entre el sistema político de España y el de la Comunidad. Pero eso es una elección que corresponde a los españoles y no a la Comunidad» [140].

Algo similar señalaba Robert van Schaendel, secretario general del Movimiento Europeo, en el transcurso de una conferencia pronunciada en Madrid, en la sede de la Asociación Española para la Cooperación Europea, en la que afirmaba:

«Es interés nuestro que los españoles estén con nosotros en la empresa de construir Europa, ya que son un trozo vivo, y muy vivo, de la misma.»

Y, refiriéndose a una situación futura, Van Schaendel consideraba como posible la celebración de conversaciones entre España y la Comunidad, «con vista a un estrechamiento de los vínculos sobre la base de que existan

ciertas garantías de evolución española en un sentido coherente con la naturaleza y objetivos de la C. E. E. [...]. La C. E. E. está plenamente abierta a todos los países europeos, sin más requisito de principio que la existencia de condiciones institucionales y políticas democráticas. Esta exigencia nace del carácter de sociedad democrática europea sobre el que se funda la C. E. E.» [141].

Por su parte, el embajador de Bélgica en Madrid, Robert Vaes, decía:

«España entrará en el Mercado Común, pero no hoy, sino más adelante, pues para ello precisa una evolución de sus estructuras. La unión vendrá algún día, pues la querrá España y la querrá Europa» [142].

---

[140] *La Vanguardia Española,* 29 de abril de 1972, pág. 9.
[141] *Informaciones,* 27 de mayo de 1972, pág. 28.
[142] *Ibídem,* 2 de junio de 1972, pág. 11.

Menos abiertamente, por supuesto, utilizando un lenguaje diplomático muy del caso, el ministro de Asuntos Exteriores de la República Federal Alemana, Walter Scheel, aludía, asimismo, al fondo del asunto en una rueda de prensa celebrada en Madrid, al término de su visita oficial a nuestro país. La pregunta que se le formulaba era la siguiente: «Señor ministro, cuando estuvo usted en Madrid en abril del 70 declaró que la estructura política de España era distinta a la de los países que integran el Mercado Común, y que esta estructura no permitía la asociación o integración con la C. E. E. ¿Cree que esta declaración de entonces está vigente en la actualidad?»

> «Yo hablé entonces —respondía Scheel— sobre las dificultades que tenía España en el campo económico para ser miembro del Mercado Común y ya manifesté que hace falta un proceso. También hay diferencias en las estructuras políticas de los miembros que hoy componen la Comunidad Económica Europea y España y el tiempo nos demostrará cuándo habrá llegado el día en que la integración sea posible para ambas partes» [143].

Frente a aquellos que sustentaban el criterio de que lo fundamental ante el Mercado Común eran los problemas, las dificultades de tipo económico, un ex ministro de Hacienda de Bélgica, el barón Snoy, señalaba en Barcelona:

> «Los obstáculos económicos no son determinantes. El ejemplo de Irlanda, con una economía similar o inferior a la española, y que acaba de ser admitida en el Mercado Común, es bien claro. E Irlanda ha de hacer una transformación de economía casi rural a economía industrial. España, pues, necesita una cierta armonización de sus estructuras políticas con el resto de Europa. Todo el problema de España consiste en saber en qué fecha esta armonización necesaria se producirá. Hasta 1976, en que termina el actual acuerdo comercial, queda amplio margen para realizar otras gestiones. Podríamos citar a este respecto un caso extremo: los países del Este. El Mercado Común está abierto y nada impide solicitar ser miembro del mismo. Pero, claro está, mientras se mantengan con sus actuales estructuras políticas, eso es imposible» [144].

Abundando e insistiendo en estas opiniones, con la más absoluta claridad, uno de los «padres» de la Europa comunitaria, el francés Jean Monnet, decía a Jacinto Soler Padró, de *La Vanguardia:*

> «Creo que España puede desempeñar un papel importante en el contexto europeo. Cuando nos planteamos la idea de la nueva

[143] *Ibídem,* 15 de junio de 1972, pág. 6.
[144] *Ibídem,* 20 de junio de 1972, pág. 13. Entrevistado por Enrique Sopena.

Europa, de la Europa unida, no nos fijamos unos límites geográficos, fijamos solamente unas reglas de juego: quien las aceptase, podía entrar. Nuestra mentalidad fue absolutamente abierta a todos los países europeos y así queremos que sea el Mercado Común.»

Y por si, pese a tal criterio, el caso español ofreciese alguna duda, Jean Monnet —que fue, de 1952 a 1955, presidente de la primera institución comunitaria, la C. E. C. A.— afirmaba tajantemente:

«La entrada de España en las actuales circunstancias es totalmente imposible; por razones políticas. Sí, la entrada en estos momentos es poco menos que utópica y no vale, desde luego, la hipótesis de que se pueden negociar las condiciones de entrada en el plano político. Se está dispuesto a aceptar las condiciones que se impongan o no. No intente usted convencerme de que puede existir una posibilidad en este sentido, empezando a negociar. A Inglaterra le ha sucedido lo mismo. Inglaterra ha ingresado en la Comunidad cuando ha accedido a cumplir las condiciones impuestas por ésta; pero, de todas maneras, el caso de Inglaterra no es semejante al de España: el peso y las características sociopolíticas de esta nación son distintas totalmente a las suyas. Lo mejor es negociar con el Mercado Común un acuerdo global de índole económica, como empezaron a hacer ustedes en el año 62. Hay que proseguir, pues, por este camino, ya que no hay otro por el momento. También la idea europea nació, más que todo, en un plano técnico y económico y se hizo política más tarde, por la fuerza natural de los acontecimientos. Ustedes pueden empezar, por tanto, con la negociación a nivel económico —que también comporta sus dificultades—, seguir en esta línea hasta lograr un acuerdo básico y de la política y se hablará más tarde. Por lo menos tendrán ustedes ya algo, como si dijéramos un pie en la Comunidad. Las cosas deben hacerse despacio, y vuelvo a decirle que todos los europeos que hoy formamos parte de esta gran familia no tenemos nada en contra de España y de un ingreso de su país como miembro de pleno derecho, pero esto debe hacerse progresivamente, por las razones que le he dado a conocer antes [...]. En todo caso, son, desde luego, ustedes los que deberán evolucionar; nosotros tenemos unas reglas y no pretendemos imponerlas a nadie; simplemente queremos que los países interesados las acepten. Esto es muy simple o muy complejo, si usted quiere, pero no tiene vuelta de hoja; por ahora, claro. Y reconozco que en la mayor parte de los países europeos se tiene una idea quizá muy simplificada de España y en particular de su sistema político, pero qué le vamos a hacer. No depende de nosotros» [145].

---

[145] *La Vanguardia Española*, 24 de junio de 1972, pág. 14.

Otro de los políticos de la Europa comunitaria, de menor relevancia que Monnet, por supuesto, pero con un peso específico considerable en la C. E. E. por sus afanes en pro de la unidad europea, Gaston Thorn, ministro de Asuntos Exteriores de Luxemburgo, abundaría en parecida opinión en unas declaraciones hechas en Sevilla. En ellas, Gaston Thorn analizaba los diversos factores de la Comunidad y decía:

> «Lo más importante y lo más determinante para el porvenir de Europa es, sin ninguna duda, el factor político. Pero hay que tener en cuenta el momento en el cual se ha concebido el tratado de la Comunidad, después del discurso de Churchill y la llamada de Schumann en el 1951. No había entonces Alemania, prácticamente; había zonas muy rígidas, etcétera. No se podía en ese momento aspirar a la unión política entre gentes que no tenían suscritos tratados de paz y que habían combatido en el campo de batalla. En aquella época hacía falta crear una atmósfera de coordinación común. Y esta es la causa por la que se comenzó por lo económico. Se pensó que integrando lo económico, la coordinación política surgiría inevitablemente. Por esta causa nos tenemos que atener a lo que ha sido firmado y lo que se pretendía entonces. Pero si ahora me pregunta usted qué es lo más importante para nosotros, yo debo contestarle que es, evidentemente, la finalidad política.»

Contestando a la pregunta de si creía probable la entrada de España en el Mercado Común, el ministro luxemburgués indicaba:

> «Usted lo sabe, los sabemos todos, que esta es una cuestión muy delicada, pero que es necesario que ustedes la vean sin ningún complejo y con respeto a los otros. Entre los ministros del Mercado Común, aunque yo hablo en nombre propio, ninguno pide que entre tal o cual país. Son los países los que deben solicitar su entrada, ya sea España o cualquier otro. Es el país interesado el que debe pedirlo. Así, pues, la primera elección para la entrada de España en el Mercado Común depende de sus compatriotas, del Gobierno español y del asentimiento del país. España quiere relaciones más estrechas con el Mercado Común, pero no ha pedido formalmente ingresar en él [...]. Le diré francamente. Nosotros seremos dentro de pocos días diez países; hemos suscrito tratados de zonas de libre cambio con Suecia, Irlanda, Austria, Suiza y Portugal. También yo conozco la geografía, y cuando miro al mapa con estos países integrados en la zona de libre cambio veo que Portugal está, geográficamente, más lejos de nuestra Comunidad que España. Entonces pienso que esto no deja de ser una lamentable laguna. Si el Gobierno español quiere su entrada en el Mercado Común debe hacer todo lo

posible para conseguirlo. Yo creo, personalmente, y siempre en esta cuestión hablo por mí mismo, que sería una buena cosa que España, aunque sea a largo plazo, se acerque a Europa y se integre con el tiempo en la Comunidad [...]. En cuanto a las perspectivas políticas, nosotros queremos crear los Estados Unidos de Europa, pero con una misma estructura económica y política. Nosotros no reprochamos a tal o cual país tener una estructura, dentro de unas condiciones mínimas. Por ejemplo, hay países, como Suecia o Suiza, que prefieren permanecer en la neutralidad y que no quieren unirse a nosotros como miembros. Nosotros los respetamos porque están en su derecho. Hay otros países que prefieren, cómo le diría yo, un régimen socialista de democracia parlamentaria; otros que prefieren un régimen más a la derecha, etcétera. Pues bien, nosotros los respetamos y podemos intentar tener relaciones con ellos.»

Finalmente, señalando la condición *sine qua non* para ingresar en la C. E. E., y aludiéndose concretamente a España, concluía diciendo:

«Pero es una condición indispensable tener una identidad de régimen para llegar a ser miembro del Mercado Común enteramente. Esto es para nosotros un principio de base. Yo no sé si España podría llegar a ser en el futuro uno de nuestros miembros. Pero, desde luego, es necesario que experimente una gran transición. ¿Cree usted que la economía de su país, ya sea sobre el plano industrial o agrícola, puede experimentar de pronto un cambio que la haga competir al ciento por ciento con la economía de Gran Bretaña, Francia o Alemania? La verdad, yo no lo creo así. De todas formas, será necesario un período de adaptación y de acercamiento y ustedes no deben estar obsesionados por la idea de la imposibilidad. Yo pienso, personalmente, y con honestidad, que para Europa, para España, para nosotros y para todo el mundo sería una buena cosa el intentar nuestro acercamiento. Olvidemos un poco el pasado, en lo que a España se refiere, pero sepan ustedes también estar en el presente. Lo que yo personalmente quiero es que ustedes se acerquen. Esta cuestión es como si yo le dijera que para entrar en tal club hace falta tener los cabellos negros, rubios, etcétera. Cuando no se tienen los cabellos negros o rubios, no se puede entrar en este club. En la Comunidad que queremos hacer, queremos lograr, a largo plazo, un país único, según un mismo modelo. Es necesario, en cierta medida, pensar de la misma manera» [146].

Algunos días más tarde, cinco nuevas voces europeas, las de cinco conocidos políticos franceses, hablaron del tema España-C. E. E., en

---

[146] *Informaciones,* 9 de agosto de 1972, págs. 5 y 6. Entrevistado por Antonio Guerra.

el transcurso de unas entrevistas de Alberto Yébenes, publicadas en la revista *Cambio 16*. El primero de ellos, Jean Lecanuet, presidente del Centro Demócrata, decía:

«Es muy importante que haya una Europa de los negocios —es decir, de las inversiones, del equipo, del progreso económico—, pero, al mismo tiempo, tiene que ser capaz de algo más. Nosotros quisiéramos que fuese el modelo más evolucionado de un nuevo tipo de civilización, que superase el capitalismo un poco salvaje, tipo USA, sin caer en totalitarismos marxistas. Para ello es indispensable no sólo conservar nuestras libertades, sino desarrollarlas. Sería ridículo que yo pretendiese dar lecciones, pero creo que, para que España ocupe el lugar que le corresponde —y estamos deseando que así sea—, debe democratizarse. No se trata, evidentemente, de que desde fuera vayamos a decir qué clase de instituciones son las que debe tener, no. Esas instituciones deben corresponder a su arbitrio, a su voluntad, revestir formas y matices adecuados a su carácter o conveniencia..., pero deben ser democráticas.»

Y, respondiendo al periodista, que indicaba que en España y fuera de ella hay quienes piensan que la mejor manera de favorecer su democratización sería facilitando su entrada —tal como está ahora—, la cual favorecería la contaminación democrática, Lecanuet añadía:

«Conozco el argumento, aunque no me convence. Creo que para que España forme parte de la familia europea —e, insisto, lo deseamos sinceramente— debe contar con una serie de derechos que existen en todos los países de la comunidad: sufragio universal, posibilidad de alternancias en el poder —lo que presupone la legalización de la oposición—, la libertad de opinión, de asociación...»

El secretario general del partido gaullista, la Unión de Republicanos para la V República (U. D. R.), René Tomasini, apuntaba:

«En lo que concierne a España, los gaullistas no podemos sino desear su asociación a la tarea de construir Europa. Es necesario proceder a un examen realista de los obstáculos económicos y políticos que pueda haber, con el firme deseo de superarlos.»

Jean Jacques Servan-Schreiber, conocido en nuestro país por sus libros y su nada exitosa visita al final de los años sesenta, respondía de la siguiente manera:

«A raíz de la publicación del *Desafío americano* recibí invitaciones de numerosos países. El primer sitio al que fui —antes que a Italia, Alemania, Inglaterra, Suecia— ha sido España. Y no se trataba de una casualidad, sino porque creo que Europa tiene una deuda con España. Lo creía entonces —hace casi cinco años— y lo sigo creyendo hoy, con más fuerza si cabe. Durante mi estancia allí pude darme cuenta de que en muchos medios españoles Europa supone una esperanza, y creo que no tenemos derecho a defraudarla. Europa debe ayudar a España en el camino de la apertura, una apertura que, por otra parte, ya está en marcha en diversos terrenos —intercambios, modernización económica— y a partir de los cuales llegarán la libertad de espíritu, la libertad de expresión, la democracia, para decirlo en una palabra. Que conste que los franceses no tenemos que dar lecciones de moralidad a nadie; personalmente no me siento demasiado orgulloso del funcionamiento de las instituciones en mi país. Creo que nuestro deber es ayudar a que España se convierta, sin desgarros, sin dramas y sin crisis, en una gran democracia moderna en el seno de Europa.»

Otro de los políticos del vecino país, Claude Estier, secretario del Partido Socialista, afirmaba:

«Nosotros creemos que hay que ampliar la Europa de los "diez". Pero dicha ampliación no puede concebirse más que a base de países que cuenten con un mínimo de instituciones democráticas, ya que, precisamente, nuestro objetivo es democratizar —al nivel más general— la Comunidad Europea, tal como hoy existe. De ahí la imposibilidad —que no implica discriminación negativa para los pueblos concernidos— de dar cabida en el Mercado Común a países que, hasta el presente, no ofrecen la garantía absoluta del funcionamiento democrático de sus instituciones.»

Por último, Laurent Salini, jefe del servicio político y social del órgano del Partido Comunista Francés *L'Humanité*, indicaba:

«Siento mucho afecto por el pueblo español y un profundo respeto por su capacidad para tomar, cuando llegue el momento, la decisión que mejor convenga a su interés. No creo, por otra parte, que hubiese obstáculos para el ingreso de una España democrática en el Mercado Común» [147].

Con unas breves y no demasiado categóricas frases, el presidente Pompidou se unía, en el mes de septiembre, a la amplia serie de personalidades europeas que a lo largo de 1972 habían emitido su opinión

[147] *Cambio 16*, núm. 40, 21 de agosto de 1972, págs. 17 a 20. Entrevistas recogidas por Alberto Yébenes.

sobre las perspectivas y los obstáculos para una integración de España en la C. E. E. El presidente de Francia se refería al tema en la respuesta que dio a la pregunta de un corresponsal español en París, y, en sus palabras, ponía sobre el tapete dos cuestiones: la primera, su apoyo a las pretensiones españolas de ingresar en la Europa comunitaria; y, en segundo término, la existencia de obstáculos políticos para tal operación. En concreto, Pompidou afirmaba:

> «Yo soy partidario de la entrada de España en el Mercado Común. Espero que sea pronto. Sé, sin embargo, que hay dificultades económicas y objeciones políticas por parte de algunos» [148].

Como era de esperar, tales palabras producían en los ámbitos comunitarios un cierto revuelo. Según el corresponsal de *Informaciones* en Londres, las reacciones en los distintos países eran las siguientes:

> «Copenhague.—La propuesta para la entrada de España en el Mercado Común podría ser firmemente combatida por Dinamarca, quien, si fuera necesario, utilizaría el veto para prevenir esta posible entrada española en la Comunidad, según dijo ayer el primer ministro danés, Jens Otto Krag.
>
> Oslo.—El primer ministro de Noruega dijo que ayer rechazaba la idea del presidente Pompidou sobre el ingreso de España en la C. E. E.
>
> Bruselas.—Fuentes oficiales del Gobierno belga señalaron que España podría pertenecer al Mercado Común, pero que España debería evolucionar antes de que esto sucediera.
>
> Portavoces oficiales de la Comunidad dijeron que esta opinión reflejaba los puntos de vista de varios países del Mercado Común, expresados durante las negociaciones de España en la Comunidad. Y entre estos países se cita particularmente a Holanda.
>
> Roma.—Observadores políticos en Roma señalaron ayer que el actual gobierno italiano no sería contrario a la entrada española en la Comunidad, pero podría no ser así ante la fuerza dialéctica del izquierdismo italiano. Los mismos observadores refieren cómo la nueva coalición del Gobierno italiano se ha pronunciado —o ha puesto énfasis— en la necesidad de una cooperación de los países mediterráneos.
>
> Sobre este mismo punto, observadores en Bruselas señalan los deseos del presidente Pompidou —y de ahí su referencia al caso español— de crear un bloque de influencia mediterránea, para contrarrestar el presumible poder e influencia de los países nórdicos —incluida Alemania— en la próxima Europa de los "diez".

---

[148] *La Vanguardia Española*, 22 de septiembre de 1972, pág. 3.

París.—Los informes recogidos en París se refieren a una opinión del ministro de Asuntos Exteriores, según el cual los problemas económicos y políticos eran un tópico que se oponía a la situación española con respecto a la Comunidad, pero que Francia deseaba el ingreso español por razones geográficas.

Bonn.—El corresponsal del *Guardián* señala una entrevista de Brandt, en marzo último, donde se refería a los intereses españoles en el Mercado Común, pero diciendo que la participación española en el Parlamento Europeo, en el Económico y el Comité Social requerían un grado de evolución. En tanto —concluye el corresponsal de *Informaciones*—, los periódicos ingleses no citan ninguna manifestación del Gobierno de Londres ni del de Dublín, también próximos miembros de la ampliada Europa de los "diez"» [149].

En vísperas de la reunión «cumbre» de jefes de Estado de los países de la Comunidad ampliada, que se habría de celebrar en París el 19 y 20 de noviembre, el Movimiento Federalista Europeo —cuyo objetivo es la creación de los Estados Unidos de Europa— hacía pública una declaración que en Roma fue expuesta por el presidente del Comité Ejecutivo italiano, profesor Giuseppe Petrilli, presidente, asimismo, del I. R. I. Tal declaración fue presentada al ministro de Asuntos Exteriores de Italia y contenía, entre otras, las siguientes peticiones:

1.ª Exigir el constante carácter democrático de los Estados menores, rechazando la participación de países con régimen autoritario como España.

2.ª Garantizar la protección de la C. E. E. contra cualquier intento en sentido contrario, como la creación del secretariado político propuesto por Francia.

3.ª Democratización de las instituciones comunitarias a través de la elección directa por sufragio universal del Parlamento Europeo.

Como señalaba Julio Moriones, corresponsal de *La Vanguardia* en la capital italiana, a juicio del citado movimiento,

«la construcción de la Europa Unida se encuentra en una fase de poco o ningún progreso, no obstante la adhesión de Gran Bretaña, Dinamarca e Irlanda. Esta situación se ha agravado en estos últimos días con la declaración francesa en favor de la admisión de España en la Comunidad Europea. A este respecto, el movimiento europeo, aun poniendo de relieve una vez más el significado positivo que tendría para Europa en general

[149] *Informaciones*, 23 de septiembre de 1972, pág. 32. Crónica de Londres, de Julián M. Martínez.

y para Italia de modo especial la presencia de España en el caso de que maduraran en dicho país —dice la declaración— condiciones políticas tales que la hicieran posible y aceptable, observa que en el actual estado de cosas un hecho de este género contrastaría con los principios básicos de la Comunidad. Este problema vuelve a plantear la necesidad de una política unitaria de la Comunidad por lo que se refiere a los demás países europeos de la cuenca del Mediterráneo que, entre otras cosas, son sus principales proveedores de mano de obra, caracterizados todos ellos en forma diversa por la presencia de ordenamientos políticos autoritarios.

En consecuencia, el Consejo italiano del Movimiento confirma la necesidad de mantener firme, por lo que se refiere a la entrada en la Comunidad de terceros países europeos, el principio irrenunciable de democraticidad de los Estados miembros, que constituye la piedra angular de la construcción de la comunidad política según los postulados del movimiento» [150].

El ministro de Agricultura de la República Federal Alemana decía al término de su visita oficial a nuestro país:

«El Gobierno alemán desea la pronta integración de España en la Comunidad Económica Europea. Para llegar a esa integración se precisa una mayor armonización de las estructuras económicas y políticas, aunque armonización no quiere decir identidad. El Gobierno alemán quiere ser un buen compañero de España en ese camino de integración. Es tarea de todos el edificar una nueva Europa» [151].

Por si fuera precisa alguna aclaración más y para dejar ya despejadas todas las dudas que, a pesar de todo, continuaban creándose, *La Actualidad Económica* publicaba la autorizada opinión del presidente del Parlamento Europeo, Walter Behrendt, quien, a las preguntas del citado semanario, respondía lo siguiente:

«La incorporación de España a la Comunidad no sería factible sin un cierto período de transición, debido a motivos económicos. La asociación con vistas a una posterior incorporación en calidad de miembro no fue posible hasta ahora debido a que el Gobierno español se ha negado a manifestar su intención de reformar sociedad y Estado en el sentido de una democracia liberal, durante dicho período de transición.

El requisito básico de un régimen democrático queda expresado en el tratado de la Comunidad Económica Europea en su

---

[150] *La Vanguardia Española,* 18 de octubre de 1972, pág. 15. Crónica de Roma de Julio Moriones.

[151] *La Vanguardia Española,* 18 de octubre de 1972, pág. 8.

totalidad, de forma que resulta innecesaria la enumeración de los respectivos artículos. En este punto cabe preguntarse, sin embargo, cómo pretende España enviar representantes parlamentarios y sindicales a la Asamblea Parlamentaria Europea y al Comité Social, respectivamente, si éstos, al igual que sus colegas de los demás países, deben ser designados mediante unas elecciones democráticas. Esto presupone, entre otras cosas, la existencia de unos Sindicatos libres» [152].

Ratificando su postura mantenida desde el puesto de primer ministro de Noruega, Trygve Brateli, ya dimitido de dicho cargo, señalaba, a comienzos de noviembre:

> «No creo posible que España sea admitida, por ahora, en la Comunidad Económica Europea. Mi opinión es semejante a la del resto de los países europeos. De todos modos, estoy seguro de que dentro de unos años España se convertirá en un país completamente integrado en el resto de los países democráticos de Europa» [153].

Por su parte, André Vierick, ministro belga de Hacienda, afirmaba en Barcelona:

> «Personalmente, soy favorable a que España entre, aunque no he tenido nunca contacto con el problema español. Y creo que los países son favorables a su entrada, si ésta se efectúa de acuerdo con el espíritu de la Comunidad.»

Y, respondiendo a la pregunta de si son sólo económicos los impedimentos que dificultan la integración de España en Europa, el ministro belga apuntaba:

> «Los impedimentos no son nunca sólo económicos. Por ejemplo, la entrada de Inglaterra no planteó sólo problemas económicos, sino también políticos; porque Inglaterra tenía su imperio, sus vinculaciones con algunos países de la Commonweatlh, una serie de ligámenes que no pueden olvidarse en un corto espacio de tiempo, ni permiten cambiar por completo su política. Entonces, es normal que los condicionamientos no sean puramente económicos. Naturalmente, también hay que respetar las condiciones que exige el Tratado de Roma, pues obligan a todos los países que quieren entrar. La Comunidad es un club abierto a todos siempre que acepten las reglas del juego» [154].

---

152 *Actualidad Económica*, núm. 762, 21 de octubre de 1972, págs. 16 y 17.

153 *Informaciones*, 7 de noviembre de 1972, pág. 8.

154 *Tele-Exprés*, 11 de noviembre de 1972, pág. 7. Entrevistado por J. Serrats Ollé.

IV.

SELECCION CRONOLOGICA DEL AÑO ECONOMICO

Introducción

Se ofrece a continuación una noticia sintética de los hechos más importantes que durante 1972 se han producido con relación a la economía española. Sólo se han reseñado los que, por diversos motivos, ofrecen mayor interés y significación aun después de la circunstancia concreta en que acaecen, trascendiendo, pues, su importancia la mera dimensión anecdótica o instantánea.

En la primera parte del capítulo, *Cronología del año económico*, se contiene la relación, fecha a fecha, de dichas noticias o referencias. Con la segunda, *Indice temático de la selección cronológica*, se pretende facilitar la consulta y utilización del material así recogido, agrupando los diversos hechos reseñados bajo los siguientes epígrafes:

— Política monetaria y crediticia.
— Política fiscal.
— Precios y salarios.
— Política comercial y relaciones con el exterior.
— Política de obras públicas y transporte.
— Política industrial.
— Política agrícola y ganadera.
— Planes de desarrollo.
— Política social y de educación.
— Empresa pública.
— Nombramientos.
— Coyuntura económica.
— Conflictos laborales.
— Turismo.
— Problemática regional.
— El caso Matesa.

Como el lector puede comprobar, se incluyen en este *Anuario* dos epígrafes nuevos en relación a los de años anteriores: «*Turismo*» y «*Problemática regional*», por considerarlos suficientemente significativos a efectos de agrupación de noticias y datos. Por lo demás, no es necesario indicar que, dedicándose el capítulo III de esta obra al análisis de algunos aspectos relacionados con la posición de España ante la Comunidad Económica Europea, ha parecido oportuno suprimir aquí el epígrafe «*España-Mercado Común*», con el fin de evitar repeticiones y duplicidades innecesarias.

Cronología del año económico

ENERO 1972

Día 1

A partir de hoy, la C. E. E. aplicará en favor de las exportaciones industriales españolas una reducción suplementaria del 20 por 100 de su arancel.

Nueva Zelanda incluye a España entre los beneficiarios de las preferencias generalizadas.

Día 4

El Banco de Santander es el promotor y depositario de un nuevo fondo de inversión mobiliaria, que se denominará Gesbansander.

Día 7

El Consejo de Ministros regula la creación de nuevos bancos.

Día 14

Se hace público que el plan de reestructuración de la industria algodonera ha costado 3.100 millones de pesetas, habiendo sido sufragada dicha suma, en igual proporción, por el Estado y la propia industria algodonera.

Día 17

El ministro de Obras Públicas inaugura el subtramo de la autopista A-3, Molíns de Rey-Martorell, de 47 kilómetros, que enlaza con la ya construida, Barcelona-Molíns de Rey. Será autopista de peaje.

Aunque se inaugurará oficialmente en la primavera, comienza a funcionar la autopista Sevilla-Cádiz, en su recorrido total de 93 kilómetros.

Se faculta a los bancos industriales para tener hasta seis sucursales, sin más requisito que la autorización del Banco de España.

ENERO 1972

Después de tres días de paro, la empresa metalúrgica Pradera Hermanos, de Bilbao, ha despedido a 650 trabajadores, más de la mitad de su plantilla.

Día 18

La primera industria acogida al nuevo polo de desarrollo de Granada producirá un total de 300.000 cañas de pescar; ocupará a 250 trabajadores y, además de cañas de pescar de fibra de vidrio, producirá esquíes, piezas de relojería, carretes de pesca y otros artículos deportivos.

Se hace público que en régimen de comercio de Estado, la Comisaria de Abastecimientos y Transportes importará de Cuba 15.000 toneladas de azúcar refinada, y de Hungría, 3.000 toneladas de carne de cerdo congelada.

Día 19

Han quedado integrados en la organización del Banco Central los Bancos de Nogueira y Canarias.

La dirección de la factoría metalúrgica Duro Felguera, de Langreo, comunica que la fábrica queda cerrada hasta el próximo día 22, inclusive, como consecuencia de la huelga de brazos caídos mantenida durante los días pasados.

Día 20

El Tribunal Económico Administrativo Central ha confirmado la pena impuesta en su día por el Juzgado Especial de Delitos Monetarios a don Juan Vila Reyes. Sin embargo, habiendo atendido el recurso presentado por el señor Vila Reyes, y en aplicación del indulto de 1 de octubre pasado, se le condonó totalmente la multa y se le redujo la pena de cárcel a dos años y tres meses.

Día 29

Se han observado esta mañana diversas actitudes de protesta por parte de empleados de banca en relación con las negociaciones para establecer un nuevo convenio colectivo de carácter interprovincial.

ENERO 1972

Día 31

Varias empresas siderúrgicas españolas, entre ellas Altos Hornos de Vizcaya, Torras, Rico y Echevarría, han sido autorizadas a exportar diversos productos siderúrgicos a la Unión Soviética, por un importe de unos 120 millones de pesetas.

Suiza ha puesto en vigor su sistema de preferencias generalizadas en favor de países en vías de desarrollo, entre los cuales se encuentra España, que ya goza de igual régimen por parte de Australia, Japón y Nueva Zelanda.

FEBRERO 1972

Día 2

Se han roto las negociaciones del convenio colectivo interprovincial de la Banca privada al no llegarse a un acuerdo entre las partes contratantes.

Día 3

Se producen paros, que en algunos bancos fueron casi totales, como consecuencia de la ruptura de las conversaciones para llegar a establecer un nuevo convenio colectivo.

Con el mes de enero terminaron la mayoría de las ampliaciones bancarias por regularización del balance. Muchos bancos ya han entregado a sus accionistas, en forma de acciones liberadas, la totalidad del saldo de dicha cuenta. Comienza ahora la ampliación de capital del Banco Popular Español (una liberada por cuatro antiguas). En la fecha de hoy todavía siguen con saldo para repartir, según se desprende de los balances, las siguientes entidades: Banco Central, 476,4 millones de pesetas; Comercial y Trasatlántica, 32,7 millones de pesetas; Valencia, 105,3; Exterior de España, 103; Guipuzcoano, 56,8; Hispano Americano, 223,8, y Mercantil e Industrial, 23,1 millones de pesetas.

FEBRERO 1972

Día 4

Han entrado con retraso en las dos factorías Pegaso de Barcelona unos 3.000 empleados, en señal de protesta por la situación en que se hallan las negociaciones sobre el convenio colectivo.

Sigue en Vitoria la anormalidad laboral en la factoría Michelín, que afecta a unos 3.500 trabajadores.

Día 5

Se cierra la factoría Michelín de Vitoria.

Día 6

El *Boletín Oficial del Estado* publica normas de obligado cumplimiento para la Banca privada y Seat.

Día 7

Firma del protocolo comercial hispano-polaco, por el que se regula la lista de los productos a intercambiar entre Polonia y España, dentro del sistema de libre convertibilidad que ha entrado en vigor el 1 de enero último. Se estudian asimismo otros aspectos relativos a cooperación industrial, financiera y de navegación marítima.

Día 8

En el Ministerio de Hacienda se han otorgado las escrituras de constitución de los Bancos de Crédito Industrial, de Crédito Agrícola, de Crédito Local, Hipotecario de España y de Crédito a la Construcción, en su nueva modalidad de sociedades anónimas.

Día 9

El ministro de Agricultura, don Tomás Allende, preside el acto de constitución del Instituto Nacional de Reforma y Desarrollo Agrario (IRYDA), de cuyo Consejo es presidente. También se constituyó el Consejo Permanente de dicho Instituto, que preside el señor García de Oteyza.

FEBRERO 1972

Paro durante una hora de unos 1.500 trabajadores de la factoría Pegaso de Barcelona, reiterando su protesta por la situación en que se hallan las negociaciones sobre el convenio colectivo.

Día 10

Se dicta norma de obligado cumplimiento para la empresa Citroën-Hispania, con un incremento salarial del 11 por 100.

Día 12

Se pone en funcionamiento el reactor nuclear de la central de Vandellos. Se han invertido en su instalación más de 14.000 millones de pesetas.

Día 14

Paro de dos horas en la oficina principal de Madrid y en el centro electrónico del Banco Exterior de España como protesta por la oferta de la empresa en las negociaciones del convenio colectivo. Al término del paro en la oficina central, fuerzas de Policía Armada cargaron contra los empleados en el interior del recinto.

Día 15

El Banco de Exportación e Importación de los Estados Unidos (Eximbank) ha concedido un crédito por valor de 143.600.000 dólares (más de 9.000 millones de pesetas) a la sociedad española Iberduero, a fin de ayudar a financiar la venta de equipos y servicios norteamericanos destinados a una central nuclear. El pedido total representa un valor de cerca de 200 millones de dólares.

En actitud de protesta se congregan más de 200 funcionarios del Ministerio de Obras Públicas, exteriorizando su descontento por no haber tenido en cuenta a unos 1.700 funcionarios en la nueva instrucción laboral. El subsecretario del Departamento solicitó le fuese entregada una nota en la que se haga constar el motivo de la demanda.

Día 17

La Empresa Nacional Hunosa ha sancionado con sesenta días de suspensión de empleo y sueldo a 25 mineros del pozo Polio que durante varios días no se presentaron al tajo, en apoyo de una solicitud de aumento de salarios. Otros 30 han sido sancionados con la séptima parte del salario de un mes. En Oviedo continúan las reuniones para establecer el convenio colectivo de Hunosa.

Día 18

El Consejo de Ministros adjudica el concurso para la construcción de la IV Planta Siderúrgica Nacional en Sagunto.

Día 19

Al no llegar a un acuerdo en las negociaciones para concertar un nuevo convenio colectivo, se ha dictado norma de obligado cumplimiento para los exhibidores cinematográficos. Se ha extendido la vigencia del convenio actual en dos años. La norma afecta a 42 provincias y 45.000 trabajadores.

Día 23

Se declaran en paro unos 2.000 trabajadores de las empresas auxiliares de la factoría Astano de El Ferrol, a consecuencia de la ruptura de las deliberaciones del convenio colectivo en discusión.

Día 24

En la sección de calderería de Astilleros Vulcano, de Vigo, se han producido diversos incidentes, a causa de las dificultades en concluir el convenio colectivo.

Para no ocasionar tensiones en la demanda interior, sólo se exportarán 50.000 toneladas de aceite de oliva. La débil cosecha y el hecho de que la Comisaría de Abastecimientos y Transportes dispone de pequeñas existencias, han aconsejado esta reducción. Con ello se conseguirán de 330.000 a 340.000 toneladas para el consumo interior, suficientes para un abastecimiento normal. En 1971, la exportación llegó a las 186.000 toneladas.

El Ministerio de Información y Turismo fijará los precios máximos de alojamientos turísticos, que no podrán ser alterados durante el año a que se refieran. En los contratos por períodos de treinta o más días, el cliente tendrá derecho a una reducción del 20 por 100 sobre el precio máximo autorizado.

FEBRERO 1972

Bajo el patrocinio de la Banca Mas Sardá se ha creado un nuevo club de inversiones, que se denominará Finanzas Femeninas.

Día 25

El presupuesto extraordinario para Madrid asciende a 5.000.000.000,715 pesetas. La mitad de dicha suma se financiará mediante emisión de obligaciones. El plan aprobado coincide, en líneas generales, con el expuesto por la Alcaldía. Las partidas de mayor importancia son las de Obras y Circulación (2.131 millones de pesetas), la Gerencia Municipal de Urbanismo (1.826 millones) y la Delegación de Educación con 1.105.

La empresa Astano ha despedido a 2.300 trabajadores por no haberse reintegrado a su tarea a causa del conflicto producido en las negociaciones del convenio colectivo.

Día 26

Se informa desde la C. E. E. que en el conjunto de los seis países del Mercado Común trabajan 489.000 obreros españoles.

Uruguay iniciará el suministro de 14.000 toneladas de carne a España, por un importe de 13 millones de dólares.

Se anuncia que del 28 de febrero al 28 de marzo se realizará la ampliación de capital del Banco Industrial de Bilbao, por importe de 162,2 millones de pesetas, en la proporción de una acción nueva, a la par, por cada cinco acciones antiguas.

El Plan Regional de Navarra se incluirá en la monografía de «Desarrollo Regional», anexo del III Plan. Se indica que ello no supone menoscabo de la autonomía de la Diputación navarra en la determinación concreta de la oportunidad y fomento de cada inversión.

La Dirección General de Sanidad ha decidido que toda la provincia de Avila sea el marco piloto para la reforma de las estructuras sanitarias del medio rural. Se invertirán más de 50 millones de pesetas.

Las Cortes aprueban los presupuestos generales del Estado para 1972. El ministro de Hacienda, señor Monreal, expuso un análisis del presupuesto, que trae, según dijo, dos novedades: «La restauración actualizada del principio de anualidad presupuestaria... y el propósito dedicido de ayudar a la economía española en la solución de los problemas a los que se enfrenta en su expansión a corto plazo.» El déficit previsto es «causal y programado».

Día 28

Se reintegran a sus puestos de trabajo los obreros de Michelín. Pero aún continúan las conversaciones para la firma del convenio colectivo.

En esta fecha se encuentran en trámite las siguientes ampliaciones de capital: Banco Atlántico, 271,3 millones de pesetas nominales, en la proporción de una nueva por cuatro antiguas. Banco de Andalucía, 472,5 millones, nueve acciones nuevas por cada dos antiguas, al tipo de 125 por 100. Banca López Quesada, 32,5 millones contra aportación de un inmueble y 71,6 millones por suscripción a la par. Banco Popular Español, 794,6 millones, la mitad al tipo de 300 por 100 y la otra mitad a la par.

MARZO 1972

Día 1

Ha sido cesado de su cargo de presidente de Butano, S. A., don José García Hernández, quien hace unos días informó al Consejo de Administración de los motivos de su cese, tras de haber recibido insistentes indicaciones para que dimitiese.

Día 2

Paro laboral de media hora en la factoría de la Empresa Nacional Bazán, de El Ferrol, en protesta ante la negativa de conceder un convenio colectivo de carácter provincial.

Día 5

Se han creado nuevos puestos de agregados agrónomos en las oficinas españolas ante el Mercado Común. Su misión será el control de la calidad de llegada de los productos agrícolas españoles a los mercados de la Comunidad.

MARZO 1972

En la sede del Sindicato del Metal, de Madrid, se ha procedido a la firma del convenio colectivo interprovincial de la Empresa Nacional Bazán que se aplicará a las tres factorías de dicha empresa, sitas en El Ferrol del Caudillo, Cartagena y San Fernando (Cádiz), en las que trabajan unas 12.000 personas.

Día 7

El FORPPA concede ayudas por valor de 141 millones de pesetas para financiar la comercialización de una parte de la cosecha de tabaco de las islas Canarias. El crédito tiene por objeto intervenir en ayuda de los agricultores de las islas de Lanzarote y Tenerife. Se estima en cerca del millón de kilogramos el tabaco que todavía se halla sin vender.

Se han roto las conversaciones para establecer el convenio de Repesa. Se cree que se aplicará una norma de obligado cumplimiento.

España, que goza de las preferencias arancelarias en Nueva Zelanda, ha pedido que se incluyan los siguientes productos de su exportación: conservas de pescado, ésteres inorgánicos, tintes orgánicos, tejidos de algodón, maquinaria de imprenta, frenos electromagnéticos y escopetas de caza.

Día 8

Varios centenares de trabajadores de la Empresa Nacional Bazán, de El Ferrol, se concentran durante más de una hora ante la dirección de la factoría para protestar por la elaboración del convenio a escala interprovincial. La dirección se negó a recibir a los Jurados, quienes solicitan que el convenio se establezca a nivel de factoría, por resultarles más beneficioso.

Día 10

Nuevos y graves incidentes en El Ferrol del Caudillo entre Policía y trabajadores de la Empresa Nacional Bazán. A las seis de la mañana se concentraron varios centenares de obreros ante la factoría, sin entrar al trabajo. A las ocho se produjo un choque entre la fuerza pública y un grupo de obreros, produciéndose dos muertos y varios heridos.

Fuerzas Eléctricas de Cataluña, S. A. (Fecsa) y Empresa Nacional Hidroeléctrica Ribagorzana, S. A. (Enher) informan que han establecido un programa conjunto y coordinado para el aumento de sus medios de producción y transporte, a fin de satisfacer la demanda eléctrica de Cataluña en condiciones óptimas de seguridad y economía. Construirán y explotarán una central nuclear en Ascó (Tarragona) y una central térmica en conexión con la refinería de Tarragona.

Día 11

En el expediente seguido a los obreros despedidos de la fábrica Michelín, la Magistratura de Trabajo ha dictado sentencia imponiendo la readmisión de dichos obreros o indemnización de 10.000 pesetas, a elección de los trabajadores.

Día 13

Por acuerdo entre la Subsecretaría de la Marina Mercante y la agencia naviera soviética con sede en España, buques de nacionalidad rusa transportarán mercancías españolas a Australia, realizando la ruta Bilbao-Australia.

Día 14

Una orden del Ministerio de Obras Públicas prohíbe el nuevo acceso a la profesión de transportista. Sólo quienes con anterioridad al 26 de junio de 1971 fueran transportistas de mercancías en ámbito comarcal o nacional podrán obtener nuevas autorizaciones de transporte.

Por compra de acciones que representan el 98,91 por 100 del capital, Rumasa ha adquirido el control del Banco de Toledo, con lo que la red bancaria de este grupo en el país abarca 64 sucursales.

Día 17

El Consejo de Ministros fija el salario mínimo en 156 pesetas diarias, lo que supone un aumento del 14,7 por 100. Se fijan asimismo las bases de cotización para la Seguridad Social, de acuerdo con el nuevo salario mínimo.

El Gobierno acuerda militarizar la Empresa Nacional Bazán, ordenando la apertura de la factoría de El Ferrol del Caudillo el próximo día 20.

MARZO 1972

Día 20

En la Casa Sindical de Porriño se han reunido empresarios acogidos al polo de desarrollo Vigo-Porriño, para hallar una solución a varios problemas infraestructurales, especialmente en lo que concierne al agua. Alguna empresa tuvo que habilitar hasta 20 pozos y otra se mantiene a medio rendimiento por el mismo motivo. También se planteó el problema de la falta de líneas telefónicas.

Día 21

Recientemente el INI enajenó acciones de empresas que están en situación de rentabilidad consolidada, entre las que sobresale un paquete que representa el 19 por 100 del capital de Sevillana de Electricidad y que han sido adquiridas por varias cajas de ahorro y bancos colaboradores. Con motivo de la venta de dichas acciones, han presentado la dimisión los siete consejeros de Sevillana de Electricidad representantes del INI.

La Dirección General de Trabajo ha resuelto aplicar norma de obligado cumplimiento para la Compañía Hispano-Alemana de Productos Mercedes Benz, S. A. (Cispalsa), prorrogando el convenio colectivo hasta fin de 1972, incrementando en un 8 por 100 los sueldos y jornales.

Se celebra en Madrid la sesión inaugural de la I Asamblea Nacional de Consumidores, asistiendo unos 300 representantes de asociaciones de consumo y asociaciones familiares de toda España.

Día 22

Terminan las reuniones del Comité para el Estudio de la Institucionalización de las Relaciones Económicas entre España y Portugal. Se ha redactado un informe fijando los detalles técnicos que harán posible la posterior adopción de un sistema de integración de ambas economías. En los estudios han participado funcionarios de los ministerios de Hacienda, Comercio, Agricultura e Industria, y el informe se elevará a ambos gobiernos para decidir sobre la eventual creación de una zona de libre cambio.

Día 23

Los representantes de las empresas españolas pertenecientes a los grupos productor y semitransformador de cobre han visitado al ministro de Industria para entregarle el acta de compra de S. E. C. E. M. (Sociedad Es-

MARZO 1972

pañola de Construcciones Electro-Mecánicas), de Córdoba, así como un estudio para reestructurar el sector del cobre. La adquisición ha costado 750 millones de pesetas y la empresa representa en el sector del cobre y sus aleaciones el 42 por 100, con una producción de 43.600 toneladas de cobre y 10.600 toneladas de latón y otras aleaciones. Por su facturación, S. E. C. E. M. ocupa el número 17 en la lista de las «cien grandes empresas industriales españolas en 1970». La composición del capital queda así: grupo productor de cobre, 42 por 100; grupo semitransformador de cobre, 42; Banco de Bilbao, 13; acciones no controladas, 3 por 100.

Se ha autorizado a Banca Catalana, S. A., a instalar en Nueva York una oficina de representación permanente con fines puramente informativos y de promoción comercial.

Día 24

Durante la reunión de la Agrupación Nacianal de Asentadores de Mercados, éstos informan que Mercasa incumple el principio de subsidiariedad con respecto al sector privado.

Se ha inaugurado el nuevo dique de Astano, con la varadura del «bulkarrier» «Castillo de la Mota», con eslora de 150 metros y un calado en media marea de 8,08 metros. El dique tiene capacidad para buques de 60.000 toneladas.

Día 27

Hispanoil ha llegado a un acuerdo con tres empresas petrolíferas francesas para iniciar exploraciones en la zona amazónica del Perú, con vistas a la búsqueda de hidrocarburos.

ABRIL 1972

Día 3

A partir de esta fecha, los tipos de interés aplicables para todos los bancos privados y el Exterior de España en los créditos y efectos especiales computables en el coeficiente de inversión (ley de 19 de junio de 1971 sobre Organización y Régimen del Crédito Oficial) se basarán en el tipo básico

ABRIL 1972

del Banco de España, incrementado en 0,90 puntos, lo que supone un interés de 5,90 por 100.

Día 5

Por acuerdo del Consejo de Administración, el Banco Mercantil e Industrial va a proceder a la emisión de 20.000 acciones nominativas de 1.000 pesetas cada una, enteramente liberadas.

La Banca López Quesada, dando cumplimiento al acuerdo de la Junta General extraordinaria de 13 de febrero de 1972, pondrá en circulación 234.740 acciones de 150 pesetas nominales a la par, que serán suscritas por los aportantes (in natura) de un inmueble situado en Madrid. Asimismo se pondrán en circulación 477.698 acciones de 150 pesetas cada, a la par, en la proporción de una acción nueva por cada seis antiguas. Por último, se ha acordado proceder a la incorporación al capital social del 20 por 100 del saldo de la Cuenta de Regularización como operación separada e independiente mediante la emisión de 110.754 acciones nominativas, de 150 pesetas nominales cada una.

Día 6

El Ferrocarril Económico de Asturias ha quedado integrado en F. E. V. E. (Ferrocarriles Españoles de Vía Estrecha), línea que transcurre entre Oviedo y Llanes, en donde enlaza con el Ferrocarril Cantábrico hasta Santander.

Día 7

Se han concedido dos licencias a la Comisaría de Abastecimientos y Transportes para importar de China continental 1.200 toneladas de carne de cerdo congelada por un valor total de 81,1 millones de pesetas. Se importarán otras 117 toneladas de igual origen por la empresa P. Postigo Herranz.

Día 8

Publicación del programa de reconversión del olivar. Se invertirán más de mil millones de pesetas en el programa. Se trata de «ajustar la producción de aceite de oliva para cubrir la demanda estimada, revalorizar los aceites vírgenes y mantener a la par la calidad de los refinados, reestructurando las explotaciones olivareras para que la producción sea rentable o, en su defecto, transformar la actividad productora, orientándola hacia otros aprovechamientos». Está prevista su realización durante el cuatrienio 1972-1975, con 1.100 millones de pesetas con cargo a presupuestos del Instituto Nacional de Reforma y Desarrollo Agrario. Entre las acciones que instrumenta el Decreto, se prevé la reconversión de olivares, con limitaciones productivas mediante implantaciones de pratenses, utilización de terrenos para otros cultivos o adehesamientos del olivar.

El «Boletín Oficial del Estado» ha publicado un decreto autorizando al INI a emitir, en el presente año, 15.554 millones de pesetas nominales en obligaciones. La emisión gozará de exención del impuesto sobre rentas de capital, así como de toda clase de impuestos sobre documentos de transmisión y transformación de los mismos. Devengarán un interés del 6 por 100 anual y su amortización se realizará en el plazo de quince años.

Día 10

Se inaugura la presa de El Atazar para el abastecimiento de agua a Madrid. El embalse permitirá el aprovechamiento integral del Lozoya. Tiene una capacidad de 426 hectómetros cúbicos, lo que supone que por sí solo sería suficiente para abastecer de agua a la capital de España y su área metropolitana durante un año y dos meses.

Día 11

Se hace público que la producción de Hunosa en el pasado mes de marzo ha sido la más alta de toda la historia de esta empresa al alcanzar la cifra de 444.000 toneladas. La empresa continúa cumpliendo los plazos previstos en lo que se refiere a la producción y asuntos sociales en su plan de reestructuración, lo que supone la revitalización del sector.

El Consejo de Administración de Fuerzas Eléctricas del Noroeste ha nombrado nuevos consejeros: don Antonio Barrera de Irimo, presidente de la Compañía Nacional Telefónica; don Luis de Ussía, conde de los Gaitanes, y don Pedro de Aretio.

El Banco de Vizcaya ha adquirido el 52 por 100 del capital de Plus Ultra, S. A., que es la segunda empresa española de la rama «seguros» por el volumen de primas.

ABRIL 1972

Día 14

El Banco de Exportación e Importación de los Estados Unidos ha concedido dos créditos por un total de 87,2 millones de dólares a Iberia Líneas Aéreas. Ambos préstamos se destinan a facilitar la compra de aviones y repuestos norteamericanos por un total de 213 millones de dólares, representando el 40 por 100 del valor total de las compras.

La C. A. T. (Comisaría de Abastecimientos y Transportes) hace pública una nota sobre la desaparición de aceite en unos depósitos instalados en Redondela (Pontevedra), donde se almacenaba aceite comprado por la C. A. T., habiendo observado la falta de 4.052 toneladas de aceite de oliva.

Día 15

La compañía nacional argelina Sonatrach y la española Gas Natural han firmado un acuerdo sobre la venta, por parte de la primera, de la cantidad de 233.000 millones de termias, es decir, unos 23.000 millones de metros cúbicos de gas natural. El acuerdo prevé que las entregas comenzarán en 1974 y seguirán durante dieciocho años.

Día 16

El ministro de Obras Públicas, señor Fernández de la Mora, presentó el plan de infraestructura viaria de Baleares, con inversión de 6.998 millones de pesetas entre 1973-77, destacando la construcción de dos autopistas que enlazarán Palma con Inca y Palma con Manacor.

Se crean nuevas oficinas comerciales de España en Checoslovaquia y Puerto Rico. La primera, con sede en Praga, tendrá también jurisdicción para Hungría.

Día 18

Con un embarque de 6.000 toneladas de roca fosfórica para Japón ha comenzado la explotación del yacimiento de Bu-Craa, situado en el Sahara español y catalogado entre los más importantes del mundo. El yacimiento se explota a cielo abierto y se calcula que tiene más de mil millones de toneladas de reservas.

ABRIL 1972

Se han iniciado las sesiones del I Congreso Mundial de Transporte Aéreo y Turismo en Madrid, con asistencia de unos 700 congresistas de todo el mundo. Están representados los gobiernos de 21 países, más de 50 líneas aéreas y más de 100 organizaciones y asociaciones. En el acto de inauguración, el ministro español de Información y Turismo dijo que cerca del 75 por 100 de los turistas que llegan cada año a España son transportados por servicios charter de las líneas aéreas independientes.

Día 19

El ministro español de Comercio, don Enrique Fontana, pronuncia un discurso ante la UNCTAD, en el que señaló que España tiene una configuración estructural de país en vías de desarrollo, como lo prueba la estructura de su balanza de pagos, y como reconocen diversos organismos internacionales. Dijo, asimismo, que si nuestro país resultara beneficiario de todos los sistemas de preferencias generalizadas de los países más desarrollados, se mostraría dispuesto, a su vez, a ofrecerlas a las naciones de menor desarrollo.

Día 21

Hoy han parado unos 2.200 mineros de la empresa Minero-Siderúrgica de Ponferrada, con explotaciones en Villaseca de la Ceana, Lumajo, Carrasconte, Villablino y Toneno del Sil. El motivo de este paro masivo de mineros obedece a una reclamación laboral por cuestiones salariales.

Para promover el interés de inversiones norteamericanas en el campo industrial y turístico de las islas Canarias, se ha celebrado en Nueva York un seminario organizado por la Cámara de Comercio Hispano-Norteamericana. Durante más de dos horas se expusieron diversos estudios sobre las posibilidades inversoras en dichas islas. El interés de los inversores norteamericanos se apoya sobre 5 puntos: 1) La singular situación geográfica y el nivel de su tráfico, superior al que tuvo en su día el canal de Suez. 2) Absoluta libertad comercial para la importación y exportación, por su condición de puerto franco. 3) Ausencia total de impuestos a la importación o exportación. 4) Facilidades de financiación en tres aspectos: recursos privados, oficiales y semioficiales. 5) Apoyo político-administrativo local de la comunidad canaria a cuantos inversores estén interesados en acudir.

ABRIL 1972

Día 22

La central soviética de productos agrícolas Sojuzplodoimport, a través de Progag de España, se ha comprometido a adquirir inmediatamente 400.000 cajas de naranjas, pagaderas en dólares libres, por una cuantía total de 1.600.000 dólares (unos 104 millones de pesetas). La operación deberá realizarse con celeridad, a fin de que la fruta se halle en la Unión Soviética para primeros del próximo mes. Esta operación es la más importante de las realizadas entre España y los países del Este, y se considera como un paso importante en las relaciones de nuestro país con la Unión Soviética.

Día 26

Se firma el acta constitutiva de la empresa Astilleros Canarios, S. A., cuya creación anunció hace unas semanas el ministro de Industria, señor López de Letona. El capital inicial será de 1.000 millones de pesetas. El 50 por 100 pertenecerá al INI y el resto a la Caja Insular de Ahorros y Monte de Piedad de Gran Canaria. El objetivo de esta nueva empresa será la construcción y explotación de un centro de reparaciones navales en el puerto canario de La Luz.

La compañía rusa Aeroflot ha inaugurado su línea Madrid-La Habana-Santa María-Madrid. El aparato, que tiene una velocidad de crucero de 850 kilómetros por hora, ha sido cedido a la Compañía Cubana de Aviación. Es la primera vez que un avión soviético aterriza con carácter regular en aeropuertos españoles.

Día 27

No hay variación en el conflicto laboral que afecta a las cuencas mineras de Villablino y Villaseca, donde están en paro unos 2.000 mineros desde la semana pasada. Ante ello, la empresa Minero-Siderúrgica de Ponferrada anuncia el cierre de las explotaciones hasta el día 2 de mayo.

Día 29

El Consejo de Trabajadores de Málaga ha acordado presentar un recurso de contrafuero contra el salario mínimo de 156 pesetas, por entender que contraviene el Fuero de los Españoles, que determina que el salario será suficiente para que el trabajador y su familia tengan una vida moral y digna.

MAYO 1972

Día 1

España aprueba una recomendación de la O. C. D. E. sobre la liberalización de capitales. El documento de la organización recomienda a las naciones que la componen que se esfuercen «individual y conjuntamente en eliminar los obstáculos que puedan limitar las compras de títulos (emisiones internacionales) por sus residentes o impedir la participación de sus bancos y otras instituciones financieras en los sindicatos de admisión o en las agrupaciones de emplazamiento.

Ha sido designado director gerente de Tabacalera, S. A., el hasta ahora director general de Industrias Textiles, Alimentarias y Diversas, don José Luis Perona Larraz.

Cincuenta y dos proyectos con 3.600 puestos de trabajo se han presentado al segundo concurso del polo de desarrollo de Asturias.

Día 2

Don Laureano López Rodó inaugura la V Reunión Bancaria Internacional. Entre otras cosas, dijo: «Tengo fe en que la empresa española repetirá en la década de los setenta el "milagro económico".»

Día 3

El Juzgado de Orden Público procesa a 25 personas en relación con los sucesos ocurridos en El Ferrol del Caudillo, estimándose que los delitos constituyen el carácter de asociación ilícita, al reconocer a varios de los procesados como miembros del partido comunista. Diecisiete han pasado a la cárcel y los ocho restantes quedan en libertad bajo fianza de 5.000 pesetas.

Día 4

El Ministerio de Hacienda autoriza la emisión de 10.000 millones de pesetas en deuda pública al 6 por 100 de interés anual, libre del impuesto sobre las rentas de capital y amortizable en diez años. Su importe se destina a financiar el programa de inversiones públicas.

MAYO 1972

Día 5

Dentro del Instituto Nacional de Industria se ha constituido la Empresa Nacional del Uranio (ENUSA), habiendo sido designado como presidente don José Javier Sagués.

El VIII Plan de Expansión Bancaria comprende 172 nuevas oficinas, de las que 33 serán agencias urbanas, 75 sucursales en municipios que hasta ahora carecen totalmente de servicio bancario; 31 en aquellos puntos que se considere necesario mejorar el servicio y 33 nuevas oficinas tienden a conseguir una mayor competencia bancaria.

Día 9

La empresa Minero-Siderúrgica de Ponferrada decidió cerrar los pozos «Toreno», «Villasecas», «Caboalles» y «Villablino», donde desde hace más de quince días se hallan en paro unos 2.000 mineros, a consecuencia de reivindicaciones de tipo laboral.

El ministro de Industria, en la clausura de la Asamblea del Instituto de Analistas de Investigaciones, manifestó que «el esquema de financiación de nuestras empresas adolece de dos defectos básicos: una escasa autofinanciación y un exceso de fondos a corto plazo dentro de los recursos ajenos».

Las Cortes aprueban el III Plan de Desarrollo.

Día 10

Rotas las conversaciones sobre el expediente del convenio colectivo sindical de la empresa Duro Felguera para su personal de los grupos obrero y subalterno, el delegado de Trabajo ha dictado norma de obligado cumplimiento, de una duración de dos años, a partir de 1 de enero del presente año.

Desde Irún se informa que han pasado la frontera unos 10.000 obreros andaluces que van a Francia a recoger remolacha. Cobran alrededor de 500 francos nuevos por hectárea, por lo que un joven remolachero a destajo puede llegar a conseguir 30.000 y 40.000 pesetas mensuales.

La Asamblea de Sernauto (Servicio Técnico Comercial de Fabricantes de equipos para automóviles) estudia la posible reducción del grado de nacionalización de algunos modelos de automóviles para que puedan fabricarse en España, ya que, según dicen los fabricantes, para series cortas no es posible hacerlo con el mínimo de piezas que hoy se exigen por el Ministerio de Industria.

Ha sido nombrado presidente del Consejo de Administración de Repesa don Luis Abenza Fernández.

El Banco de Exportación e Importación de los Estados Unidos (Eximbank) anuncia la aprobación de un préstamo por valor de 82.363.000 dólares para financiar el 90 por 100 de los bienes y servicios norteamericanos que FECSA comprará en Estados Unidos para construir una central nuclear productora de electricidad en Ascó (Tarragona).

Día 11

Brota petróleo abundante en el pozo «Rugey», tercero de los sondeos que realiza Hispanoil en Kuwait. Con este motivo ha partido para Kuwait y Dubai una importante delegación española, en la que figuran los señores Pérez-Cerdá, Boada, Amusategui y Alvarez Garcillán.

Día 12

Según un informe publicado por la revista «Acción Social Empresarial», el presupuesto mínimo diario en Madrid para un matrimonio con dos hijos durante el pasado mes de marzo se calculó en 366,99 pesetas.

Día 15

Por primera vez, una entidad bancaria española, el Banco Español de Crédito, ha superado los doscientos mil millones de pesetas en cuentas corrientes, según el balance trimestral del Consejo Superior Bancario cerrado al 31 de marzo y hecho público hoy.

Por acuerdo de su Junta de Accionistas, que publica hoy el «Boletín Oficial del Estado», se disuelve la sociedad Diebold Iwer, filial de Matesa.

Día 16

En el juicio seguido en la Magistratura Provincial de Trabajo de La Coruña contra seis productores de la Empresa Nacional Bazán, los despidos

MAYO 1972

propuestos por la empresa se han declarado procedentes, quedando resueltos los contratos de trabajo entre las dos partes, sin derecho a indemnización alguna.

Se ha inaugurado el nuevo Centro de Proceso de Datos del Ministerio de Hacienda. La misión fundamental del Centro es crear un sistema integrado de información que contribuya a la mayor eficacia, tecnificación y perfeccionamiento fiscal; además, el equipo será utilizado para mecanizar las restantes actividades del Ministerio de Hacienda.

Hoy ha tenido lugar la primera sangría del horno alto número 2 de la empresa UNINSA en su planta de Veriña. El nuevo horno alto tiene 9,5 metros de diámetro de crisol, disponiendo de un volumen de 1.713 metros cúbicos, pudiendo llegarse a obtener 3.450 toneladas-día, lo que le convierte en el de mayor producción unitaria de España.

Día 17

Han quedado expuestas en el Ministerio de Hacienda las listas provisionales de contribuyentes del impuesto general sobre la renta de las personas físicas. Es ésta la segunda vez que dichas listas se exponen públicamente. Las declaraciones sobre la renta correspondientes a 1970, presentadas en 1971 y que ahora se exponen, ascienden a 303.800, es decir, 40.700 más que en el año anterior, en que fueron presentadas 263.100. Esto representa un aumento de declarantes del 15,46 por 100.

Día 18

El procurador de representación familiar por Málaga, don Rafael Merino, ha presentado en las Cortes la petición de que se incoe recurso de contrafuero contra el salario mínimo, establecido en 164 pesetas diarias por el Decreto 622/1972, de 23 de marzo. Por su parte, la Unión de Trabajadores de Agua, Gas y Electricidad de Barcelona acordó por unanimidad adherirse a la decisión del Consejo de Trabajadores de Málaga, en el sentido de presentar recurso de contrafuero por la cuantía de dicho salario mínimo. Se acordó asimismo rechazar totalmente el despido libre o encubierto y las limitaciones fijadas por la Administración a la negociación colectiva.

Día 19

España se ha retirado del mercado mundial del azúcar como vendedora, en vista de la actual flojedad de los precios. Se destaca que España podría optar entre dos alternativas para colocar el excedente de 100.000 toneladas de azúcar de que dispone: venderla en el mercado internacional a precios razonables o bien reducir la producción programada para las dos próximas campañas en un 5 por 100 cada año. De momento, España se ha inclinado por la segunda solución, pero si los precios volviesen a subir, se informa que tal vez sería revisada esta postura.

Día 22

España ha exigido que se cambie la denominación de país desarrollado de economía de mercado con la que se la califica en el proyecto final del Informe de la III Conferencia de la U. N. C. T. A. D. La clasificación más exacta, en opinión de la delegación española, sería el de país en vías de desarrollo de Europa occidental.

Día 23

Comienza en Madrid la I Asamblea Nacional de la Unión de Empresarios Agrícolas. El subcomisario del Plan de Desarrollo, señor Del Aguila, manifestó en el acto de inauguración: «El sector agrario está en crisis. Afirmar lo contrario sería negar la evidencia y, lo que es peor, renegar de nuestra tarea de mejorar el nivel de vida del medio en que nos desenvolvemos.»

La Comisión Permanente de las Cortes acuerda declarar no pertinente la petición formulada hace unos días por don Rafael Merino para que se interponga recurso de contrafuero contra el salario mínimo.

En la Asamblea de la Hermandad de Labradores y Ganaderos, su presidente, don Luis Mombiedro, manifestó: «El 3 por 100 de subida en los precios agrícolas, que acaba de acordar el Gobierno, no es satisfactorio y es insuficiente para absorber las nuevas cargas del campo. Nuestro Gobierno tiene que patrocinar un movimiento de salarios y precios, de tal suerte que en cuatro o cinco años tengamos salarios europeos y precios europeos, pues sólo así entraremos en el camino de la integración en Europa.»

Día 24

Se establece la semana laboral de cinco días para los trabajos de una empresa constructora de Mataró de carrocerías metálicas, según se ha previsto en el convenio colectivo que acaba de firmarse.

MAYO 1972

En Vigo paran unos 7.000 trabajadores en señal de solidaridad con los 3.000 obreros de Astilleros de J. Barreras, cuya factoría fue cerrada después de varios días de paro.

Clausura de la VI Asamblea de Labradores y Ganaderos que llegó, entre otras, a las siguientes conclusiones: oposición al tránsito de productos hortofrutícolas marroquíes a través de España; plena integración al Mercado Común, cuyo balance se considera positivo para nuestro país. En tanto no estemos integrados se considera positivo: reforma legal que facilite la negociación colectiva. La elevación de precio del trigo no justifica su contingentación. La subida del 3 por 100 en los precios agrarios es insuficiente, máxime cuando el propio Ministerio de Agricultura reconoció hace un año que era necesaria una elevación mínima del 4,4 por 100.

El ministro de Obras Públicas inaugura el tramo de la autopista Villalba-El Caloco y el segundo túnel de Guadarrama.

Día 25

Un informe del «Círculo de Economía» se hace eco del «alarmante descenso» en el ritmo de crecimiento económico de la provincia de Barcelona, descenso que se explica, en parte, por el caos urbanístico, la insuficiencia de la red de transportes y la escasa dotación industrial. En los últimos quince años, la provincia ha pasado del tercero al quinto lugar en la renta per capita. En cuanto al crecimiento propiamente industrial por persona ocupada, Barcelona ha conseguido mantener su posición hasta 1967, pero de ese año hasta 1969, inclusive, desciende del cuarto lugar al octavo.

En Vigo se reproducen nuevas manifestaciones de los trabajadores de Astilleros de J. Barreras, en paro por diferencias de criterio respecto de las vacaciones. La empresa ha iniciado expediente disciplinario a 35 miembros del Jurado de Empresa y enlaces sindicales.

Declaraciones del ministro de Agricultura sobre las conclusiones de la Asamblea de Labradores y Ganaderos: «El Gobierno no está de acuerdo con la conclusión que se opone al paso por España de productos agrícolas marroquíes, ni tampoco con su oposición a la contingentación del trigo. A este respecto, agregó: «Este es el único modo de poder subir el precio del trigo; quien quiera sembrar más trigo podrá hacerlo para venderlo a precio de pienso, pero no al que protege el Ministerio de Agricultura.»

Se inaugura la nueva factoría de la Empresa Nacional de Motores de Aviación, S. A. (Enmasa), en el término de Ajalvir. En ella se revisarán

MAYO 1972

y repararán la mayoría de los motores de aviación del Ejército del Aire español.

Día 26

Cuba ha adquirido 430 vehículos Pegaso por un total importe de siete millones de dólares (unos 455 millones de pesetas). Cuba es el principal comprador de vehículos industriales españoles.

Se ha hallado solución al problema laboral planteado en Astilleros Hijos de J. Barreras. La dirección ha enviado a la mayoría de los trabajadores diversas comunicaciones en las que se les anuncia la imposición de sanciones que oscilan entre los cinco y veintiún días de suspensión de empleo y sueldo; a algunos obreros se les comunicó igualmente que quedan suspendidos indefinidamente.

Día 31

Se incorporan al trabajo los 2.800 trabajadores de Astilleros de Hijos de J. Barreras, después de que la dirección accediera a anular los expedientes y las sanciones incoadas y volver a abrir la factoría.

JUNIO 1972

Día 2

Llega al puerto de Valencia el primero de los barcos que trae un cargamento de vino tunecino. En las próximas semanas irán llegando otros, hasta cubrir los 150.000 hectolitros a importar de dicho país y Marruecos, a fin de contener posibles aumentos de los precios de los vinos.

El Banco Mundial ha aprobado la concesión a España de un préstamo de 50 millones de dólares, destinado a financiar un proyecto educativo que atenderá a la enseñanza profesional y técnica.

Declaración del presidente de Hunosa, don José María Guerra Zunzunegui: «Los resultados negativos habidos en el ejercicio pasado se han ele-

JUNIO 1972

vado a 2.502,5 millones de pesetas, después de haber destinado a amortización 948 millones.»

Día 3

La Cooperativa de Abastecedores de Frutas y Hortalizas de Barcelona ha expuesto, en un informe entregado a la prensa, la problemática de Mercabarna, que concluye de la forma siguiente: «No queremos terminar sin dejar de señalar que es ya una constante a nivel nacional los conflictos que suscita Mercasa. Tanto en Sevilla como en Bilbao, como en Barcelona, la actuación de Mercasa ha sido fuente de tensiones, que por seguir la constante apuntada confluyen notablemente estos días en Valencia. Nuestra tesis de que Mercasa era, ante todo, un organismo excesivamente centralizado y poco flexible para adecuarse a las peculiaridades de cada ciudad, se ha visto también confirmada. Ahora es Valencia. Ahora sigue siendo, porque la problemática continúa latente, nuestra ciudad.»

Por el Ministerio de Obras Públicas ha sido presentado a la Comisión Delegada para Asuntos Económicos el planteamiento de la red arterial de Madrid. El programa de actuación comprende el cuatrienio 1972-75, correspondiente al III Plan de Desarrollo.

Día 5

Ha salido para Moscú una delegación española de empresarios siderúrgicos. Su propósito es llegar a un acuerdo con las autoridades soviéticas para realizar directamente las ventas que España hace a los rusos, canalizadas ahora por medio de ingleses y belgas preferentemente. Estas visitas y contactos son prueba evidente del mutuo deseo de relacionarse comercialmente sin intermediarios encarecedores.

Agricultores españoles están realizando una prospección de mercados por países escandinavos, entrevistándose con importadores de productos hortofrutícolas.

Día 6

El Ministro de Comercio expuso en las Cortes las líneas generales de su actuación en el Ministerio. La importación encauzada y dirigida, no sólo no es un obstáculo al desarrollo económico, sino uno de los elementos motores del mismo. Es imprescindible seguir reduciendo la aplicación de regímenes no liberalizados de importación y, en especial, hacer que desaparezca el llamado «régimen bilateral». En política arancelaria se va a seguir actuando, a través de la mejora de los instrumentos técnicos, la determinación de los grados de protección y coordinación de los distintos sectores. Sería conveniente aplicar, en el momento oportuno, una rebaja lineal del arancel, que supondría: *a)* Contención de los precios. *b)* Un paso más de acercamiento a la Comunidad Económica Europea. *c)* Demostración palpable de una decisión firme de integrar la economía española en la europea. Parece necesario establecer un sistema de regulación de las importaciones que las deje en manos de la iniciativa privada en determinadas condiciones. Con las debidas precauciones, y tras un período transitorio, creemos que nuestra economía está en condiciones de afrontar, con beneficios, la integración en Europa. La creación de un Instituto Nacional de Consumo deberá cumplir un triple objetivo: la protección, la información y la formación de los consumidores.

Día 7

La emisión de deuda pública para financiar inversiones ha constituido un éxito. Las peticiones de suscripción alcanzaron la cifra de 20.466.625.000 pesetas, no habiéndose concedido más que el 43,5 por 100 de lo solicitado, teniendo en cuenta las peticiones exentas de prorrateo, o sea las que no excedían de un millón de pesetas.

Por acuerdo del Consejo de Administración, los Ferrocarriles Vascongados abandonan la explotación de la línea Bilbao-San Sebastián. No parece que este acuerdo tenga consecuencias para los usuarios de la línea, ya que el ferrocarril es de gran importancia para el Estado, que tiene interés en mantener cubiertas las comunicaciones ferroviarias en toda la cornisa cantábrica.

El Gobierno autoriza a Hunosa para anticipar la jubilación a 1.315 mineros; el coste será de unos 1.500 millones de pesetas, de los que 300 correrán a cargo del Fondo Nacional de Protección al Trabajo. Todos percibirán el 100 por 100 de su salario.

Los «millonarios oficiales» de Barcelona, según las listas de contribuyentes, alcanzan la cifra de casi 1.900, cifra que supone 400 más que el pasado año.

Día 8

En una respuesta a un procurador que publica el *Boletín Oficial de las Cortes,* el ministro de la Vivienda afirma que una sociedad en perma-

JUNIO 1972

nente cambio como la española «es prácticamente imposible que el chabolismo como el realquiler desaparezcan definitivamente».

El gobernador civil de Toledo ha denunciado al Gobierno la gravedad de la situación en las orillas del Tajo, donde han aparecido millares de peces envenenados, provocada por los vertidos industriales aguas arriba, probablemente por las fábricas de detergentes y azúcar situadas en las cercanías de Aranjuez.

Día 9

El Ministerio de Industria respalda la postura de las empresas españolas que han sido acusadas de hacer *dumping* en el Mercado Común. Estas empresas son, al parecer, siete. Círculos comunitarios en Bruselas opinan que sólo un acuerdo entre España y la Comunidad Europea del Carbón y del Acero (C. E. C. A.) podría resolver de modo satisfactorio los intercambios siderúrgicos entre España y la C. E. E. No parece que, de momento, las autoridades españolas estén dispuestas a dar este paso.

Se clausura la XL Asamblea General de la Confederación de Cajas de Ahorro. Entre los acuerdos adoptados destaca el de que se reduzca el coeficiente de inversión obligatorio en fondos públicos al 40 por 100 de sus recursos ajenos y el coeficiente para préstamos y créditos sociales de regulación especial al 30 por 100; que se suprima la subdivisión del porcentaje global de inversiones obligatorias en préstamos y créditos de regulación especial, atendiendo al destino de los mismos. Solicitó también la asamblea la necesidad de una progresiva liberalización de las operaciones activas y pasivas de las cajas.

Ha sido conectada a la red de suministro la central nuclear de Vandellós, que trabaja por ahora al 60 por 100 de su ritmo de producción (de seis millones de kilovatios-hora). A fin de mes alcanzará el 90 por 100.

Día 10

Cesa como comisario adjunto del Plan de Desarrollo Económico y Social el profesor Fabián Estapé.

Día 12

Los rectores de Hunosa han explicado los planes de estructuración de la empresa, en particular de la zona Sama-Siero. Se piensa reducir a siete el número de puntos de extracción (ahora treinta), con lo que los 670 kilómetros de galerías quedarán en 420. Los 4,5 millones de toneladas métricas que se extraigan procederán de 200 talleres de arranque y no de 400. Se prevé una inversión en el quinquenio 1972-76 de 7.750 millones de pesetas.

Día 13

La U. S. Steel ha desembolsado totalmente las acciones que constituyen su participación en el capital de Altos Hornos de Vizcaya, que es del 25 por 100.

Día 14

Ante la escasez que se viene observando en el suministro de ciertos tipos de hilados, el Ministerio de Comercio ha resuelto autorizar la importación de esta mercancía en la cantidad necesaria para restablecer el equilibrio. De inmediato se autoriza importar un millón de kilogramos de hilados.

Día 15

La firma norteamericana Benguet Consolidate ha adquirido cuatro millones de metros cuadrados de terreno en la isla de Fuerteventura. La empresa americana es propietaria de una gigantesca urbanización en las islas Bahamas.

Ha sido inaugurado el nuevo aeropuerto de Granada, quedando abierto al tráfico civil diurno. Su utilización nocturna tendrá lugar cuando se monten diversas instalaciones.

Día 16

Por primera vez desde 1937 España estará presente en el Consejo de Administración de la Organización Internacional del Trabajo. El Gobierno español, por una parte, y el presidente del Consejo Nacional de Empresarios, don Manuel Conde Bandres, por otra, han resultado elegidos miembros del citado Consejo de Administración.

Concierto entre el Instituto Nacional de Previsión con la industria farmacéutica, que regulará durante los próximos cinco años las condiciones

JUNIO 1972

económicas para la adquisición y suministro de especialidades farmacéuticas con destino a la Seguridad Social. La industria farmacéutica cede al I. N. P. el 10 por 100 de sus beneficios sobre los precios mayoristas.

Acuerdo entre el Instituto Nacional de Industria y Astilleros y Talleres del Noroeste (Astano) para la integración de esta empresa en el I. N. I. La aportación del Instituto será del 50 por 100 del capital social.

Día 17

Comienza la exportación de leche asturiana al Africa Negra, siendo cabeza de puente Canarias, donde se ha establecido un depósito para distribuir el producto.

Día 19

El presidente de la Agrupación de Hoteles Turísticos, señor Cabrer Rodríguez, ha declarado que la industria hotelera española puede sufrir pérdidas económicas irreparables si no se adoptan las medidas necesarias para atajar la presión del capital extranjero.

Publicación del Plan de Desarrollo de Navarra, elaborado por la Diputación Foral. En el cuatrienio 1972-76 se crearán 17.500 nuevos puestos de trabajo. El Plan incluye la autopista Navarra-Cantábrico, el canal de Navarra y el aeropuerto de Noaín, así como planes de educación y promoción general.

Día 21

Continúan los fraudes en la industria alimentaria. El Consejo de Ministros ha impuesto multas a las siguientes empresas: Lactaria Española, 25 millones de pesetas; Central Lechera Vizcaína, 7,5 millones de pesetas; Lechera Vizcaína, 5 millones.

Día 22

Televisión Española ha iniciado una campaña de publicidad para estimular el consumo de aceite de soja, a fin de frenar el fuerte aumento de precios registrado últimamente por el precio del aceite de oliva.

JUNIO 1972

La Dirección General de Comercio Interior ha impuesto tres sanciones por adulteración e irregularidades en el comercio de aceite, por un valor total de 3,6 millones de pesetas, a otros tantos industriales de Zaragoza.

Día 23

Hoy cerró el mercado de divisas de Madrid como consecuencia de la decisión del Gobierno británico de dejar flotante la libra esterlina.

Don José Manuel Matéu de Ros ha sido nombrado director general de Empleo; don Rafael Couchoud Sebastía, director general de Programación e Inversiones de Educación y Ciencia; don Angel Arozamena Sierra, director general de Industrias Textiles y Alimentaria.

Día 26

La Sala Tercera de lo Cotencioso-Administrativo del Tribunal Supremo confirma la cancelación de la inscripción en el Registro de Empresas Periodísticas del semanario *España Económica,* acordado por resolución del Ministerio de Información y Turismo de 7 de marzo de 1971 y confirmada posteriormente por el Consejo de Ministros.

Bajo la presidencia del ministro comisario del Plan de Desarrollo, don Laureano López Rodó, se celebra en la Cámara de Comercio, Industria y Navegación de Barcelona el acto de presentación del trabajo *Tabla «input-output» de la economía catalana 1967.*

Día 27

Unos cinco mil litros de leche de vaca han sido arrojados al río Tormes. Alrededor de 300 productores de las cercanías de Guijuelo y Alba de Tormes (Salamanca) están afectados por el problema de la falta de recogida de leche. Se asegura que la acción de arrojar la leche al río se debe a la negativa de las dos centrales lecheras existentes en Salamanca para comprar el producto, alegando que existe excedente del mismo.

En el Instituto Nacional de Industria se ha constituido la nueva compañía hispano-ademana de Productos Mercedes Benz y Volkswagen, S. A. (MEVOSA), con un capital de 972 millones de pesetas y una plantilla laboral de 4.300 personas. Las firmas alemanas Volkswagen y Mercedes Benz cubren el 55 por 100 del capital y el resto se distribuye así: 24

JUNIO 1972

por 100, el I. N. I., y el 21 por 100 restante, los Bancos de Bilbao y Vizcaya, grupo Echevarría y accionistas privados.

La C. E. E. niega las preferencias generalizadas a España.

Día 28

Hoy ha vuelto a funcionar con normalidad el mercado de divisas de Madrid, tras el paréntesis producido desde el viernes último, a raíz de la flotación de la libra esterlina. El Banco de España ha fijado, a las once de esta mañana, un nuevo cambio de intervención para el dólar: 63,4980 pesetas el dólar comprador y 63,6580 pesetas el dólar vendedor.

La Unión de Astilleros Polacos —que agrupa a los astilleros, a la industria auxiliar y a los centros de ingeniería e investigación— firma un acuerdo con la firma española de ingeniería Sener. La empresa polaca utilizará los programas de ordenador adoptados por Sener y ambas partes intercambiarán personal y asistencia técnica.

Día 29

Independientemente del sumario penal, el caso Matesa ha provocado una serie de pleitos civiles. En todos ellos demanda la Comisión Liquidadora de Créditos Oficiales a la Exportación, que representa, por ley, al Banco de Crédito Industrial, y figura como demandada la Compañía Española de Seguros de Crédito y Caución, S. A. Hasta ahora se han presentado 13 demandas por el Banco de Crédito Industrial contra Crédito y Caución. Dos de ellas se han acumulado y el incidente de acumulación fue recurrido recientemente ante la Sala Tercera de la Audiencia Territorial de Madrid. La cuantía total de los doce pleitos es de 4.500 millones de pesetas.

Día 30

Se firman los contratos de compra a la Westinghouse norteamericana de cinco reactores para tres nuevas centrales nucleares. Los cinco grupos tienen una potencia unitaria de 930.000 kilowatios; se destinarán a las centrales de Ascó (Tarragona), Lemóniz (Vizcaya) y Almaraz (Cáceres) y entrarán en funcionamiento en 1977 y 1978, en que representarán el 15 por 100 de la potencia total instalada en el país. Las tres centrales costarán 75.000 millones de pesetas, elevándose el precio de los equipos reactores adquiridos a 25.000 millones de pesetas.

JULIO 1972

Día 3

El ministro de Industria confirma que el I. N. I. tomará un 60 por 100 del capital de Astano, participación solicitada por la propia empresa para salvar su situación y que el Gobierno la ha entendido justificada, a falta de una intervención privada que ha sido deseada y solicitada.

Día 8

En la sede de la Presidencia del Gobierno, ha jurado su cargo el nuevo comisario adjunto del Plan de Desarrollo, don Miguel Salís Balzola.

Día 10

Una empresa bilbaína (Talleres Progreso, S. A.) construirá una planta industrial completa en Panamá, con capacidad para 125.000 toneladas anuales. La inversión total prevista es de 2.700 millones de pesetas. La sociedad española tendrá una participación en la nueva empresa panameña del 16,7 por 100.

La permanente del Sindicato del Metal de El Ferrol acuerda iniciar un expediente por la existencia de empresas que se niegan a admitir a cargos sindicales de la Empresa Nacional Bazán que fueron despedidos.

El ministro de Obras Públicas inaugura oficialmente las cortas de «Los Olivillos» y «La isleta», así como el dragado del Guadalquivir entre las cortas. Estas obras forman una unidad independiente dentro de las adjudicadas del canal Sevilla-Bonanza. Abarcan una longitud total de cerca de 10 kilómetros.

Día 11

Rotas las deliberaciones para un nuevo convenio colectivo en la factoría de laminación de bandas en frío de Altos Hornos, el delegado provincial de Trabajo ha dictado norma de obligado cumplimiento, que afecta a los 1.095 trabajadores.

Ha sido construido por la Empresa Nacional Bazán el petrolero de 170.000 TRB «Alvaro de Bazán», hasta el momento el mayor buque en navegación de la Marina mercante española. Se destaca que el alto grado de aumatización del buque sólo exige una dotación de 27 hombres.

Astilleros y Talleres del Noroeste, S. A. (Astano), firma un contrato de asistencia técnica con la sociedad Kawasaki Heavy Industries Ltd., de

JULIO 1972

Koke (Japón), para montar cuatro plantas propulsoras de turbinas de vapor para otros tantos buques de 261.000 toneladas de peso muerto.

Día 12

Se ha procedido a la constitución de la sociedad Parque de Carbones de Aboño. El parque de homogeneización de carbones proporcionará a las plantas siderúrgicas un abastecimiento de carbón en las mejores condiciones posibles, tanto técnicas como económicas. Preparará unas 6.335.000 toneladas anuales de carbón para las siderurgias del norte y dispondrá de un almacenamiento de 725.000 toneladas.

Se inaugura la nueva sede del Instituto Nacional de Estadística. Entre las próximas tareas del Instituto —según palabras del director del mismo— figuran la realización de los censos agrarios —en el que serán consultados unos tres millones de agricultores y ganaderos—, industrial y de servicios. Se han programado para un futuro próximo gran número de amplias encuestas similares a las ya efectuadas, como son las de transportes de mercancías, turismo, presupuestos familiares, salarios, etc. Se prevé que para estos trabajos se cumplimentarán 75 millones de cuestionarios, se procesarán unos 7.000 millones de datos y dará lugar a publicar unos dos mil millones de páginas.

La Delegación Provincial del Ministerio de Información y Turismo inicia expediente de «declaración de zona saturada» al área afectada por los vertidos de agua residuales de la fábrica de celulosa de Almería. La contaminación se extiende sobre varios kilómetros de las playas y los olores han aconsejado la adopción de esta medida, cuya consecuencia práctica consiste en la prohibición terminante de construcciones turísticas en la zona afectada hasta que desaparezcan por completo las causas que motivaron la medida.

Día 13

Se inaugura en Barajas la nueva zona industrial de la Compañía Iberia, que responde a un revolucionario concepto de ingeniería aeronáutica en la rama de infraestructuras en tierra. Las dimensiones cada vez mayores de las nuevas naves han obligado a construir los llamados hangares-dique, en los que el mantenimiento del avión se realiza en forma similar al utilizado tradicionalmente con los barcos en los diques secos.

Se inaugura el laboratorio de la Central de Control de Calidad de la Comisaría General de Abastecimientos y Transportes.
Se ponen en servicio los trenes expresos contenedores entre Madrid y Barcelona.

JULIO 1972

El ministro don Tomás Allende inaugura Mercolérida, primer mercado de productos en origen que funciona en España y que cuenta con amplias y modernas instalaciones para asegurar una correcta comercialización.

La Agrupación Nacional de Fabricantes de Automóviles y Camiones ha hecho pública una nota en la que afirma que los fabricantes de camiones se enfrentan a una nueva crisis comercial a consecuencia de una orden del Ministerio de Obras Públicas contingentando el transporte local.

Día 14

Los dos principales constructores de aviones de España, Construcciones Aeronáuticas, S. A., y La Hispano Aviación, S. A., se han fusionado. Datos de las empresas: Construcciones Aeronáuticas, S. A.: Factorías en Madrid, Getafe, Sevilla y Cádiz. Capital: 324 millones de pesetas. Participación del I. N. I.: 63,64 por 100. Ventas (en 1971): 2.505 millones de pesetas. Hispano Aviación, S. A.: Factorías en Sevilla (San Pablo y San Jacinto). Capital: 259,3 millones (la totalidad al I. N. I.). Ventas: 162,4 millones de pesetas, también en 1971. En cuanto al personal, la primera da trabajo a 5.300 personas y la segunda a 753. La fusión supone el cumplimiento de lo dispuesto en el Consejo de Ministros del 2 de abril de 1971 para reestructurar la industria aeronáutica.

Se ha constituido hoy en Madrid la Empresa Nacional del Gas, creada por decreto del Ministerio de Industria de 23 de marzo último. El I. N. I. posee la totalidad de las acciones, con un capital de 100 millones de pesetas con desembolso del 25 por 100.

El Banco Norteamericano de Exportación e Importación (Eximbank) ha concedido un préstamo de 2.229.759 dólares y una garantía bancaria por la misma cantidad a Fosfatos de Bu Craa, S. A., de Madrid. El crédito se dispondrá para pagar material norteamericano a suministrar en el Sahara español. La sociedad pertenece en su totalidad al I. N. I.

Día 17

La Delegación de Trabajo de Madrid ha dictado norma de obligado cumplimiento para el grupo de derivados del cemento, que afecta a 325 empresas con plantillas de un total de 5.220 trabajadores.

A la oposición a la contingentación del trigo manifestada en asambleas provinciales de agricultores, ahora también se ha unido la Agrupación Nacional Harinera.

JULIO 1972

Entidades bancarias del mundo occidental y también del Este prestarán unos 3.500 millones de pesetas a la Renfe. En el Plan Renfe 1972-75, integrado en el III Plan de Desarrollo, se prevé la obtención de 11.200 millones de pesetas en créditos exteriores, habiéndose ya conseguido 3.500 millones de pesetas otorgados por el Banco Mundial.

Día 20

Se suaviza la contingentación del trigo. Durante los días pasados se registraron numerosas protestas de los agricultores por la contingentación inicial. El Ministerio de Agricultura ha publicado una extensa nota sobre normas de contingentación.

Se hace público que Planiver, el fondo de inversión mobiliaria del Banco de Bilbao, en su primer ejercicio ha elevado su patrimonio a 1.464 millones de pesetas, con aumento del 22,20 por 100.

El Servicio de Inspección de la Disciplina del Mercado ha impuesto multas a cuatro empresas por adulterar productos alimenticios. La cuantía de dichas multas, en dos de los casos, asciende a 500.000 pesetas cada uno.

Día 21

Una marca fonográfica española ha firmado un acuerdo con la URSS. Este acuerdo significará la explotación de discos y «cassettes» españoles en el mercado oficial soviético, lográndose por vez primera un contrato de este tipo en dicho mercado.

Día 24

Ciento veinticuatro empresas se han acogido a los beneficios de los ocho polos de desarrollo, destacando la Compañía Telefónica con 7 concesiones en distintos polos.

En El Cairo se firma un contrato de crédito a la exportación de 1.400 millones de pesetas, para cubrir el suministro de material español y servicios en la realización del oleoducto Suez-Alejandría.

Un grupo de once empresas españolas, entre las que se encuentran cuatro del I. N. I. y la Unión Explosivos Río Tinto, han construido una sociedad comercial conjunta, denominada DEFEX, S. A., cuya principal actividad será la exportación de material de defensa.

JULIO 1972

Día 25

Se han aprobado 39 nuevos proyectos para el polo de desarrollo de Oviedo. La inversión de los mismos representa unos 8.000 millones de pesetas y se crearán unos 1.200 puestos de trabajo. El valor de los proyectos aprobados hasta ahora totaliza unos 36.000 millones de pesetas.

Día 27

El ministro de Agricultura, don Tomás Allende, inaugura Mercaguadiana en Badajoz. Ocupa una extensión de 7.000 metros cuadrados. Dispone de una central hortofrutícola, con dos máquinas clasificadoras de frutas, con capacidad para 14.000 kilos-hora. Se trata del segundo mercado de productos agrarios en origen. Dispone de lonja de contratación, en cuyo tablero están expresados los precios y calibres de la fruta de toda España, cuenta además con cuatro oficinas bancarias y otros servicios. Se han invertido un total de 55 millones de pesetas, habiendo aportado Mercorsa 51 millones.

Día 28

Una estimación sobre el fraude fiscal en España. Don Narciso Amorós, director general de Impuestos, ha declarado en Vigo que «la evasión de impuestos en la actualidad puede calcularse en un 40 ó 50 por 100».

Una misión industrial española ha firmado en Buenos Aires un acta sobre cooperación española en el plan argentino de desarrollo naval. Implica una línea inicial de crédito de 100 millones de dólares.

Han sido aprobadas 11 solicitudes presentadas en el polo de Huelva, con una inversión de más de 7.000 millones de pesetas. Se crearán alrededor de 500 puestos de trabajo.

Día 31

El Ministerio de Hacienda aprueba la creación de dos nuevos bancos industriales: el Banco Industrial del Mediterráneo, con un capital de 1.500 millones de pesetas, y el Banco de Promoción Industrial (PROBOBANC), con un capital de 1.000 millones.

Se ha decidido que el presidente de la Junta Económica Interprovincial de Canarias sea el titular de la Mancomunidad Interinsular de Santa Cruz de Tenerife, en el primer año de la entrada en vigor de la nueva Ley de Régimen Económico Fiscal de Canarias.

AGOSTO 1972

Día 1

Suben los billetes de ferrocarril y metro. El precio medio de los billetes para viajeros de ferrocarril aumenta en un 5 por 100 y los precios de los suplementos, incluso el del Talgo, en un 20 por 100. También aumentan las tarifas para el transporte de mercancías.

El Gobierno ha remitido a la Comisión de Asuntos Exteriores de las Cortes el texto del acuerdo de cooperación económica y financiera entre España y Argelia. El Gobierno español concede un crédito de 2.578 millones de pesetas, reembolsable en diez años y al tipo de interés de 4,5 por 100, destinado a financiar la compra de bienes de equipo españoles.

El Gobierno dicta un decreto que pretende potenciar la profesionalización de la actividad exportadora, apoyándose en el Registro Especial de Exportadores, el Comité de Gestión para la Exportación y las normas de exportación e inspección comercial.

Día 2

La financiación del crédito para la construcción de buques mercantes mayores de 100 toneladas de registro bruto y casco de acero se basará fundamentalmente durante el período 1972-75 en la Banca privada, actuando el crédito oficial como complementario de la misma.

La Comisión Delegada para Asuntos Económicos ha autorizado aumentar en 2.500 pesetas la cuota que pagan los abonados a la C. T. N. E. al efectuar la instalación del teléfono, así como incrementar la tasa de conservación de las centralitas antiguas, en régimen de alquiler.

Día 3

Chrysler España, S. A., ha sido autorizada por la Comisión Delegada del Gobierno para Asuntos Económicos a realizar una ampliación de su capital por valor de 2.133 millones de pesetas, pasando el capital actual de 3.142 millones de pesetas a 5.275. La participación de la firma norteamericana Chrysler Corp. será del 97,53 por 100, en lugar de 77,12 actual.

El grupo financiero del Banco de Santander ha adquirido el importante paquete de acciones que en Cros poseía el financiero griego señor Livanos. Se trata de cerca del 30 por 100 del capital de dicha empresa, lo que supone la primacía, ya que ningún otro accionista posee más del 5 por 100. Uno de los mediadores ha sido el señor Jiménez Torres, ex-subgobernador del Banco de España, hasta hace algunos meses representando en España de los intereses del señor Livanos.

Se ha presentado un escrito, suscrito por unas 600 firmas de trabajadores del taller número dos de la factoría de Seat, pidiendo se cumpla el fallo de la Magistratura de Trabajo por el que se declara improcedente el despido de un jurado de empresa y tres cargos sindicales despedidos por paro acordado en una asamblea.

Día 9

Se hace público que las importaciones de carne durante el primer semestre del año han experimentado un fuerte crecimiento, alcanzando un valor de 4.708 millones de pesetas, es decir, 82.500 toneladas, con aumento porcentual del 346 por 100 en cantidad y 342,5 por 100 en valor.

Rumasa ha adquirido la importante firma de vinos Paternina, S. A., cuyos negocios se iniciaron en 1921, gozando hoy sus vinos de un notable prestigio. Con esta adquisición, Rumasa entra en el sector de vinos de la Rioja, complementando su gran participación en el negocio de exportación de Jerez.

El Ministerio de Hacienda publica la liquidación de la renta de petróleos correspondiente al ejercicio de 1970, que arroja un beneficio líquido de 15.042.602.707,74 millones de pesetas. Por otra parte, el canon sobre consumo de gas butano se elevó a 2.509,05 millones.

Día 10

La Facultad de Ciencias de la Información de la Universidad Autónoma de Barcelona podrá impartir las enseñanzas correspondientes a la rama de publicidad. En el primer curso, las asignaturas obligatorias serán: Sociología, Economía, Lengua Española, Teoría de la Comunicación e Introducción a la Publicidad. En el segundo, además de Sociología y Lengua, los alumnos cursarán obligatoriamente: Estructura Económica de España, Psicología, Estadística y Marketing.

El volumen del saldo total de ahorro de las Cajas Confederadas ha sobrepasado por primera vez la cota de los 700.000 millones de pesetas, según se anuncia hoy.

AGOSTO 1972

Día 11

Por resolución del F. O. R. P. P. A., se dan normas para liquidar las subvenciones concedidas a los cultivadores de remolacha y caña y a las fábricas azucareras en la campaña 1972-1973.

Los resultados de un sondeo realizado por la Agencia Logos indican que más de la mitad de los españoles no se toman vacaciones. Hace cuatro años, el Instituto de la Opinión Pública señalaba que el 63 por 100 de los españoles mayores de dieciocho años no habían tenido vacaciones a lo largo del año anterior, porcentaje que aumenta hasta el 70 por 100 en el caso de las mujeres.

Día 14

«Las agrupaciones de fabricantes de tabacos de ambas provincias canarias adoptan por unanimidad el acuerdo de dirigirse respetuosamente al ministro de Hacienda, insistiendo en la denuncia y enérgica protesta por las medidas unilaterales adoptadas por Tabacalera, S. A., en la distribución y venta de labores del área del monopolio en cuanto las mismas, a más de no ser de su competencia, provocarán una reducción de las ventas de las labores canarias, con evidente discriminación de trato», dice una nota distribuida por los tabaqueros canarios al término de una asamblea celebrada en Santa Cruz de Tenerife.

Argelia hace un importante pedido a Enasa, que comprende 200 autobuses Pegaso modelo 6.036 y 15 vehículos articulados.

Día 16

En 4.500 pesetas mensuales ha quedado establecida la base mínima de cotización al régimen especial de la Seguridad Social para los trabajadores por cuenta ajena, propia o autónomos, según orden del Ministerio de Trabajo.

La Empresa Nacional Calvo Sotelo, del I. N. I., ha sido autorizada por el Ministerio de Comercio para importar hasta 55.000 toneladas de petróleo crudo de la Unión Soviética, por valor de 61,7 millones de pesetas.

Día 17

El Eximbank ha puesto a disposición del Banco Español de Crédito una línea especial de crédito de un millón de pesetas, que se destinará a la financiación de las compras de maquinaria y bienes de equipo de las medianas y pequeñas empresas españolas.

Día 18

El Consejo de Ministros acuerda crear la Universidad Nacional de Enseñanza a distancia.

Día 21

La Comisaría General de Abastecimientos y Transportes ha sido autorizada por el Ministerio de Comercio para importar 29.000 toneladas de azúcar refinada procedente de Cuba, por un valor aproximado de 250 millones de pesetas, lo que representa un precio por kilo de 8,70 pesetas, es decir, la mitad del precio que tiene este producto en el mercado español.

Adulteraciones en numerosas marcas de turrón de Jijona, irregularidades en la fabricación de chocolate en León y falsificación de agua de mesa «Ferrier» en Valencia, han motivado que el Servicio de Inspección de la Disciplina del Mercado haya impuesto diversas multas a industriales de dichas localidades, entre 100.000 y 500.000 pesetas.

Día 22

La demanda nacional de azúcar en la campaña 1973-74 ha sido estimada en 960.000 toneladas. 880.000 toneladas serán cubiertas con la producción nacional, es decir, el 92,2 por 100. Teniendo en cuenta la existencia de un remanente de la anterior campaña, la producción de azúcar para la campaña 1973-74 deberá limitarse a 785.000 toneladas procedentes de remolacha y 40.000 se extraerán de caña de azúcar.

La Sociedad Kuwait Spanish Petroleum Co., en la que Hispanoil participa con el 49 por 100, inicia el cuarto sondeo «Dibdiba 2», en el que se utiliza una máquina perforadora de la compañía española Sondeos Petrolíferos (Sonpetrol).

Ocho bancos españoles figuran entre los 300 primeros del mundo. El lugar 90 lo ocupa el Banco Español de Crédito; el 97, el Hispano Americano; el 103, el Central; el 107, el Bilbao; el 133, el Vizcaya; el 175, el Popular; el 208, el Santander, y el 254, el Urquijo.

AGOSTO 1972

Día 23

Las pérdidas registradas por Enasa (Pegaso) en el ejercicio de 1971 se elevan a 252,2 millones de pesetas. Es la mayor cifra registrada desde el año 1946, en que se creó. En la casi totalidad de sus veinticinco años de existencia siempre registró beneficios. Dentro de las sociedades del Instituto Nacional de Industria (I. N. I.) que han tenido pérdidas, Enasa ocupa el quinto puesto, detrás de Hunosa, Ensidesa, Potasas de Navarra y Bazán.

Día 24

Han presentado su dimisión, con carácter irrevocable, 25 jurados de empresa y enlaces sindicales de industrias cárnicas de Navarra. El acuerdo se tomó en una reunión. Unos 30 jurados y enlaces habían anunciado que dimitirían, caso de que el conflicto en el sector de las industrias cárnicas no se solucionase con prontitud.

Día 29

Esta mañana ha salido de la cárcel, tras de tres años de permanencia en ella, don Juan Vila Reyes, principal encartado en el caso Matesa. La Sala de Vacaciones de la Audiencia Territorial de Madrid ha decretado su prisión atenuada, en atención a su delicada salud.

Ordenes del Ministerio de Comercio aprueban convenios para la ordenación de precios de los productos de perfumería, entradas del cine, ruedas de coche y cloruro potásico. Tendrán un plazo de validez de dos años, pero la Administración podrá denunciarlos en cualquier momento «si las condiciones del mercado o el interés del consumidor así lo exigen».

Se suspende el servicio de transportes urbanos de Santa Cruz de Tenerife al declararse en huelga los 147 conductores que prestan servicio.

En la factoría de Uninsa se ha procedido a cargar y encender el horno alto número 1, en sustitución del número 2, que agotó su capacidad de producción. Ahora se obtendrá una media diaria de 600/700 toneladas.

SEPTIEMBRE 1972

Día 1

Se reanuda el servicio de transporte urbano en Santa Cruz de Tenerife.

La Delegación de Industria de Vizcaya ha levantado acta sobre la puesta en marcha de la refinería de Somorrostro de Bilbao. En las pruebas realizadas se ha podido comprobar la posibilidad de alcanzar la capacidad de 160.000 barriles diarios, lo que representa ocho millones de toneladas al año.

Día 5

El Servicio de Inspección de la Disciplina del Mercado ha sancionado con multas por un valor total de 600.000 pesetas a una empresa aceitera y a otra de fabricación de quesos.

Día 7

España participa en la construcción de una planta de caprolactama para la isla de Formosa. España y Alemania occidental ganaron conjuntamente el concurso. El coste total será de unos 26 millones de dólares, siendo la participación española de unos ocho millones.

Día 8

Para hacer frente a la demanda de 20.000 Simcas para el Mercado Común y otros compromisos, Chrysler España ha aumentado en un 25 por 100 la capacidad de producción de su planta de montaje.

Construcciones Aeronáuticas, S. A. (C. A. S. A.), se ha incorporado al grupo Europlane, del que forman parte, además de la firma española, la British Aircraft Co., Messerschmidt-Bolkownlohm y Saa-Scania de Suecia.

Declaración de las Cámaras de Comercio de Cataluña: reiteran su tradicional postura de que la continuidad del desarrollo económico del país está ligada al proceso de su integración en el Mercado Común, que debe producirse con las garantías requeridas por los condicionamientos de nuestra economía. Recomienda que las decisiones empresariales consideren la integración como un hecho determinante.

Finalizó la perforación del túnel de Talave, correspondiente al trasvase Tajo-Segura.

SEPTIEMBRE 1972

Día 10

Se aprueba el programa de inversiones a realizar dentro del III Plan de Desarrollo en la comarca de Tierra de Campos. Se fijan en 300.000 pesetas y 1.500.000 pesetas de producción final agraria los límites mínimos y máximos de las explotaciones agrarias cuya constitución ha de promoverse.

Día 11

Las Diputaciones de Navarra y Rioja han llegado a un acuerdo que permitirá establecer una estación de investigación y desarrollo agrario conjunto. Para la puesta a punto de esta entidad serán precisos unos 100 millones de pesetas y otros 40 en el sostenimiento anual del centro.

Día 12

En esta fecha se encuentran en trámite las siguientes ampliaciones bancarias: Banco de Levante, 25 millones de pesetas; Banco de Madrid, 253,1 millones; Banco de Desarrollo Económico Español, 157,4 millones; Banco Alicantino de Comercio, 14,8 millones; Banco Riva y García, 50 millones; Banco Peninsular, 225 millones; Banco del Noroeste, 170 millones, y Banco Industrial de Cataluña, 240 millones.

A un total de 97.331 millones de pesetas ascienden las previsiones del Ministerio de Información y Turismo en gasto publicitario durante el cuatrienio 1972-75. La distribución por años es la siguiente: 1972: 21.600 millones de pesetas; 1973: 23.328 millones; 1974: 25.194 millones, y 1975: 27.209 millones de pesetas.

La Junta general del Banco Atlántico se propone fusionarse con el Banco de Málaga, por disolución, pero sin liquidación de esta última entidad y en ese sentido ha recabado la autorización del Ministerio de Hacienda.

Las entidades financeras que operan en Galicia han acogido favorablemente la constitución de la Sociedad para el Desarrollo Industrial de Galicia (Sodiga), comprometiéndose a suscribir el 49 por 100 del capital, reservándose el I. N. I. el 51 por 100 restante.

Hoy permaneció cerrada la fábrica de automóviles Citroën-Hispania, donde cinco trabajadores fueron despedidos y cuatro cargos sindicales expedientados tras un paro en demanda de la semana de cuarenta y cuatro horas, extendiéndose el paro a otras factorías.

SEPTIEMBRE 1972

El Jefe del Estado inaugura en San Sebastián la variante de la autopista del Cantábrico, de 8 kilómetros de longitud, que enlazará la carretera nacional Madrid-Irún a la autopista del Cantábrico.

Día 13

El Banco de Santander ha abierto una sucursal en París, sustituyendo a su antigua oficina de representación.

El ministro de Agricultura se reúne con los representantes de las Hermandades de Labradores y Ganaderos de Guipúzcoa. Manifestó que era injusto el ataque al campo, pero que éste no era un problema español, sino internacional. En cuanto al problema de la leche, se mostró partidario de la reducción de zonas. Sobre la Seguridad Social Agracia opinó que no tendrá solución hasta que no se haga una seguridad social única en España, sobre todo teniendo en cuenta que del campo se marchan los jóvenes, que son los cotizantes y quedan los viejos, que son los perceptores.

En Casablanca se ha firmado un acuerdo para constituir una sociedad mixta hispano-marroquí de pesca, prevista en el convenio firmado entre ambos países en enero de 1969.

Día 14

Con motivo de los incidentes de no readmisión de trece vocales jurados y enlaces sindicales de Perkins, el abogado de Madrid, don Juan José del Aguila Torres, ha planteado el problema de la inconstitucionalidad de los preceptos legales que autorizan a una empresa a no readmitir a los trabajadores despedidos, aun cuando el despido fuera declarado improcedente por la Magistratura.

El ministro de Obras Públicas, don Gonzalo Fernández de la Mora, inaugura el tramo Durango-Ermua, de 13 kilómetros, de la autopista de peaje Bilbao-Behovia que quedó abierto al tráfico.

Día 15

Las inversiones públicas dedicadas al fomento de la investigación científica en el sector privado se elevarán durante los próximos tres años a unos 1.500 millones de pesetas, pudiendo estimarse en algo más de 400 millones la cantidad que se invertirá en 1973. A este efecto, el *Boletín Oficial*

SEPTIEMBRE 1972

del Estado publica una orden de la Presidencia del Gobierno convocando la presentación de solicitudes de planes concertados de investigación.

Se firma en París el protocolo comercial hispano-soviético que regulará las relaciones comerciales entre España y la Unión Soviética. Las negociaciones fueron iniciadas hace un año. El acuerdo prevée el establecimiento de delegaciones comerciales entre Madrid y Moscú.

La Junta general de Astano acepta la colaboración del Instituto Nacional de Industria, que participará con el 60 por 100 del capital.

Dragados y Construcciones, a través de The Deltec Banking, en colaboración con su afiliada Deltec Ibérica, ha conseguido en el mercado financiero internacional de eurodólares un crédito por valor de 11 millones de dólares, que se destinará para financiar varias obras en el extranjero.

En Vigo, el movimiento de cierre de empresas por tensiones laborales se ha extendido hasta afectar a 13 empresas, con un total de más de 10.000 trabajadores.

Día 18

La Empresa Nacional de Autocamiones (Pegaso) no da cumplimiento a la sentencia de la Magistratura de Trabajo número 3 de Madrid, que levantó la suspensión de empleo y sueldo de seis enlaces sindicales de la empresa, por aplicación del decreto de garantías sindicales. Dicha sentencia es firme y sin posibilidades de recurso alguno.

El paro laboral en Vigo sigue extendiéndose; afecta ya a unos 15.000 trabajadores y 25 empresas.

Constitución de la Junta Económica Interprovincial de Canarias, tomando posesión de su cargo de presidente de la Junta el señor Miranda Fernández, a quien siguió don Juan Pulido Castro, presidente de la Mancomunidad de Cabildos de Las Palmas, como vicepresidente de dicha Junta.

Día 19

Por conducto notarial, miembros del Jurado de Empresa de Pegaso requieren a la Dirección de la citada empresa para que cumpla la orden de la Magistratura de Trabajo de Madrid de readmitirles en sus puestos de trabajo. Los cargos que la empresa imputaba a los representantes sindicales era haber dirigido un escrito a 17 procuradores en Cortes, notificándoles sobre determinadas anomalías en el funcionamiento de la empresa. La Dirección de la empresa alega que «hasta el momento no ha recibido notificación alguna de la Magistratura de Trabajo».

Este año será mayor el número de los vendimiadores castellonenses que vayan a Francia, según puede deducirse de los documentos diligenciados hasta ahora, que rebasan los 5.000, superando los 4.929 del pasado año. Siguen llegando solicitudes de emigración temporal para vendimiar.

Hasta hoy se han presentado expedientes de crisis para cerrar temporalmente sus instalaciones por 52 empresas productoras de calzado de Alicante, afectando a más de un millar de productores, que serán acogidos al Seguro de Desempleo. En agosto lo hicieron 47 firmas, pero sólo dos han pedido el cierre definitivo, con un total de 58 trabajadores.

Día 20

Todavía no hay acuerdo entre empresas y trabajadores para volver a sus puestos de trabajo en Vigo. Las primeras han lanzado un llamamiento para que mañana se reanude normalmente el trabajo, pero matienen el despido de varios trabajadores y las condiciones de ambas partes no coinciden.

Tercer día consecutivo de paro parcial en las explotaciones de Hunosa «Montsacro» y «San Víctor», donde se solicitan mejoras en la remuneración de los destajos por parte de un grupo de picadores.

Se anuncia el comienzo de la ampliación de capital de Fuerzas Eléctricas del Noroeste, en la proporción de una acción nueva, de 1.000 pesetas nominales, por cada 10.000 pesetas nominales en acciones antiguas, es decir, una nueva por cada diez.

El Instituto Nacional de Industria y el grupo financiero White, Weld and Co. firman en Londres el acuerdo de suscripción de bonos por un valor de 20 millones de dólares que ha emitido el Instituto.

Día 21

En Alicante, el Centro de Estudios Universitarios cobra 15.000 pesetas de matrícula, cuota impuesta por el Patronato alicantino de Enseñanza Superior. En una nota, el Patronato insiste en que ningún estudiante dejará de poder continuar sus estudios en el centro universitario por motivos económicos.

SEPTIEMBRE 1972

El Consejo de Administración de la Compañía Telefónica Nacional de España aprueba las condiciones y fecha de su próxima ampliación de capital. Se hará, como en otras ocasiones, una nueva por cada cinco antiguas, a la par. Se trata de la mayor ampliación que registra el mercado español de capitales, pues supondrá 11.891 millones de pesetas.

Día 22

Se nombra a don Virgilio Oñate, subsecretario del Ministerio de Agricultura, presidente de la Comisión de Agricultura del Plan de Desarrollo.

Queda aprobado el presupuesto de la primera fase del plan de infraestructura de la Costa Brava, por un total de 510.209.904 pesetas.

Por orden de la Presidencia del Gobierno se aprueban los estatutos unificados para todos los Colegios de Economistas de España.

Día 23

Los despedidos en Vigo de diez empresas alcanzan ya el número de unos 5.000. Además de Citroën-Hispania, las empresas que han dirigido cartas de despido son: Astilleros Barreras, Factorías Vulcano, Astilleros Santo Domingo, Freire, Manuel Alvarez y Forjas del Minor. Las cartas de despido incluyen un formulario para pedir la readmisión.

Hunosa ha suspendido de empleo y sueldo a 351 mineros de los pozos «Montsacro» y «San Víctor» hasta el día 1 de octubre próximo, debiéndose incorporar al trabajo el día 2.

Día 25

La Empresa Nacional de Motores de Aviación (Enmasa) reducirá su capital social con el fin de restablecer el equilibrio entre la cifra de éste y el patrimonio de la sociedad, disminuido a consecuencia de las pérdidas sufridas.

El Pleno de la Comisión Central de Planificación Contable, que preside el señor Rovira Tarazona, aprueba el plan general de cuentas. La Comisión, formada por representantes del sector privado, de la Organización Sindical, de la Universidad y del Ministerio de Hacienda, ha confeccionado un plan de cuentas, ofreciendo un sistema de contabilidad más claro, más preciso y más de acuerdo con las exigencias del desarrollo económico; el plan será sometido al Consejo de Economía Nacional.

SEPTIEMBRE 1972

En Vigo mejora la situación laboral después de quince días de huelga. Si bien todavía hay despidos, las plantillas de las principales empresas acudieron en más del 90 por 100 a trabajar.

Día 26

Las autoridades sindicales señalan que el conflicto laboral de Vigo ha finalizado prácticamente. El Sindicato del Metal de Vigo ha recibido pliegos de cargos de más de un centenar de representantes sindicales expedientados por las empresas.

Día 27

Hoy ha tenido lugar la toma de posesión de los nuevos subcomisarios del Plan de Desarrollo, don Antonio Martínez Cattaneo y don Jaime Lamo de Espinosa, que sustituyen a don José María Ordeix Gesti y don Rafael del Aguila y Goicoechea.

El Servicio de Inspección de la Disciplina del Mercado (Indime) ha impuesto sanción de 300.000 pesetas por elaboración y venta de chocolate adulterado a una empresa de Madrid.

Día 28

Pegaso ha ganado la licitación para fabricar en Chile camiones y vehículos pesados.

El grupo Rumasa entra en la actividad aseguradora al adquirir una fuerte participación de Minerva, S. A. (compañía de seguros generales), que representa el 33,33 por 100 de sus acciones.

Firma entre Renfe y Fiat de un convenio para la construcción y experimentación de un prototipo de tren basculante, sobre ancho de vía española, y la posterior fabricación de 15 a 25 trenes de dicho tipo para los enlaces interurbanos electrificados en nuestro país.

En Vigo se abrió la vista por supuestos delitos cometidos por desaparición de una partida de aceite propiedad de la Comisaría de Abastecimientos y Transportes, depositada en instalaciones de la firma Rease, en Guixar y Redondela.

SEPTIEMBRE 1972

Día 29

El Servicio de Inspección de la Disciplina del Mercado (Indime) se ha convertido en la Subdirección General de la Disciplina del Mercado, encuadrada en la Dirección General de Comercio.

Los seis vocales del Jurado de Empresa de Pegaso, cuyo despido fue considerado improcedente por los tribunales, se han dirigido a la Magistratura de Trabajo por escrito, solicitando que se constituya en la fábrica de Pegaso «acompañando a los ejecutantes, para que requiera a la ejecutada (la empresa) a que cumpla lo acordado en la sentencia, facultándola para utilizar los servicios de la fuerza pública en el supuesto de que la empresa, una vez más, niegue el derecho de los ejecutantes a incorporarse a su actividad».

OCTUBRE 1972

Día 2

El presidente del Sindicato Nacional de Ganadería ha manifestado que, «entre los meses de agosto y septiembre, el descenso en el consumo de productos lácteos en España ha sido aproximadamente de un 17 por 100; concretamente, han descendido la leche, el queso, la mantequilla y la leche en polvo... Es grave que en el país de Europa que tiene el consumo de leche más bajo se haga descender este consumo a consecuencia de todas estas cosas (es decir, el anuncio de fraudes)».

La Sociedad Española de Automóviles de Turismo (Seat) y Citroën-Hispania han firmado un acuerdo para crear una sociedad conjunta, a instalar en Vigo, de una fábrica de juntas homocinéticas.

El Consejo Provincial de Trabajadores y Técnicos de Asturias estima que debe modificarse la ley de convenios colectivos. Asimismo, manifiesta su decepción por las medidas adoptadas para contener la elevación de precios.

El Ministerio de Comercio ha concedido licencias de importación de productos chinos por un importe global de 131 millones de pesetas, principalmente carne de cerdo, té verde, bauxita y pieles.

OCTUBRE 1972

Día 3

Por estimar que los escritos dirigidos a 17 procuradores en Cortes y a la prensa por ocho vocales del Jurado de Pegaso, en torno a supuestas anomalías en la gestión de esta empresa, que atribuyen a la dirección y a los altos jefes de esta última, o bien actitudes dolosas gravemente perjudiciales para la marcha de la repetida empresa o por lo menos una ineptitud gravísima, la Magistratura de Trabajo de Madrid ha declarado procedente, sin derecho a indemnización alguna, el despido de los citados vocales. Las duras frases empleadas «envuelven clarísimamente los malos tratos de palabra y falta de respeto y consideración a la dirección y altos jefes de la empresa, comprendidos como causa justa de despido en la Ley de Contrato de Trabajo».

Ha sido nombrado presidente de la empresa Unión de Siderúrgicas Asturianas (Uninsa) don Alfonso Alvarez Miranda, hasta ahora director del sector minero-siderúrgico-metalúrgico del Instituto Nacional de Industria. Sustituye en el cargo a don Miguel Salis Balzola, nombrado comisario adjunto del Plan de Desarrollo.

Después de los últimos paros registrados en Vigo, el número total de obreros despedidos y cargos sindicales expedientados se eleva a 230.

En Bournemouth (Inglaterra) se ha inaugurado la «Semana de España», con participación de artesanía, turismo, industria y servicios, junto con la Expotur.

El Indime, que ahora ha pasado a ser la Subdirección General de la Disciplina del Mercado, ha multado a tres empresas queseras con sanciones superiores a las 100.000 pesetas.

Día 4

Con motivo de la inauguración de Mercazaragoza, el señor López Rodó ha dicho: «De acuerdo con el plan programado, se encuentran ya en funcionamiento cuatro grandes unidades de mercados mayoristas de consumo; inauguramos hoy, en Zaragoza, el quinto, y en lo que queda de año, y durante el primer semestre de 1973, entrarán en funcionamiento otros cinco.»

Se ha publicado una nota de la Asociación de Consumidores de la Provincia de Madrid, por la que se deduce que varios millones de pesetas de una campaña —que será para promocionar los fines de la Asociación— los pagarán las empresas productoras que se sometan a la inspección de dicha asociación.

OCTUBRE 1972

De los 200 trabajadores que componen la «sección 120» de los talleres de S. E. A. T., 180 se retrasaron al entrar a trabajar, como petición de que el próximo convenio sea discutido en asambleas de base.

Ei Instituto Nacional de Estadística ha dado por concluido el proyecto definitivo del Censo Agrario de España 1972.

Puntualizando unas declaraciones del Sindicato de Enseñanza, la Delegación Provincial de Madrid del Ministerio de Educación y Ciencia advierte que la política de precios de los colegios privados la determina la Comisión Delegada para Asuntos Económicos y no el Ministerio de Educación y Ciencia.

Se ha hecho público que el comercio español con el Comecon alcanzó un superávit de 202 millones de pesetas en el primer semestre del presente año.

Día 4

Conversaciones agrarias hispano-marroquíes. Durante la reunión se han constituido tres comisiones de trabajo, una de las cuales se dedicará exclusivamente al estudio del tránsito de productos agrícolas.

Día 5

Para mitigar el paro obrero, el Ministerio de Trabajo ha concedido subvenciones a distintas provincias por un importe total de 30.350.000 pesetas.

En Vigo, el Jurado de Empresa de Citroën ha denunciado el convenio colectivo. Por su parte, los miembros del Jurado de Empresa de las factorías Vulcano han acordado presentar su dimisión.

Día 6

La O. C. D. E. ha publicado datos sobre el fraude fiscal en diversos países. España, con un porcentaje de ingresos fiscales en relación al Producto Nacional Bruto del 22,4 por 100, ocupa la cabeza de esta lista, seguida de Grecia.

Entre las 69 marcas de automóviles presentes en el Salón del Automóvil de París, S. E. A. T. figura como la octava fábrica de automóviles de Europa.

OCTUBRE 1972

La Unión Provincial de Empresarios Agrícolas de Gerona ha denunciado el convenio colectivo sindical aplicado a las empresas agropecuarias de ámbito provincial.

Los cinco bancos oficiales de crédito —Agrícola, de la Construcción, Local, Hipotecario e Industrial— han presentado recurso contra las normas de obligado cumplimiento publicadas en el Boletín Oficial del Estado. Alegan que su repercusión económica atentaría contra el principio de equilibrio financiero que les impuso la Ley de Crédito Oficial. La parte sindical aclara que las pérdidas de algunos bancos se deben a los bajos tipos de interés, inferiores al costo de los recursos que manejan.

Día 7

En la Magistratura de Trabajo se ha celebrado el juicio por la no readmisión de tres enlaces sindicales de Marconi, S. A., quienes fueron expedientados y despedidos por la empresa, estimando la Magistratura improcedentes tales despidos, condenando a la empresa a readmitirlos o indemnizarles, a elección de los productores, que eligieron lo primero. Marconi, S. A., sin embargo, se negó a readmitirlos.

Dentro del Consejo Superior de Investigaciones Científicas se ha creado el Instituto de Ciencias del Medio Ambiente.

Día 9

Se hace público que en 1971 el volumen de crédito oficial alcanzó la suma de 66.338 millones de pesetas, es decir, un aumento del 37,3 por 100 respecto de 1970, año en que se efectuaron restricciones por el asunto Matesa.

Para mediar en los conflictos de Vigo en calidad de «hombre bueno», ha sido designado don Jesús Posada Cacho, presidente del Sindicato Nacional del Azúcar.

Un consorcio bancario europeo, encabezado por el Deutsche Bank, ha concedido un empréstito de 100 millones de marcos (unos 2.000 millones de pesetas) a la firma española Autopistas, Concesionaria Española, S. A.

En El Ferrol, la Central Lechera ha reducido la recogida de leche en la comarca. La Cooperativa Provincial de Productores de Leche ha publicado una nota quejándose de los perjuicios que se irroga a los ganaderos de la zona.

OCTUBRE 1972

Los ministros de Asuntos Exteriores de la C. E. E. acordaron ayer por unanimidad la política a seguir con los países mediterráneos en general. Respecto de España e Israel, se insistió en que los actuales acuerdos comerciales se adapten técnicamente a la nueva circunstancia de la «Europa de los nueve» antes de 1 de enero próximo. En el primer semestre de 1973 se negociará un tratado de zona de libre comercio industrial con España y los demás países mediterráneos.

Se publica un decreto regulando los márgenes comerciales.

Día 10

Se inaugura en Barcelona la Feria de Maquinaria Textil. El mercado interior es insuficiente para absorber la producción de estos bienes. Es menester exportar e impulsar el registro de patentes propias, ya que, con el consabido desarme aduanero, la exportación de máquinas bajo licencia extranjera será imposible a los países del Mercado Común.

Día 11

Según el análisis de la coyuntura publicado por el Grupo de Empresas de Obras Públicas de Ambito Nacional (S. E. O. P. A. N.), la contratación pública alcanzó, hasta el mes de agosto inclusive, la cifra de 61.485 millones de pesetas, con 29,1 por 100 de aumento sobre el año anterior.

Las Asociaciones de Consumidores han acordado solicitar que, para un mejor conocimiento del consumidor, se hagan públicas, además de las firmas sancionadas por el fraude, las marcas de las producciones adulteradas.

La Comisión de Abastecimientos y Transportes ha enviado una circular a las autoridades provinciales de toda España, recomendando «de forma muy especial» la adopción de medidas relativas a la necesidad de sostener en su actual nivel el índice del coste de la alimentación. En el escrito se insiste además sobre la importancia que tiene la continua toma de muestras de una serie de productos, como el aceite, la leche y los quesos, con el fin de evitar adulteraciones, como las que recientemente fueron sancionadas.

El Comité Ejecutivo del Consejo Sindical Provincial de Albacete califica de muy grave la situación porque atraviesa la industria del calzado.

El presidente de Uteco ha manifestado que las centrales lecheras de la zona ferrolana recogerán la totalidad de la leche que se les ofrezca, dando por concluido el incidente.

OCTUBRE 1972

Con motivo de la inauguración de la Feria Técnica Nacional de Maquinaria Textil, el subsecretario de Industria, don Fernando Benzo, declaró que, con su actual estructura, esta industria no podrá mantener el necesario desarrollo tecnológico.

Día 13

Dimite el delegado del Gobierno en la Tabacalera, don Antonio Pedrosa Latas, quien opina que por parte de algunos miembros del Consejo de Administración de este monopolio no existe el espíritu de colaboración que estima imprescindible.

El balance del conflicto vigués hasta la fecha arroja unos 300 trabajadores despedidos. Se han celebrado 27 casos de conciliación sindical entre obreros de Citroën y su empresa, que concluyeron sin avenencia. A su vez, factorías Vulcano puede quedarse con un solo cargo sindical de los 36 que debe tener. Ingresa en prisión el ingeniero de Citroën Hispania don Camilo Nogueira Román.

Los ganaderos de la zona ferrolana afirman que no hay paz en la «guerra de la leche», saliendo al paso de las declaraciones del presidente de Uteco. La supuesta mala calidad de la leche que envían los campesinos, en la mayoría de los casos, es un pretexto para deshacerse de zonas habituales de recogida.

Las perspectivas de una futura buena cosecha han inducido a autorizar de nuevo las exportaciones libres de aceite de oliva.

Técnicos españoles se interesan en Moscú por la tecnología soviética, mediante compra de licencias para construir maquinaria diversa.

En Santiago de Chile se firmó el acuerdo hispano chileno para fabricar camiones Pegaso en dicho país.

España ha sido admitida en la asociación europea para el estudio de una planta de enriquecimiento de uranio, corriendo a cargo de la Empresa Nacional del Uranio.

El Consejo de Trabajadores de Navarra ha retirado a sus representantes de la Comisión de Rentas y Precios.

Una comisión canaria entrega un escrito de peticiones al ministro de Agricultura. En dicho informe se abordan cuestiones técnicas, económicas y sociales para una reactivación del sector platanero.

OCTUBRE 1972

Día 14

Como consecuencia de los incidentes habidos en la fase de negociación de los convenios de la banca nacional a primeros de año, ha dimitido el pleno de la Unión de Trabajadores del Sindicato de Banca de Sevilla hasta tanto no se conozca la resolución sobre los expedientes de desposesión de cargos sindicales.

El Consejo Sindical de Córdoba solicita criterios más flexibles para la pequeña y mediana empresa en la concesión de beneficios del polo de desarrollo.

Día 15

El índice general del coste de la vida ha reflejado un aumento del 1,49 por 100 en el mes de septiembre. Para los nueve primeros meses, el incremento supone el 5,6 por 100.

Día 17

El año pasado, los emigrantes españoles en Alemania enviaron unos 10.000 millones de pesetas. El presidente del Instituto Federal Alemán de Trabajo indicó que, en lo futuro, la afluencia de trabajadores extranjeros se realizará en forma más moderada. A finales de septiembre último había en Alemania 184.200 españoles, o sea, el 7,8 por 100 del total de emigrantes extranjeros en la República Federal.

Entre enero y septiembre, las inversiones españolas en el extranjero se han elevado a 26,5 millones de dólares, según informa el Ministerio de Comercio.

Altos Hornos del Mediterráneo y Altos Hornos de Vizcaya han firmado sendos contratos de asistencia técnica con la United States Steel norteamericana. Ambos tendrán una validez de diez años.

El ministro de Hacienda presenta las cuentas del Estado. El presupuesto de 1972 —dijo— será prácticamente equilibrado y tendrá un alto grado de prioridad social y su principal objetivo será acompañar la expansión económica.

OCTUBRE 1972

Día 18

Las variaciones más importantes del Proyecto de Ley de Minas que ha pasado a las Cortes son: clasificación de sustancias minerales; reservas de sustancias minerales a favor del Estado; permiso de prospección minera; cuadrícula minera; lucha contra el minifundio minero; fomento de la concentración minera, y estatuto sobre explotación de aguas mineromedicinales.

Se nombra delegado del Gobierno en la Tabacalera, S. A., al señor Merino Guinea.

Refiriéndose a un matrimonio en Madrid con dos hijos, Acción Empresarial ha estimado que el presupuesto mínimo diario de gastos se eleva a 382,38 pesetas.

Al 30 de septiembre, las reservas de oro y divisas superan los 4.700 millones de dólares, habiendo aumentado durante el año en 1.467,4 millones.

Día 19

En la apertura del curso de reuniones del Club Mundo, don Claudio Boada, presidente del I. N. I., dijo: «No cabe duda que los procesos de integración supranacional futuros, si no tomamos posiciones financieras de disponibilidades de materias primas en otros países y en algunas empresas, nuestra integración será más difícil. Nuestras reservas monetarias son grandes y quizá, en parte, podrían utilizarse para este fin. Tanto el Instituto como los grandes empresarios privados deberíamos empezar a tomar posiciones en empresas extranjeras.»

Los objetivos del Plan Renfe 1972-75 son los siguientes: alcanzar un nivel de 140 kilómetros por hora en la red básica; incrementar la participación en el mercado de transportes de mercancías con una tasa de crecimiento superior a la del PNB; implantar un sistema tarifario flexible, adaptado a la evolución de los costes; conseguir que los ingresos de explotación cubran no sólo los gastos de explotación, sino también la amortización y los gastos financieros.

«En un acto de buena voluntad», las empresas viguesas han reconsiderado su posición y han reducido las propuestas y sanciones de despido en un 50 por 100.

La Comisaría de Abastecimientos y Transportes comunica que ha tramitado 3.500 infracciones alimenticias en ocho meses.

OCTUBRE 1972

Día 20

Los representantes sindicales de La Seda de Barcelona, S. A. (planta de Alcalá de Henares) han dirigido un escrito al ministro de Relaciones Sindicales expresando su decepción por el incumplimiento del régimen de garantías de cargos sindicales por la suspensión de empleo y sueldo de 8 de los vocales del Jurado de Pegaso (ENASA), cuya sanción consideran injusta, máxime después de que la Magistratura de Trabajo declarase improcedente la suspensión de seis de los vocales sancionados.

Las tarifas actuales de las líneas aéreas interiores podrán aumentarse hasta un máximo de 114 pesetas, excepto los trayectos interinsulares, que podrán subir sólo 34 pesetas.

En Barcelona se han reunido técnicos textiles rusos con industriales españoles, estudiando la posibilidad de vender maquinaria textil española a la Unión Soviética.

Mercasa ha ganado un concurso en el Brasil para asegurar la asistencia técnica para la construcción de una gran red de centrales de abastecimiento.

Se ha declarado conflicto colectivo en los hornos de coque de la factoría de Ensidesa en Avilés.

Día 21

Por norma de obligado cumplimiento adoptado por el Ministerio de Trabajo, el salario mínimo del gremio de auto-taxis de Sevilla ha quedado establecido en 162 pesetas.

Día 22

El Consejo Nacional de Trabajadores y Técnicos ha estimado oportuno plantear ante las autoridades y la opinión pública la actualización de algunos de los objetivos más destacados que figuran en su programa de reivindicación y actuación. Hicieron referencia a los siguientes temas:

Precios: Agilizar la oferta en general para que el mercado esté bien abastecido; reducción de impuestos indirectos y clarificación de canales de distribución; bloqueo de los precios de ciertos alimentos, vestido y calzado, así como enseñanza y transporte; fomento de la política de con-

OCTUBRE 1972

venios de precios por sectores económicos; información sobre coste real de la vida.

Imposición: Menor presión fiscal del factor trabajo. El mínimo exento no deberá ser inferior a 200.000 pesetas.

Educación: Intensificar la gratuidad de la enseñanza, especialmente en los sectores más necesitados de la sociedad. Evitar el contraste entre las declaraciones oficiales y la merma que sufren en sus propias economías los padres de familia, incluso los de las denominadas numerosas.

Convenios: Urge remitir a las Cortes el proyecto de una nueva ley de convenios colectivos, de acuerdo con la propuesta formulada en su día por el Consejo Nacional de Trabajadores.

Conflictos colectivos: Es menester prever la aplicación de instrumentos apropiados para solventar las discrepancias conflictivas.

Empleo: Que no se despida a ningún trabajador por arbitrarias razones de utilidad económica y que las indemnizaciones no sirvan para encubrir el despido libre.

Participación de los trabajadores: Progresiva participación en la dirección y en los beneficios de la empresa.

Debido a su mala calidad, Portugal ha rechazado la leche española importada, procedente de Villagarcía de Arosa, ya que no es posible pasteurizarla.

Aun cuando la Magistratura de Trabajo falló a favor de 13 representantes sindicales de Astilleros Barrera, que habían sido suspendidos de empleo y sueldo, sólo cuatro han sido readmitidos. Los restantes han presentado un escrito ante la Magistratura solicitando se ejecute la sentencia.

Homenaje en Valencia a don Pascual Carrión, por su infatigable lucha en favor de un mejoramiento de nuestras estructuras agrarias, así como de su participación en la comisión elaborada del primer proyecto de reforma agraria de la II República. Refiriéndose a la situación agraria de nuestros días, manifestó el homenajeado que el panorama de la propiedad y de la riqueza agraria es sensiblemente igual al de entonces. Sin embargo, la mecanización y los nuevos regadíos han supuesto importantes innovaciones. Desgraciadamente, no han tenido la debida proyección social, ya que, en los nuevos regadíos de toda España, más del 60 por 100 de las tierras transformadas por el Estado han quedado en

OCTUBRE 1972

manos de sus antiguos grandes propietarios y el 39 por 100 se ha repartido entre colonos.

Día 24

El Grupo de Exportadores de Vino de Rioja ha prohibido a las firmas integradas en esta entidad acudir a ninguna subasta de uva efectuada por Hermandades Sindicales o Ayuntamientos. La diferencia parece consistir en los precios a pagar.

Según el balance del Banco de España, cerrado al 30 de septiembre y publicado hoy, por primera vez en la historia del banco, el saldo de las cuentas corrientes rebasa el nivel de 100.000 millones de pesetas, situándose en 100.355 millones.

Día 25

La Junta Nacional de Criadores de Ganado Vacuno Lechero pide la apertura de mercados exteriores para la leche fresca.

El Banco Norteamericano de Exportación (Eximbank) ha concedido a la Banca March, de Palma de Mallorca, un crédito de dos millones de dólares, dentro del programa de financiación cooperativa del banco americano, a través de instituciones nacionales para compras de productos norteamericanos por parte de pequeñas empresas.

Día 26

En el curso de una reunión del Consejo de la O. C. D. E., los principales países constructores de buques, entre los que se encuentra España, se han comprometido a reducir las medidas de ayuda al sector naval, hasta su eliminación total a partir del 1 de noviembre de 1975, instaurando así un régimen de libre concurrencia internacional.

Día 27

Hasta el momento, los resultados de la mediación sindical en el conflicto de Vigo son los siguientes: total despedidos o propuestas de despido: 289. Los expedientes a cargos sindicales, con propuesta de despido, ascienden a 51. Las demandas pendientes de decisión en la Magistratura de Trabajo se elevan a 79, excluidas las readmisiones conseguidas. El porcentaje de reducción de despidos es superior al 50 por 100. El conflicto afectó a 19 empresas.

Se crea en la Facultad de Ciencias Económicas y Empresariales de la Universidad Complutense de Madrid una sección B que impartirá las enseñanzas del primer curso de la rama de Ciencias Empresariales, aprobándose provisionalmente su plan de estudios.

En 1973, el presupuesto de las 18 universidades españolas será de 4.424 millones de pesetas, según propuestas presentadas por las propias Universidades.

El Banco de Bilbao ha abierto su quinta oficina en Londres.

Dentro del simposio que se ha venido celebrando en el Consejo Superior de Investigación sobre «El agua en la industria», destaca la ponencia-informe realizada por la Dirección General de Obras Hidráulicas. Según dicha ponencia, la mayor parte de nuestros ríos están fuertemente contaminados.

Día 28

En la sesión extraordinaria del Consejo Económico-Social Sindical de Sevilla se han oído pareceres muy similares sobre los conflictos: «La proliferación de los conflictos colectivos exige una regulación nueva» (Castillo-González, presidente del Consejo de Trabajadores y Técnicos). «Es esencial ver a la empresa como comunidad de intereses. Tan malo es un desplante a destiempo como una actitud sumisa permanente» (García Ramal, ministro de Relaciones Sindicales, que presidió el acto).

Día 29

El Instituto Español de las Industrias del Calzado y Conexas informa que han aumentado sensiblemente las exportaciones de calzado. Entre enero y septiembre, la exportación alcanzó la cifra de 13.632 millones de pesetas, por sólo 9.052 millones en igual período del pasado año.

El Instituto Nacional de Estadística comunica que la señal del índice general del coste de la vida ha vuelto a funcionar. En efecto, durante los tres últimos meses dicho índice creció de 0,88 a 0,95 y 1,09. La señal funciona si durante tres meses el coste de la vida crece desde el 0,50 por 100.

OCTUBRE 1972

Día 31

Reunión del Pleno de la Unión de Trabajadores y Técnicos del Sindicato de Industrias Químicas, durante el cual se propuso que se modifique la Ley de Procedimiento Laboral en concordancia con el decreto de garantías sindicales vigentes en caso de despido improcedente y que la opción sea ejercitada siempre por el trabajador.

En Sotomayor (Santander), todos los días se tiran alrededor de 10.000 litros de leche, debido a no haber mercados y alguna central lechera haber suspendido la recogida del producto.

NOVIEMBRE 1972

Día 1

El Consejo de Ministros ha aprobado un decreto creando la Empresa Nacional de Fertilizantes, S. A., que concentrará las actividades de producción que hasta ahora venían desarrollando las Empresas Refinerías de Petróleos de Escombreras, S. A. (Repesa), Empresa Nacional Calvo Sotelo (Encaso) y Empresa Nacional Siderúrgica, S. A. (Ensidesa), todas ellas del I. N. I.

Día 2

El Consejo de Administración de Rumasa ha acordado ampliar su capital hasta la cifra de 3.000 millones de pesetas. Los 500 millones han sido suscritos por los actuales accionistas, por lo que todas las acciones de Rumasa siguen en manos de la familia Ruiz-Mateos.

El Banco Peninsular amplía su capital en la proporción de una acción nueva por cada otra antigua, al tipo de 110 por 100, con desembolso total al suscribir. El capital social pasará de 225 a 450 millones de pesetas y las reservas se situarán en 61,2 millones de pesetas.

Día 3

Durante los tres próximos meses se han suspendido totalmente los derechos del arancel de aduanas para importar pescado fresco o refrigerado y pescado congelado. Con tal medida se propone frenar la tendencia alcista de los precios. La reducción del 50 por 100 afecta a los animales vivos de la especie bovina, aves de corral muertas y aceite de cacahuete. Se han reducido a un 30 por 100 los aranceles de las carnes comestibles de cualquier clase, así como los jamones, legumbres de vainas secas, harina de mostaza, achicoria y preparados alimenticios. Asimismo, la Dirección General de Política Arancelaria e Importación ha liberalizado las importaciones de una serie de mercancías.

España venderá a Marruecos 100.000 toneladas de trigo blando, en virtud de un acuerdo firmado por el director de l'Office Chérifien Interprofessionnel de Céréales y el director general del Servicio Nacional de Productos Agrarios. Estas 100.000 toneladas constituyen el 15 por 100 del actual excedente de trigo existente en España, según aclaró el director general.

Día 4

Los presupuestos municipales de Barcelona para 1973 totalizan 9.000 millones de pesetas; 6.800 millones corresponden al presupuesto ordinario, 1.000 millones al de urbanismo, casi 500 millones para el Patronato Municipal de la Vivienda, cerca de 400 millones para parques y jardines y 300 millones para pompas fúnebres. El incremento sobre el de 1972 es de un 11 por 100.

Día 8

Regulación del envasado de agua potable de manantial por decreto de la Presidencia del Gobierno que inserta el *Boletín Oficial del Estado*. Un punto importante —desde el ángulo industrial— es que las instalaciones de tratamiento y envasado deberán tener una capacidad de elaboración mínima de 12.000 litros-día, en jornada de ocho horas.

El presupuesto del Ayuntamiento de Madrid se elevará a 5.715 millones de pesetas en 1973. En su mayor parte se destinará al saneamiento de la capital.

Día 9

La Magistratura de Trabajo de Vigo ya ha comenzado a dictar sentencias en lo que ha venido a llamar «Conflicto Citroën». Afectan a cuatro trabajadores: dos de Astilleros y Construcciones y otros dos de Manuel Alvarez. En ambas sentencias se precisa que los productores dejaron de

NOVIEMBRE 1972

trabajar, según propia declaración, como acto de solidaridad con sus compañeros de Citroën.

La Empresa Nacional de Autocamiones, S. A. (Pegaso), ha llegado a un acuerdo con los seis vocales del Jurado despedidos respecto a las indemnizaciones a pagar. La empresa entregará en total 549.200 pesetas.

Día 10

Ha llegado a Madrid el presidente del Consejo de Administración de Ford, Henry Ford II, quien mantendrá contactos de rutina con varios ministros del Gobierno y otras altas autoridades. Visitará a los ministros de Hacienda y Comercio. Hoy ha visitado al mediodía al ministro de Industria y por la tarde al almirante Carrero Blanco.

Causa baja en el Consejo de Administración de Enher don Blas Piñar y son nombrados consejeros los señores Estapé (don Fabián) y Samaranch (don Juan Antonio).

Se autoriza al Banco Urquijo a emitir bonos de caja convertibles, por un valor total de 2.000 millones de pesetas, en títulos de 10.000 pesetas cada uno.

Día 11

El Príncipe de España recibe a Henry Ford. También el señor Ford asistió a una cena que le fue ofrecida por el ministro de Información y Turismo, señor Sánchez Bella.

El ministro de Industria, señor López de Letona, recibió al presidente de General Electric Corporation.

No ha prosperado la demanda de los diez trabajadores de Citroën Hispania por despido indebido en el conflicto laboral de septiembre. En efecto, la Magistratura ha dictado sentencia declarando procedentes los despidos y ratificando las sanciones que les fueron impuestas.

Día 13

Desde 1959, Ensidesa ha recibido siete créditos a largo plazo del Eximbank, por un total importe de 139 millones de dólares. El último fue de 5,5 millones y se destina a la amplación de la empresa.

NOVIEMBRE 1972

La nueva ampliación de capital del Banco Central supone la puesta en circulación de nuevas acciones por 1.656 millones de pesetas y es una de las mayores que ha realizado el Banco, sólo superada por la de febrero de 1968, que fue de una por cada tres.

Día 15

Se ha celebrado en Madrid el acto de constitución formal de la Junta consultiva de Renfe, que es un órgano nuevo de consulta, consejo y asesoramiento de la presidencia. Está compuesta por las siguientes veintiséis personalidades de la vida política, económica, sindical y empresarial del país: don Alejandro Rodríguez de Valcárcel, presidente de las Cortes Españolas; don Jorge Vigón Suerodíaz, ex ministro de Obras Públicas; don José María Aguirre y Gonzalo, presidente del Banco Español de Crédito; don Carlos Botín Polanco, ex vicepresidente del Consejo Superior de Transportes Terrestres; don Lorenzo J. Casado García; don Julio Dánvila Rivera; don José Díaz Varela y Ceano Vivas; don Miguel Angel García-Lomas y Mata, vicepresidente del Consejo Superior de la Vivienda; don Pedro González Bueno, ex ministro de Acción y Organización Sindical; don Agustín Plana Sancho, ex subsecretario del Ministerio de Obras Públicas; don Luis de Usera López-González, presidente del Consejo del Banco Hispano Americano; don Gumersindo Varela Quiroga; don Vicente García Ribes, presidente del Sindicato Nacional de Transportes; don Pedro Durán Farrell; don Manuel Gavarrón Zambrano; don Carlos Mendoza Gimeno, vicepresidente de las Cortes Españolas; don Francisco Merino; Guinea, delegado del Gobierno en Tabacalera S. A.; don José Puig Batet; don Eduardo Carriles Galarraga; don Antonio Sáez de Montagut; don Manuel Loring y Guilhou; don Gabriel Fernández de Valderrama, subsecretario de Asuntos Exteriores; don Carlos Roa Rico; don Fernando Benzo Mestre, delegado permanente de España cerca de las Organizaciones internacionales (Ginebra); don Fernando María de Yturriaga y Dou y don Alberto Aníbal-Alvarez y García de Baeza.

El ministro de Industria ha presidido la constitución de Sodiga (Sociedad para el desarrollo industrial de Galicia, S. A.). Entre otras cosas, declaró: «Sodiga no ha nacido para suplir la iniciativa privada, sino para potenciarla y reforzarla. Pretendemos que Sodiga promueva y participe en la creación de empresas privadas gallegas, despierte iniciativas con decisiva participación local y les preste asesoramiento y apoyo financiero.»

NOVIEMBRE 1972

Día 16

El Banco de Crédito e Inversiones ha cambiado de manos. Un 20 por 100 permanecerá en manos de los antiguos partícipes. Un 15 por 100 ha sido adquirido por un grupo madrileño capitaneado por don José María Sabater (con la intervención de los señores Banús y Miarnau). El 65 por 100 restante se queda en poder del grupo catalán, señores Jover, Casanovas, Esteve, Farreto, Corberó y Millet.

Se nombra presidente de Unesid a don Fernando Gómez Pallete, director general de la sociedad Nueva Montaña Quijano.

Fasa-Renault ampliará su capital en 450 millones de pesetas, mediante la oferta a los accionistas de una acción nueva por cada cinco antiguas. Se desembolsará la mitad del valor nominal de las acciones y el otro 50 por 100 cuando lo crea oportuno el Consejo.

El Príncipe don Juan Carlos inaugura la factoría de montaje número dos del complejo industrial de la empresa Fasa-Renault. Don Arturo Fierro, presidente del Consejo de Administración, señaló que la colaboración de la empresa con la Renault francesa es tan estrecha, «que hace que nos sintamos ya como europeos integrados, porque para ello, este complejo, aun siendo español, se considera como una prolongación de los que existen en Francia.»

Día 18

El ministro de Obras Públicas ha presentado el plan de infraestructura viaria de la Costa del Sol. El nuevo plan consta de tres accesos principales: dos itinerarios transversales, cinco vías de penetración hacia la costa, tres de cornisa por zonas pintorescas y tres enlaces. Se actúa sobre 2.370 kilómetros de carretera, con una inversión total de 28.500 millones de pesetas, divididos en dos fases.

En la Delegación de Sindicatos de El Ferrol del Caudillo se sa presentado la declaración de conflicto colectivo de las empresas auxiliares de Astano, Uteni y Sucoin, donde trabajan 250 productores.

Día 20

El Banco Popular Español y el grupo financiero White, Weld Co., firmaron en Londres el acuerdo de suscripción de pagarés que por valor de 20 millones de dólares y a interés flotante ha emitido en el mercado exterior el Banco Popular Español, a través de su filial holandesa Popular Español International. Ha sido la primera ocasión en que un banco privado español efectúa una emisión en el mercado del eurodólar.

Día 21

Se privatiza la importación de más de cien productos alimenticios. El decreto, firmado por los ministros de Comercio, Industria, Agricultura y Hacienda, fija como principales instrumentos para la regulación de las importaciones de productos alimenticios los derechos reguladores, los derechos compensatorios variables, los calendarios de importación y los registros de importadores. Con estas medidas se trata de adecuar nuestros mecanismos de regulación del comercio exterior a los que utilizan los países de la Comunidad Económica Europea. Las importaciones de choque sólo tendrán efecto en adelante ante la deficiencia de la iniciativa privada, lo que supone una innovación importante respecto a la actual situación.

Día 24

La Oficina de Información Diplomática hace pública una nota en la que confirma oficialmente la existencia de conversaciones exploratorias con la E. F. T. A. sobre una posible vinculación de España a la Asociación Europea de Libre Comercio. España y diversos países de la nueva E. F. T. A. han venido manteniendo en los últimos meses contactos bilaterales, de carácter exploratorio, sin que se haya llegado aún a ninguna petición o decisión oficial de una u otra parte en cuanto a la apertura de negociaciones concretas ni sobre la fórmula específica de una eventual vinculación de España a la nueva E. F. T. A.

Día 28

Por vez primera en su historia, el Ministerio de Trabajo dio cuenta de la gestión de la Seguridad Social española. Don Enrique de la Mata, director general de la Seguridad Social, acompañado de gran número de sus inmediatos colaboradores, celebró una reunión con representantes de los medios informativos a los que facilitó datos de las cuentas y balance de la Seguridad Social. En 1971, los recursos de la Seguridad Social sumaron 206.291 millones de pesetas frente a unos gastos de 208.199,5 millones. Este déficit de cerca de 2.000 millones de pesetas y el fuerte incremento de las prestaciones a lo largo del año 1971 son las dos notas que han caracterizado el pasado ejercicio.

NOVIEMBRE 1972

Día 29

Se inaugura el nuevo muelle de contenedores del puerto de Barcelona. Es el primero que se pone en funcionamiento en España. Dispone de 237 metros de línea de atraque con un calado de 14 metros. La llegada por tierra de los contenedores al muelle puede efectuarse por ferrocarril o carretera.

DICIEMBRE 1972

Día 4

Las instalaciones de colada continua de la factoría de Veriña han dado su primera colada. El proceso se efectúa en una máquina de lingotera curva, capaz de obtener unas 340.000 toneladas anuales de desbastes planos.

Los ministros de Industria y de Gobernación inauguran oficialmente el nuevo complejo petroquímico de Martorell, montado por las firmas Solvay, Viniclor e Hispavic. Solvay podrá elaborar 80.000 toneladas de cloro y 90.000 de sosa cáustica al año. Viniclor podrá fabricar 200.000 toneladas de cloruro de vinilo monómetro, con un consumo de 75.000 toneladas de cloro y 60.000 de etileno al año. Hispavic fabricará policloruro de vinilo para abastecimiento del mercado nacional.

Sentencia de la Magistratura del Trabajo por la que se declara procedente el despido del ingeniero de Pegaso señor Izquierdo Herrera, por estimar que incurrió en deslealtad y desobediencia hacia la empresa. Afirma la Magistratura que la cuestión a debatir es puramente laboral, sin que en este proceso «puedan tratarse cuestiones que, aunque pudieran constituir el trasfondo de la situación creada, son totalmente ajenas a esta jurisdicción especializada laboral, en la que únicamente hay que aplicar preceptos de tal índole y prescindir de cuestiones de otra esfera jurisdiccional donde deben y pueden ser resueltos». El señor Izquierdo había denunciado ante la Dirección y el Jurado de Empresa determinadas anomalías técnicas y comerciales que se producían en la empresa.

Según informa el folleto que acaba de publicar la Secretaría General Técnica del Ministerio de Hacienda, desde 1958 hasta 1971, el Ministerio de Hacienda ha resuelto 352 expedientes de concentraciones de empresas y concedió los beneficios fiscales a 298 de dichos expedientes, es decir, al 84,66 por 100 del total de los presentados; 256 correspondieron a operaciones de concentración, nueve a segregación de establecimientos industriales para su incorporación a otras empresas, y 33, finalmente, a reestructuraciones.

Día 5

Se firma en Lisboa la concesión a un consorcio, en el que participa España, de la construcción de una autopista de peaje. El importe del presupuesto correspondiente a la primera fase será de 25.000 millones de pesetas aproximadamente. Del 40 por 100 de participación extranjera, el 21 por 100 corresponde a España y el resto a Inglaterra, Francia y Suiza.

Día 6

La nueva sociedad Cementos del Atlántico se ha hecho cargo de Andaluza de Cementos, empresa que fue subastada en Sevilla. La primera sociedad está constituida por Cementos del Mar, Compañía Valenciana de Cementos Portland y varios bancos. Banesto, sumadas sus participaciones directas e indirectas, queda como grupo mayoritario de Cementos del Atlántico.

Día 7

Se firma un acuerdo de cooperación financiera hispano-chileno. El Gobierno español concede dos créditos de un valor de 1.611.847.500 y 967.105.500 pesetas convertibles; el primero a diez años de plazo y el segundo a cinco años, desde la fecha de su utilización. Se emplearán para financiar la adquisición en España de bienes de equipo, proyectos de ingeniería y repuestos, así como otros bienes y servicios.

El Ministerio de Agricultura informa que propietarios de 25.000 hectáreas de olivar, en su mayoría de las provincias de Jaén, Córdoba y Sevilla, han solicitado subvenciones por un importe de 400 millones de pesetas, de los 2.100 previstos en el III Plan de Desarrollo.

Día 8

El I. E. M. E. publica una circular en la que hace constar que en virtud de lo previsto en los respectivos acuerdos a largo plazo entre España y la República Popular Húngara y la República Socialista de Rumania,

DICIEMBRE 1972

a fines de año se dará por finalizado el régimen de pagos bilaterales, ya que desde entonces se efectuarán en divisas libremente convertibles.

Día 18

La compañía Boeing ha firmado con Construcciones Aeronáuticas (CASA) un contrato de 40 millones de pesetas para la construcción por parte de CASA de un determinado número de elementos con destino al avión «Boeing 727».

Día 21

El Banco de España ha autorizado al Banco Central a tomar una importante participación en el Banco Arabe e Internacional de Inversiones, entidad multinacional con sede en París, que se constituirá en los próximos meses.

Día 23

Firma de un acuerdo hispano-argentino para desarrollar la industria naval. Posibilitará un programa de reequipamiento de la flota mercante de aquel país. A partir de 1973 se construirán un mínimo de 20 buques en astilleros argentinos y siete en España, en un plazo de seis años. España financiará las construcciones y suministros que tenga a su cargo y que se considera pueden llegar a 110 millones de dólares. El Gobierno español concede un crédito de libre disponibilidad por una suma entre 35 y 40 millones de dólares.

Día 24

En la Dirección General de Exportación ha sido creada la Subdirección General de Inspección y Normalización de las Exportaciones. Su misión es velar para que los productos españoles de exportación se acomoden a las exigencias de los mercados exteriores, tanto en orden a la calidad como a normalización.

La Empresa Nacional de Gas (Enagas) ha sido invitada por las compañías Gaz de France y Sonatrach a participar en una reunión que se celebrará durante el próximo mes de enero en Argelia, para proseguir el estudio de viabilidad de un gaseoducto a través del Mediterráneo.

DICIEMBRE 1972

Día 27

Alava pagará al Estado 683.075.000 pesetas por contribuciones en el quinquenio 1972-76, según acuerdo tomado por la Diputación Foral. Pagará anualmente 136.415.000 pesetas en lugar de 97.750.000 que venía rigiendo hasta ahora.

Petronor acaba de realizar una nueva emisión de 15 millones de dólares, a quince años, con una vida media de 11,3 años, interés del 7,75 por 100 y tipo de emisión de 99,50. La emisión está garantizada en un 40 por 100 por la Gulf Oil Corporation y en un 60 por 100 por los Bancos de Bilbao y de Vizcaya, quienes, a su vez, están contragarantizados por los Bancos Hispano Americano, Español de Crédito, Urquijo y Herrero.

España inicia su legislación contra la contaminación atmosférica por la Ley 36/1972, de 23 de diciembre, que publica el «B. O. E.».

Día 28

La compañía aérea española Iberia es la más rentable del mundo, según una estimación hecha por la Asociación de Pilotos de Alemania occidental. En el cálculo se tuvieron en cuenta, entre otros, los siguientes factores: toneladas, kilómetros, horas de vuelo, número de tripulantes por avión y utilización diaria. En Europa, detrás de Iberia, se hallan la Lufthansa, Alitalia, KLM, BEA, las escandinavas y Air France. Iberia ha cerrado su último ejercicio con un importante superávit, que muy probablemente permitirá obtener unos beneficios superiores a los 300 millones de pesetas.

Día 29

El presupuesto ordinario de la Diputación Foral de Navarra para 1972 asciende a 3.180 millones de pesetas y el extraordinario de promoción y desarrollo a 2.712 millones de pesetas.

Han terminado las siguientes ampliaciones en Bolsa: Empresa Nacional del Aluminio, Bandesco, Hidro Cantábrico, Empresa Nacional de Electricidad, Banco Zaragozano, Fasa-Renault, Sociedad General Financiera, Banco Europeo de Negocios, Electra de Viesgo, Tabacalera, Gas y Electricidad, Banco de Financiación Industrial y Compañía Española de Petróleos.

DICIEMBRE 1972

Día 30

La compañía Ford ha presentado en el Ministerio de Industria una propuesta para instalar una planta de fabricación de automóviles en la zona costera oriental española que supondrá una inversión en activos fijos de producción de 310 millones de dólares (unos 20.000 millones de pesetas). La capacidad de la planta será de 240.000 vehículos al año, creando unos 6.400 puestos de trabajo.

Indice temático de la selección cronológica

Política monetaria y crediticia

Enero: 4, 7, 17 y 19.
Febrero: 3, 8, 15, 24, 25, 26 y 28.
Marzo: 14, 21 y 23.
Abril: 3, 5, 8, 11, 14 y 21.
Mayo: 1, 2, 4, 5, 9, 10 y 15.
Junio: 2, 7, 9, 23 y 28.
Julio: 4, 14, 17, 20, 24, 28 y 31.
Agosto: 1, 2, 3, 9, 10, 17 y 22.
Septiembre: 12, 13, 15, 20, 21 y 28.
Octubre: 6, 9, 17, 24, 25 y 27.
Noviembre: 2, 10, 13, 16, 20.
Diciembre: 5, 6, 7, 8, 21, 23 y 27.

Política fiscal

Febrero: 26.
Abril: 8.
Mayo: 9, 16 y 17.
Junio: 7.
Julio: 28.
Agosto: 9.
Septiembre: 25.
Octubre: 6, 17 y 22.
Noviembre: 4, 8.
Diciembre: 27.

Precios y salarios

Febrero: 6, 10 y 24.
Marzo: 17 y 21.
Abril: 29.
Mayo: 10, 12, 18, 23, 24 y 25.
Junio: 22.
Julio: 17.
Agosto: 1, 2 y 29.
Septiembre, 20.
Octubre: 2, 4, 13, 15, 18, 21, 22, 25 y 29.
Noviembre: 3.

Política comercial y relaciones con el exterior

Enero: 1, 18 y 31.
Febrero: 7, 15, 24 y 26.
Marzo: 7, 13, 21, 22, 23, 24 y 27.
Abril: 7, 14, 15, 16 y 19.
Mayo: 19, 22 y 26.
Junio: 2, 3, 5, 6, 9, 14, 17, 27 y 28.
Julio: 13, 20, 21, 24, 27 y 28.
Agosto: 1, 9, 14, 16, 21, 22 y 29.
Septiembre: 7, 8, 13, 15 y 28.
Octubre: 2, 4, 9, 11, 13, 20 y 31.
Noviembre: 3, 8, 21 y 24.
Diciembre: 7, 8, 23 y 24.

Política de Obras Públicas y Transportes

Enero: 17.
Febrero: 15.
Marzo: 13, 14 y 24.

Abril: 6, 10, 14, 16, 18 y 26.
Mayo: 24.
Junio: 3, 7 y 15.
Julio: 13.
Agosto: 1 y 29.
Septiembre: 8, 12, 14 y 28.
Octubre: 4, 11, 19 y 20.
Noviembre: 15, 18 y 29.
Diciembre: 28.

Política industrial

Enero: 14, 18 y 31.
Febrero: 12, 15 y 18.
Marzo: 7, 10, 23 y 27.
Abril: 11, 15, 18, 21 y 26.
Mayo: 9, 10, 11, 16 y 25.
Junio: 8, 9, 13, 26 y 29.
Julio: 10, 12, 13, 17 y 24.
Agosto: 1, 8, 15, 19, 20, 21 y 25.
Septiembre: 1, 8, 15, 19, 20, 21 y 25.
Octubre: 2, 10, 11, 13, 17, 18, 19, 20, 26 y 27.
Noviembre: 8, 10 y 11.
Diciembre: 3, 4, 5, 6, 7, 18, 23, 24, 27 y 30.

Política agrícola y ganadera

Febrero: 9, 24 y 26.
Marzo: 5, 7 y 24.
Abril: 7, 8, 14 y 22.
Mayo: 19, 23, 24 y 25.
Junio: 2, 5, 17, 22 y 27.
Julio: 17, 20 y 27.
Agosto: 9, 11, 21 y 22.
Septiembre: 11, 13, 19, 22 y 28.
Octubre: 2, 4, 6, 9, 11, 13, 22, 24 y 31.
Noviembre: 3.
Diciembre: 7.

Planes de Desarrollo

Enero: 18.
Febrero: 26.
Marzo: 20.
Mayo: 1, 2 y 9.
Junio: 3, 19 y 26.
Julio: 8, 24, 25 y 28.
Septiembre: 10, 12, 22 y 27.
Octubre: 14.
Diciembre: 7.

Política social y de educación

Febrero: 25 y 26.
Marzo: 17.
Mayo: 10 y 24.
Junio: 2, 7, 8 y 16.
Agosto: 10, 16 y 18.
Septiembre: 13, 15, 19 y 21.
Octubre: 4, 5, 7, 17, 22 y 27.
Noviembre: 28.

Empresa pública

Febrero: 4, 9, 17 y 23.
Marzo: 2, 7, 8, 11, 24 y 27.
Abril: 8, 11 y 26.
Mayo: 5, 25 y 26.
Junio: 2, 7, 12, 16 y 27.
Julio: 3, 11, 14, 17 y 24.
Agosto: 3, 14, 16, 22, 23 y 29.
Septiembre: 15, 18, 19, 20, 25, 28 y 29.
Octubre: 3, 6, 13 y 19.
Noviembre: 1 y 15.
Diciembre: 4.

Nombramientos

Marzo: 1.
Abril: 11.
Mayo: 1 y 10.
Junio: 10 y 23.
Julio: 8.
Septiembre: 18, 22 y 27.

Octubre: 3, 9, 11 y 18.
Noviembre: 10, 15 y 16.

Coyuntura económica

Abril: 3 y 7.
Mayo: 10.
Junio: 2, 14, 22, 23 y 28.
Julio: 4.
Octubre: 5, 11, 15, 18 y 29.
Noviembre: 3.

Conflictos laborales

Enero: 17, 19 y 29.
Febrero: 2, 3, 4, 5, 6, 9, 10, 14, 15, 17, 19, 23, 24, 25 y 28.
Marzo: 2, 7, 8, 10, 11, 17 y 21.
Abril: 21 y 27.
Mayo: 3, 9, 10, 16, 24, 25 y 31.
Julio: 10, 11 y 17.
Agosto: 3, 24 y 29.
Septiembre: 1, 12, 14, 15, 18, 19, 20, 21, 22, 23, 25, 26 y 29.
Octubre: 2, 3, 4, 5, 6, 7, 9, 13, 14, 19, 20, 22, 27, 28 y 31.
Noviembre: 9, 11 y 18.
Diciembre: 4.

Turismo

Febrero: 24.
Abril: 16, 18 y 21.
Junio: 15 y 19.
Julio: 12.
Agosto: 11.
Septiembre: 12.
Octubre: 3.

Problemática regional

Febrero: 25 y 26.
Abril: 21 y 26.
Mayo: 25.
Junio: 19.
Julio: 31.
Agosto: 14 y 29.
Septiembre: 11, 12, 18, 21 y 22.
Octubre: 13.
Noviembre: 4, 8, 15.
Diciembre: 27 y 29.

El caso Matesa

Enero: 20.
Mayo: 15.
Junio: 29.
Agosto: 29.
Octubre: 9.

V.

SELECCION DE LEGISLACION ECONOMICA

Introducción

Se incluye en este capítulo la referencia de aquellas disposiciones legales aparecidas en el *Boletín Oficial del Estado*, a lo largo de 1972 (desde el 1 de enero hasta el 31 de diciembre de 1972), que pueden considerarse como las más importantes de cara a completar el conocimiento de los principales hechos y articulaciones de la economía española en el período de tiempo estudiado.

Dichas referencias se clasifican, al igual que en los Anuarios anteriores, de forma sistemática —por la índole de su finalidad u objeto específico— en los siguientes apartados:

— Política monetaria y crediticia.
— Política fiscal.
— Precios y salarios.
— Plan de Desarrollo.
— Política administrativa.
— Política social y de educación.
— Política agraria.
— Política industrial.
— Política comercial.
— Política de la vivienda.
— Política turística.
— Política de obras públicas y transportes.

Aquellas disposiciones susceptibles de encuadrarse en más de uno de los apartados distinguidos se han recogido en dos o más de los mismos, pero conteniéndose la referencia completa del texto legal sólo en el apartado que se ha estimado constituye el objeto central de la disposición correspondiente.

El material aquí recogido y sistematizado se ha contrastado, para decidir su definitiva selección, con los anexos dedicados a la legislación económica de las siguientes publicaciones: *Panorama Económico* (mensual, Madrid), *Documentación Económica* (trimestral, I. D. E., Madrid), *Comentario Económico* (mensual, C. E. C. A., Madrid), *Boletín del Departamento Extranjero* (mensual, Banco Hispano Americano, Madrid) y *Boletín Mensual de Información Económica* (Banco Exterior de España, Madrid).

Indice de legislación económica

Política monetaria y crediticia

ENERO

Día 15 Orden de 8 de enero de 1972, elevando el límite de los préstamos para difusión de la propiedad mobiliaria. (Hacienda.)

Día 17 Orden de 10 de enero de 1972, sobre el régimen de sucursales de los bancos industriales y de negocios. (Hacienda.)

Día 21 Decreto 63/1972, de 13 de enero, por el que se regula la creación de nuevos Bancos. (Hacienda.)

FEBRERO

Día 7 Decreto 181/1972, de 27 de enero, por el que se señala la cifra máxima de cédulas para inversiones en circulación. (Hacienda.)

Decreto 182/1972, de 27 de enero, por el que se prorrogan por dos años los beneficios de crédito de capital circulante para las empresas acogidas a la acción concertada de la construcción naval. (Hacienda.)

Día 21 Véase «Política fiscal». Decreto Ley 2/1972.

Día 22 Orden de 18 de febrero de 1972, sobre financiación del crédito para la construcción y renovación de la flota mercante. (Presidencia del Consejo.)

Orden de 18 de febrero de 1972, sobre financiación del crédito para la construcción y renovación de la flota pesquera. (Presidencia del Consejo.)

MARZO

Día 8 Corrección de errores de la Orden de 18 de febrero de 1972, sobre financiación del crédito para la construcción y renovación de la flota mercante. (Presidencia del Consejo.)
Orden de 29 de febrero de 1972, por la que se regulan las tarifas y condiciones aplicables a las operaciones activas y pasivas de la Banca privada y del Banco Exterior de España. (Hacienda.)

Día 9 Corrección de errores de la Orden de 18 de febrero de 1972, sobre financiación del crédito para la construcción y renovación de la flota pesquera. (Presidencia del Consejo.)
Resolución de la Dirección General de Política Financiera por la que se determinan las tasas de interés técnico para la elaboración de las tarifas de primas de los seguros sobre la vida. (Hacienda.)

Día 16 Decreto 551/1972, de 24 de febrero, por el que se incluyen en el coeficiente de inversión los créditos concedidos a compradores extranjeros. (Hacienda.)

Día 26 Corrección de errores de la Orden de 29 de febrero de 1972, por la que se regulan las tarifas y condiciones aplicables a las operaciones activas y pasivas de la Banca privada y del Banco Exterior de España. (Hacienda.)

Día 29 Véase «Política Comercial». Orden de 21 de marzo de 1972.

Día 30 Véase «Política Comercial». Orden de 23 de marzo de 1972.

ABRIL

Día 1 Orden de 24 de marzo de 1972, por la que se fijan los tipos de interés y condiciones aplicables por todos los bancos privados y el Exterior de España en los créditos y efectos especiales computables en el coeficiente de inversión definido en la Ley sobre Organización y Régimen del Crédito Oficial. (Hacienda.)

Día 3 Orden de 24 de marzo de 1972, sobre constitución de un régimen de consorcio del Crédito Oficial y la Banca privada para financiar la construcción naval para el mercado interior. (Hacienda.)

Día 7 Véase «Política Administrativa». Orden de 25 de marzo.

Día 13 Corrección de errores de la Orden de 24 de marzo de 1972, por la que se fijan los tipos de interés y condiciones aplicables por todos los bancos privados y el Exterior de España en los créditos y efectos especiales computables en el coeficiente de inversión definido en la Ley sobre Organización y Régimen del Crédito Oficial. (Hacienda.)

MAYO

Día 4 Orden de 21 de abril de 1972, por la que se dispone la emisión de 10.000 millones de pesetas en Deuda Amortizable del Estado, al 6 por 100, para financiar inversiones. (Hacienda.)

Día 15 Decreto 1.177/1972, de 27 de abril, sobre inversiones de la Seguridad Social. (Presidencia del Gobierno.)

JUNIO

Día 7 Orden de 31 de mayo de 1972, autorizando la emisión abierta de cédulas para inversiones tipo «E». (Hacienda.)

Día 15 Corrección de erratas del Decreto 1.177/1972, sobre inversiones de la Seguridad Social.

JULIO

Día 29 Orden del 28 de julio de 1972, estableciendo el depósito obligatorio en el Banco de España del 50 por 100 de los incrementos de los depósitos o imposiciones a plazo igual o superior a tres meses en pesetas convertibles en la Banca. (Hacienda.)

AGOSTO

Día 2 Orden del 31 de julio de 1972, sobre financiación del crédito para la construcción y renovación de la flota mercante (Presidencia del Gobierno.)

Orden del 31 de julio de 1972, sobre financiación del crédito para construcción y renovación de la flota pesquera. (Presidencia del Gobierno.)

Día 5 Orden del 29 de julio de 1972, complementaria de la de 24 de marzo de 1972, sobre financiación de viviendas de protección oficial. (Hacienda.)

Día 28 Orden del 19 de agosto de 1972, sobre financiación por el crédito oficial de bienes de equipo de procedencia extranjera destinados a la reestructuración y modernización de las empresas periodísticas. (Hacienda.)

Día 31 Orden de 29 de julio de 1972, autorizando la creación del Banco de Promoción de Negocios, S. A. (Hacienda.)

SEPTIEMBRE

Día 1 Orden de 29 de julio de 1972, autorizando la creación del Banco Industrial del Mediterráneo, S. A. (Hacienda.)

Día 28 Véase «Política Social y de Educación». Orden de 18 de septiembre de 1972.

OCTUBRE

Día 4 Orden de 23 de septiembre de 1972, por la que se regulaban, en cumplimiento de lo dispuesto en el Decreto 2.586/1969 de 23 de octubre, los regímenes de devolución preferente y los sistemas de amortización escalonada del Papel de Reserva Social emitido por el Instituto Nacional de la Vivienda. (Presidencia del Gobierno.)

NOVIEMBRE

Día 27 Orden de 23 de noviembre de 1972 por la que se regula el crédito cinematográfico. (Hacienda.)

DICIEMBRE

Día 1 Decreto-ley 10/1972, de 30 de noviembre, por el que se amplía el alcance de la subrogación prevista en la disposición transitoria segunda de la Ley 13/1971, de 19 de junio, en favor de la Comisión Liquidadora de Créditos Oficiales a la Exportación. (Jefatura del Estado.)

Día 4 Véase «Política Agraria». Resolución del Instituto Nacional de Reforma y Desarrollo Agrario.

Día 13 Orden de 6 de diciembre de 1972 por la que prorroga la de 23 de marzo, que amplió la aplicación del aval a las fianzas definitivas en los contratos de obras del Estado. (Hacienda.)

Política fiscal

ENERO

Día 6 Corrección de errores del Decreto 2.910/1971, de 25 de noviembre, dictando órdenes para la aplicación de los beneficios fiscales a la concentración e integración de empresas. (Hacienda.)

Día 15 Decreto 3.274/1971, de 23 de diciembre, sobre régimen de consultas vinculantes en materia tributaria. (Hacienda.)

Día 21 Orden de 21 de diciembre de 1971, incluyendo un apartado u) en el epígrafe 7.223 de las Tarifas de Licencia Fiscal del Impuesto Industrial. (Hacienda.)

Día 25 Decreto 3.361/1971, de 23 de diciembre, por el que se aprueba el Reglamento del Impuesto General sobre el Tráfico de las Empresas. (Hacienda.)

Día 26 Resolución de la Dirección General de Impuestos sobre aplicación de la Ley 25/1971, de 19 de junio, de Protección a las Familias Numerosas en el Impuesto sobre los Rendimientos del Trabajo Personal. (Hacienda.)
Orden de 19 de enero de 1972 por la que desarrolla el Decreto-ley 18/1971 de 1 de diciembre, de apoyo fiscal a la inversión. (Hacienda.)

FEBRERO

Día 7 Decreto 183/1972, de 27 de enero, modificando la tarifa del Impuesto de Compensación de Gravámenes Interiores correspondientes a determinadas mercancías comprendidas en los capítulos 84 y 85 del Arancel de Aduanas. (Hacienda.)
Decreto 184/1972, de 27 de enero, por el que se prorrogan para el período de 1972 las normas sobre valoración y aplicación de los signos externos en el Impuesto General sobre la Renta de las Personas Físicas. (Hacienda.)

Día 14 Véase «Política de Desarrollo». Ordenes de 12 de febrero de 1972.

Día 21 Decreto-ley 2/1972, de 17 de febrero, sobre tratamiento fiscal de las diferencias producidas en los saldos en moneda extranjera. (Jefatura del Estado.)

Día 28 Véase «Política Agraria». Decreto 386/1972.

Día 29 Ley 3/1972, de 26 de febrero, sobre aprobación de la Cuenta General del Estado correspondiente al ejercicio de 1969. (Jefatura del Estado.)
Ley 7/1972, de 26 de febrero, de Presupuestos Generales del Estado para 1972. (Jefatura del Estado.)
Orden de 15 de febrero de 1972 sobre simplificación de trámites en la aplicación de exenciones del Impuesto sobre el Lujo a vehículos industriales. (Hacienda.)

MARZO

Día 3 Corrección de errores del Decreto 3.361/1971, de 23 de diciembre, aprobando el Reglamento del Impuesto General sobre el Tráfico de las Empresas. (Hacienda.)

Día 16 Véase «Política Monetaria y de Crédito». Decreto 551/1972.

Día 23 Véase «Política Industrial». Orden de 13 de marzo de 1972.

ABRIL

Día 21 Orden de 5 de abril de 1972 adaptando las tarifas de desgravación fiscal a la exportación a la estructura vigente del capítulo 73 del Arancel de Aduanas. (Hacienda.)

Día 25 Orden de 24 de abril de 1972, por la que se regula el procedimiento de aplicación de los beneficios fiscales a la concentración e integración de empresas previstos en el Decreto 2.910/1971, de 25 de noviembre. (Hacienda.)

MAYO

Día 9 Orden de 2 de mayo de 1972, por la que se atribuye a la Dirección General de Impuestos la competencia respecto a la aplicación de los regímenes de estimación objetiva. (Hacienda.)

Día 11 Ley 21/1972, de 10 de mayo, modificando el apartado *h)* de la letra *A)* del artículo 25 del texto refundido del Impuesto sobre el Lujo. (Jefatura del Estado.)

Día 15 Decreto 1.178/1972, de 27 de abril, autorizando a la Junta Consultiva de Impuestos de la Dirección General de Impuestos para crear comisiones de trabajo para la incorporación de nuevas actividades profesionales a las tarifas de licencia fiscal del Impuesto sobre los Rendimientos del Trabajo Personal. (Hacienda.)

Día 17 Decreto 1.196/1972, de 6 de mayo, aprobatorio del presupuesto del Sahara para 1972. (Presidencia del Gobierno.)

Día 26 Orden de 18 de mayo de 1972, desarrollando el Decreto-ley 2/1972, de 17 de febrero, sobre tratamiento fiscal de las diferencias producidas en los saldos de moneda extranjera. (Hacienda.)

JUNIO

Día 6 Orden de 20 de mayo de 1972 por la que se dispone la publicación de la tasa «Instituto Nacional de Denominaciones de Origen», Ley 25/1970, de 2 de diciembre. (Hacienda.)

Día 14 Corrección de errores de la Orden de 24 de abril de 1972, regulando el procedimiento de aplicación de los beneficios fiscales a la concentración e integración de empresas, previstos en el Decreto 2.910/1971, de 25 de noviembre. (Hacienda.)

JULIO

Día 13 Orden de 26 de junio de 1972 por la que se restablece el régimen de evaluación global por períodos anuales para las actividades a que se refiere la de 19 de noviembre de 1966. (Hacienda.)

Día 25 Orden de 13 de julio de 1972 por la que se desarrolla el Decreto 551/1972, de 24 de febrero, sobre inclusión en el coeficiente de inversión de determinados créditos concedidos a compradores extranjeros. (Hacienda.)

AGOSTO

Día 9 Orden de 28 de julio de 1972 por la que se regula el régimen de convenios fiscales con agrupaciones de contribuyentes. (Hacienda.)

SEPTIEMBRE

Día 29 Corrección de errores de la Orden de 28 de julio de 1972 regulando el régimen de Convenios Fiscales con Agrupaciones de contribuyentes. (Hacienda.)

OCTUBRE

Día 14 Orden de 10 de octubre de 1972 por la que se dictan normas para la elaboración y aprobación de las Ordenanzas Fiscales de Arbitrios Insulares, autorizados por Ley 30/1972, de 22 de julio, sobre régimen económico-fiscal de Canarias. (Hacienda.)

NOVIEMBRE

Día 11 Orden de 30 de septiembre de 1972 por la que se completa y modifica en parte la Orden ministerial de 13 de mayo de 1965 sobre Tarifas del Seguro Obligatorio de Responsabilidad Civil por el uso y circulación de vehículos de motor. (Hacienda.)

Día 16 Orden de 24 de octubre de 1972 por la que se establecen normas sobre la Desgravación Fiscal en las exportaciones de frutos y productos hortícolas vendidos en consignación. (Hacienda.)

Día 22 Resolución de la Dirección General del Tesoro y Presupuestos por la que se anuncian las series y los números de los títulos de la Deuda Amortizable del Estado al 5 por 100 anual, libre del Impuesto sobre las Rentas de Capital, emitida en virtud de las autorizaciones contenidas en la Ley 115/1969, de 30 de diciembre; Decreto 2.757/1971, de 11 de noviembre, y Orden de 13 de noviembre de 1971, a efectos de su contratación en las Bolsas de Comercio, con el fin de dar cumplimiento al artículo 24 del Reglamento de dichos organismos. (Hacienda.)

DICIEMBRE

Día 8 Orden de 19 de septiembre de 1972 por la que se crea la Sección de Inspección Financiera dentro de la Dirección General de Política Financiera del Ministerio de Hacienda. (Hacienda.)

Día 13 Decreto 3.357/1972, de 7 de diciembre, por el que se da nueva redacción al artículo 6.° del Decreto 1.255/1970, que reguló la desgravación fiscal a la exportación. (Hacienda.)

Día 15 Orden de 14 de diciembre de 1972 por la que se reglamenta la exacción parafiscal denominada derechos reguladores. (Presidencia del Gobierno.)

Precios y salarios

ENERO

Día 22 Decreto 3.360/1971, de 23 de diciembre, por el que se prorroga temporalmente la aplicación del cuadro de fórmulas-tipo generales de revisión de precios contenido en el anexo del Decreto 3.650/1970, de 19 de diciembre. (Presidencia del Gobierno.)

FEBRERO

Día 7 Decreto 180/1972, de 27 de enero, por el que se dispone la incorporación del presidente del FORPPA a la Comisión de Rentas y Precios. (Presidencia del Gobierno.)

Día 11 Orden de 28 de enero de 1972 sobre elevación de las tarifas del Seguro Voluntario de Automóviles. (Hacienda.)

Día 23 Orden de 18 de febrero de 1972 por la que se determinan los precios de compra de leche al ganadero en origen para toda España para el año lechero 1972-73. (Agricultura.)

MARZO

Día 9 Véase «Política Monetaria y de Crédito». Resolución de la Dirección General de Política Financiera.

Día 24 Decreto 622/1972, de 23 de marzo, fijando el salario mínimo interprofesional y las bases de cotización para la Seguridad Social. (Trabajo.)

Día 27 Decreto 637/1972, de 24 de marzo, por el que se crea con carácter transitorio una exención reguladora del precio del azúcar como consecuencia de su revalorización. (Hacienda.)

Día 28 Orden de 17 de marzo de 1972 por la que se establece el régimen de precios aplicables a determinados tipos de leche y se fijan los precios máximos de venta de las leches higienizadas y concentradas en las poblaciones donde exista el régimen de obligatoriedad de higienización de la leche destinada al abastecimiento público, en toda España, durante el año lechero 1972-73. (Presidencia del Gobierno.)

ABRIL

Día 22 Circular número 2/1972, de la Comisaría General de Abastecimientos y Transportes, sobre comercios y precios del azúcar. (Comercio.)

JUNIO

Día 17 Orden de 15 de junio de 1972 por la que se modifica el régimen de precios aplicables al pescado congelado. (Presidencia del Gobierno.)

Día 23 Decreto 1.577/1972, de 15 de junio, por el que se determinan los porcentajes de aumento de rentas a que se refiere la disposición transitoria decimoséptima de la Ley de Arrendamientos Urbanos. (Justicia.)

JULIO

Día 10 Decreto 1.715/1972, de 30 de junio, por el que se regulan diversos aspectos del comercio de ganado y carnes y se fijan los precios de intervención de las canales de bovino, ovino y porcino en la campaña 1972-73. (Presidencia del Gobierno.)

Día 15 Decreto 1.794/1972, de 13 de julio, por el que se modifica el artículo 6.° del Decreto 1.095/1962, de 22 de mayo, que regulaba los precios y condiciones de venta de las hullas, declarando la no aplicación de dicho artículo a las hullas obtenidas en explotaciones a cielo abierto. (Industria.)

Día 31 Decreto 2.060/1972, de 21 de julio, sobre tarifas portuarias. (Presidencia del Gobierno.)

AGOSTO

Día 21 Decreto 2.183/1972, de 18 de agosto, por el que se crea con carácter transitorio una exacción reguladora del precio de la harina y el trigo, como consecuencia de su revalorización. (Presidencia del Gobierno.)

SEPTIEMBRE

Día 30 Corrección de errores del Decreto 2.060/1972, de 21 de julio, sobre tarifas portuarias. (Presidencia del Gobierno.)

OCTUBRE

Día 14 Decreto 2.807/1972, de 15 de septiembre, por el que se regulan la publicidad y marcado de precios en la venta al público de artículos al por menor. (Comercio.)

Día 19 Orden de 17 de octubre de 1972 sobre aumento de las tarifas de transporte aéreo interior. (Aire.)

NOVIEMBRE

Día 4 Orden de 3 de noviembre de 1972 por la que se modifica el régimen de precios a determinados productos alimenticios. (Presidencia del Gobierno.)

Día 15 Decreto 3.084/1972, de 2 de noviembre, por el que se asignan a los gobernadores civiles determinadas facultades en materia de precios y se modifican la composición y funciones de las Comisiones Provinciales Delegadas de Precios. (Presidencia del Gobierno.)

DICIEMBRE

Día 5 Decreto 3.323/1972, de 30 de noviembre, que modifica el 3.084/1972, de 2 de noviembre, por el que se asignan a los gobernadores civiles determinadas facultades en materia de precios. (Presidencia del Gobierno.)

Día 13 Decreto 3.356/1972, de 30 de noviembre, por el que se modifica el régimen de precios en restaurantes, cafeterías, bares, cafés y similares. (Presidencia del Gobierno.)

Plan de Desarrollo

ENERO

Día 14 Orden de 11 de enero de 1972, complementaria de la de 23 de octubre de 1971, que resolvió el concurso convocado por la de 26 de diciembre de 1970 para la concesión de beneficios en los Polos de Desarrollo Industrial. (Presidencia del Gobierno.)

FEBRERO

Día 14 Orden de 12 de febrero de 1972, complementaria de la de 31 de julio de 1970, que resolvió el concurso de beneficios para las actividades que se establecieron en los Polos de Desarrollo Industrial. (Presidencia del Gobierno.)
Orden de 12 de febrero de 1972, complementaria de la de 23 de octubre de 1971, que resolvió el concurso de beneficios para las actividades que se establecieran en los Polos de Desarrollo Industrial. (Presidencia del Gobierno.)

MARZO

Día 7 Orden de 4 de marzo de 1972 por la que se resuelve la primera fase del concurso convocado por la de 7 de diciembre de 1971 para la concesión de beneficios en los Polos de Desarrollo Industrial. (Presidencia del Gobierno.)

ABRIL

Día 27 Orden de 25 de abril de 1972, complementaria de la de 4 de marzo de 1972, que resolvió la primera fase del concurso convocado por la de 7 de diciembre de 1971 para la concesión de beneficios en los Polos de Desarrollo Industrial. (Presidencia del Gobierno.)

MAYO

Día 11 Ley 22/1972, de 10 de mayo, de aprobación del III Plan de Desarrollo Económico y Social. (Jefatura del Estado.)
Día 12 Ley 22/1972, de 10 de mayo, aprobando el III Plan (continuación).
Día 13 Ley 22/1972, de 10 de mayo (continuación).
Día 15 Ley 22/1972, de 10 de mayo (conclusión). (Jefatura del Estado.)

JUNIO

Día 16 Decreto 1.541/1972, de 15 de junio, por el que se aprueba el texto refundido de la Ley del Plan de Desarrollo Económico y Social. (Presidencia del Gobierno.)

JULIO

Día 22 Orden de 21 de julio de 1972 por la que se resuelve la segunda fase del concurso convocado por la de 7 de diciembre de 1971

para la concesión de beneficios en los Polos de Desarrollo Industrial. (Presidencia del Gobierno.)
Decreto 2.012/1972, de 21 de julio, por el que se desarrolla el artículo 6.°, 2, del texto refundido de la Ley del Plan de Desarrollo Económico y Social. (Presidencia del Gobierno.)

Día 29 Corrección de errores del Decreto 1.541/1972, de 15 de junio, por el que se aprueba el texto refundido de la Ley del Plan de Desarrollo Económico y Social. (Presidencia del Gobierno.)

SEPTIEMBRE

Día 9 Decreto 2.309/1972, de 18 de agosto, por el que se aprueba el Programa para el Desarrollo Económico y Social de Tierra de Campos. (Presidencia del Gobierno.)

OCTUBRE

Día 30 Orden de 25 de octubre de 1972 por la que se resuelven favorablemente las solicitudes de determinadas empresas industriales acogidas a los beneficios del Plan Jaén. (Presidencia del Gobierno.)
Orden de 25 de octubre de 1972, complementaria de la de 21 de julio de 1972, que resolvió la segunda fase del concurso convocado por la de 7 de diciembre de 1971, para la concesión de beneficios en los Polos de Desarrollo Industrial. (Presidencia del Gobierno.)

NOVIEMBRE

Día 27 Orden de 24 de noviembre de 1972 por la que se convoca concurso para la concesión de beneficios en los Polos de Desarrollo Industrial. (Presidencia del Gobierno.)

Política administrativa

ENERO

Día 1 Orden de 6 de diciembre de 1971 por la que se crea la Comisión Nacional de Trabajo Femenino. (Trabajo.)

Día 8 Decreto 3.220/1971, de 24 de diciembre, por el que se aprueba la estructura orgánica del Instituto Nacional de Reforma y Desarrollo Agrario (IRYDA) (Agricultura.)

FEBRERO

Día 1 Véase «Política Agraria». Orden de 28 de enero de 1972.
Día 7 Decreto 185/1972, de 20 de enero, por el que se modifica la composición y funcionamiento del Patronato para el Fomento del Principio de Igualdad de Oportunidades. (Educación y Ciencia.)

MARZO

Día 26 Orden de 29 de febrero de 1972 por la que se aprueba la Ordenanza Laboral para las Recaudaciones de Contribuciones de Impuestos del Estado. (Trabajo.)

ABRIL

Día 7 Orden de 25 de marzo por la que se regula el régimen de constitución y funcionamiento de la Junta Consultiva del Crédito Oficial. (Hacienda.)
Día 10 Decreto 807/1972, de 23 de marzo, por el que se establecen la forma y plazos para la incorporación de las Asociaciones Económicas a la Organización Sindical. (Presidencia del Gobierno.)
Día 13 Orden de 5 de abril de 1972 determinando competencias en materia de industrias agrarias. (Agricultura.)
Orden de 5 de abril de 1972 prorrogando el plazo para la presentación de solicitudes de legalización de determinadas industrias agrarias. (Agricultura.)
Día 14 Decreto 889/1972, de 13 de abril, por el que se regulan las retribuciones complementarias de los funcionarios de la Administración Civil del Estado. (Hacienda.)
Día 17 Orden de 25 de marzo de 1972 por la que se soluciona el Acuerdo del Congreso Sindical sobre la estructura de los Servicios Centrales de la Organización Sindical. (Organización Sindical.)
Día 18 Orden de 11 de abril de 1972, por la que se desarrolla el Decreto 837/1972, de 23 de marzo, que aprobó la estructura orgánica del Servicio de Extensión Agraria. (Agricultura.)
Día 21 Orden de 29 de febrero de 1972 modificando diversos artículos de las de 2 de enero de 1971, que regulan, respectivamente, la composición, competencia y funciones de los Organos de Gobierno y los Servicios Centrales del Instituto Social de la Marina. (Trabajo.)

MAYO

Día 3 Orden de 28 de abril de 1972 por la que se desarrolla el Decreto 2.682/1971, de 4 de noviembre, que reorganizó el Ministerio de Obras Públicas. (Obras Públicas.)

Día 8 Corrección de errores del Decreto 2.396/1971, de 13 de agosto, aprobando el Reglamento de Cooperación. (Trabajo.)

Día 11 Orden de 6 de mayo de 1972, complementaria de la de 27 de marzo, sobre estructura orgánica del Instituto Nacional para la Conservación de la Naturaleza (ICONA). (Presidencia del Gobierno.)

Día 20 Orden de 2 de mayo de 1972 por la que se dispone la formación del Directorio de empresarios agrarios que servirá de base al censo agrario de 1972. (Presidencia del Gobierno.)

Día 22 Decreto 1.281/1972, de 20 de abril, por el que se aprueba la estructura orgánica del Instituto Nacional de Investigaciones Agrarias (I. N. I. A.). (Agricultura.)

Día 23 Orden de 27 de abril de 1972 sobre transformación de los actuales centros de formación profesional industrial. (Educación y Ciencia.)

Día 26 Decreto 1.305/1972, de 10 de mayo, por el que se reorganizan determinados servicios de la Subsecretaría del Ministerio de Hacienda. (Hacienda.)

JUNIO

Día 1 Orden de 25 de mayo de 1972 en la que se desarrolla el Decreto 838/1972, de 24 de marzo, que aprobó la estructura orgánica del Servicio Nacional de Productos Agrarios (S. E. N. P. A.). (Agricultura.)

Orden de 25 de mayo que complementa el Decreto 1.281/1972, de 20 de abril, que establece la estructura orgánica del Instituto Nacional de Investigaciones Agrarias. (Agricultura.)

Día 5 Corrección de errores de la Orden de 28 de abril de 1972 por la que se desarrolla el Decreto 2.782/1971, de 4 de noviembre, que reorganizó el Ministerio de Obras Públicas. (Obras Públicas.)

Día 7 Decreto 1.383/1972, de 18 de mayo, modificando los artículos 153 y 166 de la Ley de Procedimiento Laboral, texto refundido, aprobado por Decreto 909/1966, de 21 de abril. (Trabajo.)

Decreto 1.385/1972, de 5 de mayo, aprobando la estructura orgánica del Instituto Nacional de Denominaciones de Origen. (Agricultura.)

Día 9 Orden de 8 de junio de 1972 por la que se desarrolla el Decreto 2.684/1971, de 5 de noviembre, en cuanto se refiere a los Servicios Regionales del Departamento. (Agricultura.)

Día 10 Orden de 7 de junio de 1972 por la que se aprueban las Normas de Organización y Funcionamiento para llevar a cabo el Censo Agrario de España 1972. (Presidencia del Gobierno.)

Día 12 Decreto 1.450/1972, de 2 de junio por el que se actualiza la composición de la Comisión Permanente de Dirección del Plan de Obras, Colonización, Industrialización y Electrificación de la provincia de Jaén y de su Comité de Coordinación y Gestión. (Presidencia del Gobierno.)

Día 13 Corrección de errores del Decreto 807/1972, de 23 de marzo, estableciendo la forma y plazos para la incorporación de las Asociaciones Económicas a la Organización Sindical. (Presidencia del Gobierno.)

Día 14 Orden de 8 de junio de 1972 por la que se desarrolla el Decreto 1.385/1972, de 5 de mayo, aprobando la estructura orgánica del Instituto Nacional de Denominaciones de Origen. (Agricultura.)

Día 17 Resolución de la Secretaría General Técnica por la que se regula la incorporación de empresas agrarias a la Red Contable Agraria Nacional. (Agricultura.)

Día 23 Orden de 15 de junio de 1972 sobre clasificación de las Delegaciones de Hacienda. (Hacienda.)

Decreto 1.579/1972 por la que se desarrolla el Decreto de 15 de junio sobre reorganización del Ministerio de Trabajo. (Trabajo.)

Día 28 Orden de 16 de junio de 1972 por la que se desarrolla el Decreto de 15 de junio de 1972 y se reorganizan otros Servicios del Ministerio. (Gobernación.)

JULIO

Día 4 Decreto-Ley 4/1972, de 30 de junio, por el que se modifica la administración institucional del Ministerio de la Vivienda y se recomienda al Gobierno la reestructuración de dicho Departamento. (Jefatura del Estado.)

Día 8 Decreto 1.713/1972, de 30 de junio, de reorganización del Ministerio de Industria. (Industria.)

Día 20 Decreto 1.994/1972, de 13 de julio, por el que se modifica la estructura orgánica del Ministerio de la Vivienda. (Vivienda.)

Día 24 Ley 30/1972, de 22 de julio, sobre Régimen Económico-Fiscal de Canarias. (Jefatura del Estado.)

AGOSTO

Día 9 Decreto 2.121/1972, de 21 de julio, aprobando el Estatuto de la Caja Postal de Ahorros.

Día 28 Orden de 1 de julio de 1972 dictando normas de desarrollo para la aplicación del Decreto 807/1972 sobre incorporación de las Asociaciones Económicas a la Organización Sindical. (Organización Sindical.)

Día 31 Decreto 2.059/1972, de 21 de julio, sobre reorganización del sector de exportación de frutos cítricos. (Presidencia del Gobierno.)

SEPTIEMBRE

Día 19 Decreto 2.348/1972, de 18 de agosto, por el que se atribuyen a la Dirección General de Empleo las funciones conferidas a la Dirección General del Trabajo sobre reestructuración de la industria textil algodonera. (Presidencia del Gobierno.)

Día 29 Decreto 2.563/1972, de 15 de septiembre, por el que se suprime el servicio de Inspección de la Disciplina del Mercado y se crea la Subdirección General de la Disciplina del Mercado de la Dirección General de Comercio Interior. (Presidencia del Gobierno.)

OCTUBRE

Día 2 Orden de 9 de septiembre de 1972 desarrollando el Decreto 1.579/1972, de 15 de junio, sobre reorganización del Ministerio de Trabajo, en cuanto se refiere a la organización de la administración provincial del Ministerio de Trabajo. (Trabajo.)

Día 11 Orden de 7 de octubre de 1972 por la que se desarrolla el Decreto 1.713/1972, de 30 de junio, sobre reorganización del Ministerio de Industria. (Industria.)

Día 23 Decreto 2.847/1972, de 11 de octubre, por el que se modifica la composición de la Comisión de Rentas y Precios. (Presidencia del Gobierno.)

Orden de 19 de octubre de 1972 por la que se desarrolla el Decreto 1.994/1972, de 13 de julio, que modificó la estructura orgánica del Ministerio de la Vivienda. (Vivienda.)

NOVIEMBRE

Día 1 Orden de 21 de octubre de 1972 por la que se crea la Comisión Permanente en los Congresos Nacionales de Comunidades de Regantes. (Obras Públicas.)

Día 3 Orden de 2 de noviembre de 1972 por la que se crea la Comisión para la elaboración del Plan Nacional de Vías Provinciales. (Presidencia del Gobierno.)

Día 15 Decreto 3.095/1972, de 9 de noviembre, sobre régimen de las Organizaciones Provinciales Sindicales. (Organización Sindical.)

DICIEMBRE

Día 1 Orden de 22 de noviembre de 1972 sobre coordinación estadística. (Educación y Ciencia.)

Día 4 Orden de 31 de octubre de 1972 por la que se modifica la composición de la Subcomisión de Precios de la Comisión de Rentas y Precios, aumentando en dos nuevos vocales el número de sus componentes. (Presidencia del Gobierno.)
Orden de 30 de noviembre de 1972 por la que se crea la Comisión para la elaboración del Plan Nacional de Electrificación Rural. (Presidencia del Gobierno.)
Decreto 3.300/1972, de 16 de noviembre, por el que se modifica el Decreto 3.220/1971, de 23 de diciembre, en lo que respecta a la composición de la Comisión Permanente del Consejo del Instituto Nacional de Reforma y Desarrollo Agrario. (Agricultura.)

Política social y de educación

ENERO

Día 1 Corrección de errores de la Orden de 22 de noviembre de 1971, determinando la composición y régimen de funcionamiento de las Comisiones de Empleo y Promoción Social, según determina el Decreto 799/1971.

Día 4 Orden de 20 de diciembre de 1971 regulando el procedimiento en los expedientes de autorización de aperturas de centros de trabajo. (Trabajo.)

Día 26 Véase «Política fiscal». Resolución de la Dirección General de Impuestos sobre la aplicación de la Ley 25/1971.

Día 27 Orden de 8 de enero de 1972 por la que se prorroga el X Plan de Inversiones del Fondo Nacional de Protección al Trabajo de 1971 y normas generales para su aplicación. (Trabajo.)

FEBRERO

Día 7 Resolución de la Dirección General de Trabajo por la que se aprueba la norma de obligado cumplimiento para las entidades bancarias de carácter privado. (Trabajo.)

Día 22 Resolución de la Dirección General de la Seguridad Social facultando al Instituto Español de Emigración para representar a los trabajadores españoles en régimen legal de emigración, a efectos de las solicitudes de los beneficios de familias numerosas. (Trabajo.)
Resolución de la Dirección General de la Seguridad Social ampliando el plazo a que se refiere el número 2 de la disposición transitoria 5.ª de la Orden de 24 de septiembre de 1970, por la

que se dictan normas para la aplicación y desarrollo del Régimen Especial de la Seguridad Social de los trabajadores por cuenta propia o autónomos, según la redacción dada a la misma por Orden de 28 de julio de 1971. (Trabajo.)

Día 25 Decreto 379/1972, de 24 de febrero, sobre enseñanzas de Formación Profesional de carácter agrario. (Presidencia del Gobierno.)

Día 28 Decreto 383/1972, de 10 de febrero, prorrogando el plazo establecido en la disposición transitoria del Decreto 2.566/1971, de 13 de agosto, sobre Seguridad Social de los socios trabajadores de cooperativas de producción. (Trabajo.)

Día 29 Orden de 14 de febrero de 1972 sobre formación profesional de trabajadores emigrantes. (Trabajo.)

MARZO

Día 7 Orden de 29 de febrero de 1972 por la que se amplía hasta los cuarenta y cinco años el límite de edad aplicable a los subnormales. (Trabajo.)

Día 9 Orden de 29 de febrero de 1972 por la que se dictan normas para la liquidación provisional y anticipo de las cantidades que han de aportarse para el sostenimiento del servicio común de la Seguridad Social Fondo Compensador de Accidentes de Trabajo y Enfermedades Profesionales. (Trabajo.)

Día 11 Orden de 2 de marzo de 1972 fijando el coeficiente que deben aportar las entidades y organismos obligados al sostenimiento del servicio común de la Seguridad Social, constituido por las Comisiones Técnicas Calificadoras para el ejercicio económico de 1971. (Trabajo.)

Día 24 Véase «Precios y Salarios». Decreto 622/1972.
Orden de 3 de marzo de 1972 sobre Régimen General de Ayudas. (Educación y Ciencia.)

Día 26 Véase «Política administrativa». Orden de 29 de febrero de 1972.

Día 27 Decreto 638/1972 por el que se regula la repatriación de los españoles emigrados. (Trabajo.)

Día 28 Orden de 18 de marzo de 1972 disponiendo que por el Patronato del Fondo Nacional de Protección al Trabajo se ponga en ejecución el XI Plan de Inversiones para el ejercicio de 1972 y normas generales para su aplicación. (Trabajo.)

Día 31 Decreto 700/1972, de 24 de marzo, sobre prórroga de la vigencia de los tipos de cotización a distintos regímenes de la Seguridad Social hasta el 30 de junio de 1972. (Trabajo.)

ABRIL

Día 6 Orden de 25 de marzo de 1972 asimilando a los correspondientes grupos de la Tarifa de Bases de Cotización al Régimen General de la Seguridad Social diversas categorías profesionales recogidas en el Reglamento Nacional de Trabajo en las Empresas de Publicidad de 23 de abril de 1971. (Trabajo.)

Día 19 Orden de 10 de abril de 1972 por la que se modifica el número 2 del artículo 3.º de la Orden de 21 de abril de 1967, estableciendo las normas para la aplicación y desarrollo de la asistencia social en el Régimen General de la Seguridad Social. (Trabajo.)

Día 21 Corrección de errores del Decreto 638/1972, de 9 de marzo, sobre repatriación de los emigrados españoles. (Trabajo.)
Véase «Política administrativa». Orden de 29 de febrero de 1972.

MAYO

Día 2 Decreto 1.094/1972, de 20 de abril, regulando el transporte de emigrantes. (Trabajo.)

Día 3 Orden de 21 de abril de 1972 modificando el artículo 10 de la Orden de 13 de octubre de 1967 por la que se establecen normas para la aplicación y desarrollo de la prestación por incapacidad laboral transitoria en el Régimen General de la Seguridad Social. (Trabajo.)

Día 29 Corrección de errores del Decreto 1.094/1972, de 20 de abril, regulando el transporte de emigrantes. (Trabajo.)

JUNIO

Día 7 Véase «Política administrativa». Decreto 1.383/1972.

Día 22 Ley 24/1972, de 21 de junio, de financiación y perfeccionamiento de la acción protectora del Régimen General de la Seguridad Social. (Jefatura del Estado.)

Día 28 Decreto 1.645/1972, de 23 de junio, para la aplicación de la ley 24/1972, de 21 de junio, en materia de cotización del Régimen General de la Seguridad Social. (Trabajo.)
Decreto 1.646/1972, de 23 de junio, para la aplicación de la Ley 24/1972, de 21 de junio, en materia de prestaciones del Régimen General de la Seguridad Social. (Trabajo.)

JULIO

Día 4 Orden de 1 de julio de 1972 por la que se dispone la mejora de pensiones del sistema de la Seguridad Social. (Trabajo.)

Día 5 Orden de 30 de junio de 1972 por la que se establece la escala de normalización de las bases de cotización prevista en el número 1 del artículo 5.º del Decreto 1.645/1972. (Trabajo.)
Orden de 30 de junio de 1972 distribuyendo los tipos de cotización

al Régimen General de la Seguridad Social, establecidos o previstos en el Decreto 1.645/1972, de 23 de junio. (Trabajo.)

Día 7 Orden de 30 de junio de 1972 dictando normas de aplicación y desarrollo del Decreto 1.645/1972. (Trabajo.)

Día 31 Orden de 7 de julio de 1972 por la que se aplaza hasta el 1 de enero de 1973 la aplicación de la cuota sindical sobre la base complementaria del Régimen General de la Seguridad Social. (Organización Sindical.)

AGOSTO

Día 8 Orden de 21 de julio de 1972 por la que se desarrolla el Decreto 1.094/1972, de 20 de abril, regulando el transporte de los emigrantes. (Trabajo.)

Día 11 Orden de 31 de julio de 1972 por la que se dictan normas de aplicación y desarrollo del Decreto 1.646/1972, de 23 de junio, en materia de prestaciones del Régimen General de la Seguridad Social. (Trabajo.)

Día 16 Orden de 7 de agosto de 1972 estableciendo la base mínima de cotización al Régimen Especial de la Seguridad Social para los trabajadores por cuenta propia o autónoma. (Trabajo.)

Día 29 Orden de 19 de agosto de 1972 por la que se dispone que por el Patronato del Fondo Nacional de Protección al Trabajo se ponga en ejecución el Plan Complementario al XI Plan de Inversiones para el ejercicio de 1972. (Trabajo.)

SEPTIEMBRE

Día 11 Orden de 29 de julio de 1972 por la que se determina la cuota correspondiente por cada jornada teórica a efectos del pago de la cuota empresarial en el Régimen Especial Agrario de la Seguridad Social durante el año 1972. (Trabajo.)

Orden de 25 de agosto de 1972 por la que se fracciona el pago de la cuota empresarial de la Seguridad Social Agraria correspondiente al ejercicio de 1972. (Trabajo.)

Día 16 Corrección de errores de la Orden de 31 de julio de 1972 dictando normas de aplicación y desarrollo del Decreto 1.646/1972, de 23 de junio.

Día 28 Orden de 18 de septiembre de 1972 regulando la concesión de créditos laborales por las Mutualidades Laborales de Trabajadores Autónomos de la Seguridad Social. (Trabajo.)

NOVIEMBRE

Día 7 Orden de 23 de octubre de 1972 por la que se da nueva redacción al número 1 del artículo 21 de la Orden de 13 de octubre de 1967, por la que establecen normas para la aplicación y desarrollo de la prestación por incapacidad laboral transitoria en el Régimen General de la Seguridad Social. (Trabajo.)

Día 15 Decreto 3.090/1972, de 2 de noviembre, sobre política de empleo. (Trabajo.)

Decreto 3.088/1972, de 19 de octubre, sobre aplicación paulatina de los períodos mínimos de cotización en el régimen especial de la Seguridad Social de los trabajadores por cuenta propia o autónomos. (Trabajo.)

Decreto 3.091/1972, de 2 de noviembre, por el que se modifica el Decreto 2.766/67, de 16 de noviembre, sobre prestaciones de asistencia sanitaria y ordenación de los servicios médicos en el Régimen General de la Seguridad Social. (Trabajo.)

Día 18 Resolución de la Dirección General de la Seguridad Social por la que se dispensan del recargo por demora las liquidaciones de los trabajadores autónomos afectados por la modificación de la fase mínima de cotización dispuesta en la Orden de 7 de agosto de 1972. (Trabajo.)

DICIEMBRE

Día 11 Orden de 17 de noviembre de 1972 por la que se pone en ejecución el Plan de Inversiones del Fondo Nacional de Asistencia Social. (Gobernación.)

Día 18 Orden de 7 de diciembre de 1972 sobre estructura y competencia de la Comisión Nacional de Empleo. (Trabajo.)

Política agraria

ENERO

Día 4 Véase «Política comercial». Resolución de la Secretaría General Técnica por la que se reglamenta la composición y funcionamiento de las Juntas Locales de Rendimiento de Aceituna de Almazara para la campaña oleícola 1971-72.

Orden de 29 de diciembre de 1971, prorrogando el plazo para solicitar los beneficios de la acción concertada para la producción de ganado vacuno de carne hasta que entre en vigor la ley sobre aprobación y ejecución del III Plan de Desarrollo Económico y Social. (Agricultura.)

Día 24 Decreto 73/1972, de 13 de enero, por el que se complementa el de 13 de agosto de 1971, que regula la campaña vínico-alcoholera 1971-72. (Presidencia del Gobierno.)

FEBRERO

Día 1 Orden de 28 de enero de 1972, desarrollando el Decreto 3.220/1971, de 23 de diciembre, que aprobó la estructura orgánica del Instituto Nacional de Reforma y Desarrollo Agrario (IRYDA). (Agricultura.)

Día 23 Orden de 10 de febrero de 1972 por la que se desarrolla el Decreto 421/1971, de 18 de febrero, sobre mercados en origen de productos agrarios en comarcas o zonas de actuación del Instituto Nacional de Reforma y Desarrollo Agrario. (Agricultura.)

Día 28 Decreto 386/1972, de 10 de febrero, por el que se prorroga el plazo de solicitud de beneficios a empresas comprendidas en sectores industriales agrarios de interés preferente. (Agricultura.)

MARZO

Día 4 Véase «Política comercial». Circular número 1/1972.

Día 11 Orden de 3 de marzo de 1972 por la que se aprueba la convocatoria para el cultivo del tabaco durante la campaña 1972-73. (Agricultura.)

Día 27 Decreto 633/1972, de 24 de marzo, por el que se regula la campaña azucarera. (Presidencia del Gobierno.)

Día 28 Véase «Precios y salarios». Orden de 17 de marzo de 1972.
Véase «Política comercial». Orden de 20 de marzo de 1972.

ABRIL

Día 11 Decreto 835/1972, de 23 de marzo, por el que se aprueba el Reglamento de la Ley 25/1970 «Estatuto de la Viña, del Vino y de los Alcoholes». (Presidencia del Gobierno.)
Véase «Política comercial». Decreto 836/1972.

Día 13 Véase «Política administrativa». Ordenes de 5 de abril de 1972.

Día 14 Corrección de errores de la Orden de 9 de diciembre de 1971 por la que se determina la Tabla de Derogaciones y Vigencias de Disposiciones referentes al Estatuto de la Viña, del Vino y de los Alcoholes. (Presidencia del Gobierno.)

Día 18 Véase «Política administrativa». Orden de 11 de abril de 1972.

Día 22 Véase «Precios y salarios». Circular número 2/1972.

Día 24 Decreto 1.010/1972, de 13 de abril, sobre reconversión y reestructuración productiva del olivar. (Agricultura.)

Día 28 Decreto 1.064/1972, de 27 de abril, por el que se aprueba el proyecto para la realización del Censo Agrario. (Presidencia del Gobierno.)

Día 29 Orden de 28 de marzo de 1972 por la que se modifica y se simplifica la tramitación de la Cartilla Ganadera. (Agricultura.)

MAYO

Día 9 Orden de 26 de abril de 1972 por la que se dan normas para el cumplimiento y desarrollo de lo dispuesto en el Decreto 1.010/1972, de 13 de abril, sobre reconversión y reestructuración productiva del olivar. (Agricultura.)

Día 10 Véase «Política comercial». Orden de 27 de abril de 1972.

Día 11 Orden de 4 de mayo de 1972 regulando la campaña de producción de seda 1972. (Agricultura.)

Día 20 Véase «Política administrativa». Orden de 2 de mayo de 1972.

Día 23 Orden de 10 de mayo de 1972, concediendo subvenciones a las empresas agrarias colaboradoras de la Secretaría General Técnica. (Agricultura.)

Día 29 Véase «Política comercial». Decreto 1.313/1972.

JUNIO

Día 10 Véase «Política administrativa». Orden de 7 de junio de 1972.

Día 17 Véase «Política administrativa». Resolución de la Secretaría General Técnica.

JULIO

Día 5 Decreto 1.687/1972, de 15 de junio, sobre roturación de montes o terrenos forestales para su cultivo agrícola. (Agricultura.)

Día 10 Véase «Precios y salarios». Decreto 1.715/1972.

Día 13 Orden de 30 de junio de 1972, que modifica la de junio de 1970 sobre asistencia técnica y económica del Ministerio de Agricultura a determinadas empresas agrarias. (Agricultura.)

Día 24 Ley 29/1972, de 22 de julio, de Agrupaciones de Productores Agrarios. (Jefatura del Estado.)

Día 28 Decreto-Ley 6/1972, de 21 de julio, por el que se prorroga por seis meses el plazo concedido al Gobierno por la Ley 35/1971, de 21 de julio, para promulgar un nuevo texto legal, bajo el título de Ley de Reforma y Desarrollo Agrario. (Jefatura del Estado.)

AGOSTO

Día 19 Véase «Política comercial». Orden de 11 de agosto de 1972.

Día 22 Véase «Política comercial». Decreto 2.195/1972 y Decreto 2.196/1972.

SEPTIEMBRE

Día 20 Decreto 2.392/1972, de 18 de agosto, sobre ordenación de industrias agrarias de interés preferente. (Agricultura.)

Decreto 2.394/1972, de 18 de agosto, modificando el 409/1971, de 11 de marzo, por el que se extienden a todo el territorio nacional determinados beneficios de los que se conceden en las comarcas de Ordenación Rural. (Agricultura.)

Decreto 2.395/1972, de 18 de agosto, por el que se regula el régimen de autorizaciones para nuevas plantaciones, replantaciones, sustituciones de viñedo y reposiciones de marras durante la campaña de 1972-73. (Agricultura.)

Día 27 Resolución de la Dirección General de la Producción Agraria por la que se dictan normas complementarias al Decreto 2.395/1972 sobre el régimen de autorizaciones para nuevas plantaciones, sustituciones de viñedo y reposición de marras durante la campaña 1972-73. (Agricultura.)

OCTUBRE

Día 9 Decreto-Ley 8/1972, de 5 de octubre, por el que se prorrogan determinados arrendamientos rústicos protegidos. (Jefatura del Estado.)

Día 24 Orden de 7 de octubre de 1972 sobre concesión de subvenciones para fomento de la mecanización agrícola durante el cuatrienio 1972-75. (Agricultura.)

Día 31 Circular número 72 del Servicio de la Patata de Siembra, del Instituto Nacional de Semillas y Plantas de Vivero, por la que se dictan normas que han de regir el comercio de la patata de siembra en la campaña. (Agricultura.)

NOVIEMBRE

Día 7 Orden de 27 de octubre de 1972 sobre aplicación de subvenciones a las replantaciones y plantaciones intercalares de agrios en la campaña de aplicación 1972/73. (Agricultura.)

DICIEMBRE

Día 4 Resolución del Instituto Nacional de Reforma y Desarrollo Agrario sobre la tramitación de los reintegros de los préstamos. (Agricultura.)

Política industrial

FEBRERO

Día 25 Decreto 380/1972, de 24 de febrero, por el que se prorroga la vigencia del Plan de Reestructuración de la Industria Textil Algodonera. (Presidencia del Gobierno.)
Decreto 381/1972, de 24 de febrero, por el que se prorroga el plazo de solicitud de beneficios en zonas de preferente localización industrial. (Presidencia del Gobierno.)

MARZO

Día 9 Véase «Política monetaria y de crédito». Corrección de errores de la Orden de 18 de febrero de 1972.

Día 23 Orden de 13 de marzo de 1972 relativa a los certificados del Ministerio de Industria, previstos a los efectos del Decreto-Ley 18/1971, de 1 de diciembre, sobre apoyo fiscal a la inversión. (Industria.)

JUNIO

Día 12 Véase «Política administrativa». Decreto 1.450/1972.

JULIO

Día 29 Orden de 17 de julio por la que se aprueba la revisión del Plan Eléctrico Nacional. (Industria.)

OCTUBRE

Día 21 Orden de 17 de octubre de 1972 sobre fijación de capacidades de laminación en frío y constitución de la Comisión Coordinadora de la Siderurgia Integral. (Industria.)

Día 31 Orden de 21 de octubre de 1972 sobre admisión de solicitudes para acogerse a los beneficios de la acción concertada de la piel. (Industria.)

DICIEMBRE

Día 1 Orden de 23 de noviembre de 1972 por la que se dan normas para la aplicación del Decreto 1.384/1972, de 12 de mayo, sobre industrias de construcción de estructuras metálicas. (Industrias.)

Día 7 Decreto 339/1972, de 30 de noviembre, por el que se regula la fabricación de automóviles de turismo en España. (Industria.)

Decreto 3.340/1972, de 30 de noviembre, por el que se modifica el Reglamento del Servicio Público de Suministro de Gas de 27 de enero de 1956. (Industria.)

Política comercial

ENERO

Día 4 Resolución de la Secretaría General Técnica por la que se reglamentan la composición y funcionamiento de las Juntas Locales de Rendimiento de la Aceituna de Almazara para la campaña oleícola. (Agricultura.)

Día 31 Decreto 107/1972, de 20 de enero, por el que se creó la Comisión Liquidadora de Créditos Oficiales a la Exportación. (Hacienda.)

Decreto 109/1972, de 27 de enero, por el que se modifica la disposición preliminar 5.ª del Arancel de Aduanas. (Comercio.)

Decreto 110/1972, de 27 de enero, por el que se modifica la disposición preliminar 1.ª del Arancel de Aduanas. (Comercio.)

FEBRERO

Día 7 Véase «Política fiscal». Decreto 183/1972.

Día 23 Véase «Política agraria». Orden de 10 de febrero de 1972.

MARZO

Día 4 Circular número 1/1972 de la Comisaría General de Abastecimientos y Transportes, por la que se modifican los artículos 4.º y 5.º de la circular 6/1971, de 10 de diciembre, reguladora de la campaña oleícola 1971-72. (Hacienda.)

Día 28 Orden de 20 de marzo de 1972 modificando la de 29 de marzo de 1971 y desarrollando el Decreto 2.916/1970 sobre ordenación de mercados en origen de productos agrarios. (Agricultura.)

Día 29 Orden de 21 de marzo de 1972 sobre concesión de créditos para financiación del capital circulante de las empresas exportadoras. (Hacienda.)

Día 30 Orden de 23 de marzo de 1972 regulando la forma y condiciones en que el Instituto de Crédito Oficial facilitará fondos al Banco Exterior de España para atender al crédito oficial en materia de exportación. (Hacienda.)

ABRIL

Día 3 Orden de 24 de marzo de 1972 modificando el último párrafo del número 2 de la Orden de 14 de julio de 1971 sobre devolución del canon satisfecho por la importación de materias primas de origen petrolífero. (Hacienda.)

Día 4 Condicionado de las pólizas de Seguro de Crédito a la Exportación. (Comercio.)

Día 11 Decreto 836/1972, de 24 de marzo, por el que se establecen nuevas normas para la producción de tabaco en rama con destino a la exportación. (Presidencia del Gobierno.)

MAYO

Día 18 Delimitación de sectores a efectos de la carta de exportador para el trienio 1973-75. (Comercio.)

Día 29 Decreto 1.313/1972, de 18 de mayo, por el que se regulan determinados aspectos del comercio y circulación de productos avícolas para la campaña 1972-73. (Presidencia del Gobierno.)

JUNIO

Día 14 Circular número 680 de la Dirección General de Aduanas, dando instrucciones para la aplicación en materia de aduanas del acuerdo entre España y la Comunidad Europea. (Hacienda.)

JULIO

Día 8 Resolución de la Dirección General de Exportación por la que se amplía la de 28 de abril de 1972, en la que se determinan los sectores de exportación a efectos de la Carta del Exportador a título individual para el trienio 1973-75. (Comercio.)

Día 10 Decreto 1.716/1972, de 30 de junio, por el que se establece el III Programa de la Red Frigorífica Nacional. (Presidencia del Gobierno.)

AGOSTO

Día 19 Orden de 11 de agosto de 1972 sobre normas reguladoras de comercio exterior de frutos cítricos. (Comercio.)

Día 22 Decreto 2.195/1972, de 18 de agosto, sobre normas complementarias de regulación de la campaña azucarera 1973-74. (Agricultura.)

Decreto 2.196/1972, de 18 de agosto, por el que se regula la campaña de cereales 1973-74. (Agricultura.)

Día 26 Decreto 2.257/1972, de 21 de julio, por el que se regula la normalización de productos agrícolas en el mercado interior. (Presidencia del Gobierno.)

SEPTIEMBRE

Día 16 Decreto 2.324/1972, de 21 de julio, por el que se regula la campaña vínico-alcoholera 1972/73. (Presidencia del Gobierno.)

Día 29 Véase «Política administrativa». Decreto 2.563/1972.

OCTUBRE

Día 5 Resolución de la Dirección General de Exportación por la que se desarrolla el contenido de las normas reguladoras de las exportaciones de frutos cítricos. (Comercio.)

Día 9 Decreto 2.693/1972, de 15 de septiembre, por el que se modifica el artículo 6.º del Decreto 3.052/1966, de 17 de noviembre, relativo a las competencias de las autoridades que se relacionan en el mismo para la imposición de multas por infracciones administrativas en materia de disciplina del mercado. (Comercio.)

Decreto 2.696/1972, de 15 de septiembre, dictando normas para la regulación de márgenes comerciales. (Comercio.)

Día 23 Orden de 19 de octubre sobre otorgación de Carta de Exportador de primera categoría a empresas exportadoras de libros. (Presidencia del Gobierno.)

Día 26 Orden de 19 de octubre de 1972 regulando las operaciones de compraventa entre empresas nacionales que tengan concedida la reposición para la importación con franquicia arancelaria. (Presidencia del Gobierno.)

Orden de 19 de octubre de 1972 regulando el sistema para realizar operaciones especiales de importación por cuenta ajena dentro del régimen de admisión temporal. (Presidencia del Gobierno.)

Día 31 Circular número 4/1972 de la Comisaría General de Abastecimientos y Transportes por la que se desarrolla el Decreto número 1.715/1972, de la Presidencia del Gobierno, que regula diversos aspectos del comercio de ganado y sus carnes en la campaña. (Comercio.)

NOVIEMBRE

Día 22 Resolución del F. O. R. P. P. A. por la que se dan normas para el cumplimiento de la entrega vínica obligatoria establecida para la campaña vínico-alcoholera 1972-73 (Agricultura).

Día 24 Decreto 3.221/1972, de 23 de noviembre, de regulación de las importaciones de productos alimenticios (Presidencia del Gobierno).

DICIEMBRE

Día 4 Decreto 3.299/1972, de 30 de noviembre, por el que se regula la campaña oleícola 1972-73 (Presidencia del Gobierno).

Día 15 Véase «Política Fiscal», Decreto 3.357/1972.

Día 16 Orden de 12 de diciembre de 1972 por la que se refunden y actualizan las disposiciones sobre regímenes de comercio aplicables a la importación de mercancías (Comercio).

Día 19 Circular número 5/1972 de la Comisaría General de Abastecimientos y Transportes por la que se dictan normas para el desarrollo del Decreto número 3.299/1972, de 30 de noviembre, regulador de la campaña oleícola 1972-73. (Comercio.)

Política de la vivienda

MARZO

Día 3 Decreto 458/1972, de 24 de febrero, sobre liberación de expropiaciones urbanísticas. (Vivienda.)

Día 6 Decreto 469/1972, de 24 de febrero, sobre simplificación de trámites para expedición de la Cédula de Habitabilidad. (Vivienda.)
Decreto 468/1972, de 17 de febrero, por el que se fija el valor tipo del coste de ejecución material en las viviendas de protección oficial. (Vivienda.)

Día 20 Corrección de erratas del Decreto 477/1972, de 4 de marzo, modificando los artículos 120, 126 y 127 del Reglamento de Viviendas de Protección Oficial, aprobado por Decreto 2.114/1968, de 24 de julio. (Vivienda.)

ABRIL

Día 1 Orden de 24 de marzo de 1972 por la que se determina el número de viviendas de protección oficial que podrán ser promovidas durante el año 1972 y se dictan normas para la selección de solicitudes, regulándose la tramitación de las mismas. (Vivienda.)

Día 3 Orden de 24 de marzo de 1972 sobre financiación de Viviendas de Protección Oficial del programa de construcción para el año 1972. (Hacienda.)

Día 15 Corrección de errores de la Orden de 24 de marzo de 1972, determinando el número de viviendas de protección oficial que podrán ser promovidas durante el año 1972 y se dictan normas para la selección de solicitudes, regulándose la tramitación de las mismas. (Vivienda.)

JUNIO

Día 23 Véase «Precios y salarios». Decreto 1.577/1972.

JULIO

Día 4 Véase «Política administrativa». Decreto-ley 4/1972.

AGOSTO

Día 5 Véase «Política monetaria y de crédito». Orden de 29 de julio de 1972.

OCTUBRE

Día 23 Véase «Política administrativa». Orden de 19 de octubre de 1972.

Política turística

MARZO

Día 6 Decreto 467/1972, de 17 de febrero, por el que se extiende a los municipios de las costas cantábrica y gallega la aplicación del Decreto 3.787/1970, de 19 de diciembre, sobre requisitos mínimos de infraestructura en los alojamientos turísticos. (Información y Turismo.)

ABRIL

Día 2 Decreto 1.095/1972, de 13 de abril, por el que se modifica el artículo 3.º del Decreto 3.050/1970, de 24 de julio, que regula la Comisión Interministerial de Turismo. (Información y Turismo.)

JULIO

Día 6 Orden de 28 de junio por la que se dictan normas para la emisión de informes a que se refieren los apartados *b)* y *c)* del párrafo 2.º del artículo 11 del Decreto 3.787/1970, de 19 de diciembre, sobre requisitos mínimos de infraestructura en los alojamientos turísticos. (Presidencia del Gobierno.)

Política de obras públicas y transportes

ENERO

Día 14 Orden de 31 de diciembre de 1971 aliviando temporalmente la aplicación de la Orden de 26 de abril de 1971 sobre cuantías del canon de coincidencia. (Obras Públicas.)

Día 11 Orden de 31 de diciembre de 1971 por la que se contingentan, con carácter provisional, las autorizaciones de transporte pesado por carretera para el año 1972. (Obras Públicas.)

FEBRERO

Día 7 Véase «Política monetaria y de crédito». Decreto 182/1972.

Día 22 Véase «Política monetaria y de crédito». Orden de 18 de febrero de 1972.

Día 25 Decreto 382/1972, de 18 de febrero, sobre normalización de la Renfe. (Obras Públicas.)

MARZO

Día 8 Corrección errores, Orden 18 de febrero de 1972.

Día 14 Orden de 29 de febrero de 1972 por la que se interpreta la de 31 de diciembre de 1971 sobre contingentación de autorizaciones. (Obras Públicas.)

Día 31 Orden de 2 de marzo de 1972 por la que se amplía la aplicación del aval a las fianzas definitivas en los contratos de obras del Estado. (Hacienda.)

ABRIL

Día 3 Véase «Política monetaria y de crédito». Orden de 24 de marzo de 1972.

Día 4 Orden de 24 de marzo de 1972 sobre transportes internacionales de viajeros por carretera. (Obras Públicas.)

Día 20 Corrección de errores de la Orden de 24 de marzo de 1972 sobre transportes internacionales de viajeros por carretera. (Obras Públicas.)

JUNIO

Día 12 Véase «Política administrativa». Decreto 1.450/1972.

JULIO

Día 6 Decreto 1.707/1972, de 30 de junio, por el que se establece la sustitución del delegado del Gobierno en las Sociedades Concesionarias de Autopistas de Peaje. (Obras Públicas.)

Día 7 Orden de 29 de junio de 1972 regulando el canon de coincidencia en los transportes internacionales de mercancías. (Obras Públicas.)
Orden de 30 de junio de 1972 por la que se establece la repercusión que representa el canon de coincidencia en las tarifas máximas y mínimas de los servicios discrecionales de transporte de mercancías por carretera. (Obras Públicas.)

Día 8 Orden de 5 de julio de 1972 por la que se contingentan las autorizaciones de servicios públicos discrecionales de transporte de mercancías por carretera de ámbito local. (Obras Públicas.)

Día 19 Decreto 1.968/1972, de 6 de julio, por el que se regulan diferentes modos de colaboración entre transportistas. (Obras Públicas.)

AGOSTO

Día 2 Véase «Política monetaria y de crédito». Ordenes de 31 de julio de 1972.

NOVIEMBRE

Día 15 Decreto 3.087/1972, de 2 de noviembre, por el que se crea el Servicio de Obras del Acueducto Tajo-Segura. (Obras Públicas.)

Día 17 Orden de 27 de octubre de 1972 por la que se determinan las cuantías que deben abonar por canon de coincidencia los vehículos dedicados al servicio público discrecional de transportes de viajeros por carretera, provisto de tarjetas V. D. con radio de acción limitado. (Obras Públicas.)
Orden de 27 de octubre de 1972 por la que se bonifica al canon de coincidencia a los vehículos españoles provistos de tarjetas V. D. que realicen transportes internacionales de viajeros. (Obras Públicas.)

VI.

APORTACION A LA BIBLIOGRAFIA SOBRE ECONOMIA ESPAÑOLA EN 1972

Introducción

Siguiendo la pauta ya marcada en los cuatro *Anuarios* precedentes (correspondientes a los años 1968, 1969, 1970 y 1971), se abre esta aportación a la bibliografía sobre economía española en 1971 con algunas consideraciones que pretenden explicitar nuevamente los criterios selectivos y ordenadores empleados en la confección del inventario bibliográfico que más adelante se contiene, haciendo referencia, al tiempo, a las innovaciones introducidas y a los nuevos instrumentos para un mejor conocimiento de las fuentes de documentación en España sobre temas de economía española.

Y también, como en otras ocasiones, la noticia de trabajos sobre economía española editados a lo largo de 1972 hemos de iniciarla necesariamente subrayando la importancia de la aparición de aquellas obras que, de una u otra forma, persiguen los mismos objetivos que esta «Aportación...». En 1972 destaca la labor llevada a cabo por el Centro de Información y Documentación Económica (C. I. D. E.), creado en octubre de 1970 por iniciativa de la Cámara de Comercio de Madrid en unión de un grupo importante de empresarios, y que cuenta con la colaboración del Servicio Nacional de Información Científica y Técnica, dependiente del Ministerio de Educación y Ciencia. El objetivo primordial del C. I. D. E. es el de mejorar y ampliar la información de las empresas, de las instituciones y de los particulares para aumentar la eficacia económica y el progreso social. Polariza su actuación hacia la creación de un gran centro de datos de información económica actual, seleccionada y de calidad, mediante el análisis y tratamiento por especialistas de toda la documentación económica, especialmente la que se produce en lengua castellana. Resultado de todo ello son dos modalidades de una misma publicación de un elevado interés:

1.º Desde julio de 1971 viene editando, con periodicidad quincenal, un *Indice de temas tratados en publicaciones de economía y y finanzas (I. N. C. I. D. E. quincenal)*, en donde se recopilan, previa selección, los títulos de los temas económicos contenidos en publicaciones periódicas —preferentemente revistas—, nacionales y extranjeras, dedicando especial atención a las revistas en lengua castellana.

2.º *I. N. C. I. D. E. quincenal* se complementa semestralmente, a partir de la segunda mitad de 1971, con un número especial *(I. N. C. I. D. E. semestral)*, en el que figuran, debidamente clasificados, por países o áreas económicas y por sectores o materias, los títulos recogidos en los números quincenales. Cada volumen semestral representa un esfuerzo de recopilación de indudable utilidad y de una extraordinaria magnitud, como lo pone de manifiesto el «Indice Alfabético de Publicaciones Consultadas» que incluye.

Pero si, en Madrid, hay que destacar en esta ocasión la labor del C. I. D. E., durante 1972 ha vuelto a ser también extraordinariamente intensa la actividad que ha desarrollado la Comisión Mixta de Coordinación Estadística, con sede en Barcelona, de cuyo origen y organización ya en el *Anuario* precedente se ofreció cumplida información. Cabe aquí sólo dar cuenta, por ello, de que, a lo largo de este último año, la C. M. C. E. ha ampliado su ya importante contribución al campo de la información estadística y bibliográfica a través, principalmente, de las siguientes publicaciones:

1.º La *2.ª Actualización 1972 de la Guía de Fuentes Estadísticas de España*, que comprende 113 fichas de nuevas publicaciones estadísticas, a incluir en los tomos de la edición inicial (1970) de la obra.

2.º Un tomo de *Indices de la Guía de Fuentes Estadísticas de España*, edición 1972, constituido por el conjunto de índices acumulados, correspondientes al total de publicaciones reseñadas y conteniendo la relación de organismos editores y sus publicaciones respectivas, y los índices alfabéticos de organismos editores, de publicaciones y de materias (revisado y con nueva presentación).

3.º Los primeros números del *Boletín Bibliográfico de Estadísticas de España*, de carácter mensual, concebido como medio a través del cual el Centro de Documentación de la C. M. C. E. (abierto al público desde enero de 1972) da a conocer el estado de sus colecciones y los flujos mensuales de entrada de publicaciones, bien sean números retrospectivos, bien números recientemente aparecidos, correspondientes en uno y otro caso a publicaciones cuya reseña conste en la edición de 1970 o en una de las dos *Actualizaciones de la Guía de Fuentes Estadísticas de España.*

Así, pues, tanto la C. M. C. E., en Barcelona, como el C. I. D. E., en Madrid —juntamente con el trabajo de otras entidades, como el Instituto Nacional del Libro Español y el Instituto Nacional de Estadística—, contribuyen a posibilitar la utilización de repertorios o inventarios de material bibliográfico sobre economía española: ayudar eficazmente a dicha tarea siguiendo también la finalidad del presente trabajo, que se adentra en un campo todavía poco cultivado entre nosotros, a pesar de las cada vez más numerosas aportaciones que vamos registrando puntualmente en cada volumen de esta serie de *Anuarios* de economía española.

* * *

El material bibliográfico que se incluye en los índices —por materias y por autores— de este capítulo se ha seleccionado y sistematizado de acuerdo con los criterios que a continuación se indican:

1. *Libros*

Dadas las dificultades que supone la inexistencia de completos y actualizados catálogos de publicaciones españolas —a pesar de los indudables avances que suponen algunos esfuerzos recientes—, la selección que aquí se contiene en los libros sobre economía aparecidos (por primera vez o en ediciones posteriores) en España durante 1972 se ha realizado —igual que en los *Anuarios* precedentes— exclusivamente sobre las publicaciones unitarias reseñadas en el Repertorio Bibliográfico que publica el I. N. L. E. mensualmente, dentro de la publicación *El libro español,* elaborado por Fidel Perrino y Carmen Falcón, repertorio que, notablemente mejorado a partir de enero de 1970, se sigue considerando como el más útil y completo de cuantos se han encontrado. De entre más de 1.000 títulos reseñados en dicha publicación del I. N. L. E. a lo largo del año *(El libro español,* enero 1972 a diciembre 1972) en los apartados de: 4) Sociología. Estadística; 5) Ciencias Políticas. Economía Política; 15) Ingeniería. Tecnología. Industria. Artes y Oficios; 16) Agricultura. Silvicultura. Ganadería. Caza y Pesca, y 23) Historia. Biografía, se han seleccionado finalmente e introducido en los índices bibliográficos 141 libros sobre diversos aspectos de la economía española.

Acerca de las publicaciones no seleccionadas, y del interés de algunas de ellas, se remite al lector a lo dicho en el Anuario de 1968: teniendo conciencia de las limitaciones de este trabajo, se considera básica la exigencia —para que el mismo resulte mínimamente válido— de atenerse, de forma permanente, a criterios objetivos y explicitables (véase, en el lugar indicado, lo referente a las publicaciones de organismos oficiales y entidades bancarias privadas).

Debe indicarse, por último, que en la referencia que se contiene de cada libro en el *Indice por materias* se hace constar, junto al lugar, fecha y entidad de la edición, el número de páginas del mismo, como cifra indicativa de la importancia material de la publicación.

2. *Revistas*

A partir de la actualización de la obra de Ramón Zabala Ramos (*La prensa económica en España,* Madrid, 1966), emprendida, con referencias propias, desde 1968, se ha trabajado, para la selección de artículos y comentarios editoriales aparecidos a lo largo de 1972, sobre 63 revistas, cuya noticia, con indicación de los números consultados de cada una, así como de los trabajos reseñados en los índices que siguen, se contiene en el *Indice de Revistas* consultadas que se transcribe a continuación:

Indice de revistas consultadas

Acción Empresarial (mensual, Madrid).

Consultada desde el núm. 12-13, enero-febrero 1972, hasta el número 23, diciembre 1972.
Núm. de artículos reseñados: 11.

Actualidad Económica (semanal, Madrid).

Consultada desde el núm. 720, 1 enero 1972, hasta el núm. 772, 30 diciembre 1972.
Núm. de artículos reseñados: 111.

Ahorro (trimestral, Madrid).

Consultada desde el núm. 62-63, julio-diciembre 1971, hasta el núm. 67, octubre-diciembre 1972.
Núm. de artículos reseñados: 10.

Alta Dirección (bimestral, Barcelona).

Consultada desde el núm. 41, enero-febrero 1972, hasta el núm. 46, noviembre-diciembre 1972.
Núm. de artículos reseñados: 13.

Anales de Economía (trimestral, Madrid, 3.ª época).

Consultada desde el núm. 10, abril-junio 1971, hasta el núm. 14, abril-junio 1972, y el volumen correspondiente a los números 5 a 8 enero-diciembre 1970.
Núm. de artículos reseñados: 13.

Anales del Instituto Nacional de Investigaciones Agrarias. Serie: Economía y sociología agrarias (no consta periodicidad, Madrid).

Consultado el núm. 1, correspondiente a 1971.
Núm. de artículos reseñados: 2.

A. S. P. A. (mensual, Madrid).

Consultada desde el núm. 96, diciembre 1971, hasta el núm. 107, noviembre 1972.
Núm. de artículos reseñados: 11.

Balance (quincenal, Madrid).

Consultada desde el núm. 426, 15 enero 1972, hasta el núm. 448, 15 diciembre 1972.
Núm. de artículos reseñados: 22.

Banca Catalana (trimestral, Barcelona).

Consultada desde el núm. 24, marzo 1972, hasta el núm. 26, septiembre 1972.
Núm. de artículos reseñados: 6.

Banca Española (mensual, Madrid).

Consultada desde el núm. 23, enero 1972, hasta el núm. 34, diciembre 1972.
Núm. de artículos reseñados: 21.

Boletín de Documentación del Fondo para la Investigación Económica y Social (trimestral, Madrid).

Consultado desde enero-marzo 1972, hasta julio-septiembre 1972.
Núm. de artículos reseñados: 7.

Boletín de Estudios Económicos (cuatrimestral, Bilbao).
Consultado desde el núm. 84, diciembre 1971, hasta el núm. 85, abril 1972.
Núm. de artículos reseñados: 2.

Boletín de Londres (bimensual, editado por el Banco de Bilbao en Londres).
Consultado desde el núm. 242, noviembre-diciembre 1971, hasta el núm. 246, septiembre-octubre 1972.
Núm. de artículos reseñados: 6.

Boletín del ilustre Colegio Nacional de Economistas (trimestral, Madrid).
El último núm. publicado corresponde al 1.er trimestre de 1971. (Núm. 69.)

Cambio 16 (semanal, Madrid).
Consultada desde el núm. 7, 3 enero 1972, hasta el núm. 55, 4 diciembre 1972.
Núm. de artículos reseñados: 73.

Cataluña económica (mensual, Barcelona).
Consultada desde el núm. 108, enero 1972, hasta el núm. 118, noviembre 1972.
Núm. de artículos reseñados: 8.

CEAM. Revista de Economía Industrial (bimensual, Barcelona).
Consultada desde el núm. 107, julio-agosto 1971, hasta el núm. 112, mayo-junio 1972.
Núm. de artículos reseñados: 5.

Ciudad y Territorio (trimestral, Madrid).
Consultada desde el núm. 1, enero-marzo 1972, hasta el núm. 3, julio-septiembre 1972.
Núm. de artículos reseñados: 3.

Crónica tributaria (no consta periodicidad, Madrid).
Consultados los núms. 1 y 2, 1972.
Núm. de artículos reseñados: 3.

De Economía (trimestral, Madrid).
Consultada desde el núm. 118, julio-septiembre 1971, hasta el número 120, enero-marzo 1972.
Núm. de artículos reseñados: 8.

Desarrollo (semanal, Madrid).
Consultado desde el núm. 360, 2 enero 1972, hasta el núm. 412, 24 diciembre 1972.
Núm. de artículos reseñados: 47.

Documentación Económica (trimestral, I. D. E., Madrid).
Consultados volúmenes 4.º de 1971 y 1.º, 2.º y 3.º de 1972.
Núm. de artículos reseñados: 5.

Economía Industrial (mensual, Madrid).
Consultada desde el núm. 97, enero 1972, hasta el núm. 105, septiembre 1972.
Núm. de artículos reseñados: 33.

Economía Mediterránea (mensual, Palma de Mallorca).
Consultada desde el núm. 1, octubre 1972, hasta el núm. 2, noviembre 1972.
Núm. de artículos reseñados: 5.

Economía Nacional e Internacional de la Empresa (Fomento del Trabajo Nacional, mensual, Barcelona).
Consultada desde el núm. 1.816, noviembre 1971, hasta el número 1.825, octubre 1972.
Núm. de artículos reseñados: 11.

Economía y Finanzas Españolas (mensual, Madrid).
Consultada desde el núm. 9, enero 1972, hasta el núm. 20, diciembre 1972.
Núm. de artículos reseñados: 17.

El Europeo (semanal, Madrid).
Consultado desde el núm. 417, 7 enero 1972, hasta el núm. 468, 29 diciembre 1972.
Núm. de artículos reseñados: 76.

El Financiero (mensual, Madrid).
Consultado desde el núm. 154, enero 1972, hasta el núm. 164, noviembre 1972.
Núm. de artículos reseñados: 6.

Estadística Española (trimestral, Madrid).
Consultada desde el núm. 52, julio-septiembre 1971, hasta el número 54, enero-marzo 1972, además del núm. conmemorativo de los XXV años de la Ley de Estadística, Madrid, 1971.
Núm. de artículos reseñados: 9.

Estudios Cooperativos (cuatrimestral, Madrid).

Consultada desde el núm. 24-25, mayo-diciembre 1971, hasta el número 26, enero-abril 1972.
Núm. de artículos reseñados: 1.

Estudios Económicos (mensual, Madrid).

Consultada desde el núm. 132, enero 1972, hasta el núm. 141, octubre 1972.
Núm. de artículos reseñados: 8.

Estudios Empresariales (cuatrimestral, San Sebastián).

Consultados los volúmenes 3.º de 1971 y 1.º y 2.º de 1972.
Núm. de artículos reseñados: 2.

Estudios Sindicales y Cooperativos (trimestral, Madrid).

Consultada desde el núm. 19, julio-septiembre 1971, hasta el número 20, octubre-diciembre 1971.
Núm. de artículos reseñados: 0.

Estudios Turísticos (trimestral, Madrid).

Consultada desde el núm. 32, octubre-diciembre 1971, hasta el número 35, julio-septiembre 1972.
Núm. de artículos reseñados: 3.

Hacienda Pública Española (no consta periodicidad, Madrid).

Consultada desde el núm. 14, 1972, hasta el núm. 19, 1972.
Núm. de artículos reseñados: 46.

Industrias Pesqueras (quincenal, Vigo).

Consultada desde el núm. 1.073, 1 de enero de 1972, hasta el número 1.096, 15 diciembre 1972.
Núm. de artículos reseñados: 15.

Información Comercial Española (mensual, Madrid).

Consultada desde el núm. 461, enero 1972, hasta el núm. 472, diciembre 1972.
Núm. de artículos reseñados: 49.

Informaciones Económicas (semanal, diario «Informaciones», Madrid).

Consultada desde el núm. 171, 8 enero 1972, hasta el núm. 222, 30 diciembre 1972.
Núm. de artículos reseñados: 96.

Innovación + Empresa (Revista del Instituto Nacional de Racionalización y Normalización, 2.ª época, mensual, Madrid).

Consultada desde el núm. 145, febrero 1972, hasta el núm. 152, octubre 1972.
Núm. de artículos reseñados: 5.

Mejora (trimestral, Madrid).

El último núm. publicado es el 64, correspondiente a septiembre de 1971.

Metal (mensual, Madrid).

Consultada desde el núm. 58, noviembre 1971, hasta el núm. 70, noviembre 1972.
Núm. de artículos reseñados: 8.

Moneda y Crédito (trimestral).

Consultada desde el núm. 119, diciembre 1971, hasta el núm. 121, junio 1972.
Núm. de artículos reseñados: 5.

Oilgas (mensual, Madrid).

Consultada desde el núm. 48, diciembre 1971, hasta el núm. 60, diciembre 1972.
Núm. de artículos reseñados: 16.

Panorama Económico (mensual, Madrid).

Consultado desde el núm. 64, enero 1972, hasta el núm. 74, noviembre 1972.
Núm. de artículos reseñados: 17.

Relaciones Financieras (mensual, Madrid).

Consultada desde el núm. 108, diciembre 1971, hasta el núm. 119, noviembre 1972.
Núm. de artículos reseñados: 2.

Revista Canaria de Economía (no consta periodicidad, Las Palmas de Gran Canaria).

Consultada desde el núm. 3, 2.º trimestre de 1972, hasta el núm. 4, 3.er trimestre de 1972.
Núm. de artículos reseñados: 10.

Revista de Administración Pública (cuatrimestral, Madrid).

Consultada desde el núm. 67, enero-abril 1972, hasta el núm. 68, mayo-agosto 1972.
Núm. de artículos reseñados: 2.

Revista de Derecho Financiero y Hacienda Pública (bimestral, Madrid).
Consultada desde el núm. 96, noviembre-diciembre 1971, hasta el núm. 100, julio-agosto 1972.
Núm. de artículos reseñados: 4.

Revista de Economía de Galicia (trimestral, Vigo).
El último núm. publicado corresponde a julio-diciembre 1968.

Revista de Economía Política (cuatrimestral, Madrid).
Consultada desde el núm. 59, septiembre-diciembre 1971, hasta el núm. 62, septiembre-diciembre 1972.
Núm. de artículos reseñados: 14.

Revista de Estudios Agro-Sociales (trimestral, Madrid).
Consultada desde el núm. 77, octubre-diciembre de 1971, hasta el núm. 80, julio-septiembre 1972.
Núm. de artículos reseñados: 8.

Revista de Estudios de la Vida Local (trimestral, Madrid).
Consultada desde el núm. 173, enero-marzo 1972, hasta el núm. 175, julio-septiembre 1972.
Núm. de artículos reseñados: 4.

Revista de Estudios Geográficos (trimestral, Madrid).
Consultada desde el núm. 124, agosto 1971, hasta el núm. 125, noviembre 1971.
Núm. de artículos reseñados: 4.

Revista de Estudios Sociales (cuatrimestral, Madrid).
Consultada desde el núm. 4, enero-abril 1972, hasta el núm. 5, mayo-agosto 1972.
Núm. de artículos reseñados: 3.

Revista de Fomento Social (trimestral, Madrid).
Consultada desde el núm. 105, enero-marzo 1972, hasta el núm. 108, octubre-diciembre 1972.
Núm. de artículos reseñados: 15.

Revista de Trabajo (trimestral, Madrid).
Consultada desde el núm. 33, 1.er trimestre de 1971, hasta los núms. 35-36, 3.º y 4.º trimestres de 1971.
Núm. de artículos reseñados: 7.

Revista Española de Economía (cuatrimestral, Madrid).
Consultados los núms. 1, 2 y 3 del año II (1972).
Núm. de artículos reseñados: 5.

Revista Española de Financiación y Contabilidad (cuatrimestral, Madrid).

Consultada desde el núm. 1, enero-abril 1972, hasta el núm. 2, mayo-agosto 1972.

Núm. de artículos reseñados: 3.

Revista Española de la Opinión Pública (trimestral, Madrid).

Consultada desde el núm. 26, octubre-diciembre 1971, hasta el núm. 28, abril-junio 1972.

Núm. de artículos reseñados: 0.

Revista Internacional de Sociología (cuatrimestral, Madrid).

Consultada desde el núm. 116, mayo-agosto de 1971, hasta el núm. 117, septiembre-diciembre 1971.

Núm. de artículos reseñados: 3.

Revista Sindical de Estadística (trimestral, Madrid).

Consultada desde el núm. 105, 1.er trimestre de 1972, hasta el núm. 106, 2.º trimestre de 1972.

Núm. de artículos reseñados: 8.

Seguros (trimestral, Madrid).

Consultada desde el núm. 41, enero-marzo 1972, hasta el núm. 43, julio-septiembre 1972.

Núm. de artículos reseñados: 2.

Técnica Contable (mensual, Madrid).

Consultada desde el núm. 277, enero 1972, hasta el núm. 288, diciembre 1972.

Núm. de artículos reseñados: 4.

Como puede apreciarse en un examen comparativo con el Indice similar incluido en el Anuario de 1971, en el presente se incluyen nueve revistas por primera vez, al considerar que, de forma sistemática, contienen trabajos que se adaptan a las características que han servido de pauta para proceder a la selección y que se explicitan —de nuevo— más adelante; se trata de *Anales del Instituto Nacional de Investigaciones Agrarias. Serie: Economía y Sociología Agrarias; CEAM (Revista de Economía Industrial); Ciudad y Territorio; Crónica Tributaria; Economía Mediterránea; Innovación + Empresa; Revista de Administración Pública; Revista de Estudios de la Vida Local,* y *Revista Española de Financiación y Contabilidad.* Por el contrario, en el presente «Indice de revistas consultadas» se han excluido dos publicaciones periódicas, otros años incluidas, al dejar de editarse con carácter aparentemente definitivo; se trata de *IN* y de *Cuadernos de Información Económica.*

Las publicaciones periódicas —revistas— mencionadas se han seleccionado por reunir, en primer lugar, las siguientes características iniciales:

a) *Prensa:* impresa, editada en el país, ofrecida al público (excluyéndose, por tanto, publicaciones como *La Hoja Informativa* de la Comisaría del Plan de Desarrollo y los *Informes sobre la situación económica española,* etc., por uso interno o de carácter confidencial, etcétera), bajo una serie continua y bajo un mismo título y con una periodicidad que supere una aparición por año (excluyéndose por ello Anuarios e Informes de entidades públicas y privadas).

b) *Económica sobre temas españoles:* es decir, que incluyan estudios y trabajos sobre diversos aspectos de la economía española, tanto informativos como de investigación, tanto los dedicados a problemas generales como los que versan sobre problemas concretos de la política económica, de los sectores productivos, del cuadro institucional, etc. (excluyéndose, pues, las publicaciones que de forma fundamental tratan temas de economía extranjera).

c) *Especializada:* en un sentido amplio, es decir, no exclusivamente sobre temas económicos, pero sí principalmente.

En segundo lugar, una vez aplicados esos criterios iniciales de selección de revistas, se han introducido otros dos:

a) *Revistas de difusión nacional* (y no sólo regional, comarcal, provincial, etc.).

b) *Revistas que no se dediquen primordialmente* a dar una detallada y prolija información sobre precios, cotizaciones, juntas, asambleas, congresos, concesiones administrativas, etc.; es decir, se han excluido aquellas revistas que reúnen más bien las características de noticiarios de información periódica (así, por ejemplo, *Boletín COES, Documentación Siderúrgica, Economía Mundial,* etc.) o que dedican una atención preferente a la reseña del quehacer diario de Consejos de Administración, Bolsas, etc. (por ejemplo, *El Economista,* etc.), o, finalmente, que se dirigen principalmente a dar noticia de la legislación económica *(Técnica Social y Económica,* etc.).

Una vez seleccionadas esas 63 revistas, se ha realizado, de forma análoga a la de años pasados, un análisis de contenido de las mismas, con el objeto de reseñar únicamente los artículos, trabajos o notas más interesantes, a fin de huir tanto de un excesivo esquematismo como de una exhaustividad igualmente estéril. De ahí que en esa selección de artículos se hayan desechado, sistemáticamente, todos los trabajos con un carácter de mera reseña o noticia o crónica sin posterior elaboración (así, notas informativas periódicas sobre índices de precios, cotizaciones, mercados, juntas, asambleas, etc.). También se han excluido, por sistema, todas las reseñas que se incluyen en las secciones de crítica de libros de las diversas revistas. Procediendo de esta forma —y sin poder escapar en ocasiones a un obligado empirismo— se han seleccionado, finalmente, 912 artículos, con firma o sin ella, que, juntamente con los 141 libros, se han agrupado en los índices bibliográficos que se incluyen a continuación.

Como se apreciará al consultar el *Indice por Materias* de este capítulo, junto a la indicación del nombre de la revista, número y fecha de aparición de cada trabajo se hace constar, como cifra indicativa de su importancia material, el número de páginas que abarca en la publicación correspondiente, citando para ello la primera y la última, o, en su caso, la única que ocupe.

Como final de esta nota introductoria se ha de hacer constar de nuevo el elevado interés que presentan, aunque no se hayan recogido en este trabajo bibliográfico, los estudios que realizan destacados economistas en las páginas o columnas de ciertas publicaciones periódicas no especializadas o de información general. De forma especial algunos diarios, semanarios y revistas mensuales editados en Madrid y Barcelona, que incluyen en muchas ocasiones en sus secciones de economía artículos y notas de indudable calidad y utilidad, cuyo análisis detenido se hará en otra ocasión.

Indice por materias

Se ha realizado una primera ordenación por materias de todos los trabajos seleccionados, de acuerdo con la clasificación que a continuación se incluye, que comprende dos grandes apartados: el primero (A) recoge los trabajos sobre ECONOMIA ESPAÑOLA EN GENERAL, y el segundo (B) recoge los trabajos sobre ECONOMIA ESPAÑOLA POR SECTORES PRODUCTIVOS. Dicha clasificación es básicamente igual que la contenida en los Anuarios anteriores, habiéndose introducido sólo leves retoques en el título de algunos epígrafes.

A. *Economía española en general*

1. Perspectivas históricas y actuales de los problemas del desarrollo en la economía española. Aspectos generales.
2. Problemas de infraestructura y población.
    - 2.1. Infraestructura.
    - 2.2. Población.
3. Problemas de la coyuntura económica.
4. Problemática regional.
    - 4.1. Aspectos generales.
    - 4.2. Andalucía.
    - 4.3. Castilla (y Madrid).
    - 4.4. Cataluña.
    - 4.5. Galicia.
    - 4.6. País Vasco.
    - 4.7. Valencia.
    - 4.8. Asturias.
    - 4.9. Otras regiones y provincias.
5. Aspectos de la problemática laboral y social.
    - 5.1. Sueldos y salarios.
    - 5.2. Otros aspectos.
6. Política fiscal y monetaria.
7. Problemas de la empresa.
    - 7.1. En general.
    - 7.2. Empresa privada.

7.3. Empresa pública.
7.4. Empresa cooperativa.
8. Teoría, técnicas e instrumentos al servicio de la economía española.
8.1. Aspectos teóricos y técnicos en general (Contabilidad Nacional, Estadística, Econometría y técnicas matemáticas en general).
8.2. Planificación.
9. La economía española en relación con organizaciones supranacionales.
9.1. Mercado Común.
9.2. Otras.
10. Inversiones extranjeras en España.

B. *Economía española por sectores productivos*

1. Sector F. A. O.
1.1. En general.
1.2. Productos agrícolas.
1.3. Productos ganaderos.
1.4. Actividad forestal.
1.5. Pesca.
2. Sector industrial.
2.1. En general.
2.2. Energía.
2.3. Minería.
2.4. Metálicas básicas.
2.5. Transformados metálicos.
2.5.1. Maquinaria y bienes de equipo.
2.5.2. Material de transporte y automoción.
2.5.3. Industria de bienes de consumo.
2.6. Química y petroquímica.
2.7. Industrias de la construcción y derivadas.
2.8. Otras industrias (de alimentación, textiles, etc.).
3. Servicios.
3.1. En general.
3.2. Comercio exterior. Aspectos generales y política comercial.
3.3. Comercio interior.
3.4. Turismo.
3.5. Transportes y comunicaciones.
3.6. Enseñanza, educación e investigación.
3.7. Sistema financiero.
3.7.1. En general.
3.7.2. Banca oficial.
3.7.3. Banca privada (comercial e industrial).
3.7.4. Cajas de Ahorro.
3.7.5. Bolsas de comercio y fondos y sociedades de inversión.
3.8. Servicios públicos (vivienda, urbanismo, etc.).
3.9. Seguros.
3.10. Otros servicios.

El criterio clasificador resulta lo suficientemente claro como para facilitar una utilización correcta e inmediata del material reseñado.

Se han de tener presentes, a efectos de la perfecta comprensión de este Indice, las siguientes advertencias:

1.º Dentro de cada apartado, los diversos trabajos van ordenados alfabéticamente por el nombre de los autores, habiéndose designado —a efectos de ordenación— por EDITORIAL, de la revista de que se trate, todos los artículos o notas no firmados.

2.º Se han destacado los libros sobre el conjunto de trabajos por medio de un asterisco (*).

3.º Siempre que se ha considerado oportuno hacer más de una referencia para un trabajo, por ser susceptible de encuadrarse en varias materias, así se ha realizado, apareciendo, de esta forma, algunos artículos o libros en dos o más apartados, aunque sólo en el primero de ellos se incluya la referencia completa de la casa editorial del libro o de la publicación periódica en que se contiene. Así, por ejemplo, el artículo de Aguilar Pinos, J. M., «Aportaciones a un desarrollo planificado en su conexión con el presupuesto», consta, en primer lugar, en A-6 (Política fiscal y monetaria), con la referencia completa de la revista en que se ha publicado, y en segundo lugar, el mismo artículo aparece en el apartado A-8.2 (Planificación), sin la referencia completa de la revista donde se ha publicado, únicamente remitiendo al apartado A-6, donde la misma se contiene íntegra.

A.

ECONOMIA ESPAÑOLA EN GENERAL

A-1: PERSPECTIVAS HISTORICAS Y ACTUALES DE LOS PROBLEMAS DEL DESARROLLO EN LA ECONOMIA ESPAÑOLA

La Real Sociedad Económica Matritense de Amigos del País. **Aguilar Piñal, Francisco.** Madrid, Instituto de Estudios Madrileños del C. S. I. C.-Ayuntamiento, 1972, 33 páginas (*).

Aportación a la historia de la siderurgia española. **Alcalá Zamora y Queipo de Llano, José.** Moneda y Crédito, núm. 120, marzo 1972, págs. 99-124.

Los oficios mecánicos y viles durante el siglo XVIII. **Anes, Gonzalo.** Anales de Economía, núms. 5-8, enero-diciembre 1972, págs. 51-58.

El «Catálogo de escritores económicos españoles» de Ramón de la Sagra. **Anes, Gonzalo.** Anales de Economía, núm. 11, julio-septiembre 1971, págs. 105-215.

Historia social de España. Siglo XIX. **Aranguren, José Luis L. (y otros).** Madrid, Guadiana de Publicaciones, 1972, 348 págs. (*).

Los orígenes del Partido Socialista Obrero Español, 1873-1879. **Arbeloa, Víctor Manuel.** Revista de Fomento Social, núm. 105, enero-marzo 1972, págs. 71-89. Id., íd., núm. 106, abril-junio 1972, págs. 199-215.

Cartas económico-políticas. **Arroyal, León de.** Oviedo, edición, prólogo y notas de José Caso González. Cátedra Feijoo de la Facultad de Filosofía y Letras, 1971, 304 páginas (*).

Evolució económica 1971. **Banca Catalana.** Barcelona, Banca Catalana, 1972, 89 págs. (*).

Horizonte 1980 de la economía española. **Banca Suiza.** Desarrollo, núm. 410, 10 diciembre 1972, pág. 3.

Anuario del mercado español 1972. **Banco Español de Crédito.** Madrid, Banco Español de Crédito, 641 págs. (*).

Política económica en la II República Española. **Benavides, Leandro.** Madrid, Guadiana de Publicaciones, 1972, 279 págs. (*).

Una experiencia histórica: las mancomunidades provinciales. **Boixareu, Ramón.** Información Comercial Española, núm. 465, mayo 1972, págs. 77-84.

Bancs i banquers a Catalunya. Capitols per a una historia. **Cabana, Francesc.** Barcelona, Edicions 62, 1972, 316 págs. (*).

Comercio medieval valenciano. Coses vedades, en 1381. **Cabanes Pecourt, María Desamparados.** Valencia, 1971, 247 págs. (*).

Siete estudios de Historia de España. **Carande, Ramón.** Barcelona, Edics. Ariel, segunda edición, 1971, 229 págs. (*).

Informe de la O. C. D. E.: ¿Nuestro problema? El de siempre: la pésima asignación de recursos. **Cid Luna, Guillermo.** A. E., núm. 728, 26 febrero 1972, págs. 13-18.

Inversiones directas españolas en el extranjero: Después de los primeros pasos. **Cid Luna, Guillermo.** A. E., núm. 768, 2 diciembre 1972, págs. 10-17.

La huelga general de Barcelona de 1902. **Colodrón, Alfonso.** Revista de Trabajo, núm. 33, primer trimestre 1971, págs. 67-120.
Situación actual y perspectivas de la economía española (Conferencia). **Coronel de Palma, Luis.** Relaciones Financieras, núm. 119, noviembre 1972, págs. 15-19.
Concentración y centralización como procesos ecológicos. **Díez Nicolás, Juan.** Revista de Estudios Sociales, núm. 4, enero-abril 1972, págs. 33-121.
Una nota sobre las fuentes del crecimiento industrial en España. **Donges, I. S.** Revista de Economía Política, núm. 59, septiembre-diciembre 1971, págs. 189-198.
Iniciación a la economía de España. **Drain, Michel.** Trad. del francés, actualización y apéndices de Juan R. Cuadrado Roura. Barcelona, Edics. Ariel, 1971, 253 págs. (*).
Crecimiento cero. **Editorial.** Acción Empresarial, núm. 21, octubre 1972, págs. 2-3.
Informe especial: Los silencios de la O. C. D. E. (sobre España). **Editorial.** Cambio 16, núm. 15, 28 febrero 1972, págs. 28-34.
La economía española en 1971. **Editorial.** De Economía, núm. 120, enero-marzo 1972, páginas 7-15.
La economía española durante 1971. **Editorial.** Economía y Finanzas Españolas, núm. 14, junio 1972, págs. 6-9.
La economía española en 1972 y sus perspectivas para 1973. **Equipo de Desarrollo.** Desarrollo, núm. 412, 24 diciembre 1972, págs. 5-6.
Ensayos sobre economía española. **Estapé, Fabián.** Barcelona, Edics. Ariel, Facultad de Ciencias Económicas de la Universidad de Barcelona, 1972, 351 págs. (*).
Emigración republicana española (1939-1945). **Fernández, Alberto.** Algorta, Editorial Zero, 1.ª y 2.ª edición, 1972, 94 págs. (*).
El abastecimiento de Madrid en el reinado de Isabel II. **Fernández García, Antonio.** Madrid, C. S. I. C., Instituto de Estudios Madrileños, 1971, 241 págs. (*).
Papel de la Banca en el desarrollo económico español. **Fernández Pirla, José María.** Desarrollo, núm. 389, 16 julio 1972, págs. especiales IV.
El sector agrario, ¿es un lastre para el desarrollo? **Font de Mora, Luis.** Tría, núm. 178, 15 enero 1972, págs. 9-13.
Informes económicos y sector agrario: El campo siempre lleva la peor parte. **Font de de Mora, Luis.** Tría, núm. 192, 15 agosto 1972, págs. 6-9.
Análisis de la economía española en la década de los sesenta, comienzos de los setenta y previsiones hasta 1972. **Fontana Codina, Enrique.** Economía y Finanzas Españolas, núm. 13, mayo 1972, págs. 13-15.
La quiebra de la monarquía absoluta, 1814-1820. (La crisis del antiguo régimen en España). **Fontana Lázaro, Josep.** Barcelona, Edics. Ariel, 1971, 499 págs. (*).
La supervivencia del mito de la única contribución. Noticia de algunos arbitristas españoles de comienzos del siglo XIX. **Fontana Lázaro, José.** Hacienda Pública Española, núm. 17, 1972, págs. 111-119.
La España de los años 70. Volumen I: La sociedad. **Fraga Iribarne, Manuel (y otros).** Madrid, Edit. Moneda y Crédito, 1972, 1.018 págs. (*).
Política económica. **Fuentes Quintana, Enrique y Velarde Fuertes, Juan.** Madrid, Editorial Doncel, 12.ª edición, 1972, 260 págs. (*).
Síntesis del informe sociológico sobre la situación social de España. **Fundación FOESSA.** Madrid, Euramérica 1.ª y 2.ª ediciones, 1972, 348 págs. (*).
Suplemento al informe sociológico sobre la situación social de España, 1970. **Fundación FOESSA.** Madrid, Euramérica, 1972, núm. 6, 40 págs. (*).
¿Qué le falta a la economía española? **Funes Robert, Manuel.** Balance, núm. 428, 15 de febrero de 1972, págs. 1-4.
Comercio colonial y guerras revolucionarias. La decadencia económica de Cádiz a raíz de la emancipación americana. **García-Baquero González, Antonio.** Sevilla-Madrid, Escuela de Estudios Hispánicos-C. S. I. C., 1972, 1 vol. (*).
Datos para una historia de la estrategia patronal en España: frente al Proyecto de Ley estableciendo una contribución directa sobre los beneficios extraordinarios ocasionados por la I Guerra Mundial. **García Delgado, José Luis.** Anales de Economía, núm. 13, enero-marzo 1972, págs. 39-123.
La minería del carbón en España durante la I Guerra Mundial. **García Delgado, José Luis.** Revista de Trabajo, núms. 35-36, 3.° y 4.° trimestres 1971, págs. 30-100.
La formación de un mercado regional: Galicia 1860-1890. **García Lombardero, Jaime.** Moneda y Crédito, núm. 119, diciembre 1971, págs. 67-88.
Historia del régimen tributario de la agricultura en España. **García Martín, José Aurelio y**

Fernández-Muro Ortiz, María Jesús. Anales de Economía, núm. 12, septiembre-diciembre 1971, págs. 101-190.
La industria sedera en España. El arte de la seda en Granada. **Garzón Pareja, Manuel.** Granada, prólogo de Antonio Domínguez Ortiz. Archivo de la Real Cancillería, 1972, 521 págs. (*).
Reforma agraria y revolución campesina en la España del siglo XX. **Gómez Ayau, Emilio.** Revista de Estudios Agro-Sociales, núm. 77, octubre-diciembre 1971, págs. 7-53.
El sistema de ideas tributarias en los teólogos y moralistas principales de la escuela de Salamanca. (Siglos XVI y XVII.) **Gorosquieta, Javier.** Hacienda Pública Española, núm. 17, 1972, págs. 131-150.
Polémica sobre cuestiones económicas. **Güell y Ferrer, Luis y Pastor, Luis María.** Revista de Economía Política, núm. 62, septiembre-diciembre 1972, págs. 223-270.
La Hacienda de España dirigida por los libre-cambistas. ¡Pobre España! **Güell y Ferrer, Juan.** Revista de Economía Política, núm. 62, septiembre-diciembre 1972, págs. 161-221.
Evolución histórica de la contribución directa en España desde 1700 a 1814. **Hernández Andréu, Juan.** Revista de Economía Política, núm. 61, mayo-agosto 1972, págs. 31-90.
Datos básicos sobre la evolución de la economía española (1960-1970). **Hernando, Antonio (director).** Madrid, Editorial Mapfre, 2.ª edición, 1971, 202 págs. (*).
18-julio 1936: Economía de guerra. Zona nacionalista (1). **Herrero, José Luis.** A. E., número 748, 15 julio 1972, págs. 8-17.
18-julio de 1936: Economía de guerra. Zona republicana (y 2). **Herrero, José Luis.** A. E., número 749, 22 julio 1972, págs. 8-17.
Las Cajas de Ahorro en el siglo XIX. La obra de don Braulio Antón Ramírez 1823-1892. **Hornillos, Carlos (y otros).** Boletín de documentación del Fondo para la Investigación Económica y Social, enero-marzo 1972, págs. 23-31; abril-junio 1972, págs. 244-283; julio-septiembre 1972, págs. 504-533.
Anuario Estadístico de España 1971. **Instituto Nacional de Estadística.** I. N. E. Presidencia del Gobierno (s. a., 1972), 740 págs. (*).
Las tesis de Arturo López Muñoz (entrevista). **Ivorra, Antonio.** Cambio 16, núm. 11, 31 enero 1972, págs. 12-17.
Informe sobre la Ley Agraria. Espectáculos y diversiones públicas (1.ª parte). **Jovellanos, Gaspar Melchor de.** Madrid, edición, introducción y notas de Angel del Río, Espasa-Calpe, 1971, 148 págs. (*).
Historia crítica de la burgesía a Catalunya. **Jutglar, Antoni.** Barcelona, Dopesa, 1972, 410 págs. (*).
España, frente al tercer ciclo de la revolución industrial. **Lasuén, José Ramón.** Informaciones Económicas, núm. 208, 23 septiembre 1972, págs. 1 y 3.
Las cuentas de la Mesta (1510-1709). **Le Flem, Jean Paul.** Moneda y Crédito, núm. 121, junio 1972, págs. 23-104, más cuadros.
Embalses de los siglos XVI y XVII en Levante. **López Gómez, Antonio.** Estudios Geográficos, núm. 125, noviembre 1971, págs. 617-656.
Nuevo horizonte del desarrollo. **López Rodó, Laureano.** Madrid, Editorial Aguilar, 1972, 155 págs. (*).
Cuestiones laborales en los Montes de Piedad en el siglo XVIII. **López Yepes, José.** Ahorro, núm. 65, abril-junio 1972, págs. 7-19.
Cuestiones laborales de los Montes de Piedad en el siglo XVIII: el ejemplo del Monte de Piedad de Madrid (II). **López Yepes, José.** Ahorro, núm. 66, julio-septiembre 1972, págs. 33-43.
El mercantilismo industrialista (Capmany y Caresmar) entre el capitalismo comercial y los gremios catalanes. **Lluch, Ernest.** Anales de Economía, núm. 10, abril-junio 1971, págs. 19-60.
La demanda de bienes de consumo. Teoría y aplicación a España. **Lluch Picazo, Constantino.** Madrid, Confederación Española de Cajas de Ahorro, 1971, 236 págs (*).
La Economía Española, 1971. Anuario del año económico. **Muñoz, Juan; Roldán, Santiago y García Delgado, José Luis.** Madrid, Edicusa, 1972, 547 págs. (*).
El problema nacional. Hechos, causas y remedios. **Macías Picavea, Ricardo.** Madrid, Introducción, enlaces y notas de Fermín Solana, Seminarios y Ediciones, 1972, 150 páginas (*).
Reforma agraria y revolución campesina en la España del siglo XX. **Malefakis, Edward E.** Barcelona, Ediciones Ariel, 2.ª edición, 523 págs. (*).
Las ideas impositivas y la revolución de septiembre de 1868. La polémica en torno

al impuesto de consumos. **Martín Niño, Jesús.** Hacienda Pública Española, núm. 17, 1972, págs. 121-130.

Apuntes para una economía «camp». I. Años de reconstrucción, años de estraperlo. **Martínez, Carmen.** A. E., núm. 767, 25 noviembre 1972, págs. 14-27.

Apuntes para una economía «camp». II. La era de Suanzes. **Martínez, Carmen.** A. E., número 768, 2 diciembre 1972, págs. 18-29.

Apuntes para una economía «camp». III. 1951-57: Los años de las tres «aes»: Arburúa, americanos, aumento de la inflación. **Martínez, Carmen.** A. E., núm. 769, 9 diciembre 1972, págs. 8-23.

Apuntes para una economía «camp». «Llegan dos "tecnócratas"» (y IV). **Martínez, Carmen.** A. E., núm. 770, 16 diciembre 1972, págs. 8-19.

Coste de la vida, salarios, inflación. **Maza, Alonso de la.** Irún, Editorial Ethos, 1971, 55 págs. (*).

Economía marítima de la Galicia Cantábrica en el siglo XVIII. **Meijide Pardo, Antonio.** Valladolid, Universidad de Valladolid, 1971, 245 págs. (*).

La reforma de las Ordenanzas Gremiales en Mallorca. Análisis de tres encuestas realizadas por la Sociedad Económica Mallorquina de Amigos del País a principios del siglo XIX. **Moll Blanes, Isabel.** Revista de Trabajo, núms. 35-56, 3.° y 4.° trimestres 1971, págs. 415-453.

Conflictos de objetivos en una política económica pluralista. **Monreal Luque, Alberto.** Economía y Finanzas Españolas, núm. 13, mayo 1972, págs. 21-25.

¿No hay monopolios en España? **Mora del Río, Francisco.** Informaciones Económicas, núm. 186, 22 abril 1972, pág. 3.

Producción, precios y distribución de la cochinilla. Un capítulo de la Historia Económica de Canarias. **Morales Lezcano, Víctor.** Revista Canaria de Economía, núm. 4.°, tercer trimestre 1972, págs. 192-215.

Propiedad, clases sociales y Hermandades en la Baja Andalucía. La estructura social de un pueblo del Aljarafe. **Moreno Navarro, Isidoro.** Madrid, Siglo XXI de España Editores, S. A., 1972, 322 págs. (*).

La población española (siglos XVI a XX). **Nadal, Jordi.** Barcelona, Ediciones Ariel, 2.ª edición, 1971, 239 págs. (*).

Industrialización y desindustrialización del sureste español, 1817-1913. **Nadal, Jordi.** Moneda y Crédito, núm. 120, marzo 1972, págs. 3-80.

La agricultura en relación con el crecimiento económico. **Nieto Ostolaza, María del Carmen.** Anales del Instituto Nacional de Investigaciones Agrarias. Serie: Economía y Sociología Agrarias, núm. 1, 1971, págs. 11-96.

1972. Un buen año económico. **Parada, Luis Ignacio.** El Europeo, núm. 468, 29 diciembre 1972, pág. 18.

El informe del Banco de España. **Pedrós Abelló, Alejandro.** Economía Nacional Internacional de la Empresa, núm. 1.823, julio-agosto 1972, págs. 11-17.

El municipio en la Administración española del siglo XIX. **Pérez Olea, Manuel.** Revista de Estudios de la Vida Local, núm. 173, enero-febrero-marzo 1972, págs. 71-102.

El ahorro y la formación de capital en España (1939-1968). **Plaza Prieto, Juan (director).** Madrid, Confederación Española de Cajas de Ahorros, 1972, 2 vols. (*).

La sociedad palentina-leonesa de minas y los primeros altos hornos al cok de España, en Sabero (1847-1862). **Quirós Linares, Francisco.** Estudios Geográficos, núm. 125, noviembre 1971, págs. 657-671.

Los transportes y el estancamiento económico de España (1750-1850). **Ringrose, David R.** Madrid, Editorial Tecnos, 1972, 222 págs. (*).

La reacción proteccionista en España. Conferencia en 21 de mayo de 1888. **Rodríguez, Gabriel.** Revista de Economía Política, núm. 61, mayo-agosto 1972, págs. 201-241.

La consolidación de la vía nacionalista del capitalismo español durante la I Guerra Mundial. **Roldán, Santiago.** Anales de Economía, núm. 11, julio-septiembre 1971, páginas 17-91.

Los límites del crecimiento económico en España, 1958-1967. **Román, Manuel.** Madrid, Editorial Ayuso, 1972, 218 págs. (*).

El futuro de la economía española. **Roncero, Octavio.** Desarrollo, núm. 367, 13 febrero 1972, pág. 4.

Las Sociedades Económicas de los Amigos del País. **Ruiz y González de Linares, Ernesto.** Burgos, Institución «Fernán González» (C. S. I. C.), 1971, 71 págs. (*).

Simón Ruiz (1525-1597) en Medina del Campo. **Ruiz Martín, Felipe (y otros).** Valladolid, Cámara Oficial de Comercio e Industria, 1971, 83 págs. (*).
La economía valenciana en el siglo XVI (comercio de importación). **Salvador, Emilia.** Valencia, Departamento de Historia Moderna de la Universidad, 1972, 408 págs. (*).
El Monte de Piedad y la Caja de Ahorros de Madrid (1707-1942). (Una síntesis histórica.) **Sanz García, José María.** Madrid, Instituto de Estudios Madrileños del C. S. I .C., Ayuntamiento, 1972, 48 págs. (*).
«De la libertad de Comercio» por José Joaquín de Mora: una defensa del libre-cambio a mediados del siglo XIX. **Schwartz Girón, Pedro.** Anales de Economía, núms. 5-8, enero-diciembre 1970, págs. 187-224.
Introducción a la economía española. **Tamames Gómez, Ramón.** Madrid, Alianza Editorial, 6.ª edición, 1971, 499 págs. (*).
El factor riquesa en els origens de Catalunya. Assaig d'historia económico-social. **Tona i Nadalmai, A.** Barcelona, Editorial Portic, 1971, 118 págs. (*).
La tentación del «stop and go». **Torras Majem, Higinio.** El Europeo, núm. 459, 27 octubre 1972, pág. 16.
Estudios sobre el siglo XIX español. **Tuñón de Lara, Manuel.** Siglo XXI de España Editores, 1.ª y 2.ª ediciones, Madrid, 1972, 284 págs. (*).
Carlos Seco Serrano habla sobre los movimientos obreros españoles. **Tusell, Javier.** A. E., núm. 732, 25 marzo 1972, págs. 8-15.
Las inversiones españolas en el extranjero. **Varela Parache, Fernando.** Economía Industrial, núm. 104, agosto 1972, págs. 59-64.
Política i economía a la Catalunya del segle XX. 2. Recerques: Historia, Economía, Cultura. **Varios.** Barcelona, Ediciones Ariel, 1972, 293 págs. (*).
El nacionalsindicalismo, cuarenta años después (análisis crítico). **Velarde Fuertes, Juan.** Madrid, Editora Nacional, 1972, 310 págs. (*).
Talantes de políticos republicanos, clave ante la Reforma Agraria. **Velarde Fuertes, Juan.** Anales de Economía, núm. 14, abril-junio 1972, págs. 5-32.
Coyuntura económica y reformismo burgués y otros estudios de Historia de España. **Vicéns Vives, Jaime.** Barcelona, Nota preliminar y selección de textos de José Fontana Lázaro, Ediciones Ariel, 3.ª edición, 1971, 215 págs. (*).
Los costos de la guerra civil: Relaciones hispanoalemanas. **Viñas, Angel.** A. E., número 751, 5 agosto 1972, págs. 13-15.
Notas sobre el personal de los talleres sederos barceloneses (siglos XIV-XVIII). **Voltes Bou, Pedro.** Boletín de Estudios Económicos, núm. 84, diciembre 1971, páginas 1005-1019.
Historia de la economía española hasta 1800. **Voltes Bou, Pedro.** Madrid, Editora Nacional, 1972, 379 págs. (*).
La descentralización económico-financiera en Alfredo Brañas. **Yebra Martul-Ortega, Perfecto.** Santiago de Compostela, Universidad, 1971, 122 págs. (*).

A-2: PROBLEMAS DE INFRAESTRUCTURA Y POBLACION

A-2.1. Infraestructura

La carretera Málaga-Almería, infraestructura básica para el desarrollo de la región penibética. **Consejo Económico Social de Granada.** Granada, Consejo Económico Social, 1972, 143 págs. (*).
La contaminación de las aguas. **Diego Marín, Luis.** Información Comercial Española, núm. 466, junio 1972, págs. 63-67.
Carreteras. **Editorial.** Boletín de Londres, núm. 246, septiembre-noviembre 1972, páginas 24-46.
Estructura por edad y sexo de la población española en 1965. Ensayo metodológico de tipología provincial. **Gómez Mendoza, Josefina.** Estudios Geográficos, núm. 124, agosto 1971, págs. 409-441.
España 71. El territorio, protagonista del desarrollo. **Meilán Gil, José Luis.** Consejo Superior de las Cámaras de Comercio, Industria y Navegación, Madrid, 1971, 219 páginas (*).
La defensa del medio ambiente en España y su relación con el contexto económico in-

ternacional. **Minguella Giné, Martín.** Información Comercial Española, núm. 466, junio 1972, págs. 55-62.
Vizcaya: Las obras de infraestructura en curso en Vizcaya. **Ossa Echaburu, Rafael.** A. E., núm. 741, 27 mayo 1972, págs. 95-102.
Espacio, riqueza y población 1960-1970: Fenómenos estructurantes. **Perpiñá Grau, Román.** Revista Española de Economía, núm. 3, septiembre-diciembre 1972, págs. 89-130.

A-2.2. Población

Trabajadores extranjeros en Francia. **Calame, Paulette y Pierre.** Algorta, Editorial Zero, 1972, 87 págs. (*).
El rejuvenecimiento de los trabajadores agrícolas. **Campo, Salustiano del.** El Europeo, núm. 457, 13 octubre 1972, pág. 4.
Censo de población 1970. Barcelona y su entorno geográfico. **Cortada Reus, F.** Economía Nacional Internacional de la Empresa, núm. 1.820, abril 1972, págs. 19-23.
Componentes del crecimiento de la población en España 1900-1960 (1). **Díez Nicolás, Juan.** Revista Internacional de Sociología, núm. 116, mayo-agosto 1971, págs. 87-113.
Componentes del crecimiento de la población en España 1900-1960 (y 2). **Díez Nicolás, Juan.** Revista Internacional de Sociología, núm. 117, septiembre-diciembre 1971, páginas 75-114.
Estancamiento demográfico y movimientos migratorios: Datos sobre la contabilidad regional de Galicia. **Editorial.** El Europeo, núm. 454, 22 septiembre 1972, pág. 16.
El proceso de superpoblación urbana. **Ferrer Regales, Manuel.** Madrid, Confederación Española de Cajas de Ahorro, 1972, 280 págs. (*).
Se mantiene la oferta exterior de trabajo. Emigración «in crescendo». **Fuente, Elisa de la.** Informaciones Económicas, núm. 194, 17 junio 1972, pág. 3.
Problemática de la emigración gallega (Congreso Regional de la Emigración gallega). **García Berenguer, Manuel.** La Coruña, 1972, 142 págs. (*).
Las remesas de los emigrantes. **González Paz, José.** Cambio 16, núm. 8, 10 enero 1972, págs. 28-30.
La població del Maresme a la llum dels censos generals. **Iglesies Fort, Josep.** Barcelona, Editorial Rafael Dalmau, 1971, 247 págs. (*).
Por la emigración hacia el subdesarrollo (Ciudad Real). **Lazo, Mercedes.** Cambio 16, núm. 53, 20 noviembre 1972, págs. 39-47.
Análisis demográfico de la mortalidad. **Leguina, Joaquín.** Estadística Española, número 54, enero-marzo 1972, págs. 93-135.
Análisis demográfico del envejecimiento de la población española (1900-1960). **Leguina, Joaquín.** Revista de Estudios Sociales, núm. 5, mayo-agosto 1972, págs. 175-227.
La emigración vasca. **Lhande, Pierre.** San Sebastián, vol. II, Auñamendi, 1971, 163 páginas (*).
Cambios estructurales en la población de la provincia de Segovia en el siglo XX. **Lucas Blanco, Nemesio de.** Estadística Española, núm. 52, julio-septiembre 1971, páginas 27-37.
El futur de la immigració a Catalunya. Proposta d'una técnica, una hipotesi general i dos casos locals sobre l'oferta de má d'obra autóctona. **Lluch, Ernest (y otros).** Banca Catalana, núm. 26, septiembre 1972, págs. 12-29.
El fantasma de la emigración sobre once pueblos castellonenses. El vino del bajo Maestrazgo, condenado a desaparecer. **Martínez, Julián.** Informaciones Económicas, número 193, 10 junio 1972, pág. 5.
El intercensal 1961-70. **Melon, Armando.** Estudios Geográficos, núm. 125, noviembre 1971, páginas 601-616.
Atlas de emigración española, 1969. **Ministerio de Trabajo.** Madrid, Ministerio de Trabajo, Instituto Español de Emigración, 1970 (*).
La población española (Siglos XVI a XX). **Nadal, Jordi.** Ver A-1.
La población de La Laguna (1837-1960). **Quirós Linares, Francisco.** La Laguna, Instituto de Estudios Canarios (C. S. I. C.), 1971, 126 págs. (*).
Emigración y cambio social. Procesos migratorios y vida rural en Castilla. **Pérez Díaz, Víctor.** Barcelona, Edics. Ariel, segunda edición, 1972, 233 págs. (*).
La emigración: uno de los pilares de nuestro desarrollo. **Pérez-Guerra, José.** Informaciones Económicas, núm. 177, 19 febrero 1972, pág. 2.

Espacio, riqueza y población 1960-1970: fenómenos estructurantes. **Perpiñá Grau, Román.** Ver A-2.1.
Crisis europea y emigrantes españoles. **Valle, Sara.** El Europeo, núm. 421, 4 febrero 1972, páginas 10 y 11.
El impacto económico de las migraciones en el País Vasco. **Velasco Barroetabeña, Roberto.** Información Comercial Española, núms. 467-468, julio-agosto 1972, págs. 81-85.
Lección de economía: la despoblación de nuestros pueblos. **Ventura, Vicent.** Informaciones Económicas, núm. 220, 16 diciembre 1972, pág. 3.

A-3: PROBLEMAS DE LA COYUNTURA ECONOMICA

Vizcaya: Una coyuntura desigual. **Barrena, Fernando.** A. E., núm. 741, 27 mayo 1972, páginas 87-93.
Medidas sobre precios: Más bien psicológicas. **Belderrain, Javier.** A. E., núm. 740, 20 mayo 1972, págs. 28-29.
Un año después de lo esperado llegó la reactivación. Historia de unas declaraciones optimistas. **Belderrain, Javier.** A. E., núm. 741, 27 mayo 1972, págs. 21-25.
La coyuntura económica después de vacaciones: Prudencia, pero con optimismo. **Belderrain, Javier.** A. E., núm. 756, 9 septiembre 1972, págs. 8-13.
El cómo y el cuánto de la reactivación. **Bordíu Ximénez de Embun, Joaquín.** El Europeo, número 430, 7 abril 1972, pág. 8.
Los precios en España: La incógnita más grave y menos conocida. **Cid Luna, Guillermo.** A. E., núm. 753, 19 agosto 1972, págs. 4-8.
Pulso de la Bolsa: la firmeza característica del año bursátil se mantiene. **Cinta Vidal, María.** Cataluña Económica, núms. 114-115, julio-agosto 1972, págs. 5-6.
Pulso de la Bolsa: consolidación con recuperaciones selectivas. **Clivillé, Juan Jorge.** Cataluña Económica, núm. 111, abril 1972, págs. 5-6.
Pulso de la Bolsa: especulación. **Clivillé, Juan Jorge.** Cataluña Económica, núm. 112, mayo 1972, págs. 5-6.
Pulso de la Bolsa. **Clivillé, Juan Jorge.** Cataluña Económica, núm. 117, octubre 1972, páginas 5-6.
Diagnóstico económico. **Criado, Luis.** Banca Española, núm. 25, marzo 1972, págs. 4-5.
La coyuntura de la economía española. **Editorial.** Acción Empresarial, núm. 15, págs. 3-4.
Los hombres de empresa ante 1972. **Editorial. Balance,** núm. 427, 1 febrero 1972, páginas 13-15.
Los precios hacen su agosto. **Editorial.** Balance, núm. 441, 1 septiembre 1972, págs. 1 y 5.
Guerra de precios. **Editorial.** Balance, núm. 446, 15 noviembre 1972, págs. 1-15-17.
Coyuntura nacional: endiablada coyuntura: producción y paro. **Editorial.** Cambio 16, número 19, 27 marzo 1972, págs. 28-33.
Coyuntura nacional. Disminuye el paro en primavera. **Editorial.** Cambio 16, núm. 30, 12 junio 1972, págs. 26-30.
Precios sin lupa. **Editorial.** Cambio 16, núm. 48, 16 octubre 1972, pág. 5.
Coyuntura nacional: créditos con lupa. **Editorial.** Cambio 16, núm. 48, 16 octubre 1972, páginas 10-17.
Política de precios: urgente necesidad. **Editorial.** El Europeo, núm. 430, 7 abril 1972, página 1.
Precios: poco margen para el optimismo. **Editorial.** El Europeo, núm. 431, 14 abril 1972, página 1.
La carestía, problema número uno. **Editorial.** El Europeo, núm. 439, 9 junio 1972, pág. 1.
Reactivación española: igual a inflación galopante. **Editorial.** El Europeo, núm. 451, 1 septiembre 1972, pág. 1.
Coyuntura económica española. **Editorial.** Información Comercial Española, núm. 462, febrero 1972, págs. 11-44.
Coyuntura económica española. **Editorial.** Información Comercial Española, núm. 469, septiembre 1972, págs. 37-85.
Los precios, problema clave para 1972. **Editorial.** Panorama Económico, núm. 67, abril 1972, página 3.
Por fin, la reactivación. **Editorial.** Panorama Económico, núm. 70, julio 1972, pág. 3.

Los bancos analizan la situación económica. **Editorial.** Panorama Económico, núm. 71, agosto 1972, págs. 9-12.
¿Hasta dónde crecerá la economía española? **Elordi, Carlos.** A. E., núm. 764, 4 noviembre 1972, págs. 9-15.
Evolución de la Banca industrial en los primeros meses de 1972. **García Ponte, M.** A. E., núm. 768, 2 diciembre 1972, págs. 65-70.
Los empresarios ante 1972: crónica de una desconfianza. **Herrero, José Luis.** A. E., número 724, 29 enero 1972, págs. 30-32.
Efectos coyunturales del presupuesto en España: un intento de cuantificación del saldo «Presupuestario neutral». **Lagares Calvo, Manuel.** Hacienda Pública Española, núm. 14, 1972, págs. 119-139.
Contra precios, libertad. **Martínez Soler, J. Antonio.** Cambio 16, núm. 50, 30 octubre 1972, págs. 7-10.
Los precios, máxima preocupación. **Mora del Río, Francisco.** Informaciones Económicas, número 208, 23 septiembre 1972, págs. 1-2.
La inflación, ¿destino inevitable? **Naharro, José María de.** El Europeo, núm. 457, 13 octubre 1972, págs. 1 y 6.
Menos protestos en 1971, pero no cambia la tendencia. **Pablo Torrente, Joaquín de.** A. E., núm. 736, 22 abril 1972, págs. 9-13.
El presupuesto para 1973: un fiel acompañante de la coyuntura. **Pablo Torrente, Joaquín de.** A. E., núm. 762, 21 octubre 1972, págs. 49-51.
Estampida de los precios y despertar de la inversión. **Plaza, Crisanto.** Cambio 16, número 10, 24 enero 1972, págs. 46-50.
¡Un, dos, tres..., suba precios otra vez! **Reguiro, Ovidio.** Cambio 16, núm. 50, 30 octubre 1972, págs. 11-13.
Para contener los precios. **Santana, Ignacio.** El Europeo, núm. 432, 21 abril 1972, pág. 1.
Inflación sí, inflación no. **Tarragona, Eduardo.** El Europeo, núm. 463, 24 noviembre 1972, página 9.
La tentación del «stop and go». **Torras Majem, Higinio.** Ver A-1.
Los trabajadores ante los precios (encuesta). **Vázquez-Prada, Rodrigo.** El Europeo, número 464, 1 diciembre 1972, págs. 12-13.
¿Son los aumentos salariales la causa de la inflación? **Velasco, Roberto.** Economía Nacional Internacional de la Empresa, núm. 1.821, mayo 1972, págs. 21-23.

A-4: PROBLEMATICA REGIONAL

A-4.1. Aspectos generales

La distribución provincial de la renta nacional y su evolución. **Ballester Ros, Ignacio.** Revista de Estudios de la Vida Local, núm. 173, enero-febrero-marzo 1972, páginas 127-140.
Los niveles de renta a escala provincial y municipal en 1970. **Ballester Ros, Ignacio.** Revista de Estudios de la Vida Local, núm. 175, julio-agosto-septiembre 1972, páginas 529-544.
«Las Españas» y su capacidad de compra. **Baztán, C.** Desarrollo, núm. 412, 24 diciembre 1972, pág. 19.
Una experiencia histórica: las mancomunidades provinciales. **Boixareu, Ramón.** (Ver A-1.)
Los Consejos Económicos-Sindicales y el desarrollo regional. **Brugarola, Martín.** Revista de Fomento Social, núm. 108, diciembre 1972, págs. 401-409.
Regiones a «go-go»: es urgente una delimitación oficial de las regiones españolas. **Editorial.** A. E., núm. 744, 17 junio 1972, págs. 18-23.
Hacia una reforma del régimen local. **Editorial.** Revista de Fomento Social, núm. 105, enero-marzo 1972, págs. 3-8.
Economía regional: distribución de la renta versus coste-beneficio. **Gámir, Luis.** Información Comercial Española, núm. 465, mayo 1972, págs. 85-87.
La región, unidad básica del desarrollo. **García Lahiguera, Fernando.** Informaciones Económicas, núm. 194, 17 junio 1972, pág. 5.

Desarrollo regional en el III Plan: vino nuevo en odre viejo. **Gorosquieta, Javier.** Revista de Fomento Social, núm. 108, diciembre 1972, págs. 375-380.
La planificación del desarrollo y su evolución. El desarrollo regional en el III Plan de Desarrollo Económico y Social español. **Fernández Gombarro, Eduardo.** Rev. de Estudios Agro-Sociales, núm. 78, enero-marzo 1972, págs. 61-75.
Diferencias zonales en los niveles de desarrollo económico inducidos por el turismo. **Fuster Lareu, Juan.** Estudios Turísticos, núm. 33, enero-marzo 1972, págs. 79-91.
La «España colonizada» del interior. **Herrero, José Luis.** A. E., núm. 747, 8 julio 1972, páginas 10-17.
La política de desarrollo regional en el III Plan. **Lerena Guinea, Luis A.** Acción Empresarial, núm. 14, págs. 19-21.
La política de los polos en el desarrollo regional. **Lerena Guinea, Luis A.** Economía Industrial, núm. 97, enero 1972.
Distribución de la renta en España, por provincias y categorías socioeconómicas, según la encuesta de presupuestos familiares de 1964-65. **Lluch, Constantino,** Revista Española de Economía, núm. 2, mayo-agosto 1972, págs. 43-85.
El desarrollo regional español ante el III Plan. **Martín Sanz, Dionisio.** A. S. P. A., número 100, abril 1972, págs. 123-127.
Experiencias de desarrollo regional. **Martínez-Cortiña, Rafael.** Anales de Economía, números 5-8, enero-diciembre 1970, págs. 77-95.
Consideraciones en torno a la industrialización regional: análisis de la industria regional. **Martínez de Oñate, Ignacio M.** Economía Industrial, núm. 104, agosto 1972, páginas 81-87.
Dinámica del desarrollo industrial de las regiones españolas. **Miguel, Amando de (y otros).** Prólogo de Román Perpiñá Grau, Madrid, Edit. Tecnos, 1972, 337 págs. (*).
Desarrollo regional y reforma del régimen local. **Ortega, Victorino.** Revista de Fomento Social, núm. 108, diciembre 1972, págs. 381-394.
Reforma de régimen local: un gran paso adelante, pero... **Pablo Torrente, Joaquín de.** A. E., núm. 724, 29 enero 1972, págs. 8-12.
Regionalismo y desarrollo. **Parada, Luis Ignacio.** El Europeo, núm. 444, 14 julio 1972, página 24.
Desarrollo regional y estructuras tradicionales. **Pérez Bilbao, Jesús.** De Economía, número 119, octubre-diciembre 1971, págs. 677-683.
La región y el desarrollo (en España y a nivel internacional). (I Semana Económica Internacional organizada por el semanario Mundo). **Roca-Sastre, Ramón (ed.).** Selección y supervisión de Ramón Roca-Sastre Moncunill. Notas de Eduardo Alvarez Puga. Barcelona, Dopesa, 1972, 288 págs. (*).
La Hacienda municipal y sus problemas (recopilación de colaboraciones publicadas en el «Diario de Barcelona», 1970-1971). **Rovira Mola, Alberto de.** Prólogo de José Luis Sureda Carrión. Madrid, Instituto de Estudios de Administración Local, 1972, 197 páginas (*).
Polos y desarrollo regional ante el III Plan. **Sáenz de Buruaga, Gonzalo.** Información Comercial Española, núm. 465, mayo 1972, págs. 55-75.
Ante los procesos de integración y urbanización. Necesidad de la región. **Sáenz de Buruaga, Gonzalo.** Informaciones Económicas, núm. 209, 30 septiembre 1972, págs. 1 y 4.
Incidencia de la integración europea en las regiones españolas. **Sáenz de Buruaga, Gonzalo.** Revista Española de Economía, núm. 3, septiembre-diciembre 1972, págs. 151-165.
La Banca regional, a examen. **Sanz, Jaime.** Banca Española, núm. 32, octubre 1972, páginas 36-44.
La Banca provincial en España. **Sanz, Jaime.** Banca Española, núm. 34, diciembre 1972, páginas 49-65.
La descentralización económico-financiera en Alfredo Brañas. **Yebra Martul-Ortega, Perfecto.** (Ver A-1.)

A-4.2. Andalucía

Andalucía occidental: a pesar de los esfuerzos. **A. H.** A. E., núm. 729, 4 marzo 1972, páginas 55-61.
El paro en Andalucía. **Arija, José Manuel.** Cambio 16, núm. 8, 10 enero 1972, págs. 42-43.

Primera actuación del I. R. Y. D. A. La «Sierra Norte de Sevilla», ¿de interés social? **Barrenechea, Eduardo.** Informaciones Económicas, núm. 184, 8 abril 1972, págs. 1-2.

Andalucía, ¿tercer mundo? **Burgos, Antonio.** Barcelona, Círculo de Lectores, 1972, 184 páginas (*).

La carretera Málaga-Almería, infraestructura básica para el desarrollo de la región Penibética. **Consejo Económico Social de Granada.** (Ver A-2.1.)

La agricultura especializada de la Costa del Sol y su comercialización. **Delgado Paniagua, Agustín.** Granada, Organización Sindical, 1972, 62 págs. (*).

El desarrollo industrial: un reto para Granada. **Editorial.** A. E., núm. 754, 26 agosto 1972, páginas 43-45.

Coloquio sobre «La región del Guadalquivir». **Editorial.** Banca Española, núm. 25, marzo 1972, págs. 45-54.

El puerto pesquero de Huelva. **Quiroga, Domingo.** Industrias Pesqueras, núm. 1.073, 1 enero 1972, pág. 7.

Informe especial. La otra cara del tópico: Sevilla en la encrucijada. **Editorial.** Tría, número 180, 15 febrero 1972, págs. 24-44.

La Banca en el desarrollo económico del Guadalquivir. **Estudio-Informe.** Banca Española, número 25, marzo 1972, págs. 55-62.

Comercio colonial y guerras revolucionarias. La decadencia económica de Cádiz a raíz de la emancipación americana. **García-Baquero González, Antonio.** (Ver A-1.)

Economía del jerez. Estructura económica de la vitivinicultura jerezana y sus posibilidades de expansión. **García de Quevedo de la Barrera, José.** Jerez de la Frontera, 1971, 378 hojas (*).

La industria sedera en España. El arte de la seda en Granada. **Garzón Pareja, Manuel.** (Ver A-1.)

El polo de desarrollo de Granada a los tres años de su declaración. Balance y comentarios. **González Barberán, Vicente.** Granada, Consejo Económico Sindical Provincial, 1972, 56 págs. (*).

Elemento básico para el despegue económico de la zona. Promoción turística de Extremadura-Huelva. **Iglesias, María Antonia.** Informaciones Económicas, núm. 195, 24 junio 1972, pág. 5.

Análisis de complejos industriales. Estudio de los sectores mecánico y químico en el triángulo Huelva-Sevilla-Cádiz. **Instituto de Desarrollo Económico.** Madrid, Instituto de Desarrollo Económico, 1971, 432 págs. (*).

Evaluación económica en los Polos de Desarrollo (Huelva-Sevilla, La Coruña-Vigo). **Instituto de Desarrollo Económico.** Madrid, Instituto de Desarrollo Económico, 1972, 538 págs. (*)

Los complejos industriales en la política de polos de desarrollo: la experiencia de Huelva. **Lerena, Luis A.** Documentación Económica (I. D. E.), 1971, vol. 4.

Granada: un polo de desarrollo que no se ve. **Mora del Río, Francisco.** Informaciones Económicas, núm. 173, 22 enero 1972, pág. 3.

Córdoba: un polo incógnita. **Mora del Río, Francisco.** Informaciones Económicas, número 174, 29 enero 1972, págs. 3-4.

Propiedad, clases sociales y Hermandades en la Baja Andalucía. La estructura social de un pueblo del Aljarafe. **Moreno Navarro, Isidoro.** (Ver A-1.)

Granada. Polo de desarrollo industrial. **Organización Sindical de Granada.** Granada, Organización Sindical, 1972, 186 págs. (*).

Ordenación rural de Guadix. **Organización Sindical de Granada.** Granada, Organización Sindical, 1972, 182 págs. (*).

Perspectivas del cooperativismo sevillano. **Organización Sindical de Sevilla.** Sevilla, Organización Sindical, 1972, 78 págs. (*).

Huelva: mejores mercados para la pirita. **Pérez-Guerra, José.** Informaciones Económicas, número 190, 20 mayo 1972, pág. 8.

El Consejo Económico Sindical de Sevilla expone al señor García Ramal la realidad de la provincia: infrautilización del campo sevillano. **Ríos, Ricardo.** Informaciones Económicas, núm. 213, 28 octubre 1972, pág. 4.

Estudio económico financiero de Extremadura y Huelva. **Sanz, Jaime.** Banca Española, núm. 24, febrero 1972, págs. 30-34.

Notas sobre la economía de Málaga. **Terceiro, José B.** Ciudad y Territorio, núm. 2, abril-junio 1972, págs. 11-18.

A-4.3. Castilla (y Madrid)

Palencia, a la búsqueda de soluciones. **M. G.** Tría, núm. 194, 15 septiembre 1972, páginas 74-81.
Focos de irradiación económica. Madrid: un oasis que se agranda. **Calle, Angel Luis de la.** Informaciones Económicas, núm. 177, 19 febrero 1972, págs. 1 y 8.
La economía de Madrid en 1970. Memoria comercial e industrial. **Cámara Oficial de Comercio e Industria de Madrid.** Madrid, Cámara Oficial de Comercio e Industria, 1971, 496 págs. (*).
La región polarizada de Madrid. (Ensayo de delimitación económica.) **Campos Nordmann, Ramiro (director).** Rev. de Economía Política, núm. 62, septiembre-diciembre 1972, págs. 7-69.
Encuesta sobre el futuro de Madrid (urbanismo). **Díaz-Plaja, Guillermo Luis.** A. E., número 733, 1 abril 1972, págs. 11-20.
Tópicos catalanes sobre Madrid y tópicos madrileños sobre Barcelona. **Editorial.** A. E., número 742, 3 junio 1972, págs. 9-45.
Islas industriales en el páramo (Almadén y Puertollano). **Editorial.** Cambio 16, núm. 53, 20 noviembre 1972, págs. 51-56.
El polo de Burgos. **Editorial.** Desarrollo, núm. 375, 9 abril 1972, págs. 15-20.
La bolsa de Madrid durante 1971. **Editorial.** El Financiero, núm. 154, enero 1972, páginas 13-16.
Una encuesta actual: el mercado de Madrid. **Editorial.** Informaciones Económicas, número 200, 29 julio 1972, pág. 5.
El abastecimiento de Madrid en el reinado de Isabel II. **Fernández García, Antonio.** (Ver A-1.)
Informe sobre la estructura social de la provincia de Madrid. **Fundación FOESSA.** Madrid, Euramérica, 1972, 255 págs. (*).
Ni Puertollano ni Almadén han servido para extender la industrialización de la provincia. **García Abad, José.** Informaciones Económicas, núm. 179, 4 marzo 1972, página 8.
Por la emigración hacia el subdesarrollo (Ciudad Real). **Lazo, Mercedes.** (Ver A.2.2.)
Cambios estructurales en la población de la provincia de Segovia, en el siglo XX. **Lucas Blanco, Nemesio de.** (Ver A-2.2.)
Análisis del sector exportador de la provincia de Logroño. **Maraver, Luis.** Información Comercial Española, núms. 467-468, julio-agosto 1972, págs. 107-112.
Santander, desde Madrid... y desde Santander. **Martínez, Carmen.** A. E., núm. 765, 11 noviembre 1972, págs. 75-91.
Ciudad Real. Estudio geográfico y económico. **Martínez Val, José María.** Ciudad Real, Instituto de Estudios Manchegos (C. S. I. C.), 1971, 119 págs. (*).
Emigración y cambio social. Procesos migratorios y vida rural en Castilla. **Pérez Díaz, Víctor.** (Ver A-2.2.)
Las tierras altas de Soria y Logroño tendrán su Plan de Desarrollo. **Pérez-Guerra, José.** Informaciones Económicas, núm. 192, 3 junio 1972, pág. 8.
El «Metro» de Madrid: Tarifas más altas, servicio parecido. **Peris, Enrique.** A. E., número 756, 9 septiembre 1972, págs. 20-23.
Situación actual y perspectivas de desarrollo de Santander. **Raposo Santos, José Manuel (director).** Madrid, Confederación Española de Cajas de Ahorro, tomos I y II, 1972, 271 y 777 págs. (*).
Estudio-informe: La región del Duero. **Sanz, Jaime.** Banca Española, núm. 27, mayo 1972, págs. 39-46.
Precios y nivel de vida en 31 grandes ciudades (entre ellas Madrid). **Union des Banques Suisses.** Estudios Empresariales, núm. 71/3, diciembre 1971, págs. 85-121.

A-4.4. Cataluña

Infraestructuras y servicios públicos en el área metropolitana de Barcelona: su problemática. **Aramburo Campoy, Fernando.** CEAM.-Revista de Economía Industrial, número 107, julio-agosto 1971, págs. 22-30.

Dinámica y perspectiva del Vallés, 1969. Vol. 10: La industrialización. **Barbe i Durán Lluis (director).** Sabadell, Caja de Ahorros (y otros), 1969, 232 fols. (*).
Dinámica y perspectiva del Vallés, 1969. Vol. 14: El factor humano. **Barbe i Durán, Lluis (director).** Sabadell, Caja de Ahorros (y otros), 1970, 148 fols. (*).
Bancs i banquers a Catalunya. Capitols per a una historia. **Cabana, Francesc.** (Ver A-1.)
Síntesis del estudio, dinámica y perspectivas del Vallés. **Caja de Ahorros de Sabadell.** Sabadell, Caja de Ahorros, 1971, 343 págs. (*).
Tarragona: industria y turismo siguen enfrentados. **Calle, Angel Luis de la.** Informaciones Económicas, núm. 221, 23 diciembre 1972, pág. 3.
Censo de población 1970. Barcelona y su entorno geográfico. **Cortada Reus, F.** (Ver A-2.2.)
Tópicos catalanes sobre Madrid y tópicos madrileños sobre Barcelona. **Editorial.** (Ver A-4.3.)
Sobre l'evolució demografica a Catalunya per comarques i municipis, 1950-1970. **Editorial.** Banca Catalana, núm. 26, septiembre 1972, págs. 39-48.
Industria. Mejor situación de la industria catalana durante los últimos meses. **Editorial.** Cataluña Económica, núm. 110, marzo 1972.
La economía catalana ante el Mercado Común. **Editorial.** Economía Nacional Internacional de la Empresa, núm. 1.823, julio-agosto 1972, págs. 3-4.
Bibliografía de historia económica de Cataluña, 1950-1970. **Feliu Monfort, Gaspar.** Barcelona, Fondo Cultural de la Caja de Ahorros Provincial, 1971, 165 págs. (*).
Cataluña: El señor Esteve contra Diego Ramírez. **Herrero, José Luis.** A. E., núm. 750, 29 julio 1972, págs. 29-31.
La població del Maresme a la llum dels censos generals. **Iglesies Fort, Josep.** (Ver A-2.2.)
Historia crítica de la burgesia a Catalunya. **Jutglar, Antoni.** (Ver A-1.)
El futur de la immigració a Catalunya. Proposta d'una técnica, una hipotesi general i dos casos locals sobre l'oferta de má d'obra autóctona. **Lluch, Ernest** (y otros). (Ver A-2.2.)
Cataluña también es campo. **Maluquer, Xavier.** Tría, núm. 189, 1 julio 1972, págs. 25-37.
Focos de irradiación económica: Barcelona y la otra Cataluña. **Mora del Río, Francisco.** Informaciones Económicas, núm. 176, 12 febrero 1972, págs. 1-3.
Reorientación de la economía gerundense. La industrialización... Monografía industrial del estudio. Desarrollo económico-social de la provincia y comarcas de Gerona. **Oms, José M.** Gerona, 1971, 118 págs. (*).
Cuatro etapas de la cooperación catalana. **Pérez Baró, Alberto.** Rubí, Cooperativa La Rubinense, 1971, 59 págs. (*).
Un instrument d'analisi economica: la taula input-output de Catalunya 1967. **Pujol i Marigot.** Banca Catalana, núm. 24, marzo 1972, págs. 8-24.
La Banca y el desarrollo económico de la zona catalana. **Sanz, Jaime.** Banca Española, núm. 28, junio 1972, págs. 34-43.
Les transformacions economiques al Delta de l'Ebre. **Seró, Ramón y Maymó, Jordi.** Barcelona, Banca Catalana, 1972, 164 págs. (*).
Los convenios colectivos de trabajo en Barcelona. Informe 1970. **Servicio de Estudios Socio-laboral del CEAM.** CEAM-Revista de Economía Industrial, núm. 107, julio-agosto 1971, págs. 37-45.
El factor riqueza en els origens de Catalunya. Assaig d'historia económico-social. **Tona i Nadalmai, A.** (Ver A-1.)
Introducció a l'economía de Catalunya. **Trías Fargas, Ramón.** Barcelona, Ediciones 62, 1972, 140 págs. (*).
Les terres de Lleida en la geografía, en l'economía i en la cultura catalanas (Cicle de Conferencies). **Varios.** Barcelona, Editorial Portic, 1971, 301 págs. (*).
Política i economía a la Catalunya del segle XX. 2 Recerques: Historia, Economía, Cultura. **Varios.** (Ver A-1.)
La demanda y la oferta de viviendas en la comarca de Barcelona en el período 1962-71. **Vimar.** Cataluña Económica, núms. 114-115, julio-agosto 1972, págs. 59-60.

A-4.5. Galicia

La Estrada, comarca del medio rural gallego: subdesarrollo y cambio. **Cañadas Mercado, Miguel A. y Herce Vallejo, Manuel.** Ciudad y Territorio, núm. 3, julio-septiembre 1972, págs. 31-41.
Contabilidad regional de Galicia. **Comisaría del Plan de Desarrollo.** Madrid, Comisaría del Plan de Desarrollo, 1971, 209 págs. (*).
Un quinquenio de la Banca gallega. **Editorial.** A. E., núm. 770, 16 diciembre 1972, páginas 99-105.
Pontevedra. **Editorial.** Boletín de Londres, núm. 244, marzo-mayo 1972, 58 págs.
Fuga de capitales en Galicia. **Editorial.** Cambio 16, núm. 22, 17 abril 1972, págs. 19-20.
Panorama económico de la pesca: son necesarias fórmulas para una mayor rentabilidad del sector en la comarca (La Coruña). **Editorial.** Desarrollo, núm. 393, 13 agosto 1972, págs. especiales III.
Galicia, ¿fin del subdesarrollo? **Editorial.** El Europeo, núm. 450, 25 agosto 1972, pág. 1.
Problemas y soluciones del desarrollo de Galicia. El atraso y el subdesarrollo de las provincias gallegas, analizado por cinco prestigiosos economistas. **Editorial.** El Europeo, número 454, 22 septiembre 1972, págs. 10-12.
La construcción de pesqueros en Galicia. **Editorial.** Industrias Pesqueras, núm. 1.094, 15 noviembre 1972, pág. 511.
Estancamiento demográfico y movimientos migratorios: datos sobre la contabilidad regional de Galicia. **Editorial.** (Ver A-2.2.)
Problemática de la emigración gallega (Congreso Regional de la Emigración Gallega), La Coruña, 1972. **García Berenguer, Manuel.** (Ver A-2.2.)
Plan Comarcal «Compostela» para el desarrollo de las comarcas de Santiago, de la ría de Arosa y la del sistema del Ulla. **García Briones, Ramón.** La Coruña, Ediciones Librigal, 1971, 130 págs. (*).
Una aspiración basada en realidades económicas. Vigo quiere ser capital de provincia. **Iglesias, María Antonia.** Informaciones Económicas, núm. 201, 5 agosto 1972, página 6.
Evaluación económica de los Polos de Desarrollo (Huelva-Sevilla, La Coruña-Vigo). **Instituto de Desarrollo Económico.** (Ver A-4.2.)
Economía marítima de la Galicia cantábrica en el siglo XVIII. **Meijide Pardo, Antonio.** (Ver A-1.)
Problemas y soluciones del desarrollo económico de Galicia. **Terceiro, José B. (y otros).** Algorta, Editorial Zero, 1972, 130 págs. (*).

A-4.6. País Vasco

La banca industrial en la región vasco-navarra-riojana. **Abad, Alberto.** Información Comercial Española, núms. 467-468, julio-agosto 1972, págs. 209-214.
La exportación del País Vasco, por sectores. **Alegre, María José.** El Europeo, número extraordinario, 10 noviembre 1972, págs. 22-25.
Vizcaya: una coyuntura desigual. **Barrena, Fernando.** (Ver A-3.)
Absentismo laboral en la industria guipuzcoana, 1965/1971. **Cámara de Comercio, Industria y Navegación de Guipúzcoa.** San Sebastián, Cámara de Comercio, Industria y Navegación, 1972, 105 págs. (*).
La infraestructura de las Vascongadas. **Dorao Lanzagorta, Jesús.** Información Comercial Española, núms. 467-468, julio-agosto 1972, págs. 142-148.
Vizcaya, actualidad. El aeropuerto de Bilbao y las posibilidades de expansión futura (2). **Dorao Lanzagorta, Jesús.** Informaciones Económicas, núm. 173, 22 enero 1972, página 8.
La industria del papel en las Vascongadas. **Echeverría, Jaime.** Información Comercial Española, núms. 467-468, julio-agosto 1972, págs. 187-192.
La pesca de superficie en Vizcaya y Guipúzcoa. **Editorial.** Industrias Pesqueras, número 1.078, 15 marzo 1972, págs. 128-129.
Análisis del sector exterior de la economía alavesa. **Editorial.** Información Comercial Española, núms. 467-468, julio-agosto 1972, págs. 87-92.

Vizcaya exporta (Servicio de Estudios de la Cámara de Comercio, Industria y Navegación de Bilbao). **Editorial.** Información Comercial Española, núm. 467-468, julio-agosto 1972, págs. 93-98.

Focos de irradiación económica: Vascongadas se desborda. **García Abad, José.** Informaciones Económicas, núm. 175, 5 febrero 1972, págs. 1-3.

Guipúzcoa exporta. **Genua, Angel.** Información Comercial Española, núms. 467-468, julio-agosto 1972, págs. 99-105.

Guipúzcoa: Una provincia con problemas. **Gorostidi, Martín.** A. E., núm. 772, 30 diciembre 1972, págs. 56-63.

La emigración vasca. **Lhande, Pierre.** (Ver A-2.2.)

Una mirada a la estructura socioeconómica del País Vasco. **Lomillo, Santiago.** El Europeo, número extraordinario, 10 noviembre 1972, pág. 8.

Alava: Una agricultura de alto nivel, pero con problemas. **Manrique, Guillermo.** Tría, número 194, 15 septiembre 1972, págs. 61-70.

La banca comercial en el País Vasco. **Más Montañés, Enrique.** Información Comercial Española, núms. 467-468, julio-agosto 1972, págs. 201-208.

Aquitania y la región vasconavarra ante una futura integración. **Montesino de Sobrino, Fernando.** Información Comercial Española, núms. 467-468, julio-agosto 1972, páginas 125-132.

Vizcaya, actualidad. Transcendental papel de la iniciativa privada en las grandes obras de infraestructura de Vizcaya. **Ossa Echaburu, Rafael.** Informaciones Económicas, número 173, 22 enero 1972, pág. 8.

Vizcaya: las obras de infraestructura en curso en Vizcaya. **Ossa Echaburu, Rafael.** (Ver A-4.6.)

Alava: 1973 puede ser un año decisivo. **Ozaeta Ugarte, Andrés.** A. E., núm. 772, 30 diciembre 1972, págs. 51-55.

La exportación vasca, por provincias. **Ruiz, María.** El Europeo, número extraordinario, 10 noviembre 1972, págs. 32-38.

Hacia una nueva región vasca. **Sáenz de Buruaga, Gonzalo.** Información Comercial Española, núms. 467-468, julio-agosto 1972, págs. 51-56.

La Banca en el desarrollo económico de la zona norte. **Sanz, Jaime.** Banca Española, número 26, abril 1972, págs. 73-79.

Visión general de la exportación de las Vascongadas: Una región proyectada a la exportación. **Soroa, Santiago de.** El Europeo, número extraordinario, 10 noviembre 1972, páginas 12-14.

Visión macroeconómica de la región: riqueza y renta. **Uriarte y Uriarte, Salvador.** Información Comercial Española, núms. 467-468, julio-agosto 1972, págs. 57-66.

El impacto económico de las migraciones en el País Vasco. **Velasco Barroetabeña, Roberto.** (Ver A-2.2.)

A-4.7. Valencia

Comercio medieval valenciano. Coses vedades, en 1381. **Cabanes Pecourt, María.** (Ver A-1.)

Una provincia: Valencia. **Editorial.** Panorama Económico, núm. 64, enero 1972, páginas 30-36.

Agriculturas valencianas: La mediocridad socioeconómica, común denominador. **Font de Mora, Luis.** A. E., núm. 747, 8 julio 1972, págs. 93-95.

Incierta situación económica en la región valenciana. La naranja ya no es negocio. **Girona Rubio, Manuel.** Informaciones Económicas, núm. 205, 2 septiembre 1972, pág. 3.

El fantasma de la emigración sobre once pueblos castellonenses. El vino del bajo Maestrazgo, condenado a desaparecer. **Martínez, Julián.** (Ver A-2.2.)

Sagunto tendrá un nuevo puerto siderúrgico. **Mora del Río, F.** Informaciones Económicas, núm. 188, 6 mayo 1972, pág. 5.

Estudio sobre el desarrollo regional valenciano. **Pérez Benlloch, J. J.** Informaciones Económicas, núm. 193, 10 junio 1972, pág. 5.

Economía de Valencia: De la depresión a la euforia. **Pérez Benlloch J. J. y Casado, P.** A. E., núm. 747, 8 julio 1972, págs. 83-89.

El Consejo Económico Social Sindical de la región valenciana y el área mediterránea.

Sáez González-Elipe, Benito. Economía Mediterránea, núm. 1, octubre 1972, páginas 37-39.
La economía valenciana en el siglo XVI (Comercio de importación). **Salvador, Emilia.** (Ver A-1.)
La Siderúrgica de Sagunto, ¿fomentará la industrialización valenciana? **Ventura, Vicent.** Informaciones Económicas, núm. 180, 11 marzo 1972, pág. 2.
Valencia: más «cápita» sin tanta renta. **Ventura, Vicent.** Informaciones Económicas, núm. 190, 20 mayo 1972, pág. 5.
Por culpa de la preponderancia agrícola, Valencia hacia atrás. **Ventura, Vicent.** Informaciones Económicas, núm. 192, 3 junio 1972, pág. 8.
Ante la reedición de la obra del abate Cavanilles: Valencia: lo que va de ayer a hoy. **Ventura, Vicent.** Informaciones Económicas, núm. 193, 10 junio 1972, pág. 5.
Valencia: no hay despegue en la renta «per cápita». **Ventura, Vicent.** Informaciones Económicas, núm. 202, 12 agosto 1972, pág. 2.
La ruralidad valenciana. **Ventura, Vicent.** Informaciones Económicas, núm. 219, 9 diciembre 1972, pág. 3.

A-4.8. Asturias

Asturias 1972: Más industrias, pero no mejores comunicaciones. **Belderrain, Javier.** A. E., núm. 735, 15 abril de 1972, págs. 89-104.
Análisis estructural de la economía asturiana. **Fonseca Rodríguez, Julio.** Oviedo, Prólogo de Teodoro López-Cuesta. Instituto de Estudios Jurídicos, 1972, 404 págs. (*).
Estructura de las explotaciones familiares agrarias en Asturias. **Martínez Vicente, Silvio y García Dory, Miguel Angel.** De Economía, núm. 118, julio-septiembre 1971, páginas 429-447.

A-4.9. Otras regiones y provincias

La industria química y de derivados del petróleo en la región vasco-navarra-riojana. **Aboitiz Sáenz, José María.** Información Comercial Española, núms. 467-468, julio-agosto 1972, págs. 181-186.
Canarias: Los volcanes silenciosos. **Belderrain, Javier.** A. E., núm. 720, 1 enero 1972, págs. 10-15.
Extremadura reencontrada. **Bermejo, Francisco.** El Financiero, núm. 154, enero 1972, páginas 17-21.
Régimen fiscal de Navarra. Los convenios económicos. **Burgo, Jaime Ignacio del.** Pamplona, Prólogo de Miguel Troncoso Sagredo, Editorial Aranzadi, 1972, 224 págs. (*).
Desarrollo industrial y mercantil en la provincia de Zaragoza. Ejercicio 1970. **Cámara Oficial de Comercio e Industria de Zaragoza.** Zaragoza, Editorial Cámara Oficial de Comercio e Industria, 1971, 429 págs. (*).
Desarrollo industrial y mercantil en la provincia de Zaragoza. Ejercicio 1971. **Cámara Oficial de Comercio e Industria de Zaragoza.** Zaragoza, Cámara Oficial de Comercio e Industria, 1972, 447 págs. (*).
Canarias, región polémica. Análisis crítico del régimen económico-fiscal del archipiélago. **Carballo Cotanda, Antonio.** Madrid, Edicusa, 1972, 335 págs. (*).
Canarias: «El paso de una economía agrícola y subdesarrollada a una economía de crecimiento uniforme» (rueda de prensa). **Clavijo García Rafael y Godoy González, Tomás.** Desarrollo, núm. 360, 2 enero 1972, pág. 16.
Texto dictaminado por la Comisión de Hacienda de las Cortes Españolas del proyecto de Ley del Régimen Económico-Fiscal para Canarias. **Comisión de Hacienda de las Cortes.** Revista Canaria de Economía, núm. 3, 2.° trimestre 1972, págs. 162-169.
Texto completo del anteproyecto de Régimen Económico-Fiscal para Canarias. **Comisión Interministerial.** Revista Canaria de Economía, núm. 3, 2.° trimestre 1972, páginas 127-141.
Un plan inédito para Navarra. **Editorial.** Cambio 16, núm. 14, 21 febrero 1972, páginas 47-49.
Canarias. El nuevo régimen fiscal y la pesca. **Editorial.** Industrias Pesqueras, número 1.094, 15 noviembre 1972, págs. 510-511.

Canarias, flota y bandera. **Editorial.** Industrias Pesqueras, núm. 1.095, 1 diciembre 1972, pág. 527.
El largo camino hacia la región. **Editorial.** Revista Canaria de Economía, núm. 3, 2.° trimestre 1972, págs. 65-70.
Estructura económica de León. **Fernández Revuelta, José (y otros).** Caja de Ahorros y Monte de Piedad, León, 1972, 125 págs. (*).
Autonomía que desarrolla (Navarra). **Ferrer, Manuel.** Cambio 16, núm. 14, 21 febrero 1972, págs. 32-37.
Las pescas en la provincia de Las Palmas (1971). **Fontán, Guillermo.** Industrias Pesqueras, núm. 1.078, 15 marzo 1972, pág. 127.
Previsión de demanda de técnicos empresariales a medio plazo en la región Canaria. **Frías García, José Antonio (y otros).** Revista Canaria de Economía, núm. 4, 3.er trimestre 1972, págs. 171-190.
Estructura del comercio exterior de Tenerife. **Fuentes, Santos.** Información Comercial Española, núm. 466, junio 1972, págs. 105-115.
Canarias: la industrialización posible. **González Vieitez, Antonio y Bergasa Perdomo, Oscar.** Economía Industrial, núm. 97, enero 1972.
Tudela de Navarra, cabecera de una comarca rural en vías de urbanización. **Grilló, Enrique.** Ciudad y Territorio, núm. 1, enero-marzo 1972, págs. 23-38.
Algunos aspectos del comercio exterior de la provincia de Las Palmas. **Infiesta Agreda, Joaquín.** Información Comercial Española, núm. 466, junio 1972, págs. 119-135.
Proyecto de Ley de Régimen Económico-Fiscal para Canarias. Estudio-trabajo del I. C. E. E. **Instituto Canario de Estudios Económicos.** Revista Canaria de Economía, núm. 3, 2.° trimestre 1972, págs. 143-161.
Anteproyecto del Estatuto Regional. **Instituto Universitario de la Empresa de la Universidad de La Laguna (I. U. D. E.).** Revista Canaria de Economía, núm. 3, 2.° trimestre 1972, págs. 89-119.
Propuesta definitiva de la representación canaria. **Instituto Universitario de la Empresa de la Universidad de La Laguna (I. U. D. E.).** Revista Canaria de Economía, núm. 3, 2.° trimestre 1972, págs. 120-126.
Proyecto de propuesta de los representantes de las islas Canarias. **Instituto Universitario de la Empresa de la Universidad de La Laguna (I. U. D. E.).** Revista Canaria de Economía, núm. 3, 2.° trimestre 1972, págs. 83-88.
Canarias: Islas desafortunadas. **Ivorra, Antonio.** Cambio 16, núms. 28-29, mayo 1972, págs. 15-21.
Navarra: ¿una economía en crisis? **Jiménez, Joaquín.** Informaciones Económicas, número 174, 29 enero 1972, pág. 5.
Análisis del sector exportador de la provincia de Navarra. **Legarrea, José Javier.** Información Comercial Española, núms. 467-468, julio-agosto 1972, págs. 113-120.
Canarias: Islas desafortunadas. **López Muñoz, Arturo.** Cambio 16, núms. 28-29, mayo 1972, págs. 15-22.
Nuevo régimen económico-fiscal canario. **López de Pablo, Francisco.** El Europeo, número 441, 23 junio 1972, pág. 26.
Canarias, banco de pruebas del desarrollo regional. **López de Pablo, Francisco.** El Europeo, número 442, 30 junio 1972, pág. 24.
Primera contabilidad regional de Canarias. **Lozano Rodríguez, Enrique (y otros).** Madrid (s. a.), Instituto de Desarrollo Económico, 216 págs. (*).
Aspiraciones canarias: descentralización, administración, unidad regional y libertad comercial. **Martín Ramos, Andrés.** El Europeo, núm. 466, 15 diciembre 1972, página 13.
Transformación del paisaje extremeño. La matanza de los encinares. **Martínez, Julián.** Informaciones Económicas, núm. 195, 24 junio 1972, pág. 1.
Canarias: Esquema de nuevo Régimen Económico-Fiscal. **Ministerio de Hacienda.** Revista Canaria de Economía, núm. 3, 2.° trimestre 1972, págs. 71-82.
Stop al tabaco canario (cada día de mayor venta en la península). **Montesinos Cervera, Jesús.** Informaciones Económicas, núm. 203, 19 agosto 1972, pág. 3.
Canarias teme otra avalancha de mercaderes indios. **Montesinos Cervera, Jesús.** Informaciones Económicas, núm. 204, 26 agosto 1972, págs. 1-2.
Importaciones de choque para contener los precios del plátano canario. **Montesinos Cervera, Jesús.** Informaciones Económicas, núm. 218, 2 diciembre 1972, pág. 5.

Producción, precios y distribución de la cochinilla. Un capítulo de la historia económica de Canarias. **Morales Lezcano, Víctor.** (Ver A-1.)
La población de La Laguna (1837-1960). **Quirós Linares, Francisco.** (Ver A-2.2.)
Navarra, paraíso perdido. **Rico, Mercedes.** Cambio 16, núm. 14, 21 febrero 1972, páginas 22-29.
Consideraciones en torno al régimen económico-fiscal para Canarias (conferencia). **Sabaté Forns, José.** Tenerife, Cabildo Insular, 75 págs. (*).
A tomatazo limpio (Canarias). **Sancho, Daniel.** Cambio 16, núm. 15, 28 febrero 1972, páginas 11-15.
Estudio económico financiero de Extremadura y Huelva. **Sanz, Jaime.** (Ver A-4.2.)
El comercio exterior de Canarias. **Sempere Couderc, Luis.** Información Comercial Española, núm. 466, junio 1972, págs. 95-103.
Zaragoza, una provincia en auge. **Sendil, F.** A. E., núm. 761, 14 octubre 1972, págs. 75-81.
Una iniciativa foral de desarrollo: el Plan Navarra. **Ysart, Federico.** A. E., núm. 746, 1 julio 1972, págs. 35-52.

A-5: ASPECTOS DE LA PROBLEMATICA LABORAL Y SOCIAL

A-5.1. Sueldos y salarios

Los salarios en España. **C. B.** Desarrollo, núm. 405, 5 noviembre 1972, págs. 3 y 5.
El salario de la mujer casada. **Campo, Salustiano del.** El Europeo, núm. 456, 6 octubre 1972, pág. 4.
Los salarios en España en el contexto de la política de rentas. **Carrasco Canals, Fernando.** Prólogo de Juan Velarde Fuertes. Madrid, Confederación Española de Cajas de Ahorro, 1972, 314 págs. (*).
Salario francamente mínimo. **Cruz-Barón-Serrano.** Cambio 16, núm. 22, 17 abril 1972, páginas 12-16.
Estudio sobre el salario mínimo con relación al coste de la vida, la renta «per cápita» y la retribución media. **Editorial.** Economía Mediterránea, núm. 1, octubre 1972, páginas 32-33.
Los salarios ante los precios y la productividad en la economía española. **Kirkpatrick Mendaro, Enrique.** De Economía, núm. 120, enero-marzo 1972, págs. 83-139.
¿Cómo se distribuye nuestra renta nacional? Los asalariados desplazan a los empresarios individuales. **Mora del Río, Francisco.** Informaciones Económicas, núm. 214, 4 noviembre 1972, págs. 1 y 6.
Nada mejor que la mano de obra barata. **Revel, E.** Cambio 16, núm. 38, 7 agosto 1972, páginas 9-10.
¿Son constitucionales los decretos de salarios mínimos? **Sagardoy y Bengoechea, Juan Antonio.** A. E., núm. 760, 7 octubre 1972, págs. 17-19.
¿Cuánto suben los salarios? **Solosancho.** Cambio 16, núm. 53, 20 noviembre 1972, pág. 26.
¿Son los aumentos salariales la causa de la inflación? **Velasco, Roberto.** (Ver A-3.)

A-5.2. Otros aspectos

Las relaciones laborales en la pequeña y mediana empresa. **Almendros Morcillo, Fernando.** Estudios Económicos, núm. 132, enero 1972, págs. 30-32.
Instituciones de Seguridad Social. **Alonso Olea, Manuel.** Madrid, Instituto de Estudios Políticos, 1972, cuarta edición, 409 págs. (*).
El paro en Andalucía. **Arija, José Manuel.** (Ver A-4.2.)
Las cuentas de la Seguridad Social: poco publicadas, aunque son públicas. **Barrena, Fernando.** A. E., núm. 735, 15 abril 1972, págs. 20-21.
Organización Sindical. Peticiones antiguas y actuales. **Belderrain, Javier.** A. E., núm. 763, 28 octubre 1972, págs. 64-67.
Absentismo laboral en la industria guipuzcoana 1965-1971. **Cámara de Comercio, Industria y Navegación de Guipúzcoa.** (Ver A-4.6.)

Accidentes de trabajo y productividad. **Comba Morayta, Guillermo.** Economía Industrial, número 99, marzo 1972, págs. 103-116.

Accidentes de trabajo y productividad. **Comba Morayta, Guillermo.** Estudios Económicos, núm. 140, septiembre 1972, págs. 7-16.

El banquero barato (la Seguridad Social). **Cruz-Barón-Serrano.** Cambio 16, núm. 17, 13 marzo 1972, págs. 17-24.

El trabajo de la mujer en España. Un estudio sociológico. **Durán, María Angeles.** Madrid, Edit. Tecnos, 1972, 252 págs. (*).

Los conflictos colectivos de trabajo. **Editorial.** Acción Empresarial, núm. 14, marzo 1972, páginas 3-5.

El presupuesto familiar de A. S. E. **Editorial.** Acción Empresarial, núm. 16, mayo 1972, páginas 27-33.

La nueva ley de perfeccionamiento de la Seguridad Social. **Editorial.** Acción Empresarial, núms. 18-20, julio-septiembre 1972, págs. 3-7.

El impacto de la nueva Ley de Seguridad Social. **Editorial.** Balance, núm. 427, 1 febrero 1972, págs. 3-4.

La Seguridad Social enseña sus cuentas. **Editorial.** Balance, núm. 447, 1 diciembre 1972, páginas 1 y 15.

El paro en España. Un estudio del Servicio Sindical de Estadística. **Editorial.** Revista Sindical de Estadística, núm. 106, segundo trimestre 1972, págs. 62-75.

Seguridad Social: las cuentas de todos. **Gómez, César.** Desarrollo, núm. 410, 10 diciembre 1972, pág. 20.

El nivel de consumo como índice de desarrollo social. **Gómez Aguilera, J.** Panorama Económico, núm. 64, enero 1972, págs. 13-14.

Economía 1971-72. Fuerza laboral latente y crisis de confianza. **Gorosquieta, Javier.** Revista de Fomento Social, núm. 105, enero-marzo 1972, págs. 17-29.

La contratación colectiva del trabajo. **Guerrero, Fernando.** Estudios Empresariales, número 72, 1 abril 1972, págs. 31-43.

Una realidad denunciada: el crecimiento con desempleo. **Guillén, Antonio.** Revista de Fomento Social, núm. 106, abril-junio 1972, págs. 155-161.

Empresas de la construcción: el convenio, ¿a quién le conviene? **Herrero, José Luis.** A. E., núm. 721, 8 enero 1972, págs. 20-21.

Política laboral 71: año de más paz. **Herrero, José Luis.** A. E., núm. 726, 12 febrero 1972, páginas 24-25.

Los «socialistas» de Albacete (A propósito de Cerámica Albacetense, S. A.). **Herrero, José Luis.** A. E., núm. 733, 1 abril 1972, págs. 6-8.

La jornada de cuarenta horas: una aspiración próxima. **Herrero, José Luis.** A. E., número 735, 15 abril 1972, págs. 10-13.

Perspectivas del empleo en España. **Iglesias, María Antonia.** Informaciones Económicas, núm. 199, 22 julio 1972, pág. 8.

Informe sobre la distribución de las rentas. Año 1970. **Instituto Nacional de Estadística.** Madrid, I. N. E., 1971, 1 vol. (*).

El despido improcedente en España. **Larraz, Fernando.** Revista de Fomento Social, número 105, enero-marzo 1972, págs. 45-48.

La política de empleo, una rama del Derecho del trabajo (su importancia para España). **Maravall Casesnoves, Héctor.** Revista de Trabajo, núms. 35-36, tercero y cuarto trimestres 1971, págs. 5-28.

Movilidad social, desarrollo económico y formación profesional. **Maravall Herrero, José María.** Revista de Trabajo, núm. 34, segundo trimestre 1971, págs. 5-23.

Contribución al estudio de la estratificación social en España: la distribución de los ingresos familiares. **Martín Martínez, José Luis.** Revista de Estudios Sociales, núm. 5, mayo-agosto 1972, págs. 157-173.

Sobre la cotización de las horas extraordinarias en primas de accidentes. **Mateos Beato, A.** Revista de Trabajo, núm. 33, primer trimestre 1971, págs. 121-132.

Coste de la vida, salarios, inflación. **Maza, Alonso de la.** (Ver A-1.)

Problemática laboral y sindical 1971-1972. **Ortega, Victorino.** Revista de Fomento Social, número 105, enero-marzo 1972, págs. 31-43.

Los objetivos sociales en el III Plan de Desarrollo. **Ortega, Victorino.** Revista de Fomento Social, núm. 106, abril-junio 1972, págs. 127-141.

Las relaciones laborales y sindicales en la empresa española. **Palenzuela, G.** Acción Empresarial, núm. 17, junio 1972, págs. 27-31.

Los convenios colectivos y los precios. **Parada, Luis Ignacio.** El Europeo, núm. 464, 1 diciembre 1972, pág. 18.
La Seguridad Social en España (II). **Rull Sabater, Alberto.** Madrid, Euramérica, 1971, 180 págs. (*).
¿Despido libre o despido controlado? Lo que hacemos en España y lo que hacen en el Mercado Común. **Sagardoy y Bengoechea, Juan Antonio.** A. E., núm. 767, 25 noviembre 1972, págs. 8-13.
Pluriempleo, subempleo, superempleo. **Sánchez Gil, Mariano.** Desarrollo, núm. 405, 5 noviembre 1972, pág. 3.
Los convenios colectivos de trabajo en Barcelona. Informe 1970. **Servicio de Estudios Socio-laboral del C. E. A. M.** (Ver A-4.4.)
Los conflictos, una enfermedad de la industria. **Suárez, Eduardo.** A. E., núm. 759, 30 septiembre 1972, págs. 8-17.
El despido en España. **Tovillas Zorzano, José Julián.** C. E. A. M. Revista de Economía Industrial, núm. 108, septiembre-octubre 1971, págs. 43-48.
La estabilidad en el empleo de los consejeros representantes del personal. **Tovillas Zorzano, José Julián.** Revista de Trabajo, núms. 35-36, tercero y cuarto trimestres 1971, páginas 101-140.
Las condiciones de trabajo de los economistas españoles. El empleo y la remuneración de los licenciados en Ciencias Económicas. **Trías Fargas, Ramón y Puig Bastard, Pedro.** Barcelona, 1972, 291 págs. (*).
Valoración de resultados de los convenios colectivos. **Valdés, Pedro.** Acción Empresarial, núm. 23, diciembre 1972, págs. 37-40.
Las estadísticas de paro y la ilusión del pleno empleo en España. **Velasco, Roberto.** Economía Nacional Internacional de la Empresa, núm. 1.825, octubre 1972, págs. 37-41.

A-6: POLITICA FISCAL Y MONETARIA

Comportamientos dilatorios de la gestión tributaria. **Albiñana García-Quintana, César.** Hacienda Pública Española, núm. 16, 1972, págs. 123-141.
Aspectos generales del Presupuesto de 1973. **Aguilar Pinos, José María y Beneyto Juan, Luis Ramón.** Hacienda Pública Española, núm. 19, 1972, págs. 25-48.
Valoración actual de la imposición sobre el consumo. **Alvarez Rendueles, J. R.** Instituto de Desarrollo Económico. Madrid, 1972, 256 págs. (*).
Justicia administrativa y sistema tributario. **Antón Pérez, José.** Hacienda Pública Española, núm. 16, 1972, págs. 15-24.
El presupuesto para 1972. **Argüello Reguera, Ceferino.** Hacienda Pública Española, número 14, 1972, págs. 23-59.
Impuesto sobre el lujo: la determinación de la base imponible en la modalidad de devengo en origen. **Arias Velasco, José.** Crónica Tributaria, núm. 1, 1972, págs. 25-33.
El recurso de aplicación indebida: A) De reglas de distribución. B) De módulos o índices. **Arias Velasco, José.** Hacienda Pública Española, núm. 16, 1972, págs. 71-81.
Delimitación del «objeto» en las sociedades profesionales. **Barbará Llaurado, Remigio.** Hacienda Pública Española, núm. 15, 1972, págs. 89-98.
Funciones múltiples del presupuesto en España. **Barea Tejeiro, José.** Hacienda Pública Española, núm. 19, 1972, págs. 13-23.
Los recursos de inclusión y exclusión indebidos en los censos tributarios. **Breña Cruz, Fernando.** Hacienda Pública Española, núm. 16, 1972, págs. 83-103.
La medición del esfuerzo fiscal de España. **Calle Sáiz, Ricardo,** Revista de Economía Política, núm. 60, enero-abril 1972, págs. 21-114.
Los reglamentos tributarios en el ordenamiento estatal español. **Calvo, Rafael.** Hacienda Pública Española, núm. 17, 1972, págs. 45-73.
Los presupuestos y programas de actuación de las empresas públicas en 1973. **Campo Sainz de Rozas, Julián.** Hacienda Pública Española, núm. 19, 1972, págs. 49-63.
El presupuesto y la distribución funcional de la renta. **Cano, Trinidad.** Hacienda Pública Española, núm. 19, 1972, págs. 183-194.
Beneficios fiscales a la concentración e integración de empresas. **Castellano Real, Francisco.** Crónica Tributaria, núm. 1, 1972, págs. 45-50.

Consideraciones sobre el sistema de recursos propio de las estimaciones objetivas. **Cervera Torrejón, Fernando.** Hacienda Pública Española, núm. 16, 1972, págs. 105-122.
Texto dictaminado por la Comisión de Hacienda de las Cortes Españolas del proyecto de Ley del Régimen Económico-Fiscal para Canarias. **Comisión de Hacienda de las Cortes.** (Ver A-4.9.)
El presupuesto de los entes públicos en el marco de la economía española de 1973. **Chancho Neve, José Luis y Martín Fernández, Miguel,** Hacienda Pública Española, número 19, 1972, págs. 135-144.
Los recursos contra los actos de declaración de competencia (positiva y negativa) de los jurados tributarios. **Dufol Abad, José.** Hacienda Pública Española, núm. 16, 1972, páginas 143-162.
El sector público: examen y perspectivas. Hacia un posible déficit presupuestario de 15.000 millones en 1972. ¿Más emisiones de Deuda o una nueva reforma fiscal? **Editorial.** A. E., núm. 723, 22 enero 1972, págs. 8-15.
El sector público: evaluación (1972) y perspectivas (1973). **Editorial.** A. E., núm. 771, 23 diciembre 1972, págs. 52-59.
Los españoles ante los impuestos. **Editorial.** Balance, núm. 436, 15 junio 1972, págs. 1-5.
Los presupuestos generales del Estado para 1972. **Editorial.** Boletín de Londres, núm. 242, noviembre-diciembre 1971, págs. 17-21.
Un presupuesto no tan exhaustivo. **Editorial.** Cambio 16, núm. 16, 6 marzo 1972, págs. 7-8.
Mercado de pesetas fuertes. **Editorial.** Cambio 16, núm. 28, 29 mayo 1972, págs. 12-14.
La Hacienda local en España. **Editorial.** Economía Nacional Internacional de la Empresa, número 1.819, marzo 1972, págs. 3-5.
El presupuesto para 1973. **Editorial.** Economía Nacional Internacional de la Empresa, número 1.825, octubre 1972, págs. 3-4.
Los presupuestos generales del Estado para 1973. **Editorial.** Economía y Finanzas Españolas, núm. 18, octubre 1972, págs. 9-11.
Presupuestos generales del Estado para 1973. **Editorial.** El Financiero, núm. 164, noviembre 1972, págs. 15-18.
El presupuesto español para 1973. **Editorial.** Hacienda Pública Española, núm. 19, 1972, páginas 3-11.
Política monetaria: aprender de la historia. **Elordi, Carlos.** A. E., núm. 765, 11 noviembre 1972, págs. 13-18.
La exclusión del régimen de estimación objetiva de las bases tributarias. **Espinosa San Martín, Juan José.** El Europeo, núm. 433, 28 abril 1972, pág. 2.
¿Son ilegales los decretos de Hacienda reguladores del Impuesto de Compensación de gravámenes interiores? **Espinosa San Martín, Juan José.** El Europeo, núm. 441, 23 junio 1972, pág. 2.
Hacia la transparencia fiscal al servicio de la economía. **Espinosa San Martín, Juan José.** El Europeo, núm. 456, 6 octubre 1972, pág. 2.
El control de Hacienda pública. I: Francia. II: España. **Fabre, Francis-J. y Albiñana García-Quintana, César.** Madrid, Edics. Rialp, 1971, 313 págs. (*).
Los ingresos de las profesiones liberales y la presión fiscal. **Falces Jarauta, Eulogio M. y Fernández Cordeiro, Jesús.** Hacienda Pública Española, núm. 15, 1972, págs. 107-122.
El gravamen de los artistas y deportistas en el impuesto sobre los rendimientos del trabajo personal: su problemática. **Fernández Carbonell, Arturo.** Hacienda Pública Española, núm. 15, 1972, págs. 57-72.
Los efectos de la Ley de Presupuestos respecto a las Obligaciones del Estado: un análisis de los artículos 32 y 39 de la L. A. C. **Ferreiro Lapatza, José J.** Hacienda Pública Española, núm. 14, 1972, págs. 193-205.
¿Reforma fiscal contra III Plan? **Funes Robert, Manuel.** El Europeo, núm. 438, 2 junio 1972, pág. 1.
Tribunal de Cuentas: un cuarto poder, el «controlador». El control del gasto público, gran problema del Estado moderno. **García Abad, José.** Informaciones Económicas, número 177, 19 febrero 1972, pág. 5.
Aspectos jurídicos de la repercusión en el Impuesto General del Tráfico de Empresas. **García Margallo, José Manuel y López Fando, Alfonso.** Hacienda Pública Española, número 14, 1972, págs. 247-261.
Historia del régimen tributario de la agricultura en España. **García Martín, José Aurelio y Fernando-Muro Ortiz, María Jesús.** (Ver A-1.)

El recurso de reposición previo al económico-administrativo. **González Pérez, Jesús.** Hacienda Pública Española, núm. 16, 1972, págs. 163-180.
¿Es éste su deporte? (defraudar). **González Tamarit.** Cambio 16, núm. 44, 18 septiembre 1972, págs. 14-17.
El Tesoro público español: sus funciones. **Gonzalo y González, Leopoldo.** Hacienda Pública Española, núm. 14, 1972, págs. 165-192.
Recurso de agravio comparativo. **Gota Losada, Alfonso.** Hacienda Pública Española, número 16, 1972, págs. 45-70.
El principio de especialidad temporal y la contabilidad presupuestaria. **Gutiérrez Robles, Augusto.** Hacienda Pública Española, núm. 14, 1972, págs. 141-163.
El recurso de agravio absoluto. **Hernández de la Torre, Carlos.** Hacienda Pública Española, núm. 16, 1972, págs. 25-43.
Proyecto de Ley de Régimen económico-fiscal para Canarias. Estudio-trabajo del I. C. E. E. **Instituto Canario de Estudios Económicos.** (Ver A-4.9.)
Apoyo fiscal a la inversión: comentarios sobre un nuevo incentivo del sistema tributario español. **Lagares Calvo, Manuel.** Crónica Tributaria, núm. 1, 1972, págs. 13-24.
Efectos coyunturales del presupuesto en España: un intento de cuantificación del saldo «Presupuestario neutral». **Lagares Calvo, Manuel.** (Ver A-3.)
Nuevo régimen económico fiscal canario. **López de Pablo, Francisco.** (Ver A-4.9.)
Consideraciones económicas, administrativas y contables, en torno de las líneas de redescuento. **Luna Luque, Francisco Javier.** Técnica Contable, núm. 278, febrero 1972, páginas 45-61 y 80.
La implantación del P. P. B. S. en España: el presupuesto por programas para 1973. **Marcos Sanz, Isidoro.** Hacienda Pública Española, núm. 19, 1972, págs. 65-101.
La desgravación fiscal a la exportación. **Martí Ragué, Luis.** Alta Dirección, núm. 44, julio-agosto 1972, págs. 85-94.
El procedimiento de declaración de lesividad. **Martín Delgado, José María.** Hacienda Pública Española, núm. 16, 1972, págs. 283-307.
El esfuerzo fiscal de España: dúplica. **Martín Oar, L. (y otros).** Rev. de Economía Política, núm. 62, septiembre-diciembre 1972, págs. 71-97.
Fraude fiscal. Robamos contigo. **Martínez Soler, José Antonio.** Cambio 16, núm. 44, 18 septiembre 1972, págs. 10-13.
Texto completo del anteproyecto de Régimen Económico-Fiscal para Canarias. **Ministerio de Hacienda.** (Ver A-4.9.)
Organización territorial de la Hacienda Pública. **Ossorio Infante, Eduardo.** Hacienda Pública Española, núm. 17, 1972, págs. 17-44.
El Impuesto de Tráfico de Empresas, reglamentado. **Otero, Juan.** Revista de Derecho Financiero y de Hacienda Pública, núm. 97, enero-febrero 1972, págs. 57-64.
Declaraciones de renta: datos sobre las listas. **Pablo Torrente, Joaquín de.** A. E., número 746, 1 julio 1972, págs. 10-17.
El presupuesto para 1973: un fiel acompañante de la coyuntura. **Pablo Torrente, Joaquín de.** (Ver A-3.).
El procedimiento amistoso en los convenios internacionales para evitar la doble imposición. **Palao Taboada, Carlos.** Hacienda Pública Española, núm. 16, 1972, páginas 309-331.
Política dineraria y desarrollo planificado. **Paris Eguilaz, Higinio.** De Economía, núm. 118, julio-septiembre 1971, págs. 449-480.
El presupuesto monetario: una aplicación al análisis en España. **Peinado Pérez, José L. y Calvo Martínez, Jesús E.** Hacienda Pública Española, núm. 19, 1972, págs. 103-134.
Reflexiones y sugerencias sobre los estudios en torno al «esfuerzo fiscal». **Pérez de Ayala, José L.** Revista de Economía Política, núm. 60, enero-abril 1972, págs. 7-20.
La constitución de sociedades profesionales y la fiscalidad. **Perulles Bassas, Juan José.** Hacienda Pública Española, núm. 15, 1972, págs. 73-88.
Los expedientes de devolución de ingresos tributarios. **Praena Requena, Antonia.** Hacienda Pública Española, núm. 16, 1972, págs. 265-281.
El cálculo de los efectos del presupuesto según el modelo de Bent Hansen: su aplicación a España. **Raymond Bara, José L.** Hacienda Pública Española, núm. 14, 1972, págs. 93-117.
El proceso administrativo en la ejecución del Gasto Público. **Sáenz de Ormijana, Fidel y Bravo Gutiérrez, Francisco.** Hacienda Pública Española, núm. 19, 1972, págs. 161-182.

Declaración de nulidad y anulación, de oficio, de actos dictados en materia tributaria. **Sánchez Serrano, Luis.** Hacienda Pública Española, núm. 16, 1972, págs. 181-201.
Régimen fiscal de las sociedades mercantiles que realicen actividades profesionales. **Santalo Sors, Francisco Xavier.** Hacienda Pública Española, núm. 15, 1972, páginas 97-105.
Consideraciones en torno a la determinación de las bases imponibles de los profesionales y su problemática. **Sanz Vilaplana, Eduardo.** Hacienda Pública Española, número 15, 1972, págs. 29-56.
La reclamación en queja dentro de la vía de gestión tributaria. **Serrera Contreras, Pedro Luis.** Hacienda Pública Española, núm. 16, 1972, págs. 225-263.
El monopolio de tabacos. **Tamames, Ramón.** Hacienda Pública Española, núm. 18, 1972, págs. 15-44.
Los sujetos pasivos en el Impuesto General sobre la Renta de Sociedades y demás entidades jurídicas. **Tejerizo López, José María.** Hacienda Pública Española, número 18, 1972, págs. 45-81.
La política fiscal española con relación a la inversión en valores mobiliarios. **Trullos Huerta, Fernando.** Técnica Contable, núm. 286, octubre 1972, págs. 369-373.
El impuesto sobre la renta de sociedades: análisis de su incidencia. **Valle Sánchez, Victorio.** Madrid, Instituto de Desarrollo Económico, 1972, 328 págs. (*).
La medición de los efectos económicos del presupuesto. **Valle Sánchez, Victorio.** Hacienda Pública Española, núm. 14, 1972, págs. 61-79.
El esfuerzo fiscal, una vez más. **Valle Sánchez, Victorio.** Hacienda Pública Española, núm. 17, 1972, págs. 75-89.
Evolución histórica del régimen tributario de los profesionales. **Velasco González, Julio.** Hacienda Pública Española, núm. 15, 1972, págs. 17-28.
En torno a la reforma fiscal. **Villanueva, Carlos.** El Europeo, núm. 454, 22 septiembre 1972, pág. 6.

A-7: PROBLEMAS DE LA EMPRESA

A-7.1. En general

Concentración de empresas. **L. C. A.** Banca Española, núm. 23, enero 1972, págs. 68-70.
Las relaciones laborales en la pequeña y mediana empresa. **Almendros Morcillo, Fernando.** (Ver A-5.2.)
Beneficios fiscales a la concentración e integración de empresas. **Castellano Real, F.** (Ver A-6.)
III Simposio de INSIDE: La dimensión de la empresa o el inalcanzable punto óptimo. **Cid Luna, Guillermo.** A. E., núm. 738, 6 mayo 1972, págs. 34-36.
La pequeña y mediana industria en España. **Editorial.** Ahorro, núm. 65, abril-junio 1972, págs. 45-48.
Hay que cambiar la política de concentración de empresas. **Editorial.** Balance, núm. 442, 15 septiembre 1972, págs. 3-5.
La rentabilidad de nuestras cien grandes empresas industriales. **Editorial.** Desarrollo, núm. 368, 20 febrero 1972, págs. 1-5.
No pasaron del millar (catorce años de concentración empresarial). **Editorial.** Desarrollo, número 411, 17 diciembre 1972, pág. 3.
La concentración de empresas en España. **Editorial.** Economía Industrial, núm. 100, abril 1972, págs. 326-327.
La concentración de empresas. **García Martín, Aurelio.** Informaciones Económicas, número 192, 3 junio 1972, pág. 5.
La pequeña y mediana empresa y el III Plan de Desarrollo. **Hevia, Eduardo.** Panorama Económico, núm. 64, enero 1972, págs. 24-25; núm. 65, febrero 1972, págs. 30-31.
La nueva regulación de la concentración de empresas. **Martín Oviedo, José María.** Revista de Derecho Financiero y de Hacienda Pública, núm. 98, marzo-abril 1972, páginas 271-297.
La pequeña empresa. **Martín Sanz, Dionisio.** A. S. P. A., núm. 105, septiembre 1972, págs. 271-281.

La pequeña empresa: los factores que influyen en la dimensión. **Martín Sanz, Dionisio.** Economía Mediterránea, núm. 2, noviembre 1972, págs. 95-99.

En España no hay grandes empresas. **Mora del Río, Francisco.** Informaciones Económicas, núm. 187, 29 abril 1972, págs. 1-2.

Las 100 grandes empresas españolas. **Pablo Torrente, Joaquín de.** A. E., núm. 728, 28 febrero 1972, págs. 24-47.

Rotundo fracaso de la concentración empresarial. **Parada, Luis Ignacio.** El Europeo, número 441, 23 junio 1972, págs. 1 y 26.

Servicios comunes para la pequeña y mediana industria. **Perona Larraz, J. Luis.** Estudios Económicos, núm. 134, marzo 1972, págs. 38-40.

Concentración de empresas en Europa (incluye España). **Prieto Marsal, Francisco.** Metal, núm. 60, enero 1972, págs. 14-22.

Las Cajas de Ahorro como fuente de financiación. **Romaguera Amat, Ramón.** Alta Dirección, núm. 41, enero-febrero 1972, págs. 111-116.

La empresa española frente al crédito bancario. **Sauri del Río, Arturo.** Alta Dirección, núm. 41, enero-febrero 1972, págs. 41-48.

El coste de capital: consideraciones acerca del coste de los medios de financiación en las empresas españolas. **Solans Huguet, María Pilar.** Alta Dirección, núm. 41, enero-febrero 1972, págs. 99-109.

Las fuentes de financiación de la empresa en España. **Trías Fargas, Ramón (director).** Madrid, Editorial Moneda y Crédito, 2.ª edición, 1972, 527 págs. (*).

La empresa, ¿una sociedad de capitales o una comunidad de personas? **Uriarte, Pedro.** Revista de Fomento Social, núm. 107, julio-septiembre 1972, págs. 299-306.

A-7.2. Empresa privada

(Ver apartado anterior, A-7.1.).

A-7.3. Empresa pública

Ensidesa: Plan de reestructuración. **R. B.** Balance, núm. 431, 1 de abril de 1972, página 9.

El saneamiento financiero del INI, favorecido por la conversión de créditos (rueda de prensa). **Boada, Claudio.** Estudios Económicos, núm. 133, febrero 1972, págs. 49-50.

Los presupuestos y programas de actuación de las empresas públicas en 1973. **Campo Sáinz de Rozas, Julián.** (Ver A-6.)

I. N. I.: agilidad financiera y reestructuración. **Editorial.** Desarrollo, núm. 409, 3 diciembre 1972, págs. 1 y 15.

El I. N. I.: Buena salud financiera. **Editorial.** El Europeo, núm. 418, 14 enero 1972, págs. 9 y 13.

El I. N. I. ante la concentración empresarial. **Editorial.** El Europeo, núm. 453, 15 septiembre 1972, pág. 9.

El financiamiento de las inversiones del I. N. I. **Editorial.** Estudios Económicos, núm. 133, febrero 1972, págs. 51-59.

A-7.4. Empresa cooperativa

Génesis y breve análisis del Nuevo Reglamento de Cooperación, aprobado por Decreto 2.396/1971 de 13 de agosto. **Arco, José Luis del.** Estudios Cooperativos, números 24/25 mayo-diciembre 1971, págs. 3-57.

El campo y las cooperativas. **Blanes Noubillas, Eduardo.** Economía Mediterránea, número 1, octubre 1972, págs. 100-101.

Análisis económico y sociológico del cooperativismo agrícola. **Confederación Española de Cajas de Ahorro.** Madrid, Confederación Española de Cajas de Ahorro, 1972, 514 págs. (*).

Las agrupaciones de agricultores. **Jiménez Mejías, R. y Badía Varela, N.** Anales del Instituto Nacional de Investigaciones Agrarias. Serie: Economía y Sociología Agrarias, núm. 1, 1971, págs. 155-163.
Perspectivas del cooperativismo sevillano. **Organización Sindical de Sevilla.** (Ver A-4.2.)
Perspectivas futuras del cooperativismo español. **Valdés Dal Re, Fernando.** Revista de Economía Política, núm. 61, mayo-agosto 1972.

A-8: TEORIA, TECNICAS E INSTRUMENTOS AL SERVICIO DE LA ECONOMIA ESPAÑOLA

A-8.1. Aspectos teóricos y técnicos en general (Contabilidad nacional, estadística, econometría y técnicas matemáticas)

Fiabilidad de las tablas «input-output» de la economía española. **Alcaide, Angel.** Anales de Economía, núms. 5-8, enero-diciembre 1970, págs. 31-49.
Los modelos econométricos en la planificación. El caso del III Plan de Desarrollo español. **Alvarez Rendueles, José Ramón.** Boletín de documentación del Fondo para la Investigación Económica y Social, enero-marzo 1972, págs. 7-18.
No salen las cuentas (contabilidad nacional). **Canals, Osvaldo.** Cambio 16, núm. 17, 13 marzo 1972, págs. 32-33.
Contabilidad regional de Galicia. **Comisaría del Plan de Desarrollo.** (Ver A-4.5.)
Contabilidad Pública y Derecho. **Corral Guerrero, Luis.** Revista Española de Financiación y Contabilidad, núm. 2, mayo-agosto 1972, págs. 315-344.
El plan contable español: una síntesis. **Cubillo Valverde, Carlos y González García, Angel L.** Boletín de Estudios Económicos, núm. 84, diciembre 1971, págs. 1.021-1.049.
Consideraciones sobre la posible reforma de la contabilidad del sector público español. **Domínguez Alonso, Manuel.** Revista Española de Financiación y Contabilidad, número 1, enero-abril 1972, págs. 150-164.
Informe especial-contabilidad nacional. **Editorial.** Cambio 16, núm. 7, 3 enero 1972, páginas 28-30.
La economía española en 1975. Aplicación de un modelo econométrico. **Fundación Batalle.** Madrid, Investigación dirigida por E. Fontela, Estudios del Instituto de Desarrollo Económico, 1971, 156 págs. (*).
Efectos de la variación del precio de un sector sobre los demás precios (1). **García Barbancho, Alfonso.** Madrid, Estadística Española, núm. conmemorativo de los XXV años de la Ley de Estadística, 1971, págs. 87-103.
Modelo para la localización de la oferta hortofrutícola: Un ensayo de flujos para 1980. **Gómez Irureta, G. (y otros).** Madrid, Instituto de Desarrollo Económico, 1971, 208 páginas (*).
Las técnicas modernas de programación y gestión presupuestaria: PPBS y RCB. **Guitián de Lucas, José María.** Revista Española de Financiación y Contabilidad, número 1, enero-abril 1972, págs. 117-158.
Contabilidad nacional de España. 1964 a 1969 y avance de 1970. **Instituto Nacional de Estadística.** Madrid, I. N. E., 1971, 1 vol. (*).
Estudios sobre evaluación de la precisión y calidad de los resultados de censos y encuestas. **Jiménez Díez de Artazcoz, Vicente.** Estadística Española, número conmemorativo de los XXV años de la Ley de Estadística, Madrid, 1971, págs. 137-155.
Primera contabilidad regional de Canarias. **Lozano Rodríguez, Enrique (y otros).** (Ver A-4.9.)
Comentarios al borrador del Plan General de Contabilidad de España. **Luengo Mulet, Pedro.** Revista de Economía Política, núm. 62, septiembre-diciembre 1972, páginas 139-159.
Trabajos por muestreo realizados por el I. N. E. **Nieto Balmaseda, Antonio.** Madrid, Estadística Española, núm. conmemorativo de los XXV años de la Ley de Estadística, 1971, págs. 171-193.
Un instrument d'analisi economica: la taula «input-output» de Catalunya 1967. **Pujol i Marigot.** (Ver A-4.4.)

El mercado de estadísticas en España: perspectivas. **Segura Sánchez, Julio.** Madrid, Estadística Española número conmemorativo de los XXV años de la Ley de Estadística, 1971, págs. 223-240.
El índice del coste de la vida en España: análisis crítico. **Velasco, Roberto.** Economía Nacional Internacional de la Empresa, núm. 1.820, abril 1972, págs. 10-13.
Las estadísticas de paro y la ilusión del pleno empleo en España. **Velasco, Roberto.** (Ver A-5.2.)

A-8.2. Planificación

Las oportunidades del III Plan de Desarrollo. **Alvarez Rendueles, José R.** Documentación Económica (I. D. E.), 1972, vol. 2., págs. 283-307.
Los modelos econométricos en la planificación. El caso del III Plan de Desarrollo español. **Alvarez Rendueles, José Ramón.** (Ver A-8.1.)
El III Plan de Desarrollo. **Bustelo Vázquez, Francisco.** Acción Empresarial, núms. 12-13, enero-febrero 1972, págs. 22-35.
Los incentivos del III Plan de Desarrollo. **Calzada, Blas.** Cambio 16, núm. 7, 3 enero 1972, pág. 26.
Se esfumó el III Plan. **Calzada, Blas.** Cambio 16, núm. 19, 27 marzo 1972, pág. 26.
III Plan de Desarrollo Económico y Social. **Comisaría del Plan de Desarrollo.** Madrid, Comisaría del Plan de Desarrollo, 4.ª edición, 1972, 540 págs. (*).
El desarrollo: una opción política. III Plan de Desarrollo. **Editorial.** A. E., núm. 741, 27 mayo 1972, págs. 63-78.
Una revolución cultural y silenciosa. **Editorial.** A. E., núm. 741, 27 mayo 1972, páginas 66-74.
La agricultura española en el III Plan de Desarrollo Económico y Social. **Editorial.** A. S. P. A., núm. 96, diciembre 1971, págs. 367-368.
III Plan de Desarrollo. **Editorial.** Boletín de Londres, núm. 242, noviembre-diciembre 1971, págs. 3-16.
III Plan de Desarrollo. Evolución de las principales magnitudes económicas. **Editorial.** Documentación Económica (I. D. E.), 1971, vol. 4, págs. 248-280.
Síntesis del III Plan de Desarrollo. **Editorial.** Documentación Económica (I. D. E.), 1972, vol. 1, págs. 17-86.
Opiniones sobre el III Plan de Desarrollo. **Editorial.** Documentación Económica (I. D. E.), 1972, vol. 1, págs. 89-132.
Debate en torno al III Plan de Desarrollo. **Editorial.** El Financiero, núm. 155, febrero 1972, págs. 25-30.
Las Cortes ante el III Plan. **Editorial.** Revista de Fomento Social, núm. 106, abril-junio 1972, págs. 113-115.
El sector transportes en España. Con especial referencia al III Plan de Desarrollo y a otros planes extranjeros. **Fernández Díaz, Andrés y Rodríguez Sáiz, Luis.** Revista de Economía Política, núm. 59, septiembre-diciembre 1971, págs. 5-29.
La planificación del desarrollo y su evolución. El desarrollo regional en el III Plan de Desarrollo Económico y Social español. **Fernández Gombarro, Eduardo.** (Ver A-4.1.)
Planificación y libertad. **Funes Robert, Manuel.** Balance, núm. 434, 15 de mayo de 1972.
La «espiritualidad» en nuestros planes de desarrollo. **Funes Robert, Manuel.** Balance, núm. 435, 1 junio 1972, pág. 23.
¿Reforma fiscal contra III Plan? **Funes Robert, Manuel.** (Ver A-6.)
Trabajo y capital en el III Plan de Desarrollo. **Gómez Camacho, Francisco.** Revista de Fomento Social, núm. 106, abril-junio 1972, págs. 117-126.
El «triángulo mágico» en el III Plan: Pleno empleo, estabilidad de precios y crecimiento económico. **Gorosquieta, Javier.** Revista de Fomento Social, núm. 106, abril-junio 1972, págs. 143-154.
Desarrollo regional en el III Plan: vino nuevo en odre viejo. **Gorosquieta, Javier.** (Ver A-4.1.)
La pequeña y mediana empresa y el III Plan de Desarrollo. **Hevia, Eduardo.** (Ver A-7.1.)
Los complejos industriales en la política en los polos de desarrollo: la experiencia de Huelva. **Lerena, Luis A.** (Ver A-4.2.)
La política de Desarrollo Regional en el III Plan. **Lerena Guinea, Luis A.** (Ver A-4.1.)
La política de los polos en el desarrollo regional. **Lerena Guinea, Luis A.** (Ver A-4.1.)

Balance I y II Plan. **López Rodó, Laureano.** Economía y Finanzas Españolas, núm. 13, mayo 1972, págs. 7-11.
Los hospitales ante el III Plan de Desarrollo. **Martín, Miguel.** Economía Nacional Internacional de la Empresa, núm. 1.819, marzo 1972, págs. 31-35.
La planificación española en la olimpíada de las ideologías. Crítica del III Plan de Desarrollo. **Martín Sanz, Dionisio.** Madrid, Afrodisio Aguado, 1972, 322 págs. (*).
Crítica del III Plan de Desarrollo. **Martín Sanz, Dionisio.** A. S. P. A., núm. 102, junio 1972, págs. 203-216.
El espacio en la planificación económica (española). **Moral Muñoz, Antonio.** Economía y Finanzas Españolas, núm. 13, mayo 1972, págs. 31-42.
Los objetivos sociales en el III Plan de Desarrollo. **Ortega, Victorino.** (Ver A-5.2.)
El III Plan, a debate. **Parada, Luis Ignacio.** El Europeo, núm. 427, 17 marzo 1972, pág. 16.
Inversiones y planes de desarrollo. **Plaza Prieto, Juan.** Boletín de Documentación del Fondo para la Investigación Económica y Social, abril-junio 1972, págs. 185-197.
Análisis del III Plan de Desarrollo. ¿Cuál es la inversión pública con cargo al Estado? **Ranz, José Manuel.** El Europeo, núm. 433, 28 abril 1972, pág. 17.
Análisis del II Plan de Desarrollo. ¿Quién realiza la inversión en el III Plan? **Ranz, José Manuel.** El Europeo, núm. 434, 5 mayo 1972, pág. 8.
Análisis del III Plan de Desarrollo. ¿Cómo se fiscaliza la inversión? **Ranz, José Manuel.** El Europeo, núm. 435, 12 mayo 1972, pág. 10.
Análisis del III Plan de Desarrollo. Los recursos de los Organismos Autónomos. **Ranz, José Manuel.** El Europeo, núm. 436, 19 mayo 1972, pág. 2.
Análisis del III Plan de Desarrollo. Versiones contradictorias del III Plan. **Ranz, José Manuel.** El Europeo, núm. 437, 26 mayo 1972, pág. 2.
Polos y desarrollo regional ante el III Plan. **Sáenz de Buruaga, Gonzalo.** (Ver A-4.1.)
La reestructuración de las explotaciones ganaderas dentro de las directrices del II y III Plan de Desarrollo. **Santos Peñas, Julián.** Economía y Finanzas Españolas, núm. 13, mayo 1972, págs. 59-67.
Crédito oficial y acción concertada: posibilidades revisoras. **Sosa Wagner, F.** Revista de Administración Pública, núm. 68, mayo-agosto 1972, págs. 221-233.
De la autarquía al Plan de Desarrollo (coloquio). **Vázquez Prada, Rodrigo.** El Europeo, núm. 466, 15 diciembre 1972, pág. 7.
La evolución de la economía española en el III Plan de Desarrollo. **Viñuales Díaz, Julio.** Acción empresarial, núm. 14, págs. 13-14.

A-9: LA ECONOMIA ESPAÑOLA EN RELACION CON ORGANIZACIONES SUPRANACIONALES

A-9.1. Mercado Común

La industria española ante la integración a Europa (conferencia). **Benzo Mestre, Fernando.** Desarrollo, núm. 392, 6 agosto 1972, págs. 3 y 4.
España-C. E. E. A corto plazo: evitar pérdidas. A medio plazo: hacia la integración económica. **Cid Luna, Guillermo.** A. E., núm. 725, 5 febrero 1972, págs. 4-6.
España-C. E. E.: Demasiados condicionantes... demasiados imponderables. **Cid Luna, Guillermo.** A. E., núm. 726, 12 febrero 1972, págs. 20-21.
España-Mercado Común: Cuando los vecinos no crecen. **Cid Luna, Guillermo.** A. E., número 731, 18 marzo 1972, págs. 8-12.
España-Mercado Común: Ruegos, respuestas y una carta. **Cid Luna, Guillermo.** A. E., núm. 737, 29 abril 1972, págs. 64-67.
España-C. E. E.: Todo está claro, con realismo. **Cid Luna, Guillermo.** A. E., núm. 742, 3 junio 1972, págs. 24-29.
España-C. E. E. y los países mediterráneos. Otra vez haciendo antesala. **Cid Luna, Guillermo.** A. E., núm. 766, 18 noviembre 1972, págs. 21-25.
España-C. E. E.: De la situación «fluida» al mareo. **Cid Luna, Guillermo.** A. E., núm. 769, 9 diciembre 1972, págs. 65-67.

Protocolo al acuerdo España-C. E. E.: Hay «voluntad política», pero no hay compromiso a plazo fijo. **Cid Luna, Guillermo.** A. E., núm. 772, 30 diciembre 1972, págs. 8-11.
España ante la Europa de los Diez. **Editorial.** Acción Empresarial, núm. 15, abril 1972, págs. 7-13.
La C. E. E. manda. **Editorial.** Balance, núm. 430, 15 marzo 1972, págs. 3-4.
El campo ante el M. C. E. **Editorial.** Balance, núm. 435, 1 junio de 1972, págs. 1 y 23.
España, los «seis» y los «diez». **Editorial.** Balance, núm. 436, 15 de junio 1972, páginas 3-4.
La economía catalana ante el Mercado Común. **Editorial.** (Ver A-4.4.)
España-C. E. E.: Llegaron los problemas. **Editorial.** El Europeo, núm. 417, 7 enero 1972, págs. 1 y 14.
España-C. E. E.: La ampliación de la Comunidad, a debate. **Editorial.** El Europeo, número 424, 25 febrero 1972, págs. 1 y 26.
El desafío del Mercado Común a la industria química española. **Editorial.** El Europeo, núm. 424, 25 febrero 1972, pág. 17.
Mercado Común: Toda Europa ya menos España. **Editorial.** El Europeo, núm. 446, 28 julio 1972, pág. 1.
Cuarenta años nos separan del M. C. E. **Editorial.** Informaciones Económicas, núm. 186, 22 abril 1972, pág. 1.
España ante la C. E. E. ampliada. La agricultura española se siente «sacrificada». **Editorial.** Informaciones Económicas, núm. 222, 30 diciembre 1972, pág. 2.
El largo camino hacia el Mercado Común. **Editorial.** Panorama Económico, núm. 68, mayo 1972, pág. 3.
El seguro español ante el Mercado Común. **Flórez Díez, Joaquín.** A. E., núm. 772, 30 diciembre 1972, págs. 65-71.
La agricultura española y la C. E. E.: Pero... ¿estamos preparados? **Font de Mora, Luis.** A. E., núm. 754, 26 agosto 1972, págs. 17-23.
Mercado Común, sí: pero... ¿estamos preparados? **Font de Mora, Luis.** Tría, núm. 188, 15 junio 1972, págs. 11-19.
Las preferencias efectivas del Mercado Común a España. España, el Mercado Común y el ingreso de Inglaterra. **Gámir, Luis.** Madrid, Editorial Moneda y Crédito, 1972, 222 págs. (*).
Los efectos de la ampliación del Mercado Común sobre la exportación industrial española. **Gámir, Luis.** Economía Industrial, núm. 104, agosto 1972, págs. 65-79.
Las preferencias efectivas del Mercado Común a España. **Gámir, Luis.** Información Comercial Española, núm. 463, marzo 1972, págs. 125-126.
Punto muerto en las relaciones con el M. C. Nuestro comercio exterior, en la encrucijada. **García Abad, José.** Informaciones Económicas, núm. 208, 23 septiembre 1972, página 6.
Pasado mañana nace la Europa de los «nueve». España, un año «entre paréntesis». **García Abad, José.** Informaciones Económicas, núm. 222, 30 diciembre 1972, páginas 1-2.
España y la nueva Europa. Queda un largo camino por recorrer. **García Lahiguera, Fernando.** Informaciones Económicas, núm. 214, 4 noviembre 1972, pág. 3.
Cataluña: el señor Esteve contra Diego Ramírez. **Herrero, José Luis.** (Ver A-4.4.)
España-Mercado Común. Política crediticia y reforma agraria. **Lasuén, José R. y Tamames, Ramón.** Algorta, Edit. Zero, 1972, 72 págs. (*).
Intercambios con el Mercado Común Europeo. **Ledo López, Luis Angel.** Economía y Finanzas Españolas, núm. 12, abril 1972, págs. 24-26.
Ante las segundas negociaciones España-C. E. E.: una propuesta revolucionaria. **Liébana, Carlos F.** A. E., núm. 756, 16 septiembre 1972, págs. 8-13.
El Mercado Común, tema de actualidad en España. **López de Pablo, Francisco.** El Europeo, núm. 432, 21 abril 1972, pág. 20.
Cuestionario sobre el Mercado Común. **Martín Sanz, Dionisio.** A. S. P. A., núm. 106, octubre 1972, págs. 297-302.
El futuro está en Europa. **Mora, José Luis.** El Europeo, núm. 456, 6 octubre 1972, pág. 11.
Mercado Común-España: punto y seguido. **Parada, Luis Ignacio.** El Europeo, núm. 429, 31 marzo 1972, pág. 16.
Incidencia de la integración europea en las regiones españolas. **Sáenz de Buruaga, Gonzalo.** (Ver A-4.1.)

El Mercado Común Europeo y los vinos españoles. **Saldaña Trigo, Arcadio.** Jerez de la Frontera, Caja de Ahorros, 1971, 79 págs. (*).
España-Mercado Común. La siderurgia integral. **Salís Balzola, Miguel.** Economía y Finanzas Españolas, núm. 19, noviembre 1972, págs. 5-8.
España y la Comunidad Económica Europea. De las barreras al acercamiento. **Soroa, Santiago de.** El Europeo, número extraordinario, 31 marzo 1972, págs. 17-19.
Acuerdo preferencial C. E. E.-España y preferencias generalizadas. Un ensayo cuantitativo sobre las relaciones económicas internacionales de España. **Tamames Gómez, Ramón.** Madrid, Dopesa, 1972, 185 págs. (*).
¿Al Mercado Común Europeo o a dónde? **Tarragona, Javier.** El Europeo, núm. 423, 18 febrero 1972, pág. 2.

A-9.2. Otras

La economía española y los organismos internacionales. **Calzada, Blas.** Cambio 16, número 16, 6 marzo 1972, pág. 26.
La participación financiera de España en el desarrollo de Iberoamérica (discurso). **Fernández Cuesta, Nemesio.** Información Comercial Española, núm. 472, diciembre 1972, págs. 149-154.
A propósito del acuerdo España-U. R. S. S. Las relaciones de España con la U. R. S. S. y el Comecon. **Granell, Francisco.** Economía Nacional Internacional de la Empresa, número 1.824, septiembre 1972, págs. 15-19.
Curso-Seminario sobre España y el desarrollo e integración latinoamericanos. Informe final. Ponencias. Coloquios. Conclusiones. Comunicaciones. Discursos (Madrid, del 2 al 30 de noviembre de 1970). **Grupo de Trabajo Iberoamericano.** Madrid, 1971, 699 páginas (*).
Relaciones con la U. R. S. S. **Ledo López, Luis Angel.** Economía y Finanzas Españolas, número 19, noviembre 1972, págs. 9-11.
España-U. R. S. S. Moscú bien vale un acuerdo. **Prieto, Martín.** Metal, núm. 70, noviembre 1972, págs. 51-58.
¿Es la E. F. T. A. una alternativa? **Ventura, Vicent.** Informaciones Económicas, núm. 219, 9 diciembre 1972, pág. 1.

A-10: INVERSIONES EXTRANJERAS

Inversiones extranjeras. La realidad española. **Barquero Garcés, Celedonio.** Barcelona, Escuela de Administración de Empresas, 1971, 250 págs. (*).
Inversiones extranjeras. La realidad española. **Barquero Garcés, Celedonio.** Alta Dirección, núm. 43, mayo-junio 1972, págs. 115-123.
Tras las facilidades de la Ford: la rifa del emplazamiento. **Belderrain, Javier.** A. E., número 768, 2 diciembre 1972, págs. 36-39.
Las inversiones norteamericanas en España. Comprendiendo un estudio por Stanford Research Institute (International), sobre las inversiones norteamericanas en el desarrollo de España y una encuesta de opinión por DATA, S. A. **Cámara de Comercio Americana en España.** Barcelona, Cámara de Comercio Americana en España, 1972, 202 págs. (*).
Inversiones extranjeras: una larga conversación con A. Garrigues y J. McCollom. **Editorial.** A. E., núm. 737, 29 abril 1972, págs. 10-25.
Las inversiones extranjeras en empresas industriales españolas durante el período 1966-1971. **Editorial.** Banca Catalana, núm. 24, marzo 1972, págs. 37-40, más cuadro.
La banca extranjera en España. **Editorial.** Desarrollo, núm. 372, 19 marzo 1972, pág. 5.
Las inversiones de capital extranjero en España a examen. **Editorial.** Estudios Económicos, núm. 132, enero 1972, págs. 10-15.
Las inversiones norteamericanas en España. **Editorial.** Estudios Económicos, núms. 138-139, julio-agosto 1972, págs. 10-13.
El sector de bienes de equipo y la asistencia técnica extranjera. **López González, Arcadio.** Metal, núm. 64, mayo 1972, págs. 38-40.

Función e importancia del capital extranjero en la economía española. **Montserrat Solé, Antonio.** Alta Dirección, núm. 41, enero-febrero 1972, págs. 81-89.
1971: récord de inversión extranjera en España. **Mora del Río, Francisco.** Informaciones Económicas, núm. 172, 15 enero 1972, pág. 1.
Creciente control foráneo. Llegó el turismo industrial. **Mora del Río, F.** Informaciones Económicas, núm. 195, 24 junio 1972, págs. 1 y 3.
Cuatro empresas multinacionales fabrican los neumáticos españoles. **Mora del Río, F.** Informaciones Económicas, núm. 196, 1 julio 1972, págs. 1 y 3.
«Royalties», desafío a la capacidad española. **Pérez-Guerra, José.** Informaciones Económicas, núm. 215, 11 noviembre 1972, pág. 6.
La picaresca de las inversiones extranjeras. **Ysart, Federico.** A. E., núm. 722, 15 enero 1972, págs. 4-6.

B.

ECONOMIA ESPAÑOLA POR SECTORES PRODUCTIVOS

B-1: SECTOR F. A. O.

B-1.1. En general

La economía española, sector por sector: agricultura. **Acamo.** Balance, núm. 441, 1 septiembre 1972, págs. 25-27.
La agricultura española. **Allende y García-Baxter, Tomás.** Economía y Finanzas Españolas, núm. 13, mayo 1972, págs. 17-20.
La planificación del regadío en España. **Balbontín Gutiérrez, Federico.** A. S. P. A., número 105, septiembre 1972, págs. 289-291.
Por una política de industrialización agraria. **Ballarín Marcial, Alberto.** El Europeo, número 420, 28 enero 1972, pág. 2.
El final del campesinado. **Barón, Enrique.** Prólogo de Juan Velarde. Algorta, Edit. Zero, 1971, 214 págs. (*).
El campo y las cooperativas. **Blanes Noubillas, Eduardo.** (Ver A-7.4.)
Transformación de las tierras de secano en regadío. **Carrión, Pascual.** Anales de Economía, núm. 12, septiembre-diciembre 1971, págs. 5-40.
Características, evolución y perspectivas del sector agrario en España. **Castelló Muñoz, Enrique.** Boletín de Documentación del Fondo para la Investigación Económica y Social, abril-junio 1972, págs. 199-207.
La capitalización agraria española. **Castelló Muñoz, Enrique.** Rev. de Estudios Agro-Sociales, núm. 78, enero-marzo 1972, págs. 23-45.
Indicadores socioeconómicos del campo español. Año 1970. Comarcas y núcleos comerciales. **Cavero Beyard, Carlos (director).** Madrid, Confederación Española de Cajas de Ahorros, 1971, 1414 págs. (*).
Análisis económico y sociológico del cooperativismo agrícola. **Confederación Española de Cajas de Ahorros.** (Ver A-7.4.)
La agricultura especializada de la Costa del Sol y su comercialización. **Delgado Paniagua, Agustín.** (Ver A-4.2.)
La política agraria española. **Editorial.** A. S. P. A., núm. 99, marzo 1972, págs. 75-76.
La agricultura española en el III Plan de Desarrollo Económico y Social. **Editorial.** (Ver A-8.2.)
El campo ante el M. C. E. **Editorial.** (Ver A-9.1.)
Trigo, demonio y carne. **Editorial.** Cambio 16, núm. 18, 20 marzo 1972, págs. 17-25.
El F. O. R. P. P. A. **Editorial.** El Europeo, núm. 426, 10 marzo 1972, pág. 1.
Los problemas agrícolas. **Editorial.** El Financiero, núm. 156, marzo 1972, págs. 22-27.
La economía agraria. **Editorial.** Panorama Económico, núm. 69, junio 1972, pág. 3.

La agricultura en 1972: los costes de producción, cada vez más en evidencia. **Font de Mora, Luis.** A. E., núm. 771, 23 diciembre 1972, págs. 8-13.
Una cuestión candente: el F. O. R. P. P. A. **Font de Mora, Luis.** Tría, núm. 179, 1 febrero 1972, págs. 11-15.
La agricultura española y la C. E. E.: pero..., ¿estamos preparados? **Font de Mora, Luis.** (Ver A-9.1.)
Agriculturas valencianas: la mediocridad socioeconómica, común denominador. **Font de Mora, Luis.** (Ver A-4.7.)
Informes económicos y sector agrario: el campo siempre lleva la peor parte. **Font de Mora, Luis.** (Ver A-1.)
Inflación y proteccionismo agrario. **Funes Robert, Manuel.** Balance, núm. 448, 15 diciembre 1972, págs. 17-18.
La gran polémica sobre el F. O. R. P. P. A. Análisis y enseñanzas. **Funes Robert, Manuel.** El Europeo, núm. 419, 21 enero 1972, pág. 6.
¿Por qué suben los precios agrarios? **García Abad, José.** Informaciones Económicas, número 178, 26 febrero 1972, pág. 5.
Cereales frente a carne. **García Abad, José.** Informaciones Económicas, núm. 188, 6 mayo 1972, págs. 1-2.
La agricultura española, en conflicto (1). **García Abad, José.** Informaciones Económicas, número 180, 11 marzo 1972, pág. 3.
La agricultura española, en conflicto (y 2). **García Abad, José.** Informaciones Económicas, núm. 181, 18 marzo 1972, págs. 3 y 4.
Política de estructuras agrarias: más ambiciones, pero el mismo presupuesto. **García Abad, José.** Informaciones Económicas, núm. 193, 10 junio 1972, págs. 1 y 3.
Reforma agraria y revolución campesina en la España del siglo XX. **Gómez Ayau, Emilio.** (Ver A-1.)
Algunos tópicos de la política de precios agrarios. **Linde, Luis M.** Información Comercial Española, núm. 465, mayo 1972, págs. 103-112.
La nueva frontera de las explotaciones agrarias en España. **López Palomero, Félix V.** Rev. de Estudios Agro-Sociales, núm. 78, enero-marzo 1972, págs. 77-84.
Reforma agraria y revolución campesina en la España del siglo XX. **Malefakis, Edward E.** (Ver A-1.)
Déficit en nuestro parque de maquinaria. **Manrique, Guillermo.** Tría, núm. 183, 1 abril 1972, págs. 29-34.
Una aproximación al equilibrio del sector agrario en 1980. **Maravall, Agustín.** Revista Española de Economía, núm. 1, enero-abril 1972, págs. 49-86.
Estructura de las explotaciones familiares agrarias en Asturias. **Martínez Vicente, Silvio y García Dory, Miguel Angel.** (Ver A-4.8.)
Se exagera demasiado sobre nuestro proteccionismo agrario. **Molinero, Ricardo.** Tría, número 196, 15 octubre 1972, págs. 13-17.
La agricultura está muy sola. **Navarro Grasa, Salvador.** Zaragoza, 1971, 79 págs. (*).
La agricultura en relación con el crecimiento económico. **Nieto Ostolaza, María del Carmen.** (Ver A-1.)
Los costes de producción de los alimentos de origen animal y de origen vegetal referidos a la economía española. **Pérez García, Julián.** De Economía, núm. 119, octubre 1971, págs. 621-648.
Los dominios del I. R. Y. D. A. alcanzan a tres millones de hectáreas. **Pozo, José L. del.** Informaciones Económicas, núm. 217, 25 noviembre 1972, pág. 5.
La empresa agraria en España. **Raga Mari, José María.** Boletín de Documentación del Fondo para la Investigación Económica y Social, julio-septiembre 1972, págs. 486-495.
El empresario agrícola andaluz. **Rodríguez Alcaide, José J.** Alta Dirección, núm. 43, mayo-junio 1972, págs. 11-12.
La agricultura vista por los agricultores. **Rodríguez de Pablo, José.** Información Comercial Española, núm. 465, mayo 1972, págs. 89-100.
La concentración de la tierra en España. **Ruiz-Maya, Luis.** Anales de Economía, núm. 12, septiembre-diciembre 1971, págs. 41-100.
Los regímenes de tenencia de la tierra en España. **Ruiz-Maya, Luis.** Anales de Economía, núm. 13, enero-marzo 1972, págs. 125-196.
La tierra para quien la tiene. **Ruiz-Maya, Luis.** Cambio 16, núm. 37, 31 julio 1972, páginas 26-29.

La reestructuración de las explotaciones ganaderas dentro de las directrices del II y III Plan de Desarrollo. **Santos Peñas, Julián.** (Ver A-8.2.)
Por sus propios medios, la agricultura privada no puede modernizarse. **Sanz Pastor Mellado, Fernando.** Tría, núm. 189, 1 julio 1972, págs. 11-15.
Las inversiones públicas en agricultura, ¿cómo repercuten los millones que se gastan? **Sanz Pastor Mellado, F.** Tría, núm. 193, 1 septiembre 1972, págs. 9-11.
Protección y agricultura. **Ventura, Vicent.** Informaciones Económicas, núm. 185, 15 abril 1972, pág. 5.
Los precios de garantía. **Ventura, Vicent.** Informaciones Económicas, núm. 200, 29 julio 1972, pág. 1.
Obstáculos para el desarrollo rural en Iberoamérica y España. **Vergara Doncel, José.** Revista de Estudios Agro-Sociales, núm. 79, abril-junio 1972, págs. 71-86.
La financiación de la empresa agraria. **Viñas Calvo, José.** Revista de Estudios Agro-Sociales, núm. 77, octubre-diciembre 1971, págs. 55-115.

B-1.2. Productos agrícolas

Algodón autárquico. **P. M., M.** Cambio 16, núm. 50, 30 octubre 1972, págs. 21-22.
Naranjas, pero dentro de un orden. **Arribas, Leopoldo.** Cambio 16, núm. 27, 22 mayo 1972, páginas 15-22.
Naranjas por decreto. «Así no vamos a ninguna parte». **Arribas, Leopoldo.** Cambio 16, número 41, 28 agosto 1972, págs. 14-15.
Aceite de oliva: España se ha puesto en cabeza. **Cano-Cortés, Anabel.** A. E., núm. 772, 30 diciembre 1972, págs. 12-17.
Los aceites de semillas oleaginosas. Aceites de soja, girasol, linaza, coco, cártamo, tung y ricino. **Cano de Heredia, Carlos.** Revista Sindical de Estadística, núm. 105, primer trimestre 1972, págs. 54-73.
Horas de trabajo por tonelada de los productos del campo español. **Editorial.** A. S. P. A., número 97, enero 1972, págs. 5-9.
Muera el trigo. **Editorial.** Cambio 16, núm. 43, 11 septiembre 1972, págs. 5 y 11-15.
Reestructuración del olivar. **Editorial.** Desarrollo, núm. 378, 30 abril 1972, pág. 11.
Un producto: la alubia. **Editorial.** Panorama Económico, núm. 65, febrero 1972, págs. 16-20.
Un producto: la cebolla. **Editorial.** Panorama Económico, núm. 66, marzo 1972, págs. 10-14.
Con todos los respetos: otra vez no a la contingentación (del trigo). **Editorial.** Tría, número 189, 1 julio 1972, págs. 8-9.
Toronja i caos economic. **Font de Mora i Montesinos, Lluis.** Barcelona, Edicions 62, 1971, 253 págs. (*).
Vino: hay esperanza. **Font de Mora, Luis.** A. E., núm. 758, 23 septiembre 1972, págs. 8-13.
El «tren del aceite», en peligro. **García Abad, José.** Informaciones Económicas, núm. 185. 15 abril 1972, págs. 1 y 8.
Coste social de los cultivos sustitutivos del algodón. **García Ferrando, Manuel.** Revista de Estudios Agro-sociales, núm. 77, octubre-diciembre 1971, págs. 121-160.
Incierta situación económica en la región valenciana. La naranja ya no es negocio. **Girona Rubio, Manuel.** (Ver A-4.7.)
Trigo 1972, ¿es preciso contingentar? **J. M. R.** Tría, núm. 177, 1 enero 1972, págs. 15-17.
Un producto: el maíz. **J. P. G.** Panorama Económico, núm. 67, abril 1972, págs. 10-12.
Un producto: el aceite de girasol. **J. P. G.** Panorama Económico, núm. 70, julio 1972, páginas 18-21.
La fruta se asfixia en una crisis permanente. **Manrique, Guillermo.** Tría, núm. 194, 15 septiembre 1972, págs. 20-25.
Polémica del trigo: oposición de los cerealistas. **Martínez, Carmen.** A. E., núm. 749, 22 julio 1972, págs. 23-25.
Una industria: el tabaco. **Menéndez Aguirre, Fernando.** Panorama Económico, núm. 71, agosto 1972, págs. 18-26.
Un gigante agrícola, el plátano, se derrumba. **Montesinos Cervera, Jesús.** Informaciones Económicas, núm. 205, 2 septiembre 1972, págs. 1 y 5.
Stop al tabaco canario (cada día de mayor venta en la Península). **Montesinos Cervera, Jesús.** (Ver A-4.9.)
Trigo, centeno, viñedo, olivar y encinar. Las «manchas» del subdesarrollo. **Mora del Río, Francisco.** Informaciones Económicas, núm. 178, 26 febrero 1972, pág. 3.

Objetivo: «aceite de mesa». **Mora del Río, Francisco.** Informaciones Económicas, número 191, 27 mayo 1972, págs. 1 y 7.

Intereses catalanes frente a intereses andaluces. El cultivo del algodón, tema polémico. **Mora del Río, Francisco.** Informaciones Económicas, núm. 197, 8 julio 1972, páginas 1 y 3.

Coto al trigo. **Mora del Río, Francisco.** Informaciones Económicas, núm. 199, 22 julio 1972, pág. 1.

Aspectos económicos y humanos de los cuatro cultivos declarados problema por el Ministerio de Agricultura. **Muñoz Durán, Federico.** A. S. P. A., núm. 102, junio 1972, páginas 185-201.

Nuevamente en «candelero». Dos problemas de nuestra economía (se refiere a la industria química y al aceite de oliva). **Romero Montero, R.** Revista Sindical de Estadística, núm. 105, primer trimestre 1972, págs. 2-9.

¡Viva el trigo! **Saco, Manuel.** Cambio 16, núm. 43, 11 septiembre 1972, págs. 8-10.

El Mercado Común Europeo y los vinos españoles. **Saldaña Trigo, Arcadio.** (Ver A-9.1.)

A tomatazo limpio (Canarias). **Sancho, Daniel.** (Ver A-4.9.)

Sólo los «vinos con nombre» tienen el futuro asegurado. **Signo, Luci.** Informaciones Económicas, núm. 185, 15 abril 1972, pág. 4.

Cítricos: lo que va de ayer a hoy. **Ventura, Vicent.** Informaciones Económicas, núm. 216, 18 noviembre 1972, pág. 8.

Cítricos: problema de superproducción. **Vidal Gil, Fernando.** Informaciones Económicas, número 178, 26 febrero 1972, pág. 2.

B-1.3. Productos ganaderos

La economía española, sector por sector: ganadería. **Acamo.** Balance, núm. 446, 15 noviembre 1972, págs. 25-26.

La lana: un problema secular. **Alonso, Manuel.** Informaciones Económicas, núm. 196, 1 julio 1972, pág. 5.

Determinación del riesgo de la falta de rentabilidad de la explotación ganadera según el tipo de actividad desarrollada. **Aspautocampo.** A. S. P. A., núm. 107, noviembre 1972, págs. 333-344.

Una tarea urgente para nuestra cabaña: ordenar el vacuno. **Bouvier Sanz, Manuel.** Tría, núm. 186, 15 mayo 1972, págs. 45-49.

El ovino, a examen. **Bouvier Sanz, Manuel.** Tría, núm. 192, 15 agosto 1972, págs. 21-23.

Se aclara el panorama del porcino. **Bouvier Sanz, Manuel.** Tría, núm. 194, 15 septiembre 1972, págs. 30-35.

La baja fertilidad ganadera agrava nuestro déficit cárnico. **Bouvier Sanz, Manuel.** Tría, núm. 198, 15 noviembre 1972, págs. 20-23.

¡Ay, qué leche! **Corrobal, D.** Cambio 16, núm. 46, 2 octubre 1972, págs. 16-19.

Estudios de coste de producción de plantas para alimentación del ganado. **Editorial.** A. S. P. A., núms. 103-104, julio-agosto 1972, págs. 231-241.

¿Terneras o añojos? **Marcos Aguiar, Daniel.** Tría, núm. 191, 1 agosto 1972, págs. 18-23.

El mercado del cerdo, a examen. **Marcos Aguiar, Daniel.** Tría, núm. 193, 1 septiembre 1972, págs. 12-18.

El porcino sigue siendo la «cenicienta» del mercado cárnico. **Marcos Aguiar, Daniel.** Tría, núm. 199, 1 diciembre 1972, págs. 19-21.

Ya se van los pastores. La trashumancia sigue vigente. **Mora del Río, Francisco.** Informaciones Económicas, núm. 216, 18 noviembre 1972, págs. 1-2.

El gran problema de la avicultura. **Parada, Luis Ignacio.** El Europeo, núm. 438, 2 junio 1972, pág. 24.

Un producto: los huevos. **Pérez García, Julián.** Panorama Económico, núm. 73, octubre 1972, págs. 18-22.

En defensa de la Mesta. **Ramírez, César.** Cambio 16, núm. 23, 24 abril 1972, pág. 26.

Ciclos y desfases en el precio del cerdo. **Sanz Pastor Mellado, F.** Tría, núm. 180, 15 febrero 1972, págs. 17-20.

Leche: no hay solución satisfactoria. **Ugarte Echevarría.** Tría, núm. 181, 1 marzo 1972, págs. 23-26.

B-1.4. Actividad forestal

Corcho, una materia prima mal aprovechada. **Pérez Guerra, José.** Informaciones Económicas, núm. 194, 17 junio 1972, pág. 8.

B-1.5. Pesca

La economía española, sector por sector: pesca. **Editorial.** Balance, núm. 442, 15 septiembre 1972, págs. 21-23.

Panorama económico de la pesca: son necesarias fórmulas para una mayor rentabilidad del sector en la comarca (La Coruña). **Editorial.** (Ver A-4.5.)

La construcción de pesqueros en 1972. **Editorial.** Industrias Pesqueras, núm. 1.080, 15 abril 1972, págs. 167-168.

La construcción de pesqueros en España. **Editorial.** Industrias Pesqueras, núm. 1.094, 15 noviembre 1972, págs. 502-503.

Las exportaciones de pescado congelado en 1972. **Editorial.** Industrias Pesqueras, número 1.093, 1 noviembre 1972, págs. 484-485.

Las importaciones de pescado congelado en 1972. **Editorial.** Industrias Pesqueras, número 1.092, 15 octubre 1972, págs. 462-463.

La producción pesquera española en 1971. **Mareiro.** Industrias Pesqueras, núm. 1.082, 15 mayo 1972, págs. 222-225.

Contribución de las pesquerías a la renta nacional en 1969. **Editorial.** Industrias Pesqueras, núm. 1.091, 1 octubre 1972, págs. 440-441.

El crédito pesquero en 1971. **Editorial.** Industrias Pesqueras, núm. 1.095, 1 diciembre 1972, págs. 528-529.

El consorcio almadrabero en disolución. **Veiga, Baltasar.** Industrias Pesqueras, núm. 1.080, 15 abril 1972, pág. 171.

La construcción de pesqueros en Galicia. **Editorial.** (Ver A-5.)

Canarias. El nuevo régimen fiscal y la pesca. **Editorial.** (Ver A-4.9.)

La pesca de superficie en Vizcaya y Guipúzcoa. **Editorial.** (Ver A-4.6.)

La pesca: un problema maduro. **Essain Parandiet, Juan.** El Europeo, núm. 468, 29 diciembre 1972, pág. 15.

Las pescas en la provincia de Las Palmas (1971). **Fontán, Guillermo.** (Ver A-4.9.)

Los marinos españoles, fuente de divisas. **Ossa Echaburu, Rafael.** Desarrollo, núm. 399, 24 septiembre 1972, pág. 5.

La política pesquera carece de rumbo. Es necesario acelerar la nueva ordenanza que se estudia. **Pérez-Guerra, José.** Informaciones Económicas, núm. 193, 10 junio 1972, pág. 8.

Superado el bache de 1969, vuelve a aumentar la producción pesquera mundial. **Sánchez Ramos Izquierdo, Julián.** Revista Sindical de Estadística, núm. 106, 2.° trimestre 1972, págs. 2-29.

Informe. Siete mil pescadores españoles en Africa. **Vidal, Joaquín.** Informaciones Económicas, núm. 198, 15 julio 1972, págs. 1 y 4.

B-2: SECTOR INDUSTRIAL

B-2.1. En general

Estructura industrial de España: las grandes empresas... **Arenas García, Francisco.** Boletín de Documentación del Fondo para la Investigación Económica y Social, abril-junio 1972, págs. 208-216.

El año industrial: que haya muchos como éste. **Belderrain, Javier.** A. E., núm. 771, 23 diciembre 1972, págs. 15-21.

La industria española ante la integración a Europa. **Benzo Mestre, Fernando.** (Ver A-9.1.)

El mercado de capitales y la financiación de la industria. **Echagüe, J. A.** A. E., núm. 761, 14 octubre 1972, págs. 45-50.
La financiación de las 100 mayores empresas industriales españolas. **Editorial.** Desarrollo, número 396, 3 septiembre 1972, págs. 11-12.
Resultados financieros de 265 empresas españolas. **Editorial.** Desarrollo, núm. 405, 5 noviembre 1972, págs. 15-16.
Las 300 grandes empresas de la industria española. **Editorial.** Desarrollo, núm. 412, 24 diciembre 1972, págs. 1 y 9 a 12.
La industria en 1971 (estudios). **Editorial.** Economía Industrial, núm. 98, febrero 1972, páginas 3-168.
Horizonte industrial 1980. **Editorial.** Metal, núm. 63, abril 1972, págs. 14-15.
Los factores productivos de la industria española. **Lluch, Camilo.** Información Comercial Española, núm. 466, junio 1972, págs. 169-179.

B-2.2. Energía

La industria química y de derivados del petróleo en la región vasco-navarra-riojana. **Aboitiz Sáenz, José María.** (Ver A-4.9.)
La economía española, sector por sector: combustibles. **Acamo.** Balance, núm. 426, 15 enero 1972, págs. 11-13.
El sector eléctrico en la bolsa de Madrid en los últimos cinco años. **Acamo.** El Europeo, número 425, 3 marzo 1972, pág. 14.
El sector de combustibles líquidos y la contaminación. **Benito Gil, Florencio.** Información Comercial Española, núm. 466, junio 1972, págs. 79-81.
Empresas petrolíferas. **Canseco Medel, Antonio.** Economía Industrial, núm. 105, septiembre 1972, págs. 26-31.
Análisis-CEPSA anda con pies de plomo. **Editorial.** Cambio 16, núm. 32, 26 junio 1972, págs. 24-27.
Análisis-Sevillana: rentabilidad positiva. **Editorial.** Cambio 16, núm. 34, 10 julio 1972, págs. 21-25.
Análisis-Eléctricas Reunidas de Zaragoza, S. A. **Editorial.** Cambio 16, núm. 41, 28 agosto 1972, págs. 30-33.
Estudio financiero, económico y bursátil: CEPSA. **Editorial.** Desarrollo, núm. 361, 9 enero 1972, págs. 11-12.
Estudio financiero, económico y bursátil: Iberduero. **Editorial.** Desarrollo, núm. 365, 30 enero 1972, págs. 8-9.
Análisis: Bancos y eléctricas en la Bolsa. **Editorial.** Desarrollo, núm. 369, 27 febrero 1972, pág. 4.
La industria de la energía. **Editorial.** Economía Industrial, núm. 100, abril 1972, páginas 171-180.
Petronor (Refinería de Petróleos del Norte, S. A.). **Editorial.** El Financiero, núm. 163, octubre 1972, págs. 15-19.
España 1972. Plan Nacional del Combustible. **Editorial.** Oilgas, núm. 49, enero 1972, págs. 8-11.
Mercado y zona de influencia en la refinería de Tarragona. **Editorial.** Oilgas, núm. 49, enero 1972, págs. 15-23.
Cinco ofertas al concurso para la refinería de Tarragona. **Editorial.** Oilgas, núm. 51, marzo 1972, págs. 6-11.
Medio siglo de investigación de hidrocarburos en España. **Editorial.** Oilgas, núm. 51, marzo 1972, págs. 17-27.
Las 10 refinerías de petróleo en España (informe). **Editorial.** Oilgas, núm. 56, agosto 1972, págs. 9-29.
Refinería de Petronor: primordial objetivo energético. **Editorial.** Oilgas, núm. 58, octubre 1972, págs. 9-19.
El gas natural es gas grisú. **Funes Robert, Manuel.** Balance, núm. 447, 1 diciembre 1972, pág. 5.
La minería del carbón en España durante la primera guerra mundial. **García Delgado, José Luis.** (Ver A-1.)
La industria eléctrica española. **Garcillán, J.** Banca Española, núm. 24, febrero 1972, páginas 51-60.

Industrias eléctricas y actividades nucleares. **Gutiérrez Cortínez, Manuel.** Economía Industrial, núm. 105, septiembre 1972, págs. 60-72.
La incógnita del uranio español. **Herrero, José Luis.** A. E., núm. 730, 11 marzo 1972. págs. 11-15.
La ingeniería de oleoductos y gasoductos en España. **Orozco Vallejo, E.** Oilgas, núm. 52, abril 1972, págs. 25-31.
Aportación para una historia de la industria del gas en España. **Martos de Castro, Federico.** Economía Industrial, núm. 104, agosto 1972, págs. 33-52.
La energía nuclear en el desarrollo español. **Palacios Súnico, L.** Innovación + Empresa, número 152, octubre 1972, págs. 35-39.
Energía: aumenta la insuficiencia. **Pérez Guerra, José.** Informaciones Económicas, número 180, 11 marzo 1972, pág. 8.
España: panorámica de las centrales térmicas y nucleares. **Salmador Alvarez, Francisco.** Oilgas, núm. 50, febrero 1972, págs. 7-19.
Consumo de combustibles gaseosos en España. **Sánchez Pérez, Manuel.** Oilgas, número 57, septiembre 1972, págs. 25-28.
Análisis financiero del sector eléctrico. **Sánchez-Real Puyuelo, Adolfo (director).** Madrid, Ageco, Editorial Mapfre, 1972, 138 págs. (*).
La corta y brillante historia del petróleo (en España). **Sanz, Jaime.** Banca Española, núm. 34, diciembre 1972, págs. 93-104.
Evolución de los problemas petrolíferos mundiales y su incidencia en España. **Soroa, Santiago de.** El Europeo, núm. 424, 25 febrero 1972, págs. 10-12.

B-2.3. Minería

Aluminio al rojo. **Editorial.** Cambio 16, núm. 51, 6 noviembre 1972, págs. 10-13.
Empresas. Minero Siderúrgica de Ponferrada. Carbón negro para Ponferrada. **Editorial.** Cambio 16, núm. 52, 13 noviembre 1972, págs. 27-33.
Estudio financiero, económico y bursátil: Minero Siderúrgica de Ponferrada. **Editorial.** Desarrollo, núm. 364, 23 enero 1972, págs. 8-9.
La industria extractiva. **Editorial.** Economía Industrial, núm. 100, abril 1972, págs. 181-192.
Minería: cada año necesita menos obreros. **García Abad, José.** Informaciones Económicas, núm. 189, 13 mayo 1972, págs. 1 y 3.
Industrias mineras y canteras. **Román Ortega, Francisco.** Economía Industrial, núm. 105, septiembre 1972, págs. 119-128.
Objetivo: equilibrar la balanza comercial de la minería. **Sanz, Fernando F.** Informaciones Económicas, núm. 209, 30 septiembre 1972, pág. 3.
La minería española, a la búsqueda de tecnología. Seis plantas de peletización de mineral de hierro. **Sanz, Fernando F.** Informaciones Económicas, núm. 219, 9 diciembre 1972, pág. 6.
Bienvenido mister Plomo. **Sierra, Mario A.** Cambio 16, núm. 40, 21 agosto 1972, páginas 11-13.
Minería y metalurgia del cobre en España. **Toca Abascal, Fernando A. y Gámir Ramos, José L.** Metal, núm. 65, junio 1972, págs. 18-24.

B-2.4. Metálicas básicas

Ensidesa: Plan de reestructuración. **R. S.** (Ver A-7.3.)
Aportación a la historia de la siderurgia española. **Alcalá Zamora y Queipo del Llano, José.** (Ver A-1.)
Siderometalurgia: El 72, parecido al 68. **Belderrain, Javier.** A. E., núm. 731, 18 marzo 1972, págs. 26-27.
Siderurgia, metalurgia y transformados metálicos. **Editorial.** Economía Industrial, número 100, abril 1972, págs. 193-206.
Panorama del comercio exterior siderometalúrgico en 1971. **Editorial.** Metal, núm. 65, junio 1972, págs. 37-44.
La industria siderúrgica española. **Espinosa de los Monteros, C.** Información Comercial Española, núm. 464, abril 1972, págs. 91-109.

Siderurgia básica. **Hidalgo de Cisneros, Ignacio.** Información Comercial Española, números 467-468, julio-agosto 1972, págs. 167-171.
Industrias siderúrgicas y mecánicas. **Millán Barbany, Gregorio.** Economía Industrial, número 105, septiembre 1972, págs. 73-91.
Sagunto tendrá un nuevo puerto siderúrgico. **Mora del Río, F.** (Ver A-4.7.)
España-Mercado Común. La siderurgia integral. **Salís Balzola, Miguel.** (Ver A-9.1.)
Nota sobre las exportaciones metalúrgicas españolas. Años 1963-1971. **Servicio de Estudios Económicos del CEAM.** CEAM.-Revista de Economía Industrial, núm. 110, enero-febrero 1972, págs. 20-35.

B-2.5. Transformados metálicos

B-2.5.1. Maquinaria y bienes de equipo

La industria de maquinaria mecánica y eléctrica. **Alonso Bernal, Francisco.** Información Comercial Española, núms. 467-468, julio-agosto 1972, págs. 173-179.
Posibilidades de la Industria Nacional de Bienes de Equipo. **Domínguez Sol, Luis Angel.** Oilgas, núm. 55, julio 1972, págs. 7-11.
Bienes de equipo: perspectivas favorables y problemas viejos. **Editorial.** A. E., número 732, 25 marzo 1972, págs. 18-33.
Maquinaria y bienes de equipo. **Editorial.** Economía Industrial, núm. 100, abril 1972, págs. 207-242.
La industria española de bienes de equipo. **Editorial.** Estudios Económicos, núm. 141, octubre 1972, págs. 16-23.
La construcción de pesqueros en Galicia. **Editorial.** (Ver A-4.5.)
La construcción de pesqueros en 1972. **Editorial.** (Ver B-1.5.)
La construcción de pesqueros en España. **Editorial.** (Ver B-1.5.)
Informe sobre el sector de la maquinaria textil. **Editorial.** Información Comercial Española, núm. 472, diciembre 1972, págs. 185-190.
Evolución de la exportación de bienes de equipo. **Editorial.** Oilgas, núm. 55, julio 1972, págs. 25-32.
Los bienes de equipo en el contexto de la exportación española. **Kaibel, Enrique.** El Europeo, número extraordinario, 31 marzo 1972, págs. 61-62.
El sector de bienes de equipo y la asistencia técnica extranjera. **López González, Arcadio.** (Ver A-10.)
Situación y perspectivas de la industria de bienes de equipo. **Millán Barbany, Gregorio.** Metal, núm. 62, marzo 1972, págs. 14-18.
Bienes de equipo: Unas exportaciones en constante expansión. **SERCOBE (Servicio de Estudios).** A. E., núm. 737, 29 abril 1972, págs. 55-63.
Mercados exteriores de maquinaria no eléctrica. **Servicio de Estudios Económicos del CEAM.** CEAM.-Revista de Economía Industrial, núm. 107, julio-agosto 1971, páginas 48-78.
Posibilidades de exportación de ingeniería y bienes de equipo. **Vernis, Pedro.** Oilgas, núm. 52, abril 1972, págs. 50-53.

B-2.5.2. Material de transporte y automoción

La industria naval en el desarrollo económico español. **Aparicio Olmos, Francisco.** Innovación + Empresa, núm. 149, junio 1972, págs. 6-8.
Economías de escala y eficiencia: estudio de dos sectores de la economía española (cemento y automóviles). **Argandoña Rámiz, Antonio.** Revista Española de Economía, núm. 1, enero-abril 1972, págs. 105-162.
Fabricación de automóviles: ¿Reestructuración o desorganización? **Belderrain, Javier.** A. E., núm. 770, 16 diciembre 1972, págs. 29-31.
La marina mercante como estímulo de la construcción naval. **Duero, Juan de.** Innovación + Empresa núm. 149, junio 1972, págs. 9-19.

El sector naviero en España. **Editorial.** A. E., núm. 757, 16 septiembre 1972, págs. 14-23.
Automóvil (turismos e industriales). **Editorial.** Boletín de Londres, núm. 246, septiembre-noviembre 1972, págs. 3-23.
Análisis. Finanzauto, S. A., va para arriba. **Editorial.** Cambio 16, núm. 38, 7 agosto 1972, págs. 29-33.
Análisis. Renault gana terreno. **Editorial.** Cambio 16, núm. 39, 14 agosto 1972, páginas 30-33.
Análisis. Citroën: amortizaciones, sí; dividendos, no. **Editorial.** Cambio 16, núm. 45, 25 septiembre 1922, págs. 29-33.
Análisis. La competencia se acerca a Seat. **Editorial.** Cambio 16, núm. 55, 4 diciembre 1972, págs. 26-32.
Estudio financiero, económico y bursátil: construcciones y auxiliar de ferrocarriles. **Editorial.** Desarrollo, núm. 371, 12 marzo 1972, págs. 8-9.
La industria de construcción naval española, a examen. **Editorial.** Desarrollo, número monográfico, 26 noviembre 1972.
Balance ganadero 72: pese a ser positivo no es del todo satisfactorio. **Editorial.** Tría, núm. 200, 15 diciembre 1972, págs. 49-55.
Comercio exterior del automóvil. Situación y perspectivas. **Eguidazu Palacios, Fernando.** Información Comercial Española, núm. 466, junio 1972, págs. 137-149.
Productividad y costes en la industria naval. **Esain Parandiet, Juan.** El Europeo, número 458, 20 octubre 1972, pág. 2.
Pascua naval: un balance pasado por agua. **Herrero, José Luis.** A. E., núm. 722, 15 enero 1972, págs. 24-26.
Cuatro empresas multinacionales fabrican los neumáticos españoles. **Mora del Río, F.** (Ver A-10.)
La construcción naval, la marina mercante y el desarrollo económico español. **Rodrigo Jiménez, Fernando de.** Información Comercial Española, núm. 470, octubre 1972, págs. 51-57.
Empresas españolas en la Bolsa: Citroën Hispania, S. A. **Sicofisa.** Economía y Finanzas Españolas, núm. 11, marzo 1972, págs. 15-16.
Industria de automoción. **Soroa, Santiago de.** El Europeo, núm. 433, 28 abril 1972, págs. 13-16.

B-2.5.3. Industria de bienes de consumo

La televisión en color en España. **Mellado, J. de Dios.** A. E., núm. 756, 9 septiembre 1972, págs. 16-19.

B-2.6. Química y petroquímica

El sector químico textil en la Bolsa de Madrid en los últimos cinco años. **Acamo.** El Europeo, núm. 435, 12 mayo 1972. pág. 22.
«La evolución del sector está siendo satisfactoria», declaraciones del director general de Industrias Químicas. **Belderrain, Javier.** A. E., núm. 764, 4 noviembre 1972, págs. 75-77.
Informe: La industria farmacéutica en España. Inversiones extranjeras, precios y Seguridad Social (1). **Díaz-Plaja, Guillermo Luis.** A. E., núm. 744, 17 junio 1972, páginas 8-16.
Informe: La industria farmacéutica en España (y 2). Las contradicciones de un conflicto. **Díaz-Plaja, Guillermo Luis.** A. E., núm. 745, 24 junio 1972, págs. 10-18.
La marcha de la industria química durante 1972 (extracto del informe del Sindicato Nacional de Industrias Químicas). **Editorial.** A. E., núm. 764, 4 noviembre 1972, págs. 74-78.
Análisis. Cros pretende apoyarse en la industria. **Editorial.** Cambio 16, núm. 42, 4 septiembre 1972, págs. 31-34.
Estudio financiero, económico y bursátil: Sniace. **Editorial.** Desarrollo, núm. 370, 5 marzo 1972, págs. 8-9.
La industria química. **Editorial.** Desarrollo, núm. 375, 9 abril 1972, págs. 21-31.
La industria química. **Editorial.** Economía Industrial, núm. 100, abril 1972, págs. 243-283.

La industria de madera y corcho. **Editorial.** Economía Industrial, núm. 100, abril 1972, págs. 295-300.

La industria petroquímica española: un sector con problemas. **Editorial.** El Europeo, número 424, 25 febrero 1972, pág. 16.

El desafío del Mercado Común a la industria química española. **Editorial.** (Ver A-9.1.)

La industria petrolquímica en España (informe). **Editorial.** Oilgas, núm. 59, noviembre 1972, págs. 9-21.

Papel, una industria obligada a evolucionar. **García Abad, José.** Informaciones Económicas, núm. 218, 2 diciembre 1972, pág. 4.

Industrias química y petroquímica. **Gimeno Muntadas, Fernando.** Economía Industrial, núm. 105, septiembre 1972, págs. 45-60.

Características del comercio exterior químico con especial referencia al caso español. **Guasch Molins, Manuel.** Información Comercial Española, núm. 472, diciembre 1972, págs. 167-171.

Aspectos socioeconómicos del medicamento. **Iglesias, María Antonia.** Informaciones Económicas, núm. 217, 25 noviembre 1972, pág. 8.

España, undécimo país mundial en el mercado de los plásticos. **Martín Tomás, J. L.** Oilgas, núm. 58, octubre 1972, págs. 23-37.

Ingeniería española e industria petrolquímica. **Rodríguez, Avelino R.** Oilgas, núm. 52, abril 1972, págs. 17-19.

Nuevamente en «candelero». Dos problemas de nuestra economía (se refiere a la industria química y al aceite de oliva. **Romero Montero, R.** (Ver B-1.2.)

La década de los sesenta ha sido decisiva para la industria química española. **Rubio, María.** Panorama Económico, núm. 72, septiembre 1972, págs. 12-15.

Comercio exterior de la industria química. **Rubio Carsi, Angel.** Revista Sindical de Estadística, núm. 105, primer trimestre 1972, págs. 8-53.

Los costos en la fabricación de especialidades farmacéuticas. **Rubio Carsi, Angel.** Revista Sindical de Estadística, núm. 106, 2.° trimestre 1972, págs. 30-43.

Empresas españolas en la Bolsa: Unión Explosivos Río Tinto, S. A. **Sicofisa.** Economía y Finanzas Españolas, núm. 18, octubre 1972, págs. 5-6.

B-2.7. Industrias de la construcción y derivadas

El sector de construcciones metálicas y de calderería. **Abreu, Carlos.** Metal, núm. 65, junio 1972, págs. 33-36.

El sector de la construcción en la Bolsa de Madrid en los últimos cinco años. **Acamo.** El Europeo, núm. 433, 28 abril 1972, pág. 24.

Economías de escala y eficiencia: estudio de dos sectores de la economía española (cemento y automóviles). **Argandoña Rámiz, Antonio.** (Ver B-2.5.2.)

Análisis del sector del hormigón preparado. **Bolívar, J. M.** Desarrollo, núm. 391, 30 julio 1972, págs. 15, 17 y 18.

Análisis. Dragados: ojo con las amortizaciones. **Editorial.** Cambio 16, núm. 26, 15 mayo 1972, págs. 43-45.

Análisis. El cemento viaja en primera (Portland Valderribas, S. A.). **Editorial.** Cambio 16, número 46, 2 octubre 1972, págs. 29-33.

Análisis. Cubiertas hasta el tejado (Cubiertas y Tejados, S. A.). **Editorial.** Cambio 16, número 51, 6 noviembre 1972, págs. 29-33.

Estudio financiero, económico y bursátil: Compañía Inmobiliaria Metropolitano. **Editorial.** Desarrollo, núm. 375, 9 abril 1972, págs. 8-9.

Estudio financiero, económico y bursátil: Portland Valderribas, S. A. **Editorial.** Desarrollo, núm. 383, 4 junio 1972, págs. 8-9.

Industria. Perspectiva de los materiales de construcción. **Editorial.** Desarrollo, núm. 384, 11 junio 1972, pág. 9.

Industrias de la construcción y sus materiales. **Editorial.** Economía Industrial, núm. 100, abril 1972, págs. 301-313.

Estudios de coste de producción de plantas para alimentación de ganado. **Editorial.** (Ver B-1.3.)

Bache en la construcción. **García Abad, José.** Informaciones Económicas, núm. 171, 8 enero 1972, pág. 3.

La rentabilidad de las industrias del vidrio y cerámica es francamente baja. **García Carrero, Melitino.** Desarrollo, núm. 386, 25 junio 1972, pág. 24.
El sector cemento en el mercado de capitales. **Güell de Sentmenat, Carlos.** Economía Mediterránea, núm. 1, octubre 1972, págs. 26-29.
Empresas de la construcción: el convenio, ¿a quién le conviene? **Herrero, José Luis.** (Ver A-5.2.)
Cemento 72: más de dieciocho millones de toneladas. **Pérez-Guerra, José.** Informaciones Económicas, núm. 221, 23 diciembre 1972, pág. 2.
Industrias mineras y canteras. **Román Ortega, Francisco.** (Ver B-2.3.)
Empresas españolas en la Bolsa: Cía. Inmobiliaria Metropolitana, S. A. **Sicofisa.** Economía y Finanzas Españolas, núm. 10, febrero 1972, págs. 11-12.
Construcción y obras públicas. **Vimar.** Cataluña Económica, núm. 118, noviembre 1972, páginas 19-20.

B-2.8. Otras industrias (de alimentación, textiles, etc.)

La economía española, sector por sector: industria textil. **Acamo.** Balance, núm. 433, 1 mayo 1972, págs. 15-16.
El sector alimentación en la Bolsa de Madrid en los últimos cinco años. **Acamo.** El Europeo, núm. 428, 24 marzo 1972, pág. 9.
Perspectivas en el sector industrial dedicado a la eliminación de la contaminación del agua. **Arcocha, Angel María y Ruiz-Meis, Gonzalo.** Información Comercial Española, número 466, junio 1972, págs. 69-78.
Industrias de la celulosa y del papel. **Asenjo, José Luis.** Economía Industrial, núm. 105, septiembre 1972, págs. 92-104.
Industrias textiles. **Calviño de Sabucedo y Gras, Mariano.** Economía Industrial, núm. 105, septiembre 1972, págs. 105-118.
Estudio económico de la industria electrónica. **Campistol, Pere y Gasòliba, Carles A.** Barcelona, Banca Catalana, Servicio de Estudios, 1971, 176 págs. (*).
Edición y comercio del libro español (1900-1972). **Cendán Pazos, Fernando.** Editora Nacional, Madrid, 1972, 452 págs. (*).
La cerveza: el valor de su consumo en España supera el de todas las bebidas nacionales. **Cilleruelo Sánchez, Luis.** Revista Sindical de Estadística, núm. 105, primer trimestre 1972, págs. 74-83.
El «negocio» del cine español. **Díaz-Plaja, Guillermo Luis.** A. E., núm. 754, 26 agosto 1972, págs. 6-12.
La industria del papel de las Vascongadas. **Echeverría, Jaime.** (Ver A-4.6.)
Consideraciones sobre la problemática actual de la industria electrónica de material profesional y de componentes en España. **Editorial.** Banca Catalana, núm. 24, marzo 1972, págs. 31-36.
Análisis. El Aguila planea. **Editorial.** Cambio 16, núm. 33, 3 julio 1972, págs. 11-17.
Análisis. Prisioneros del azúcar (Sociedad General Azucarera, S. A.). **Editorial.** Cambio 16, núm. 44, 18 septiembre 1972, págs. 31-35.
Análisis. No va como la seda (La Seda de Barcelona, S. A.). **Editorial.** Cambio 16, número 48, 16 octubre 1972, págs. 29-33.
Estudio financiero, económico y bursátil: Sociedad General Azucarera de España. **Editorial.** Desarrollo, núm. 380, 14 mayo 1972 (sin numerar).
Estudio financiero, económico y bursátil: Ebro, Cía. de Azúcares y Alcoholes. **Editorial.** Desarrollo, núm. 381, 21 mayo 1972 (sin numerar).
La industria alimentaria. **Editorial.** Economía Industrial, núm. 100, abril 1972, págs. 284-294.
El sector artesano. **Editorial.** Economía Industrial, núm. 100, abril 1972, págs. 314-317.
Industria láctea: la más alejada del nivel europeo. Las industrias queseras están mal localizadas, dispersas y atrasadas. **García Abad, José.** Informaciones Económicas, número 182, 25 marzo 1972, pág. 3.
Industries carniques: situció actual i perspectives. **Gasòliba, Carles A.** Banca Catalana, número 25, junio 1972, págs. 11-29.
Industrias de la alimentación. **Gubert, José Daniel.** Economía Industrial, núm. 105, septiembre 1972, págs. 32-44.
Panorámica de la industria de la alimentación animal en España. **Hernández, F. J. M.** Tría, núm. 197, 1 noviembre 1972, págs. 19-23.

Industrias militares: otro problema de coordinación. **Herrero, José Luis.** A. E., núm. 739, 13 mayo 1972, págs. 16-25.
La industria electrónica en España. **Luengo Vallejo, Juan.** Economía Industrial, núm. 101, mayo 1972, págs. 13-20.
Alimentos «made in...». **Mora del Río, Francisco.** Informaciones Económicas, núm. 185, 15 abril 1972, págs. 1 y 3.
Industria de perfumería: se huele el peligro. **Mustelo, Fernando.** A. E., núm. 725, 5 febrero 1972, págs. 8-11.
Armamento, una industria de interés nacional. **Pérez-Guerra, José.** Informaciones Económicas, núm. 187, 29 abril 1972, pág. 3.
Artesanía. Una actividad en la penumbra. **Pérez-Guerra, José.** Informaciones Económicas, núm. 214, 4 noviembre 1972, pág. 6.
Alimentación: la escalada de los fraudes. **Saavedra, Luis.** A. E., núm. 764, 4 noviembre 1972, págs. 19-28.
La del calzado, una «crisis» de precios que afecta a todos los países. La vaca derrota a los sintéticos. **Sadaba, José.** Informaciones Económicas, núm. 212, 21 octubre 1972, páginas 1 y 3.
La industria cinematográfica en 1971. **Valle Fernández, Ramón del.** Revista Sindical de Estadística, núm. 106, segundo trimestre 1972, págs. 44-61.

B-3: SERVICIOS

B-3.1. En general

B-3.2. Comercio exterior. Aspectos generales y política comercial

La política arancelaria española. **Basabe y Manso de Zúñiga, J.** Información Comercial Española, núm. 463, marzo 1972, págs. 15-20.
La promoción de ventas en el comercio exterior. **Blanch, Agustín.** Cambio 16, núm. 15, 28 febrero 1972, pág. 26.
Reflexiones sobre la exportación española ante la creación de unas normas de calidad internacionales. **Bonet Moner, Bartolomé.** Información Comercial Española, núm. 472, diciembre 1972, págs. 157-161.
El comercio exterior en el contexto de la economía española. **Cid Leno, Ricardo.** El Europeo, número extraordinario, 31 marzo 1972, págs. 7-8.
Comercio exterior en 1971: Menor déficit... y compás de espera. **Cid Luna, Guillermo.** A. E., núm. 724, 29 enero 1972, págs. 23-25.
Comercio exterior: superado el bache, la importación vuelve a crecer. Tres años de euforia exportadora. 1972: el regreso a la normalidad. **Cid Luna, Guillermo.** A. E., número 737, 29 abril 1972, págs. 29-32 y 51.
El sector exterior en 1972: Más mercancías. Más capitales. Más superávits. **Cid Luna, Guillermo.** A. E., núm. 771, 23 diciembre 1972, págs. 22-31.
Análisis del comercio hispano-británico. **Cisneros Palacios, J.** Información Comercial Española, núm. 464, abril 1972, págs. 71-89.
Regulación del seguro de crédito a la exportación. **Cortés Beltrán, Carlos.** Revista de Derecho Financiero y de Hacienda Pública, núm. 97, enero-febrero 1972, págs. 41-46.
Exportación: tres ministros hablan para A. E. **Editorial.** A. E., núm. 737, 29 abril 1972, páginas 33-50.
Sector exterior. **Editorial.** Boletín de Londres, núm. 243, enero-febrero 1972, págs. 3-11.
El comercio exterior español en 1971. **Editorial.** De Economía, núm. 119, octubre-diciembre 1971, págs. 565-566.
Análisis del sector exterior de la economía alavesa. **Editorial.** (Ver A-4.6.)
Vizcaya exporta (Servicio de Estudios de la Cámara de Comercio, Industria y Navegación de Bilbao). **Editorial.** (Ver A-4.6.)
Panorama del comercio exterior siderometalúrgico en 1971. **Editorial.** (Ver B-2.4.)
Evolución de la exportación de bienes de equipo. **Editorial.** (Ver B-2.5.1.)

Las exportaciones de pescado congelado en 1972. **Editorial.** (Ver B-1.5.)
Las importaciones de pescado congelado en 1972. **Editorial.** (Ver B-1.5.)
Comercio exterior del automóvil. Situación y perspectivas. **Eguidazu Palacios, Fernando.** (Ver B-2.5.2.)
Estructura del comercio exterior de Tenerife. **Fuentes, Santos.** (Ver A-4.9.)
El proteccionismo arancelario de la España actual. **Gámir, Luis.** Información Comercial Española, núm. 463, marzo 1972.
Los efectos de la ampliación del Mercado Común sobre la exportación industrial española. **Gámir Casares, Luis.** (Ver A-9.1.)
Punto muerto en las relaciones con el Mercado Común. Nuestro comercio exterior, en la encrucijada. **García Abad, José.** (Ver A-9.1.)
Guipúzcoa exporta. **Genua, Angel.** (Ver A-4.6.)
El crédito a la exportación en España y otros países. **Granell Trías, Francisco.** Alta Dirección, núm. 41, enero-febrero 1972, págs. 91-98.
Características del comercio exterior químico con especial referencia al caso español. **Guasch Molins, Manuel.** (Ver B-2.6.)
Algunos aspectos del comercio exterior de la provincia de Las Palmas. **Infiesta Agreda, Joaquín.** (Ver A-4.9.)
Los bienes de equipo en el contexto de la exportación española. **Kaibel, Enrique.** (Ver B-2.5.1.)
La balanza comercial de España durante el primer semestre de 1972. **Ledo López, Luis Angel.** Economía y Finanzas Españolas, núms. 16-17, agosto-septiembre 1972, páginas 23-26.
El comercio hispano-portugués. **Linde de Castro, E.** Información Comercial Española, número 461, enero 1972, págs. 67-76.
El comercio exterior de España. **Lluch Sanz, C.** Información Comercial Española, número 461, enero 1972, págs. 135-143.
Análisis del sector exportador de la provincia de Logroño. **Maraver, Luis.** (Ver A-4.3.)
La desgravación fiscal a la exportación. **Martí Ragué, Luis.** (Ver A-6.)
El seguro y el crédito a la exportación. **Martínez-Cortiña, Rafael.** Instituto de Desarrollo Económico, Madrid, 1972, 148 págs. (*).
Comercio hispano-japonés: España tiene que despertar. **Miralles Conesa, Alvaro.** A. E., número 766, 18 noviembre 1972, págs. 8-11.
Importaciones de choque para contener los precios del plátano canario. **Montesinos Cervera, Jesús.** (Ver A-4.9.)
Balanza de pagos: récord de récords. **Mora del Río, Francisco.** Informaciones Económicas, número 177, 19 febrero 1972, pág. 3.
Buena oportunidad para liberalizar el comercio exterior y algunas operaciones financieras. ¿Qué hacemos con la reserva de divisas? **Mora del Río, Francisco.** Informaciones Económicas, núm. 215, 11 noviembre 1972, págs. 1-2.
El crédito oficial a la exportación en España. **Ollé Espasa, Jorge.** Alta Dirección, núm. 42, marzo-abril 1972, págs. 69-76.
Actividades de promoción comercial. **Pico, Alberto.** Información Comercial Española, número 464, abril 1972, págs. 169-177.
Cuatro puntos «especiales» del comercio exterior español: U. R. S. S., China, Méjico y Cuba. **Prieto, Martín.** El Europeo, número extraordinario, 31 marzo 1972, págs. 33-35.
La financiación de la exportación. **Prieto Pérez, Eugenio.** Seguros, núm. 41, enero-marzo 1972, págs. 9-21.
Comercio exterior de la industria química. **Rubio Carsi, Angel.** (Ver B-2.6.)
La exportación vasca, por provincias. **Ruiz, María.** (Ver A-4.6.)
Objetivo: equilibrar la balanza comercial de la minería. **Sanz, Fernando F.** (Ver B-2.3.)
El comercio exterior de Canarias. **Sempere Couderc, Luis.** (Ver A-4.9.)
Bienes de equipo: unas exportaciones en constante expansión. **SERCOBE (Servicio de Estudios).** (Ver B-2.5.1.)
Nota sobre las exportaciones metalúrgicas españolas. Años 1963-1971. **Servicio de Estudios Económicos del C. E. A. M.** (Ver B-2.4.)
Mercados exteriores de maquinaria no eléctrica. **Servicio de Estudios Económicos del C. E. A. M.** (Ver B-2.5.1.)
Radiografía de la exportación española. **Soroa, Santiago de.** El Europeo, número extraordinario, 31 marzo 1972, págs. 10-15.

Visión general de la exportación de las vascongadas. **Soroa, Santiago de.** Una región proyectada a la exportación. (Ver A-4.6.)
Resultados de una política de promoción exterior. **Surís, José María.** Economía Nacional Internacional de la Empresa, núm. 1.816, noviembre 1971, págs. 13-16.
El seguro de crédito a la exportación. **Ugarte, J. Luis y González, Fernando.** Información Comercial Española, núm. 462, febrero 1972, págs. 131-139.
España-países del Este. Unos mercados en desarrollo. **Valle, Sara.** El Europeo, número extraordinario, 31 marzo 1972, págs. 24-25.
Iberoamérica: de la utopía al realismo. **Valle, Sara.** El Europeo, número extraordinario, 31 marzo 1972, págs. 27-29.
Comercio español con Asia y Oceanía. Una evolución optimista y un futuro muy esperanzador. **Valle, Sara.** El Europeo, número extraordinario, 31 marzo 1972, pág. 31.
Posibilidades de exportación de ingeniería y bienes de equipo. **Vernis, Pedro.** (Ver B-2.5.1.)

B-3.3. Comercio interior

El consumidor español ante el Código alimentario. **Alegre, María José.** El Europeo, número 460, 3 noviembre 1972, pág. 13.
Análisis. Galerías Preciados, S. A. Apertura de galerías. **Editorial.** Cambio 16, núm. 50, 30 octubre 1972, págs. 29-33.
Una encuesta actual: el mercado de Madrid. **Editorial.** (Ver A-4.3.)
La competencia en el mercado español: trabas y fraudes. **Elordi, Carlos.** A. E., núm. 765, 11 noviembre 1972, págs. 20-22.
La agricultura especializada de la Costa del Sol y su comercialización. **Delgado Paniagua, Agustín.** (Ver A-4.2.)
El control de la calidad de los alimentos por parte de la Administración. **Funes Robert, Manuel.** El Europeo, núm. 445, 21 julio 1972, pág. 2.
Grandes almacenes «versus», pequeño comercio en Bilbao y San Sebastián. **Lascurain Argarate, Juan.** Información Comercial Española, núm. 467-468, julio-agosto 1972, páginas 137-141.
Los mayoristas de la pesca. **Mareiro.** Industrias Pesqueras, núm. 1.093, 1 noviembre 1972, página 481.
Areas comerciales. Mercabilbao y Mercaeaso. **Moltó Agüero, Luis.** Información Comercial Española, núms. 467-468, julio-agosto 1972, págs. 133-136.
Etica social del marketing (en España). **Portal Olea, Juan Miguel.** Alta Dirección, núm. 43, mayo-junio 1972, págs. 127-144.

B-3.4. Turismo

Examen del planteamiento actual del fenómeno turístico. **Editorial.** Desarrollo, núm. 363, 16 enero 1972, pág. 8.
El crecimiento de los precios hoteleros en España. **Editorial.** Estudios Turísticos, núm. 35, julio-septiembre 1972, págs. 5-29.
El muy importante señor Don Turismo. **Editorial.** Panorama Económico, núm. 71, agosto 1972, pág. 3.
Estudio sobre estrangulamientos-saturación de municipios turísticos. **Fuster Lareu, Juan.** Estudios Turísticos, núm. 34, abril-junio 1972, págs. 105-114.
Encuesta de turismo receptivo, 1970. **García España, Eduardo y Jiménez Díez de Artazcoz, Vicente.** Estadística Española, núm. 53, octubre-diciembre 1971, págs. 61-90.
Elemento básico para el despegue económico de la zona. Promoción turística de Extremadura-Huelva. **Iglesias, María Antonia.** (Ver A-4.2.)
Turistas, muchos, pero pobres. **Leguina, Joaquín.** Cambio 16, núm. 41, 28 agosto 1972, páginas 17-23.
Las urbanizaciones particulares. La Ley del Suelo ante el fenómeno turístico. **Nasarre Alastruey, Rafael.** Madrid, Edit. Montecorvo, 1972, 208 págs. (*).
Empresas y actividades turísticas, 1970. **Ministerio de Información y Turismo.** Madrid, Ministerio de Información y Turismo, 1971, 1 vol. sin paginar (*).

Empresas y actividades turísticas, 1971. **Ministerio de Información y Turismo.** Madrid, Ministerio de Información y Turismo, 1972, 1 vol. sin paginar (*).
Promoción del Turismo, 1971. **Ministerio de Información y Turismo.** Madrid, Ministerio de Información y Turismo, 1972, 1 vol. sin paginar (*).
Creciente control foráneo. Llegó el turismo industrial. **Mora del Río, F.** (Ver A-10.)

B-3.5. Transportes y comunicaciones

Análisis. Compañía Telefónica Nacional de España, S. A. **Editorial.** Cambio 16, núm. 35, 17 julio 1972, págs. 19-23.
Análisis. Navegación deficitaria (Cía. Transatlántica Española, S. A.). **Editorial.** Cambio 16, núm. 47, 9 octubre 1972, págs. 30-34.
Estudio financiero, económico y bursátil: Industria y Navegación, S. A. (I. N. S. A.). **Editorial.** Desarrollo, núm. 386, 25 junio 1972, páginas sin numerar.
El sector transporte en España. Con especial referencia al III Plan de Desarrollo y a otros planes extranjeros. **Fernández Díaz, Andrés y Rodríguez Saiz, Luis.** (Ver A-8.2.)
El transporte colectivo urbano en España. **Jané Solá, José (ed.).** Barcelona, Edics. Ariel, 1972, 342 págs. (*).
La «revolución de los containers» llega a España. **Mora del Río, Francisco.** Informaciones Económicas, núm. 184, abril 1972, pág. 8.
La selección de inversiones en los transportes. Su desarrollo en España. **Palazuelos, Miguel A.** Revista de Economía Política, núm. 59, septiembre-diciembre 1971, páginas 31-49.
El «Metro» de Madrid: tarifas más altas, servicio parecido. **Peris, Enrique.** (Ver A-4.3.)
La fiscalidad de los transportes por carretera en España dentro del marco europeo. **Rodríguez Cebrián, Manuel.** Revista de Economía Política, núm. 59, septiembre-diciembre 1971, págs. 79-152.
Empresas españolas en Bolsa: Compañía Transmediterránea, S. A. **Sicofisa.** Economía y Finanzas Españolas, núm. 9, enero 1972, págs. 19-20.

B-3.6. Enseñanza, educación e investigación

Cómo hacer rentable la investigación en una empresa industrial. **Almagro Huertas, Vicente.** Innovación + Empresa, núm. 146, marzo 1972, págs. 5-9.
La consultoría, oferta y demanda. **Cuñat Cossonis, Roberto.** Economía Industrial, número 102, junio 1972, págs. 25-36.
Una revolución cultural y silenciosa. **Editorial.** (Ver A-8.2.)
La educación como inversión rentable y consumo apetecido. **Gorosquieta, Javier.** Revista de Fomento Social, núm. 107, julio-septiembre 1972, págs. 265-276.
Incentivos a la transferencia de tecnología en España. **Fernández Marina, Eduardo.** Economía Industrial, núm. 103, julio 1972, págs. 89-97.
Previsión de demanda de técnicos empresariales a medio plazo en la región canaria. **Frías García, José Antonio (y otros).** (Ver A-4.9.)
Espionaje industrial: sin remedio inmediato. **Gaciño, José A.** A. E., núm. 734, 8 abril 1972, págs. 8-10.
La consulta, el coste del servicio. La selección del consultador. **Golmayo, M.** Economía Industrial, núm. 102, junio 1972, págs. 37-43.
Evolución del I. N. E. en el período 1946-1971. **Leal Antón, Julián.** Madrid, Estadística Española, número conmemorativo de los XXV años de la Ley de Estadística, 1971, páginas 157-170.
Bases nacionales para el desarrollo de una tecnología propia. **Losada, Angel.** Innovación + Empresa, núm. 150, julio-agosto 1972, págs. 20-25.
La ingeniería de oleoductos y gasoductos en España. **Orozco Vallejo, E.** (Ver B-3.2.)
«Royalties», desafío a la capacidad española. **Pérez-Guerra, José.** (Ver A-10.)
Ingeniería española e industria petrolquímica. **Rodríguez, Avelino, R.** (Ver B-2.6.)
La ley de 1945, piedra angular de la estadística en España, **Ros Jimeno, José.** Madrid, Estadística Española, número conmemorativo de los XXV años de la Ley de Estadística, 1971, págs. 199-209.

Diccionario de Economía. Teoría y aplicación a España. **Terceiro, José B.**, prólogo de Juan Velarde. Algorta. Editorial Zero, 2.ª edición, 1972, 208 págs. (*).
Las condiciones de trabajo de los economistas españoles. El empleo y la recuperación de los licenciados en Ciencias Económicas. **Trías Fargas, Ramón y Puig Bastard, Pedro.** (Ver A-5.2.)
Estado actual de la investigación tecnológica en España. **Val Cob, Manuel del.** Economía Industrial, núm. 103, julio 1972, págs. 19-29.
Presente y futuro de la ingeniería industrial en España. **Valdés, Jacobo.** Economía Industrial, núm. 102, junio 1972, págs. 45-55.
Análisis general de la ingeniería industrial española. **Valdés, Jacobo.** Oilgas, núm. 52, abril 1972, págs. 9-13.
Posibilidades de exportación de ingeniería y bienes de equipo. **Vernis, Pedro.** (Ver B-2.5.1.)

B-3.7. Sistema financiero

B-3.7.1. En general

Análisis financiero del sector bancario, 1971. **Ageco (Asesoramiento y Gestión Económica, S. A.).** Madrid, Ageco, Editorial Mapfre, 2.ª edición, 1972, 176 págs. (*).
El mercado del crédito (conferencia). **Coronel de Palma, Luis.** Banca Española, números 29-30, julio-agosto 1972, págs. 15-19.
Concentración, ¿para qué? **Criado, Luis.** Banca Española, núm. 24, febrero 1972, páginas 4-7.
El banquero barato. (La Seguridad Social.) **Cruz-Barón-Serrano.** (Ver A-5.2.)
El mercado de capitales y la financiación de la industria. **Echagüe, J. A.** (Ver B-2.1.)
Cómo invertir su dinero (mesa redonda). **Editorial.** A. E., núm. 769, 9 diciembre 1972, págs. 26-63.
Documentos bancarios y productividad. **Editorial.** Banca Española, núm. 33, noviembre 1972, págs. 2-3.
Un quinquenio de la Banca gallega. **Editorial.** (Ver A-4.5.)
Papel de la Banca en el desarrollo económico español. **Fernández Pirla, José María.** (Ver A-1.)
El ahorro, la inversión y el mercado de capitales. **Lalcona, Javier F.** Boletín de Documentación del Fondo para la Investigación Económica y Social, abril-junio 1972, págs. 292-317.
El contrato de «Leasing» en el comercio mundial. Estudio especial de la legislación española. **Martí Ragué, Luis.** Alta Dirección, núm. 45, septiembre-diciembre 1972, págs. 77-93.
Función económica de la Banca. **Nieto de Alba, Ubaldo.** Desarrollo, núm. 389, 16 julio 1972, págs. especiales III.
La Banca en 1972: De la abundancia a la escasez. **Pablo Torrente, Joaquín de.** A. E., número 771, 23 diciembre 1972, págs. 45-51.
El ahorro y la formación de capital en España (1939-1968). **Plaza Prieto, Juan (director).** (Ver A-1.)
Una aproximación cuantitativa al sistema financiero español. **Romaguera Amat, Ramón.** Alta Dirección, núm. 41, enero-febrero 1972, págs. 23-31.
El ahorro español, en busca de nuevos refugios. **Sanz, Jaime.** Banca Española, núm. 23, enero 1972, págs. 89-93.
La Banca española en 1971. **Sanz, Jaime.** Banca Española, núm. 28, junio 1972, páginas 44-54.
La Banca regional a examen. **Sanz, Jaime.** (Ver A-4.1.)
La Banca provincial en España. **Sanz, Jaime.** (Ver A-4.1.)
Financiar la pequeña y la mediana empresa. **Saralegui, Francisco José de.** Ahorro, número 67, octubre-diciembre 1972, págs. 5-6.
Financiera Española de Inversiones, S. A. «Finsa». **Sicofisa.** Economía y Finanzas Españolas, núm. 12, abril 1972, págs. 7-8.
Las participaciones en compañías inmobiliarias. **Trullos Huerta, Fernando.** Técnica Contable, núm. 284, agosto 1972, págs. 287-292.

B-3.7.2. Banca oficial

El crédito a la exportación en España y otros países. **Granell Trías, Francisco.** (Ver B-3.2.)
El crédito oficial a la exportación en España. **Ollé Espasa, Jorge.** (Ver B-3.2.)
Crédito oficial y acción concertada: posibilidades revisoras. **Sosa Wagner, F.** (Ver A-8.2.)

B-3.7.3. Banca privada (comercial e industrial)

Bancos: sus datos. **Editorial.** A. E., núm. 745, 24 junio 1972, págs. 30-34.
Análisis. La «remixtificación» del Banco Urquijo. **Editorial.** Cambio 16, núm. 31, 19 junio 1972, págs. 25-27.
Análisis. Banco Europeo de Negocios. **Editorial.** Cambio 16, núm. 43, 11 septiembre 1972, págs. 29-32.
Análisis. Banco de Santander. Botín de Santander. **Editorial.** Cambio 16, núm. 49, 23 octubre 1972, págs. 29-33.
Estudio financiero, económico y bursátil: Banco Exterior de España. **Editorial.** Desarrollo, núm. 368, 20 febrero 1972, págs. 8-9.
La banca extranjera en España. **Editorial.** (Ver A-10.)
Análisis. Bancos y eléctricas en la Bolsa. **Editorial.** (Ver B-2.2.)
La Banca en el desarrollo económico del Guadalquivir. **Estudio-informe.** (Ver A-4.2.)
La Banca industrial en la región vasco-navarra-riojana. **Abad, Alberto.** (Ver A-4.6.)
Financiaciones especiales de la Banca privada (recopilación exhaustiva de las disposiciones oficiales). **Abella Poblet, Enrique José.** Madrid, Servicio de Publicaciones del Ministerio de Hacienda (s. a.), 352 págs. (*).
Liberación del régimen de expansión bancaria. **Abella Poblet, Enrique.** Revista de Derecho Financiero y de Hacienda Pública, núm. 97, enero-febrero 1972, págs. 31-34.
El sector bancario en la Bolsa en los últimos cinco años. **Acamo.** El Europeo, núm. 422, 11 febrero 1972, pág. 10.
El sector alimentación en la Bolsa de Madrid en los últimos cinco años. **Acamo.** (Ver B-2.8.)
El sector eléctrico en la Bolsa de Madrid en los últimos cinco años. **Acamo.** (Ver B-2.2.)
Evolución de la Banca industrial en los primeros meses de 1972. **García Ponte, M.** (Ver A-3.)
Cómo estudia la Banca a las empresas. **Martínez Cerezo, Antonio.** Salamanca, Ediciones Anaya, 1972, 220 págs. (*).
Bancos: su filosofía. **Pablo Torrente, Joaquín de.** A. E., núm. 745, 24 junio 1972, páginas 22-29.
Examen de las acciones bancarias en 1971. **Sanz, Jaime.** Banca Española, núm. 24, febrero 1972, págs. 65-78.
La Banca nacional comercial a examen. **Sanz, Jaime.** Banca Española, núm. 26, abril 1972, págs. 25-32.
La Banca industrial a examen. **Sanz, Jaime.** Banca Española, núm. 33, noviembre 1972, págs. 67-77.
La Banca y el desarrollo económico de la zona catalana. **Sanz, Jaime.** (Ver A-4.4.)
La Banca en el desarrollo económico de la zona norte. **Sanz, Jaime.** (Ver A-4.6.)
Concentración bancaria. **Zurutza Reigosa, Emilio.** Banca Española, núm. 23, enero 1972, págs. 71-77.

B-3.7.4. Cajas de Ahorro

Cajas de Ahorro. Financiando lo imposible. **M. C., M.** Cambio 16, núm. 12, 7 febrero 1972, págs. 30-32.
Las Cajas de Ahorro Españolas. **Bonilla y Moreno, José Antonio de.** Madrid, Publicaciones Españolas, 1972, 45 págs. (*).
Ahorro vinculado. **Bricio Sanz, Manuel.** Ahorro, núms. 62-63, julio-diciembre 1971, páginas 9-14.

Evolución de los depósitos de las Cajas de Ahorro confederadas durante el I y II Plan de Desarrollo y previsiones para 1972. **Castelló, Enrique.** Ahorro, núm. 64, enero-marzo 1972, págs. 13-20.

Informe especial: Cajas de Ahorro: cada vez más grandes. **Editorial.** Cambio 16, número 35, 17 julio 1972, págs. 11-17.

Introducción a las Cajas de Ahorro. **Galán Galindo, Angel y González Páramo, José Manuel.** Madrid, Confederación Española de Cajas de Ahorro, 1972, 166 págs. (*).

El largo camino de las Cajas de Ahorro. **García, Francisco Manuel.** A. E., núm. 765, 11 noviembre 1972, págs. 93-97.

El Instituto de Crédito de las Cajas de Ahorro. **López Yepes, José.** Ahorro, números 62-63, julio-diciembre 1971, págs. 21-25.

Las Cajas Rurales Españolas. **Rodero Franganillo, Adolfo.** Revista de Estudios Agro-Sociales, núm. 78, enero-marzo 1972, págs. 7-22.

Al compás de los tiempos: la Caja de Ahorros Sagrada Familia. **Rodríguez, Arturo.** Ahorro, núms. 62-63, julio-diciembre 1972, págs. 29-36.

Las Cajas de Ahorro como fuente de financiación. **Romaguera Amat, Ramón.** (Ver A-7.1.)

La Caja de Ahorros de Santander en su 75 aniversario (1897-1972). **Sagredo Fernández, Félix y López Yepes, José.** Ahorro, núm. 67, octubre-diciembre 1972, págs. 42-60.

Cajas de Ahorro y mercados de capitales. **Sánchez Ayuso, Manuel.** Información Comercial Española, núms. 467-468, julio-agosto 1972, págs. 215-219.

Las Cajas de Ahorro españolas, ante las nuevas técnicas de relaciones públicas. **Saralegui, Ignacio María.** Ahorro, núm. 65, abril-junio 1972, págs. 21-30.

B-3.7.5. Bolsas de comercio y fondos de inversión

Análisis. Setenta sociedades en la Bolsa (situación a 31 diciembre 1971). **Acamo.** Desarrollo, núm. 363, 16 enero 1972, pág. 12.

Setenta sociedades en la Bolsa (situación a 30 de septiembre). **Acamo.** Desarrollo, núm. 402, 15 octubre 1972, pág. 15.

Sociedades en Bolsa en los últimos cinco años. **Acamo.** El Europeo, número extraordinario, 15 diciembre 1972, págs. 3-50.

El sector químico textil en la Bolsa de Madrid en los últimos cinco años. **Acamo.** (Ver B-2.6.)

El sector de la construcción en la Bolsa de Madrid en los últimos cinco años. **Acamo.** (Ver B-2.7.)

El sector bancario en la Bolsa en los últimos cinco años. **Acamo.** (Ver B-3.7.3.)

Fondos de inversión inmobiliaria en España. **Arespacochaga, Juan de.** Relaciones Financieras, núm. 119, noviembre 1972, págs. 9-10.

Informe especial: la bolsa con vida. **Arteta, J. L.** Cambio 16, núm. 9, 17 enero 1972, págs. 28-31.

Pulso de la Bolsa: la firmeza característica del año bursátil se mantiene. **Cinta Vidal, María.** (Ver A-3.)

La Bolsa en 1971. **Clivillé, Juan Jorge.** Cataluña Económica, núm. 108, enero 1972, págs. 5-6.

Pulso de la Bolsa. **Clivillé, Juan Jorge.** (Ver A-3.)

Pulso de la Bolsa: especulación. **Clivillé, Juan Jorge.** (Ver A-3.)

Pulso de la Bolsa: consolidación con recuperaciones selectivas. **Clivillé, Juan Jorge.** (Ver A-3.)

Los fondos de inversión mobiliaria españoles: Tres preguntas molestas a los fondos. **Editorial.** A. E., núm. 738, 6 mayo 1972, págs. 23-26.

Comienzan las ampliaciones. **Editorial.** Cambio 16, núm. 30, 12 junio 1972, páginas 45-47.

Estudio: Setenta sociedades en Bolsa (situación a 31 marzo). **Editorial.** Desarrollo, número 376, 16 abril 1972, pág. 9.

Estudio financiero, económico y bursátil: Cía. General de Inversiones. **Editorial.** Desarrollo, núm. 385, 18 junio 1972, págs. sin numerar.

Estudio: Setenta sociedades en Bolsa (situación a 30 de junio). **Editorial.** Desarrollo, núm. 389, 16 julio 1972, pág. 11.

Estudio financiero, económico y bursátil: Financiera Bansander, S. A. **Editorial.** Desarrollo, núm. 399, 24 septiembre 1972, págs. sin numerar.

Estudio financiero, económico y bursátil: Cartera de Títulos, S. A. (Cartisa). **Editorial.** Desarrollo, núm. 402, 15 octubre 1972, págs. sin numerar.

Estudio financiero, económico y bursátil: S. A. de Valores Mobiliarios (Vamosa). **Editorial.** Desarrollo, núm. 410, 10 diciembre 1972, págs. sin numerar.

La Bolsa: ¿«boom» o «bluff»? **Editorial.** El Europeo, núm. 452, 8 septiembre 1972, págs. 1 y 18.

La Bolsa de Madrid durante 1971. **Editorial.** (Ver A-4.3.)

Derecho y política bursátil. **Fernández Flores, Francisco.** Barcelona, vol. 1.°, 1972, 422 págs. (*).

Los fondos de inversión mobiliaria, ¿qué son?, ¿qué puede esperar de ellos el inversor? **Ferrín Gutiérrez, José Agustín.** Madrid, Editorial Mapfre, Ageco, 1972, 53 páginas (*).

Los fondos de inversión mobiliaria españoles. Análisis cualitativo. **García Ponte, M.** A. E., núm. 738, 6 mayo 1972, págs. 14-22.

El sector cemento en el mercado de capitales. **Güell de Sentmenat, Carlos.** (Ver B-2.7.)

La Bolsa en 1972: alzas extraordinarias. **Iriondo Mendieta, Justo.** A. E., núm. 771, 23 diciembre 1972, págs. 32-40.

La banca comercial en el País Vasco. **Más Montañés, Enrique.** (Ver A-4.6.)

«Gran prix» en la Bolsa: quiénes y cuánto han ganado (... o perdido). **Pablo Torrente, Joaquín de.** A. E., núm. 750, 29 julio 1972, págs. 8-23.

Las empresas preferidas por los fondos. **Pablo Torrente, Joaquín de**. A. E., núm. 763, 28 octubre 1972, págs. 14-23.

El mercado de valores español y la dicotomía inválida: unas consideraciones sobre la política bursátil. **Pares, Antoni.** Moneda y Crédito, núm. 121, junio 1972, págs. 119-141.

Como consecuencia del anacrónico sistema de administración y negociación de valores puede quedar bloqueado el mercado mobiliario español. **Pérez Benlloch, J. J.** Informaciones Económicas, núm. 209, 30 septiembre 1972, pág. 7.

Los fondos de inversión mobiliaria y su papel en el desarrollo del mercado de valores en España. **Petit Fonseré, Jorge.** Alta Dirección, núm. 41, enero-febrero 1972, págs. 73-79.

Las ampliaciones de capital. Su eficacia como criterio de inversión. **Sánchez-Real Puyuelo, Adolfo.** Madrid, Ageco, Edit. Mapfre, 1972, 61 págs. (*).

Examen de las acciones bancarias en 1971. **Sanz, Jaime.** (Ver B-3.7.3.)

Empresas españolas en la Bolsa: Unión Explosivos Río Tinto, S. A. **Sicofisa.** (Ver B-2.6.)

Empresas españolas en la Bolsa: Cía. Inmobiliaria Metropolitana, S. A. **Sicofisa.** (Ver B-2.7.)

Empresas españolas en la Bolsa: Cía Transmediterránea, S. A. **Sicofisa.** (Ver B-3.5.)

Empresas españolas en la Bolsa: Citroën Hispania, S. A. **Sicofisa.** (Ver B-2.5.2.)

Clubs de inversiones. **Trullos Huerta, Fernando.** Técnica Contable, núm. 280, abril 1972, págs. 126-132.

La política fiscal española con relación a la inversión en valores mobiliarios. **Trullos Huerta, Fernando.** (Ver A-6.)

B-3.8. Servicios públicos (vivienda, urbanismo, etc.)

Los censos de edificios y de viviendas de 1970 (examen de algunas de sus características). **Ballester Ros, Ignacio.** Revista de Estudios de la Vida Local, núm. 174, abril-mayo-junio 1972, págs. 325-340.

Abastecimientos y saneamientos de poblaciones. Indice elocuente del nivel de vida. **Bovio Fernández, José María.** Panorama Económico, núm. 66, marzo 1972, páginas 28-31.

Aspectos administrativos de la función de la ciudad. **Chicote, Luis M.** De Economía, núm. 120, enero-marzo 1972, págs. 31-43.

Encuesta sobre el futuro de Madrid (urbanismo). **Díaz-Plaja, Guillermo Luis.** (Ver A-4.3.)

El proceso de superpoblación urbana. **Ferrer Regales, Manuel.** (Ver A-2.2.)

Vivienda, problema de cantidad y calidad. **García Abad, José.** Informaciones Económicas, núm. 191, 27 mayo 1972, págs. 1 y 3.

Los hospitales ante el III Plan de Desarrollo. **Martín, Miguel.** (Ver A-8.2.)

La penetración pública en la propiedad urbana. **Martín Mateo, R.** Revista Administración Pública, núm. 67, enero-abril 1972, págs. 13-40.
Análisis sociológico, funcional y dinámico de la vivienda. **Sierra Bravo, R.** Revista Internacional de Sociología, núm. 116, mayo-agosto 1971, págs. 51-84.
Descongestión industrial, zonificación y urbanismo: experiencias extranjeras y en España. **Terán, Fernando de.** Economía Industrial, núm. 97, enero 1972, págs. 23-36.
Las participaciones en compañías inmobiliarias. **Trullos Huerta, Fernando.** (Ver B-3.7.1.)
La demanda y la oferta de viviendas en la comarca de Barcelona en el período 1962-71. **Vimar.** (Ver A-4.4.)

B-3.9. Seguros

Regulación del seguro de crédito a la exportación. **Cortés Beltrán, Carlos.** (Ver B-3.2.)
Las 50 primeras empresas de seguros en España. **Esain Parandiet, Juan.** El Europeo, núm. 465, 8 diciembre 1972, pág. 9.
El seguro español ante el Mercado Común. **Florez Díez, Joaquín.** (Ver A-9.1.)
El seguro y el crédito a la exportación. **Martínez-Cortiña, Rafael.** (Ver B-3.2.)
Régimen tributario de las entidades aseguradoras en España. **Matamala Palacio, Angel.** Alcoy, Editorial Marfil, 1972, 1.972 págs. (*).
Seiscientas setenta y tres entidades aseguradoras hay en España. Seguros: no estamos «a nivel europeo». **Mora del Río, Francisco.** Informaciones Económicas, núm. 194, 17 junio 1972, págs. 1 y 3.
Un plan de desarrollo del seguro español. **Serra Santamans, Jesús.** Seguros, núm. 43, julio-septiembre 1972, págs. 221-236.
El seguro de crédito a la exportación. **Ugarte, J. Luis y González, Fernando.** (Ver B-3.2.)

B-3.10. Otros servicios

Iglesia, S. A. **Castella-Gassol, Joan.** Cambio 16, núm. 37, 31 julio 1972, págs. 14-17.
Iglesia, S. A. **Castella-Gassol, Joan.** Cambio 16, núm. 39, 14 agosto 1972, págs. 11-15.
Publicidad: un negocio de 28.000 millones de pesetas. **Mora del Río, Francisco.** Informaciones Económicas, núm. 211, 14 octubre 1972, págs. 1 y 5.

Indice alfabético de autores

A fin de facilitar al máximo la utilización del material bibliográfico reseñado en el Indice por materias se incluye ahora, por orden alfabético, una relación completa de los autores de todos los trabajos seleccionados, con indicación de los mismos, de acuerdo con la clasificación establecida en el Indice anterior.

Se han de tener presentes, a efectos de la perfecta comprensión de este Indice, las siguientes advertencias:

1.ª Las siglas que constan tras el nombre de cada autor hacen referencia a la clasificación de materias que ha servido de base para el Indice anterior. Así, por ejemplo:

AGUILAR PINOS, J. M.: A-6, A-8.2

indica que el trabajo o trabajos debidos a este autor constan en el Indice por materias en los apartados A-6 (Política fiscal y monetaria) y A-8.2 (Planificación).

2.ª Los números entre paréntesis indican aquellos casos en que un autor tiene más de un trabajo sobre la materia a que hace referencia la sigla correspondiente. Así, por ejemplo:

ALMAZÁN GUILLÉN, C. M.: B-3.2 (2)

indica que este autor tiene dos trabajos reseñados en el apartado B-3.2 (Comercio exterior. Aspectos generales y política comercial) en el Indice por materias.

3.ª Los artículos sólo firmados con iniciales se han incluido al comienzo de la letra que corresponde a la inicial del primer apellido.

4.ª Los artículos sin firmar se han incluido, también aquí, bajo la designación Editorial (E), con indicación expresa de la revista en la que han aparecido.

5.ª Los trabajos escritos por dos autores se hacen constar en los apartados correspondientes al primer apellido de cada uno de ellos. Así, por ejemplo:

ACEBAL MONFORT, J. A., y PÁRAMO FERNÁNDEZ, J.: B-1.3
en la letra A
PÁRAMO FERNÁNDEZ, J., y ACEBAL MONFORT, J. A.: B.1.3
en la letra P

A

A. H.: A-4.2.
ABAD, Alberto: A-4.6, B-3.7.3.
ABELLA POBLET, Enrique José: B-3.7.3 (2).
ABOITIZ SÁENZ, José M.ª: A-4.9, B-2.2.
ABRÉU, Carlos: B-2.7.
ACAMO: B-1.1, B-1.3, B-2.2 (2), B-2.6, B-2.7, B-2.8 (2), B-3.7.1, B-3.7.3 (3), B-3.7.5 (6).
AGUILAR PIÑAL: Francisco: A-1.
AGUILAR PINOS, José M.ª y BENEYTO JUAN, Luis Ramón: A-6.
ALBIÑANA GARCÍA-QUINTANA, César: A-6.
ALBIÑANA GARCÍA-QUINTANA, César y FABRE, Francis J.: A-6.
ALCAIDE, Angel: A-8.1.
ALCALÁ ZAMORA y QUEIPO DE LLANO, José: A-1, B-2.4.
ALEGRE, María José: A-4.6, B-3.3.
ALMAGRO HUERTAS, Vicente: B-3.6.
ALMENDROS MORCILLO, Fernando: A-5.2, A-7.1.
ALONSO, Manuel: B-1.3.
ALONSO BERNAL, Francisco: B-2.5.1.
ALONSO OLEA, Manuel: A-5.2.
ÁLVAREZ RENDUELES, José Ramón: A-6, A-8.1, A-8.2 (2).
ALLENDE Y GARCÍA BAXTER, Tomás: B-1.1.
ANES, Gonzalo: A-1 (2).
ANTÓN PÉREZ, José: A-6.
APARICIO OLMOS, Francisco: B-2.5.2.
ARAMBURO CAMPOY, Fernando: A-4.4.
ARANGUREN, José L. (y otros): A-1.
ARBELOA, Víctor Manuel: A-1.
ARCO, José Luis del: A-7.4.
ARCOCHA, Angel M.ª y RUIZ-MEIS, Gonzalo: B-2.8.
ARENAS GARCÍA, Francisco: B-2.1.
ARESPACOCHAGA: Juan de: B-3.7.5.
ARGANDOÑA RÁMIZ, Antonio: B-2.5.2., B-2.7.
ARGÜELLO REGUERA, Ceferino: A-6.
ARIAS VELASCO, José: A-6 (2).
ARIJA, José Manuel: A-4.2, A-5.2.
ARRIBAS, Leopoldo: B-1.2 (2).
ARROYAL, León de: A-1.
ARTETA, J. L.: B-3.7.5.
ASENJO, José Luis: B-2.8.
ASPAUTOCAMPO: B-1.3.

B

BADÍA VARELA, N. y JIMÉNEZ MEJÍAS, R.: A-7.4.
BALBONTÍN GUTIÉRREZ, Federico: B-1.1.
BALLARÍN MARCIAL, Alberto: B-1.1.
BALLESTER ROS, Ignacio: A-4.1 (2), B-3.8.
BANCA CATALANA: A-1.
BANCA SUIZA: A-1.
BANCO ESPAÑOL DE CRÉDITO: A-1.
BARBE I DURÁN, Lluis: A-4.4 (2).
BARBARÁ LLAURADO, Remigio: A-6.
BAREA TEJEIRO, José: A-6.
BARÓN, Enrique: B-1.1.
BARQUERO GARCÉS, Celedonio: A-10 (2).
BARRENA, Fernando: A-3, A-4.6, A-5.2.
BARRENECHEA, Eduardo: A-4.2.
BASABE Y MANSO DE ZÚÑIGA, J.: B-3.2.
BAZTÁN, C.: A-4.1.
BELDERRAIN, Javier: A-3 (3), A-4.8, A-4.9, A-5.2, A-10, B-2.1, B-2.4, B-2.5.2, B-2.6.
BENAVIDES, Leandro: A-1.
BENEYTO JUAN, Luis Ramón y AGUILAR PINOS, José María: A-6.
BENITO GIL, Florencio: B-2.2.
BERGASA PERDOMO, Oscar y GONZÁLEZ VIEITEZ, Antonio: A-4.9.
BERMEJO, Francisco: A-4.9.
BENZO MESTRE, Fernando: A-9.1, B-2.1.
BLANES NOUBILLAS, Eduardo: A-7.4, B-1.1.
BLANCH, Agustín: B-3.2.
BOADA, Claudio: A-7.3.
BOIXAREU, Ramón: A-1, A-4.1.
BOLÍVAR, J. M.: B-2.7.
BONET MONER, Bartolomé: B-3.2.
BONILLA Y MORENO, José Antonio de: B-3.7.4.
BORDÍU XIMÉNEZ DE EMBUN, Joaquín: A-3.
BOUVIER SANZ, Manuel: B-1.3 (4).
BOVIO FERNÁNDEZ, José María: B-3.8.
BRAVO GUTIÉRREZ, Francisco y SÁENZ DE ORMIJANA, Fidel: A-6.
BREÑA CRUZ, Fernando: A-6.
BRICIO SANZ, Manuel: B-3.7.4.
BRUGAROLA, Martín: A-4.1.
BURGO, Jaime Ignacio del: A-4.9.
BURGOS, Antonio: A-4.2.
BUSTELO VÁZQUEZ, Francisco: A-8.2.

C

C. B.: A-5.1.
CABANA FRANCESC: A-1, A-4.4.
CABANES PECOURT, María Desamparados: A-1, A-4.7.
CAJA DE AHORROS DE SABADELL: A-4.4.
CALAME, Paulette y Pierre: A-2.2.
CALVIÑO DE SABUCEDO Y GRAS, Mariano: B-2.8.
CALVO, Rafael: A-6.
CALVO MARTÍNEZ, Jesús y PEINADO PÉREZ, José L.: A-6.
CALZADA, Blas: A-8.2 (2), A-9.2.
CALLE, Angel Luis de la: A-4.3, A-4.4.
CALLE SÁIZ, Ricardo: A-6.
CÁMARA DE COMERCIO AMERICANA EN ESPAÑA: A-10.
CÁMARA DE COMERCIO, INDUSTRIA Y NAVEGACIÓN DE GUIPÚZCOA: A-4.6, A-5.2.
CÁMARA DE COMERCIO E INDUSTRIA DE MADRID: A-4.3.
CÁMARA OFICIAL DE COMERCIO E INDUSTRIA DE ZARAGOZA: A-4.9 (2).
CAMPISTOL, Pere y GASÒLIBA, Carles A.: B-2.8.
CAMPO, Salustiano del: A-2.2, A-5.1.
CAMPO SAINZ DE ROZAS, Julián: A-6, A-7.3.
CAMPOS NORDMANN, Ramiro: A-4.3.
CANALS, Oswaldo: A-8.1.
CANO, Trinidad: A-6.
CANO-CORTÉS, Anabel: B-1.2.
CANO DE HEREDIA, Carlos: B-1.2.
CANSECO MEDEL, Antonio: B-2.2.
CAÑADAS MERCADO, Miguel A. y HERCE VALLEJO, Manuel: A-4.5.
CARANDE, Ramón: A-1.
CARBALLO COTANDA, Antonio: A-4.9.
CARRASCO CANALS, Fernando: A-5.1.
CARRIÓN, Pascual: B-1.1.
CASADO, P. y PÉREZ BENLLOCH, J. J.: A-4.7.
CASTELLANO REAL, Francisco: A-6, A-7.1.
CASTELLÓ MUÑOZ, Enrique: B-1.1 (2), B-3.7.4.
CASTELLA-GASSOL, Joan: B-3.10 (2).
CAVERO BEYARD, Carlos B-1.1.
CENDÁN PAZOS, Fernando: B-2.8.
CERVERA TORREJÓN, Fernando: A-6.
CID LENO, Ricardo: B-3.2.
CID LUNA, Guillermo: A-1 (2), A-3, A-7.1, A-9.1 (8), B-3.2 (3).
CILLERUELO SÁNCHEZ, Luis: B-2.8.
CINTA VIDAL, María: A-3, B-3.7.5.
CISNEROS PALACIOS, J.: B-3.2.
CLAVIJO GARCÍA, Rafael y GODOY GONZÁLEZ, Tomás: A-4.9.
CLIVILLÉ, Juan Jorge: A-3 (3), B-3.7.5 (4).
COLODRÓN, Alfonso: A-1.
COMBA MORAYTA, Guillermo: A-5.2 (2).
COMISARÍA DEL PLAN DE DESARROLLO: A-4.5, A-8.1, A-8.2.
COMISIÓN DE HACIENDA DE LAS CORTES: A-4.9, A-6.
COMISIÓN INTERMINISTERIAL: A-4.9.
CONFEDERACIÓN ESPAÑOLA DE CAJAS DE AHORROS: A-7.4, B-1.1.
CONSEJO ECONÓMICO SOCIAL DE GRANADA: A-2.1, A-4.2.
CORONEL DE PALMA, Luis: A-1, B-3.7.1.
CORTADA REUS, F.: A-2.2, A-4.4.
CORTÉS BELTRÁN, Carlos: B-3.2, B-3.9.
CORRAL GUERRERO, Luis: A-8.1.
CORROBAL, D.: B-1.3.
CRIADO, Luis: A-3, B-3.7.1.
CRUZ - BARÓN - SERRANO: A-5.1, A-5.2, B-3.7.1.
CUBILLO VALVERDE, Carlos y GONZÁLEZ GARCÍA, Angel L.: A-8.1.
CUÑAT COSSONIS, Roberto: B-3.6.

CH

CHANCHO NEVE, José Luis y MARTÍN FERNÁNDEZ, Miguel: A-6.
CHICOTE, Luis M.: B-3.8.

D

DELGADO PANIAGUA, Agustín: A-4.2, B-1.1, B-3.3.
DÍAZ-PLAJA, Guillermo Luis: A-4.3, B-2.6 (2), B-2.8, B-3.8.
DIEGO MARÍN, Luis: A-2.1.
DÍEZ NICOLÁS, Juan: A-1, A-2.2 (2).
DOMÍNGUEZ ALONSO, Manuel: A-8.1.
DOMÍNGUEZ SOL, Luis Angel: B-2.5.1.
DONGES, I. S.: A-1.
DORAO LANZAGORTA, Jesús: A-4.6 (2).
DRAIN, Michel: A-1.
DUERO, Juan de: B-2.5.2.
DUFOL ABAD, José: A-6.
DURÁN, María Angeles: A-5.2.

E

ECHAGÜE, J. A.: B-2.1, B-3.7.1.
ECHEVERRÍA, Jaime: A-4.6, B-2.8.

Editoriales de las revistas

ACCIÓN EMPRESARIAL: A-1, A-3, A-5.2 (3), A-9.1.
ACTUALIDAD ECONÓMICA: A-4.1, A-4.2, A-4.3, A-4.4, A-4.5, A-6 (2), A-8.2 (2), A-10, B-2.5.1 (2), B-2.6, B-3.2, B-3.6, B-3.7.1 (2), B-3.7.3, B-3.7.5.
AHORRO: A-7.1.
A. S. P. A.: A-8.2, B-1.1 (2), B-1.2, B-1.3, B-2.7.
BALANCE: A-3 (3), A-5.2 (2), A-6, A-7.1, A-9.1 (3), B-1.1, B-1.5.
BANCA CATALANA: A-4.4, A-10, B-2.8.
BANCA ESPAÑOLA: A-4.2 (2), B-3.7.1.
BOLETÍN DE LONDRES: A-2.1, A-4.5, A-6, A-8.2, B-2.5.2, B-3.2.
CAMBIO 16: A-1, A-3 (4), A-4.3, A-4.5, A-4.9, A-6 (2), A-8.1, B-1.1, B-1.2, B-2.2 (3), B-2.3 (2), B-2.5.2 (4), B-2.6, B-2.7 (3), B-2.8 (3), B-3.3, B-3.5 (2), B-3.7.3 (3), B-3.7.4, B-3.7.5.
CATALUÑA ECONÓMICA: A-4.4.
DE ECONOMÍA: A-1, B-3.2.
DESARROLLO: A-4.3, A-4.5, A-7.1 (2), A-7.3, A-10, B-1.2, B-1.5, B-2.1 (3), B-2.2 (3), B-2.3, B-2.5.2 (2), B-2.6 (2), B-2.7 (3), B-2.8 (2), B-3.4, B-3.5, B-3.7.3 (3), B-3.7.5 (6).
DOCUMENTACIÓN ECONÓMICA: A-8.2 (3).
ECONOMÍA INDUSTRIAL: A-7.1, B-2.1, B-2.2, B-2.3, B-2.4, B-2.5.1, B-2.6 (2), B-2.7, B-2.8 (2).
ECONOMÍA MEDITERRÁNEA: A-5.1.
ECONOMÍA NACIONAL INTERNACIONAL DE LA EMPRESA: A-4.4, A-6 (2), A-9.1.
ECONOMÍA Y FINANZAS ESPAÑOLAS: A-1, A-6.
EL EUROPEO: A-2.2, A-3 (4), A-4.5 (3), A-7.3 (2), A-9.1 (4), B-1.1, B-2.6 (2), B-3.7.5.
EL FINANCIERO: A-4.3, A-6, A-8.2, B-1.1, B-2.2, B-3.7.5.
ESTUDIOS ECONÓMICOS: A-7.3, A-10 (2), B-2.5.1.
ESTUDIOS TURÍSTICOS: B-3.4.
HACIENDA PÚBLICA ESPAÑOLA: A-6.
INDUSTRIAS PESQUERAS: A-4.5, A-4.6, A-4.9 (2), B-1.5 (9), B-2.5.1 (3), B-3.2 (2).
INFORMACIÓN COMERCIAL ESPAÑOLA: A-3 (2), A-4.6 (2), B-2.5.1, B-3.2 (2).
INFORMACIONES ECONÓMICAS: A-4.3, A-9.1 (2), B-3.3.
METAL: B-2.1, B-2.4, B-3.2.
OILGAS: B-2.2 (6), B-2.5.1, B-2.6, B-3-2.
PANORAMA ECONÓMICO: A-3 (3), A-4.7, A-9.1, B-1.1, B-1.2 (2), B-3.4.
REVISTA CANARIA DE ECONOMÍA: A-4.9.
REVISTA DE FOMENTO SOCIAL: A-4.1, A-8.2.
REVISTA SINDICAL DE ESTADÍSTICA: A-5.2.
TRÍA: A-4.2, B-1.2, B-1.3.

EGUIDAZU PALACIOS, Fernando: B-2.5.2, B-3.2.
ELORDI, Carlos: A-3, A-6, B-3.3.
EQUIPO DE DESARROLLO: A-1.
ESAIN PARANDIET, Juan: B-1.5, B-2.5.2, B-3.9.
ESPINOSA DE LOS MONTEROS, C.: B-2.4.
ESPINOSA SAN MARTÍN, Juan José: A-6 (3).
ESTAPÉ, Fabián: A-1.
ESTUDIO-INFORME: B-3.7.3.

F

FABRE, Francis J. y ALBIÑANA GARCÍA-QUINTANA, César: A-6.
FALCES JARAUTA, Eulogio M. y FERNÁNDEZ CORDEIRO, Jesús: A-6.
FELIU MONFORT, Gaspar: A-4.4.
FERNÁNDEZ, Alberto: A-1.
FERNÁNDEZ CARBONELL, Arturo: A-6.
FERNÁNDEZ CUESTA, Nemesio: A-9.2.
FERNÁNDEZ DÍAZ, Andrés y RODRÍGUEZ SAIZ, Luis: A-8.2, B-3.5.
FERNÁNDEZ FLORES, Francisco: B-3.7.5.
FERNÁNDEZ GARCÍA, Antonio: A-1, A-4.3.
FERNÁNDEZ GOMBARRO, Eduardo: A-4.1, A-8.2.
FERNÁNDEZ CORDEIRO, Jesús y FALCES JARAUTA, Eulogio M.: A-6.
FERNÁNDEZ MARINA, Eduardo: B-3.6.
FERNÁNDEZ-MURO ORTIZ, María Jesús y GARCÍA MARTÍN, José Aurelio: A-1.
FERNÁNDEZ PIRLA, José María: A-1, B-3.7.1.
FERNÁNDEZ REVUELTA, José (y otros): A-4.9.
FERRER, Manuel: A-4.9.
FERRER REGALES, Manuel: A-2.2, B-3.8.
FERREIRO LAPATZA, José J.: A-6.

FERRIN GUTIÉRREZ, José Agustín: B-3.7.5.
FLÓREZ DÍEZ, Joaquín: A-9.1, B-3.9.
FONSECA RODRÍGUEZ, Julio: A-4.8.
FONT DE MORA, Luis: A-1 (2), A-4.7, A-9.1 (2), B-1.1 (5), B-1.2 (2).
FONTÁN, Guillermo: A-4.9, B-1.5.
FONTANA CODINA, Enrique: A-1.
FONTANA LÁZARO, Josep: A-1 (2).
FRAGA IRIBARNE, Manuel (y otros): A-1.
FRÍAS GARCÍA, J. Antonio (y otros): A-4.9, B-3.6.
FUNDACIÓN BATALLE: A-8.1.
FUNDACIÓN FOESSA: A-1 (2), A-4.3.
FUNES ROBERT, Manuel: A-1, A-6, A-8.2 (3), B-1.1 (2), B-2.2, B-3.3.
FUENTE, Elisa de la: B-2.2.
FUENTES, Santos: A-4.9, B-3.2.
FUENTES QUINTANA, Enrique y VELARDE FUERTES, Juan: A-1.
FUSTER LAREU, Juan: A-4.1, B-3.4.

G

GACIÑO, José A.: B-3.6.
GALÁN GALINDO, Angel y GONZÁLEZ PÁRAMO, José Manuel: B-3.7.4.
GÁMIR, Luis: A-4.1, A-9.1 (3), B-3.2 (2).
GÁMIR RAMOS, José L. y TOCA ABASCAL, Fernando A.: B-2.3.
GARCÍA, Francisco Manuel: B-3.7.4.
GARCÍA ABAD, José: A-4.3, A-4.6, A-6, A-9.1 (2), B-1.1 (5), B-1.2, B-2.3, B-2.6, B-2.7, B-2.8, B-3.2, B-3.8.
GARCÍA-BAQUERO GONZÁLEZ, Antonio: A-1, A-4.2.
GARCÍA BARBANCHO, Alfonso: A-8.1.
GARCÍA BERENGUER, Manuel: A-2.2, A-4.5.
GARCÍA BRIONES, Ramón: A-4.5.
GARCÍA CARRERO, Melitino: B-2.7.
GARCÍA DELGADO, José Luis: A-1 (2), B-2.2.
GARCÍA DELGADO, José Luis, ROLDÁN, Santiago y MUÑOZ, Juan: A-1.
GARCÍA DORY, Miguel Angel y MARTÍNEZ VICENTE, Silvio: A-4.8, B-1.1.
GARCÍA ESPAÑA, Eduardo y JIMÉNEZ DÍEZ DE ARTAZCOZ, Vicente: B-3.4.
GARCÍA FERRANDO, Manuel: B-1.2.
GARCÍA LAHIGUERA, Fernando: A-4.1, A-9.1.
GARCÍA LOMBARDERO, Jaime: A-1.
GARCÍA MARGALLO, José Manuel y LÓPEZ FANDO, Alfonso: A-6.
GARCÍA MARTÍN, Aurelio: A-7.1.
GARCÍA MARTÍN, José Aurelio y FERNÁNDEZ-MURO ORTIZ, María Jesús: A-1, A-6.
GARCÍA PONTE, M.: A-3, B-3.7.3, B-3.7.5.
GARCÍA DE QUEVEDO DE LA BARRERA, José: A-4.2.
GARCILLÁN, J.: B-2.2.
GARZÓN PAREJA, Manuel: A-1, A-4.2.
GASÒLIBA, Carles A.: B-2.8.
GASÒLIBA, Carles A. y CAMPISTOL, Pere: B-2.8.
GENUA, Angel: A-4.6, B-3.2.
GIMENO MUNTADAS, Fernando: B-2.6.
GIRONA RUBIO, Manuel: A-4.7, B-1.2.
GODOY GONZÁLEZ, Tomás y CLAVIJO GARCÍA, Rafael: A-4.9.
GOLMAYO, M.: B-3.6.
GÓMEZ, César: A-5.2.
GÓMEZ AGUILERA, J.: A-5.2.
GÓMEZ AYAU, Emilio: A-1, B-1.1.
GÓMEZ CAMACHO, Francisco: A-8.2.
GÓMEZ IRURETA, G. (y otros): A-8.1.
GÓMEZ MENDOZA, Josefina: A-2.2.
GONZÁLEZ, Fernando y UGARTE, J. Luis: B-3.2, B-3.9.
GONZÁLEZ BARBERÁN, Vicente: A-4.2.
GONZÁLEZ GARCÍA, Angel L. y CUBILLO VALVERDE, Carlos: A-8.1.
GONZÁLEZ PÁRAMO, José Manuel y GALINDO, Angel: B-3.7.4.
GONZÁLEZ PAZ, José: A-2.2.
GONZÁLEZ PÉREZ, Jesús: A-6.
GONZÁLEZ VIEITEZ, Antonio y BERGASA PERDOMO, Oscar: A-4.9.
GONZÁLEZ TAMARIT: A-6.
GONZALO GONZÁLEZ, Leopoldo: A-6.
GOROSQUIETA, Javier: A-1, A-4.1, A-5.2, A-8.2 (2), B-3.6.
GOROSTIDI, Martín: A-4.6.
GOTA LOSADA, Alfonso: A-6.
GRANELL TRÍAS, Francisco: A-9.2, B-3.2, B-3.7.2.
GRILLÓ, Enrique: A-4.9.
GRUPO DE TRABAJO IBEROAMERICANO: A-9.2.
GUASCH MOLINS, Manuel: B-2.6, B-3.2.
GUBERT, José Daniel: B-2.8.
GÜELL Y FERRER, Juan: A-1.
GÜELL Y FERRER, Luis y PASTOR, Luis María: A-1.
GÜELL DE SENTMENAT, Carlos: B-2.7, B-3.7.5.
GUERRERO, Fernando: A-5.2.
GUILLÉN, Antonio: A-5.2.

GUITIÁN DE LUCAS, José María: A-8.1.
GUTIÉRREZ CORTÍNEZ, Manuel: B-2.2.
GUTIÉRREZ ROBLES, Augusto: A.6.

H

HERCE VALLEJO, Manuel y CAÑADAS MERCADO, Miguel A.: A-4.5.
HERNÁNDEZ, F. J. M.: B-2.8.
HERNÁNDEZ ANDRÉU, Juan: A-1.
HERNÁNDEZ DE LA TORRE, Carlos: A-6.
HERNANDO, Antonio: A-1.
HERRERO, José Luis: A-1 (2), A-3, A-4.1, A-4.4, A-5.2 (4), A-9.1, B-2.2, B-2.5.2, B-2.7, B-2.8.
HEVIA, Eduardo: A-7.1, A-8.2.
HIDALGO DE CISNEROS, Ignacio: B-2.4.
HORNILLOS, Carlos (y otros): A-1.

I

IGLESIAS, María Antonia: A-4.2, A-4.5, A-5.2, B-2.6, B-3.4.
IGLESIES FORT, Josep: A-2.2, A-4.4.
INFIESTA AGREDA, Joaquín: A-4.9, B-3.2.
INSTITUTO CANARIO DE ESTUDIOS ECONÓMICOS: A-4.9, A-6.
INSTITUTO DE DESARROLLO ECONÓMICO: A-4.2 (2), A-4.5.
INSTITUTO NACIONAL DE ESTADÍSTICA: A-1, A-5.2., A-8.1.
INSTITUTO UNIVERSITARIO DE LA EMPRESA DE LA UNIVERSIDAD DE LA LAGUNA (IUDE): A-4.9 (3).
IRIONDO MENDIETA, Justo: B-3.7.5.
IVORRA, Antonio: A-1, A-4.9.

J

J. M. R.: B-1.2.
J. P. G.: B-1.2 (2).
JANÉ SOLÁ, José: B-3.5.
JIMÉNEZ, Joaquín: A-4.9.
JIMÉNEZ DÍEZ DE ARTAZCOZ, Vicente: A-8-1.
JIMÉNEZ MEJÍAS, R. y BADÍA VARELA, M.: A-7.4.
JOVELLANOS, Gaspar Melchor de: A-1.
JUTGLAR, Antoni: A-1, A-4.4.

K

KAIBEL, Enrique: B-2.5.1, B-3.2.
KIRKPATRIK MENDARO, Enrique: A-5.1.

L

L. C. A.: A-7.1.
LAGARES CALVO, Manuel: A-3, A-6 (2).
LALCONA, Javier F.: B-3.7.1.
LASCURÁIN ARGARATE, Juan: B-3.3.
LARRAZ, Fernando: A-5.2.
LASUÉN, José Ramón: A-1.
LASUÉN, José R. y TAMAMES, Ramón: A-9.1.
LAZO, Mercedes: A-2.2, A-4.3.
LEAL ANTÓN, Julián: B-3.6.
LEDO LÓPEZ, Luis Angel: A-9.1, A-9.2, B-3.2.
LE FLEM, Jean Paul: A-1.
LEGARREA, José Javier: A-4.9.
LEGUINA, Joaquín: A-2.2 (2), B-3.4.
LERENA GUINEA, Luis A.: A-4.1 (2), A-4.2, A-8.2 (3).
LHANDE, Pierre: A-2.2, A-4.6.
LIÉBANA, Carlos F.: A-9.1.
LINDE, Luis M.: B-1.1.
LINDE DE CASTRO, E.: B-3.2.
LOMILLO, Santiago: A-4.6.
LÓPEZ FANDO, Alfonso y GARCÍA MARGALLO, José Manuel: A-6.
LÓPEZ GÓMEZ, Antonio: A-1.
LÓPEZ GONZÁLEZ, Arcadio: A-10, B-2.5.1.
LÓPEZ MUÑOZ, Arturo: A-4.9.
LÓPEZ DE PABLO, Francisco: A-4.9 (2), A-6, A-9.1.
LÓPEZ PALOMERO, Félix V.: B-1.1.
LÓPEZ RODÓ, Laureano: A-1, A-8.2.
LÓPEZ YEPES, José: A-1 (2), B-3.7.4.
LÓPEZ YEPES, José y SAGREDO FERNÁNDEZ, Félix: B-3.7.4.
LOSADA, Angel: B-3.6.
LOZANO RODRÍGUEZ, Enrique (y otros): A-4.9, A-8.1.
LUCAS BLANCO: Nemesio de: A-2.2, A-4.3.
LUENGO MULET, Pedro: A-8.1.
LUENGO VALLEJO, Juan: B-2.8.
LUNA LUQUE, Francisco Javier: A-6.

LL

LLUCH, Ernest: A-1.
LLUCH, Ernest: (y otros): A-2.2, A-4.4.

LLUCH PICAZO, Constantino: A-1, A-4.1.
LLUCH SANZ, Camilo: B-2.1, B-3.2.

M

M. C., M.: B-3.7.4.
M. G.: A-4.3.
MACÍAS PICAVEA, Ricardo: A-1.
MALEFAKIS, Edward E.: A-1, B-1.1.
MALUQUER, Xavier: A-4.4.
MANRIQUE, Guillermo: A-4.6, B-1.1, B-1.2.
MARAVALL, Agustín: B-1.1.
MARAVALL CASESNOVES, Héctor: A-5.2.
MARAVALL HERRERO, José María: A-5.2.
MARAVER, Luis: A-4.3, B-3.2.
MARCOS AGUIAR, Daniel: B-1.3 (3).
MARCOS SANZ, Isidoro: A-6.
MAREIRO: B-1.5, B-3.3.
MARTÍ RAGUE, Luis: A-6, B-3.2, B-3.7.1.
MARTÍN, Miguel: A-8.2, B-3.8.
MARTÍN DELGADO, José María: A-6.
MARTÍN MARTÍNEZ, José Luis: A-5.2.
MARTÍN MATEO, R.: B-3.8.
MARTÍN NIÑO, Jesús: A-1.
MARTÍN OAR, L. (y otros): A-6.
MARTÍN OVIEDO, José María: A-7.1.
MARTÍN RAMOS, Andrés: A-4.9.
MARTÍN SANZ, Dionisio: A-4.1, A-7.1 (2), A-8.2 (2), A-9.1.
MARTÍN TOMÁS, J. L.: B-2.6.
MARTÍNEZ, Carmen: A-1 (4), A-4.3, B-1.2.
MARTÍNEZ, Julián: A-2.2, A-4.7, A-4.9.
MARTÍNEZ CEREZO, Antonio: B-3.7.3.
MARTÍNEZ-CORTIÑA, Rafael: A-4.1, B-3.2, B-3.9.
MARTÍNEZ DE OÑATE, Ignacio M.: A-4.1.
MARTÍNEZ SOLER, J. Antonio: A-3, A-6.
MARTÍNEZ VAL, José María: A-4.3.
MARTOS DE CASTRO, Federico: B-2.2.
MÁS MONTAÑÉS, Enrique: A-4.6, B-3.7.5.
MATAMALA PALACIO, Angel: B-3.9.
MATEOS BEATO, A.: A-5.2.
MAYMÓ, Jordi y SERÓ, Ramón: A-4.4.
MAZA, Alonso de la: A-1, A-5.2.
MEIJIDE PARDO, Antonio: A-1, A-4.5.
MEILÁN GIL, José Luis: A-2.1.
MELON, Armando: A-2.2.
MELLADO, J. de Dios: B-2.5.3.
MENÉNDEZ AGUIRRE, Fernando: B-1.2.
MIGUEL, Amando de (y otros): A-4.1.
MILLÁN BARBANY, Gregorio: B-2.4, B-2.5.1.
MINGUELLA GINÉ, Martín: A-2.1.
MINISTERIO DE HACIENDA: A-4.9, A-6.
MINISTERIO DE INFORMACIÓN Y TURISMO: B-3.4 (3).
MINISTERIO DE TRABAJO: A-2.2.
MIRALLES CONESA, Alvaro: B-3.2.
MOLINERO, Ricardo: B-1.1.
MOLTÓ AGÜERO, Luis: B-3.3.
MOLL BLANES, Isabel: A-1.1.
MONREAL LUQUE, Alberto: A-1.
MONTESINO DE SOBRINO, Fernando: A-4.6.
MONTESINOS CERVERA, Jesús: A-4.9 (3), B-1.2 (2), B-3.2.
MONSERRAT SOLÉ, Antonio: A-10.
MORA, José Luis: A-9.1.
MORA DEL RÍO, Francisco: A-1, A-3, A-4.2 (2), A-4.4, A-4.7, A-5.1, A-7.1, A-10 (3), B.1.2 (4), B-1.3, B-2.4, B-2.5.2, B-2.8, B-3.2 (2), B-3.4, B-3.5, B-3.9, B-3.10.
MORAL MUÑOZ, Antonio: A-8.2.
MORALES LEZCANO, Víctor: A-1, A-4.9.
MORENO NAVARRO, Isidoro: A-1, A-4.2.
MUÑOZ, Juan, ROLDÁN, Santiago y GARCÍA DELGADO, José Luis: A-1.
MUÑOZ DURÁN, Federico: B-1.2.
MUSTELO, Fernando: B-2.8.

N

NADAL, Jordi: A-1 (2), A-2.2.
NAHARRO, José María de: A-3.
NASARRE ALASTRUEY, Rafael: B-3.4.
NAVARRO GRASA, Salvador: B-1.1.
NIETO DE ALBA, Ubaldo: B-3.7.1.
NIETO BALMASEDA, Antonio: A-8.1.
NIETO OSTOLAZA, María del Carmen: A-1, B-1.1.

O

OLLÉ ESPASA, Jorge: B-3.2, B-3.7.2.
OMS, José M.: A-4.4.
ORGANIZACIÓN SINDICAL DE GRANADA: A-4.2 (2).
ORGANIZACIÓN SINDICAL DE SEVILLA: A-4.2, A-7.4.
OROZCO VALLEJO, E.: B-2.2, B-3.6.
ORTEGA, Victorino: A-4.1, A-5.2 (2), A-8.2.
OSSA ECHABURU, Rafael: A-2.1, A-4.6 (2), B-1.5.
OTERO, Juan: A-6.
OSSORIO INFANTE, Eduardo: A-6.
OZAETA UGARTE, Andrés: A-4.6.

P

P. M., M.: B-1.2.
PABLO TORRENTE, Joaquín de: A-3 (2), A-4.1, A-6 (2), A-7.1, B-3.7.1, B-3.7.3, B-3.7.5 (2).
PALACIOS SÚNICO, L.: B-2.2.
PALAO TABOADA, Carlos: A-6.
PALAZUELOS, Miguel A.: B-3.5.
PALENZUELA, J.: A-5.2.
PARADA, Luis Ignacio: A-1, A-4.1, A-5.2, A-7.1, A-8.2, A-9.1, B-1.3.
PARES, Antoni: B-3.7.5.
PARIS EGUILAZ, Higinio: A-6.
PASTOR, Luis María y GÜELL Y FERRER, Luis: A-1.
PEINADO PÉREZ, José L. y CALVO MARTÍNEZ, Jesús E.: A-6.
PEDRÓS ABELLÓ, Alejandro: A-1.
PÉREZ DE AYALA, José L.: A-6.
PÉREZ BARÓ, Alberto: A-4.4.
PÉREZ BENLLOCH, J. J.: A-4.7, B-3.7.5.
PÉREZ BENLLOCH, J. J. y CASADO, P.: A-4.7.
PÉREZ BILBAO, Jesús: A-4.1.
PÉREZ DÍAZ, Víctor: A-2.2, A-4.3.
PÉREZ GARCÍA, Julián: B-1.1, B-1.3.
PÉREZ-GUERRA, José: A-2.2, A-4.2, A-4.3, A-10, B-1.4, B-1.5, B-2.2, B-2.7, B-2.8 (2), B-3.6.
PÉREZ OLEA, Manuel: A-1.
PERIS, Enrique: A-4.3, B-3.5.
PERPIÑÁ GRAU, Román: A-2.1, A-2.2.
PERONA LARRAZ, J. Luis: A-7.1.
PERULLES BASSAS, Juan José: A-6.
PETIT FONSERÉ, Jorge: B-3.7.5.
PICO, Alberto: B-3.2.
PLAZA, Crisanto: A-3.
PLAZA PRIETO, Juan: A-1, A-8.2, B-3.7.1.
PORTAL OLEA, Juan Miguel: B-3.3.
POZO, José L. del: B-1.1.
PRAENA REQUENA, Antonia: A-6.
PRIETO, Martín: A-9.2, B-3.2.
PRIETO MARSAL, Francisco: A-7.1.
PRIETO PÉREZ, Eugenio: B-3.2.
PUIG BASTARD, Pedro y TRÍAS FARGAS, Ramón: A-5.2, B-3.6.
PUJOL I MARIGOT: A-4.4, A-8.1.

Q

QUIROGA, Domingo: A-4.2.
QUIRÓS LINARES, Francisco: A-1, A-2.2, A-4.9.

R

R. B.: A-7.3.
R. S.: B-2.4.
RAGA MARI, José María: B-1.1.
RAMÍREZ, César: B-1.3.
RAPOSO SANTOS, José Manuel: A-4.3.
RANZ, José Manuel: A-8.2 (5).
RAYMOND BARA, José L.: A-6.
REGUIRO, Ovidio: A-3.
REVEL, E.: A-5.1.
RICO, Mercedes: A-4.9.
RINGROSE, David R.: A-1.
RÍOS, Ricardo: A-4.2.
ROCA-SASTRE, Ramón: A-4.1.
RODERO FRANGANILLO, Adolfo: B-3.7.4.
RODRIGO JIMÉNEZ, Fernando de: B-2.5.2.
RODRÍGUEZ, Arturo: B-3.7.4.
RODRÍGUEZ, Gabriel: A-1.
RODRÍGUEZ ALCAIDE, José J.: B-1.1.
RODRÍGUEZ, Avelino R.: B-2.6, B-3.6.
RODRÍGUEZ CEBRIÁN, Manuel: B-3.5.
RODRÍGUEZ DE PABLO, José: B-1.1.
RODRÍGUEZ SÁIZ, Luis y FERNÁNDEZ DÍAZ, Andrés: A-8.2, B-3.5.
ROLDÁN, Santiago: A-1.
ROLDÁN, Santiago, MUÑOZ, Juan y GARCÍA DELGADO, José Luis: A-1.
ROMAGUERA AMAT, Ramón: A-7.1, B-3.7.1, B-3.7.4.
ROMÁN, Manuel: A-1.
ROMÁN ORTEGA, Francisco: B-2.3, B-2.7.
ROMERO MONTERO, R.: B-1.2, B-2.6.
RONCERO, Octavio: A-1.
ROS JIMENO, José: B-3.6.
ROVIRA MOLA, Alberto de: A-4.1.
RUBIO, María: B-2.6.
RUBIO CARSI, Angel: B-2.6 (2), B-3.2.
RUIZ, María: A-4.6, B-3.2.
RUIZ Y GONZÁLEZ DE LINARES, Ernesto: A-1.
RUIZ MARTÍN, Felipe (y otros): A-1.
RUIZ-MAYA, Luis: B-1.1 (3).
RUIZ-MEIS, Gonzalo y ARCOCHA, Angel María: B-2.8.
RULL SABATER, Alberto: A-5.2.

S

SAAVEDRA, Luis: B-2.8.
SABATÉ FORNS, José: A-4.9.
SACO, Manuel: B-1.2.
SADABA, José: B-2.8.

SÁENZ DE BURUAGA, Gonzalo: A-4.1 (3), A-4.6, A-8.2, A-9.1.
SÁENZ DE ORMIJANA, Fidel y BRAVO GUTIÉRREZ, Francisco: A-6.
SÁEZ GONZÁLEZ-ELIPE, Benito: A-4.7.
SAGARDOY Y BENGOECHEA, Juan Antonio: A-5.1, A-5.2.
SAGREDO FERNÁNDEZ, Félix y LÓPEZ YEPES, José: B-3.7.4.
SALDAÑA TRIGO: Arcadio: A-9.1, B-1.2.
SALÍS BALZOLA, Miguel: A-9.1, B-2.4.
SALMADOR ALVAREZ, Francisco: B-2.2.
SALVADOR, Emilia: A-1, A-4.7.
SÁNCHEZ AYUSO, Manuel: B-3.7.4.
SÁNCHEZ GIL, Mariano: A-5.2.
SÁNCHEZ PÉREZ, Manuel: B-2.2.
SÁNCHEZ RAMOS IZQUIERDO, Julián: B-1.5.
SÁNCHEZ-REAL PUYUELO, Adolfo: B-2.2, B-3.7.5.
SÁNCHEZ SERRANO, Luis: A-6.
SANCHO, Daniel: A-4.9, B-1.2.
SANTALO SORS, Francisco Xavier: A-6.
SANTANA, Ignacio: A-3.
SANTOS PEÑAS, Julián: A-8.2, B-1.1.
SANZ, Jaime: A-4.1 (2), A-4.2, A-4.3, A-4.4, A-4.6, A-4.9, B-2.2, B-3.7.1 (4), B-3.7.3, (5), B-3.7.5.
SANZ GARCÍA, José María: A-1.
SANZ PASTOR MELLADOS, F.: B-1.1. (2), B-1.3, B-2.3 (2), B-3.2.
SANZ VILAPLANA, Eduardo: A-6.
SARALEGUI, Francisco José de: B-3.7.1.
SARALEGUI, Ignacio María: B-3.7.4.
SAURI DEL RÍO, Arturo: A-7.1.
SCHWARTZ GIRÓN, Pedro: A-1.
SEGURA SÁNCHEZ, Julio: A-8.1.
SEMPERE COUDERC, Luis: A-4.9, B-3.2.
SENDIL, F.: A-4.9.
SERCOBE: B-2.5.1, B-3.2.
SERÓ, Ramón y MAYMÓ, Jordi: A-4.4.
SERRA SAMTAMANS, Jesús: B-3.9.
SERRERA CONTRERAS, José Luis: A-6.
SERVICIO DE ESTUDIOS ECONÓMICOS DEL CEAM: B-2.4, B-2.5.1, B-3.2.
SERVICIO DE ESTUDIOS SOCIO-LABORAL DEL CEAM: A-4.4, A-5.2.
SICOFISA: B-2.6, B-2.5.2, B-2.7, B-3.5, B-3.7.1, B-3.7.5 (4).
SIERRA, Mario A.: B-2.3.
SIERRA BRAVO, R.: B-3.8.
SIGNO, Luci: B-1.2.
SOROA, Santiago de: A-4.6, A-9.1, B-2.2, B-2.5.2, B-3.2 (2).
SOSA WAGNER, F.: A-8.2, B-3.7.2.
SOLANS HUGUET, María Pilar: A-7.1.
SOLOSANCHO: A-5.1.
SUÁREZ, Eduardo: A-5.2.
SURÍS, José María: B-3.2.

T

TAMAMES GÓMEZ, Ramón: A-1, A-6, A-9.1.
TAMAMES, Ramón y LASUÉN, José R.: A-9.1.
TARRAGONA, Eduardo: A-3, A-9.1.
TEJERIZO LÓPEZ, José M.: A-6.
TERÁN, Fernando de: B-3.8.
TERCEIRO, José B.: A-4.2, B-3.6.
TERCEIRO, José B. (y otros): A-4.5.
TOCA ABASCAL, Fernando A. y GÁMIR RAMOS, José L.: B-2.3.
TONA I NADALMAI, A.: A-1, A-4.4.
TORRAS MAJEM, Higinio: A-1, A-3.
TOVILLAS ZORZANO, José Julián: A-5.2. (2).
TRÍAS FARGAS, Ramón: A-4.4, A-7.1.
TRÍAS FARGAS, Ramón y PUIG BASTARD, Pedro: A-5.2, B-3.6.
TRULLOS HUERTA, Fernando: A-6, B-3.7.1, B-3.7.5 (2), B-3.8.
TUÑÓN DE LARA, Manuel: A-1.
TUSELL, Javier: A-1.

U

UGARTE, J. Luis y GONZÁLEZ, Fernando: B-3.2, B-3.9.
UGARTE ECHEVERRÍA: B-1.3.
UNION DES BANQUES SUISSES: A-4.3.
URIARTE, Pedro: A-7.1.
URIARTE Y URIARTE, Salvador: A-4.6.

V

VAL COB, Manuel del: B-3.6.
VALDÉS, Jacobo: B-3.6 (2).
VALDÉS, Pedro: A-5.2.
VALDÉS DAL RE, Fernando: A-7.4.
VALLE, Sara: A-2.2, B-3.2 (3).
VALLE FERNÁNDEZ, Ramón del: B-2.8.
VALLE SÁNCHEZ, Victorio: A-6 (3).
VARELA PARACHE, Fernando: A-1.
VARIOS: A-1, A-4.4 (2).
VÁZQUEZ-PRADA, Rodrigo: A-3, A-8.2.

VEIGA, Baltasar: B-1.5.
VELARDE FUERTES, Juan: A-1 (2).
VELARDE FUERTES, Juan y FUENTES QUINTANA, Enrique: A-1.
VELASCO BARROETABEÑA, Roberto: A-2.2, A-3, A-4.6, A-5.1, A-5.2, A-8.1 (2).
VELASCO GONZÁLEZ, Julio: A-6.
VENTURA, Vicent: A-2.2, A-4.7 (6), A-9.2, B-1.1 (2), B-1.2.
VERGARA DONCEL, José: B-1.1.
VERNIS, Pedro: B-2.5.1, B-3.2, B-3.6.
VICENS VIVES, Jaime: A-1.
VIDAL, Joaquín: B-1.5.
VIDAL GIL, Fernando: B-1.2.
VILLANUEVA, Carlos: A-6.
VIMAR: A-4.4, B-2.7, B-3.8.
VIÑAS, Angel: A-1.
VIÑAS CALVO, José: B-1.1.
VIÑUALES DÍAZ, Julio: A-8.2.
VOLTES BOU, Pedro: A-1 (2).

Y

YEBRA MARTUL-ORTEGA, Perfecto: A-1, A-4.1.
YSART, Federico: A-4.9, A-10.

Z

ZURUTZA REIGOSA, Emilio: B-3.7.3.

Anexo general

INVERSIONES EXTRANJERAS DURANTE 1972

por Arturo Cabello

1. Inversiones extranjeras autorizadas en 1972

Durante el año 1972, el total de inversiones de capital extranjero en España, en proporción superior al 50 por 100 del capital social, alcanzó la cifra, según fuentes oficiales, de 8.969,2 millones de pesetas, ligeramente superior a la obtenida en 1971 (8.914,3 millones de pesetas).

Aunque el origen de la inversión no sea relevante, por cuanto la presencia de Suiza contribuye a distorsionar su verdadera procedencia, a continuación se mencionan por orden de importancia los principales países inversores:

	Millones de pesetas
Suiza	3.602,1
Estados Unidos	3.316
Alemania Federal	755,5
Francia	433,3
Gran Bretaña	364,3
Bélgica	115,9
Liechtenstein	112,4

El caso de Liechtenstein es bastante similar al de la Confederación Helvética, interviniendo como canalizador de inversiones de Estados Unidos y de naciones europeas occidentales.

En cuanto a los sectores más atractivos para el inversor no nacional, en 1972 figura en primer lugar el de fabricación de material de transporte (3.572,4 millones de pesetas, cerca del 40 por 100 del total autorizado), seguido por la industria química, cuya significación se mantiene año tras año.

A lo largo del año, la Comisión Delegada del Gobierno para Asuntos Económicos ha autorizado el establecimiento de nuevas sociedades extranjeras con participación mayoritaria y la ampliación del capital social y del porcentaje de participación en otras ya constituidas. En la relación de empresas autorizadas que figura a continuación, se incluyen los datos relativos a ambos conceptos, antes y después de la decisión de la Comisión Delegada, tal como aparecen en la publicación mensual del Ministerio de Industria, *Economía Industrial*, así como, en cuanto ha sido posible, la identidad de la empresa o grupo inversor:

NOMBRE	OBJETO SOCIAL
Autorizadas el 14 y 28 de enero:	
Papeleras del Guadalquivir, S. A.	Papel, cartón ondulado y embalaje.
Grace, S. A.	Plásticos.
Constructora Beton y Monierbau Española, S. A.	Obras públicas y privadas.
Friz Ibérica, S. A.	Maquinaria construcción muebles.
Cía. Fomentadora de Explotaciones Mineras, S. A.	Investigación y explotación de minerales
A. P. V. Ibérica, S. A.	Equipos industrias láctea y cervecera.
Leeds Northrup, S. A.	Equipos de medida y control electrónico
Autorizadas el 11 y 25 de febrero:	
Bayer Rickmann Hispania, S. A.	Esmaltes vitrificables.
Productos Químicos Esso, S. A.	Caprolactama.
Radiadores Puma Chausson, S. A.	Radiadores y aerotermos para vehículos.
Black & Decker, S. A.	Herramientas eléctricas.
Interglás, S. A.	Helados y alimentos congelados.
Autorizadas el 24 de marzo:	
Hispavic Industrial, S. A.	Resinas vinílicas y derivados.
Reebex, S. A.	Productos químicos.
Cía. Hispano Alemana de Productos Mercedes Benz, S. A., e Industrias del Motor.	Motores y vehículos.
Interflama, S. A.	Encendedores.
Autorizadas el 14 y 28 de abril:	
Polydor, S. A.	Discos gramofónicos.
Diatomeas, S. A.	
Hispano-Francesa de Diatomeas y Tierras Decolorante, S. A.	Tratamientos de sílices y arcillas.
A. A. F., S. A.	Sistemas de control de ambiente.
Tapón Corona Ibérica, S. A.	Tapones corona y granulados de corcho.
Millipore Ibérica, S. A.	Instalación membranas filtrantes.

* Su capital está repartido entre los grupos Siemens (RFA) y Philips (Holanda).

** La empresa Diatomeas, S. A., estaba integrada anteriormente dentro de la Société Française des Glycérines.

SITUACION ANTERIOR % extranjero	SITUACION ANTERIOR Capital (mill. ptas.)	SITUACION ACTUAL % extranjero	SITUACION ACTUAL Capital (mill. ptas.)	GRUPO, EMPRESA O PAIS DE ORIGEN DE LA INVERSION
60	125	57	150	Klingele Papierwerke KG (RFA).
100	47,5	100	116,5	W. Grace (EE.UU.).
50	12	100	12	Beton und Monierbau AG (RFA).
—	—	75	32	Alemania.
98,3	18	99,8	175	EE. UU.
50,5	13,8	50,5	20,2	A. P. V. Holding Ltd. (G. B.).
—	—	100	17,5	Leeds Northrup (EE. UU.).
—	—	67,5	60	Farbenfabriken Bayer (RFA).
80,33	750	80,33	1.275	Standard Oil (N. J.) (EE. UU.).
81,90	50	81,90	60	Usines Chausson (Francia).
100	15	100	30	Black & Decker (EE. UU.).
0	15	60	98	Beatrice Foods (EE. UU.).
74,55	150	79,36	185	Solvay (Bel.), I. C. I. (G. B.).
76	10	76	20	Foseco Minsep (G. B.).
—	—	60	972	Volkswagen y Daimler Benz (República Federal Alemana).
—	—	64	100	Suiza.
50	30	100	30	Deutsche Gramophon * (RFA).
72,26	42,4	100	42,4	Johns Manville ** (EE. UU.).
—	—	60	35	American Air Filter (EE. UU.).
100	100	ampliación del objeto social.		Méjico.
—	—	100	12	Millipore Corp. (EE. UU.).

NOMBRE	OBJETO SOCIAL
Avon Cosmetics, S. A.	Perfumería y cosmética.
Procter and Gamble, S. A.	Detergentes, etc.
Cabot, S. A.	Negro de humo.
Club Cala Vadella, S. A.	Hoteles.
Urbisa, S. A.	Hoteles.
Cluett Peabody Española, S. A.	Confección.
Chrysler España, S. A.	Vehículos y motores.
Industrias Fita, S. A.	Pequeños motores diesel.
Levantina Agrícola Industrial, S. A.	Glucosa y féculas.
Díaz de Terán, S. A.	Maquinaria, motores y herramientas.
Noranda Exploration de España, S. A.	Exploración y explotación minera.
Mantequerías Arias, S. A.	Derivados lácteos.
Autorizadas el 2 y 16 de junio:	
Cía. Española de Suministros para la Informática.	Arts. tratamiento de la información.
Manufacturas y Accesorios Eléctricos, S. A.	Aparatos y piezas automóvil.
Kif Española, S. A.	Parachoques, industria relojera.
L. M. Ericsson, S. A.	Telefonía y telegrafía.
Cía. A. de Tubos Industriales.	Tubos de hierro.
José Fernández Brugueras, S. A.	Conductores eléctricos.
Minnesota de España.	Productos adhesivos, etc.
Torin Española, S. A.	Equipos movimientos aire.
Peinaje del Río Llobregat, S. A.	Lavado, cardado y peinado de lanas.
Medias Carolina, S. A.	Géneros de punto.
S. E. del Oxígeno, S. A.	Gases industriales.
Lindner Española, S. A.	Material de instalación electrónica.
Wrangler España, S. A.	Confección.
Autorizadas el 17 de agosto:	
Derivados Lácteos, S. A.	Derivados de la leche.
Zambon, S. A.	Productos farmaceúticos.
Technal Ibérica, S. A.	Carpintería metálica.
Autorizadas el 14 de septiembre:	
Murex Hispania, S. A.	Metal duro y sus manufacturas.
Autorizadas el 10 de octubre:	
Sunbeam Ibérica, S. A.	Máquinas eléctricas de afeitar.

SITUACION ANTERIOR		SITUACION ACTUAL		GRUPO, EMPRESA O PAIS DE ORIGEN DE LA INVERSION
% extranjero	*Capital (mill. ptas.)*	*% extranjero*	*Capital (mill. ptas.)*	
75	120	75	420	Avon Products (EE. UU.).
100	190	100	430	Procter and Gamble (EE. UU.).
100	370	100	670	Cabot Corp. (EE. UU.).
86	50	86	70	Alemania.
100	20	100	40	Suiza.
100	32	100	82	Cluett Peabody (EE. UU.).
77,12	3.142	97,53	5.275	Chrysler Corp. (EE. UU.).
0	3,6	66,66	18,6	RFA.
56,25	80	85,90	100	S. A. Roquette Frères (Francia) y otros.
49,20	154,12	52	184,12	Motoren Warke Manheim (RFA).
—	—	100	3,5	Noranda Mines (Canadá).
88,55	77	100	72	W. R. Grace (EE. UU.).
0	5,98	99,75	8	Francia.
93,56	95	94,68	115	Reinhold Poersch (RFA).
—	—	80	16	Suiza y Francia.
100	1	100	25	L. M. Ericsson (Suecia).
71,66	30	90,14	30	Conrad Kern (Suiza).
50	63,99	66,66	63,99	Câbles de Lyon Alsacienne (C. G. E.) (Francia).
75	80	100	500	Minnesota Min. Manuf. (EE. UU.).
—	—	100	14	Torin Corp. (EE. UU.).
56,8	50,656	59,4	65,2	Prouvost et Cie (Francia).
50	20	95	100,9	
64,4	803,986	64,4	1.017	L'Air Liquide (Francia).
100	20	100	25	Lindner (RFA).
—	—	100	50,785	Blue Bell (EE. UU.).
100	400	100	500	Nestlé (Suiza).
60	10	100	30	
—	—	80	6	Francia.
85	45	85	68,4	British Oxygen (G. B.).
100	4	100	20	Sunbeam Corp. (EE. UU.).

NOMBRE	OBJETO SOCIAL
Masoneilán, S. A.	Válvulas de regulación automática e in trumentos de control.
Marston Ibérica, S. A.	Material para calefacción, ventilación acondicionamiento.
Laing Ibérica, S. A.	Obras.
Vorwerk Española S. A.	Aspiradoras y enceradoras.
Swissair Restaurant, S. A.	Restaurantes.
Cierres Mecánicos Crane, S. A.	Cierres mecánicos de alta precisión.
Cía. Minera Metalmine, S. A.	Investigación y explotación de minas canteras.
Foseco Lycrete, S. A.	Aprovechamiento de escorias metalúrgica
Daf S. A. E.	Remolques.
Addressograph Multigraph, S. A.	Material de oficina.
Autorizadas el 1 de diciembre:	
Cía. Española de Bordados Industriales, S. A.	Artículos textiles.
Astilleros Orozco, S. A.	Embarcaciones marinas.

En la relación anterior, llama la atención, en primer lugar, los fuertes aumentos en el capital social de las empresas: Compañía Fomentadora de Exploraciones Mineras, S. A. (157 millones de pesetas); Productos Químicos Esso, S. A. (525 millones); Avon Cosmetics, S. A. (300 millones); Procter and Gamble, S. A. (240 millones); Cabot, S. A. (300 millones); Chrysler España, S. A. (2.133 millones) y Minnesota de España, S. A. (420 millones), todas ellas filiales de grupos norteamericanos, y los también notables habidos en la Sociedad Española del Oxígeno, S. A. (213 millones); Derivados Lácteos, S. A., y Laing Ibérica, S. A. (100 millones de pesetas).

SITUACION ANTERIOR		SITUACION ACTUAL		GRUPO, EMPRESA O PAIS DE ORIGEN DE LA INVERSION
% extranjero	*Capital (mill. ptas.)*	*% extranjero*	*Capital (mill. ptas.)*	
92,9	26,5	100	26,5	Studebaker-Worthington (Estados Unidos).
100	11,7	Convalidación del objeto social que figura en sus estatutos.		I. C. I. (G. B.).
100	100	100	200	John Laing and Son (G. B.).
—	—	80	40	Vorwerk & Co (RFA).
—	—	100	10	Swissair (Suiza).
—	—	100	10	Crane Co (EE. UU.).
50	2	80	5	Panamá.
—	—	90	12	Foseco Minsep Ltd. (G. B.).
100	100	Ampliación del plazo concedido para el desembolso de la última ampliación de capital concedida el 12-II-72.		DAF (Holanda).
100	48	Convalidación del objeto social que figura en los estatutos de la sociedad a efectos de la inversión extranjera autorizada el 18-XII-70.		Addressograph-Multigraph (Estados Unidos).
45	13,5	100	13,5	Alemania y Suiza.
49	8	100	48	Austria.

En segundo lugar, la adquisición del paquete mayoritario de acciones de dos empresas hasta ahora totalmente españolas: Interglás, S. A., por el grupo estadounidense Beatrice Foods, que contaba ya otros intereses en el mismo sector de la alimentación, e Industrias Fita, S. A., empresa gerundense con una plantilla de 75 trabajadores, dedicada a la fabricación de pequeños motores diesel, por capital de origen alemán.

Otras empresas han seguido un proceso de desnacionalización por etapas que ha culminado en 1972, pasando bajo control de intereses foráneos. Entre ellas, Díaz de Terán, S. A., radicada en Zafra (Badajoz), cuya actividad es la fabricación de motores. La sociedad germano-occidental Motoren-Werke Manheim AG, del grupo Knorr-Bremse KG, adquirió, en 1968, una participación que ahora ha pasado a ser superior al 50 por 100. Díaz de Terán, S. A., con una plantilla de 700 trabajadores, es la mayor empresa existente en Extremadura.

Ha desaparecido la situación de empresa mixta que caracterizaba a otras cinco entidades: Constructora Beton y Monierbau Española, S.A.; Compañía Minera Metalmine, S. A.; Medias Carolina, S. A.; José Fernández Brugueras, S. A., y Polydor, S. A., en las que el capital español estaba presente en un 50 por 100. En esta última —productora de discos gramofónicos—, los inversores extranjeros son realmente el grupo alemán Siemens y el holandés Philips, que se reparten por mitad el capital de la Deutsche Gramophon GmbH. Ambos poseen en España importantes intereses, y el grupo holandés, particularmente, un muy elevado número de sociedades filiales y afiliadas. En cuanto a José Fernández Brugueras, S. A., se trata de una empresa de más de 250 trabajadores, domiciliada en la provincia de Barcelona, dedicada a la fabricación de conductores eléctricos, actividad en la que, como en todo el sector de material eléctrico en general, se hace difícil encontrar empresa de cierta talla que no esté en manos extranjeras.

Cuando la participación exterior no tiene origen en una operación de compra, a través de la cual el inversor extranjero adquiere prontamente la mayoría de control, los casos de las empresas que se hallan en circunstancias semejantes a las indicadas en los dos párrafos precedentes —participación extranjera igual o menor del 50 por 100—, sugieren algo que debiera ser motivo de preocupación, por su posible carácter extensivo. Son, en efecto, signo de una situación que pudiera afectar a un número no desdeñable de empresas de tipo medio, habida cuenta de que todos los años se producen ejemplos análogos. Nos referimos al desconocimiento en buen número de actividades de las participaciones extranjeras no mayoritarias, pero que alcanzan incluso la mitad de capital social. No son raras las ocasiones en que al darse a conocer porcentajes mayoritarios autorizados a inversores extranjeros, se revela, al mismo tiempo, que ya con anterioridad el socio norteamericano, alemán o francés detentaba una fuerte posición que, sin embargo, se ignoraba.

No pudiendo dejar a un lado la profusión de contratos de asistencia técnica que ligan a empresas españolas con otras extranjeras, que pueden haberse materializado en participaciones directas, presumiblemente podremos encontrarnos hoy con empresas bastante representativas en los distintos ramos, que sin ser todavía extranjeras ya no son tampoco propiedad de nacionales, y cuya verdadera situación actual sólo conoceremos cuando caigan bajo el control mayoritario de inversores de otros países.

La legislación española al respecto, por excesiva liberalidad, llega a parecer un tanto ingenua, cuando, salvo en sectores muy concretos, supone que el control de las grandes decisiones en una sociedad es efectivo únicamente a partir del 51 por 100 de participación. Participaciones inferiores, si además es notoria la desigualdad de fuerzas entre los principales accionistas, desde el punto de vista tecnológico-financiero, y la empresa atraviesa un período de dificultades, se traducen en la práctica en posiciones dominantes por parte del socio no nacional. Recuérdese, para tenerlo presente, el caso de Altos Hornos de Vizcaya, donde el socio extranjero, con una participación del 25 por 100, no desembolsada en su totalidad hasta ocho años después del acuerdo inicial, estaba en condiciones de vetar toda decisión de importancia que no contara con su apoyo.

Estos casos ponen de relieve, que se está necesitando poner en marcha una instrumentación que permita determinar lo que podría llamarse la minoría de bloqueo. Lo que se requiere no es autorizar la adquisición de posiciones mayoritarias, sino la autorización o no para tomar el control de la empresa y la capacidad de decidir. Ambos conceptos no tienen porqué coincidir y, pese a la mayor dificultad que encierra cuantificar este último concepto, debiera abandonarse el enfoque que ve en el reparto por mitad el fiel de la balanza.

En la relación de autorizaciones de la Comisión Delegada del Gobierno, figuran, asimismo, varias relativas a sectores en los que tal autorización no es necesaria, a tenor del Decreto de 18 de abril 1963 —alimentación, resinas sintéticas y plásticos y construcción hotelera—. La explicación, obviamente, se encuentra en el deseo de seguridad del inversor extranjero para iniciar o ampliar sus actividades desde una base incuestionable, que evite posibles problemas a la hora de repatriar beneficios. Precisamente a través de este tipo de autorizaciones, el grupo de Estados Unidos, W. R. Grace ha alcanzado el control absoluto de una empresa destacada en el ramo de derivados lácteos, Mantequerías Arias, S. A., en la que se introdujo a mediados de 1967, comprando el paquete mayoritario. Este ejemplo, junto con el ya mencionado de Beatrice Foods, los ocurridos en años anteriores y otras noticias, que con relativa frecuencia recogen las publicaciones económicas, confirman la marcada tendencia de las grandes sociedades norteamericanas y europeas a introducirse en el mercado español de la alimentación, no mediante la creación de nuevas empresas, sino a través del más expeditivo, y desde varios puntos de vista menos arriesgado, procedimiento de adquirir sociedades de cierta solera, conocidas del gran público. Por otra parte, el grupo Grace cuenta además en España con intereses diversificados, en actividades como la investigación minera, los plásticos y el negocio de restaurantes en autopistas de peaje.

El objetivo ya señalado de llegar al control total de sus empresas subsidiarias por parte de los grandes grupos, y de otros que no lo son tanto dentro del contexto internacional, ofrece en 1972 otros ejemplos significativos en los casos de Masoneilan, S. A. (grupo Studebaker-Worthington, de Estados Unidos) y Chrysler España, S. A. La primera tuvo en principio una participación del 37,8 por 100 que, posteriormente, se incrementó hasta el 92, para alcanzar actualmente el 100 por 100. En Chrysler España, S. A., según la información disponible, la participación norteamericana ha ido elevándose desde el 45,3 por 100 al 77,12 por 100, y llegar ahora a más del 97 por 100. Dentro de la lista de autorizaciones, la tendencia indicada se verifica en doce entidades, de un total de veintiún casos posibles.

Finalmente, debe mencionarse en el sector vehículos la fusión de la Cía Hispano Alemana de Productos Mercedes Benz, S. A. (CISPALSA) y de Industrias del Motor, S. A. (IMOSA), con participación mayoritaria autorizada de los grupos Daimler Benz y Volkswagen, siendo ésta la primera vez que se unen filiales en el extranjero de ambos. CISPALSA es, a su vez, resultado de otra operación de concentración, en la que intervinieron la filial en España del grupo Daimler Benz y la división de motores de la Empresa Nacional de Motores de Aviación, S. A. (E. N. M. A. S. A.), del grupo INI. En ella, el grupo alemán participaba con el 50,5 por 100 del capital. En IMOSA, la participación de Volkswagen ascendía al 50 por 100, tras de haber permanecido en una etapa anterior en el 25 por 100.

Como resultado de este proceso, del que finalmente ha recogido los frutos el capital germano-occidental, se ha constituido la Compañía Hispano Alemana de Productos Mercedes-Benz y Volkswagen (MEVOSA), con una sólida posición en el sector de motores y vehículos industriales. En principio, según noticias publicadas en la prensa acerca de la operación final, la participación extranjera era del 50 por 100 —ambos grupos alemanes en idéntico porcentaje—. La nueva sociedad, en sus plantas de Vitoria y Barcelona, posee una capacidad de producción anual de 16.000 vehículos industriales ligeros y 27.000 motores. Por parte española figuran como accionistas el Instituto Nacional de Industria, los bancos de Bilbao y Vizcaya, el grupo Echevarría y accionistas privados.

2. Algunas consideraciones sobre «Las inversiones norteamericanas en España», un estudio publicado por la Cámara de Comercio Americana en España

En enero de 1972 se publicó, con el título *Las inversiones norteamericanas en España,* un trabajo de la Cámara de Comercio Americana en España, realizado a partir de una investigación encargada al Stanford Research Institute (S. R. I.). En el mismo volúmen, se incluye también otra investigación sobre las opiniones de quienes la Cámara califica como «principales líderes españoles» —políticos, administrativos, profesionales y académicos— acerca del tema.

El resultado del trabajo, en su primera parte, se divide en los siguientes apartados:

I. Introducción.
II. Magnitud de las inversiones directas norteamericanas en España.
III. Actitudes norteamericanas y españolas ante la inversión extranjera en España.
IV. Características de las inversiones norteamericanas en España.
V. Beneficios para la economía española de las inversiones directas norteamericanas.
VI. Los costes de las inversiones directas norteamericanas para la economía española.
VII. La reciente baja en el ritmo de crecimiento de las inversiones directas norteamericanas en España.
VIII. Cómo hacer España más atrayente a los inversionistas norteamericanos.
IX. Cómo hacer más atrayentes para España las inversiones directas norteamericanas y un Apéndice estadístico.

Lo primero que puede anotarse, a la vista de los diferentes apartados, es la desequilibrada extensión en favor de dos de ellos: los dedicados a exponer los beneficios para la economía española y las causas que motivaron el menor ritmo de la inversión directa norteamericana en España desde el año 1966.

Los párrafos dedicados a exponer la magnitud de la inversión directa de Estados Unidos en España son extraordinariamente breves y tratados de manera que su importancia real quede altamente disminuida: se indica su valor contable (611 millones de dólares en 1969, según el Departamento norteamericano de Comercio), sin mención alguna al valor de mercado, cuando, como es sabido, aquél representa una fracción de éste y en modo alguno resulta adecuado a efectos, por ejemplo, de determinar el coste de adquisición de los intereses directos de Estados Unidos en España por posibles inversores nacionales [1].

No resulta satisfactoria la distribución de la inversión por sectores que se incluye a continuación, porque en ella no puede apreciarse qué parte de los respectivos mercados nacionales corresponde a las filiales norteamericanas. Un estudio serio sobre la inversión extranjera y su extensa problemática, no puede eludir la presentación de tales datos, a menos que pretenda permanecer en un plano de superficialidad sin contribuir al avance de lo que se conoce sobre el tema. Por lo que se indica en la página 9, se pudo realizar un análisis pormenorizado de las principales industrias, sector por sector, pero no se hizo por no revelar la identidad de los informantes.

Más adelante (página 11), y aquí el propósito de reducir la importancia cuantitativa de la inversión norteamericana se hace aún más evidente, se incurre en el error de relacionar su magnitud con la cifra de población, comparando los resultados tanto en España y en la C. E. E., como en España y el conjunto de Europa occidental, procedimiento que, contrariamente a lo que parece pensar la Cámara de Comercio Americana, no permite emitir un juicio acerca del grado de penetración del capital norteamericano en las mencionadas áreas geográficas. Si se compara el total de las inversiones directas de Estados Unidos en cada zona, con sus respectivas producciones industriales, los resultados serían menos «reveladores» y bastante más rigurosos [2].

En la parte tercera, es interesante constatar que entre los principales incentivos que han influido en las decisiones de invertir en España: mercado en rápida expansión, ambiente favorable a la

---

[1] Cálculos aproximados indican, que el valor contable de toda la inversión norteamericana en el exterior representa únicamente alrededor de la mitad de su valor de mercado o de reemplazamiento. Además, según la Comisión de Bruselas, el valor de los activos controlados por las filiales norteamericana sería del orden del doble de los activos que poseen (*Entreprise*, París, núm. 850, 24-XII-71). Suponiendo válidas estas proporciones en el caso español, obtendríamos un valor efectivo de la inversión directa norteamericana en 1969 superior a los 2.400 millones de dólares.

[2] Está latente tras de este enfoque inadecuado, la pretensión de otorgar un alcance que no tiene al número de dólares invertidos por habitante. Baste observar que, de ser aceptada, se incurriría en el despropósito de eliminar, sin más pruebas, todo peligro de «colonización» de cualquier nación, India por ejemplo, con un censo demográfico suficientemente elevado.

inversión extranjera, costo de mano de obra relativamente bajo, etcétera, etcétera, no aparezcan varios de los alegados por círculos industriales norteamericanos para continuar invirtiendo en Europa (encuesta publicada a finales de 1971). Entre ellos, el menor control gubernamental sobre los negocios que en Estados Unidos, donde las leyes antitrust se aplican con severidad; la productividad individual notablemente más alta del obrero europeo; mayor debilidad de los sindicatos (las huelgas duran menos tiempo) y las reglas menos rigurosas impuestas por las asociaciones de consumidores y la legislación contra la contaminación.

A pesar de ello, y de la tendencia general a lo largo de todo el estudio de centrarse en las opiniones más que en los hechos, en esta tercera parte se alcanza un grado de objetividad muy por encima del que caracteriza al resto y al trabajo en su conjunto.

Rechazables por su notoria parcialidad en cambio, resultan las páginas destinadas a exponer los beneficios y costos para la economía española de la inversión directa norteamericana. Mientras de las 82 páginas de letra impresa, descontados gráficos, apéndice estadístico e índices, 20 páginas y media, exactamente la cuarta parte, están destinadas a exponer los beneficios que, según la Cámara, recibe la economía española de las inversiones directas norteamericanas, únicamente poco más de cinco páginas se dedican a exponer los costes a que dan lugar.

Tal desproporción podría ahorrar de otros comentarios, si no fuera porque al tratar de magnificar los beneficios se incurre en inadmisibles duplicaciones. Así, al enumerarlos, se menciona, por un lado, el empleo y los nuevos puestos de trabajo como uno de tales beneficios y, por otro, como beneficio diferenciable del anterior, los salarios pagados. O cuando, después de indicar, con prolijidad, los salarios pagados, los pagos a la seguridad social y planes de jubilación, las compras de productos y servicios españoles, los impuestos pagados —nacionales y locales, directos e indirectos—, se suma también el valor en venta de los géneros, añadido al producto nacional bruto.

Al exponer los costes para la economía española de la inversión directa norteamericana, se procede al contrario, con un apresuramiento muy significativo, y procurando no llamar la atención del lector —no se indican uno por uno, en forma espaciada, como se hiciera con los beneficios.

Además, una vez sopesados, resulta que, de acuerdo con las respuestas de las filiales norteamericanas en España, esos costes son más teóricos que reales. En la práctica, en cuanto a repatriación de beneficios, por ejemplo, solamente 28 de 100 empresas declaran haberlo hecho en 1969, y 36 ponen de manifiesto pérdidas en su negocio y «como es natural, mal podrían repatriar fondos» (pág. 59).

Más adelante, se habla del «constante deterioro en el porcentaje total de royalties y cánones que corresponden a los Estados Unidos, y la baja de estos pagos en proporción a las ventas», y también de su «bajo nivel con relación a la parte que corresponde a Estados Unidos en las inversiones totales del extranjero en España» (páginas 61-62).

En cuanto al pago de intereses sobre préstamos obtenidos en el exterior, se indica que es una carga para España, «aunque con las estadísticas actuales es difícil medir exactamente la proporción atribuible a las inversiones extranjeras» (pág. 62). La duda está, por tanto, permitida, y la Cámara se inhibe de hacer un cálculo ni siquiera aproximado.

Refiriéndose al coste de los incentivos, se aclara, primeramente, que «España no ofrece concretamente alicientes a los inversionistas extranjeros» y que «todo inversionista, sea español o extranjero, puede obtener una serie de ayudas especiales» (página 62). Después de enumerados, se especifica que «para tener derecho a estos incentivos, los inversionistas colaboran en los planes de desarrollo del Gobierno» y, finalmente, que «España asumió estas cargas a corto plazo para obtener sus beneficios a largo plazo». En resumen, los incentivos son para todos y, tratándose de inversores extranjeros su costo queda más que compensado por los beneficios [3].

Se reconoce, por último, que «los pagos en divisas correspondientes a las importaciones *necesarias* para los inversionistas» (subrayado nuestro) constituyen una carga para la economía española. Sin embargo, no hay motivo para preocuparse por ello: las filiales norteamericanas en las industrias de servicios subrayan que las divisas obtenidas por España procedentes del turismo extranjero (no sólo norteamericano), suelen compensar gran parte del desequilibrio de la balanza de pagos (página 63) [4].

---

[3] El informe de la Cámara de Comercio Americana en España aclara las situaciones y tiene en cuenta cuanto sucede a corto y largo plazo, cuando así conviene a su particular punto de vista. Si se indica que los incentivos son para todos los inversores, sean nacionales o extranjeros, no estaría de más indicar también que la mayor parte de los beneficios proporcionados por la inversión extranjera son atribuibles a la inversión simplemente, independientemente de su procedencia.

Por otra parte, si la carga a corto plazo para España de los alicientes se compensa a largo plazo, las salidas de beneficios del capital extranjero más que compensan sobrada e inevitablemente, la entrada de capitales de origen exterior.

[4] A los efectos que aquí interesan, los ingresos por turismo y los procedentes de los emigrantes españoles y, en general, la abundante reserva de divisas, está

En definitiva, como no podía ocurrir de otra forma, la Cámara de Comercio Americana «demuestra» la conveniencia para España de la inversión directa norteamericana; los beneficios, tal como los percibe de su mano el lector, predominan abrumadoramente sobre los costes.

No obstante, existen dos aspectos en los que la Cámara se precipita en sus aparentes conclusiones: uno se refiere a la sustitución de importaciones, y el otro al impacto directo de la inversión norteamericana en la balanza de pagos española. La Cámara parece inclinarse hacia el criterio de que la inversión directa norteamericana, inevitablemente ejerce un efecto favorable en la balanza comercial —porque sustituye importaciones y genera exportaciones—. Puede ocurrir, sin embargo, que el capital norteamericano dé origen a la importación de mercancías superfluas que, de no mediar su presencia, no se habrían adquirido en el exterior, o también, que se estén adquiriendo fuera de España mercancías que podrían suministrarse por fabricantes nacionales. Hasta no disponer de un estudio completo sobre esta cuestión, cualquier conclusión en un sentido o en otro será una simple hipótesis, sin base suficiente.

En cuanto al impacto directo en la balanza de pagos española, la misma Cámara nos indica —y este dato constituye una aportación valiosa— que, en el aspecto comercial, las exportaciones de las filiales norteamericanas se sitúan en torno al 50 por 100 de sus importaciones. Si a este déficit se añaden las salidas por royalties y cánones, y el hecho irreversible de que a largo plazo los beneficios repatriados superan a la inversión inicial, la conclusión del impacto directo negativo no parece ofrecer dudas [5].

---

actuando como elemento insensibilizador en los organismos oficiales, acerca de la influencia en la balanza de pagos y en la actividad económica general tanto de la inversión como de la asistencia técnica extranjera. Se retrasa así la investigación del comportamiento de las filiales extranjeras y de la inversión exterior en conjunto y sus numerosas implicaciones, cuando el ejemplo de países como Canadá, Australia, India, países andinos, etc., debiera convercer de su permanente necesidad.

[5] Las filiales de los oligopolios internacionales («empresas multinacionales») poseen varios cauces que posibilitan el envío de beneficios a la sociedad matríz o a otras sucursales del grupo en el exterior. Uno de ellos, lo constituye el de los beneficios declarados como tales. Los otros se concretan a través de los pagos excesivos por royalties y asistencia técnica, intereses de préstamos reales o ficticios y la sobreevaluación de materias primas y productos intermedios, importados de la casa central o de otras entidades subsidiarias del grupo.

La utilización de uno u otros y su cuantía, dice mucho del respeto a las «reglas del juego». El empleo preferente de los últimos, reúne para el grupo extranjero varias ventajas, entre ellas la de obviar los inconvenientes que lleva aparejada la exhibición de una alta rentabilidad.

Según investigaciones llevadas a cabo en Colombia, Chile, Ecuador, Perú y

Este resultado, al que no llega la Cámara, no es sorprendente en modo alguno. Las llamadas empresas multinacionales norteamericanas se esfuerzan por convencer a los miembros del Congreso de Estados Unidos del efecto positivo de sus operaciones en el exterior sobre la balanza de pagos norteamericana. Los ingresos por beneficios, pagos de asistencia técnica y exportaciones, superan, según ellas, las salidas de fondos. Al mismo tiempo, esas empresas, a través de las Cámaras de Comercio Americanas, del Council of Americas y de otras organizaciones similares, tratan de convencer a los países anfitriones del favorable efecto de la inversión directa norteamericana en sus respectivas balanzas de pagos. De tanta armonía, evidentemente imposible, se desprende que para algún o algunos países tiene que ser adverso el resultado [6].

El estudio comentado hace posible también dibujar «el sentir general» o «el modo de actuación» de las filiales estadounidenses en España, en una doble vertiente: como sociedades exportadoras y como sociedades investigadoras, aun teniendo en cuenta el carácter heterogéneo que se manifiesta a través de sus respuestas.

El reducido interés de las filiales norteamericanas por hacer de España una base exportadora, se pone de relieve, tanto en el control de los mercados a los cuales pueden exportar, «a fin de no chocar con las zonas de comercialización de otras filiales de su casa matríz situadas en países extranjeros» (página 35), como en ser España la zona fundamental de comercialización para aquéllas (página 36). Y esto fue así desde el principio, porque cuando vinieron «no tenían por motivación utilizar este país como base de exportación» (página 50).

Con muy escasas excepciones, cabe también referirse a su desinterés por efectuar labores de investigación, como característica del modo de actuación en España del inversor norteamericano. Así lo prueban las siguientes afirmaciones:

México, la adquisición de insumos en el exterior a precios arbitrariamente elevados ha permitido la salida de beneficios en porcentaje muy por encima del reconocido como tal. La industria farmacéutica proporciona el ejemplo más escandaloso, dentro de las investigaciones todavía escasas realizadas hasta el presente. Véase, en particular: Constantine V. Vaitsos, «Transferencia de recursos y preservación de rentas monopolistas», *Revista de Planeación y Desarrollo*. Departamento Nacional de Planeación, Bogotá, vol. III, diciembre de 1971, núm. 4.

En España, se ha realizado alguna escueta investigación sobre el particular en el sector farmacéutico, estableciendo fehacientemente similares importaciones a precios abusivos. *(Fomento de la Producción*. Barcelona, 15 de abril y 1.º de mayo de 1972.)

[6] Sería de suma utilidad, que las Cámaras de Comercio Americanas, en colaboración con las empresas «multinacionales», trataran de encontrar una solución a este hasta hoy insoluble problema.

— «La investigación y desarrollo se lleva a cabo primordialmente en los laboratorios y centros de investigación situados en los Estados Unidos y, en ciertos casos, en países extranjeros» (página 54).

— La reacción general de las casas matrices, es que España no es lugar idóneo para un centro de investigación, «debido a la falta de la necesaria tecnología especializada; de profundidad y amplitud de conocimientos necesarios y de los elementos precisos para la investigación» (página 55).

— En opinión de varios ejecutivos, «sin duplicar la cantidad de investigación fundamental, es difícil comprender qué pueden hacer en España que no haga ya su empresa en los Estados Unidos». El horizonte máximo al que puede aspirarse, es a que las filiales «enfoquen su investigación a la adaptación del producto para satisfacer las necesidades especiales del mercado nacional», porque este comportamiento es el más eficaz, desde el punto de vista de las casas centrales (página 56).

Para no hacer demasiado prolongado este comentario, indicaremos, por último, que junto a la exposición de los beneficios que el capital norteamericano reporta a la economía española, el estudio de la Cámara Americana se centra en el inventario de las quejas del inversor transatlántico, acompañadas de las posibles soluciones y las modificaciones en el «clima» y las «reglas del juego», que estiman más en consonancia con sus intereses [7].

Entre las mil y una quejas, existe alguna —la baja rentabilidad de las inversiones en España, que «tiene tendencia a ser inferior a las de la C. E. E., Europa Occidental y todo el mundo» (página 75)— que a buen seguro, y contrariamente a lo que los datos disponibles indican, habrá de paralizar el establecimiento de nuevas filiales en España y la ampliación de las instalaciones en funcionamiento.

Es de lamentar que no haya sido tratado como debiera, la distinción entre la inversión extranjera que ha dado lugar a la creación de nuevas empresas, de aquélla otra que se manifiesta en la adquisición de empresas españolas, cuestión ésta entre las más debatidas que pueden presentarse. La Cámara ignora su acusada diferencia en aspectos tan notables como en el de la creación o reducción de puestos de trabajo, por ejemplo.

[7] No puede olvidarse que ha habido en varios momentos una cierta sensibilización de la opinión pública en torno al tema de la inversión extranjera. Uno de estos momentos lo constituyó el escrito dirigido en agosto de 1969 por un grupo de procuradores al Gobierno, pidiendo información sobre la penetración del capital extranjero en España.

Con la realización de su proyecto, la Junta de la Cámara de Comercio Americana en España cree, y no puede dudarse de su sinceridad, haber contribuido prácticamente a un mejor entendimiento y amistad entre España y los Estados Unidos. Muy posiblemente así haya sido.

Menos verosímil, en cambio, es que haya contribuido realmente al conocimiento riguroso e imparcial de los problemas que a corto y a largo plazo presenta la inversión directa norteamericana en España. Y resulta dudoso, y tal vez no pueda pretenderse, porque a la aproximación independiente a un tema de tantas implicaciones y resonancias económicas y no económicas, y en el que entran en juego intereses decididamente opuestos, muy difícilmente se podrá llegar a través de investigaciones como ésta, financiadas por un grupo numeroso de empresas y entidades, mayoritariamente filiales de grupos norteamericanos, a quien no dejará de afectar muy directamente tanto el enfoque que se dé al tema como los resultados que se ofrezcan; cuando la investigación se construye fundamentalmente sobre lo que esas mismas empresas, u otras igualmente interesadas, juzgan conveniente responder, o cuando es orientada por una organización que, como se dice al término del estudio, «desarrolla servicios, actividades y proyectos especiales de investigación siempre que puedan representar un beneficio duradero para la empresa privada».

Dadas tales circunstancias, no estaban reunidas las premisas necesarias para abordar el tema con el espíritu crítico y la imparcialidad que requiere. El insatisfactorio resultado alcanzado, tiene una explicación lógica que deja las cosas como estaban, en espera de que los organismos oficiales a quienes incumbe la tarea, se decidan a emprenderla.

Se terminó de imprimir este libro,
LA ECONOMIA ESPAÑOLA, 1972,
el día 24 de mayo de 1973
en los talleres de Artes Gráficas Benzal,
calle de Virtudes, 7, Madrid-3

Se terminó de imprimir este libro

[illegible]

el día [illegible] de 1972

en los talleres de Artes Gráficas [illegible]

[illegible] Valdés, 7. Madrid